Sociologia e Sociedade

O GEN | Grupo Editorial Nacional – maior plataforma editorial brasileira no segmento científico, técnico e profissional – publica conteúdos nas áreas de ciências humanas, exatas, jurídicas, da saúde e sociais aplicadas, além de prover serviços direcionados à educação continuada e à preparação para concursos.

As editoras que integram o GEN, das mais respeitadas no mercado editorial, construíram catálogos inigualáveis, com obras decisivas para a formação acadêmica e o aperfeiçoamento de várias gerações de profissionais e estudantes, tendo se tornado sinônimo de qualidade e seriedade.

A missão do GEN e dos núcleos de conteúdo que o compõem é prover a melhor informação científica e distribuí-la de maneira flexível e conveniente, a preços justos, gerando benefícios e servindo a autores, docentes, livreiros, funcionários, colaboradores e acionistas.

Nosso comportamento ético incondicional e nossa responsabilidade social e ambiental são reforçados pela natureza educacional de nossa atividade e dão sustentabilidade ao crescimento contínuo e à rentabilidade do grupo.

Sociologia e Sociedade

Leituras de introdução à Sociologia

MARIALICE MENCARINI FORACCHI

JOSÉ DE SOUZA MARTINS

(da Universidade de São Paulo)

Os autores e a editora empenharam-se para citar adequadamente e dar o devido crédito a todos os detentores dos direitos autorais de qualquer material utilizado neste livro, dispondo-se a possíveis acertos caso, inadvertidamente, a identificação de algum deles tenha sido omitida.

Não é responsabilidade da editora nem dos autores a ocorrência de eventuais perdas ou danos a pessoas ou bens que tenham origem no uso desta publicação.

Apesar dos melhores esforços dos autores, do editor e dos revisores, é inevitável que surjam erros no texto. Assim, são bem-vindas as comunicações de usuários sobre correções ou sugestões referentes ao conteúdo ou ao nível pedagógico que auxiliem o aprimoramento de edições futuras. Os comentários dos leitores podem ser encaminhados à **LTC — Livros Técnicos e Científicos Editora** pelo e-mail faleconosco@grupogen.com.br.

Direitos exclusivos para a língua portuguesa
Copyright © 1977 by Marialice Mencarini Foracchi e José de Souza Martins
Copyright da reimpressão © 2018 by
LTC — Livros Técnicos e Científicos Editora Ltda.
Uma editora integrante do GEN | Grupo Editorial Nacional

Reservados todos os direitos. É proibida a duplicação ou reprodução deste volume, no todo ou em parte, sob quaisquer formas ou por quaisquer meios (eletrônico, mecânico, gravação, fotocópia, distribuição na internet ou outros), sem permissão expressa da editora.

Travessa do Ouvidor, 11
Rio de Janeiro, RJ — CEP 20040-040
Tels.: 21-3543-0770 / 11-5080-0770
Fax: 21-3543-0896
faleconosco@grupogen.com.br
www.grupogen.com.br

1ª edição: 1977
Reimpressões: 1978 (duas), 1980 (três), 1981, 1983, 1984, 1985, 1986, 1987, 1988, 1990, 1992, 1994, 1995, 1997, 1998, 1999, 2000, 2002, 2004, 2006, 2007 (duas), 2008, 2009, 2010, 2012, 2014, 2015, 2016 e 2018.

CIP-BRASIL. CATALOGAÇÃO-NA-FONTE
SINDICATO NACIONAL DOS EDITORES DE LIVROS, RJ.

F783s

Foracchi, Marialice M. (Marialice Mencarini), 1929-1972
Sociologia e sociedade : leituras de introdução à sociologia / Marialice Mencarini Foracchi, José de Souza Martins. - [Reimpr.]. - Rio de Janeiro: LTC, 2018.

Inclui bibliografia
ISBN 978-85-216-0599-7

1. Civilização moderna. Sociologia - História. I. Martins, José de Souza. II. Título.
08-3031.   CDD: 301
                         CDU: 316

Sumário

Introdução 1

PRIMEIRA PARTE

A SOCIOLOGIA COMO CIÊNCIA

1. *A herança intelectual da Sociologia* 9
   Florestan Fernandes

CAPÍTULO 1 — OS PRINCÍPIOS CONSTITUTIVOS DO CONHECIMENTO SOCIOLÓGICO: INTEGRAÇÃO E CONTRADIÇÃO

2. *Objetividade e identidade na análise da vida social* 21
   Émile Durkheim
3. *A mercadoria: os fundamentos da produção da sociedade e do seu conhecimento* 46
   Karl Marx

CAPÍTULO 2 — SOCIOLOGIA E SOCIEDADE MODERNA: CARACTERÍSTICAS BÁSICAS DA SOCIEDADE INDUSTRIAL

4. *Anomia e alienação: um problema na ideologia da Sociologia* 77
   John Horton
5. *A sociedade industrial* 90
   Raymond Aron
6. *Sociologia e sociedade industrial* 99
   Ralph Dahrendorf
7. *Consciência e sociedade industrial* 106
   Erich Fromm

SEGUNDA PARTE

CONCEITOS SOCIOLÓGICOS FUNDAMENTAIS

CAPÍTULO 3 — AÇÃO, RELAÇÃO E PROCESSO SOCIAIS

8. *Ação social e relação social* 117
   Max Weber
9. *Racionalização e liberdade: o sentido da ação social* 122
   Karl Loewith
10. *A reificação das relações sociais* 137
    Lucien Goldmann
11. *A "praxis": a relação social como processo* 147
    Henri Lefebvre

CAPÍTULO 4 — INSTITUIÇÃO, SOCIALIZAÇÃO E ESTRUTURA SOCIAL

12. *O que é uma instituição social?*   163
    Peter L. Berger e Brigitte Berger
13. *Socialização: como ser um membro da sociedade*   169
    Peter L. Berger e Brigitte Berger
14. *Os limites do conceito de estrutura*   182
    Claude Lévi-Strauss
15. *Estrutura social: a reprodução das relações sociais*   186
    Henri Lefebvre

CAPÍTULO 5 — COMUNIDADE E SOCIEDADE

16. *Comunidade*   215
    Robert A. Nisbet
17. *Sociedade*   222
    Max Horkheimer e Theodor W. Adorno

TERCEIRA PARTE

A SOCIEDADE DE CLASSES — CARACTERIZAÇÃO E PROCESSOS BÁSICOS

CAPÍTULO 6 — AS CLASSES SOCIAIS

18. *Classes sociais e estratificação social*   237
    Rodolfo Stavenhagen

CAPÍTULO 7 — AS MODERNAS TÉCNICAS SOCIAIS: COMUNICAÇÃO DE MASSA E PLANIFICAÇÃO

19. *A indústria cultural*   253
    Edgar Morin
20. *A sociedade de massas*   260
    C. Wright Mills
21. *A planificação como domínio racional do irracional*   276
    Karl Mannheim

CAPÍTULO 8 — OS MOVIMENTOS SOCIAIS

22. *Os movimentos sociais*   283
    Alain Touraine

Introdução

A compilação de textos que oferecemos ao leitor nasceu da experiência profissional dos autores no ensino da Sociologia em cursos introdutórios ministrados para estudantes de Ciências Sociais, História, Geografia, Pedagogia, Filosofia, Letras e Psicologia.

Essa experiência mostrou-nos que não é produtiva a suposição, corrente em muitos manuais de introdução à Sociologia e em muitas antologias destinadas a esse tipo de curso, de que o principiante deva começar por uma versão simplificada da Sociologia. Geralmente confunde-se essa simplificação com a Sociologia Sistemática que, aparentemente, tem a vantagem de apresentar-se como conhecimento integrado. A observação mais constante que fizemos foi a de que o estudante tende a procurar na chamada realidade traços daquilo que nesse tipo de Sociologia é altamente abstrato. Esse procedimento impróprio tem resultado, com frequência, em um aprendizado distorcido da Sociologia e em um entendimento igualmente distorcido da vida social.

Decidimos, então, apresentar a Sociologia na sua diversidade, com seus dilemas e determinações, como forma de conhecimento historicamente situada, isto é, localizada em uma formação social contraditória que não pode produzir um autoconhecimento unívoco.

Seria obviamente tendencioso optar por um certo tipo de academicismo que se contenta em transmitir como conhecimento único e definitivo aquele que atende a certos requisitos lógicos de aparente rigor formal e de generalização absoluta.

Na verdade, desde o nascimento, a Sociologia debate-se entre tendências teóricas, entre perspectivas produzidas por diferentes visões de mundo. Essa diversidade frutifica da própria diferenciação interna, das tensões e das contradições que determinam a formação social capitalista. O leitor notará, aliás, que preferimos tratar a Sociologia como conhecimento científico historicamente situado, cuja realidade de referência é preferencialmente a da sociedade capitalista. Creio que assim evitamos o erro costumeiro de enquadrar diferentes realidades histórico-sociais no modelo único e "universal" que se supõe presente nas regularidades de coexistência e nos arranjos formais da noção de sistema social. Essa não é uma noção inocente ou, se preferirem, não é uma noção fundada, como se pretende, sobre a neutralidade ética do pesquisador e da ciência. De fato, ela expulsa da interpretação da vida social toda e qualquer tensão, todas as manifestações de vida coletiva que não se pautem por padrões funcionais, que não concorram para a integração e coesão do comportamento coletivo. É claro que se admite, subjacente a essa concepção, a existência de anomalias, de descontinuidades na vida social. Mas essa visão compromete-se integralmente com a valoração positiva das condutas normais e integrativas. A palavra anomalia já se apresenta no nosso senso comum carregada de julgamento e condenação. É anômalo o que não é normal, e é normal o que subjuga sob preceitos éticos e mecanismos de controle social, a violência inclusive, que promovem o enquadramento das diferentes pessoas, dos diferentes grupos sociais, das diferentes classes na perspectiva dominante, no consenso compulsório.

O que tivemos em mira, de início, foi indagar de quem são os olhos que definem essa perspectiva, com quem está ela comprometida, em nome de quem ela subjuga e aliena. Julgamos preferível que o estudante se dê conta, desde logo, que, se quer aprender Sociologia, deve partir do princípio, isto é, de um entendimento das linhas básicas das diferentes tendências que marcam o conhecimento sociológico. Não é nossa intenção, porque seria de legitimidade discutível, propor a conciliação das diferentes tendências e posições. Ao contrário, preferimos marcar bem essas diferenciações.

Isso não exclui, obviamente, a possibilidade da crítica. Talvez seja conveniente explicitar a noção de crítica, pois não empregamos essa noção no seu sentido vulgar de recusa de uma modalidade de conhecimento em nome de outra. O objetivo, ao contrário, é situar o conhecimento, ir à sua raiz, definir os seus compromissos sociais e históricos, localizar a perspectiva que o construiu, descobrir a maneira de pensar e interpretar a vida social da classe que apresenta esse conhecimento como universal. Podemos, assim, entender a linguagem das diferentes classes, essa linguagem que se oculta sob a forma de perspectiva e de maneira de pensar, que define os limites de expressão coletiva dessas classes. A perspectiva crítica pode, por isso, ultrapassar em vez de simplesmente recusar, descobrir toda a amplitude do que se acanha limitadoramente sob determinados conceitos, sistemas de conhecimento ou métodos.

Como se vê, a Sociologia não se defronta apenas com o que vagamente se chama de "realidade". Diversamente de outras ciências, ela lida ao mesmo tempo com as interpretações que são feitas sobre essa mesma "realidade". O conhecimento científico da vida social não se baseia apenas no "fato", mas na concepção do fato e na relação entre a concepção e o fato. Uma Sociologia crítica e científica é sempre uma Sociologia do conhecimento, uma Sociologia que analisa simultaneamente os fenômenos sociais e a Sociologia que se debruça sobre eles. Em outras palavras, a reflexão sociológica só se completa quando a Sociologia analisa sociologicamente a própria Sociologia.

Por essas razões, apresentamos um conjunto inicial de textos, que constituem a primeira parte desta antologia, versando sobre "A Sociologia como ciência". O nosso intuito é fazer com que o leitor se familiarize primeiramente com as peculiaridades do conhecimento sociológico em face, por exemplo, das chamadas ciências naturais. Embora não estejamos promovendo uma comparação direta, cremos que os textos do Capítulo 1, comparados entre si, informam ricamente sobre os princípios lógicos que norteiam a reflexão sociológica segundo a postura que o sociólogo adota. A nossa intenção, nesse momento, não é a de expor os supostos e os procedimentos metodológicos com que trabalham as diferentes correntes de pensamento. Não pretendemos, de imediato, fazer com que o leitor mergulhe na problemática do método. Por isso tomamos como referência Durkheim e Marx, deixando Weber de lado, pois o nosso intuito não é o de apresentar elaboradas exposições sobre o método funcionalista, o método dialético ou o método compreensivo.

A escolha de dois autores, em vez de três, deve-se ao fato de estarmos simplesmente apresentando os princípios lógicos que articulam a exposição sociológica conforme a perspectiva em que o cientista se coloque. Dado que na construção dos tipos ideais, na proposta de Weber, guardadas as devidas proporções e ressalvadas as peculiaridades do seu pensamento, opera o princípio lógico da identidade, como em Durkheim, preferimos apresentar um conjunto articulado de excertos da obra deste último. Isso porque a questão, em Weber, é muito mais complicada. Embora na construção do tipo ideal esse seja o princípio invocado, Weber tem presente a singularidade histórica do momento que cerca a produção sociológica e o fato de que nela se funda a própria construção do seu modelo de pensamento. Portanto, a integração lógica está contida estritamente no interior de cada tipo ideal articulando racionalmente os seus componentes. A eficácia metodológica do tipo ideal, contudo, esgota-se quando se esgota a racionalidade da realidade a partir da qual o tipo é construído. Quando Weber diz que a ação afetiva está no limite da ação social, ele o faz porque a ação social é essencialmente racional, ficando a conduta afetiva à margem da probabilidade de compreensão. Em outros termos, a apreensão intelectual (sociológica) da realidade "caótica" se torna possível a partir de um instrumento (o tipo ideal) que permita compreendê-la, isto é, apreendê-la ordenadamente, segundo um princípio que a revista de coerência. No conhecimento sociológico, a realidade não se faz presente segundo as suas "próprias" características, mas segundo as limitações da racionalidade do tipo-ideal. Ou seja, o procedimento compreensivo, ao mesmo tempo que torna a realidade inteligível, desfigura-a; mas essa desfiguração significa que a inteligibilidade da vida social se faz segundo os critérios de reflexão que são essenciais à própria constituição da sociedade, embora não sejam os únicos critérios de reflexão presentes na vida social.

Em Durkheim o princípio da integração é empregado em termos completamente adversos, a começar porque a vida social não é concebida em termos históricos, como realidade qualitativamente diferente da natureza. O princípio da integração opera aí para produzir a articulação orgânica e funcional dos componentes da realidade. Ele aparece marcadamente sob a concepção de solidariedade, um conceito central no pensamento de Durkheim. Nesse caso, mesmo quando ocorre a diferenciação social, como se dá com base no advento da divisão social do trabalho, a diversificação interna deve concorrer para a solidariedade das partes. Além disso, essa perspectiva implica a solidariedade entre a consciência coletiva e o substrato da vida social, entre as normas de conduta e a orientação das relações sociais que elas regulam. Assim, o conflito social e a competição seriam produtos da ausência de normas sociais adequadas à promoção da integração social, isto é, seriam expressões de um estado de anomia. Ou teríamos normas inadequadas à integração, fenômeno que Durkheim classifica como patológico, ou teríamos a ausência de normas adequadas, fenômeno que classifica como anomia. Portanto, o princípio da integração é o fator de constituição do sistema de conhecimento, distinguindo e classificando separadamente o que concorre e o que não concorre para a articulação funcional dos componentes da vida social. Isso não quer dizer que na concepção durkheimiana não haja lugar para o movimento, para a transformação social. Não há uma incompatibilidade entre o princípio da integração e a apreensão das mudanças sociais. Ocorre, apenas, que a concepção de transformação está subjugada pela de solidariedade. Isto é, em termos positivistas, o progresso é regulado pela ordem. Para Durkheim, o progresso é o progresso da divisão do trabalho que se impõe pelo crescimento do volume e da densidade moral das sociedades, pela intensificação dos contatos e das relações sociais. Mas esse progresso, que em um plano destrói a solidariedade fundada na indiferenciação, nas semelhanças entre os componentes da vida social, em outro reclama normas e preceitos que reinstaurem a solidariedade de modo que o progresso da divisão do trabalho seja entendido como multiplicação de funções, como incremento da interdependência entre diferentes grupos sociais. Desse modo, mais intensa se torna a necessidade da integração quanto mais acentuada a diferenciação produzida pela divisão do trabalho.

Contrapomos a essa perspectiva a de Marx, cujo conhecimento sociológico é constituído pelo princípio da contradição. Diversamente das regularidades supostamente naturais da vida social, observadas sob a ótica do princípio da integração, o que temos é que a realidade social é histórica. Consequentemente, deve ser analisada pela utilização de um método que retenha essa historicidade. Nesse caso, o homem como produtor da sua própria História está no centro das preocupações. Convém, no entanto, explicitar que nem a História flui das concepções e desejos imediatos do homem, como se fosse apenas produto de uma ação deliberada, nem é processo anárquico ao sabor de circunstâncias fortuitas, de combinações acidentais.

O que Marx faz é mostrar que a História é um processo ordenado, produto da atividade humana (nisso a sociedade se diferencia da natureza), e que são as formas sociais que determinam a consciência do homem e não o contrário. Em consequência, o método científico não pode ser o mesmo no estudo de uma e de outra realidade. Ele precisa conter a possibilidade de apreender a vida social como realidade que está sendo continuamente transformada, mesmo pela participação involuntária das pessoas. Isso porque, como diz Marx, "os homens fazem sua própria história, mas não a fazem como querem; não a fazem sob circunstâncias de sua escolha e sim sob aquelas com que se defrontam diretamente, legadas e transmitidas pelo passado". São os homens que criam as condições da sua história, através do trabalho. Como o trabalho humano tem a singularidade de produzir mais riqueza do que aquela que é necessária à sobrevivência e reprodução de quem trabalha, no fim do processo de trabalho as condições do próprio trabalho e de toda a vida social saem alteradas. Pelo trabalho e pela acumulação o homem transforma as suas condições de existência, independentemente, pois, da sua vontade. Mas o homem não produz apenas objetos; ao mesmo tempo em que produz objetos, ele produz relações sociais e produz ideias que justificam essas relações. Dizendo de outra maneira, para que os homens possam produzir, em condições determinadas, os objetos de que necessitam, precisam estabelecer relações sociais uns com os outros e, ao mesmo tempo, precisam ter uma justificativa e uma interpretação para essas relações, isto é, precisam legitimá-las.

Como o modo de produzir se altera em consequência dos resultados acumulados do trabalho, da atividade humana, as relações sociais necessárias para levar a efeito a produção também se alteram e, do mesmo modo, as concepções que justificam e interpretam essas relações. Isso não quer dizer que tais concepções penetrem na verdade da realidade social. Muito ao contrário, são concepções que encobrem a verdade, que interpretam distorcidamente a realidade como se fossem, porém, verdadeiras. São, por isso, concepções ideológicas e não científicas. São aceitas e compartilhadas porque parecem verdadeiras, isso porque não sendo a verdade fazem parte da verdade.

A contradição opõe a forma à essência, a justificativa das relações sociais à realidade das relações sociais. A forma nem é dispensável nem é secundária. Ela está necessariamente ligada por oposição à sua essência; ela é mediação, ponto de passagem, necessária na determinação das instâncias essenciais da vida social. O texto de Marx que utilizamos é um texto antológico justamente porque mostra de maneira límpida os passos do trabalho científico: não só explicita o vínculo entre o valor e sua forma, o valor de troca, como mostra a um só tempo a produção objetiva da relação social e a produção do pensamento reificado, coisificado, que a justifica. É através do princípio da contradição que se apreende, portanto, o movimento da sociedade, a tensão entre o caráter social da produção e o caráter privado da sua apropriação. Independentemente da vontade dos homens e das justificativas que possam produzir para explicar e aceitar a natureza contraditória do elo entre a produção social e a apropriação privada, essa tensão está presente na determinação da sua existência e da sua consciência. Esse é o fato que constantemente sustenta a mobilização daqueles que são compelidos pelas circunstâncias sociais e históricas a refletir sobre os fundamentos últimos da vida coletiva, das diferenças sociais, dos mecanismos de acobertamento das contradições.

Nesse plano fica nítida a oposição entre Marx e Durkheim, entre o emprego de um princípio lógico e o emprego de outro. Enquanto para Durkheim as tensões, como as falências e as greves, são anormais e, por isso, devem ser submetidas a uma espécie de terapia sociológica que reinstaure o estado de eunomia, de normalidade, para Marx essas tensões não são acidentais nem anômalas — elas são inerentes à constituição da formação social capitalista. Elas são o produto inevitável do caráter inevitavelmente contraditório da formação social. Expresso de outro modo, são as próprias condições sociais responsáveis pela produção da concepção de normalidade que são responsáveis, ao mesmo tempo, pela exploração que exprime as contradições mencionadas. No entanto, as relações sociais reificadas, coisificadas, divorciam a ação e o seu resultado, o agir e o interpretar. Por isso, a mesma sociedade para cuja produção e reprodução a exploração é um componente essencial pode desconhecer esse fato e eleger como forma válida de pensamento aquela que distingue normalidade de anomia, aquela que condena as tensões sem condenar as contradições que as causam, justificando e legitimando, portanto, as condições e as relações sociais em que a exploração se baseia.

Portanto, o pensamento reificado, nessa perspectiva, é um pensamento alienado, desvinculado de suas raízes. Nesse caso, a alienação significa que o conhecimento não reproduz as contradições que lhe deram origem, desfigurando-as. Anomia e alienação são conceitos essenciais vinculados aos extremos radicais da tradição sociológica — em um caso o pensamento conservador, que estrutura a obra de Durkheim, e em outro o pensamento revolucionário, que estrutura a obra de Marx. Essa polaridade reflete, desde as origens da Sociologia, as contradições da formação capitalista. As tensões do pensamento sociológico exprimem as tensões da sociedade a cuja explicação esse pensamento se devota.

Entretanto, isso não impediu que na Sociologia se desenvolvesse uma tendência teórica que advoga a exclusão dessas tensões, em nome da neutralidade ética e da suspensão dos juízos de valor, em direção a uma ciência avalorista e descomprometida. No segundo capítulo oferecemos um conjunto de textos relacionados com a noção de sociedade industrial, uma noção central na reflexão avalorista.

Mas esses textos não visam a referendar essa ideia, e sim a expô-la, acompanhada de um conjunto de formulações críticas, de diferentes extrações teóricas.

A noção de sociedade industrial vem para o centro da reflexão sociológica justamente em decorrência do caráter tenso e contraditório da formação social. A Sociologia nasce, como já disse, referida a essas tensões. Isso porque um mundo reificado, de relações sociais coisificadas, reclama esquemas de explicação que lhe correspondam. O mundo desencantado pelo advento e hegemonia da mercadoria e das relações que ela engendra reclama procedimentos intelectuais explicativos igualmente desencantados. A Sociologia, então, divide-se entre aceitar o fato de que o seu objeto, a sociedade que ela se propõe a decifrar, realiza a sua unidade na contradição, ou rejeitá-lo, imputando ao que é contraditório um caráter anômalo, o que a põe diante do fato de ter que dar conta das diferentes concepções e visões de mundo que frutificam dessa diversidade. Para superar esse dilema, a Sociologia que recusa a normalidade do contraditório teve que recusar também o caráter de verdade à diversidade de perspectivas, para buscar o conhecimento integrador, a perspectiva que pretende sobrepor-se a todas as perspectivas parciais. Nesse plano, o conhecimento sociológico, ao chegar à categoria mais geral, chegou também à mais vazia. Por isso, como mostram os textos aqui incluídos, a noção de sociedade industrial é uma noção que não dá conta das singularidades históricas da vida social. Como exemplo, descarta as particularidades que distinguem o capitalismo do socialismo, para concentrar-se nos seus elementos comuns. Com isso, desvia-se das relações sociais pelas quais singularmente cada uma dessas sociedades se determina, para concentrar-se nos procedimentos técnicos que alteram a vida social no rumo da implantação da produção em grande escala. É por isso que a Sociologia, nessa perspectiva, frutifica do advento da sociedade industrial e, ao mesmo tempo, se propõe como instrumento de criação da sociedade industrial. Nesse plano, ela toma partido no dilema entre o proibido e o permitido, entre o reprimido e o tolerado; nesse plano, inevitavelmente, revela todo seu compromisso com a consciência historicamente necessária da formação social. A Sociologia tem aí, portanto, um caráter instrumental. Por isso, a concepção mais neutra é justamente a mais comprometida.

Os textos desse capítulo constituem um conjunto de passagem para a discussão conceitual de tipo introdutório que vem na segunda parte ("Conceitos sociológicos fundamentais"). Aí, o elenco de conceitos não foi escolhido arbitrariamente. Além de conceitos indispensáveis em um curso de Introdução à Sociologia, são conceitos que têm presença obrigatória em quase todos os manuais. Entretanto, essa não foi a única razão que nos moveu a escolhê-los. Levamos em conta que esses são conceitos que, em diferentes níveis e em diferentes esquemas teóricos, procuram dar conta tanto dos processos sociais quanto das configurações sociais por eles engendradas. Além do que, colocados no contexto de uma explanação histórica da realidade social, expressam o seu compromisso com o processo histórico, mesmo quando tenham sido produzidos em esquemas de pensamento desvinculados da análise histórica.

Assim sendo, a ação social, por exemplo, deixa de ser apenas um tipo de ação, um instrumento metodológico, bem como a apologia da ação não é simplesmente um elenco de ações substantivas. Ao contrário, de conformidade, aliás, com seu sentido no contexto teórico original, de Weber, a ação social tem um caráter histórico; não estamos diante de quatro modalidades de ação, mas de uma única, a ação racional, a que é inteligível nesta sociedade, aquela cujo sentido tanto permeia a análise do sociólogo quanto a dimensão compreensível da conduta do homem comum. Os tipos de ação, portanto, correspondem aos níveis de análise da ação concreta, aos instrumentos metodológicos que vão sendo sucessivamente mobilizados para que a ação possa revelar o seu sentido, isto é, a sua racionalidade. Do mesmo modo, a discussão sobre comunidade e sobre sociedade foge a uma certa tradição dos manuais, que tendem, de forma teoricamente discutível, a propô-las como concepções que dão conta de realidades sociais substantivas e diferentes entre si (do que decorrem algumas formulações sobre a transição da comunidade à sociedade). Aqui a nossa interpretação é radicalmente diversa porque preferimos rebater esses conceitos para as suas raízes clássicas. A comunidade, em vez de ser apresentada como tipo estrutural diverso do da sociedade, aparece como concepção que renasce no bojo mesmo das tensões que determinaram o aparecimento da noção de sociedade. Comunidade e sociedade são, pois, perspectivas e visões de mundo em conflito, expressões do processo contraditório de constituição da formação capitalista. Mas não são apenas concepções teóricas. São ideias inscritas na experiência do homem comum, são formas sociais do querer. A noção de ação ressurge aqui, no querer societário, na ideia de sociedade.

A nossa proposta de discussão conceitual situa-se, pois, em torno desse querer societário, racional, burguês. O elenco de conceitos aqui analisados retoma os pressupostos da primeira parte. Através dele pretendemos colocar em confronto esse querer e as relações que o definem e o negam. Com isso ficará claro para o leitor que os conceitos não são inocentes nem neutros, o que acrescenta inúmeros problemas ao trabalho do sociólogo, com os quais deve estar familiarizado desde o início o estudante de Sociologia.

Finalmente, a última parte da antologia define para o leitor um conjunto de características e processos básicos da formação social. Em primeiro lugar empregamos um texto, na sua versão atualizada, em que se discute a relação entre classes e estratos sociais. O estudante mais cedo ou mais tarde se defrontará com o fato de que a Sociologia lida com uma diversidade de concepções de estratificação social. Essa diversidade não vem da mera preferência deste ou daquele pesquisador, mas procede de circunstâncias sociais e de procedimentos que obscurecem a hierarquia fundamental da sociedade. A relação entre esses diferentes esquemas de estratificação precisa, pois, ser estabelecida e explicada. Por outro lado, incluímos um conjunto de textos sobre técnicas sociais, para familiarizar o leitor com os recursos que a formação social mobiliza para submeter a controle e domínio os seus próprios processos e as suas "irracionalidades". A esse esforço contrapomos um texto sobre os movimentos sociais, sobre o esforço organizado dos homens para produzirem transformações sociais.

Todos os textos foram revistos e confrontados com os originais ou com traduções renomadas, inclusive os textos já publicados em português, em outras edições. Cremos, assim, estar apresentando ao leitor uma coletânea bem cuidada, cujos textos poderão ser utilizados, como fazemos no nosso trabalho docente, tanto no próprio corpo das aulas teóricas quanto nos seminários em que se explicitem e esmiúcem os seus diferentes aspectos.

Quando Marialice Mencarini Foracchi faleceu, havia um ano que nos reuníamos semanalmente para discutir e selecionar os textos que deveriam compor esta coletânea, com base em um programa originalmente elaborado por ela. Dessas discussões nasceu a interpretação desse programa que prevaleceria na organização deste livro, exposta nesta Introdução. Naquela altura já tínhamos quase todos os textos selecionados, cabendo-me apenas completar o que faltava. O que veio depois foi apenas o trabalho de tradução, revisão e aquisição dos textos.

José de Souza Martins

PRIMEIRA PARTE

A Sociologia como Ciência

1

A Herança Intelectual da Sociologia*

Florestan Fernandes

A Sociologia não se limita ao estudo das condições de existência social dos seres humanos. Todavia, essa constitui a porção mais fascinante ou importante de seu objeto e aquela que alimentou a própria preocupação de aplicar o ponto de vista científico à observação e à explicação dos fenômenos sociais. Ora, ao se falar do homem como objeto de indagações específicas do pensamento, é impossível fixar, com exatidão, onde tais indagações se iniciam e quais são os seus limites. Pode-se, no máximo, dizer que essas indagações começam a adquirir consistência científica no mundo moderno, graças à extensão dos princípios e do método da ciência à investigação das condições de existência social dos seres humanos. Sob outros aspectos, já se disse que o homem sempre foi o principal objeto da curiosidade humana. Atrás do mito da Religião ou da Filosofia sempre se acha um agente humano, que se preocupa, fundamental e primariamente, com questões relativas à origem, à vida e ao destino de seus semelhantes.

Por isso, seria vão e improfícuo separar a Sociologia das condições histórico-sociais de existência, nas quais ela se tornou intelectualmente possível e necessária. A Sociologia não se afirma primeiro como explicação científica e, somente depois, como forma cultural de concepção do mundo. Foi o inverso o que se deu na realidade. Ela nasce e se desenvolve como um dos florescimentos intelectuais mais complicados das situações de existência nas modernas sociedades industriais e de classes. E seu progresso, lento mas contínuo, no sentido do saber científico positivo, também se faz sob a pressão das exigências dessas situações de existência, que impuseram tanto ao pensamento prático quanto ao pensamento teórico, tarefas demasiado complexas para as formas pré-científicas de conhecimento.

Daí a posição peculiar da Sociologia na formação intelectual do mundo moderno. Os pioneiros e fundadores dessa disciplina se caracterizam menos pelo exercício de atividades intelectuais socialmente diferenciadas, que pela participação mais ou menos ativa das grandes correntes de opinião dominantes na época, seja no terreno da reflexão ou da propagação de ideias, seja no terreno da ação. As ambições intelectuais de autores como Saint-Simon, Comte, Proudhon e Le Play, ou de Howard, Malthus e Owen, ou de von Stein, Marx e Riehl iam além do conhecimento positivo da

---

(*) Florestan Fernandes, *Ensaios de sociologia geral e aplicada* (cap. 8: "A herança intelectual da Sociologia"), Livraria Pioneira Editora, São Paulo, 1960, pp. 273-89. Reproduzido com autorização de Enio Matheus Guazzelli & Cia. Ltda.

realidade social. Conservadores, reformistas ou revolucionários, aspiravam fazer do conhecimento sociológico um instrumento da ação. E o que pretendiam modificar não era a natureza humana em geral, mas a própria sociedade em que viviam.

Existe, portanto, fundamento razoável para a interpretação segundo a qual a Sociologia constitui um produto cultural das fermentações intelectuais provocadas pelas revoluções industriais e político-sociais, que abalaram o mundo ocidental moderno. De fato, a Sociologia não se impôs em virtude de necessidades lógicas, pressentidas ou formuladas a partir da evolução interna do sistema das ciências. A única disciplina científica que poderia ter concorrido, diretamente, para a criação da Sociologia, é a Biologia. Entretanto, ainda hoje a Biologia opera com organismos abstraídos do meio real de existência. Apesar de ter posto em evidência o papel da competição e do conflito na formação de comunidades e na "luta pela vida", continua a ignorar as influências presumíveis da organização social na diferenciação e na evolução das espécies.

Isso quer dizer que o desenvolvimento do sistema das ciências se tem processado sob o influxo de duas ordens de fatores. Uma, de natureza especificamente positivo-racional, ligada com as exigências da própria marcha das investigações científicas. Outra, de natureza ultracientífica, constituída pelo conjunto de necessidades práticas (econômicas, culturais e sociais), que podem ou precisam ser satisfeitas, de modo direto ou indireto, mediante a descoberta ou a utilização de conhecimentos científicos. Algumas disciplinas, como a Química, emergiram graças à concorrência de fatores das duas ordens. Outras, como a Sociologia, nasceram da conjugação dos efeitos das crises sociais com os da revolução da mentalidade, produzida pelo advento do pensamento científico. Semelhante vinculação da Sociologia com as situações de existência indica duas coisas. Primeiro, que os pioneiros da Sociologia possuíam ampla compreensão da natureza e das possibilidades do conhecimento científico. Segundo, que deviam ser recrutados antes entre os *apologistas*, que entre os *militantes* da ciência — o que, sob muitos aspectos, foi vantajoso, devido à elasticidade exigida, inicialmente, pelas investigações sociológicas, em particular no livre aproveitamento de recursos intelectuais de procedência extracientífica.

Vista em termos dos ideais da investigação científica, a referida vinculação da Sociologia com as situações de existência social pode ser apreciada tanto de modo positivo, quanto negativo. Assim, é certo que ela contribuiu para ajustar rapidamente o modelo da análise científica à natureza dos fenômenos sociais humanos, que ela favoreceu a adoção de padrões de comunicação científica relativamente exotéricos e que a ela se associa uma nova compreensão do objeto e das funções da ciência aplicada. Contudo, nessa vinculação também se encontram as raízes dos principais obstáculos ao desenvolvimento posterior da Sociologia. De um lado, porque nela se inspirou a identificação, ainda hoje corrente, da Sociologia com a Filosofia da "Questão Social" — o que acabava por reduzi-la às proporções de uma *Filosofia Política*. De outro, porque podia conduzir ao empobrecimento do campo de investigação da Sociologia, especialmente quando a supervalorização da chamada "Sociologia Histórica" se processava em combinação com "intuitos práticos" mal definidos.

Tais conclusões demonstram que a herança intelectual da Sociologia atendia, escassamente, aos pré-requisitos de uma verdadeira ciência. Isso não significa, porém, que se deva proceder a uma condenação da "Sociologia do século XIX", como o faz Georges Gurvitch. O melhor seria tentar compreender o seu espírito e os seus resultados, tomando-se como ponto de referência a significação deles para o desenvolvimento da Sociologia na época. A esse respeito, seria conveniente considerar: 1º) as relações da emergência da Sociologia com os efeitos intelectuais dos processos de secularização dos modos de conceber e de explicar o mundo; 2º) as repercussões das tendências de racionalização e dos movimentos sociais na delimitação do horizonte intelectual dos pioneiros ou dos fundadores da Sociologia; 3º) a natureza dos motivos e das ambições intelectuais, inerentes às primeiras tentativas de aproveitar os princípios do conhecimento científico na explicação da vida humana em sociedade.

A explicação sociológica exige, como requisito essencial, um estado de espírito que permita entender a vida em sociedade como estando submetida a uma ordem, produzida pelo próprio concurso das condições, fatores e produtos da vida social. Por isso, tal estado de espírito não só é anterior ao aparecimento da Sociologia, como representa uma etapa necessária à sua elaboração. No mundo moderno, pelo que se sabe, ele se constituiu graças à desagregação da sociedade feudal e à evolução do sistema capitalista de produção, com sua economia de mercado e a correspondente expansão das atividades urbanas. É que estes dois processos histórico-sociais se desenrolaram de modo a ampliar, continuamente, as esferas da existência nas quais o ajustamento dinâmico às situações sociais exigia o recurso crescente a atitudes secularizadas de apreciação dos móveis das ações humanas, do significado dos valores e da eficiência das instituições.

No plano puramente intelectual, a secularização dos modos de conceber e de explicar o mundo está relacionada com transformações radicais da mentalidade média. O efeito mais notável e característico dessas transformações consiste no alargamento do âmbito da percepção social além dos limites do que era sancionado pela tradição, pela Religião ou pela Metafísica. Todo sujeito percebe o mundo exterior e as próprias tendências egotistas através de categorias de pensamento herdadas da sociedade em que vive. Quando a herança cultural é constituída, predominantemente, por categorias de pensamento modeladas pelo influxo direto e profundo das tradições, de noções religiosas ou de explicações metafísicas de origem sacerdotal, a percepção social acaba sendo condicionada de forma estática e recorrente, o que restringe as potencialidades críticas e inconformistas dos agentes humanos em face de suas situações de existência. Qualquer análise da conduta, da sociedade ou do destino humano esbarra com o caráter "absoluto", "intangível" e "sagrado" das normas, dos valores e das instituições sociais, reconhecidos culturalmente. Nem mesmo uma disposição objetiva ou neutra de reconhecimento das situações de existência se torna facilmente acessível. Nas condições de inquietação e de instabilidade, ligadas à desagregação da sociedade medieval e à formação do mundo moderno, as inconsistências daquelas categorias absolutas e estáticas do pensamento se fizeram sentir com rapidez. Contudo, como se estava em uma era de revolução social (e não apenas de transição de um período a outro de uma mesma civilização), elas não foram simplesmente impugnadas e rejeitadas: as formas de saber de que elas derivavam e que pareciam viciar, de diversas maneiras e sob diferentes fundamentos, o uso da razão, é que foram condenadas e substituídas. Seja no plano prático, seja no plano teórico, impunham-se tarefas que pressupunham novos padrões de apreciação axiológica, mais ou menos livres dos influxos da tradição ou de concepções providencialistas. Portanto, o que se poderia designar como *consciência realista* das condições de existência emerge e progride através de exigências de novas situações de vida, mais complexas e instáveis. Daí o enriquecimento dos conteúdos e o alargamento dos níveis da percepção social do sujeito, exposto a um cosmos moral em que a capacidade de julgar, de decidir e de agir passa a depender, de modo crescente, do grau de consciência por ele alcançado sobre os móveis das ações dos outros ou os efeitos das possíveis alterações da estrutura e funcionamento das instituições.

A essa transformação básica do horizonte intelectual médio é preciso acrescentar outras duas consequências, a ela relacionadas. De um lado, as modificações que se produziram na natureza e nos alvos do conhecimento do senso comum; de outro, as inovações que se manifestaram no seio do pensamento racional sistemático. As modificações por que passou o conhecimento do senso comum têm sido subestimadas, em particular devido às inclinações intelectualistas dos autores que estudam a história do pensamento no mundo moderno. Mas elas possuem uma significação excepcional, pois foi por meio delas que se projetaram na vida prática as diversas noções que fizeram da atividade humana, individual ou coletiva, o próprio cerne de todo progresso econômico, político ou cultural. Na verdade, foi o conhecimento do senso comum que se expôs e teve de enfrentar as exigências mais profundas e imediatas das novas situações de existência social. Por isso ele acabou servindo como verdadeiro foco de formação e de cristalização das categorias de pensamento, historicamente adequadas àquelas situações. Tome-se como exemplo a história da Economia: noções que serviram, primordialmente, para definir o significado de ações, de obrigações ou de relações econômicas, na linguagem cotidiana foram ordenadas com base na experiência de atividades econômicas concretas e "generalizadas", tudo dentro do âmbito do conhecimento do senso comum. Mais tarde, as explicações assim descobertas constituíram o ponto de partida de uma disciplina científica. Pode-se objetar que existe ampla diferença entre as explicações abstratas dos economistas e a "teoria" do comércio de um mercador inglês do século XVI ou XVII. O paralelo é bastante sugestivo, não obstante, para indicar o sentido objetivo e os intuitos de precisão, inerentes ao conhecimento de senso comum no mundo moderno.

As repercussões da secularização dos modos de perceber e de explicar o mundo no pensamento racional sistemático são, entretanto, melhor conhecidas. Mas mesmo aqui se verifica que o processo de transformação foi mais rápido nas esferas do pensamento racional vinculadas de modo imediato às situações práticas de existência, como se pode comprovar pelo confronto do desenvolvimento do Direito Positivo com o da Filosofia, a partir da desagregação da sociedade medieval. Isso não impede que se reconheça que coube ao pensamento racional sistemático seja ordenar e dar expressão lógica às elaborações realmente significativas do conhecimento do senso comum, seja estender os critérios de explicação secular do mundo a objetos e a temas que não caem dentro dos limites da reflexão prática. Graças a estas duas funções, a Filosofia moderna ofereceu os meios intelectuais através dos quais se esboçaram as primeiras tentativas de explicação realista sistemática das condições e efeitos da vida humana em sociedade. A essas tentativas não estiveram alheios, mesmo, nem certa objetividade no tratamento empírico das manifestações da vida social, nem um mínimo de espírito relativista, que permitiu entender univocamente os fenômenos de mudança sociocultural, condicionados pelo espaço ou pelo tempo, e que oferecia um fundamento lógico às especulações voltadas para a reconstrução social.

Em suma, aos efeitos do processo de secularização da cultura na modificação da mentalidade média, do conhecimento do senso comum e do pensamento racional sistemático devem-se a formação do ponto de vista sociológico, a noção de que a vida humana em sociedade está sujeita a uma *ordem social* e as primeiras tentativas de explicação realista dos fenômenos de convivência humana. A constituição da Sociologia, entretanto, altera sua relação com os produtos intelectuais e com as tendências desse processo. Parece óbvio que as influências intelectuais descritas concorreram para produzir efeitos similares porque as questões que se passaram a colocar, a respeito das formas e natureza da ordem social, se tornaram demasiado variadas e complexas, a ponto de exigirem o recurso contínuo à investigação sistemática e a formação de uma disciplina intelectual específica. Tome-se Augusto Comte como referência. Suas indagações correspondiam a questões que não poderiam ser formuladas e respondidas no âmbito do conhecimento do senso comum ou da Filosofia pré-científica. O que é a ordem social? Como ela se constitui? Como ela se mantém? Como ela se transforma? Em outras palavras, com o aparecimento da Sociologia não só se amplia o sistema das ciências, como se descobrem meios intelectuais plenamente adequados às necessidades de desenvolvimento criador ou construtivo dos modos secularizados de perceber e de explicar o mundo.

As repercussões das tendências de racionalização e dos movimentos sociais na delimitação do horizonte intelectual dos pioneiros e dos fundadores da Sociologia se fizeram sentir em dois planos distintos. No plano teórico, elas levaram à convicção, muito anterior à confirmação de tal estado de espírito pelos resultados das investigações sociológicas, de que as regularidades de coexistência e de sucessão, que permitem entender e explicar a ordem dos fenômenos nas manifestações da vida social, não possuem uma natureza rígida e mecânica. É certo que tal ordem foi descrita como algo que exclui tanto os influxos da providência, quanto o arbítrio de indivíduos ou de grupos de indivíduos. Mas isso não impedia que se procurasse conhecer os processos sociais com o intuito de colocar ao alcance da atividade humana meios eficazes de intervenção nas condições de existência social. Estava-se na grande era do pensamento inventivo e do humanitarismo. Conservadores, liberais ou socialistas, todos se interessavam pelas descobertas das ciências e por suas aplicações nas indústrias, nos serviços públicos e nas relações humanas. Daí a construção de elaborações interpretativas que perseguiam dois fins: 1º) o de descrever a ordem social como um sistema dotado de organização estrutural e funcional própria, cuja alteração interna se processaria através da operação de mecanismos inerentes à organização do sistema; 2º) o de descobrir as condições dentro das quais a atividade humana poderia tirar determinados proveitos da plasticidade relativa da ordem social, mediante o aproveitamento dos conhecimentos fornecidos pela análise dos referidos mecanismos de mudança do sistema social.

No plano prático, os ideais de racionalização concorreram para alimentar a aspiração de inventar técnicas de manipulação ou de controle das situações de existência social, modeladas segundo os padrões do conhecimento positivo-racional. Em incentivos dessa espécie repousam, desde o início, as preocupações sociológicas sobre as possibilidades e as funções do planejamento no mundo moderno. As impulsões coletivas imanentes aos movimentos sociais eram, por sua vez, demasiado poderosas para serem subestimadas no pensamento sociológico. Por isso, as acomodações intelectuais se revelam antes na inclinação a aumentar ou a diminuir o intervalo ideal nas relações da teoria com a prática, que na negação de sua existência e importância. Os que pretendiam aproveitar os conhecimentos sociológicos em manipulações conservadoras ou reformistas, a exemplo de Malthus ou de Comte, respectivamente, julgavam indispensável a escolha de intervalos mais ou menos consideráveis. Os que aspiravam colocar aqueles conhecimentos a serviço da revolução social, ao contrário, tendiam a recomendar um intervalo mínimo, a exemplo de Proudhon ou de Marx, com amplas perspectivas para o mútuo aprofundamento da teoria e da prática. Do ponto de vista formal, o resultado seria o mesmo: o nascimento de uma concepção de ciência aplicada e da significação construtiva da prática para a teoria que não encontrava símile nem fundamento nas ciências naturais.

Quanto à natureza dos motivos e das ambições intelectuais, inerentes às primeiras tentativas de explicar a vida humana em sociedade de forma objetiva: eles eram antes filosóficos que científicos. Para definir as coisas com maior precisão: eles provinham de uma filosofia plenamente imbuída das descobertas, das categorias de pensamento e do valor da ciência. O que se costuma chamar de *ciências sociais*, com referência aos Enciclopedistas, ou de Sociologia, em face de autores como Comte, Stuart Mill ou Spencer, é, propriamente falando, uma Filosofia da Ação Humana — compreendendo reflexões que se aplicam a caracteres ou atributos universais da natureza humana e indagações em que essa natureza é explicada através de elementos variáveis das condições de existência social. O que importa, em conjunto, são o encadeamento e a direção que tais reflexões e indagações acabaram tomando.

O encadeamento se revela na fragmentação da Filosofia da Ação Humana, desdobrada em três níveis diferentes de consideração da realidade. Ela se apresenta como uma Filosofia da História, quando procura associar o presente ao passado e descobrir as "leis" do desenvolvimento do espírito humano. Ela se torna uma Filosofia Social, quando pretende evidenciar as funções "civilizadoras" da vida em sociedade, estabelecendo as primeiras vinculações dinâmicas, de sentido universal, da natureza humana com as situações de convivência social; e quando se volta para *a questão social*, de cuja análise retira o caráter de Filosofia das condições atuais de existência humana e do seu devir. Ela assume as proporções de uma Filosofia Política, quando liga, por meio da análise e da crítica dos sistemas políticos modernos, os resultados dos tipos de reflexão e de indagações filosóficas, a que poderiam conduzir a Filosofia da História e a Filosofia Social.

Vê-se, portanto, que a Filosofia da Ação Humana era coroada por uma Filosofia Política, em cuja base estavam uma Filosofia da História e uma Filosofia Social. Em virtude mesmo de semelhantes vinculações, o pensamento filosófico moderno se encaminhou da reflexão abstrata para a indagação empírica e para a análise indutiva. A acumulação de dados e sua manipulação intelectual se impunham tanto nas elaborações da Filosofia da História e da Filosofia Social, quanto nas contribuições da Filosofia Política. O exemplo de Comte, único pensador em que as três disciplinas filosóficas se fundem, construtivamente, demonstra que a Filosofia Política, além de aproveitar os resultados das outras duas, precisava resolver problemas empíricos específicos, nascidos do exame das origens sociais ou da significação ideológica e pragmática dos sistemas políticos coexistentes em luta pelo poder. Tais tendências para a análise empírica e indutiva sublinham quão profundas foram as transformações de direção, sofridas pelo pensamento filosófico moderno, sob o impacto dos ideais de conhecimento científico.

Portanto, os móveis e as ambições intelectuais, que deram sentido e orientaram as investigações pioneiras no campo da Sociologia, possuíam natureza filosófica, ainda que esta fosse corrigida e ampliada pelas influências do pensamento científico. A rigor, durante a primeira metade do século XIX não existia uma Sociologia propriamente científica, mas uma Filosofia da Ação Humana. Mesmo em época mais recente, as tentativas de Spencer, de Schäffle, de Lilienfeld, de Gumplowicz, de Greef ou de Worms, de construir a Sociologia como um sistema logicamente completo de conhecimentos, sob a inspiração ou não do *Organicismo*, só contribuíram para perpetuar as concepções pré-científicas de trabalho, herdadas da Filosofia da Ação Humana. Isso não implica, porém, que se condene e rejeite, por "filosófica", a Sociologia do século XIX. A constituição da Sociologia, como disciplina científica, seria inconcebível se aqueles motivos e ambições intelectuais, de *natureza filosófica*, não tivessem inspirado e dirigido as modernas indagações sobre a natureza humana e suas relações com as condições de existência social.(1)

Em dois pontos essa verificação é incontestável. Primeiro, naquilo que se tem descrito como sendo a revolução copernicana, que proporcionou o advento das ciências sociais: a transição do "ponto de vista normativo" para o "ponto de vista positivo", na interpretação dos fenômenos sociais. É certo que essa transição foi condicionada e impulsionada pela secularização dos modos de conceber e de explicar o mundo nas sociedades modernas. No que concerne à explicação da natureza humana e de suas relações com as situações sociais de existência, contudo, ela se processou, intelectualmente, pela transformação da antiga Metafísica em Filosofia da Ação Humana. E foi no seio desta que surgiu e se desenvolveu a tendência a considerar as situações sociais de existência através de instâncias empíricas, pelo recurso à análise indutiva e com um sério esforço para conter influências perceptíveis dos sentimentos, de ideias preconcebidas ou de valorizações etnocêntricas nas atividades cognitivas.

Segundo, a natureza humana só poderia ser conhecida e interpretada sociologicamente como parte de um sistema de relações com sentido, pois o comportamento dos seres humanos, individual ou coletivamente, é regulado por normas, valores e instituições sociais. Em consequência, a observação, a descrição e a interpretação da vida social humana exigiam categorias de pensamento especiais, que não podiam ser tomadas ao conhecimento físico do mundo exterior, voltado para um sistema de relações destituídas de sentido. Comte apreendeu o problema com genialidade, ao reconhecer que cabia à Sociologia lidar com conceitos nos quais os limites de abstração do geral seriam condicionados pela extrema complexidade dos fenômenos sociais. Isso equivalia a admitir, em termos diferentes, o princípio segundo o qual os conceitos e a explicação científica das atividades sociais humanas são delimitados, formalmente, pelo universo empírico de sentido a que se referem (Dilthey). Portanto, é evidente que, sem os recursos conceituais legados pela Filosofia da Ação Humana, a Sociologia estaria privada de categorias de pensamento plenamente adequadas à realidade social.

Esses dois pontos esclarecem uma questão fundamental: a Filosofia da Ação Humana não serviu, apenas, de veículo à introdução do espírito científico no estudo da vida social humana. Ela própria representa uma fase construtiva do desenvolvimento da Sociologia. Suas limitações e inconsistências acabaram, com o tempo, por entravar o progresso científico das investigações sociológicas, por causa da importância que se chegou a atribuir a problemas sem significação teórica precisa ou da negligência do valor da pesquisa empírica sistemática. Entretanto, seriam pressentidas tão depressa as limitações dessa espécie, se as contribuições "filosóficas" dos pioneiros e fundadores da Sociologia não tivessem concorrido para a formação de ideais de trabalho verdadeiros e consistentes? A alteração inevitável do clima de produção intelectual e das preocupações centrais dos investigadores não deve prejudicar o reconhecimento desse fato essencial.

---

(1) Adiante, por causa das implicações dessa análise, a Filosofia da Ação Humana será designada com a expressão Sociologia "Filosófica". A escolha deste termo permite caracterizar melhor a significação da Filosofia da Ação Humana do ponto de vista da Sociologia (ela também tem importância para a Economia, para a Política, para Etnologia e para a Psicologia). De outro lado, existem correntes e contribuições da "Sociologia do século XIX" cuja natureza não pode ser determinada através de vinculações com a Filosofia. Isso indica a necessidade de introduzir qualificações que separem uma das outras as tendências do pensamento sociológico naquele século.

Feito esse rápido balanço, conviria indagar em que consistiam os resultados a que chegara a referida Sociologia "Filosófica". Na caracterização do objeto da Sociologia: a) formalmente, ela continua a ter grande atualidade; b) materialmente, ela se tornou obsoleta. Isso é fácil de se entender. É que a caracterização formal do objeto da Sociologia era, no fundo, um problema lógico. Sua única implicação essencial dizia respeito à determinação do elemento inconfundível e invariável do ponto de vista sociológico. Um problema dessa espécie podia ser resolvido independentemente do acúmulo de conhecimentos empírico-indutivos e de fato o foi — pela evidência de que as manifestações da vida social possuem uma ordem própria, cuja estabilidade, diferenciação e integração se produzem através de processos sociais. A caracterização material do objeto da Sociologia encontrava, porém, sérias dificuldades. De um lado, por causa da escassez de conhecimentos sociológicos positivos sobre um número suficientemente variado e extenso de situações possíveis de existência social. De outro, em virtude da tendência a confinar os problemas substantivos da análise sociológica às sociedades europeias modernas ou a fazer delas o fulcro do pensamento sociológico. Em tais circunstâncias, não é de estranhar o recurso a analogias, que permitiam dividir o campo da Sociologia de acordo com paradigmas tomados a outras ciências.

A terminologia representa uma esfera do pensamento científico cujo progresso é lento. Aí o progresso acompanha e reflete o grau de rigor atingido na formulação dos problemas a serem investigados e na verificação dos resultados das pesquisas. Por isso, se foi apreciável o número e a qualidade de conceitos legados pela Sociologia "Filosófica", muitos dos quais se conservam até hoje com a mesma significação, dela não resultaram influxos construtivos: a) seja no sentido da precisão terminológica; b) seja no da escolha de critérios para a seleção e a ordenação sistemática de conceitos sociológicos de interesse heurístico. Além disso, os poucos princípios que contribuíam para a unificação dos conceitos sociológicos correspondiam a necessidades lógicas do pensamento filosófico. Isso só contribuía para divorciar a crítica dos conceitos do caráter instrumental que eles possuem e para aumentar as confusões nascidas do caos terminológico.

Na elaboração dos recursos de natureza científica, destinados à observação, descrição e interpretação da realidade, as soluções conseguidas também se inscreviam antes na órbita do pensamento filosófico, que na do conhecimento científico. A convicção de que o princípio da "uniformidade do mundo exterior" se aplica aos fenômenos sociais humanos e de que estes estão submetidos, portanto, a uma ordem social, deu margem a rápido progresso na assimilação dos caracteres formais e gerais do conhecimento científico pela Sociologia. Essa circunstância teve enorme importância prática para a criação e a difusão de outras convicções nela fundadas, segundo as quais o ponto de vista sociológico seria logicamente necessário e cientificamente legítimo. Mas não podia suscitar, por si mesma, um estado de espírito que assegurasse condições propícias ao desenvolvimento igualmente rápido da pesquisa empírica sistemática, área na qual se forjam e refinam os recursos da investigação científica.

Em consequência, no esboço mais completo de uma teoria da investigação sociológica, que é o de Comte, são parcas e, às vezes, até negativas (2) as contribuições referentes às técnicas e aos métodos de pesquisa, sem que suceda algo melhor com as sugestões concernentes às técnicas e aos métodos de interpretação, recomendados para as tarefas de construção e de comprovação das inferências indutivas. Neste particular, é admissível que a formação da inferência indutiva por meio da "análise racional" (segundo a expressão de Cournot), chegara a alcançar relativa consistência e acentuou o desenvolvimento da Sociologia como ciência nomotética. O mesmo não se pode dizer, entretanto, da tendência à combinação de instâncias empíricas discretas ou incompatíveis na construção de inferências "indutivas", do hábito a dispensar as evidências empíricas das generalizações e do abuso da indução por analogia. Aqui se acham os piores traços da Sociologia "Filosófica" do século XIX e as principais fontes de deformação da mentalidade científica, que operavam dentro dela.

---

(2) Atente-se, por exemplo, para as consequências da condenação da introspecção, que inspirou, durante muito tempo, as resistências contra o uso de documentos pessoais na Sociologia.

No plano da teoria, é preciso distinguir duas ordens de alvos naquela Sociologia "Filosófica": 1º) os que se definiam formalmente, como consequência da natureza da Sociologia como ciência nomotética; 2º) os que se colocavam na investigação de situações histórico-sociais de existência humana. Muito se tem escrito a respeito das inconsistências do primeiro tipo de alvos. Resumindo-se os argumentos, constata-se: a) as explicações sociológicas insistiam, com parcialidade, na influência dinâmica de determinados fatores, escolhidos pelo sujeito-investigador como "fatores determinantes" ou como "fatores dominantes" (como nas diversas modalidades de "determinismo" geográfico, econômico, racial etc., que tiveram importância na Sociologia); b) a análise da diferenciação social se fazia sob modelos inadequados, conduzindo à representação da "evolução social" como um processo linear, contínuo e invariável; c) as pretensões a constituir a Sociologia como ciência nomotética levaram ao exagero a preocupação pela descoberta e formulação de *leis sociológicas gerais*, destituídas de qualquer significação empírico-indutiva. Essas críticas omitem o essencial, que é a ausência de uma compreensão positiva e consistente do papel da teoria na investigação científica. O segundo tipo de alvo é mais afim com as modernas preocupações de pesquisa empírica sistemática. Como eles se misturam, com frequência, às preocupações referidas nos itens a) e b), acabaram sendo negligenciados pela maioria dos especialistas. Todavia, eles exerceram uma influência construtiva. De um lado, porque orientaram a análise sociológica para pequenas massas de dados homogêneos (como nos estudos histórico-sociológicos de Proudhon, de von Stein, de Marx, e mesmo em trechos de tentativas mais ambiciosas de análise comparativa, como as empreendidas por Malthus, por Comte ou por Spencer). De outro, porque demonstraram, desde logo, que havia uma contradição entre os modelos de explicação tomados das ciências naturais e as possibilidades da generalização nas investigações sociológicas. Daí a convicção, que torna alento e cresce continuamente durante o século XIX, de que a Sociologia lida com sistemas descontínuos, sendo a validade das "leis sociológicas" relativa ao modo de considerar os tipos sociais investigados.

O verdadeiro círculo vicioso que se estabeleceu nas relações mútuas da teoria com a pesquisa, na Sociologia, lança suas raízes mais profundas nessas duas orientações teóricas do pensamento sociológico no século XIX. Uma delas afastava a reflexão teórica da pesquisa empírica sistemática. A outra, confinava a pesquisa empírica sistemática a alvos teóricos em que não se evidenciava, com toda a precisão e clareza, o caráter nomotético da explicação sociológica. Bem ponderadas as coisas, entretanto, verifica-se que semelhante círculo vicioso não é um produto específico da Sociologia "Filosófica" do século XIX. Ele parece ser, acima de tudo, a expressão das contingências da investigação científica em uma disciplina que se vê compelida a criar instrumentos de trabalho adequados ao objeto mais complicado e difícil a que a ciência jamais se propusera: a natureza e as formas da existência humana em sociedade.

Por fim, em um ponto a Sociologia "Filosófica" parece ser inconfundivelmente rica: na esfera das reflexões práticas. Aqui, em que não revelam empobrecimento crescente, os desenvolvimentos posteriores da Sociologia mantêm íntima continuidade com as tendências sociológicas do século XIX. A que se devem tais progressos? Pelo que se sabe, muito mais aos influxos construtivos do pensamento filosófico e da consciência racional dos objetivos dos movimentos sociais, que aos resultados diretos da investigação sociológica dos *problemas sociais*. O fato de não se ter descoberto, na época, uma solução satisfatória para a sistematização dos temas da Sociologia Aplicada demonstra que essa interpretação é verdadeira. O máximo que se conseguiu, em tal direção, aparece na ideia (atualmente inaceitável), de que existem fenômenos sociais *patológicos*, objeto de estudo da "patologia social", considerada como disciplina sociológica. Portanto, inclusive na esfera em que se mostrou mais fecunda e criadora, a Sociologia "Filosófica" não dispôs de recursos metodológicos e teóricos que facilitassem a superação das dificuldades essenciais, com que se defrontou.

Com base nos resultados da presente digressão, é legítimo concluir que a Sociologia recebeu uma herança intelectual comparável a uma faca de dois gumes. De um lado, ela era bastante rica e plástica para encaminhar e permitir a solução de muitas questões fundamentais, ligadas com a caracterização do ponto de vista sociológico, com a definição do objeto da Sociologia, com a seleção e o aproveitamento de categorias de pensamento adequadas à natureza dos fenômenos sociais humanos, com a exploração de critérios de análise aplicáveis à descrição e à interpretação dos processos sociais, com os alvos práticos inerentes aos conhecimentos sociológicos ou decorrentes das funções da ciência no mundo moderno. Mas, de outro, ela se revelou pobre e obstrutiva. Escaparam-lhe os objetivos que dão sentido específico à investigação científica e, com eles, a significação e a importância da pesquisa empírica sistemática, tanto para o desenvolvimento do aparato conceitual e metodológico da Sociologia, quanto para o progresso da teoria e das indagações de interesse prático. Foi neste plano que os hábitos e as ambições intelectuais, procedentes do pensamento filosófico ou do conhecimento do senso comum, se mostraram mais ou menos inconciliáveis com as tarefas impostas pela pesquisa científica. Em consequência, a evolução posterior da Sociologia, em direção às normas e aos fins da investigação científica, teve que se processar, em grande parte, *contra* a herança intelectual por ela recebida.

Capítulo 1

OS PRINCÍPIOS CONSTITUTIVOS DO CONHECIMENTO SOCIOLÓGICO: INTEGRAÇÃO E CONTRADIÇÃO

2

*Objetividade e Identidade na Análise da Vida Social**

Émile Durkheim

Fatos sociais: o estudo das representações coletivas

Os fatos sociais devem ser tratados como coisas — eis a proposição fundamental de nosso método, e a que mais tem provocado contradições. Esta assimilação que fazemos, das realidades do mundo social às realidades do mundo exterior, foi interpretada como paradoxal e escandalosa. Estabeleceu-se singular confusão a respeito do sentido e da extensão desta assimilação; seu objetivo não é rebaixar formas superiores às formas inferiores do ser, e sim, ao contrário, reivindicar para as primeiras um grau de realidade pelo menos igual ao que todos reconhecem como apanágio das segundas. Com efeito, não afirmamos que os fatos sociais sejam coisas materiais, e sim que constituem coisas ao mesmo título que as coisas materiais, embora de maneira diferente.

Com efeito, que é coisa? A coisa se opõe à ideia como se opõe entre si tudo o que conhecemos a partir do exterior e tudo o que conhecemos a partir do interior. É coisa todo objeto do conhecimento que a inteligência não penetra de maneira natural, tudo aquilo de que não podemos formular uma noção adequada por simples processo de análise mental, tudo o que o espírito não pode chegar a compreender senão sob condição de sair de si mesmo, por meio da observação e da experimentação, passando progressivamente dos caracteres mais exteriores e mais imediatamente acessíveis para os menos visíveis e mais profundos. Tratar fatos de uma certa ordem como coisas não é, pois, classificá-los nesta ou naquela categoria do real; é observar, com relação a eles, certa atitude mental. Seu estudo deve ser abordado a partir do princípio de que se ignora completamente o que são, e de que suas propriedades características, assim como as causas desconhecidas de que estas dependem, não podem ser descobertas nem mesmo pela mais atenta das introspecções.

Assim definidos os termos, nossa proposição, se ainda hoje não fosse tão mal compreendida pelas ciências que tratam do homem e, em particular, pela Sociologia, poderia quase passar por

---

(*) Émile Durkheim, *As regras do método sociológico,* 2ª ed., Companhia Editora Nacional, São Paulo, 1960, pp. XVIII-XXXI e 52-60 (trad. de Maria Isaura Pereira de Queiroz), *De la division du travail social,* 7ª ed., Presses Universitaires de France, Paris, 1960, pp. 73-8, 205-06, 98-102, 237-44 e 356-65 (trad. de Iara de Lorenzi Ràggio); *Sociologie et Philosophie,* Presses Universitaires de France, Paris, 1963, pp. 32-7 (trad. de Iara de Lorenzi Ràggio). Trechos reproduzidos com autorização de M.I. Pereira de Queiroz e da Presses Universitaires de France.

um truísmo, em lugar de constituir um paradoxo. Com efeito, de acordo com este ponto de vista, pode-se afirmar que, com exceção talvez dos objetos matemáticos, todo objeto de ciência é coisa; pois, quanto àqueles, uma vez que nós mesmos os construímos, dos mais simples aos mais complexos, é suficiente olhar para dentro de nós e analisar interiormente o processo mental de que resultam para saber o que são. Os fatos propriamente ditos, porém, constituem para nós, necessariamente, algo de desconhecido, no momento em que empreendemos delinear-lhes a ciência; são *coisas* ignoradas, pois as representações que podem ser formuladas no decorrer da vida, tendo sido efetuadas sem método e sem crítica, estão destituídas de valor científico e devem ser afastadas. Os próprios fatos da psicologia individual apresentam este caráter e devem ser considerados sob o mesmo aspecto. Com efeito, a consciência que deles temos não lhes revela nem a natureza intensa nem a gênese, embora nos sejam interiores por definição. A consciência só permite realmente conhecê-los até certo ponto, mas apenas como conhecemos as sensações produzidas pelo calor, pela luz, pelo som ou pela eletricidade; são impressões confusas, passageiras, subjetivas, e não noções claras, distintas, conceitos explicativos. E é precisamente por esta razão que se formou, no decorrer deste século, uma psicologia objetiva cuja regra fundamental é estudar os fatos mentais a partir do exterior, isto é, como coisas. O mesmo pode ser dito dos fatos sociais, e com maior razão ainda; pois a consciência não seria mais competente para conhecê-los do que para conhecer sua própria vida.(1) Poder-se-á objetar que, para saber o que neles pusemos e como os formamos, uma vez que são obra nossa, basta tomar consciência de nós mesmos. Todavia, em primeiro lugar, herdamos já feita pelas gerações anteriores a maior parte das instituições sociais; como não participamos de modo nenhum em sua formação, não é nos interrogando que poderemos descobrir as causas que as fizeram nascer. E mais ainda, mesmo colaborando em sua gênese, só vislumbramos da maneira a mais vaga e confusa, e geralmente a mais inexata até, a natureza de nossa ação, as razões verdadeiras que nos determinaram a agir. Conhecemos muito mal os objetivos relativamente simples que nos guiam, mesmo quando se trata apenas de nossos empreendimentos particulares; acreditamos agir desinteressadamente e o fazemos de maneira egoísta; acreditamos obedecer ao ódio, e cedemos ao amor; cremos obedecer à razão e somos escravos de preconceitos irrefletidos etc. Como poderíamos, então, discernir com clareza maior as causas muito mais complexas de que procedem os empreendimentos da coletividade? Pois cada um de nós não participa senão em ínfima parte nesses empreendimentos; possuímos uma multidão de colaboradores e escapa-nos o que se passa nas outras consciências.

Nossa regra não implica, pois, nenhuma concepção metafísica, nenhuma especulação a respeito do que há no mais profundo do ser. O que reclama do sociólogo é que se coloque em um estado de espírito semelhante ao dos físicos, químicos, fisiologistas, quando se aventuram em uma região ainda inexplorada de seu domínio científico. É necessário que, ao penetrar no mundo social, ele tenha consciência de que penetra no desconhecido; é necessário que se sinta em presença de fatos cujas leis são tão desconhecidas quanto o eram as da existência antes da constituição da biologia; é preciso que se mantenha pronto a fazer descobertas que hão de surpreendê-lo e desconcertá-lo. Ora, estamos longe de ver a Sociologia chegar a tal grau de maturidade intelectual. Enquanto o cientista, ao estudar a natureza física, tem o sentimento muito vivo das resistências que ela lhe opõe e das quais triunfa com tanto esforço, o sociólogo parece, na verdade, se mover entre coisas imediatamente transparentes ao espírito, tão grande é a facilidade com que o vemos resolver as questões mais obscuras. Não sabemos, na verdade, no estado atual da ciência, o que são as principais instituições sociais — por exemplo, o Estado ou a família, o direito de propriedade ou o contrato, a pena ou a responsabilidade; ignoramos quase completamente as causas de que dependem, as funções que desempenham, as leis de sua evolução; e somente em alguns pontos começamos a entrever alguma claridade. No entanto, basta percorrer obras de Sociologia para verificar quão raro é o sentimento

---

(1) Vê-se que, para aceitar esta proposição, não é necessário afirmar que a vida social seja feita de algo mais do que de representações; basta formular que as representações individuais ou coletivas não podem ser estudadas cientificamente senão sob a condição de serem estudadas objetivamente.

desta ignorância e destas dificuldades. Não somente consideram-se os sociólogos como que obrigados a dogmatizar sobre todos os problemas ao mesmo tempo, mas acreditam também poder atingir, em poucas páginas ou em poucas frases, a própria essência dos fenômenos mais complexos. O que equivale a dizer que semelhantes teorias exprimem, não os fatos que não poderiam ser esgotados com tanta rapidez, mas a pré-noção que a respeito deles formulava o autor, anteriormente à pesquisa. É certo que a ideia que fazemos das práticas coletivas, do que constituem ou do que devem ser, representa um dos fatores de seu desenvolvimento. Mas esta ideia é, ela mesma, um fato que, para ser convenientemente determinado, deve também ser estudado do exterior. Pois o que importa saber não é a maneira pela qual tal pensador concebe individualmente determinada instituição, mas sim a concepção que dela formula o grupo; somente esta concepção é socialmente eficaz. Ora, ela não pode ser conhecida por simples observação interior, uma vez que não existe toda inteira em nenhum de nós; é preciso, pois, procurar alguns sinais exteriores que a tornem sensível. Ainda mais, ela não nasceu do nada; constitui um efeito de causas externas que é preciso conhecer para poder apreciar o papel que desempenhará no futuro. Por mais que se faça, é necessário voltar sempre ao mesmo método.

***

A proposição que apresenta os fenômenos sociais como exteriores aos indivíduos não foi menos vivamente discutida do que a precedente. Já nos concedem hoje, com assaz boa vontade, a existência de certo grau de heterogeneidade entre os fatos da vida individual e os da vida coletiva; pode-se mesmo dizer que um acordo, senão unânime, pelo menos muito geral, está nesse ponto em vias de se conseguir. Não existem mais quase sociólogos que neguem à Sociologia toda e qualquer especificidade. Mas, porque a sociedade é composta de indivíduos,(2) parece ao senso comum que a vida social não pode ter outro substrato senão a consciência individual; caso contrário, como que ficaria no ar, planando no vácuo.

Contudo, admite-se correntemente nos outros reinos da natureza aquilo que com tanta facilidade julgamos inadmissível ao se tratar dos fatos sociais. Todas as vezes que, ao se combinarem e devido à combinação, quaisquer elementos desencadeiam fenômenos novos, não se pôde deixar de conceber que estes estão contidos, não nos elementos, mas no todo formado pela referida união. A célula viva não contém senão partículas minerais, como a sociedade nada contém a não ser os indivíduos; e no entanto, é impossível, segundo toda a evidência, que os fenômenos característicos da vida residam nos átomos de hidrogênio, de oxigênio, de carbono e de nitrogênio: como poderiam movimentos vitais se processar no seio de elementos inanimados? E, mais ainda, como se distribuiriam as propriedades biológicas entre os elementos em questão? Tais propriedades não poderiam ser encontradas em todos os elementos igualmente, uma vez que não são estes da mesma natureza; o carbono não é nitrogênio e, portanto, não pode revestir-lhe as mesmas propriedades, nem desempenhar o mesmo papel. Não é admissível, também, que cada aspecto da vida, cada um de seus caracteres principais, se encarne em um grupo diferente de átomos. A vida não poderia se decompor desta maneira; é una, e, por conseguinte, não pode ter por sede senão a substância viva em sua totalidade. Ela existe no todo e não nas partes. Não são as partículas inanimadas da célula que se alimentam, se reproduzem, que vivem em suma; é a própria célula, e só a célula. O que afirmamos a respeito da vida poderia ser reproduzido para todas as sínteses possíveis. A dureza do bronze não figura nem no cobre, nem no estanho, nem no chumbo que serviram para formá-lo e que são corpos maleáveis ou flexíveis; figura na mistura por eles formada. A fluidez da água, suas propriedades alimentares ou outras, não existem nos dois gases de que se compõe, mas na substância complexa que formam ao se associarem.

Apliquemos o mesmo princípio à Sociologia. Se a síntese *sui generis* que constitui toda sociedade desenvolve fenômenos novos, diferentes daqueles que se passam nas consciências solitárias (ponto

---

(2) A proposição não é, todavia, senão parcialmente exata. Além dos indivíduos, há também coisas que são elementos integrantes da sociedade. No entanto, é verdade que nela os indivíduos são os únicos elementos ativos.

cuja admissão já alcançamos), concorde-se também que a sede de tais fatos específicos é a própria sociedade que os produz, e não as partes desta, isto é, seus membros. Tais fatos são, pois, nesse sentido, exteriores às consciências individuais consideradas como tais, do mesmo modo que os caracteres distintivos da vida são exteriores às substâncias minerais que compõem o ser vivo. Não é possível reduzi-los a seus elementos sem entrar em contradição, uma vez que, por definição, neles está pressuposto algo mais do que os elementos que contêm. Eis, pois, mais uma razão pela qual também se justifica a separação que mais adiante estabelecemos entre a Psicologia propriamente dita, ou ciência do indivíduo mental, e a Sociologia. Os fatos sociais não diferem dos fatos psíquicos apenas em qualidade; *apresentam um substrato diferente*, não evoluem no mesmo meio, não dependem das mesmas condições. O que não quer dizer que não sejam, também, de certa maneira, psíquicos, uma vez que todos eles consistem em maneiras de pensar e de agir. Mas os estados da consciência coletiva são de natureza diferente dos estados da consciência individual; são representações de outra espécie. A mentalidade dos grupos não é a mesma dos particulares; tem suas leis próprias. Desse modo, sejam quais forem as relações que possam existir entre elas, são ambas as ciências tão nitidamente distintas quanto é possível que o sejam.

Há, porém, necessidade de se efetuar uma distinção neste ponto, que poderá trazer algum esclarecimento ao debate.

Parece-nos inteiramente evidente que a *matéria* da vida social não é possível de se explicar por fatores puramente psicológicos, isto é, por estados individuais de consciência. Com efeito, o que as representações coletivas traduzem é a maneira pela qual o grupo se enxerga a si mesmo nas relações com os objetos que o afetam. Ora, o grupo está constituído de maneira diferente do indivíduo, e as coisas que o afetam são de outra natureza. Representações que não exprimem nem os mesmos sujeitos, nem os mesmos objetos, não poderiam depender das mesmas causas. Para compreender a maneira pela qual a sociedade se vê a si mesma e ao mundo que a rodeia, é preciso considerar a natureza da sociedade e não a dos indivíduos. Os símbolos através dos quais ela se encara, mudam conforme o que ela é. Se, por exemplo, ela se concebe como proveniente de um animal epônimo, é porque forma um desses grupos especiais chamados clãs. Nos grupos em que o animal foi substituído por um ancestral humano, porém mítico também, o que houve foi que o clã mudou de natureza. Se, acima das divindades locais ou familiares, a sociedade imagina outras das quais crê depender, é porque os grupos locais de que se compõe tendem a se concentrar e a se unificar; o grau de unidade apresentado por um panteão religioso corresponde ao grau de unidade atingido nesse mesmo momento pela sociedade. Se ela condena certos modos de comportamento, é porque estes ferem alguns de seus sentimentos fundamentais; e tais sentimentos estão presos à sua constituição, como se prendem os do indivíduo ao seu temperamento físico e à sua organização mental. Assim, ainda quando a Psicologia individual não tivesse mais segredos para nós, ela não saberia nos fornecer a solução de nenhum desses problemas, uma vez que se ligam a ordens de fatos por ela ignorados.

No entanto, uma vez reconhecida a heterogeneidade, cabe perguntar se as representações individuais e as representações coletivas não se assemelham, desde que umas e outras são igualmente representações; e se, devido a tais semelhanças, certas leis abstratas não seriam comuns aos dois setores. Os mitos, as lendas populares, as concepções religiosas de toda a espécie, as crenças morais etc. exprimem uma realidade diversa da realidade individual; mas poderia ser que a maneira pela qual se atraem ou se repelem, se agregam ou se desagregam, fosse independente de seu conteúdo, ligando-se unicamente à qualidade geral de representações que ambas apresentam. Embora compostas de material muito diferente, mitos, crenças, lendas, comportar-se-iam em suas relações mútuas da mesma forma que se comportam as sensações, as imagens ou as ideias de um indivíduo. Não se pode pensar, por exemplo, que a contiguidade e a parecença, os contrastes e os antagonismos lógicos, ajam da mesma maneira, sejam quais forem as coisas representadas? Chega-se assim a conceber a possibilidade de uma Psicologia inteiramente formal, que seria uma espécie de terreno comum entre a Psicologia individual e a Sociologia; seria este o fundamento do escrúpulo que ressentem certos espíritos em distinguir por demais nitidamente as duas ciências.

Se quiséssemos examinar rigorosamente a questão assim colocada, nenhuma solução categórica lhe seria aplicável no estado atual de nossos conhecimentos. Com efeito, tudo o que sabemos sobre a forma de se combinarem as ideias individuais se reduz a essas poucas proposições, muito gerais e muito vagas, comumente chamadas de leis de associação de ideias. E quanto às leis de ideação coletiva, a ignorância é ainda mais completa. A Psicologia social, que devia ter por tarefa determiná-las, não é mais do que um termo a designar toda espécie de generalidades variadas e imprecisas, sem objeto definido. Seria necessário procurar, através da comparação dos temas míticos, das lendas e das tradições populares dos idiomas, de que modo as representações sociais se atraem e se excluem, fusionam umas com as outras, ou se distinguem etc. Ora, embora o problema mereça tentar a curiosidade dos pesquisadores, pode-se dizer que tem sido apenas abordado; e enquanto não forem encontradas algumas dessas leis, será evidentemente impossível saber com certeza se elas repetem ou não as leis da Psicologia individual.

Porém, na falta de uma certeza, é pelo menos provável que, em existindo parecença entre as duas espécies de leis, não menos marcadas devem ser as diferenças. Com efeito, parece inadmissível que a matéria de que são feitas as representações não influencie a maneira pela qual se combinam. É verdade que os psicólogos falam algumas vezes de leis de associações de ideias como se fossem as mesmas para toda a espécie de representações individuais. Mas nada é tão inverossímil quanto esta noção; as imagens não se compõem como as sensações, nem os conceitos como as imagens. Se a Psicologia estivesse mais avançada, constataria sem dúvida que cada categoria de estados mentais tem leis formais que lhe são próprias. Se tal se dá, deve-se *a fortiori* esperar que, no domínio do pensamento social, as leis correspondentes sejam tão específicas quanto este próprio pensamento. Com efeito, por pouco que se tenha praticado tal ordem de fatos, é difícil não ter o sentimento desta especificidade. Não é ela, com efeito, que nos faz parecer tão estranha a maneira especial pela qual as concepções religiosas (que são antes de mais nada coletivas) se misturam ou se separam, se transformam umas nas outras, dão nascimento a compostos contraditórios que contrastam com os produtos ordinários de nosso pensamento individual? Se, como é então presumível, certas leis da mentalidade social lembram efetivamente determinadas leis estabelecidas pelos psicólogos, tal não se dá porque as primeiras sejam um simples caso particular das segundas; mas sim porque entre umas e outras, ao lado de diferenças certamente importantes, existem similitudes que a abstração poderá desentranhar, e que além disso são ainda ignoradas. O que equivale a dizer que em caso algum deveria a Sociologia pura e simplesmente emprestar da Psicologia esta ou aquela proposição, para aplicá-la tal e qual aos fatos sociais. O pensamento coletivo todo inteiro, em sua forma e matéria, deve ser estudado em si mesmo, para si mesmo, com o sentimento da especificidade que apresenta, ficando para o futuro o cuidado de procurar em que medida se assemelha ao pensamento individual. Tanto mais que esse problema compete antes à Filosofia geral e à Lógica abstrata do que ao estudo científico dos fatos sociais.(3)

***

Resta-nos agora dizer algumas palavras a respeito da definição que demos de fatos sociais em nosso primeiro capítulo. Para nós, consistem eles em maneiras de fazer ou de pensar, reconhecíveis pela particularidade de serem suscetíveis de exercer influência coercitiva sobre as consciências particulares. Produziu-se neste ponto certa confusão que merece ser examinada.

O hábito de aplicar às coisas sociológicas as formas do pensamento filosófico está tão entranhado, que esta definição preliminar tem sido muitas vezes encarada como uma espécie de filosofia do fato social. Houve quem dissesse que explicávamos os fenômenos sociais pela coerção, assim como Tarde os explica pela imitação. Não abrigamos tal ambição, e nem mesmo nos tinha vindo ao espírito

---

(3) É inútil mostrar como, desse ponto de vista, a necessidade de estudar os fatos sociais a partir do exterior parece ainda mais evidente, uma vez que resultam de sínteses que têm lugar fora de nós, a respeito das quais não temos nem mesmo a percepção confusa que a consciência dos fenômenos interiores nos pode dar.

que nos pudesse ser atribuída, tanto é contrária ao nosso método. O propósito não era antecipar as conclusões da ciência por meio de um ponto de vista filosófico, mas simplesmente indicar quais os sinais exteriores que permitem reconhecer os fatos de que a Sociologia deve tratar, a fim de que o cientista saiba percebê-los ali onde se encontram e não os confunda com outros. Tratava-se de delimitar tanto quanto possível o campo da pesquisa, e não de se emaranhar em uma espécie de intuição exaustiva. Assim, aceitamos de muito bom grado a crítica de que tal definição não exprime todos os caracteres do fato social e, por conseguinte, não constitui a única definição possível. De fato, concebe-se perfeitamente que o fato social possa ser caracterizado de várias maneiras diferentes; pois não há razão para que apresente apenas uma propriedade distintiva. (4) O que importa é escolher aquela que parece melhor ajustada ao objetivo proposto. É até mesmo possível empregar vários critérios concorrentes, de acordo com as circunstâncias. Nós mesmos reconhecemos que, em Sociologia, isso é volta e meia necessário, pois existem casos em que o caráter da coerção não é facilmente reconhecível. É preciso somente, uma vez que se trata de definição inicial, que os caracteres utilizados sejam imediatamente discerníveis e possam ser percebidos antes da pesquisa. Ora, as definições que têm sido algumas vezes opostas à nossa não apresentam esta condição. Já se disse, por exemplo, que o fato social "é tudo o que se produz na sociedade", ou ainda "o que interessa e afeta de algum modo o grupo social". Mas não se poderá saber se a sociedade é ou não a causa de um fato, se tal fato tem efeitos sociais, senão quando a ciência já estiver avançada. Tais definições não serviriam, pois, para determinar o objeto de uma investigação que começa a se processar. Para que seja possível utilizá-las, é preciso que o estudo dos fatos sociais já esteja bem avançado e, por conseguinte, que se tenha descoberto qualquer outro meio prévio de reconhecê-los, onde quer que existam.

Enquanto uns achavam nossa definição muito restrita, acusavam-na outros de ser muito ampla e de compreender quase todo o real. Todo meio físico, afirmam efetivamente alguns dos críticos, exerce coerção sobre os seres que sofrem sua ação; pois estes são obrigados, em certa medida, a se adaptar a ele. Mas entre estes dois tipos de constrangimento está toda a diferença que separa o meio físico do meio moral. A pressão exercida por um ou por vários corpos sobre outros, ou mesmo sobre as vontades, não pode ser confundida com a que exerce a consciência de um grupo sobre a consciência de seus membros. A coerção social é devida não à rigidez de certos arranjos moleculares, e sim ao prestígio de que estão investidas certas representações: nisto está o que apresentam de inteiramente especial. É verdade que, a certos respeitos, os hábitos individuais ou hereditários apresentam esta mesma propriedade: dominam-nos, impõem-nos crenças ou práticas. Todavia, a dominação é interior; pois os hábitos existem por inteiro em cada um de nós. Ao contrário, as crenças e práticas sociais agem sobre nós a partir do exterior: assim, a ascendência exercida por uns e outros é, no fundo, muito diferente.

Além disso, não é de espantar que os outros fenômenos da natureza apresentem, sob formas diferentes, o próprio caráter por meio do qual definimos os sociais. A similitude provém simplesmente de serem uns e outros coisas reais. Pois tudo o que é real tem uma natureza definida que se impõe, com a qual é preciso contar e que, mesmo quando se consegue neutralizar, não fica nunca inteiramente vencido. No fundo, na noção de coerção social, isto é que é essencial. Pois tudo o que está implicado nesta noção é que as maneiras coletivas de agir ou de pensar apresentam uma realidade exterior aos indivíduos, os quais, a cada momento do tempo, com elas se conformam. Constituem coisas que têm existência própria. O indivíduo encontra-as inteiramente formadas e não consegue

---

(4) O poder coercitivo que lhe atribuímos forma até parte tão pequena do todo constituído pelo fato social, que ele pode apresentar também o caráter oposto. Pois, ao mesmo tempo que as instituições se impõem a nós, aderimos a elas; elas comandam e nós as queremos; elas nos constrangem e nós encontramos vantagem em seu funcionamento e no próprio constrangimento. Esta antítese é a que os moralistas têm comumente assinalado entre as duas noções do bem e do dever, que exprimem dois aspectos diferentes, mas igualmente reais, da vida moral. Ora, talvez não existam práticas coletivas que deixem de exercer sobre nós esta ação dupla, a qual, além do mais, não é contraditória senão na aparência. Se não as definimos por este laço especial, ao mesmo tempo interessado e desinteressado, é simplesmente porque ele não se manifesta por sinais exteriores facilmente perceptíveis. O bem traz qualquer coisa de mais interno, de mais íntimo do que o dever, e portanto de menos apreensível.

impedi-las de existir, não sendo também capaz de fazê-las existir de maneira diversa daquela sob a qual se apresentam; vê-se, pois, inteiramente obrigado a levá-las em consideração e é-lhe tanto mais difícil (não diremos impossível) modificá-las quanto, em graus diferentes, participam elas da supremacia material e moral que a sociedade tem sobre os membros. Não há dúvida de que o indivíduo desempenha um papel na gênese destes fatos. Mas, para que exista o fato social, é preciso que pelo menos vários indivíduos tenham misturado suas ações, e que desta combinação se tenha desprendido um produto novo. E como esta síntese tem lugar fora de cada um de nós (uma vez que para ela concorre uma pluralidade de consciências), seu efeito é necessariamente fixar, instituir, certas maneiras de agir e certos julgamentos que existem fora de nós e que não dependem de cada vontade particular tomada à parte. Como se sabe,(5) existe um termo que exprime razoavelmente esta maneira de ser muito especial, uma vez ampliado um pouco seu significado habitual: é o termo instituição. Com efeito, pode-se chamar instituição toda a crença, todo o comportamento instituído pela coletividade, sem desnaturar o sentido da expressão; a Sociologia seria então definida como a ciência das instituições, de sua gênese e de seu funcionamento. (6) (*)

Solidariedade mecânica e solidariedade orgânica

Como a solidariedade negativa não produz por si mesma nenhuma integração e, além disso, não tem nada de específico, reconhecemos somente duas espécies de solidariedade positiva, nas quais se notam as seguintes características:

1) A primeira liga diretamente o indivíduo à sociedade, sem nenhum intermediário. Na segunda, ele depende da sociedade porque depende das partes que a compõem.

2) A sociedade não é vista sob o mesmo aspecto nos dois casos. No primeiro, o que chamamos por esse nome é um conjunto mais ou menos organizado de crenças e sentimentos comuns a todos os membros do grupo: o tipo coletivo. No segundo caso, ao contrário, a sociedade na qual somos solidários é um sistema de funções diferentes e especiais, que unem relações definidas. Essas duas sociedades são apenas uma. São duas faces de uma única e mesma realidade, mas nem por isso têm menos necessidade de ser distinguidos.

3) Da segunda diferença decorre uma outra, que vai nos servir para caracterizar e denominar as duas espécies de solidariedade.

A primeira só pode ser forte na medida em que as ideias e tendências comuns a todos os membros da sociedade ultrapassarem em número e intensidade as ideias e tendências que pertençam a cada um pessoalmente. Quanto mais considerável for esse excedente, mais forte será a solidariedade. Ora, o que determina nossa personalidade é aquilo que cada um de nós tem de próprio e de característico, aquilo que nos distingue dos outros. Portanto, tal solidariedade só pode crescer na razão inversa da personalidade. Já dissemos que em nossa consciência há duas consciências: uma que é comum a todo nosso grupo e, por conseguinte, não é a gente mesmo, mas a sociedade vivendo e agindo em

---
(5) Ver o artigo "Sociologie", de Fauconnet e Mauss, na *Grande Encyclopédie*.
(6) O fato das crenças e práticas sociais nos penetrarem do exterior não implica que as recebamos passivamente, sem lhes trazer modificações. Ao pensar as instituições coletivas, ao assimilá-las, nós as individualizamos, dando-lhes, de certa maneira, nossa marca pessoal; é assim que, ao pensar o mundo sensível, cada um de nós lhe empresta um colorido especial, e que indivíduos diferentes se adaptam de modo diferente a um mesmo meio físico. Eis porque cada um de nós formula, em certa medida, a *sua* moral, a *sua* religião, a *sua* técnica. Não existe conformismo social que não comporte toda uma gama de nuanças individuais. No entanto, o campo das variações permitidas não deixa de ser limitado. Este campo é nulo ou muito fraco no círculo dos fenômenos religiosos e morais, nos quais a variação se torna facilmente crime; é mais extenso no que concerne à vida econômica. Porém, mesmo neste último caso, é encontrado, mais cedo ou mais tarde, um limite que não pode ser transposto.
(*) Até aqui o texto foi extraído de *As regras de método sociológico*, pp. XVIII-XXXI.

nós; a outra, ao contrário, representa apenas nós mesmos, naquilo que temos de pessoal e distinto, naquilo que faz de nós um indivíduo.(7) A solidariedade que deriva das semelhanças está no seu *maximum* quando a consciência coletiva recobre exatamente nossa consciência total e coincide com ela em todos os pontos: nesse momento, porém, nossa individualidade é nula. Ela só pode nascer se a comunidade ocupar menos lugar em nós. Dentro de cada um existem duas forças contrárias — uma centrípeta e outra centrífuga — que não podem crescer ao mesmo tempo. Não podemos nos desenvolver concomitantemente em dois sentidos tão opostos. Se temos forte tendência para agir e pensar por nós mesmos, não podemos ter grande inclinação para agir e pensar como os outros. Se o ideal for o de ter uma fisionomia própria e pessoal, não poderia ser o de parecer com todo mundo. Ainda mais: no momento em que essa solidariedade (que deriva das semelhanças) exerce sua ação, nossa personalidade se desvanece, pode-se dizer, por definição; então não somos mais nós mesmos, mas sim o ser coletivo.

As moléculas sociais cuja coesão se dê dessa forma singular só poderão agir em conjunto se não tiverem movimentos próprios, como as moléculas dos corpos inorgânicos. Por isso nos propomos a chamar esta espécie de solidariedade de mecânica. Com essa expressão não queremos dizer que ela seja produzida por meios mecânicos e artificialmente. Chamamo-la assim apenas por analogia com a coesão que une entre si os elementos dos corpos brutos, em oposição àquela que dá unidade aos corpos vivos. O que completa a justificação de tal denominação é que o laço que une os indivíduos à sociedade é análogo ao que liga a coisa à pessoa. A consciência individual, considerada sob esse aspecto, é uma simples dependência do tipo coletivo, seguindo-lhe todos os movimentos — como o objeto possuído segue aqueles que seu proprietário lhe imprime. Nas sociedades em que tal solidariedade está muito desenvolvida, o indivíduo não se pertence, como veremos mais além; ele é literalmente uma coisa, da qual a sociedade dispõe. Além disso, nesses tipos sociais, os direitos pessoais não são ainda distinguidos dos direitos reais.

Já com a solidariedade que a divisão do trabalho produz, é tudo muito diferente. Enquanto a precedente implica que os indivíduos se pareçam, esta supõe que eles sejam diferentes entre si. A primeira só é possível na medida em que a personalidade individual é absorvida pela personalidade coletiva; a segunda só é possível se cada um tem uma esfera de ação que lhe é própria — uma personalidade, por conseguinte. É necessário, então, que a consciência coletiva deixe uma parte da consciência individual descoberta, para que aí se estabeleçam as funções especiais que ela não pode regulamentar; e quanto mais essa região se estende, mais forte é a coesão que resulta dessa solidariedade. Com efeito, por um lado, cada um depende mais estreitamente da sociedade quanto mais o trabalho esteja dividido; e, por outro lado, a atividade de cada um é tanto mais pessoal quanto mais especializada for. Sem dúvida, por mais circunscrita que seja, a atividade jamais é completamente original; mesmo no exercício de nossa profissão, conformamo-nos a usos e práticas que são comuns a toda nossa corporação. Mesmo assim, porém, o jugo ao qual nos submetemos é muito mais suave do que quando a sociedade inteira pesa sobre nós, deixando muito pouco lugar para o livre exercício de nossa iniciativa. Aqui, pois, a individualidade do todo cresce ao mesmo tempo que a das partes; a sociedade se torna mais capaz de mover-se em conjunto conforme seus elementos tenham mais movimentos próprios. Tal solidariedade parece-se com a que observamos nos animais superiores. Cada órgão tem sua fisionomia especial, sua autonomia, e, no entanto, a unidade do organismo é tanto maior quanto mais marcada for essa individualidade das partes. Em virtude dessa analogia, propomo-nos a chamar de orgânica a solidariedade que se deve à divisão do trabalho.

Este capítulo e o precedente nos fornecem meios para calcular, ao mesmo tempo, a parte que concerne a cada um desses dois laços sociais no resultado total e comum que, por vias diferentes, eles ajudam a produzir. Sabemos, sem dúvida, sob quais formas exteriores se simbolizam as duas espécies de solidariedade, isto é, qual o conjunto de regras jurídicas que corresponde a cada uma delas. Assim,

---

(7) Todavia, essas duas consciências não ocupam em nós regiões geográficas distintas, mas penetram-nos por todos os lados.

para conhecer sua importância respectiva em um dado tipo social, basta comparar a extensão das duas espécies de direito que as exprimem, pois o direito sempre varia conforme as relações sociais que rege.(8) (*) (...)

(...) A análise da pena (punição) confirmou nossa definição de crime. Começamos estabelecendo indutivamente que o crime consistia essencialmente em um ato contrário às disposições precisas e fortes da consciência comum; acabamos de ver que todas as características da pena derivam dessa natureza do crime. Logo, as regras que ela sanciona exprimem as semelhanças sociais mais essenciais.

Vê-se, assim, qual a espécie de solidariedade que o direito penal simboliza. Todos sabem que há uma coesão social cuja causa reside no fato de que todas as consciências particulares estão em certa conformidade com um tipo comum — que não é outro senão o tipo psíquico da sociedade. Nessas condições, com efeito, não só todos os membros do grupo são individualmente atraídos uns pelos outros porque se parecem, mas são também ligados à sociedade que formam com sua reunião, e que é a condição de existência do tipo coletivo. Os cidadãos não apenas se estimam e se procuram, de preferência aos estrangeiros, mas também amam sua pátria. Querem-na como a si mesmos, empenham-se em que ela seja sólida e próspera, porque sem ela uma boa parte de sua vida psíquica teria o funcionamento entravado. Inversamente, a sociedade empenha-se em que eles apresentem todas as semelhanças fundamentais, porque essa é uma das condições de sua coesão. Existem em nós duas consciências: uma contém apenas as disposições que são pessoais a cada um, e que nos caracterizam; enquanto a outra compreende as disposições comuns a toda a sociedade.(9) A primeira representa apenas nossa personalidade individual e constituída; a segunda representa o tipo coletivo e, por conseguinte, a sociedade, sem a qual ele não existiria. Quando é um dos elementos desta última que determina nossa conduta, não agimos tendo em vista nosso interesse pessoal, mas sim visando fins coletivos. Ora, embora distintas, essas duas consciências estão ligadas uma à outra, pois em suma são

---

(8) Para esclarecer as ideias, desenvolvemos, no quadro abaixo, a classificação das regras jurídicas que está implicitamente contida neste capítulo e no precedente.

I. *Regras de sanção repressiva organizada*
(...)
II. *Regras de sanção restitutiva determinando as relações:*

(*) Até aqui o texto foi extraído de *De la division du travail social*, pp. 98-102.
(9) Para simplificar a exposição, suponhamos que o indivíduo só pertence a uma sociedade. Em verdade, fazemos parte de muitos grupos e existem em nós muitas consciências coletivas; mas essa complicação não muda nada em relação ao que estamos tentando estabelecer.

apenas uma, tendo para as duas um único e mesmo substrato orgânico. São, pois, solidárias. Disso resulta uma solidariedade *sui generis* que, nascida das semelhanças, liga diretamente o indivíduo à sociedade; poderemos mostrar melhor no próximo capítulo porque nos propomos a chamá-la de mecânica. Tal solidariedade não consiste apenas em um apego geral e indeterminado do indivíduo ao grupo, mas também torna harmônico cada detalhe dos movimentos. Efetivamente, como as causas coletivas são as mesmas por toda parte, produzem sempre os mesmos efeitos. Em consequência, cada vez que tais causas coletivas entram em cena, as vontades se movem, em conjunto e espontaneamente, no mesmo sentido.

É essa solidariedade, pelo menos no que tem de fundamental, que o direito repressivo exprime. Com efeito, os atos que ele proíbe e qualifica de crimes são de duas espécies: ou manifestam diretamente uma diferença muito violenta entre o agente que os comete e o tipo coletivo, ou ofendem o órgão da consciência comum. Em ambos os casos, a força contrariada pelo crime, que o repele, é a mesma; é produto das semelhanças sociais mais essenciais, e tem por efeito manter a coesão social que resulta de tais semelhanças. É essa força que o direito penal protege contra todo enfraquecimento, exigindo de nós um mínimo de semelhanças, sem as quais o indivíduo seria uma ameaça para a unidade social, impondo-nos o respeito pelo símbolo que exprime e resume essas semelhanças ao mesmo tempo que as garante.

Explica-se, assim, o fato de que muitas vezes alguns atos sejam reputados criminosos e punidos como tal sem que, por si mesmos, sejam nocivos à sociedade. Sem dúvida, tanto quanto o tipo individual, o tipo coletivo formou-se ao sabor de causas muito diversas e de acasos fortuitos. Produto do desenvolvimento histórico, ele leva a marca de toda espécie de circunstâncias que a sociedade atravessou em sua história. De modo que seria miraculoso que tudo estivesse ajustado a algum fim útil; não é possível evitar que se introduzam elementos mais ou menos numerosos que não têm ligação com a utilidade social. Entre as inclinações e as tendências que o indivíduo recebe de seus ancestrais ou adquire ao longo de sua vida, muitas certamente não servem para nada ou custam mais do que valem. Sem dúvida, elas não poderiam ser nocivas em sua maioria, pois o ser não poderia viver nessas condições; mas existem aquelas que se mantêm sem ser úteis, e mesmo algumas cujos serviços são incontestáveis têm, muitas vezes, uma intensidade que não está de acordo com sua utilidade, porque tal intensidade é devida, em parte, a outras causas. Dá-se o mesmo com as paixões coletivas. Os atos que as ofendem não são perigosos em si, ou, pelo menos, não são tão perigosos quanto sua reprovação faz supor. Entretanto, essa reprovação não deixa de ter uma razão de ser; pois, seja qual for a origem desses sentimentos, desde que façam parte do tipo coletivo — e sobretudo se forem elementos essenciais dele — tudo que contribua para abalá-los, abala ao mesmo tempo a coesão social e compromete a sociedade. Não é de todo útil que tais sentimentos apareçam; mas, uma vez que existam, torna-se necessário que persistam, apesar de sua irracionalidade. Eis porque é bom, em geral, que os atos que os ofendem não sejam tolerados. Sem dúvida, raciocinando abstratamente, pode-se demonstrar que não há razão para que uma sociedade proíba que se coma a carne de um determinado animal, por si mesma inofensiva. Mas uma vez que o horror por esse alimento tenha se tornado parte integrante da consciência comum, ela não pode mais desaparecer sem que o vínculo social se afrouxe, e as consciências sadias sintam isso obscuramente.(10)

Acontece o mesmo com a pena. Embora proceda de uma reação mecânica, de movimentos passionais e em grande parte irrefletidos, ela não deixa de ter um papel útil. Só que esse papel não está onde comumente se pensa que esteja. A pena não serve — ou só serve secundariamente — para corrigir o culpado ou para intimidar seus possíveis imitadores; sob esse duplo ponto de vista sua eficácia é duvidosa e, de qualquer modo, medíocre. Sua verdadeira função é a de manter intacta a

---

(10) Isso não quer dizer que se deve conservar uma regra penal porque, em dado momento, ela correspondeu a algum sentimento coletivo. Ela só tem razão de ser enquanto este último está vivo e forte. Se ele desapareceu ou enfraqueceu, nada pior nem mais inútil do que tentar manter a regra artificialmente e por meio da violência. Pode mesmo acontecer que seja necessário combater uma prática que já foi comum, mas não o seja mais — e se oponha ao estabelecimento de práticas novas e necessárias. Não vamos, porém, entrar nessa questão de casuística.

coesão social, mantendo toda a vitalidade da consciência comum. Quando categoricamente negada, a consciência comum necessariamente perderia parte de sua energia se uma reação emocional da comunidade não viesse compensar a perda, e disso resultaria um afrouxamento da solidariedade social. Portanto, é preciso que ela se afirme claramente quando é contrariada; e o único meio de se afirmar é exprimindo a aversão unânime que o crime continua a inspirar, por um ato autêntico — que só pode consistir em uma dor infligida ao agente. Assim, sendo um produto necessário das causas que a engendram, essa dor não é uma crueldade gratuita. É o símbolo que atesta que os sentimentos coletivos são ainda coletivos, que a comunhão dos espíritos na mesma fé permanece inteira, e, por isso, a dor repara o mal que o crime fez à sociedade. Eis porque há razão para se dizer que o criminoso deve sofrer em proporção ao seu crime e porque as teorias que recusam à pena todo caráter expiatório parecem, a tantos espíritos, subversivas da ordem social. É que tais doutrinas só poderiam ser efetivamente praticadas em uma sociedade em que toda consciência comum estivesse quase abolida. Sem a satisfação necessária — que é a expiação — aquilo que se chama consciência moral não poderia ser conservado. Portanto, pode-se dizer, sem paradoxo, que o castigo é destinado a agir principalmente sobre as pessoas honestas; pois, desde que serve para curar as feridas feitas nos sentimentos coletivos, ele só pode desempenhar esse papel onde tais sentimentos existam e à medida que estejam vivos. Não há dúvida que, prevenindo nos espíritos já abalados um novo enfraquecimento da alma coletiva, pode impedir que os atentados se multipliquem; mas tal resultado, útil aliás, é apenas um contragolpe particular. Em poucas palavras, para se ter uma ideia exata da pena, é preciso conciliar as duas teorias contrárias que mencionamos, a que vê nela uma expiação e a que faz dela uma arma de defesa social. É certo, com efeito, que a função da pena é proteger a sociedade, mas isso ocorre porque ela é expiatória; e, por outro lado, se ela deve ser expiatória, não é porque, através de alguma virtude mística, a dor redime a falta; mas sim porque somente sob essa condição é que a pena pode produzir seu efeito socialmente útil. (11)

Com este capítulo, concluímos que existe uma solidariedade social que vem do fato de que um certo número de disposições de consciência são comuns a todos os membros da mesma sociedade. É essa solidariedade que o direito repressivo representa materialmente, pelo menos no que ela tem de essencial. O papel que ela desempenha na integração geral da sociedade depende, evidentemente, da maior ou menor extensão da vida social, que envolve e regulamenta a consciência comum. Quanto mais a consciência comum faz sentir sua ação sobre relações diversas, mais cria laços que ligam o indivíduo ao grupo; mais, por conseguinte, a coesão social deriva dela e leva sua marca. Por outro lado, porém, o próprio número de tais relações é proporcional ao número de regras repressivas; de modo que, ao determinarmos qual a fração do aparelho jurídico que o direito penal representa, ao mesmo tempo medimos a importância relativa da solidariedade social. É verdade que assim procedendo não daremos conta de certos elementos da consciência coletiva. São aqueles que, por causa de sua pouca energia ou de sua indeterminação, ficam fora do direito repressivo, mesmo contribuindo para assegurar a harmonia social; são protegidos por penas meramente difusas. Mas acontece o mesmo com os outros ramos do direito. Não existe nenhum deles que não seja complementado pelos costumes; e como não há razão para supor que a relação entre o direito e os costumes não seja a mesma nas diferentes esferas, essa eliminação não traz o risco de alterar os resultados de nossa comparação.(*) (...)

(...) A vida social deriva de uma dupla fonte: a semelhança das consciências e a divisão do trabalho social. O indivíduo é socializado no primeiro caso porque, não tendo individualidade própria, confunde-se no seio de um mesmo tipo coletivo, o mesmo acontecendo com seus semelhantes; no segundo caso, ele é socializado porque, tendo uma fisionomia e uma atividade pessoais que o distinguem dos outros, depende deles na mesma medida em que se distingue e, por conseguinte, depende da sociedade que resulta de sua união.

---
(11) Dizendo que a pena, tal qual é, tem uma razão de ser, não entendemos que seja perfeita e que não possa ser melhorada; ao contrário, é evidente que, sendo produzida em grande parte por causas mecânicas, ela só possa estar ajustada a seu papel de modo muito imperfeito. Trata-se apenas de uma justificação geral.
(*) Até aqui o texto foi extraído de *De la division du travail social*, pp. 73-8.

A semelhança das consciências dá origem a regras jurídicas que, sob a ameaça de medidas repressivas, impõem a todos crenças e práticas uniformes; quanto mais pronunciada ela é, mais a vida social se confunde completamente com a vida religiosa, mais as instituições econômicas estão próximas do comunismo.

A divisão do trabalho dá origem a regras jurídicas que determinam a natureza e as relações das funções divididas, mas cuja violação acarreta apenas medidas reparadoras, sem caráter expiatório.

Cada um desses conjuntos de regras jurídicas é acompanhado de um conjunto de regras puramente morais. Onde o direito penal é muito volumoso, a moral comum é muito extensa: isso quer dizer que grande número de práticas coletivas está colocado sob a guarda da opinião pública. Onde o direito restitutivo está muito desenvolvido, há uma moral profissional para cada profissão. No interior de um mesmo grupo de trabalhadores existe uma opinião difusa em toda a extensão desse agregado restrito, e que, apesar de não ser munida de sanções legais, faz-se obedecer. Há usos e costumes comuns a uma mesma ordem de funcionários e que nenhum deles pode infringir sem incorrer na censura da corporação.(12) Todavia, esta moral se distingue da precedente por diferenças análogas àquelas que separam as duas espécies de direitos que lhe correspondem. Com efeito, ela está localizada em uma região limitada da sociedade; além disso, o caráter repressivo das sanções relacionadas a ela é sensivelmente mais fraco. As faltas profissionais determinam um movimento de reprovação muito menos acentuado do que os atentados contra a moral pública.

Entretanto, as regras da moral e do direito profissionais são tão imperativas quanto as outras. Obrigam o indivíduo a agir visando fins que não lhe são próprios, a fazer concessões, a se comprometer, a levar em conta interesses superiores aos seus. Por consequência, onde a sociedade repousa o mais completamente possível sobre a divisão do trabalho, ela não se resume a uma poeira de átomos justapostos, entre os quais só se possa estabelecer contatos exteriores e passageiros. Seus membros estão unidos por laços que se estendem bem além dos breves momentos em que a troca se realiza. Cada função que eles exercem é, constantemente, dependente das outras e forma com elas um sistema solidário. Assim, da natureza da tarefa escolhida derivam deveres permanentes. Devido ao fato de exercermos determinada função doméstica ou social, ficamos presos — em uma rede de obrigações da qual não temos o direito de nos libertar. Há um órgão, sobretudo, em vista do qual nossa condição de dependência aumenta sempre: é o Estado. Multiplicam-se os pontos através dos quais estamos em contato com ele, bem como as ocasiões em que fica a seu cargo a tarefa de fazer-nos voltar ao sentimento de solidariedade comum.(*) (...)

(...) É em certas variações do meio social que se deve procurar a causa que explica o progresso da divisão do trabalho. Os resultados do livro precedente permitem-nos desde já induzir em que consistem essas variações.

Vimos, com efeito, que a estrutura organizada — e, consequentemente, a divisão do trabalho — se desenvolve regularmente à medida que se extingue a estrutura segmentar. Portanto, trata-se de saber se essa extinção é a causa do citado desenvolvimento ou se, ao contrário, é este que causa a extinção. A última hipótese é inadmissível, pois sabemos que a organização segmentária é um obstáculo intransponível para a divisão do trabalho; obstáculo que deve ter desaparecido, pelo menos parcialmente, para que ela possa surgir. A divisão do trabalho só pode existir na medida em que tal obstáculo deixe de existir. Sem dúvida, uma vez que exista, a divisão do trabalho pode contribuir para acelerar a regressão da estrutura segmentar; mas ela só se torna visível quando essa estrutura já regrediu. O efeito reage sobre a causa, mas com isso não perde a qualidade de efeito; consequentemente, a reação que ele exerce é secundária. O aumento da divisão do trabalho deve-se, pois, ao fato de que os segmentos sociais perdem sua individualidade e as barreiras que os separam tornam-se

---

(12) Tal censura, como toda pena moral aliás, traduz-se por movimentos exteriores (penas disciplinares, demissão de empregados, rompimento de relações etc.).
(*) Até aqui o texto foi extraído de *De la division du travail social*, pp. 205-06.

mais permeáveis; em uma palavra: efetua-se entre eles uma coalescência que deixa a matéria social livre para entrar em novas combinações.

Mas, o desaparecimento do tipo segmentar só pode ter tal consequência por uma única razão. É que ele tem como resultado uma ligação entre indivíduos que estavam separados ou, pelo menos, uma ligação mais íntima do que a que existia; em consequência disso, trocam-se movimentos entre partes da massa social que, até aí, não se afetavam mutuamente. Quanto mais o sistema segmentado se desenvolve, mais as relações nas quais cada um de nós está comprometido se encerram nos limites do segmento a que pertencemos. Existem como que "vazios morais" entre os diversos segmentos. À medida que o sistema se nivela, ao contrário, os vazios se somam, desaparecendo. A vida social se generaliza, em lugar de se concentrar em uma multidão de pequenos focos distintos e parecidos. As relações sociais — mais exatamente intrassociais — tornam-se assim mais numerosas, pois estendem-se por todos os lados, além de seus limites primitivos. Portanto, a divisão do trabalho progride tanto mais quanto existam mais indivíduos que estejam suficientemente em contato para poder agir e reagir uns sobre os outros. Se convencionamos chamar de densidade dinâmica ou moral a este relacionamento e ao comércio ativo que dele resulta, poderemos dizer que os progressos da divisão do trabalho estão em relação direta com a densidade moral ou dinâmica da sociedade.

Mas, o relacionamento moral só pode produzir seu efeito se a distância real entre os indivíduos tiver, de algum modo, diminuído. A densidade moral, portanto, não pode crescer sem que, ao mesmo tempo, cresça a densidade material, e esta pode servir para medir aquela. Aliás, é inútil procurar saber qual das duas determinou a outra; é suficiente constatar que são inseparáveis.

A condensação progressiva das sociedades no decorrer do desenvolvimento histórico produz-se de três maneiras principais:

1) Enquanto as sociedades inferiores se esparramam por territórios imensos em relação ao número de indivíduos que as compõem, entre os povos mais avançados a população vai se concentrando sempre. "Comparemos", diz M. Spencer, "a populosidade das regiões habitadas por tribos selvagens com a de regiões da Europa que têm a mesma extensão; ou, então, comparemos a densidade da população da Inglaterra sob a Heptarquia com a de hoje, e reconheceremos que o crescimento produzido pela união de grupos é acompanhado de um crescimento intersticial".(13) As mudanças que se efetuam sucessivamente na vida industrial das nações demonstram a generalidade dessa transformação. A indústria dos nômades, caçadores ou pastores, implica ausência de qualquer concentração, na dispersão sobre a maior superfície possível. A agricultura, como necessita de uma vida sedentária, já supõe um certo estreitamente do tecido social, mas ainda muito incompleto, pois entre as famílias existem interpostas grandes extensões de terra.(14) Na cidade antiga, embora a condensação fosse maior, as casas não eram contíguas, pois o sistema de meação não era conhecido do direito romano. (15) Ele nasceu conosco e atesta que a trama social tornou-se menos frouxa.(16) Por outro lado, desde suas origens, as sociedades europeias viram sua densidade crescer continuamente, embora com alguns casos de regressão passageira.(17)

2) A formação das cidades e seu desenvolvimento é outro sintoma, ainda mais característico, do mesmo fenômeno. O aumento da densidade pode dever-se unicamente ao crescimento material da natalidade e, sendo assim, pode conciliar-se com uma fraca concentração, e com acentuada conservação do tipo segmentário. Mas as cidades são sempre o resultado da necessidade que obriga os indivíduos a estarem constantemente em íntimo contato entre si; constituem, assim, pontos onde a massa social se contrai mais fortemente. Portanto, só podem se multiplicar e se estender quando

---

(13) *Sociologie*, II, 31.
(14) "*Colunt diversi ac discreti*", diz Tácito dos Germanos; "*suam quisque domum spatio circumdat*" (*German*, XVI) (em latim no original).
(15) V. em Accarias, *Précis*, I, 640, a lista das servidões urbanas Cf. Fustel, *La cité antique*, p. 65.
(16) Com esse raciocínio, não queremos dizer que os progressos da densidade resultam das mudanças econômicas. Os dois fatos se condicionam mutuamente e isso basta para que a presença de um ateste a do outro.
(17) V. Levasseur, *La population française*, passim.

a densidade moral se eleva. De resto, veremos que elas crescem por meio da imigração, o que só é possível na medida em que a fusão dos segmentos sociais tenha avançado.

Enquanto a organização social é essencialmente segmentária, a cidade não existe. Ela não existe nas sociedades inferiores; não se encontram cidades nem entre os Iroqueses nem entre os antigos Germanos.(18) E mesmo entre as populações primitivas da Itália: "Os povos da Itália", diz Marquardt, "primitivamente não viviam em cidades, mas em comunidades familiares ou aldeias (*pagi*), nas quais as quintas (*vici*) estavam disseminadas".(19) Mas, dentro de muito pouco tempo, a cidade aparece aí. Atenas, Roma são ou se tornam cidades, e a mesma transformação se efetua em toda a Itália. Em nossas sociedades cristãs, a cidade aparece desde a origem, pois as que foram deixadas pelo Império Romano não desapareceram com ele. Depois, elas não fizeram senão crescer e se multiplicar. A tendência dos homens do campo afluírem para as cidades, tão geral no mundo civilizado,(20) é apenas uma continuação desse movimento; ele não data de hoje: desde o século XVII isso já preocupava os homens de Estado.(21)

Como geralmente as cidades começam com um período agrícola, por vezes se é tentado a ver o desenvolvimento dos centros urbanos como um sinal de velhice e decadência.(22) Mas não se pode perder de vista que a fase agrícola é tanto mais curta quanto mais elevado seja o tipo das sociedades. Enquanto na Germânia, entre os índios da América e entre todos os povos primitivos, ela dura tanto quanto eles mesmos, em Roma, em Atenas, ela cessa muito cedo, e, entre nós, pode-se dizer que nunca existiu uma fase agrícola pura. Inversamente, a vida urbana começa mais cedo e, consequentemente, estende-se mais. A aceleração regularmente mais rápida desse desenvolvimento demonstra que, longe de constituir uma espécie de fenômeno patológico, ele deriva da própria natureza das espécies sociais superiores. Portanto, admitindo-se que esse movimento atinge hoje proporções ameaçadoras para nossas sociedades e que elas talvez não tenham a flexibilidade suficiente para se adaptarem, ele não deixará de prosseguir — com tais sociedades ou depois delas — e os tipos sociais que se formarão depois dos nossos se caracterizarão, muito provavelmente, por um afastamento ainda mais rápido e completo da civilização agrícola.

3) Por fim, temos ainda o número e a rapidez das vias de comunicação e de transmissão. Elas aumentam a densidade da sociedade, pela supressão ou diminuição dos vazios que separam os segmentos sociais. Por outro lado, nem é preciso demonstrar que elas são mais numerosas e aperfeiçoadas quando as sociedades são de um tipo mais elevado.

Como esse símbolo visível e mensurável reflete as variações daquilo que chamamos densidade moral,(23) podemos colocá-lo no lugar deste último na fórmula que propomos. Devemos, aliás, repetir aqui o que dissemos mais acima. Se a sociedade, ao se condensar, determina o desenvolvimento da divisão do trabalho, esta, por sua vez, aumenta a condensação da sociedade. Mas não importa; pois a divisão do trabalho permanece sendo o fato derivado e, por conseguinte, os progressos que sofre são devidos aos progressos paralelos da densidade social, sejam quais forem as causas destes últimos. Isso é tudo que queríamos estabelecer.

Mas esse fator não é o único.

Se a condensação da sociedade produz tal resultado, é porque ela multiplica as relações intrassociais. Mas estas são ainda mais numerosas quando o número total de membros da sociedade se torna mais considerável. Se ela envolve mais indivíduos ao mesmo tempo em que eles estejam mais intimamente em contato, o efeito necessariamente será reforçado.

De fato, as sociedades são mais volumosas à proporção que são mais avançadas e, consequentemente, à proporção que o trabalho é mais dividido. "Como os seres vivos", diz M. Spencer, "as

---

(18) V. Tácito, *Germ.*, XVI. Sohm, *Ueber die Entstehung des Stadte* (em alemão no original).
(19) *Romische Alterthumer*, IV, 3 (em alemão no original).
(20) Sobre esse ponto, V. Dumont, *Dépopulation et civilisation*, Paris, 1890, Cap. VIII, e Oettingen, *Moralstatistik*, pp. 273 e seg.
(21) V. Levasseur, *op. cit.*, p. 200.
(22) Esta nos parece ser a opinião de M. Tarde em suas *Leis da imitação*.
(23) Há, todavia, casos particulares, excepcionais, em que a densidade material e a densidade moral não estão completamente relacionadas. V. cap. III, nota final.

sociedades começam sob forma de germes, nascem de massas extremamente tênues em comparação à que atingem no final. De pequenas hordas errantes, como as das raças inferiores, saíram as maiores sociedades; tal conclusão não se pode negar".(24) O que dissemos sobre a constituição segmentária torna esta verdade indiscutível. Com efeito, sabemos que as sociedades são formadas por um certo número de segmentos de alcance desigual, que se envolvem mutuamente. Ora, tais conjuntos não são criações artificiais, sobretudo no princípio; e mesmo quando se tornam convencionais, imitam e reproduzem, tanto quanto possível, as formas da ordem natural precedente. Há muitas sociedades antigas que se mantiveram sob essa forma. Entre as subdivisões, as mais amplas — as que envolvem as outras — correspondem ao tipo social inferior mais próximo; do mesmo modo, entre os segmentos que as compõem, os mais extensos são vestígios do tipo que vem imediatamente abaixo do precedente, e assim sucessivamente. Encontram-se entre os povos mais avançados traços da mais primitiva organização social.(25) Assim, a tribo formou-se por um agregado de hordas ou de clãs; a nação (a nação judaica, por exemplo) e a cidade por um agregado de tribos; a cidade por sua vez, com as vilas que lhe são subordinadas, entra como elemento nas sociedades mais compostas etc. Portanto, o volume social não pode deixar de crescer, pois cada espécie é constituída por uma repetição de sociedades da espécie imediatamente anterior.

Há exceções, entretanto. A nação judaica, antes da conquista, sem dúvida era muito mais volumosa que a cidade romana do século IV; no entanto, ela pertence a uma espécie inferior. A China, a Rússia, são muito mais populosas que as nações civilizadas da Europa. Entre esses povos, por conseguinte, a divisão do trabalho não se desenvolveu em razão do volume social. É que o aumento do volume não é, necessariamente, uma marca de superioridade, se a densidade não aumenta ao mesmo tempo e na mesma proporção. Pois uma sociedade pode atingir enormes dimensões por envolver grande número de segmentos de qualquer natureza; se até os mais amplos desses segmentos apenas reproduzirem sociedades de tipo muito inferior, a estrutura segmentária continuará muito pronunciada e, assim, a organização social será pouco elevada. Mesmo um imenso agregado de clãs está abaixo da menor sociedade organizada, pois esta já percorreu estágios de evolução aquém dos quais tal agregado permaneceu. Do mesmo modo, se o número das unidades sociais tem influência sobre a divisão do trabalho, isso não acontece espontânea e necessariamente, mas em geral o número de relações sociais aumenta com o número de indivíduos. Ora, para que seja alcançado tal resultado, não basta que a sociedade conte com muitos membros, mas é preciso ainda que eles estejam em contato muito íntimo para poder agir e reagir uns sobre os outros. Se, ao contrário, eles estão separados por meios opacos, não podem estabelecer relações senão rara e dificilmente, e tudo se passa como se fossem em pequeno número. Então, o aumento do volume social não acelera sempre os progressos da divisão do trabalho, mas apenas quando a massa se contrai ao mesmo tempo e na mesma medida. Por conseguinte, esse é somente um fator adicional, por assim dizer; mas quando se junta ao primeiro, ele amplia os efeitos, com ação que lhe é própria; por isso, é necessário que seja distinguido.

Podemos então formular a seguinte proposição: *A divisão do trabalho varia na razão direta do volume e da densidade das sociedades, e se ela progride continuamente no decorrer do desenvolvimento social, é porque as sociedades se tornam regularmente mais densas e geralmente mais volumosas.*

É certo que sempre se percebeu uma certa relação entre essas duas ordens de fatos; pois, para que as funções se especializem mais, é preciso que haja mais cooperadores e que eles estejam muito unidos para poder cooperar. Comumente, porém, neste estágio das sociedades quase não se vê as causas do desenvolvimento da divisão do trabalho, mas apenas os meios pelos quais ela se desenvolve. Faz-se aquele desenvolvimento depender de aspirações individuais de bem-estar e felicidade, que podem satisfazer-se melhor à medida que as sociedades sejam mais extensas e condensadas. A lei que acabamos de estabelecer é bem outra. Não dizemos que o crescimento e a condensação

---

(24) *Sociologie*, 11, 23.
(25) A aldeia, por exemplo, que originalmente é apenas um clã estabelecido em um lugar fixo.

das sociedades permitem, mas sim que *necessitam de* uma divisão maior do trabalho. Esta não é um instrumento pelo qual aquele se realiza; é sua causa determinante.(26) (*) (...)

O substrato da vida social

(...) Se as representações, uma vez que existem, continuam a existir independentemente do estado dos centros nervosos, se são capazes de agir diretamente umas sobre as outras, de se combinar segundo leis que lhes são próprias, é porque elas são realidades sustentadas por seu substrato de relações íntimas, sendo, portanto, em certa medida, independentes. Certamente sua autonomia só pode ser relativa, pois não há domínio da natureza que não se ligue aos outros domínios; de modo que nada seria mais absurdo do que erigir a vida psíquica em uma espécie de absoluto que viesse do nada e não estivesse ligado ao resto do universo. É evidente que o estado do cérebro afeta todos os fenômenos intelectuais e é o fator imediato de alguns deles (sensações puras). Mas, por outro lado, de tudo que foi dito resulta que a vida representativa não é inerente à natureza intrínseca da matéria nervosa, pois subsiste em parte por suas próprias forças e tem modos de ser que lhe são especiais. A representação não é um simples aspecto do estado em que se encontra o elemento nervoso no momento em que ela acontece, pois mantém-se mesmo que esse estado não exista mais; porque as relações das representações são de natureza diversa daquela dos elementos nervosos subjacentes. A representação é algo novo, que certas características da célula certamente contribuem para produzir, mas não são suficientes para constituí-la, desde que ela subsiste às citadas características e manifesta propriedades diferentes delas. Mas, dizer que o estado psíquico não deriva diretamente da célula, é dizer que ele não está incluído nela, que se forma, em parte, fora dela e que, em igual medida, lhe é exterior. Se o estado psíquico existisse por causa da célula, estaria contido nela, pois sua realidade não lhe viria de outra parte.

Ora, quando dissemos, em algum outro ponto, que os fatos sociais são, em certo sentido, independentes dos indivíduos e exteriores às consciências individuais, não fizemos senão afirmar sobre o domínio do social isso que acabamos de estabelecer acerca do psíquico. A sociedade tem por substrato o conjunto de indivíduos associados. O sistema que eles formam ao se unir — e que varia segundo sua disposição na superfície do território, a natureza e o número de vias de comunicação — constitui a base sobre a qual se estabelece a vida social. As representações, que são a trama dessa vida social, decorrem das relações que se estabelecem entre os indivíduos assim combinados, ou entre os grupos secundários que se interpõem entre o indivíduo e a sociedade total. Ora, se não se vê nada de extraordinário no fato de que as representações individuais, produzidas pelas ações e reações trocadas entre os elementos nervosos, não sejam inerentes a esses elementos, o que há de surpreendente no fato de que as representações coletivas, produzidas pelas ações e reações trocadas entre as consciências elementares que constituem a sociedade, não derivem diretamente destas últimas e, por conseguinte, as ultrapassem? A relação que, na concepção, une o substrato social à vida social é em tudo análoga àquela que se deve admitir entre o substrato fisiológico e a vida psíquica dos indivíduos, se não se quer negar toda Psicologia propriamente dita. As mesmas consequências devem então se

---

(26) Sobre isso podemos ainda nos apoiar na autoridade de Comte: "Devo apenas indicar agora", diz ele, "a condensação progressiva de nossa espécie como um último elemento geral que concorre para determinar a velocidade efetiva do movimento social. Pode-se, em primeiro lugar, reconhecer facilmente que tal influência contribui muito, sobretudo na origem, para determinar uma divisão cada vez mais especial do conjunto do trabalho humano, necessariamente incompatível com um pequeno número de cooperadores. *Mas, por outro lado, através de uma propriedade mais íntima e menos conhecida, embora ainda mais essencial, tal condensação estimula diretamente, de maneira muito forte, o desenvolvimento mais rápido da evolução social,* seja levando os indivíduos a empregarem novos esforços para assegurar por meios mais refinados uma existência que, de outro modo, seria mais difícil; ou, então, obrigando a sociedade a reagir com energia mais obstinada e mais organizada para lutar mais obstinadamente contra o crescimento de divergências particulares. De um ou de outro modo, vê-se que não se trata aqui do número absoluto dos indivíduos, mas sobretudo de sua cooperação mais intensa em um determinado espaço". (*Cours*, IV, 455.)

(*) Até aqui o texto foi extraído de *De la division du travail social*, pp. 237-44.

produzir nas duas partes. A independência, a exterioridade relativa dos fatos sociais em relação aos indivíduos é até mais imediatamente aparente do que a exterioridade dos fatos mentais com relação às células cerebrais; pois os fatos sociais — ou, pelo menos, os mais importantes deles — levam, de modo visível, a marca de sua origem. Com efeito, pode-se talvez duvidar que todos os fenômenos sociais, sem exceção, imponham-se de fora ao indivíduo, mas a dúvida não parece possível no que se refere às crenças e práticas religiosas, às regras da moral, aos inúmeros preceitos do direito, isto é, às manifestações mais características da vida coletiva. Todas são expressamente obrigatórias; ora, a obrigação é a prova de que essas maneiras de agir e de pensar não são obra do indivíduo, mas emanam de uma força moral que o ultrapassa, força esta que se pode imaginar misticamente sob a forma de um Deus ou da qual se pode ter uma concepção mais temporal e mais científica.(27) A mesma lei se encontra, então, nos dois domínios.

Aliás, tal lei se explica da mesma maneira para os dois casos. Se é possível dizer, depois de algumas considerações, que as representações coletivas são exteriores às consciências individuais, é porque elas não derivam dos indivíduos tomados isoladamente, mas de sua cooperação; o que é muito diferente. Sem dúvida, na elaboração do resultado comum, cada um dá sua contribuição; mas os sentimentos particulares não se tornam sociais a não ser que se combinem sob a ação de forças *sui generis* que a associação desenvolve; em consequência de tais alterações e das alterações mútuas que resultam delas, *eles se tornam outra coisa*. Produz-se uma síntese química que concentra, unifica, os elementos sintetizados e, por isso mesmo, os transforma. Pois como essa síntese é obra do todo, é o todo que ela atinge. A resultante que se produz ultrapassa cada espírito individual, como o todo ultrapassa a parte. Ela está no conjunto, do mesmo modo que existe por causa do conjunto. Eis aí em que sentido a representação coletiva é exterior aos indivíduos particulares. Sem dúvida, cada um contém alguma coisa dela; mas ela não está inteira em nenhum. Para saber o que ela é verdadeiramente, é preciso levar em consideração o conjunto em sua totalidade.(28) É o conjunto que pensa, sente, quer, embora não possa querer, sentir ou agir senão por intermédio das consciências particulares. Aí está, também, como o fenômeno social não depende da natureza pessoal dos indivíduos. É que, na fusão da qual ele resulta, todos os caracteres individuais, divergentes por definição, neutralizam-se e suprimem-se mutuamente. Somente as propriedades mais gerais da natureza humana sobrevivem; e, devido exatamente à sua extrema generalidade, elas não poderiam dar conta das formas mais complexas que caracterizam os fatos coletivos. Não que tais propriedades não estejam em nada no resultado; mas são apenas condições mediatas e distantes. O resultado não existiria se elas fossem incompatíveis com ele; mas não são elas que o determinam.(*)

Fato patológico e anomia

Qualquer fenômeno sociológico como, de resto, qualquer fenômeno biológico, é suscetível de revestir formas diferentes segundo os casos, permanecendo porém essencialmente igual a si mesmo. Ora, essas formas são de dois tipos. Umas são gerais em toda a extensão da espécie; são encontradas, se não em todos os indivíduos, pelo menos na maioria deles e, se não se repetem idênticas em todos os casos em que são observadas, variando de um para outro indivíduo, as variações estão compreen-

---

(27) E se o caráter de obrigação e de constrangimento é tão essencial a esses fenômenos eminentemente sociais, quanto é provável, sem nenhum exame, que o mesmo aconteça também com os outros fenômenos sociais, embora de forma menos visível! Pois, não é possível que fenômenos da mesma natureza sejam tão diferentes que uns penetrem de fora no indivíduo e outros resultem de um processo oposto.

A esse respeito, ratifiquemos uma interpretação inexata que foi dada a nosso pensamento. Quando dissemos que a obrigação — ou o constrangimento — era a característica dos fatos sociais, nem sonhamos em dar assim uma explicação sumária destes últimos; quisemos somente indicar um símbolo útil através do qual o sociólogo pode reconhecer os fatos que competem à sua ciência.

(28) Cf. nosso livro sobre o suicídio (*Le suicide*, pp. 345-63).

(*) Até aqui o texto foi extraído de *Sociologie et Philosophie*, pp. 32-7.

didas entre limites muito próximos. Outras existem, ao contrário, que são excepcionais; são encontradas não apenas em uma minoria de vezes, mas, mesmo quando se produzem, não duram em geral a vida toda do indivíduo. Constituem exceção no tempo como no espaço.(29) Estamos, então, em presença de duas variedades distintas de fenômenos, que devem ser designados por termos diferentes. Chamaremos normais os fatos que apresentam as formas mais gerais, e daremos aos outros o nome de mórbidos ou patológicos. Se decidirmos chamar de tipo médio um ser esquemático — espécie de individualidade abstrata — constituído pela reunião, em um mesmo todo, dos caracteres mais frequentes da espécie em suas formas mais habituais, poder-se-ia dizer que o tipo normal se confunde com o tipo médio e que todo desvio com relação a este padrão de saúde é um fenômeno mórbido. É verdade que não seria possível determinar um tipo médio com a mesma nitidez que um tipo individual, uma vez que seus atributos constitutivos não estão fixados de maneira absoluta, mas são suscetíveis de variar. Porém, a possibilidade de sua constituição não é posta em dúvida, uma vez que constitui a matéria imediata da ciência, pois confunde-se com o tipo genérico. O que o fisiologista estuda são as funções do organismo médio, e o sociólogo faz o mesmo. Sendo possível distinguir uma das outras as espécies sociais — questão de que trataremos mais adiante — é sempre possível descobrir qual a forma mais geral que apresenta um fenômeno em uma espécie determinada.

Vê-se que um fato não pode ser qualificado de patológico senão com relação a uma espécie dada. As condições de saúde e de doença não podem ser definidas *in abstracto*, e nem de maneira absoluta. A regra não é contestada em Biologia; jamais passou pelo espírito de alguém que o que é normal para um molusco é também normal para um vertebrado. Cada espécie tem a sua saúde, porque tem o tipo médio que lhe é próprio, e a saúde das espécies mais inferiores não é mais diminuta do que a das mais elevadas. O mesmo princípio se aplica à Sociologia, embora seja aí muitas vezes incompreendido. É preciso renunciar ao hábito, ainda muito disseminado, de julgar uma instituição, uma prática, uma máxima moral como se fossem boas ou más em si mesmas e por si mesmas, em todos os tipos sociais indistintamente.

Uma vez que varia com as espécies o ponto de reparo em relação ao qual pode-se julgar da saúde ou da doença, pode também variar para uma e mesma espécie, se esta vier a se modificar. É assim que, do ponto de vista puramente biológico, o que é normal para o selvagem não o é sempre para o civilizado, e vice-versa.(30) Existe, principalmente, uma ordem de variações que é preciso levar em consideração porque se produz regularmente em todas as espécies; é a que se liga à idade. A saúde do velho não é a do adulto, nem a deste é a da criança; e o mesmo acontece com as sociedades.(31) Um fato social não pode, pois, ser acoimado de normal para uma espécie social determinada, senão em relação com uma fase, igualmente determinada, de seu desenvolvimento; por conseguinte, para saber se é possível lhe dar tal denominação, não basta observar sob que forma se apresenta na generalidade das sociedades que pertencem a esta espécie: é preciso ainda ter o cuidado de considerá-lo na fase correspondente de evolução da mesma.

Parece que acabamos simplesmente de proceder a uma definição de termos; pois nada mais fizemos que agrupar os fenômenos segundo suas semelhanças e diferenças, apondo nomes aos grupos assim formados. Mas, na realidade, os conceitos que assim constituímos, além de apresentarem a grande

---

(29) Pode-se distinguir por aí a doença da monstruosidade. A segunda não é uma exceção senão no espaço; não existe na média da espécie, mas dura toda a vida dos indivíduos em que é encontrada. Vê-se, de resto, que estas duas ordens de fatos não diferem senão em grau e são, no fundo, da mesma natureza; as fronteiras entre ambas são muito indecisas, pois a doença não é incapaz de se tornar fixa, nem a monstruosidade é incompatível com o devenir. Não é possível, pois, separá-las radicalmente quando as definimos. A distinção entre elas não pode ser mais categórica do que a distinção entre o morfológico e o fisiológico, uma vez que, em suma, o mórbido é o anormal na ordem fisiológica, do mesmo modo que a teratologia é o anormal na ordem anatômica.
(30) Por exemplo, o selvagem que tivesse o tubo digestivo reduzido e o sistema nervoso desenvolvido do civilizado saudável, seria um doente em relação ao seu meio.
(31) Resumimos esta parte da exposição pois não podemos senão repetir aqui, com relação aos fatos sociais em geral, o que dissemos em uma parte a propósito da distinção dos fatos morais em normais e anormais. (Ver *Division du travail social*, pp. 33-9.)

vantagem de serem reconhecíveis por meio de caracteres objetivos e facilmente perceptíveis, não se afastam da noção que comumente se formula a respeito de saúde e doença. Pois não é a doença concebida por todos como um acidente, que a natureza do vivo comporta sem dúvida, mas que habitualmente não engendra? Era o que os filósofos antigos queriam exprimir, quando diziam que não derivava da natureza das coisas, que era o produto de uma espécie de contingência imanente aos organismos. Não há dúvida de que esta concepção constitui a negação de toda ciência; pois a doença nada tem de mais milagroso do que a saúde; ela também se funda na natureza dos seres. Todavia, não se baseia em sua natureza normal; não está implícita no temperamento ordinário, nem ligada às condições de existência de que dependem geralmente os indivíduos. E inversamente, o tipo da saúde se confunde, para todo o mundo, com o da espécie. Não é possível mesmo, sem contradição, conceber uma espécie que, por si mesma e em virtude de sua constituição fundamental, seja irremediavelmente doente. A espécie é, por excelência, a norma e, por conseguinte, nada poderia conter de anormal.

É verdade que, correntemente, entende-se também por saúde um estado geralmente preferível à doença. Mas esta definição está contida na precedente. Não foi sem razão, com efeito, que os caracteres cuja reunião formara o tipo normal puderam se generalizar em uma espécie. A generalidade constitui, também, um fato que necessita ser explicado e que, por isso mesmo, reclama uma causa. Ora, tal fato seria inexplicável se as formas de organização mais espalhadas não fossem também, *pelo menos em seu conjunto*, as mais vantajosas. Como poderiam se manter, em tão grande variedade de circunstâncias, se não produzissem nos indivíduos meios de resistir melhor às causas de destruição? Se, por outro lado, as outras formas de organização são mais raras, é evidentemente porque, na média dos casos, os indivíduos que as apresentam têm mais dificuldade para sobreviver. A maior frequência das primeiras é, pois, prova de sua superioridade. (32)

***

Esta última observação fornece até um meio de controlar os resultados do método precedente. Sendo a própria generalidade, que caracteriza exteriormente os fenômenos normais, um fenômeno explicável, é necessário procurar explicá-la após ter sido diretamente estabelecido pela observação. De antemão se pode ter certeza, sem dúvida, de que ela tem uma causa, mas é melhor procurar saber com segurança qual é esta. O caráter normal do fenômeno será, com efeito, incontestável, se demonstrarmos que o sinal exterior que de primeiro o tinha revelado não era puramente aparente, mas fundado na natureza das coisas; se, em uma palavra, se puder erigir esta normalidade de fato em normalidade de direito. De resto, a demonstração não consistirá sempre em fazer ver que o fenômeno é útil ao organismo, embora seja este o caso mais frequente pelas razões que acabamos de explicar; pode acontecer também, como notamos anteriormente, que um arranjo seja normal sem que sirva para nada, apenas porque está necessariamente implícito na ordem do ser. Assim, seria talvez útil que o parto não determinasse perturbações tão violentas no organismo feminino; mas tal é impossível. Por conseguinte, a normalidade do fenômeno será explicada somente pelo fato de que se liga às condições de existência da espécie considerada, seja como um efeito mecanicamente

---

(32) Garofalo procurou, é verdade, distinguir o mórbido do anormal (*Criminologie*, pp. 109-10). Mas os dois únicos argumentos sobre que apoia esta distinção são os seguintes: 1) o termo doença significa sempre algo que tende à destruição total ou parcial do organismo; se não há destruição, é porque há cura, mas nunca estabilidade como em várias anomalias. Todavia, acabamos de ver que o anormal também é uma ameaça para o vivo na média dos casos. É verdade que tal não se dá sempre; porém, os perigos implícitos na doença não existem igualmente senão na generalidade das circunstâncias. Quanto à ausência de estabilidade, que distinguiria o mórbido, mencioná-la é esquecer as doenças crônicas e separar radicalmente o teratológico do patológico. As monstruosidades são fixas. 2) O normal e o anormal variam com as raças, segundo se diz, enquanto a distinção entre fisiológico e patológico é válida para todo o *genus homo*. Acabamos de mostrar, ao contrário, que muitas vezes o que é mórbido para o selvagem não o é para o civilizado. As condições de saúde física variam segundo os meios.

necessário de tais condições, seja como um meio que permite aos organismos adaptarem-se a essas mesmas condições.(33)

A prova não é útil somente a título de controle. Com efeito, não se deve esquecer que, se há interesse em distinguir o normal do anormal, é sobretudo tendo em vista o esclarecimento da prática. Ora, para agir em conhecimento de causa, não é suficiente saber o que devemos querer, mas porque devemos querê-lo. As proposições científicas relativas ao estado normal serão aplicáveis de maneira mais imediata aos casos particulares quando estiverem acompanhadas de suas razões; pois então saber-se-á melhor reconhecer quando e em que sentido é conveniente, ao aplicá-las, trazer-lhes modificações.

Há também circunstâncias em que a verificação é rigorosamente necessária, porque se empregado o primeiro método apenas, pode redundar em erro. É o que acontece nos períodos de transição em que a espécie toda se encontra em evolução, sem que uma forma nova tenha já se fixado definitivamente. Neste caso, o único tipo normal no momento realizado e encontrado nos fatos é o tipo vindo do passado, que portanto não está mais em relação com as novas condições de existência. Um fato pode assim persistir em toda a extensão da espécie, embora não correspondendo mais às exigências da situação.

Não oferece, então, mais do que as aparências de normalidade; pois a generalidade que apresenta não constitui senão rubrica mentirosa, uma vez que, não se mantendo senão pela força cega do hábito, não se pode mais ver nela um índice de que o fenômeno observado está estreitamente ligado às condições gerais da existência coletiva. Esta dificuldade é, além disso, peculiar à Sociologia; não existe, por assim dizer, para o biólogo. Com efeito, é muito raro que as espécies animais se vejam na necessidade de adotar formas imprevistas. As únicas modificações normais pelas quais passam são aquelas que se reproduzem de modo regular em cada indivíduo, principalmente sob a influência da idade. São, pois, ou podem ser conhecidas de antemão, uma vez que já se encontram realizadas em uma multidão de casos; por conseguinte, podemos saber em cada momento do desenvolvimento animal e mesmo nos períodos de crise, em que consiste o estado normal. Tal ainda se dá também em Sociologia para as sociedades que pertencem às espécies inferiores. Pois, como muitas delas já cursaram toda a sua carreira, a lei de sua evolução normal está, ou pelo menos pode ser, estabelecida. Mas quando se trata de sociedades mais elevadas e mais recentes, esta lei é por definição desconhecida, uma vez que não percorreram ainda a totalidade de sua história. O sociólogo pode então se ver embaraçado para estabelecer se um fenômeno é normal ou não, uma vez que lhe falta todo e qualquer ponto de reparo.

Poder-se-á sair da dificuldade segundo o processo que acabamos de explicar. Depois de estabelecer pela observação que o fato é geral, reportar-se-á o sociólogo às condições que determinaram esta generalidade no passado e procurará, em seguida, determinar se tais condições ainda existem no presente ou se, ao contrário, já se modificaram. No primeiro caso, terá o direito de considerar o fenômeno como normal; no segundo caso, de lhe recusar tal caráter. Por exemplo, para saber se o estado econômico atual dos povos europeus, com sua característica ausência de organização(34) é normal ou não, procurar-se-á, no passado, o que lhe deu origem. Se estas condições são ainda aquelas em que atualmente se encontra nossa sociedade, é porque a situação é normal, a despeito dos protestos que desencadeia. Mas, pelo contrário, se acontece de ela aparecer ligada a esta velha estrutura social que em outra parte qualificamos de segmentária(35) e que, depois de ter constituído a ossatura essencial das sociedades, vai se apagando mais e mais, devemos concluir que constitui presentemente um estado mórbido, por mais universal que se mostre. Todas as questões contro-

---

(33) Pode-se, é verdade, perguntar se o próprio fato de um fenômeno derivar necessariamente das condições gerais de vida não o torna útil. Não podemos tratar desta questão, que é filosófica. Todavia, tornaremos a tocar nela mais adiante.
(34) Ver, a propósito, uma nota que publicamos na *Revue Philosophique* (número de novembro de 1893) sobre "La definition du socialisme".
(35) As sociedades segmentárias, e nomeadamente as sociedades segmentárias de base territorial, são aquelas cujas articulações essenciais correspondem às divisões territoriais (ver *Division du travail social,* pp. 189-210).

vertidas do mesmo gênero — por exemplo avaliar se o enfraquecimento das crenças religiosas, o desenvolvimento dos poderes do Estado, são fenômenos normais ou não — deverão ser resolvidas segundo o mesmo método.(36) (*)

(...) Embora tendo reconhecido que a divisão do trabalho é uma fonte de solidariedade, Comte parece não ter percebido que essa solidariedade é *sui generis* e substitui pouco a pouco aquela engendrada pelas semelhanças sociais. É porque, observando que as semelhanças sociais estão muito apagadas onde as funções são mais especializadas, viu em tal extinção um fenômeno mórbido, uma ameaça à coesão social devida ao excesso de especialização, e explicou desse modo a falta de coordenação que por vezes acompanha o desenvolvimento da divisão do trabalho. Mas, desde que estabelecemos que o enfraquecimento da consciência coletiva é um fenômeno normal, não poderíamos apontar esse enfraquecimento como causa dos fenômenos anormais que vamos estudar agora. Se, em certos casos, a solidariedade orgânica não é tudo que deveria ser, isso não se dá porque a solidariedade mecânica perdeu terreno, mas sim porque nem todas as condições de existência da primeira estão realizadas.

Sabemos que sempre que se observa a solidariedade orgânica, encontra-se ao mesmo tempo uma regulamentação suficientemente desenvolvida que determina as relações mútuas das funções.(37) Para que essa solidariedade exista, não basta que haja um sistema de órgãos necessários uns aos outros e que sintam de modo geral sua solidariedade, mas é preciso ainda que a maneira como eles devem cooperar, senão em toda espécie de encontros, pelo menos nas circunstâncias mais frequentes, seja predeterminada. De outro modo, seria necessário a cada momento novas lutas para que eles pudessem se equilibrar, pois as condições desse equilíbrio só podem ser encontradas através de tentativas cegas, durante as quais cada parte trata a outra como adversário e como auxiliar, ao mesmo tempo. Esses conflitos, então, se renovariam sem cessar, e, assim, a solidariedade seria quase que somente virtual, as obrigações mútuas devendo ser novamente debatidas em cada caso particular. Dir-se-á que existem os contratos. Mas, em primeiro lugar, nem todas as relações sociais são suscetíveis de tomar essa forma jurídica. Além disso, sabemos que o contrato não é eficiente por si mesmo: ele supõe uma regulamentação que se estende e complica conforme a própria vida contratual. E mais: os laços que têm tal origem são sempre de curta duração. O contrato é apenas uma trégua, e muito precária; suspende as hostilidades somente por certo tempo. Sem dúvida, por mais precisa que uma regulamentação seja sempre deixará lugar para muitos conflitos. Mas não é necessário, e nem mesmo possível, que a vida social exista sem lutas. O papel da solidariedade não é o de suprimir a concorrência, mas sim moderá-la.

Aliás, em estado normal, as regras decorrem, por si mesmas, da divisão do trabalho; são como um prolongamento desta. Certamente, se apenas ligasse indivíduos que se unissem por alguns momentos a fim de trocar serviços pessoais, a divisão do trabalho não poderia originar nenhuma ação reguladora. Mas o que ela relaciona são funções, isto é, maneiras definidas de agir, que se repetem, idênticas, em determinadas circunstâncias, pois estão ligadas às condições gerais e constantes da vida social. As relações que se estabelecem entre essas funções não podem deixar de atingir o mesmo

---

(36) Em certos casos, pode-se proceder de maneira um pouco diferente e demonstrar se um fato, cujo caráter normal parece duvidoso, merece ou não tal suspeita, mostrando que se liga estreitamente ao desenvolvimento anterior do tipo social considerado, e mesmo ao conjunto da evolução social em geral, ou então, pelo contrário, que contradiz um e outro. Foi assim que pudemos demonstrar que o enfraquecimento atual das crenças religiosas, ou, de modo mais geral, dos sentimentos coletivos para com objetos coletivos, nada tem de anormal; provamos que tal enfraquecimento se torna cada vez mais marcante à medida que as sociedades se aproximam do nosso tipo atual e quanto mais este, por sua vez, vai se desenvolvendo (*Division du travail social*, pp. 73-182). Mas, no fundo, este método não é senão um caso particular do precedente. Pois se a normalidade do fenômeno pôde ser estabelecida desta maneira, é porque ele ao mesmo tempo se liga às condições mais gerais de nossa existência coletiva. Com efeito se, por um lado, esta regressão da consciência religiosa se mostra tanto mais marcada quanto a estrutura de nossas sociedades também se apresenta mais determinada, é porque se liga, não a qualquer causa acidental, mas à própria constituição de nosso meio social; e como, por outro lado, as particularidades características desta última estão certamente mais desenvolvidas hoje do que antigamente, não há nada de anormal em que os fenômenos que delas dependem estejam eles mesmos ampliados. Este método difere do precedente apenas no fato de que as condições que explicam e justificam a generalidade do fenômeno são induzidas e não diretamente observadas. Sabe-se que ele se liga à natureza do meio social, mas sem saber por onde nem como.
(*) Até aqui o texto foi extraído de *As regras do método sociológico*, pp. 52-60.
(37) Ver Liv. I, cap. VII.

grau de firmeza e regularidade delas. Há certas maneiras de reagir umas sobre as outras que, estando mais de acordo com a natureza das coisas, repetem-se mais frequentemente e se tornam hábitos: depois os hábitos, à medida que ganham força, transformam-se em regras de conduta. O passado predetermina o futuro. Em outras palavras, há uma certa divisão de direitos e de deveres que o uso estabelece e que acaba por se tornar obrigatória. Portanto, a regra não cria o estado de dependência mútua em que os órgãos são solidários, mas apenas o exprime de maneira sensível e definida, em função de uma determinada situação. Do mesmo modo que o sistema nervoso, longe de dominar a evolução do organismo — como se acreditava antigamente —, resulta dela.(38) Os filamentos nervosos são, muito provavelmente, apenas linhas de passagem que as ondas de movimentos e de excitações, trocadas entre os diversos órgãos, seguem; são canais, correndo no mesmo sentido, que a vida criou para si, e os gânglios seriam apenas o ponto de interseção de várias dessas linhas.(39) Por desconhecer esse aspecto do fenômeno é que certos moralistas acusaram a divisão do trabalho de não produzir verdadeira solidariedade. Viram apenas trocas particulares, combinações efêmeras, sem passado ou futuro, nas quais o indivíduo fica abandonado a si mesmo; não perceberam o lento trabalho de consolidação, a rede de laços que pouco a pouco vai se tecendo por si mesma, fazendo da solidariedade orgânica algo de permanente.

Em todos os casos que descrevemos acima, esta ligação ou não existe ou não está de acordo com o grau de desenvolvimento da divisão do trabalho. Hoje não há mais regras fixando o número de empresas econômicas e, em cada ramo da indústria, a produção não está regulamentada de modo a ficar exatamente no nível do consumo. Não queremos tirar desse fato nenhuma conclusão prática; não sustentamos que uma legislação restritiva seja necessária; nem vamos pesar aqui suas vantagens e desvantagens. O que é certo, porém, é que a falta de regulamentação não permite a harmonia regular das funções. É verdade que os economistas demonstram que essa harmonia se restabelece por si mesma, quando é preciso, graças à elevação ou à queda dos preços, o que, segundo as necessidades, estimula ou modera a produção. Mas, em todo caso, ela só se restabelece depois de rupturas do equilíbrio e de problemas mais ou menos prolongados. Por outro lado, tais problemas naturalmente são mais frequentes quanto mais especializadas sejam as funções; portanto, quanto mais complexa for a organização, maior a necessidade de uma regulamentação extensa.

As relações do capital e do trabalho permanecem, até hoje, no mesmo estado de indeterminação jurídica. O contrato de prestação de serviços ocupa em nossos Códigos um lugar bem pequeno, sobretudo quando se pensa na diversidade e na complexidade das relações que ele deve regular. De resto, não é necessário insistir sobre uma lacuna que atualmente todos os povos vêm sentindo e se esforçando para preencher. (40)

As regras do método são para a ciência o mesmo que as regras do direito e dos costumes são para a conduta; elas dirigem o pensamento do sábio como as segundas governam as ações dos homens. Ora, se cada ciência tem seu método, a ordem que este estabelece é interna. Coordena os passos daqueles que cultivam a mesma ciência, não suas relações com o exterior. Quase não há disciplinas que combinem os esforços de ciências diferentes em vista de um fim comum. Isso é certo sobretudo para as ciências morais e sociais; pois as ciências matemáticas, físico-químicas e mesmo biológicas não parecem tão estranhas umas às outras. Mas o jurista, o psicólogo, o antropólogo, o economista, o estatístico, o linguista, o historiador, procedem em suas investigações como se as diversas ordens de fatos que estudam formassem igual número de mundos independentes. Na realidade, entretanto, elas se penetram por todos os lados; em consequência, deveria acontecer o mesmo com as ciências correspondentes. Aí está de onde vem a anarquia que se assinalou, aliás com algum exagero, na ciência em geral, mas que é verdadeira sobretudo em algumas ciências. Elas oferecem, efetivamente,

---

(38) V. Perrier, *Colonies animales*, p. 746.
(39) V. Spencer, *Principles de Biologie*, II, pp. 438 e seg.
(40) Isto foi escrito em 1893. Depois, a legislação industrial veio ocupar um lugar mais importante em nosso direito. O que prova que a lacuna era grave, e que foi preciso preenchê-la.

o espetáculo de um agregado de partes desconexas, que não contribuem entre si. E se formam um conjunto sem unidade, não é porque não tenham bastante consciência de suas semelhanças; é que não estão organizadas.

Como vemos, os diversos exemplos são variedades de uma mesma espécie; em todos os casos, se a divisão do trabalho não produz a solidariedade, é porque as relações dos órgãos não estão regulamentadas, estão em um estado de *anomia*.

Mas de onde vem tal estado?

Como um conjunto de regras é a forma definida que as relações que se estabelecem espontaneamente entre as funções sociais tomam com o tempo, pode-se dizer *a priori* que o estado de *anomia* é impossível sempre que os órgãos solidários estão em contato suficiente e suficientemente prolongado. Com efeito, estando contíguos, eles facilmente percebem — em cada circunstância — a necessidade que têm uns dos outros, e consequentemente têm um sentimento vivo e contínuo de sua dependência mútua. E também, pelo mesmo motivo, as trocas entre eles se fazem sem dificuldades; frequentemente os órgãos vão, desse modo, se regularizando; regularizam-se por si próprios e o tempo termina a obra de consolidação. Enfim, como as menores reações podem ser sentidas de parte a parte, as regras que se formam adquirem esse caráter, isto é, elas preveem as condições de equilíbrio em seus mínimos detalhes. Mas se, ao contrário, é interposto algum obstáculo, apenas as excitações de certa intensidade podem se comunicar de um órgão a outro. As relações sendo raras, não se repetem o bastante para se determinarem; a cada nova informação ocorrem novas tentativas de acordo. As linhas de passagem seguidas pelas ondas de movimento não podem cruzar-se porque as próprias ondas são muito intermitentes. Além do mais, se apesar de tudo algumas regras vêm a se constituir, são gerais e vagas; pois em tais condições apenas os contornos mais gerais dos fenômenos é que se podem fixar. A mesma coisa acontecerá se a continuidade, mesmo sendo suficiente, for muito recente ou tiver durado muito pouco. (41)

Mais comumente, porém, essa condição é realizada pela força das coisas. Pois uma função não pode se dividir entre duas ou várias partes de um organismo, a não ser que essas partes estejam mais ou menos contíguas. Além disso, uma vez que o trabalho está dividido, elas têm necessidade umas das outras e tendem a diminuir naturalmente a distância que as separa. Eis porque, à medida que se eleva na escala animal, vê-se os órgãos se interligarem e, como diz Spencer, introduzirem-se uns nos interstícios dos outros. Mas um conjunto de circunstâncias excepcionais pode fazer com que ocorra coisa diferente.

É o que acontece nos casos de que nos ocupamos. Quando o tipo segmentar é muito marcado, há quase tantos mercados quantos sejam os segmentos diferentes; por conseguinte, cada um é muito limitado. Como os produtores estão muito perto dos consumidores, podem compreender facilmente a extensão das necessidades a satisfazer. O seu equilíbrio se estabelece, então, sem esforço e a produção regula-se por si própria. Ao contrário, à medida que o tipo organizado se desenvolve, a fusão de diversos segmentos entre si traz a fusão dos mercados em um único mercado, que pouco a pouco abrange toda a sociedade. Estende-se mesmo além dela e tende a tornar-se universal, pois as fronteiras que separam os povos reduzem-se ao mesmo tempo que as fronteiras que separam os segmentos de cada um deles. Disso resulta que cada indústria produz para consumidores que estão dispersos por toda a superfície do país — ou mesmo do mundo inteiro. O contato agora já não é suficiente. O produtor não pode mais visualizar o mercado, nem mesmo pelo pensamento; não pode mais determinar seus limites, pois o mercado é, por assim dizer, ilimitado. Consequentemente, a produção sente

---
(41) No entanto, há um caso em que a *anomia* pode se produzir, embora haja bastante contiguidade. É quando a regulamentação necessária só pode se constituir através de transformações que a estrutura social não esteja mais capacitada a realizar, pois a elasticidade das sociedades não é indefinida. Quando chega ao fim, mesmo as mudanças necessárias são impossíveis.

falta de freios e regras; ela só pode tatear às cegas e, assim, é inevitável que a medida exata não seja atingida, ocorrendo faltas ou excessos. Vêm daí as crises que periodicamente perturbam as funções econômicas. O crescimento das crises locais e restritas, que são as falências, é, muito provavelmente, um efeito dessa mesma causa.

À medida que o mercado se estende, aparece a grande indústria. Ela tem por efeito transformar as relações entre patrões e trabalhadores. Um maior cansaço do sistema nervoso, somado à influência contagiosa das grandes aglomerações, aumenta as necessidades destes últimos. O trabalho da máquina substitui o do homem; o trabalho da manufatura substitui o da pequena oficina. O operário é arregimentado e afastado de sua família durante o dia todo; vive sempre afastado de quem o emprega etc. As novas condições da vida industrial reclamam, naturalmente, uma nova organização; porém, tais transformações aconteceram com extrema rapidez e os interesses em conflito ainda não tiveram tempo de se equilibrar.(42) Por fim, o que explica que as ciências morais e sociais estejam no estado que dissemos é o fato de elas terem sido as últimas a entrar no círculo das ciências positivas. Isso só aconteceu depois de quase um século que o novo fenômeno abriu-se às investigações científicas. Os sábios se instalaram, uns aqui, outros ali, segundo suas preferências naturais. Dispersados por uma superfície tão ampla, eles estão, até o momento, muito afastados uns dos outros para sentir todos os laços que os unem. Mas, pelo simples fato de que levem suas pesquisas cada vez mais longe do ponto de partida, acabarão necessariamente por se encontrar e, em consequência disso, por tomar consciência de sua solidariedade. Assim, a unidade da ciência se constituirá por si mesma; não a unidade abstrata de uma fórmula, aliás muito exígua para a multidão de coisas que deveria abranger, mas sim a unidade viva de um todo orgânico. Para que a ciência seja uma, não é preciso que caiba inteira no campo de interesse de uma só e mesma consciência — o que, aliás, é impossível basta que todos que a cultivam sintam que colaboram para uma mesma obra.

O que acabamos de expor tira todo o fundamento de uma das mais graves censuras que se tem feito à divisão do trabalho.

Frequentemente ela é acusada de diminuir o indivíduo, reduzindo-o ao papel de máquina. Sem dúvida, se não sabe para que servem as operações que se exige dele, se não as relaciona com algum fim, então ele só pode desempenhá-las por rotina. Todos os dias repete os mesmos movimentos, com monótona regularidade, porém sem interessar-se por eles e sem entendê-los. Esta não é mais a célula viva de um organismo vivo que vibra sem cessar ao contato das células vizinhas, que age sobre elas e responde às ações das outras, estende-se, contrai-se, submete-se e se transforma segundo as necessidades e as circunstâncias; é apenas uma engrenagem inerte, que uma força exterior põe em ação e que se move sempre do mesmo modo e no mesmo sentido. Evidentemente, seja qual for a nossa representação do ideal moral, não se pode ficar indiferente a tal aviltamento da natureza humana. Se a moral tem em mira o aperfeiçoamento individual, não pode permitir que se arruíne o indivíduo a esse ponto; e se ela tem por fim a sociedade, não pode deixar esgotar-se a própria fonte da vida social; pois o mal não ameaça apenas as funções econômicas, mas sim todas as funções sociais, por mais elevadas que sejam. "Se", diz A. Comte, "muitas vezes se deplora com razão, na ordem material, o operário ocupado durante toda sua vida exclusivamente com a fabricação de cabos de faca ou de cabeças de alfinete, a filosofia sadia não deve lamentar menos, na ordem intelectual, o emprego exclusivo e contínuo do cérebro humano na resolução de algumas equações ou à classificação de alguns insetos: o efeito moral é, infelizmente, muito parecido em ambos os casos". (43)

Por vezes tem sido proposto, como remédio, dar aos trabalhadores uma instrução geral, ao lado de seus conhecimentos técnicos e especializados. Mas, supondo-se que assim se pudesse afastar alguns dos maus efeitos atribuídos à divisão do trabalho, esse não seria um meio de preveni-los. A

---

(42) Convém lembrar que, como se verá no capítulo seguinte, este antagonismo não se deve inteiramente à rapidez das transformações, mas também, em grande parte, à desigualdade ainda muito grande das condições exteriores de luta. Sobre esse fator, o tempo não tem ação.
(43) *Cours*, IV, p. 430.

divisão do trabalho não muda de natureza porque é precedida de uma cultura geral. Sem dúvida, é bom que o trabalhador esteja em condições de interessar-se pelas coisas da arte, da literatura etc.; mas isto não torna menos mau o fato de ser tratado durante todo o dia como uma máquina. Quem não percebe, aliás, que essas duas existências são muito opostas para serem conciliáveis e poderem ser levadas à frente pelo mesmo homem! Quando se adquire o hábito dos amplos horizontes, das visões de conjunto, das belas generalidades, não se deixará mais ser confinado sem impaciência nos limites estreitos de uma tarefa particular. Portanto, tal remédio somente tornaria a especialização inofensiva fazendo-a intolerável e, por conseguinte, mais ou menos impossível.

A contradição está no fato de que a divisão do trabalho só produz aquelas consequências desagradáveis sob circunstâncias excepcionais e anormais, e não em virtude de uma necessidade de sua natureza, ao contrário do que se diz. Para que ela possa se desenvolver sem ter sobre a consciência humana uma influência tão desastrosa, não é preciso temperá-la com seu contrário; é necessário e suficiente que seja apenas ela mesma, que não venha nada de fora para desnaturá-la. Pois, normalmente, o exercício de cada função especial não exige que o indivíduo se limite tão estreitamente, mas sim que se mantenha em relações constantes com as funções vizinhas, tome consciência das necessidades delas, das trocas que acontecem etc. A divisão do trabalho supõe que o trabalhador, longe de ficar restrito à sua tarefa, não perca de vista seus colaboradores; que aja sobre eles e receba sua ação. Ele não é, portanto, uma máquina que repete movimentos cuja direção não conhece, mas, ao contrário, sabe que eles se dirigem a uma parte, que tendem a um fim que ele conhece mais ou menos distintamente. Sente que serve para alguma coisa. Por isso, não é necessário que ele perceba amplas porções do horizonte social; é suficiente que perceba o bastante para compreender que suas ações têm um fim fora de si mesmas. Assim, por mais especial e mais uniforme que possa ser sua atividade, trata-se da atividade de um ser inteligente — por isso tem um sentido — e ele o sabe. Os economistas não teriam deixado de mostrar esse caráter essencial da divisão do trabalho e, por conseguinte, não a teriam exposto a uma censura imerecida, se não a houvessem reduzido apenas a um meio de aumentar o rendimento das forças sociais; se tivessem visto que ela é, antes de tudo, uma fonte de solidariedade. (*)

(*) Até aqui o texto foi extraído de *De la division du travail social*, pp. 356-65.

3

A Mercadoria: Os Fundamentos da Produção da Sociedade e do Seu Conhecimento*

Karl Marx

1. Os dois fatores da mercadoria: valor de uso e valor (substância e quantidade do valor)

A riqueza das sociedades na qual rege a produção capitalista configura-se em "imensa acumulação de mercadorias",(1) e a mercadoria, isoladamente considerada, é a forma elementar dessa riqueza. Por isso, nossa investigação começa com a análise da mercadoria.

A mercadoria é, antes de mais nada, um objeto externo, uma coisa que, por suas propriedades, satisfaz necessidades humanas, seja qual for a natureza, a origem delas, provenham do estômago ou da fantasia.(2) Não importa a maneira como a coisa satisfaz a necessidade humana, se diretamente, como meio de subsistência, objeto de consumo, ou indiretamente, como meio de produção.

Cada coisa útil, como ferro, papel etc., pode ser considerada sob duplo aspecto, segundo qualidade e quantidade. Cada um desses objetos é um conjunto de muitas propriedades e pode ser útil de diferentes modos. Constituem fatos históricos a descoberta dos diferentes modos, das diversas maneiras de usar as coisas,(3) e a invenção das medidas, socialmente aceitas, para quantificar as coisas úteis. A variedade dos padrões de medida das mercadorias decorre da natureza diversa dos objetos a medir e também de convenção.

A utilidade de uma coisa faz dela um valor de uso. (4) Mas, essa utilidade não é algo aéreo. Determinada pelas propriedades materialmente inerentes à mercadoria, só existe através delas. A própria

---
(*) Karl Marx, *O Capital — Crítica da economia política*, Livro I, vol. I, 3ª ed., tradução de Reginaldo Sant'Anna, Civilização Brasileira, Rio de Janeiro, 1975, pp. 41-93. Reprodução autorizada pelo editor e pelo tradutor.
(1) Karl Marx, *Contribuição à crítica da economia política*, Berlim, 1859, p. 3.
(2) "Desejo envolve necessidade; é o apetite do espírito e tão natural como a fome para o corpo (...) A maioria (das coisas) tem valor porque satisfaz as necessidades do espírito". (Nicholas Barbon, "A Discourse on coining the new money lighter. In answer to Mr. Locke's Considerations etc.", Londres, 1696, pp. 2 e 3.)
(3) "As coisas possuem uma virtude intrínseca (como Barbon designa valor de uso), igual em toda parte, como a propriedade do ímã de atrair o ferro" (*op. cit.*, p. 6). A propriedade do ímã só se tornou útil depois de se descobrir, por meio dela, a polaridade magnética.
(4) "O valor natural de qualquer coisa consiste em sua capacidade de prover as necessidades ou de servir às comodidades da vida humana" (John Locke, "Some Considerations on the Consequences of the Lowering of Interest, 1691", em *Works*, ed. Londres, 1777, vol. II, p. 28). No século XVII, ainda se encontra, com frequência, nos escritores ingleses, "Worth" significando valor de uso, e "value", valor de troca, em conformidade com o espírito de um idioma que sói expressar o fenômeno original, com um termo germânico, e o reflexo, com um termo latino.

mercadoria, como ferro, trigo, diamante etc., é, por isso, um valor de uso, um bem. Esse caráter da mercadoria não depende da quantidade de trabalho empregado para obter suas qualidades úteis. Ao se considerarem valores de uso, sempre se pressupõem quantidades definidas, como uma dúzia de relógios, um metro de linho, uma tonelada de ferro etc. Os valores de uso fornecem material para uma disciplina específica, a merceologia.(5) O valor de uso só se realiza com a utilização ou o consumo. Os valores de uso constituem o conteúdo material da riqueza, qualquer que seja a forma social dela. Na forma de sociedade que vamos estudar, os valores de uso são, ao mesmo tempo, os veículos materiais do valor de troca.

O valor de troca revela-se, de início, na relação quantitativa entre valores de uso de espécies diferentes, na proporção em que se trocam,(6) relação que muda constantemente no tempo e no espaço. Por isso, o valor de troca parece algo casual e puramente relativo, e, portanto, uma contradição em termos, um valor de troca inerente, imanente à mercadoria.(7) Vejamos a coisa mais de perto.

Qualquer mercadoria se troca por outras, nas mais diversas proporções, por exemplo, um *quarter* de trigo por *x* de graxa, ou por *y* de seda ou *z* de ouro etc. Em vez de um só, o trigo tem, portanto, muitos valores de troca. Mas, uma vez que cada um dos itens, separadamente — *x* de graxa ou *y* de seda ou *z* de ouro, — é o valor de troca de um *quarter* de trigo, devem *x* de graxa, *y* de seda e *z* de ouro, como valores de troca, ser permutáveis e iguais entre si. Daí se deduz, primeiro: os valores de troca vigentes da mesma mercadoria expressam, todos, um significado igual; segundo: o valor de troca só pode ser a maneira de expressar-se, a forma de manifestação de uma substância que dele se pode distinguir.

Tomemos duas mercadorias, por exemplo, trigo e ferro. Qualquer que seja a proporção em que se troquem, é possível sempre expressá-la com uma igualdade em que dada quantidade de trigo se iguala a alguma quantidade de ferro, por exemplo, um *quarter* de trigo = *n* quintais de ferro. Que significa essa igualdade? Que algo comum, com a mesma grandeza, existe em duas coisas diferentes, em um *quarter* de trigo, e em *n* quintais de ferro. As duas coisas são, portanto, iguais a uma terceira que, por sua vez, delas difere. Cada uma das duas, como valor de troca, é reduzível, necessariamente, a essa terceira.

Evidencia-se isto com um simples exemplo geométrico. Para determinar e comparar a área dos polígonos, decompômo-los em triângulos. O próprio triângulo pode converter-se, também, em uma expressão inteiramente diversa de sua figura visível — a metade do produto da base pela altura. Do mesmo modo têm os valores de troca de ser reduzíveis a uma coisa comum, da qual representam uma quantidade maior ou menor.

Essa coisa comum não pode ser uma propriedade das mercadorias, geométrica, física, química ou de qualquer outra natureza. As propriedades materiais só interessam pela utilidade que dão às mercadorias, por fazerem destas valores de uso. Põem-se de lado os valores de uso das mercadorias, quando se trata da relação de troca entre elas. É o que evidentemente caracteriza essa relação. Nela, um valor de uso vale tanto quanto outro, quando está presente na proporção adequada. Ou como diz o velho Barbon:

"Um tipo de mercadoria é tão bom quanto outro, se é igual o valor de troca. Não há diferença ou distinção em coisas de igual valor de troca."(8)

Como valores de uso, as mercadorias são, antes de mais nada, de qualidade diferente; como valores de troca, só podem diferir na quantidade, não contendo portanto nenhum átomo de valor de uso.

---

(5) Na sociedade burguesa reina a ficção jurídica de que todo ser humano, como comprador, tem um conhecimento enciclopédico das mercadorias.
(6) "O valor consiste na relação de troca que se estabelece entre uma coisa e outra, entre a quantidade de um produto e a de outro" (Le Trosne, "De l'Intérêt social", em *Physiocrates*, ed. Daire, Paris, 1846, p. 889).
(7) "Nada pode ter um valor de troca intrínseco" (N. Barbon, *op. cit.*, p. 6), ou como diz Butler: "O valor de uma coisa é exatamente o que ele dá em troca."
(8) "One sort of wares are as good as another, if the value be equal. There is no difference or distinction in things of equal value." Barbon acrescenta: "Cem libras esterlinas de chumbo ou de ferro valem tanto quanto cem libras esterlinas de ouro ou de prata" (N. Barbon, *loc. cit.*, pp. 53 e 57).

Se prescindirmos do valor de uso da mercadoria, só lhe resta ainda uma propriedade, a de ser produto do trabalho. Mas, então, o produto do trabalho já terá passado por uma transmutação. Pondo de lado seu valor de uso, abstraímos, também, das formas e elementos materiais que fazem dele um valor de uso. Ele não é mais mesa, casa, fio ou qualquer outra coisa útil. Sumiram todas as suas qualidades materiais. Também não é mais o produto do trabalho do marceneiro, do pedreiro, do fiandeiro ou de qualquer outra forma de trabalho produtivo. Ao desaparecer o caráter útil dos produtos do trabalho, também desaparece o caráter útil dos trabalhos neles corporificados, desvanecem-se, portanto, as diferentes formas de trabalho concreto, elas não mais se distinguem umas das outras, mas reduzem-se, todas, a uma única espécie de trabalho, o trabalho humano abstrato.

Vejamos o que é esse resíduo dos produtos do trabalho. Nada deles resta a não ser a mesma objetividade impalpável, a massa pura e simples do trabalho humano em geral, do dispêndio de força de trabalho humana, sem consideração pela forma como foi despendida. Esses produtos passam a representar apenas a força de trabalho humano, gasta em sua produção, o trabalho humano que neles se armazenou. Como configuração dessa substância social que lhes é comum, são valores, valores-mercadorias.

Na própria relação de permuta das mercadorias, seu valor de troca revela-se, de todo, independente de seu valor de uso. Pondo-se de lado o valor de uso dos produtos do trabalho, obtém-se seu valor como acaba de ser definido. O que se evidencia comum na relação de permuta ou no valor de troca é, portanto, o valor das mercadorias. Mais adiante, voltaremos a tratar do valor de troca como o modo necessário de expressar-se o valor ou a forma de este manifestar-se. O valor será estudado, agora, independentemente de sua forma.

Um valor de uso ou um bem só possui, portanto, valor porque nele está corporificado, materializado, trabalho humano abstrato. Como medir a grandeza do seu valor? Por meio da quantidade da "substância criadora de valor" nele contida, o trabalho. A quantidade de trabalho, por sua vez, mede-se pelo tempo de sua duração, e o tempo de trabalho, por frações do tempo, como hora, dia etc.

Se o valor de uma mercadoria é determinado pela quantidade de trabalho gasto durante sua produção, poderia parecer que quanto mais preguiçoso ou inábil um ser humano, tanto maior o valor de sua mercadoria, pois ele precisa de mais tempo para acabá-la. Todavia, o trabalho que constitui a substância dos valores é o trabalho humano homogêneo, dispêndio de idêntica força de trabalho. Toda a força de trabalho da sociedade — que se revela nos valores do mundo das mercadorias — vale, aqui, por força de trabalho única, embora se constitua de inúmeras forças de trabalho individuais. Cada uma dessas forças individuais de trabalho se equipara às demais, na medida em que possua o caráter de uma força média de trabalho social, e atue como essa força média, precisando, portanto, apenas do tempo de trabalho em média necessário ou socialmente necessário para a produção de uma mercadoria. Tempo de trabalho socialmente necessário é o tempo de trabalho requerido para produzir-se um valor de uso qualquer, nas condições de produção socialmente normais, existentes, e com o grau social médio de destreza e intensidade do trabalho. Na Inglaterra, após a introdução do tear a vapor, o tempo empregado para transformar determinada quantidade de fio em tecido diminuiu aproximadamente à metade. O tecelão inglês que então utilizasse o tear manual, continuaria gastando, nessa transformação, o mesmo tempo que despendia antes, mas o produto de sua hora individual de trabalho só representaria meia hora de trabalho social, ficando o valor anterior de seu produto reduzido à metade.

O que determina a grandeza do valor, portanto, é a quantidade de trabalho socialmente necessário ou o tempo de trabalho socialmente necessário para a produção de um valor de uso.(9) Cada merca-

---

(9) Nota da 2ª edição: "The value of them (the necessaries of life) when they are exchanged the one for another, is regulated by the quantity of labour necessarily required, and commonly taken in producing them." "O valor dos objetos, quando se permutam, é determinado pela quantidade de trabalho necessariamente exigida e comumente gasta para produzirmos" (*Some Thoughts on the Interest of Money in general, and particularly in the Public Funds etc.*, Londres, pp. 36 e 37). Não traz data esse notável trabalho anônimo do século passado. De seu conteúdo infere-se que apareceu no tempo de Jorge II, por volta de 1739 ou 1740.

doria individual é considerada aqui exemplar médio de sua espécie.(10) Mercadorias que contêm iguais quantidades de trabalho, ou que podem ser produzidas no mesmo tempo de trabalho, possuem, consequentemente, valor da mesma magnitude. O valor de uma mercadoria está para o valor de qualquer outra, assim como o tempo de trabalho necessário à produção de uma está para o tempo de trabalho necessário à produção de outra. "Como valores, as mercadorias são apenas dimensões definidas do tempo de trabalho que nelas se cristaliza."(11)

A grandeza do valor de uma mercadoria permaneceria, portanto, invariável, se fosse constante o tempo do trabalho requerido para sua produção. Mas este muda com qualquer variação na produtividade (força produtiva) do trabalho. A produtividade do trabalho é determinada pelas mais diversas circunstâncias, entre elas a destreza média dos trabalhadores, o grau de desenvolvimento da ciência e sua aplicação tecnológica, a organização social do processo de produção, o volume e a eficácia dos meios de produção, e as condições naturais. A mesma quantidade de trabalho, nas quadras favoráveis, se incorpora em 8 toneladas de trigo e, nas desfavoráveis, em apenas 4. A mesma quantidade de trabalho extrai mais metal de uma mina rica que de uma pobre. Diamantes dificilmente se acham à flor do solo e encontrá-los custa, em média, muito tempo de trabalho. Em consequência, materializam, em volume diminuto, muito trabalho. William Jacob duvida que o ouro tenha, em algum tempo, pago o seu valor, por inteiro. Para o diamante, essa opinião ainda é mais válida. Segundo Eschwege, em 1823, a produção global, durante 80 anos, das minas de diamante, no Brasil, não atingira, ainda, o importe do produto médio de ano e meio dos engenhos de açúcar e das plantações de café, naquele país, embora ela custasse muito mais trabalho e representasse, portanto, mais valor. Com minas mais ricas, a mesma quantidade de trabalho incorporar-se-ia em mais diamantes e o valor destes cairia. Se se conseguisse, com pouco trabalho, transformar carvão em diamante, este poderia ficar mais barato do que tijolo. Generalizando: quanto maior a produtividade do trabalho, tanto menor o tempo de trabalho requerido para produzir uma mercadoria, e quanto menor a quantidade de trabalho que nela se cristaliza, tanto menor seu valor. Inversamente, quanto menor a produtividade do trabalho, tanto maior o tempo de trabalho necessário para produzir um artigo e tanto maior seu valor. A grandeza do valor de uma mercadoria varia na razão direta da quantidade, e na inversa da produtividade, do trabalho que nela se aplica.(I)

Uma coisa pode ser valor de uso sem ser valor. É o que sucede quando sua utilidade para o ser humano não decorre do trabalho. Exemplos: o ar, a terra virgem, seus pastos naturais, a madeira que cresce espontânea na selva etc. Uma coisa pode ser útil e produto do trabalho humano, sem ser mercadoria. Quem, com seu produto, satisfaz a própria necessidade gera valor de uso, mas não mercadoria. Para criar mercadoria, é mister não só produzir valor de uso, mas produzi-lo para outros, dar origem a valor de uso social.

(E mais. O camponês medieval produzia o trigo do tributo para o senhor feudal, o trigo do dízimo para o cura. Mas, embora fossem produzidos para terceiros, nem o trigo do tributo nem o do dízimo eram mercadoria. O produto, para se tornar mercadoria, tem de ser transferido a quem vai servir como valor de uso por meio de troca).(11ª) Finalmente, nenhuma coisa pode ser valor se não é objeto útil. Se não é útil, tampouco o será o trabalho nela contido, o qual não conta como trabalho e, por isso, não cria nenhum valor.

---

(10) "Todos os produtos da mesma espécie formam, a bem dizer, uma só massa, cujo preço é determinado de modo geral, sem se levar em conta circunstâncias" (Le Trosne, *op. cit.*, p. 893).
(11) K. Marx, *op. cit.*, p. 6.
(I) 1ª edição continua: Conhecemos, agora, a *substância* do valor. É o trabalho. Conhecemos a *medida de sua magnitude*. É o tempo de trabalho. Resta analisar sua forma, o sinete que se imprime sobre o valor, o valor de troca. Mas, antes, é mister desenvolver, mais pormenorizadamente, as definições já formuladas.
(11ª) Nota da 4ª edição: O trecho que intercalei entre parênteses destina-se a evitar o erro, muito frequente, de achar que Marx considera mercadoria qualquer produto, desde que não seja consumido pelo produtor, mas por outro. F.E.

2. O duplo caráter do trabalho materializado na mercadoria

A mercadoria apareceu-nos, inicialmente, como duas coisas: valor de uso e valor de troca. Mais tarde, verificou-se que o trabalho também possui duplo caráter: quando se expressa como valor, não possui mais as mesmas características que lhe pertencem como gerador de valores de uso. Fui quem primeiro analisou e pôs em evidência essa natureza dupla do trabalho contido na mercadoria.(12) Para compreender a economia política é essencial conhecer essa questão, que, por isso, deve ser estudada mais de perto.

Tomemos duas mercadorias: um casaco e 10 metros de linho. A primeira com o dobro do valor da segunda, de modo que, se 10 metros de linho = 1 v, o casaco = 2 v.

O casaco é valor de uso que satisfaz uma necessidade particular. Para produzi-la, precisa-se de certo tipo de atividade produtiva, determinada por seu fim, modo de operar, objeto sobre que opera, seus meios e seu resultado. Chamamos simplesmente de trabalho útil aquele cuja utilidade se patenteia no valor de uso do seu produto ou cujo produto é um valor de uso. Sob esse ponto de vista será considerado sempre associado a seu efeito útil.

Sendo casaco e linho valores de uso qualitativamente diversos, também diferem qualitativamente os trabalhos que dão origem a sua existência — o ofício de alfaiate e o de tecelão. Se aquelas coisas não fossem valores de uso, qualitativamente diversos e, por isso, produtos de trabalhos úteis qualitativamente diferentes, não poderiam elas, de nenhum modo, se contrapor uma à outra, como mercadorias. Casacos não se permutam por outros tantos casacos iguais, valores de uso idênticos não se trocam.

No conjunto formado pelos valores de uso diferentes ou pelas mercadorias materialmente distintas, manifesta-se um conjunto correspondente dos trabalhos úteis diversos — classificáveis por ordem, gênero, espécie, subespécie e variedade — a divisão social do trabalho. Ela é condição para que exista a produção de mercadorias, embora, reciprocamente, a produção de mercadorias não seja condição necessária para a existência da divisão social do trabalho. Na velha comunidade indiana, há a divisão social do trabalho, sem que os produtos se convertam em mercadorias. Ou, um exemplo mais próximo, em cada fábrica existe a divisão sistemática do trabalho, mas essa divisão não leva os trabalhadores a trocarem seus produtos individuais. Só se contrapõem, como mercadorias, produtos de trabalhos privados e autônomos, independentes entre si.

Está, portanto, claro: o valor de uso de cada mercadoria representa determinada atividade produtiva subordinada a um fim, isto é, um trabalho útil particular. Valores de uso não podem se opor como mercadorias, quando neles não estão inseridos trabalhos úteis qualitativamente distintos. Em uma sociedade cujos produtos assumem, geralmente, a forma de mercadoria, isto é, em uma sociedade de produtores de mercadorias, essa diferença qualitativa dos trabalhos úteis, executados independentes uns dos outros, como negócio particular de produtores autônomos, leva a que se desenvolva um sistema complexo, uma divisão social do trabalho.

Para o casaco, tanto faz ser usado pelo alfaiate ou pelo freguês do alfaiate. Em ambos os casos, funciona como valor de uso. A existência da relação entre o casaco e o trabalho que o confecciona não depende de o ofício de alfaiate se tornar uma profissão especial, um ramo autônomo da divisão social do trabalho. Antes de surgir um alfaiate, o ser humano costurou durante milênios, pressionado pela necessidade de vestir-se. Mas o casaco, o linho, ou qualquer componente da riqueza material que não seja dado pela natureza, tinha de originar-se de uma especial atividade produtiva, adequada a determinado fim, e que adapta certos elementos da natureza às necessidades particulares do homem. O trabalho, como criador de valores de uso, como trabalho útil, é indispensável à existência do homem, — quaisquer que sejam as formas de sociedade — é necessidade natural e eterna de efetivar o intercâmbio material entre o homem e a natureza, e, portanto, de manter a vida humana.

---

(12) *Op. cit.*, pp. 12, 13 e *passim*.

Os valores de uso, casaco, linho etc., enfim, as mercadorias, são conjunções de dois fatores, matéria fornecida pela natureza e trabalho. Extraindo-se a totalidade dos diferentes trabalhos úteis incorporados ao casaco, ao linho etc., resta sempre um substrato material, que a natureza, sem interferência do homem, oferece. O homem, ao produzir, só pode atuar como a própria natureza, isto é, mudando as formas da matéria. (13) E mais: nesse trabalho de transformação, é constantemente ajudado pelas forças naturais. O trabalho não é, por conseguinte, a única fonte dos valores de uso que produz, da riqueza material. Conforme diz William Petty, o trabalho é o pai, mas a mãe é a terra.

Passemos, agora, da mercadoria, como objeto útil, para o valor das mercadorias.

Ficou estabelecido que o casaco vale duas vezes mais que o linho. Mas, essa diferença puramente quantitativa não nos interessa no momento. E se o casaco tem o dobro do valor de 10 metros de linho, 20 metros de linho têm valor igual ao do casaco. Como valores, casaco e linho são coisas de igual substância, expressões objetivas de trabalho de natureza igual. Mas o ofício de alfaiate e o de tecelão são trabalhos qualitativamente diversos. Há estágios sociais em que a mesma pessoa, alternativamente, costura e tece, em que esses dois tipos diferentes de trabalho são apenas modalidades do trabalho do mesmo indivíduo e não ofícios especiais, fixos, de indivíduos diversos, do mesmo modo que o casaco feito, hoje, por nosso alfaiate, e as calças, que fará amanhã, não passam de variações do mesmo trabalho individual. Verifica-se, a uma simples inspeção, que, em nossa sociedade capitalista, se fornece uma porção dada de trabalho humano, ora sob a forma do ofício de alfaiate, ora sob a forma do ofício de tecelão, conforme as flutuações da procura de trabalho. É possível que essa variação na forma do trabalho não se realize sem atritos, mas tem de efetivar-se. Pondo-se de lado o desígnio da atividade produtiva e, em consequência, o caráter útil do trabalho, resta-lhe apenas ser um dispêndio de força humana de trabalho. O trabalho do alfaiate e o do tecelão, embora atividades produtivas qualitativamente diferentes, são ambos dispêndio humano produtivo de cérebro, músculos, nervos, mãos etc., e, desse modo, são ambos trabalho humano. São apenas duas formas diversas de despender força humana de trabalho. Sem dúvida, a própria força humana de trabalho tem de atingir certo desenvolvimento, para ser empregada em múltiplas formas. O valor da mercadoria, porém, representa trabalho humano simplesmente, dispêndio de trabalho humano em geral. Com o trabalho humano ocorre algo análogo ao que se passa na sociedade burguesa, na qual em geral um banqueiro desempenha um papel importante e fica reservado ao simples ser humano uma função inferior.(14) Trabalho humano mede-se pelo dispêndio da força de trabalho simples, a qual, em média, todo homem comum, sem educação especial, possui em seu organismo. O *trabalho simples médio* muda de caráter com os países e estágios de civilização, mas é dado em uma determinada sociedade. Trabalho complexo ou qualificado vale como trabalho simples *potenciado* ou, antes, *multiplicado,* de modo que uma quantidade dada de trabalho qualificado é igual a uma quantidade maior de trabalho simples. A experiência demonstra que essa redução sucede constantemente. Por mais qualificado que seja o trabalho que gera a mercadoria, seu valor a equipara ao produto de trabalho simples e representa, por isso, uma determinada quantidade de trabalho simples.(15) As diferentes proporções em que as diversas espécies de trabalho se reduzem a trabalho simples, como sua unidade de medida, são fixadas por um processo social que se desenrola sem dele ter consciência os produtores, parecendo-lhes, por isso, estabelecidos pelo costume. Para simplificar, considerar-se-á, a seguir, força de trabalho simples toda espécie de força do trabalho, com o que se evita o esforço de conversão.

---

(13) "Todos os fenômenos do universo, provocados pela mão do homem ou pelas leis gerais da física, não constituem, na realidade, criações novas, mas apenas transformação da matéria. Associação e dissociação são os únicos elementos que o espírito humano acha ao analisar a ideia de produção; o mesmo ocorre com a produção do valor" (valor de uso, embora o próprio Verri, nessa polêmica com os fisiocratas, não saiba claramente de que valor está falando) "e da riqueza, quando a terra, o ar e a água transformam-se, nos campos, em trigo, ou quando, pela intervenção do homem, a secreção de um inseto se transforma em seda, ou diversas peças de metal se ordenam para formar um despertador." (Pietro Verri, *Meditazioni sulla economia política*, impresso, primeiro, em 1771, na edição dos economistas italianos, de Custodi, parte moderna, vol. XV, pp. 21, 22.)
(14) Vide Hegel, *Philosophie des Rechts*, Berlim, 1840, p. 250, § 190.
(15) Repare o leitor que não se trata aqui de salário ou do valor que o trabalhador recebe por seu tempo de trabalho, mas do valor da mercadoria no qual se traduz seu tempo de trabalho. Não existe ainda a categoria salário neste estágio de nossa exposição.

Ao considerar os valores do casaco e do linho, prescindimos da diferença dos seus valores de uso e, analogamente, ao focalizar os trabalhos que se representam nesses valores, pomos de lado a diferença entre suas formas úteis, a atividade do alfaiate e a do tecelão. Os valores de uso casaco e linho resultam de atividades produtivas, subordinadas a objetivos, associadas com pano e fio, mas os valores casaco e linho são cristalizações homogêneas de trabalho; os trabalhos contidos nesses valores são considerados apenas dispêndio de força humana de trabalho, pondo-se de lado sua atuação produtiva relacionada com o pano e o fio. O trabalho do alfaiate e o do tecelão são os elementos que criam valores de uso, casaco e linho, exatamente por força de suas qualidades diferentes; só são substância do valor do casaco e do valor do linho quando se põem de lado suas qualidades particulares, restando a ambos apenas uma única e mesma qualidade, a de serem trabalho humano.

Casaco e linho são valores, mas valores que têm uma determinada grandeza, e, conforme nosso pressuposto, o casaco vale o dobro de 10 metros de linho. De onde se origina essa diferença nas grandezas dos valores? Decorre de estar contido no linho metade do trabalho que se encerra no casaco, tendo de ser despendida força de trabalho para a produção deste durante o dobro do tempo requerido para a produção daquele.

Se o trabalho contido na mercadoria, do ponto de vista do valor de uso, só interessa qualitativamente, do ponto de vista da grandeza do valor, só interessa quantitativamente e depois de ser convertida em trabalho humano, puro e simples. No primeiro caso, importa saber como é e o que é o trabalho; no segundo, sua quantidade, a duração de seu tempo. Uma vez que a grandeza do valor de uma mercadoria representa apenas a quantidade de trabalho nela contido, devem as mercadorias, em determinadas proporções, possuir valores iguais.

Permanecendo invariável a produtividade de todos os trabalhos úteis exigidos para a produção de um casaco, a magnitude do valor dos casacos eleva-se com a respectiva quantidade. Se um casaco representa x dias de trabalho, dois casacos representarão $2x$. Admitamos que se duplique o trabalho necessário para a produção de um casaco, ou que se reduza à metade. No primeiro caso, um casaco passa a ter um valor que antes possuíam dois; no segundo, dois casacos passam a ter o valor de um, embora, em ambas as hipóteses, o casaco tenha a mesma utilidade de antes e o trabalho útil nele contido continue sendo da mesma qualidade. Mudou, porém, a quantidade de trabalho despendida em sua produção.

Uma quantidade maior de valor de uso cria, *de per si*, maior riqueza material: dois casacos representam maior riqueza que um. Com dois casacos podem agasalhar-se dois homens, com um casaco, só um etc. Não obstante, ao acréscimo da massa de riqueza material pode corresponder uma queda simultânea no seu valor. Esse movimento em sentidos opostos se origina do duplo caráter do trabalho. Produtividade é sempre produtividade de trabalho concreto, útil, e apenas define o grau de eficácia da atividade produtiva, adequada a certo fim, em dado espaço de tempo. O trabalho útil torna-se, por isso, uma fonte mais ou menos abundante de produtos na razão direta da elevação ou da queda de sua produtividade. Por outro lado, nenhuma mudança na produtividade atinge intrinsecamente o trabalho configurado no valor. Uma vez que a produtividade pertence à forma concreta, útil de trabalho, não pode ela influir mais no trabalho quando abstraímos de sua forma concreta útil. Qualquer que seja a mudança na produtividade, o mesmo trabalho, no mesmo e espaço de tempo, fornece, sempre, a mesma magnitude de valor. Mas, no mesmo espaço de tempo, gera quantidades diferentes de valores de uso: quantidade maior, quando a produtividade aumenta, e menor, quando ela decai. Consideremos ainda a variação da produtividade. A mesma variação da que acresce o resultado do trabalho e, em consequência, a massa dos valores de uso que ele fornece, reduz a magnitude do valor dessa massa global aumentada, quando diminui o total do tempo do trabalho necessário para sua produção. E vice-versa.

Todo trabalho é, de um lado, dispêndio de força humana de trabalho, no sentido fisiológico, e, nessa qualidade de trabalho humano igual ou abstrato, cria o valor das mercadorias. Todo trabalho, por outro lado, é dispêndio de força humana de trabalho, sob forma especial, para um determinado fim, e, nessa qualidade de trabalho útil e concreto, produz valores de uso.(16)

3. A forma do valor ou o valor de troca

As mercadorias vêm ao mundo sob a forma de valores de uso, de objetos materiais, como ferro, linho, trigo etc. É a sua forma natural, prosaica. Todavia, só são mercadorias por sua duplicidade, por serem ao mesmo tempo objetos úteis e veículos de valor. Por isso, patenteiam-se como mercadorias, assumem a feição de mercadoria, apenas na medida em que possuam dupla forma, aquela forma natural e a de valor.

A realidade do valor das mercadorias difere de Dame Quickly, por não sabermos por onde apanhá-la. (I) Em contraste direto com a palpável materialidade da mercadoria, nenhum átomo de matéria se encerra no seu valor. Vire-se e revire-se, à vontade, uma mercadoria: a coisa-valor se mantém imperceptível aos sentidos.

As mercadorias, recordemos, só encararam valor na medida em que são expressões de uma mesma substância social, o trabalho humano; seu valor é, portanto, uma realidade apenas social, só podendo manifestar-se, evidentemente, na relação social em que uma mercadoria se troca por outra. Partimos do valor de troca ou da relação de troca das mercadorias, para chegar ao valor aí escondido. Temos, agora, de voltar a essa forma de manifestação do valor.

Todo mundo sabe, mesmo os que nada mais saibam, que as mercadorias possuem forma comum de valor, que contrasta com a flagrante heterogeneidade das formas corpóreas de seus valores de uso. Esta forma comum é a forma dinheiro do valor. Importa realizar o que jamais tentou fazer a economia burguesa, isto é, elucidar a gênese da forma dinheiro. Para isso, é mister acompanhar o desenvolvimento da expressão do valor contida na relação de valor existente entre as mercadorias, partindo da manifestação mais simples e mais apagada até chegar à esplendente forma dinheiro. Assim, desaparecerá o véu misterioso que envolve o dinheiro.

A mais simples relação de valor é, evidentemente, a que se estabelece entre uma mercadoria e qualquer outra mercadoria de espécie diferente. A relação de valor entre duas mercadorias é, portanto, a expressão de valor mais simples de uma mercadoria.

A) A FORMA SIMPLES, SINGULAR OU FORTUITA DO VALOR

x da mercadoria $A = y$ da mercadoria B, ou
x da mercadoria A vale y da mercadoria B
20 metros de linho — 1 casaco, ou
20 metros de linho valem 1 casaco

---

(16) Nota da 2ª edição. Para demonstrar que "apenas o trabalho é a medida definitiva e real com que se avalia e compara o valor de todas as mercadorias em todos os tempos", diz Adam Smith: "Quantidades iguais de trabalho, em todos os tempos e em todos os lugares, devem ter o mesmo valor, para o trabalhador. No seu estado normal de saúde, força e atividade e com o grau médio de destreza que possua, tem sempre de ceder a mesma porção de lazer, liberdade e felicidade" (*Wealth of Nations*, vol. I, cap. 5, pp. 104 e 105). De um lado, A. Smith confunde aí (embora nem sempre) a determinação do valor pela quantidade de trabalho despendido na produção da mercadoria, com a determinação dos valores das mercadorias pelo valor do trabalho, e procura, por isso, demonstrar que iguais quantidades de trabalho têm sempre o mesmo valor. Por outro lado, pressente ele que o trabalho, enquanto representado no valor da mercadoria, só conta como dispêndio de força de trabalho, mas concebe esse dispêndio apenas como sacrifício de ócio, liberdade e felicidade, sem considerar que é também uma função normal da vida. Tem por certo em vista o moderno assalariado. O antecessor anônimo de A. Smith, citado na nota 9, diz de maneira muito mais precisa: "Um homem gastou uma semana para fabricar um artigo de consumo (...) e à pessoa que lhe dará outro em troca, para melhor determinar o equivalente exato, bastará computar o que lhe custa o mesmo trabalho e o mesmo tempo; isto, com efeito, não é mais do que trocar o trabalho empregado por um homem em uma coisa, durante certo tempo, pelo trabalho de outro em outra coisa, durante o mesmo tempo (*Some Thoughts on the Interest of Money in general etc.*, p. 39). (Nota da 4.ª edição: a língua inglesa tem a vantagem de possuir duas palavras distintas para designar esses dois aspectos diferentes do trabalho. O trabalho que gera valores de uso e se determina qualitativamente chama-se "work", distinguindo-se, assim, de "labour", o trabalho que cria valor e que só pode ser avaliado quantitativamente. Vide nota na tradução inglesa, p. 14. F.E.)
(I) Shakespeare, *Henrique IV*, parte 1ª, ato III, cena III.

1. Os dois polos da expressão do valor: a forma relativa do valor e a forma de equivalente

Todo o segredo da forma do valor encerra-se nessa forma simples do valor. Na sua análise reside a verdadeira dificuldade.

Duas mercadorias diferentes A e B, em nosso exemplo, linho e casaco, representam, evidentemente, dois papéis distintos. O linho expressa seu valor no casaco, que serve de material para essa expressão de valor. O papel da primeira mercadoria é ativo, o desempenhado pela segunda, passivo. O valor da primeira mercadoria apresenta-se como valor relativo, ela se encontra sob a forma relativa do valor. A segunda mercadoria tem a função de equivalente ou se acha sob a forma de equivalente.

A forma relativa do valor e a forma de equivalente se pertencem uma à outra, se determinam reciprocamente, inseparáveis, mas, ao mesmo tempo, são extremos que mutuamente se excluem e se opõem, polos da mesma expressão do valor. Essas formas são aplicadas a duas mercadorias diferentes, sempre que a expressão do valor as relacione uma com a outra. Não posso, por exemplo, expressar em linho o valor do linho, 20 metros de linho = 20 metros de linho não é nenhuma expressão de valor. A igualdade aí tem outro sentido: 20 metros de linho não é mais do que 20 metros de linho, uma quantidade determinada do valor de uso, linho. O valor do linho só pode ser expresso relativamente, isto é, em outra mercadoria. A forma relativa do valor do linho pressupõe, por isso, que alguma outra mercadoria se contraponha ao linho como equivalente. Por outro lado, essa outra mercadoria que figura como equivalente não pode achar-se, ao mesmo tempo, sob a forma relativa do valor. Não é ela que expressa seu valor. Apenas fornece o material para a expressão do valor da outra mercadoria.

Naturalmente, a expressão 20 metros de linho = 1 casaco, ou 20 metros de linho valem 1 casaco, compreende também, a relação inversa, 1 casaco = 20 metros de linho, ou 1 casaco vale 20 metros de linho. Mas, aí, tenho de inverter a equação, para exprimir relativamente o valor do casaco; e, ao fazer isso, o equivalente passa a ser o linho e não o casaco. Na mesma expressão do valor, a mesma mercadoria não pode aparecer, ao mesmo tempo, sob as duas formas. Elas se repelem polarmente.

Para saber se uma mercadoria se encontra: sob a forma relativa do valor ou sob a forma oposta, a equivalente, basta reparar a posição que ocasionalmente ocupa na expressão do valor, se é a mercadoria cujo valor é expresso ou se é mercadoria através da qual se expressa o valor.

2. A forma relativa do valor

a) O que significa

Para descobrir por que a expressão simples do valor de uma mercadoria se contém na relação de valor de duas mercadorias, é mister, primeiro, considerar essa relação inteiramente dissociada de seu aspecto quantitativo. Faz-se, geralmente, o contrário, vendo-se na relação de valor apenas a proporção em que se equiparam determinadas quantidades de duas mercadorias diferentes. Esquece-se que duas coisas diferentes só se tornam quantitativamente comparáveis depois de sua conversão a uma mesma coisa. Somente como expressões de uma mesma substância são grandezas homogêneas, por isso, comensuráveis.(17)

Para se afirmar que 20 metros de linho = 1 casaco, ou = 20 ou x casacos, isto é, que uma dada quantidade de linho vale uma quantidade maior ou menor de casacos, para se estabelecer qualquer proporção dessa natureza, é necessário admitir, simultaneamente, que linho e casacos, como grandezas de valor, são expressões de uma mesma coisa, ou coisas da mesma natureza. Linho = casaco é o fundamento da equação.

---

(17) Os poucos economistas que, como S. Bailey, se ocuparam com a análise da forma do valor não podiam chegar a nenhum resultado, primeiro porque confundem forma do valor e valor; segundo porque, sob a influência do espírito burguês, prático e imediato, fixam sua atenção, *a priori* e com exclusividade, no aspecto quantitativo da questão. "O poder de dispor da quantidade (...) é o que faz o valor" (*Money and its Vicissitudes*, Londres, 1837, p. 11; autor, S. Bailey).

Mas, as duas mercadorias, equiparadas qualitativamente, não desempenham o mesmo papel. Só é expresso o valor do linho. E como? Através de sua relação com o casaco, por ser este seu equivalente ou com ele permutável. Nessa relação, o casaco representa a forma de existência do valor, é a figura do valor, pois, somente nessa qualidade, é idêntico ao linho. Por outro lado, o valor próprio do linho se revela ou recebe uma expressão precisa, pois somente como valor pode o linho relacionar-se com o casaco, que lhe antepõe igual valor e é com ele permutável. Um exemplo analógico. O ácido butírico é um corpo diferente do formiato de propilo. Ambos, entretanto, são constituídos das mesmas substâncias químicas, carbono (C), hidrogênio (H) e oxigênio (O), combinadas em proporções iguais, de acordo com a fórmula $C_4H_8O_2$. Igualar ácido butírico e formiato de propilo significa, primeiro, considerar formiato de propilo apenas forma de existência de $C_4H_8O_2$ e, segundo, afirmar que ácido butírico é também composto de $C_4H_8O_2$. Através da equiparação de formiato de propilo com o ácido butírico expressa-se sua igual substância química, deixando-se de lado sua forma física.

Ao dizermos que, como valores, as mercadorias são trabalho humano cristalizado, nossa análise as reduz a uma abstração, a valor, mas não lhes dá forma para esse valor, distinta de sua forma física. A questão muda quando se trata da relação de valor entre duas mercadorias. Aí a condição de valor de uma se revela na própria relação que estabelece com a outra.

Quando o casaco, como figura do valor, é equiparado ao linho, iguala-se o trabalho inserido naquele com o contido neste. Sem dúvida, o trabalho concreto do alfaiate, que faz o casaco, difere do executado pelo tecelão, que faz o linho. Mas, equiparado ao do tecelão, reduz-se o trabalho do alfaiate àquilo que é realmente igual em ambos os trabalhos, sua condição comum de trabalho humano. Por esse meio indireto, diz-se que o trabalho do tecelão, ao tecer valor, não possui nenhuma característica que o diferencie do trabalho do alfaiate, sendo, portanto, trabalho humano abstrato. Só a expressão da equivalência de mercadorias distintas põe à mostra a condição específica do trabalho criador de valor, porque ela realmente reduz à substância comum, a trabalho humano simplesmente, os trabalhos diferentes incorporados em mercadorias diferentes.(17a)

Não basta, porém, expressar o caráter específico do trabalho que cria o valor do linho. A força humana de trabalho em ação ou o trabalho humano cria valor, mas não é valor. Vem a ser valor, torna-se valor, quando se cristaliza na forma de um objeto. Para expressar o valor do linho como massa de trabalho humano, temos de expressá-la como algo que tem existência material diversa do próprio linho e, ao mesmo tempo, é comum a ele e a todas as outras mercadorias. Fica assim resolvido nosso problema.

Na relação de valor com o linho, considera-se o casaco por ser um valor qualitativamente igual ao linho, coisa da mesma natureza. O casaco, nessa relação, passa por coisa através da qual se manifesta o valor, ou que representa o valor por meio de sua forma física palpável. O casaco, o corpo dessa mercadoria, é um simples valor de uso. O casaco, como qualquer quantidade do melhor linho, tampouco expressa valor. Isto demonstra que o casaco, dentro da sua relação com o linho, significa mais do que fora dela, como certos seres humanos que se tornam mais importantes quando se metem em um casaco agaloado.

Na produção do casaco gastou-se, realmente, força de trabalho humano, sob a forma de trabalho do alfaiate. Nele acumulou-se, portanto, trabalho humano. Daí ser ele "depositário de valor", embora não se consiga entrever essa qualidade nem mesmo no mais puído dos casacos. E, na relação de valor com o linho, é considerado apenas sob esse ponto de vista, ou seja, como valor corporificado, como encarnação do valor. O linho reconhece no casaco, mesmo abotoado, a alma igual à sua através do

---

(17a) Nota da 2ª edição: Um dos primeiros economistas que, depois de William Petty, examinou a natureza do valor, o famoso Benjamin Franklin, diz: "Uma vez que o comércio nada mais é que a permuta de um trabalho por outro, é o trabalho a medida mais adequada para mensurar o valor de todas as coisas" (*The Works of B. Franklin etc.*, org. por Sparks, Boston, 1836, vol. 11, p. 267). Ao estimar o valor das coisas pelo trabalho, faltava a Franklin a consciência de estar pondo de lado a multiplicidade dos trabalhos permutados, para reduzi-las a trabalho humano abstrato, igual. Diz, contudo, o que não sabe. Ele fala, primeiro de "um trabalho", depois de "outro trabalho", enfim de "trabalho" sem qualificativos, como substância do valor de todas as coisas.

valor. Mas, o casaco não pode representar valor para o linho, sem assumir aos olhos dele a figura de um casaco. Assim, o indivíduo A não pode reconhecer em B um rei, se aos olhos de A a realeza não assume o aspecto corpóreo de B — traços fisionômicos, cabelos e outras características, aspecto que muda com o soberano reinante.

Na relação de valor, em que o casaco constitui o equivalente do linho, a figura do casaco é considerada a materialização do valor. O valor da mercadoria linho é expressa pelo corpo da mercadoria casaco, o valor de uma mercadoria pelo valor de uso de outra. Como valor de uso, o linho revela-se, aos nossos sentidos, coisa diferente do casaco; como valor, é igual ao casaco, passa a ter a feição de um casaco. Assim, recebe o linho uma forma de valor diferente da forma natural que possui. Sua condição de valor aparece ao igualar-se com o casaco, do mesmo modo que a índole de carneiro do cristão se manifesta ao assimilar-se ele ao cordeiro de Deus.

Como se vê, a mesma coisa que nos disse, antes, a análise do valor das mercadorias, diz-nos, agora, o linho, ao entrar em contato com outra mercadoria, o casaco. Transmite seu pensamento em uma linguagem peculiar, a das mercadorias. Para revelar que o trabalho humano abstrato cria seu valor, diz que o casaco, ao ser equivalente a ele e, portanto, um valor, é constituído por trabalho idêntico ao que o fez. Para expressar que sua sublime objetivação de valor difere da sua tessitura material, diz ele que o valor se apresenta sob a figura de um casaco e, por isso, ele mesmo, como valor, iguala-se a um casaco, como se ambos fossem produtos idênticos. Observe-se, de passagem, que, além do hebraico, possui a linguagem das mercadorias muitos outros dialetos, mais ou menos precisos. A palavra alemã *"Wertsein"*, por exemplo, ao indicar que B é o equivalente de A, exprime, de modo menos contundente que os verbos neolatinos *valere, valer, valoir*, que essa equiparação é a própria expressão do valor de A. Paris vale bem uma missa.

Por meio da relação de valor, a forma natural da mercadoria B torna-se a forma do valor da mercadoria A, ou o corpo da mercadoria B transforma-se no espelho do valor da mercadoria A. (18) Ao relacionar-se com a mercadoria B como figura do valor, materialização de trabalho humano, a mercadoria A faz do valor de uso B o material de sua própria expressão de valor. O valor da mercadoria A, ao ser expresso pelo valor de uso da mercadoria B, assume a forma relativa.

b) Determinação quantitativa da forma relativa do valor

Para expressar o valor de qualquer mercadoria, aludimos sempre a dada quantidade de objeto útil, 15 toneladas de trigo, 100 quilos de café etc. Essa quantidade dada de mercadoria contém uma quantidade determinada de trabalho humano. A forma do valor tem de exprimir não só valor em geral, mas valor quantitativamente determinado ou magnitude de valor. Na relação de valor da mercadoria A com a mercadoria B, do linho com o casaco, a mercadoria casaco como encarnação de valor, equipara-se ao linho, não só qualitativamente, mas também em termos quantitativos; a 20 metros de linho iguala-se determinada quantidade do corpo do valor ou do equivalente, 1 casaco.

A equação 20 metros de linho = 1 casaco, ou 20 metros de linho valem 1 casaco, pressupõe que em 1 casaco há substância de valor em porção igual à que existe em 20 metros de linho, que as duas quantidades de mercadorias custam o mesmo trabalho ou igual tempo de trabalho. O tempo de trabalho necessário para a produção de 20 metros de linho ou de 1 casaco se altera com qualquer variação na produtividade dos respectivos trabalhos especializados — o do tecelão e o do alfaiate. É mister, por isso, analisar mais de perto a influência dessa variação sobre a expressão da magnitude do valor.

---

(18) O que sucede à mercadoria ocorre, de certo modo, ao ser humano. O homem se vê e se reconhece primeiro em seu semelhante, a não ser que já venha ao mundo com um espelho na mão ou como um filósofo fichtiano para quem basta o "eu sou eu". Através da relação com o homem Paulo, na condição de seu semelhante, toma o homem Pedro consciência de si mesmo como homem. Passa, então, a considerar Paulo — com pele, cabelos, em sua materialidade paulina — a forma em que se manifesta o gênero homem.

I — Varia o valor do linho,(19) ficando constante o do casaco. Se se duplicar o tempo de trabalho necessário à produção do linho, em virtude, admitamos, de se terem esgotado, progressivamente, as terras das plantações que fornecem a fibra, o valor do linho duplicar-se-á também. Em vez de 20 metros de linho = 1 casaco, teríamos 20 metros de linho = 2 casacos, uma vez que 1 casaco contém apenas metade do trabalho encerrado em 20 metros de linho. Se, ao contrário, reduzir-se à metade o tempo de trabalho necessário à produção de linho, em consequência, por exemplo, de melhores teares, cairá também à metade o seu valor. Agora, portanto, 20 metros de linho = 1/2 casaco. O valor relativo da mercadoria A, isto é, seu valor expresso na mercadoria B, aumenta ou diminui na razão direta do valor da mercadoria A, desde que permaneça constante o valor da mercadoria B.

II — Constante o valor do linho; variável, o do casaco. Dobrando-se, nessas circunstâncias, o tempo de trabalho necessário para a produção do casaco, em virtude, imaginemos, de tosquia desfavorável, teríamos em vez de 20 metros de linho = 1 casaco, 20 metros de linho = 1/2 casaco. Se, ao contrário, o valor do casaco caísse à metade, então, 20 metros de linho = 2 casacos. Permanecendo constante o valor da mercadoria A, aumenta ou diminui seu valor relativo, seu valor expresso na mercadoria B, na razão inversa da variação do valor de B.

Comparando-se os casos compreendidos nos itens I e II, vê-se que a mesma variação de magnitude do valor relativo pode decorrer de causas opostas. Assim, de 20 metros de linho = 1 casaco, origina-se: 1) a equação 20 metros de linho = 2 casacos, ou por ter duplicado o valor do linho ou por ter caído à metade o valor dos casacos; 2) a equação 20 metros de linho = 1/2 casaco, ou por se ter reduzido à metade o valor do linho ou por ter dobrado o valor do casaco.

III — As quantidades de trabalho necessárias para a produção do linho e do casaco variam simultaneamente no mesmo sentido e na mesma proporção. Nessa hipótese, temos, inalteravelmente, 20 metros de linho = 1 casaco, quaisquer que sejam as variações dos valores. Descobre-se a alteração dos seus valores, ao compará-las com uma terceira mercadoria cujo valor tenha permanecido constante. Se os valores das mercadorias sobem ou descem, ao mesmo tempo e na mesma proporção, permanecerão constantes seus valores relativos. Sua verdadeira variação de valor é inferido de produzir-se, em geral, no mesmo tempo de trabalho uma quantidade de mercadorias maior ou menor que antes.

IV — Os tempos de trabalho necessários para produzir, respectivamente, linho e casaco, e portanto seus valores, variam, simultaneamente, na mesma direção, mas em grau diferente, ou em sentidos opostos etc. Para descobrir a influência de todas as combinações possíveis dessas variações sobre o valor relativo de uma mercadoria, basta utilizar as hipóteses compreendidas nos itens I, II e III.

A verdadeira variação da magnitude do valor não se reflete, portanto, clara e completa em sua expressão, isto é, na equação que expressa a magnitude do valor relativo. E o valor relativo de uma mercadoria pode variar, embora seu valor permaneça constante. Seu valor relativo pode permanecer constante, embora seu valor varie e, finalmente, não é mister que sejam coincidentes as variações simultâneas ocorrentes na magnitude do valor e na expressão da magnitude do valor relativo.(20)

---

(19) O vocábulo "valor", como já ocorreu algumas vezes antes, designa aqui valor quantitativamente determinado, isto é, magnitude do valor.

(20) Nota da 2ª edição: Os economistas vulgares exploraram, com a habitual sagacidade, essa discordância entre a magnitude e a expressão relativa do valor. Por exemplo: "Admita que A baixa, por subir B, com o qual se permuta, embora, na ocasião, não decresça o trabalho empregado em A, e sua lei geral do valor cai por terra... Se se admite que, ao subir o valor de A em relação ao de B, o valor de B cai relativamente ao de A, fica destruído, pela base, a grande proposição de Ricardo, de ser o valor de uma mercadoria sempre determinado pelo trabalho nela encerrado; pois, se mudança no custo de A altera não só o próprio valor em relação a B, com que se troca, mas também o valor de B relativamente ao de A, sem ter ocorrido nenhuma variação na quantidade de trabalho para produzir B, então desmoronam-se duas doutrinas: a que assevera ser o valor de um artigo regulado pelo trabalho nele contido, e a que afirma ser o valor de um artigo regulado pelo seu custo" (S. Broadhurst, *Political Economy*, Londres, 1842, pp. 11 e 14).

Raciocinando do mesmo modo, poderia o Sr. Broadhurst dizer: Considere as frações 10/20, 10/50, 10/100 etc. O número 10 permanece invariável, mas, apesar disso, decresce sempre sua magnitude proporcional, em relação aos denominadores 20, 50, 100. Logo, desmorona-se o grande princípio de ser a grandeza de um número inteiro como dez, por exemplo, "regulada" pela quantidade de unidades nele contidas.

Já vimos que a mercadoria A (o linho), ao exprimir seu valor por meio do valor de uso de mercadoria diferente, a mercadoria B (o casaco), imprime a esta última forma de valor peculiar, a forma de equivalente. O linho revela sua condição de valor, ao igualar-se ao casaco, sem que este adote uma forma de valor diferente de sua forma corpórea. Na realidade, o linho expressa sua própria condição de valor por ser o casaco por ele diretamente permutável. Assim, a mercadoria assume a forma de equivalente, por ser diretamente permutável por outra.

Quando um tipo de mercadoria, casaco, serve de equivalente a outro tipo, linho, ostentando assim a propriedade de ser diretamente permutável pelo linho, não se estabelece, em consequência, a proporção em que serão trocados. Esta depende, dada a magnitude do valor do linho, da grandeza do valor do casaco. Desempenha o casaco a função de equivalente e o linho, a de valor relativo, ou, ao contrário, o linho, a de equivalente, e o casaco, a de valor relativo — o valor do casaco continua, como dantes, determinado pelo tempo de trabalho necessário à sua produção, independentemente, portanto, da forma do valor. Mas, quando a mercadoria casaco ocupa, na expressão de valor, a posição de equivalente, seu valor não adquire nenhuma expressão quantitativa. Ao contrário, passa a ser a expressão quantitativa não de valor mas de uma coisa.

Por exemplo: 40 metros de linho valem o quê? Dois casacos. Desempenhando o casaco, no caso, o papel de equivalente, sendo o valor de uso casaco o corpo do valor do linho, basta determinada quantidade de casacos para expressar determinada quantidade de valor do linho. Dois casacos podem, por isso, expressar a magnitude do valor de 40 metros de linho, mas nunca a magnitude do próprio valor, a magnitude do valor dos dois casacos. A compreensão superficial do fenômeno de o equivalente possuir sempre, na equação do valor, a forma de mera quantidade de uma coisa, de um valor de uso, induziu Bailey, além de muitos dos antecessores e sucessores, a ver, na expressão do valor, apenas uma relação quantitativa. Ao contrário, a forma de equivalente não contém nenhuma determinação do valor da mercadoria que a assume.

A primeira peculiaridade que salta aos olhos, ao observar-se a forma de equivalente, é que o valor de uso se torna a forma de manifestação do seu contrário, isto é, do valor.

A forma natural ou física da mercadoria torna-se forma de valor. Mas note-se, essa conversão ocorre com uma mercadoria B (casaco, trigo, ferro etc.) no quadro da relação de valor, em que outra mercadoria qualquer (linho etc.) com ela se confronta, e apenas dentro dos limites dessa relação. Uma vez que nenhuma mercadoria se relaciona consigo mesma como equivalente, não podendo transformar seu próprio corpo em expressão de seu próprio valor, tem ela de relacionar-se com outra mercadoria, considerada equivalente, ou seja, fazer da figura física de outra mercadoria sua própria forma de valor.

Podemos ilustrar isso recorrendo a uma medida própria das mercadorias, como realidades materiais, isto é, valores de uso. Um tijolo, sendo um corpo, pesa, tem um peso, mas não podemos determinar seu peso, olhando-o ou apalpando-o. Tomamos, para isso, diversos pedaços de ferro, com os pesos previamente fixados. Consideradas em si mesmas, nem a forma corpórea do ferro nem a do tijolo são forma de manifestação do peso. Entretanto, para expressar o peso do tijolo, colocamo-lo em relação de peso com o ferro. Nessa relação, o ferro é considerado um corpo, que representa peso e nada mais. Quantidades de ferro, portanto, servem apenas para medir o peso do tijolo e perante a materialidade deste representam pura encarnação da gravidade, a forma de esta manifestar-se. O ferro só desempenha esse papel no quadro dessa relação, em que o tijolo, ou qualquer outro corpo cujo peso se quer achar, com ele se confronta. Se ambas as coisas não tivessem peso, não poderiam entrar nessa relação, e uma não serviria de expressão do peso da outra. Lancemo-las sobre a balança e veremos que, sob o ângulo exclusivo da gravidade, são a mesma coisa e, por isso, em determinada proporção possuem peso idêntico. Como medida de peso, o ferro, com sua realidade material, representa, perante o tijolo, apenas a gravidade, do mesmo modo que, em nossa expressão de valor, o objeto material casaco representa, perante o linho, apenas valor.

Aí termina, entretanto, a analogia. O ferro representa, na expressão do peso do tijolo, uma propriedade natural comum aos dois corpos, a de terem peso; enquanto o casaco, ao exprimir o valor do linho, representa uma qualidade que não é física, mas puro elemento social: o valor que é comum a ambos.

A forma relativa do valor de uma mercadoria (o linho) expressa seu valor por meio de algo totalmente diverso do seu corpo e de suas propriedades (o casaco); essa expressão está assim indicando que oculta uma relação social. O oposto sucede com a forma de equivalente. Ela consiste justamente em que o objeto material, a mercadoria, como o casaco, no seu estado concreto, expressa valor, possuindo de modo natural, portanto, forma de valor. Isto só vigora na relação de valor em que a mercadoria casaco ocupa a posição de equivalente em face da mercadoria linho.(21) Ora, as propriedades de uma coisa não se originam de suas relações com outras, mas antes se patenteiam nessas relações; por isso, parece que o casaco tem, por natureza, a forma de equivalente, do mesmo modo que possui a propriedade de ter peso ou de conservar calor. Daí o caráter enigmático da forma de equivalente, o qual só desperta a atenção do economista político, deformado pela visão burguesa, depois que essa forma surge, acabada, como dinheiro, empenha-se, então, em explicações, para dissolver o misticismo que envolve o ouro e a prata, acrescentando-lhes mercadorias menos esplendentes e sempre recitando, monótona e prazerosamente, o catálogo das mercadorias vulgares, que, em outros tempos, desempenharam o papel de equivalente das demais. Não suspeita que a mais simples expressão de valor, como 20 metros de linho = 1 casaco, já requer a solução do enigma da forma de equivalente.

O corpo da mercadoria que serve de equivalente passa sempre por encarnação de trabalho humano abstrato e é sempre o produto de um determinado trabalho útil, concreto. Esse trabalho concreto torna-se, portanto, expressão de trabalho humano abstrato. Considera-se o casaco, por exemplo, simples corporificação do trabalho humano abstrato, e o trabalho do alfaiate, — nele realmente aplicado, apenas a forma em que se realizou o trabalho humano abstrato. Na expressão de valor do linho, a utilidade do trabalho do alfaiate não consiste em que ele faça um casaco, hábitos ou até monges, mas em que produza um corpo que denota valor, massa de trabalho, portanto, que absolutamente não se distingue do trabalho objetivado no valor do linho. Para ser esse espelho de valor, o trabalho do alfaiate tem de refletir, apenas, a propriedade abstrata de ser trabalho humano.

Despende-se trabalho humano tanto na forma do trabalho do alfaiate quanto na do trabalho do tecelão. Ambos possuem a propriedade comum de serem trabalho humano e, por isso, podem ser considerados sob esse ponto de vista apenas, em certos casos, quando se trata, por exemplo, da produção de valor. Nada disso é misterioso. Mas, na expressão de valor da mercadoria, a coisa fica invertida. Conforme sabemos, o trabalho do tecelão produz, na sua qualidade comum de trabalho humano e não na sua forma concreta, o valor do linho. Para exprimir isso, é ele confrontado com o trabalho do alfaiate, o trabalho concreto que cria o equivalente ao linho, como forma palpável, materializada de trabalho humano abstrato.

É, portanto, uma segunda propriedade da forma equivalente, trabalho concreto tornar-se forma de manifestação de seu contrário, trabalho humano abstrato.

Considerando-se esse trabalho concreto do alfaiate simples expressão de trabalho humano em geral, passa a identificar-se em outro trabalho, com o incorporado no linho. Em consequência, não obstante seja trabalho privado, como qualquer outro que produz mercadorias, é também trabalho em forma diretamente social. Justamente por isso, está representado em um produto diretamente permutável por outra mercadoria. É, portanto, uma terceira propriedade da forma equivalente, tornar-se o trabalho privado a forma do seu contrário, trabalho em forma diretamente social.

As duas últimas propriedades da forma de equivalente ficam ainda mais compreensíveis, se voltarmos ao grande pesquisador que primeiro analisou a forma do valor, além de muitas formas do pensamento, da sociedade e da natureza: Aristóteles.

---

(21) É curioso o que sucede com essas conceituação reflexas. Um homem, por exemplo, é rei porque outros com ele se comportam como súditos. Esses outros acreditam que são súditos, porque ele é rei.

De início, exprime ele, claramente, que a forma dinheiro da mercadoria é apenas a figura ulteriormente desenvolvida da forma simples do valor, isto é, da expressão do valor de uma mercadoria em outra qualquer, dizendo:

"5 camas = 1 casa" "não se distingue" de "5 camas = tanto de dinheiro."

Reconheceu ele, ainda, que a relação de valor, existente nessa expressão, determina que a casa seja qualitativamente igualada à cama e que sem essa equalização, não poderiam coisas de aparência tão diversa ser comparadas como grandezas comensuráveis. "A troca", diz ele, "não pode existir sem a igualdade, nem a igualdade, sem a comensurabilidade". Estaca nesse ponto, desistindo de prosseguir na análise da forma do valor. "É, porém, verdadeiramente impossível que coisas tão diversas sejam comensuráveis", isto é, qualitativamente iguais. Essa equalização tem de ser algo estranho à verdadeira natureza das coisas, portanto, um simples "expediente para atender às necessidades práticas".

O próprio Aristóteles nos diz, assim, o que lhe impede prosseguir na análise: a ausência do conceito de valor. Que é o igual, a substância comum que a casa representa perante a cama na expressão do valor da cama? Tal coisa "não pode, em verdade, existir", diz Aristóteles. Por quê? A casa representa perante a cama uma coisa que a iguala à cama, desde que represente o que é realmente igual em ambas. O trabalho humano.

Aristóteles, porém, não podia descobrir, partindo da forma do valor, que todos os trabalhos são expressos, na forma dos valores das mercadorias, como um só e mesmo trabalho humano, como trabalho de igual qualidade. É que a sociedade grega repousava sobre a escravatura, tendo, por fundamento, a desigualdade dos homens e de suas forças de trabalho. Ao adquirir a ideia da igualdade humana a consistência de uma convicção popular, é que se pode decifrar o segredo da expressão do valor, a igualdade e a equivalência de todos os trabalhos, por que são e enquanto são trabalho humano em geral. E mais, essa descoberta só é possível em uma sociedade em que a forma mercadoria é a forma geral do produto do trabalho, e, em consequência, a relação dos homens entre si como possuidores de mercadorias é a relação social dominante. O gênio de Aristóteles resplandece justamente na sua descoberta da relação de igualdade, existente na expressão do valor das mercadorias. Somente as limitações históricas da sociedade em que viveu impediram-no de descobrir em que consistia, "verdadeiramente", essa relação de igualdade.

4. A forma simples do valor, em seu conjunto

A forma simples do valor de uma mercadoria se contém em sua relação de valor ou de troca com outra mercadoria diferente. O valor da mercadoria A expressa-se qualitativamente por meio da permutabilidade direta da mercadoria B com a mercadoria A. É expresso quantitativamente através da permutabilidade de determinada quantidade de mercadoria B com quantidade dada da mercadoria A. Em outras palavras, o valor de uma mercadoria assume expressão fora dela, ao manifestar-se como valor de troca. De acordo com hábito consagrado, se disse, no começo deste capítulo, que a mercadoria é valor de uso e valor de troca. Mas, isto, a rigor, não é verdadeiro. A mercadoria é valor de uso ou objeto útil e "valor". Ela revela seu duplo caráter, o que ela é realmente, quando, como valor, dispõe de uma forma de manifestação própria, diferente da forma natural dela, a forma de valor de troca: e ela nunca possui essa forma, isoladamente considerada, mas apenas na relação de valor ou de troca com uma segunda mercadoria diferente. Sabido isto, não causa prejuízo aquela maneira de exprimir-se, servindo, antes, para poupar tempo.

Nossa análise demonstrou que a forma ou a expressão do valor da mercadoria decorre da natureza do valor da mercadoria, não sendo verdade que o valor e sua magnitude se originem da expressão do valor da mercadoria, do valor de troca. Apegaram-se, entretanto, a essa quimera os mercantilistas, seus discípulos modernos, como Ferrier, Ganilh etc.,(22) e os antípodas, os modernos caixeiros-viajantes do livre-cambismo, como Bastiat e quejandos. Os mercantilistas põem em relevo o aspecto qualitativo da expressão do valor, a forma de equivalente assumida pela mercadoria, forma que encontra no dinheiro sua configuração definitiva; os modernos mascates do livre-cambismo, ao contrário, tendo de livrar-se de sua mercadoria a qualquer preço, ressaltam o aspecto quantitativo da forma do valor relativo. Em consequência, para eles, só existem valor e sua magnitude na expressão que adquirem por meio da relação de troca, ou seja, nas cotações dos boletins diários de preços. O escocês Macleod, em sua missão de ordenar e adornar, com a maior erudição possível, as confusas ideias de Lombard Street,(I) consegue realizar uma miscigenação entre os supersticiosos mercantilistas e os mascates iluminados do livre-cambismo.

Examinando, mais de perto, a expressão do valor da mercadoria A, contida na sua relação de valor com a mercadoria B, vimos que, dentro do seu domínio, se considera a forma natural da mercadoria A figura de valor de uso, e a forma natural da mercadoria B apenas forma de valor. A contradição interna, oculta na mercadoria, entre valor de uso e valor, patenteia-se, portanto, por meio de uma oposição externa, isto é, através da relação de duas mercadorias, em que uma, aquela cujo valor tem de ser expresso, figura apenas como valor de uso, e a outra, aquela na qual o valor é expresso, é considerada mero valor de troca. A forma simples do valor de uma mercadoria é, por conseguinte, a forma elementar de manifestar-se a oposição nela existente, entre valor de uso e valor.

Em todos os estágios sociais, o produto do trabalho é valor de uso; mas, só um período determinado do desenvolvimento histórico, em que se representa o trabalho despendido na produção de uma coisa útil como propriedade "objetiva", inerente a essa coisa, isto é, como seu valor, é que transforma o produto do trabalho em mercadoria. Em consequência, a forma simples de valor da mercadoria é também a forma mercadoria elementar do produto do trabalho, coincidindo, portanto, o desenvolvimento da forma mercadoria com o desenvolvimento da forma do valor.

Percebe-se, à primeira vista, a insuficiência da forma simples do valor, forma embrionária que atravessa uma série de metamorfoses para chegar à forma preço.

A expressão do valor da mercadoria A através de uma mercadoria B qualquer, serve apenas para distinguir o valor de A do seu próprio valor de uso, colocando A em relação de troca exclusiva com outra mercadoria particular qualquer dele diferente; não traduz sua igualdade qualitativa e proporcionalidade quantitativa com todas as outras mercadorias. A forma relativa simples do valor de uma mercadoria corresponde à forma de equivalente singular de outra. Assim, o casaco, na expressão do valor relativo do linho, possui forma de equivalente ou forma de permutabilidade direta, apenas em relação a esse único tipo de mercadoria, o linho.

Todavia, a forma simples do valor converte-se, por si mesma, em uma forma mais completa. Na verdade, ela expressa o valor de uma mercadoria A apenas em uma mercadoria de outra espécie. Pouco importa qual seja a espécie dessa segunda mercadoria, se casaco, ferro, ou trigo etc. À medida que estabelece relação de valor com esta ou aquela espécie de mercadoria, A adquire diversas expressões simples de valor.(22a) O número das possíveis expressões de valor dessa única mercadoria só é limitado pelo número das mercadorias que lhe são diferentes. Sua expressão singular de valor converte-se em uma série de expressões simples de valor, sempre ampliável.

B) FORMA TOTAL OU EXTENSIVA DO VALOR

z da mercadoria $A = u$ da mercadoria B, ou $= v$ da mercadoria C, ou $= w$ da mercadoria D, ou $= x$ da mercadoria E, ou $=$ etc.

(20 metros de linho = 1 casaco, ou = 10 quilos de chá, ou = 40 quilos de café, ou = 1 *quarter* de trigo, ou = 2 onças de ouro, ou = 1/2 tonelada de ferro, ou = etc.).

---

(22) Nota da 2ª edição: F. L. A. Fenier, subinspetor da alfândega, *Du Gouvernment consideré e dans ses rapports avec le commerce*, Paris, 1805, e Charles Ganilh, *Des systèmes d'économie politique*, 2ª ed., Paris, 1821.
(I) A rua dos grandes banqueiros de Londres.
(22a) Nota da 2ª edição: Homero, por exemplo, expressa o valor de uma coisa em uma série de coisas diferentes.

1. Forma extensiva do valor relativo

O valor de uma mercadoria, do linho, por exemplo, está agora expresso em inúmeros outros elementos do mundo das mercadorias. O corpo de qualquer outra mercadoria torna-se o espelho em que se reflete o valor do linho.(23) Desse modo, esse valor, pela primeira vez, se revela efetivamente massa de trabalho humano homogêneo. O trabalho que o cria se revela expressamente igual a qualquer outro. Por isso, não importa a forma corpórea assumida pelos trabalhos, seja ela qual for, casaco, trigo, ferro ou ouro etc. Através da forma extensiva em que manifesta seu valor, está o linho, agora, em relação social não só com uma mercadoria isolada de espécie diferente, mas também com todo o mundo das mercadorias. Como mercadoria, é cidadão do mundo. Ao mesmo tempo, da série infindável das expressões da forma extensiva se infere que ao valor não importa a forma específica do valor de uso em que se manifesta.

Na primeira forma, 20 metros de linho = 1 casaco, poderia ser fortuito o fato de essas duas mercadorias serem permutáveis em determinada relação quantitativa. Na segunda, se percebe imediatamente um fundo que essencialmente difere dessa ocorrência casual, determinando-a. Continua o mesmo o valor do linho, seja ele expresso em casaco, em café ou ferro etc., não importando o número das diferentes mercadorias nem o de seus donos. Desaparece a relação eventual de dois donos individuais de mercadorias. Evidencia-se que não é a troca que regula a magnitude do valor da mercadoria, mas, ao contrário, é a magnitude do valor da mercadoria que regula as relações de troca.

2. A forma de equivalente particular

Cada mercadoria, casaco, chá, trigo, ferro etc., é considerada equivalente na expressão do valor do linho e, portanto, encarnação de valor. A forma natural de cada uma dessas mercadorias é uma forma de equivalente particular junto a muitas outras. Do mesmo modo, as variadas, determinadas, concretas e úteis espécies de trabalho, contidas nos corpos das diferentes mercadorias, consideram-se, agora, formas particulares de efetivação ou de manifestação do trabalho humano em geral.

3. Defeitos da forma total ou extensiva do valor

Primeiro, a expressão do valor fica incompleta por nunca terminar a série que a representa. A cadeia em que uma equiparação se liga a outra distende-se sempre com cada nova espécie de mercadoria que surge, fornecendo material para nova expressão do valor. Segundo, é um mosaico multifário de expressões de valor, díspares, desconexas. Se, por fim, se expressasse o valor relativo de toda mercadoria, nessa forma extensiva, a forma relativa de valor de cada mercadoria seria uma série infindável de expressões de valor, ao lado das formas relativas de valor de cada uma das demais mercadorias. Os defeitos da forma extensiva do valor relativo refletem-se na forma de equivalente que lhe corresponde. Uma vez que a forma natural de cada tipo de mercadoria é uma forma de equivalente particular, ao lado de inumeráveis outras, só existem, no final de contas, formas de equivalente limitadas, cada uma excluindo as demais. Do mesmo modo, a espécie determinada de trabalho concreto, útil, contido em cada mercadoria equivalente particular, é apenas forma particularizada

---

(23) Por isso, fala-se do valor do linho em casaco, quando se quer exprimi-lo em casaco, ou do seu valor em trigo, quando se quer exprimi-lo em trigo etc. Cada expressão dessas diz que seu valor é o que se manifesta nos valores de uso casaco, trigo etc. "Denotando o valor de cada mercadoria sua relação de troca, podemos chamá-lo de valor em trigo, valor em pano, de acordo com a mercadoria com que se compara, e, por isso, há milhares de espécies diferentes de valor, tantas quantas as mercadorias existentes, e todas essas espécies são igualmente reais e igualmente nominais" (*A Critical Dissertation on the Nature, Measures, and Causes of Value; Chiefly in Reference to the Writings of Mr. Ricardo and his Followers*, by de Author of Essays on the Formation etc. of Opinions, Londres, 1825, p. 39). S. Bailey, o autor dessa obra anônima que, a seu tempo, levantou muita celeuma na Inglaterra, imaginava, ao apontar as variegadas expressões do valor relativo da mesma mercadoria, ter provado a impossibilidade de qualquer determinação do conceito de valor. A acrimônia com que o atacou a escola ricardiana, na *Westminster Review*, por exemplo, demonstra que ele, apesar das suas limitações, tocou em pontos vulneráveis da teoria de Ricardo.

de manifestação do trabalho humano, incompleta, portanto. Este possui, na verdade, sua forma completa ou total de manifestação no circuito inteiro daquelas formas particulares. Mas, falta uma forma unitária de manifestação do trabalho humano.

A forma extensiva do valor relativo consiste em uma soma de expressões ou equações da primeira forma como:

$$20 \text{ metros de linho} = 1 \text{ casaco}$$
$$20 \text{ metros de linho} = 10 \text{ quilos de chá etc.}$$

Cada uma dessas equações contém, reciprocamente, a equação idêntica:

$$1 \text{ casaco} = 20 \text{ metros de linho}$$
$$10 \text{ quilos de chá} = 20 \text{ metros de linho etc.}$$

Quando um produtor troca seu linho com muitas outras mercadorias, expressando seu valor em uma série de outras mercadorias, é porque muitos outros donos de mercadorias trocam sua mercadoria por linho e, em consequência, traduzem os valores de suas diversas mercadorias em linho. Se invertermos, portanto, a série, 20 metros de linho = 1 casaco, ou = 10 quilos de chá, ou = etc., isto é, se exprimirmos a forma recíproca já implicitamente contida na série, temos:

C) FORMA GERAL DO VALOR

$$\left.\begin{array}{l} 1 \text{ casaco} = \\ 10 \text{ quilos de chá} = \\ 40 \text{ quilos de café} = \\ 1 \textit{ quarter} \text{ de trigo} = \\ 2 \text{ onças de ouro} = \\ 1/2 \text{ tonelada de ferro} = \\ x \text{ de mercadoria } A = \\ \text{etc.} = \end{array}\right\} 20 \text{ metros de linho}$$

1. Mudança do caráter da forma do valor

As mercadorias expressam, agora, seus valores: 1) de maneira simples, isto é, em uma única mercadoria, e 2) de igual modo, isto é, na mesma mercadoria. É uma forma de valor simples, comum a todas as mercadorias, portanto geral.

As formas A e B chegaram apenas a expressar o valor de uma mercadoria como algo diverso do próprio valor de uso ou do seu corpo.

A forma A proporciona equações como: 1 casaco = 20 metros de linho, 10 quilos de chá = 1/2 tonelada de ferro etc. O valor do casaco, na expressão, é igual ao linho; o do chá, igual ao ferro. Mas, igual ao linho e igual ao ferro, expressões do valor do casaco e do chá, são tão diferentes quanto linho e ferro. É claro que essa forma só funciona praticamente em estágios primitivos, quando os produtos do trabalho se transformam em mercadorias através da troca fortuita, ocasional.

A forma B distingue o valor de uma mercadoria do próprio valor de uso, de maneira mais completa que a primeira. Com efeito, o valor do casaco revela-se em todas as formas possíveis, iguala-se ao linho, ao ferro, ao chá, enfim, a toda mercadoria menos a casaco. Além disso, fica diretamente excluída toda forma comum de valor das mercadorias, pois, na expressão de valor de cada mercadoria, todas as demais mercadorias aparecem apenas sob a forma de equivalente. A forma extensiva do valor só ocorre realmente quando um produto de trabalho, gado, por exemplo, é trocado por outras mercadorias diferentes, não excepcionalmente, mas já em caráter habitual.

A forma que aparece depois, C, expressa os valores do mundo das mercadorias em uma única e mesma mercadoria, adrede separada, por exemplo, o linho, e representa os valores de todas as mercadorias através de sua igualdade com o linho. Então, o valor de cada mercadoria, igualado a linho, se distingue não só do valor de uso dela mas de qualquer valor de uso, e justamente por isso se exprime de maneira comum a todas as mercadorias. Daí ser esta a forma que primeiro relaciona as mercadorias, como valores, umas com as outras, fazendo-as revelarem-se, reciprocamente, valores de troca.

As duas formas anteriores expressam o valor de cada mercadoria isolada, seja em uma única mercadoria de espécie diversa, seja em uma série de mercadorias diferentes. Em ambos os casos, assumir uma forma de valor é, por assim dizer, negócio privado de cada mercadoria, em que não há participação das outras, que desempenham, em confronto com ela, o papel meramente passivo de equivalente. A forma geral do valor, ao contrário, surge como obra comum do mundo das mercadorias. O valor de uma mercadoria só adquire expressão geral, porque todas as outras mercadorias exprimem seu valor através do mesmo equivalente, e toda nova espécie de mercadoria tem de fazer o mesmo. Evidencia-se, desse modo, que a realidade do valor das mercadorias só pode ser expressa pela totalidade de suas relações sociais, pois essa realidade nada mais é que a "existência social" delas, tendo a forma do valor, portanto, de possuir validade social reconhecida.

Igualadas, agora, ao linho, todas as mercadorias revelam-se não só qualitativamente iguais, como valores, mas também quantitativamente comparáveis, como magnitudes de valor. Espelhando-se em um mesmo e único material, em linho, essas magnitudes, por seu lado, se medem mutuamente. Por exemplo, 10 quilos de chá = 20 metros de linho, e 40 quilos de café = 20 metros de linho. Logo, 10 quilos de chá = 40 quilos de café. Ou 1 quilo de café contém 1/4 da substância do valor, o trabalho, contida em 1 quilo de chá.

A forma geral do valor relativo do mundo das mercadorias imprime à mercadoria eleita equivalente, o linho, o caráter de equivalente geral. Sua própria forma natural é a figura comum do valor desse mundo, sendo, por isso, o linho diretamente permutável por todas as outras mercadorias. Considera-se sua forma corpórea a encarnação visível, a imagem comum, social, de todo trabalho humano. O trabalho têxtil, o trabalho privado que produz linho, ostenta, simultaneamente, forma social, a forma de igualdade com todos os outros trabalhos. As inumeráveis equações em que consiste a forma geral de valor, equiparam, sucessivamente, ao trabalho contido no linho qualquer trabalho encerrado em outra mercadoria e convertem, portanto, esse trabalho têxtil em forma geral de manifestação do trabalho humano sem mais qualificações. Assim, o trabalho objetivado no valor da mercadoria é representado não só sob o aspecto negativo em que se põem de lado todas as formas concretas e propriedades úteis dos trabalhos reais; ressalta-se, agora, sua própria natureza positiva. Ele é, agora, a redução de todos os trabalhos reais à sua condição comum de trabalho humano, de dispêndio de força humana de trabalho.

A forma geral do valor, que torna os produtos do trabalho mera massa de trabalho humano sem diferenciações, mostra, através de sua própria estrutura, que é a expressão social do mundo das mercadorias. Desse modo, evidencia que o caráter social específico desse mundo é constituído pelo caráter humano geral do trabalho.

2. Desenvolvimento mútuo da forma relativa do valor e da forma de equivalente

A forma de equivalente desenvolve-se em correspondência com o grau de progresso da forma relativa do valor. Mas, note-se, o desenvolvimento da primeira é apenas expressão e resultado do desenvolvimento da segunda.

A forma relativa do valor, simples ou isolada, de uma mercadoria torna a outra equivalente singular. A forma extensiva do valor relativo exprime o valor de uma mercadoria em todas as outras que recebem a forma de equivalentes particulares diferentes. Por fim, uma espécie particular de mercadoria adquire a forma de equivalente geral, em virtude de todas as outras mercadorias converterem-na em material da forma única e geral de valor que consagraram.

A oposição entre ambos os polos, a forma relativa do valor e a forma equivalente, progride à medida que se desenvolve a forma do valor.

Já contém essa oposição, a primeira forma, 20 metros de linho = 1 casaco, sem, contudo, fixá-la. Lendo-se a equação da esquerda para a direita, ou da direita para a esquerda, cada um dos dois membros, linho e casaco, ora se põe na forma relativa do valor, ora na forma equivalente. É difícil, no caso, capturar a oposição entre os dois polos.

Na forma B, uma mercadoria de cada vez tem a possibilidade de estender totalmente sua forma relativa, ou possui ela mesma forma extenuada do valor relativo porque e enquanto com ela se confrontam todas as outras mercadorias, como equivalentes. Aí, não se pode mais trocar os dois lados da equação, como 20 metros de linho = 1 casaco, ou = 10 quilos de chá, ou = 1 *quarter* de trigo etc., sem modificar todo o seu caráter e sem converter a forma extensiva do valor em forma geral.

A forma C, posterior, proporciona, por fim, ao mundo das mercadorias forma relativa generalizada e social do valor, por estarem e enquanto estiverem excluídas todas as mercadorias, com exceção de uma única, da forma equivalente geral. Uma mercadoria, o linho, assume, por isso, a forma de permutabilidade direta com todas as outras mercadorias, ou se reveste de forma diretamente social, por não estarem e enquanto não estiverem nessa forma as demais.(24)

Reciprocamente, a mercadoria que figura como equivalente geral fica excluída da forma relativa do valor unitário e, portanto, geral do mundo das mercadorias. O linho, isto é, qualquer mercadoria que se encontre em forma de equivalente geral, para participar, ao mesmo tempo, da forma geral do valor relativo, terá de converter-se em equivalente de si mesmo. Teremos, então: 20 metros de linho = 20 metros de linho, uma tautologia que não exprime nem valor, nem magnitude de valor. Para expressar o valor relativo do equivalente geral, temos de inverter a forma C. Ele não possui nenhuma forma em comum com as outras mercadorias, mas se expressa na série infinita de todas as outras mercadorias. Desse modo, a forma extensiva do valor relativo a B, revela-se a forma específica do valor relativo da mercadoria que serve de equivalente geral.

3. *Transição da forma geral do valor para a forma dinheiro*

A forma equivalente geral é, em suma, forma de valor. Pode, portanto, ocorrer a qualquer mercadoria. Por outro lado, uma mercadoria só assume forma equivalente geral (forma C) por estar e enquanto estiver destacada como equivalente por todas as outras mercadorias. E só a partir do momento em que esse destaque se limita, terminantemente, a uma determinada mercadoria, adquire a forma unitária do valor relativo do mundo das mercadorias, consistência objetiva e validade social universal.

Então, mercadoria determinada, com cuja forma natural se identifica socialmente a forma equivalente, torna-se mercadoria-dinheiro, funciona como dinheiro. Desempenhar o papel de equivalente universal torna-se sua função social específica, seu monopólio social, no mundo das mercadorias. Determinada mercadoria, o ouro, conquista essa posição privilegiada entre as mercadorias que figuram na forma B, como equivalentes singulares, e, na forma C, expressam, em comum, no linho seu valor relativo. Substituindo, na forma C, o linho pela mercadoria ouro, temos:

---

(24) Na verdade, a forma de permutabilidade direta e geral não evidencia desde logo que é uma forma antiética de mercadoria, ao mesmo tempo inseparável da forma de permutabilidade indireta e que se comporta, portanto, em relação a esta como o polo positivo em relação ao polo negativo do ímã. Supor que se possa imprimir a toda mercadoria a condição de permutabilidade direta, seria o mesmo que imaginar a possibilidade de converter todos os católicos em papa. Para o burguês tacanho, que vê na produção de mercadorias o ponto culminante da liberdade humana e da independência individual, o ideal seria que todas as mercadorias fossem diretamente permutáveis. Reproduz essa utopia filistina o sistema de Proudhon, um socialismo que, conforme já mostrei, nem o mérito da originalidade possui. Antes dele, Gray, Bray e outros tinham levado a cabo a mesma tarefa, com melhores resultados. O que não impede à escola proudhoniana de grassar, hoje em dia, em certos círculos, com o nome de ciência. Nunca uma escola usou e abusou tanto da palavra ciência, e sabemos que "onde faltam ideias encaixe-se, em tempo hábil, uma palavra".

D) FORMA DINHEIRO DO VALOR

$$\left.\begin{array}{l}20 \text{ metros de linho} = \\ 1 \text{ casaco} = \\ 10 \text{ quilos de chá} = \\ 40 \text{ quilos de café} = \\ 1 \text{ } quarter \text{ de trigo} = \\ 1/2 \text{ tonelada de ferro} = \\ x \text{ de mercadoria A} = \end{array}\right\} 2 \text{ onças de ouro}$$

Ocorrem modificações substanciais na transição da forma A para a B e da B para a C. Em compensação, a forma D só difere da C por possuir o ouro, em vez do linho, a forma equivalente geral. O ouro é na fórmula D o que era o linho na C, equivalente geral. O progresso consiste em se ter identificado, agora, definitivamente, a forma de direta permutabilidade geral ou forma de equivalente geral com a forma específica da mercadoria ouro, por força de hábito social.

O ouro se confronta com outras mercadorias, exercendo a função de dinheiro, apenas por se ter, antes, a elas anteposto na condição de mercadoria. Igual a outras mercadorias, funcionou também como equivalente singular em operações isoladas de troca, ou equivalente particular junto a outros equivalentes. Pouco a pouco, passou a desempenhar em círculos mais ou menos vastos o papel de equivalente geral. Ao conquistar o monopólio desse papel de expressar o valor do mundo das mercadorias, torna-se mercadoria-dinheiro, e só a partir do momento em que se converteu em mercadoria-dinheiro distingue-se a forma D da forma C, ou a forma geral do valor transforma-se em forma dinheiro do valor.

A expressão simples e relativa do valor de uma mercadoria, por exemplo, o linho, através de uma mercadoria que já esteja exercendo a função de mercadoria-dinheiro, por exemplo, o ouro, é a forma preço. Daí a forma preço do linho:

20 metros de linho = 2 onças de ouro ou, se em linguagem monetária, 2 libras esterlinas for o nome de 2 onças de ouro,

20 metros de linho = 2 libras esterlinas.

O difícil, para se conceituar a forma dinheiro, é compreender a forma de equivalente geral e, em consequência, a forma geral do valor, a forma C. A forma C deriva da forma B, a forma extensiva, e o elemento constitutivo desta é a forma A: 20 metros de tela de linho = 1 casaco ou x da mercadoria A = y da mercadoria B. Assim, a forma mercadoria, isto é, a mercadoria equivalente da forma simples do valor, é o germe da forma dinheiro.

4. O fetichismo da mercadoria: seu segredo

À primeira vista, a mercadoria parece ser coisa trivial, imediatamente compreensível. Analisando-a, vê-se que ela é algo muito estranho, cheia de sutilezas metafísicas e argúcias teológicas. Como valor de uso, nada há de misterioso nela, quer a observemos sob o aspecto de que se destina a satisfazer necessidades humanas, com suas propriedades, quer sob o ângulo de que só adquire essas propriedades em consequência do trabalho humano. É evidente que o ser humano, por sua atividade, modifica do modo que lhe é útil a forma dos elementos naturais. Modifica, por exemplo, a forma da madeira, quando dela faz uma mesa. Não obstante a mesa ainda é madeira, coisa prosaica, material. Mas, logo que se revela mercadoria, transforma-se em algo ao mesmo tempo perceptível e impalpável. Além de estar com os pés no chão, firma sua posição perante as outras mercadorias e expande as ideias fixas de sua cabeça de madeira, fenômeno mais fantástico do que se dançasse por iniciativa própria.(25)

O caráter misterioso da mercadoria não provém do seu valor de uso, nem tampouco dos fatores determinantes do valor. E, para isso, há motivos. Primeiro, por mais que difiram os trabalhos úteis ou as atividades produtivas, a verdade fisiológica é que são funções do organismo humano, e cada uma dessas funções, não importa a forma ou o conteúdo, é essencialmente dispêndio do cérebro, dos nervos, músculos, sentidos etc. do homem. Segundo, quanto ao fator que determina a magnitude do valor, isto é, a duração daquele dispêndio ou a quantidade do trabalho, é possível distinguir claramente a quantidade da qualidade do trabalho. O tempo de trabalho que custa produzir os meios de subsistência interessou, necessariamente, aos homens, em todas as épocas embora em grau variável com o estágio do desenvolvimento.(26) Por fim, desde que os homens, não importa o modo, trabalhem uns para os outros, adquire o trabalho uma forma social.

O caráter misterioso que o produto do trabalho apresenta ao assumir a forma de mercadoria, donde provém? Dessa própria forma, claro. A igualdade dos trabalhos humanos fica disfarçada sob a forma da igualdade dos produtos do trabalho como valores; a medida, por meio da duração, do dispêndio da força humana de trabalho toma a forma de quantidade de valor dos produtos do trabalho; finalmente, as relações entre os produtores, nas quais se afirma o caráter social dos seus trabalhos, assumem a forma de relação social entre os produtos do trabalho.

A mercadoria é misteriosa simplesmente por encobrir as características sociais do próprio trabalho dos homens, apresentando-as como características materiais e propriedades sociais inerentes aos produtos do trabalho; por ocultar, portanto, a relação social entre os trabalhos individuais dos produtores e o trabalho total, ao refleti-la como relação social existente, à margem deles, entre os produtos do seu próprio trabalho. Através dessa dissimulação, os produtos do trabalho se tornam mercadorias, coisas sociais, com propriedades perceptíveis e imperceptíveis aos sentidos. A impressão luminosa de uma coisa sobre o nervo ótico não se apresenta como sensação subjetiva desse nervo, mas como forma sensível de uma coisa existente fora do órgão da visão. Mas, aí, a luz se projeta realmente de uma coisa, o objeto externo, para outra, o olho. Há uma relação física entre coisas físicas. Mas, a forma mercadoria e a relação de valor entre os produtos do trabalho, a qual caracteriza essa forma, nada têm a ver com a natureza física desses produtos nem com as relações materiais dela decorrentes. Uma relação social definida, estabelecida entre os homens, assume a forma fantasmagórica de uma relação entre coisas. Para encontrar um símile, temos de recorrer à região nebulosa da crença. Aí, os produtos do cérebro humano parecem dotados de vida própria, figuras autônomas que mantêm relações entre si e com os seres humanos. E o que ocorre com os produtos da mão humana, no mundo das mercadorias. Chamo a isto de fetichismo, que está sempre grudado aos produtos do trabalho, quando são gerados como mercadorias. É inseparável da produção de mercadorias.

Esse fetichismo do mundo das mercadorias decorre, conforme demonstra a análise precedente, do caráter social próprio do trabalho que produz mercadorias.

Objetos úteis se tornam mercadorias, por serem simplesmente produtos de trabalhos privados, independentes uns dos outros. O conjunto desses trabalhos particulares forma a totalidade do trabalho social. Processando-se os contatos sociais entre os produtores, por intermédio da troca de seus produtos de trabalho, só dentro desse intercâmbio se patenteiam as características especificamente sociais de seus trabalhos privados. Em outras palavras, os trabalhos privados atuam como partes

---

(25) Quando o mundo parecia estar tranquilo, recorde-se, a China e as mesas começaram a bailar, *pour encourager les autres*.
(26) Nota da 2ª edição: Entre os antigos germanos, a unidade para medir a terra era a área que podia ser lavrada em um dia, e, por isso, davam-lhe o nome de Tagwerk(I) ou Tagwanne (junale ou jurnalis, terra jurnalis, jornalis ou diurnalis), Mannwerk, Mannskraft, Mannsmaad, Mannshauet. Vide Georg Ludwig von Maurer, *Einleitung zur Geschichte der Mark —, Hof, —, usw, Verfassung*, Munique, 1854, pp. 129 e seguintes.
(I) O *Tagwerk*, medida agrária antiquada, varia, conforme usos regionais, de 25 a 35 acres aproximadamente. Em português, temos a palavra *jeira*, com os seguintes sentidos arcaicos: área que podia ser lavrada por uma junta de bois em um dia; antiga medida agrária que variava, conforme o lugar, de 19 a 36 hectares; serviço de lavoura obrigatório e gratuito. Outros significados: serviço de um jornaleiro em cada dia; salário por dia de serviço.

componentes do conjunto do trabalho social, apenas através das relações que a troca estabelece entre os produtos do trabalho e, por meio destes, entre os produtores. Por isso, para os últimos, as relações sociais entre seus trabalhos privados aparecem de acordo com o que realmente são, como relações materiais entre pessoas e relações sociais entre coisas, e não como relações sociais diretas entre indivíduos em seus trabalhos.

Só com a troca, adquirem os produtos do trabalho, como valores, uma realidade socialmente homogênea, distinta da sua heterogeneidade de objetos úteis, perceptível aos sentidos. Esta cisão do produto do trabalho em coisa útil e em valor só atua na prática, depois de ter a troca atingido tal expansão e importância que se produzam as coisas úteis para serem permutadas, considerando-se o valor das coisas já por ocasião de serem produzidas. Desde esse momento, manifestam, efetivamente, os trabalhos dos produtores duplo caráter social. De um lado, definidos de acordo com sua utilidade, têm de satisfazer determinadas necessidades sociais e de firmar-se, assim, como parte componente do trabalho total, do sistema da divisão social do trabalho que espontaneamente se desenvolve. Por outro lado, só satisfazem as múltiplas necessidades de seus próprios produtores, na medida em que cada espécie particular de trabalho privado útil pode ser trocado por qualquer outra espécie de trabalho privado com que se equipara. A igualdade completa de diferentes trabalhos só pode assentar em uma abstração que põe de lado a desigualdade existente entre eles e os reduz ao seu caráter comum de dispêndio de força humana de trabalho, de trabalho humano abstrato. O produtor particular apreende esse duplo caráter social dos trabalhos particulares, apenas sob os aspectos que se manifestam, praticamente, no intercâmbio, na troca dos produtos. Assim, percebe o caráter socialmente útil de seus trabalhos particulares sob o aspecto de o produto do trabalho ter de ser útil, e útil aos outros, e o caráter social da igualdade dos diferentes trabalhos apresenta-se a ele sob o aspecto da igualdade de valor que se estabelece entre essas coisas materialmente diversas, os produtos do trabalho.

Os homens não estabelecem relações entre os produtos do seu trabalho como valores, por considerá-los simples aparência material de trabalho humano de igual natureza. Ao contrário. Ao igualar, na permuta, como valores, seus diferentes produtos, igualam seus trabalhos diferentes, de acordo com sua qualidade comum de trabalho humano. Fazem isto, sem o saber.(27) O valor não traz escrito na fronte o que ele é. Longe disso, o valor transforma cada produto do trabalho em um hieróglifo social. Mais tarde, os homens procuram decifrar o significado do hieróglifo, descobrir o segredo de sua própria criação social, pois a conversão dos objetos úteis em valores é, como a linguagem, um produto social dos homens. A descoberta científica ulterior de os produtos do trabalho, como valores, serem meras expressões materiais do trabalho humano despendido em sua produção é importante na história do desenvolvimento da humanidade, mas não dissipa de nenhum modo a fantasmagoria que apresenta como qualidade material dos produtos, o caráter social do trabalho. O que é verdadeiro apenas para essa determinada forma de produção, a produção de mercadorias, — a saber, que o caráter social específico dos trabalhos particulares, independentes entre si, consiste na identidade deles como trabalho humano e assume nos produtos a forma de valor, — parece aos produtores de mercadorias tão natural e definitivo, apesar daquela descoberta, quanto o ar que continuou a existir tal como era antes após a ciência tê-lo decomposto em seus elementos.

O que, na prática, interessa aos que trocam os produtos é saber quanto de outras mercadorias podem receber pela sua, em que proporções, portanto, os produtos se trocam. Na medida em que o costume fixa essas proporções, parecem elas derivar da natureza dos produtos do trabalho, e passa-se a considerar, por exemplo, que 1 tonelada de ferro e 2 onças de ouro têm igual valor do mesmo modo que 1 quilo de ouro e 1 quilo de ferro têm igual peso, apesar das diferentes propriedades físicas e químicas. Na realidade, a condição de ter valor só se fixa nos produtos do trabalho quando eles se determinam como quantidades de valor. Estas variam sempre, independentes da vontade, da

---

(27) Nota da 2ª edição: Galiani, por isso, depois de dizer que o valor é uma relação entre pessoas, — "La Richezza é una ragione tra due persone" — deveria ter acrescentado: oculta sob um invólucro material. (Galiani, *Della moneta*, p. 221, t. III, coleção "Scrittori Classici Italiani di Economia Política", parte moderna, Milão, 1803.)

previsão e dos atos dos participantes da troca. Para estes, a própria atividade social possui a forma de uma atividade das coisas sob cujo controle se encontram, em vez de as controlarem. E mister haver produção de mercadorias plenamente desenvolvida, antes de a experiência dar origem a esse conhecimento científico: os trabalhos particulares realizados independentemente uns dos outros, mas interdependentes, em todos os sentidos, como parcelas naturalmente integrantes da divisão social do trabalho, são, de modo contínuo, ajustados às proporções requeridos pela sociedade. É que nas eventuais e flutuantes proporções de troca dos produtos desses trabalhos particulares impõe-se o tempo de trabalho socialmente necessário à sua produção, que é a lei natural reguladora, que não leva em conta pessoas, como a lei da gravidade, por exemplo, quando uma casa de desmorona.(28) A determinação da quantidade do valor pelo tempo do trabalho é, por isso, um segredo oculto sob os movimentos visíveis dos valores relativos das mercadorias. Sua descoberta destrói a aparência de casualidade que reveste a determinação das quantidades de valor dos produtos do trabalho, mas não suprime a forma material dessa determinação.

Refletir sobre as formas da vida humana e analisá-las cientificamente é seguir rota oposta à do seu verdadeiro desenvolvimento histórico. Começa-se depois do fato consumado, quando estão concluídos os resultados do processo de desenvolvimento. As formas que convertem os produtos do trabalho em mercadorias, constituindo pressupostos da circulação das mercadorias, já possuem a consistência de formas naturais da vida social, antes de os homens se empenharem em apreender não o caráter histórico dessas formas, que eles, ao contrário, consideram imutáveis, mas seu significado. Assim, só a análise dos preços das mercadorias levava à determinação da magnitude do valor, só a expressão comum, em dinheiro, das mercadorias induzia a estabelecer-se sua condição de valor. É porém essa forma acabada do mundo das mercadorias, a forma dinheiro, que realmente dissimula o caráter social dos trabalhos privados e, em consequência, as relações sociais entre os produtores particulares, em vez de pô-las em evidência. Quando afirmo que casaco, botas etc. estabelecem relações com o linho, como encarnação universal do trabalho humano abstrato, causa espanto o absurdo da afirmação. Mas, quando os produtores de casaco, botas etc. estabelecem relação entre essas mercadorias e o linho (ou entre elas e o ouro ou a prata, o que nada muda na substância da coisa), como equivalente universal, ou encarnação universal do trabalho humano abstrato, é precisamente sob aquela forma absurda que expressam a relação entre seus trabalhos particulares e o trabalho social total.

Formas dessa natureza constituem as categorias da economia burguesa. São formas de pensamento socialmente válidas, portanto objetivas, ajustadas às relações desse modo de produção historicamente definido, a produção de mercadorias. Todo o mistério do mundo das mercadorias, todo sortilégio e magia que enevoam os produtos do trabalho, ao assumirem estes a forma de mercadorias, desaparecem assim que examinamos outras formas de produção.

A economia política adora imaginar experimentos robinsonianos.(29) Façamos, por isso, Robinson aparecer em sua ilha. Moderado por natureza, tem, entretanto, de satisfazer diferentes necessidades e, por isso, é compelido a executar trabalhos úteis diversos, fazer instrumentos, fabricar móveis, domesticar lhamas, pescar, caçar. Não falaremos de suas orações e de coisas análogas, pois Robinson se compraz nelas, considera restauradoras, atividades dessa natureza. Apesar da diversidade de suas funções produtivas, sabe que não passam de formas diversas de sua própria atividade, portanto, de formas diferentes de trabalho humano. A própria necessidade obriga-o a distribuir, cuidadosamente, seu tempo entre suas diversas funções. Se uma absorve parte maior ou menor de sua atividade que

---

(28) "Que pensar de uma lei que só pode impor-se através de revoluções periódicas? É uma lei natural que assenta sobre a inconsciência daqueles cuja ação está sujeita a ela." (Friedrich Engels, *Umrisse zu einer Kritik der Nationalökonomie*, "Deutsch-Französische Jahrbücher", org. por Arnold Ruge e Karl Marx, Paris, 1844.)

(29) Nota da 2ª edição: Ricardo também não está livre de mancadas robinsonianas. "Ele transforma o pescador e o caçador primitivos em donos de mercadorias, peixe e caça, que permutam na proporção do tempo de trabalho incorporado nesses valores de troca. Cai, então, no anacronismo de fazer o pescador e o caçador selvagens consultarem as tabelas de anuidades, de uso corrente na Bolsa de Londres em 1817, para calcular o valor correspondente aos instrumentos de trabalho. Os "Paralelogramas de Owen" parecem ter sido a única forma de sociedade que conhecia além da burguesa" (Karl Marx, *Contribuição à crítica* etc., op. 38, 39).

outra é porque há maiores ou menores dificuldades a vencer para se conseguir o proveito ambicionado. É o que a experiência lhe ensina, e nosso Robinson, que salvou do naufrágio o relógio, o livro-razão, tinta e caneta, começa como bom inglês, a organizar a contabilidade de sua vida. Sua escrita contém um registro dos objetos úteis que possui, das diversas operações requeridas para sua produção, e, finalmente, do tempo de trabalho que em média lhe custam determinadas quantidades dos diferentes produtos. Todas as relações entre Robinson e as coisas que formam a riqueza por ele mesmo criada são tão simples e límpidas, que até Max Wirth as entenderia, sem grande esforço intelectual. Elas já contêm, no entanto, tudo o que é essencial para caracterizar o valor.

Deixemos a ilha de Robinson, cheia de sol, e penetremos na sombria Idade Média europeia. Nela não há o indivíduo independente; todos são dependentes: servos e senhores feudais, vassalos e suseranos, leigos e clérigos. A dependência pessoal caracteriza tanto as relações sociais da produção material, quanto as outras esferas da vida baseadas nessa produção. Mas, justamente porque as relações de dependência pessoal constituem o fundamento social incontroverso, não se faz mister que os trabalhos e os produtos assumam feição fantasmagórica, diversa de sua realidade. Eles entram na engrenagem social, como serviços e pagamentos em produtos. A forma diretamente social do trabalho é aqui a forma concreta do trabalho, sua particularidade, e não sua generalidade abstrata, como ocorre com a produção de mercadorias. A corveia, como o trabalho que produz mercadorias, mede-se pelo tempo, mas cada servo sabe que quantidade de sua força pessoal de trabalho despende no serviço do senhor. O dízimo pago ao cura é mais palpável que sua bênção. No regime feudal, sejam quais forem os papéis que os homens desempenham, ao se confrontarem, as relações sociais entre as pessoas na realização de seus trabalhos revelam-se como suas próprias relações pessoais, não se dissimulando em relações entre coisas, entre produtos do trabalho.

Para estudar o trabalho em comum, isto é, a associação direta de trabalho, não é mister recuar à forma comunitária que aparece naturalmente no limiar da história de todos os povos civilizados.(30) Constitui um exemplo próximo a indústria patriarcal rural de uma família camponesa, que produz, para as próprias necessidades, trigo, gado, fio, tela de linho, peças de roupa etc. Essas coisas diversas são, para a família, produtos diversos do seu trabalho, mas não se confrontam entre si como mercadorias. As diferentes espécies de trabalho que dão origem a esses produtos, lavoura, pecuária, fiação, tecelagem, costura etc. são, na sua forma concreta, funções sociais por serem funções da família que tem, como a produção de mercadorias, sua própria e espontânea divisão do trabalho. Diferenças de sexo e de idade e as condições naturais do trabalho, variáveis com as estações do ano, regulam sua distribuição dentro da família e o tempo que deve durar o trabalho de cada um de seus membros.

As forças individuais de trabalho operam, naturalmente, como órgãos da força comum de trabalho da família e, por isso, o dispêndio das forças individuais de trabalho, medido pelo tempo de sua duração, manifesta-se, aqui, simplesmente, em trabalhos socialmente determinados.

Suponhamos, finalmente, para variar, uma sociedade de homens livres, que trabalham com meios de produção comuns, e empregam suas múltiplas forças individuais de trabalho, conscientemente, como força de trabalho social. Reproduzem-se aqui todas as características do trabalho de Robinson, com uma diferença: passam a ser sociais, em vez de individuais. Todos os produtos de Robinson procediam de seu trabalho pessoal, exclusivo e, por isso, eram, para ele, objetos diretamente úteis. Em nossa associação, o produto total é um produto social. Uma parte desse produto é utilizado como novo meio de produção. Continua sendo social. A outra parte é consumida pelos membros da comunidade. Tem, portanto, de ser distribuída entre eles. O modo dessa distribuição variará com a organização produtiva da sociedade e com o correspondente nível de desenvolvimento histórico

---

(30) Nota da 2ª edição: "É ridículo o preconceito, difundido recentemente, de que a forma primitiva da propriedade comum é especificamente eslava ou exclusivamente russa. Sua existência pode ser comprovada entre os romanos, germanos, celtas, e dela ainda se encontra, hoje, na Índia, um mostruário completo de exemplares variados, embora parcialmente em ruína. Estudo em maior profundidade das formas asiáticas de propriedade coletiva, especialmente das indianas, comprovaria como diversas formas transmutadas decorrem das diferentes formas de propriedade coletiva natural. Assim, por exemplo, os diferentes tipos originais de propriedade privada entre os romanos e germanos podem ser inferidos de formas diferentes da propriedade comum indiana." (Karl Marx, *Introdução à crítica etc.*, p. 10.)

dos produtores. Somente para fazer um paralelo com a produção de mercadorias, pressupomos que a participação de cada produtor nos bens de consumo se determina pelo seu tempo de trabalho. O tempo de trabalho desempenharia, portanto, duplo papel. Sua distribuição socialmente planejada regula a proporção correta das diversas funções do trabalho para as diversas necessidades. Além disso, o tempo de trabalho serve para medir a participação individual dos produtores no trabalho comunitário e sua cota pessoal na parte do produto global destinada ao consumo. Neste caso, as relações sociais dos indivíduos no tocante a seus trabalhos e aos produtos de seus trabalhos continuam meridianamente claras, tanto na produção quanto na distribuição.

De acordo com a relação social de produção que tem validade geral em uma sociedade de produtores de mercadorias, estes tratam seus produtos como mercadorias, isto é, valores, e comparam, sob a aparência material das mercadorias, seus trabalhos particulares, convertidos em trabalho humano homogêneo. Daí ser o Cristianismo, com seu culto do homem abstrato, a forma de religião mais adequada para essa sociedade, notadamente em seu desenvolvimento burguês, o protestantismo, o deísmo etc. Nos modos de produção da velha Ásia e a da Antiguidade em geral, a transformação do produto em mercadoria e a do ser humano em produtor de mercadorias desempenham papel secundário, que vai se tornando importante à medida que as comunidades entram em dissolução. Povos comerciantes, propriamente, só existiram nos interstícios da Antiguidade, como os deuses de Epicuro que habitavam nos intermúndios ou os judeus que vivem nos poros da sociedade polonesa. Aqueles organismos de produção da sociedade antiga são bem mais simples e transparentes que o burguês; mas, ou assentam na imaturidade do homem individual que não se libertou ainda do cordão umbilical que o prende a seus semelhantes na comunidade primitiva, ou se fundamentam nas relações diretas de domínio e escravidão. Têm, por condição, baixo nível de desenvolvimento das forças produtivas do trabalho, correspondendo-lhes relações inibidas, nas esferas da vida material, sejam entre os homens ou entre estes e a natureza. Essa inibição real se reflete, de maneira idealizada, nos velhos cultos da natureza e nas antigas religiões nacionais. O reflexo religioso do mundo real só pode desaparecer quando as condições práticas das atividades cotidianas do homem representarem, normalmente, relações racionais claras entre os homens e entre estes e a natureza. A estrutura do processo vital da sociedade, isto é, do processo da produção material, só pode desprender-se do seu véu nebuloso e místico no dia em que for obra de homens livremente associados, submetida a seu controle consciente e planejado. Para isso, precisa a sociedade de uma base material ou de uma série de condições materiais de existência, que, por sua vez, só podem ser o resultado natural de um longo e penoso processo de desenvolvimento.

A economia política analisou, de fato, embora de maneira incompleta,(31) o valor e sua magnitude, e descobriu o conteúdo que ocultam. Mas nunca se perguntou por que ocultam esse conteúdo, por que o trabalho é representado pelo valor do produto de trabalho e a duração do tempo de trabalho

---

(31) A análise de Ricardo sobre a magnitude do valor, a melhor, é, contudo, insuficiente, como se verá nos livros terceiro e quarto desta obra. Quanto ao valor em geral, a economia política clássica não distingue, expressamente e com plena consciência, entre o trabalho representado no valor e o mesmo trabalho representado no valor de uso do produto. É claro que faz, de fato, essa distinção, ao considerar o trabalho, ora qualitativa, ora quantitativamente. Mas, não lhe ocorre que a distinção puramente quantitativa dos trabalhos pressupõe sua unidade qualitativa, sua homogeneidade, sua redução, portanto, o trabalho humano abstrato. Ricardo, por exemplo, afirma estar de acordo com Destutt de Tracy, quando este diz: "É certo que nossas faculdades físicas e mentais são nossa riqueza original, que o emprego dessas faculdades, o trabalho sob qualquer de suas formas, é nosso tesouro original, e que tudo o que chamamos de bens provêm desse emprego (...); em consequência, também é certo que todos esses bens representam simplesmente o trabalho que os produziu e que, se têm um valor ou mesmo dois valores distintos, só podem obtê-los do valor do trabalho donde promanam." (Ricardo, *The Principles of Pol. Econ.*, 3ª ed., Londres, 1821, p. 334) (I). Observamos apenas que Ricardo atribui sua interpretação mais profunda a Destutt. Este diz realmente que todos os bens que constituem a riqueza, "representam simplesmente o trabalho que os produziu", mas que obtém seus "dois valores distintos" (valor de uso e valor de troca) do "valor do trabalho". Cai assim no lugar-comum da economia vulgar, que pressupõe o valor de uma mercadoria (aqui, o trabalho), para logo terminar, como consequência, o valor das outras. Ricardo entende Destutt como se este tivesse dito que o trabalho (não o valor do trabalho) está representado no valor de uso e no valor de troca. Ele mesmo atenta tão pouco para o duplo caráter do trabalho representado duplamente no valor de uso e no valor que, em todo o capítulo, "Valor e riqueza", se extenua batalhando contra as trivialidades de um J.B. Say. No fim, se surpreende em ver que há concordância entre ele e Destutt quanto a ser o trabalho fonte de valor, apesar de Destutt estar de acordo com Say, quanto ao conceito de valor.
(I) Vide Destutt de Tracy. *Elements d'idéologie*, Partes IV e V, Paris, 1826, pp. 35 e 36.

pela magnitude desse valor.(32) Fórmulas que pertencem, claramente, a uma formação social em que o processo de produção domina o homem, e não o homem o processo de produção, são consideradas pela consciência burguesa uma necessidade tão natural quanto o próprio trabalho produtivo. Por isso, dão às formas pré-burguesas de produção social o mesmo tratamento que os santos padres concedem às religiões pré-cristãs. (33)

A polêmica monótona e estulta sobre o papel da natureza na criação do valor de troca, além de outros fatos, demonstra que uma parte dos economistas está iludida pelo fetichismo dominante no mundo das mercadorias ou pela aparência material que encobre as características sociais do trabalho. Sendo o valor de troca uma determinada maneira social de exprimir o trabalho empregado em uma coisa, não pode conter mais elementos materiais da natureza do que uma cotação de câmbio.

A forma mercadoria é a mais geral e mais elementar da produção burguesa, razão por que surgiu nos primórdios, embora não assumisse a maneira dominante e característica de hoje em dia. Pela mesma razão parece ainda relativamente fácil penetrar em seus atributos fetichistas. Nas formas mais desenvolvidas se desvanece essa aparência de simplicidade. De onde provieram as ilusões dos mercantilistas? Segundo eles, o ouro e a prata, na função do dinheiro, não representavam uma relação social de produção, mas eram objetos naturais com peculiares propriedades sociais. E a economia moderna que sobranceira sorri desdenhosa para aquelas ilusões, não manifesta evidente fetichismo quando trata do capital? Há quanto tempo desapareceu a quimera fisiocrática de a renda da terra originar-se do solo e não da sociedade?

---

(32) Uma das falhas principais da economia política clássica é não ter conseguido devassar — partindo da análise da mercadoria e, particularmente, do valor da mercadoria — a forma do valor, a qual o torna valor de troca. Seus mais categorizados representantes como A. Smith e Ricardo, tratam com absoluta indiferença a forma do valor ou consideram-na mesmo alheia à natureza da mercadoria. O motivo não decorre apenas de a análise da magnitude do valor absorver totalmente sua atenção. Há uma razão mais profunda. A forma do valor do produto do trabalho é a forma mais abstrata, mais universal do modo de produção burguês, que, através dela, fica caracterizado como uma espécie particular de produção social, de acordo com sua natureza histórica. A quem considere esse modo de produção a eterna forma natural da produção social, escapará, necessariamente, o que é específico da forma do valor e, em consequência, da forma mercadoria e dos seus desenvolvimentos posteriores, a forma dinheiro, a forma capital etc. Encontram-se, por isso, economistas que concordam plenamente em ser a magnitude do valor medida pelo tempo de trabalho, mas sustentam em relação ao dinheiro, figura conclusa do equivalente geral, as ideias mais contraditórias e extravagantes. Confunde-nos, por exemplo, o acervo de lugares comuns, constituído pelas precárias definições de dinheiro que apresentam, ao estudarem os problemas bancários. Por isso, surgiu, em sentido contrário, um sistema mercantilista restaurado (Ganilh etc.) que vê no valor apenas a forma social ou, antes, o fantasma insubstancial dessa forma. E, para esclarecer de uma vez por todas, direi que, no meu entender, economia política clássica é toda a economia que, desde W. Petty, investiga os nexos causais das condições burguesas de produção, ao contrário da economia vulgar que trata apenas das relações aparentes, rumina, continuamente, o material fornecido, há muito tempo, pela economia científica, a fim de oferecer uma explicação plausível para os fenômenos mais salientes, que sirva ao uso diário da burguesia, limitando-se, de resto, a sistematizar pedantemente e a proclamar como verdades eternas as ideias banais, presunçosas dos capitalistas sobre seu próprio mundo, para eles o melhor dos mundos.

(33) "Os economistas têm uma maneira de proceder singular. Para eles só há duas espécies de instituições, as artificiais e as naturais. As do feudalismo são instituições artificiais; as da burguesia, naturais. Equiparam-se, assim, aos teólogos, que classificam as religiões em duas espécies. Toda religião que não for a sua é uma invenção dos homens; a sua é uma revelação de Deus. — Desse modo, havia história, mas, agora, há mais" (Karl Marx, *Misère de la philosophie. Réponse à la philosophie de la misère de N. Proudhon*, 1847, p. 113). O senhor Bastiat é realmente engraçado, imaginando que os antigos gregos e romanos viviam apenas do saque. Se há povos que vivem de rapina, durante muitos séculos, deve existir sempre algo para saquear, ou têm de reproduzir-se continuamente as coisas que são objeto de saque. Por isso, parece que também os gregos e os romanos tinham um processo qualquer de produção, portanto, uma economia, que constituía a base material do seu mundo, do mesmo modo que a economia burguesa constitui a do mundo de hoje. Ou quer Bastiat dizer, talvez, que um modo de produção baseado na escravatura se fundamenta em um sistema de rapina? Assim, ele enverada por senda perigosa. Se um pensador portentoso, como Aristóteles, errou em sua apreciação sobre o trabalho escravo, por que um economista pigmeu, como Bastiat, estaria certo em sua apreciação sobre o trabalho assalariado? — É oportuna, aqui, uma breve resposta à objeção levantada por um periódico teuto-americano, quando apareceu meu livro *Contribuição à crítica da economia política*, 1859. Segundo ele — minha ideia de ser cada determinado modo de produção e as correspondentes relações de produção, em suma, "a estrutura econômica da sociedade a base real sobre que se ergue uma superestrutura jurídica e política, e à qual correspondem determinadas formas de consciência social"; de "o modo de produção da vida material condicionar o processo da vida social, política e intelectual em geral" — tudo isto seria verdadeiro no mundo hodierno, no qual dominam os interesses, mas não na Idade Média, sob o reinado do catolicismo, nem em Roma ou Atenas, sob o reinado da política. De início, é estranho que alguém se compraza em pressupor o desconhecimento por outrem desses lugares comuns sobre a Idade Média e a Antiguidade. O que está claro é que nem a Idade Média podia viver do catolicismo, nem o mundo antigo, da política. Ao contrário, é a maneira como ganhavam a vida que explica por que, em uma época, desempenhava o papel principal, a política e, na outra, o catolicismo. De resto, basta um pouco de conhecimento da história da república romana para saber que sua história secreta é a história da propriedade territorial. Já Dom Quixote pagou pelo erro de presumir que a cavalaria andante era compatível com qualquer estrutura econômica da sociedade.

Sem maior avanço nesta análise, limitamo-nos a ilustrar com mais alguns elementos o fetichismo da mercadoria. Se as mercadorias pudessem falar, diriam: "Nosso valor de uso pode interessar aos homens. Não é nosso atributo material. O que nos pertence como nosso atributo material é nosso valor. Isto é o que demonstra nosso intercâmbio como coisas mercantis. Só como valores de troca estabelecemos relações umas com as outras." O economista, o intérprete da alma da mercadoria, assim fala:

"Valor" (valor de troca) "é propriedade das coisas, riqueza" (valor de uso), "do homem: Valor, nesse sentido, implica necessariamente troca, riqueza não." (34) "Riqueza (valor de uso é atributo do homem; valor, atributo das mercadorias. Um homem ou uma comunidade é rico, uma pérola ou um diamante é valioso (...). Uma pérola ou um diamante tem valor como pérola ou diamante."(35)

Até hoje nenhum químico descobriu valor de troca em pérolas ou diamantes. Os economistas que descobriram essa substância química e blasonam profundidade crítica acham, entretanto, que o valor de uso das coisas não depende de suas propriedades materiais, e que o valor, ao contrário, é materialmente um atributo das coisas. O que lhes robustece a opinião é a circunstância peculiar de que o valor de uso se realiza para as pessoas sem troca, por meio de relação direta entre a coisa e a pessoa, enquanto o valor só se realiza através da troca, isto é, por meio de um processo social. Quem não se lembra aqui do bom Dogberry, ensinando ao vigilante noturno Seacoal:

"Ser dotado de um belo físico é uma dádiva das circunstâncias, mas ler e escrever é um dom da natureza."(36)

---

(34) "Value is a property of things, riches of man. Value, in this sense, necessarily implies exchanges, riches do not" (*Observation on some verbal disputes in Pol. Econ., particularly relating to value, and to supply and demand*, Londres, 1821, p. 16).
(35) Riches are the attribute of man, value is the attribute of commodities. A man or a community is rich, a pearl or a diamond is valuable... A pearl or a diamond is valuable as a pearl or diamond" (S. Bailey, *op. cit.*, pp. 165 e segs.).
(36) O autor de *Observation* e S. Bailey inquinam Ricardo de ter convertido o caráter relativo do valor de troca em algo absoluto. Ricardo, ao contrário, reduz a relatividade aparente que essas coisas, diamantes e pérolas, por exemplo, possuem como valores de troca, à verdadeira relação oculta por trás dessa aparência, à relação existente entre elas como meras expressões do trabalho humano. Se os adeptos de Ricardo respondem a Bailey de modo impetuoso mas não convincente, foi apenas porque não encontraram no mestre nenhum esclarecimento sobre a íntima conexão existente entre valor e sua forma, o valor de troca.

Capítulo 2

Sociologia e Sociedade Moderna: Características Básicas da Sociedade Industrial

*Anomia e Alienação: Um Problema na Ideologia da Sociologia**

John Horton

Sumário

As definições contemporâneas de anomia e alienação confundiram, obscureceram e modificaram os significados clássicos destes conceitos. Alienação para Marx e anomia para Durkheim foram metáforas utilizadas para atacar radicalmente as instituições e os valores dominantes da sociedade industrial. Sob perspectivas opostas, ambos atacavam um comportamento semelhante. Marx partia de uma concepção imanente da relação entre o homem e a sociedade e do valor da liberdade sobre a coerção; Durkheim, de uma concepção transcendental e do valor da coerção moral. Marx estava interessado nos problemas de poder e de transformação, Durkheim na manutenção da ordem. Paradoxalmente, as definições contemporâneas aceitaram o que havia de mais problemático para estes teóricos clássicos — as instituições dominantes da sociedade. Coloco, portanto, a questão: as definições contemporâneas de alienação e anomia são, realmente, isentas de juízos de valor ou estamos testemunhando uma transformação dos valores e das definições, de radicais em conformistas, sob o pretexto de uma Sociologia livre de valorações?

Um dos mistérios da Sociologia americana contemporânea é o desaparecimento do sociólogo. Seus entrevistados falam, o sistema social funciona ruidosamente, mas aquilo que deu linguagem aos interlocutores e vida ao sistema social se obscurece sob uma névoa de "nós", "ele" ou "eles" editoriais. Sua mágica repousa não apenas em um uso hábil da linguagem, mas também na ideologia do fim da ideologia e em uma elaborada mitologia na qual surge Max Weber estrelando como herói sociológico. Mistificando uma versão americanizada da lógica weberiana — de que existe, afinal, uma distinção real entre fato e valor — o sociólogo mágico aceita e justifica sua divisão em cientista profissional e animal político como condição universal da objetividade científica. Talvez fosse pouco sociológico sugerir que pudesse ser de outra maneira; não se trata de uma fraude consciente

---

(*) John Horton, "The Dehumanization of Anomie and Alienation: a Problem in the Ideology of Sociology", *The British Journal of Sociology*, vol. XV, nº 4, dez./1964, pp. 283-300. Tradução de Maria Célia Pinheiro Machado Paoli. Reprodução autorizada por Routledge & Kegan Paul Ltd.

e intencional. Este sociólogo apenas afirma na teoria o que faz na prática; dividido e alienado em seu trabalho, também o é quando pensa em seu trabalho.

O pensamento alienado explicita-se especialmente quando o sociólogo pensa sobre a alienação. Nas obras de Marx e Durkheim, a alienação e a anomia descrevem, crítica e negativamente, os estados de desordem social, referidos a padrões utópicos do bem-estar humano e societário. Hoje, a desumanização estabeleceu-se e os conceitos foram transmutados em coisas, em vez de avaliarem as coisas; deixou de ser claro em relação a que são alienados os homens alienados.(1) O problema intelectual da desumanização é como fazer uma avaliação de um esforço insatisfatório admitido como uma descrição objetiva, ou pelo menos como avaliação do outro.

Existe a argumentação de que os valores realmente não contam mais, e isto em nome de uma Sociologia objetiva. No meu entender, uma posição destas é uma síntese do pensamento alienado e não sociológico. Na realidade, o tempo e os sociólogos obscureceram e transfiguraram o sentido e os valores clássicos das noções de alienação e anomia, acrescentando novos valores e significados a elas. Sob a bandeira do progresso que visa uma ciência mais objetiva, houve um movimento de transformação dos valores radicais em valores conformistas (ou talvez um movimento em direção ao relativismo valorativo), de uma posição anticlasse média para os próprios valores de classe média.

A transformação sociológica da alienação e da anomia comporia um capítulo vivo na tão evitada sociologia da Sociologia; as diferenças nas definições contemporâneas e clássicas mostram até onde o pensamento sociológico é afetado pela posição histórica específica do sociólogo. O capítulo, no entanto, apenas se inicia aqui: neste trabalho, pretendo primeiro deixar claro os valores radicalmente distintos que deram, às clássicas definições de Marx e Durkheim, o seu significado para a pesquisa sociológica e para a ação social. Em segundo lugar, pretendo delinear as diferenças entre estas definições e as definições contemporâneas de Melvin Seeman e Robert K. Merton.

A tarefa de precisar e comparar definições e valores não é puramente ideológica. Os indícios sociológicos para a história desta transformação podem ser achados na mutante posição social e organização da Sociologia — na posição média do sociólogo moderno, na natureza crescentemente especializada de seus papéis sociais e na sua linguagem, que expressa sua posição ocupacional e de classe.

Finalmente, através dessa discussão, levantarei questões mais gerais para o pensamento sociológico, sobre a própria Sociologia. Se nossos conceitos se transformaram, e se estas transformações se refletem tanto nas questões que levantamos (ideologia) quanto no modo como as questionamos (metodologia), devemos então repensar as implicações de algo que deveria ser óbvio ao sociólogo — que seu conhecimento é proposital, perspectivista e relacional. Isto foi mais bem expresso por Karl Mannheim: "A realidade é descoberta da maneira pela qual se afigura ao sujeito no decurso de sua autoextensão."(2) A história social da alienação e da anomia é uma história de diferentes ideologias, de diferentes tipos de autoextensão, de distintas e socialmente condicionadas abordagens do problema da insatisfação social.

Alienação e anomia como conceitos radicais: a tradição de Marx e Durkheim

Na análise ideológica da anomia e da alienação, um primeiro passo é o exame de seus significados clássicos nos trabalhos de Marx e Durkheim. A discussão será organizada em torno de vários pontos:

---

(1) Escolhendo a palavra "desumanização", pensei no ensaio de Ortega y Gasset, "A desumanização da arte". Por essa associação, sugiro que a reificação e a objetivação nas ciências sociais podem fazer parte de uma tendência social mais geral.
(2) Karl Mannheim, *Ideology and Utopia*, New York, Harvest, Harcourt, Brace and Company, 1936, p. 49.

1. As definições clássicas de anomia e alienação contêm diretivas éticas e políticas radicais. Os conceitos são metáforas eticamente fundadas, que visaram a organização econômica e política das classes médias industriais europeias. Paradoxalmente, alienação e anomia são utilizadas atualmente pelos sucessores destas mesmas classes que os conceitos clássicos atacaram.

2. As definições clássicas de anomia e alienação contêm diferentes ideologias; são contraconceitos, com distintas diretrizes de ação. Descrevem essencialmente as mesmas insatisfações e comportamentos, mas de perspectivas opostas e polares, buscando causas distintas e propugnando diferentes soluções.

3. Estas perspectivas opostas surgem de interesses distintos no processo social, bem como nos valores e nas suposições sobre a relação entre o homem e a sociedade.

Considerada fora de qualquer contexto histórico particular, a anomia se refere aos problemas de controle social em um sistema social. A coerção cultural é ineficaz: os valores estão ausentes ou em conflito, os fins não estão ajustados às oportunidades estruturais ou, ao contrário, os indivíduos não estão adequadamente socializados às diretrizes culturais. Qualquer que seja seu significado particular, a anomia é um estado social de anarquia ou de ausência de normas; o conceito incide sempre na relação entre os indivíduos e as forças coatoras do controle social. Durkheim utilizava as taxas de desvio e o estado da lei e da punição como índices comportamentais da anomia: conquanto evitasse definições psicológicas, supunha que o egoísmo, a competição insaciável e a ausência de sentido e de objetivos poderiam ser as reações prováveis daqueles que vivem em uma sociedade anômica.

A alienação representa mais um problema de legitimidade do controle social do que de sua adequação; é um problema de poder, entendido como dominação, dimensão esta conspicuamente ausente da perspectiva da anomia. A anomia centra-se na cultura, ou seja, na cultura transmitida pela organização social; a alienação volta-se para a hierarquia do controle no interior da própria organização social. A ótica crítica da noção de alienação reside nas condições sociais que tornam o indivíduo separado da sociedade, sendo que esta não é vista como uma entidade abstrata independente dos indivíduos, mas como uma extensão deles através de sua atividade pessoal. Para Marx, alienar-se da sociedade é, *a priori*, alienar-se de si mesmo. A anomia refere-se aos obstáculos que existem no funcionamento ordenado da sociedade; a alienação, aos obstáculos que existem no crescimento produtivo dos indivíduos e, por extensão, às barreiras que impedem a transformação adaptada do sistema social. Uma condição não alienada não significa harmonia social dada pelo controle, mas harmonia social como o resultado espontâneo de indivíduos livres para realizar suas potencialidades históricas. Livres no sentido de autônomos e autodeterminantes, sem serem controlados por forças externas. As pessoas alienadas são impotentes e estranhas às criações reificadas de sua própria atividade (social).

Na obra de Marx e Durkheim, alienação e anomia não são definições operacionais simples, seja no nível puramente psicológico como no nível sociológico. Como conceitos, implicam teorias sociais completas, que explicam as relações entre uma condição social e o comportamento. Como conceitos críticos, implicam também o julgamento da sociedade com base em um ideal, ou pelo menos em relação a padrões futuros e não realizados.

Trazidas às condições históricas concretas que lhes deram o significado que possuem para a ação social, torna-se patente que as noções de alienação e anomia representam uma crítica radical de determinadas situações históricas. Nem Durkheim nem Marx estavam interessados em definições histórica e psicologicamente abstratas. Esta observação não pode ser subestimada porque é precisamente o conteúdo original radical, histórico e psicológico, que foi removido e alterado pelas definições contemporâneas.

As definições clássicas têm em comum uma condenação do individualismo econômico e de sua racionalização nas doutrinas de classe média, do liberalismo econômico e político. Estas teorias foram interpretadas como expressões de um pensamento situado em condições anômicas e alienantes. Marx e Durkheim descreveram criticamente sociedades em que o interesse econômico individual não apenas foi reificado, mas elevado à categoria de um fim coletivo. Ambos concordavam que, como consequência desta situação, os valores e as atividades econômicas tornam-se segmentados de todas as outras esferas da vida social, dominando-as. A atividade social mais intensa nas sociedades industriais modernas — a atividade econômica — é também a menos social.

Em O *suicídio*, Durkheim escreve que a anomia é endêmica na vida econômica moderna. Com isso, queria dizer que a economia, tradicionalmente restrita pelos códigos morais da Igreja, do Estado e da guilda, domina agora como o âmbito do interesse individual desenfreado ou mesmo do interesse de classe. A atividade econômica, antes um meio para atingir fins, meio este limitado por outros fins, tornou-se um fim em si mesma. Em outras palavras, a anomia institucionalizou-se:

"Estas tendências (o interesse individual que se empenha em fins indeterminados) estão de tal forma arraigadas que a sociedade acostumou-se a elas e habituou-se a considerá-las normais. Repete-se constantemente que está na natureza do homem ser um eterno descontente, sem alívio ou descanso na sua busca de um objeto indeterminado. A paixão pelo infinito é comumente apresentada como um sinal de distinção moral, ainda que só se possa manifestar em consciências desregradas, que instituíram em norma a ausência normativa de que sofrem."(3)

De uma perspectiva distinta, Marx faz uma observação semelhante nos *Manuscritos econômicos e filosóficos*. Neles, mostra como o interesse individual se manifesta como a força motivadora da sociedade, desde que os homens foram alienados de sua atividade social e humana, o trabalho. A doutrina do interesse individual é um exemplo do pensamento alienado.

"Desde que o trabalho alienado: 1) aliena a natureza do homem e 2) aliena o homem de si mesmo, de sua própria função ativa, de sua atividade vital, assim também o aliena da espécie. Ele transforma a *vida da espécie* em uma forma de vida individual. Em primeiro lugar, ele aliena a vida da espécie e a vida individual, e posteriormente transforma a segunda, na sua forma abstrata, em finalidade da primeira, também em sua forma abstrata e alienada." (4)

As bases sociológicas do radicalismo

Uma crítica radical não pode derivar apenas da descrição de fatos; ela repousa em padrões que os transcendem. Na Europa do século XIX, na qual a ética de classe média do interesse individual era justificada por uma interpretação essencialmente psicológica e atomística do homem e da sociedade, a própria Sociologia era uma fonte de radicalismo. Marx e Durkheim fizeram a crítica dessa ética e da interpretação contratual da sociedade em nome da Sociologia e da História. O radicalismo de seus conceitos procede, em parte, de uma definição do homem sociológica e coletivista. Nisto consiste sua oposição às imagens psicológicas e individualistas do homem e da sociedade, consideradas por eles como expressões de condições de vida alienadas e anômicas. As imagens sociais do homem que elaboraram, respectivamente, implicam por definição que a História não pode ser explicada a partir do que pensam os indivíduos, e que os acontecimentos não são nem necessária nem idealmente — o resultado de um impulso do interesse individual universalizado. Mesmo Durkheim reconheceu sua concordância com os marxistas neste ponto:

---

(3) Émile Durkheim, *Suicide*, Glencoe, The Free Press, 1951, p. 257.
(4) Karl Marx, "Economic and Philosophical Manuscripts" in Erich Fromm, *Marx's Concept of Man*, New York, Frederick Unger Publishing Company, 1961, p.101.
Utilizamos aqui a tradução que Octavio Alves Velho fez do livro de Erich Fromm, *Conceito marxista do homem* (Zahar Editores, Rio de Janeiro, 1962), p. 100, pois tanto essa tradução quanto o texto usado por Horton procedem da mesma edição acima indicada. Nela consta uma versão dos "Manuscritos" preparada por T. B. Bottomore. Com o objetivo de tornar a versão mais clara, optamos por ajustar o trecho citado a outro texto em inglês (cf. Karl Marx, *Economic and Philosophic Manuscripts of 1844*; 2ª impressão, Foreign Languages Publishing House, Moscou, 1961, pp. 74-5), confrontado, ainda, com a tradução francesa (cf. Karl Marx, *Manuscrits de 1844*, trad. de Emile Bottigelli, Editions Sociales, Paris, 1962, p. 62) (Nota dos Orgs.).

"Acreditamos frutífera a ideia de que a vida social deve ser explicada pelas causas fundamentais que escapam à consciência dos homens, e não pela concepção que eles têm dela; e pensamos também que estas causas devem ser procuradas principalmente no modo como os indivíduos se agregam. É apenas sob esta condição que a História pode se tornar uma ciência e que a Sociologia, consequentemente, existe."(5)

Durkheim nunca se cansa de admoestar seu leitor de que os fatos sociológicos devem ser explicados sociologicamente. Como Parsons sugeriu, seus argumentos são simultaneamente formais e empíricos.(6) O argumento formal, lógico, baseia-se na suposição de que a sociedade, sendo qualitativamente distinta de suas partes, não pode ser explicada apenas através das características de suas partes. O argumento empírico e sociológico surge na explicação durkheimiana da ordem social e da anomia, no seu ataque a todos que explicassem a sociedade com base em definições psicológicas e atomistas do homem.

Em A *divisão do trabalho*, Durkheim debate o conceito psicológico do homem e da sociedade formulado por Spencer, questionando a possibilidade de se explicar a ordem e a cooperação quando o homem, cujas disposições não são universalmente as mesmas, age apenas com base em definições opostas e distintas do interesse individual.(7) Elabora, também, uma crítica coletivista e sociológica ao que entendia por socialismo; argumentava que este era basicamente tão anárquico em seus efeitos quanto o liberalismo clássico. Ambos falham em reconhecer a necessidade do controle social sobre as atividades individuais e econômicas:

"Porque, embora a riqueza não se transmitirá como é transmitida atualmente, o estado de anarquia não irá desaparecer; trata-se de regulamentar as atividades que esta riqueza gera. Estas não serão regulamentadas por encanto, tão logo isto seja útil, se as forças necessárias para instituir esta regulamentação não forem despertadas e organizadas."(8)

Assim, Durkheim acreditava que a reificação do interesse individual contradizia a natureza social do homem, o que requer uma coerção exercida pelo controle social. Marx, por outro lado, argumentava que a reificação da atividade humana e de seus produtos estava em contradição com a natureza humana, cujo desenvolvimento pleno apenas se daria com a eliminação do controle e da reificação. Longe de ser uma inclinação natural do homem, pois estas são historicamente relativas, a doutrina da busca do interesse individual se revela como propaganda da classe dominante capitalista, uma expressão ideológica da sociedade de classes e da divisão alienante do trabalho.

O teor crítico da alienação e da anomia é sociológico no sentido de que Marx e Durkheim analisaram as relações entre os indivíduos e a coletividade como produto de sua atividade social e não como características psicológicas individuais. Nenhum deles estudou o homem fora da relação sujeito-objeto (homem-sociedade); ambos condenaram qualquer tentativa neste sentido. Como sociólogos, concordaram em que as doutrinas que concebem a sociedade como um agregado de relações contratuais entre indivíduos autocentrados é falsa, na medida em que isto nega a natureza social do homem. Quando muito, tais doutrinas universalizaram as condições particulares e transitórias da sociedade industrial do século XIX.

As fontes filosóficas do radicalismo: anomia e alienação como interpretações transcendentes e imanentes da relação homem e sociedade

Se Marx e Durkheim caracterizam-se como sociólogos ao interpretar o homem como uma relação social, estão no entanto em completo desacordo a respeito da natureza precisa dessa relação. De fato, alienação e anomia estão calcadas em concepções opostas do homem e da sociedade. É possível fazer

---

(5) Émile Durkheim, resenha do livro de Antonio Labriola. "Essais sur la conception materialiste de l'histoire", in *Revue Philosophique*, 44 (1897), p. 648.
(6) Talcott Parsons, *The Structure of Social Action*, Glencoe, The Free Press, 1949, pp. 308-24.
(7) Émile Durkheim, *The Division of Labor in Society*, Glencoe, The Free Press, 1960, pp. 200-06.
(8) *Ibid.*, p. 30. Para uma elaboração deste argumento veja em Émile Durkheim, *Socialism*, New York, Collier Books, 1962.

um paralelo destas concepções opostas com as utilizadas na teologia para descrever as relações entre Deus e os homens. Deus é transcendental quando se situa sobre o homem e o mundo, com base em sua perfeição moral. Deus é imanente quando habita no mundo, quando é a essência do mundo e o mundo sua essência. Analogamente, a sociedade pode ser interpretada extrínseca e transcendentalmente como uma entidade distinta dos homens e moralmente superior a eles; ou pode ser interpretada imanentemente como uma extensão dos homens, existindo neles. A alienação supõe uma interpretação imanente do homem e da sociedade; a anomia, uma interpretação transcendental. Ambas as interpretações fornecem uma base ética para uma crítica radical da sociedade.

A anomia é, fundamentalmente, um conceito utópico da direita política; critica o liberalismo econômico tradicional das classes médias a partir de uma posição filosófica que se poderia chamar de transcendentalismo naturalístico. Supõe implicações direitistas radicais desde que deriva do positivismo filosófico de Comte, que fundou sua crítica da organização social trazida pelas classes médias emergentes em uma análise da forma de controle social exercido pelo *ancien regime*. (9)

A alienação é um conceito utópico da esquerda radical; ataca o liberalismo econômico a partir da perspectiva futurista das classes despossuídas, e não da ótica reacionária de uma classe decadente. O conceito está formulado dentro de uma tradição de imanência naturalista e histórica; representa uma tentativa de colocar as concepções do idealismo alemão e da Ilustração dentro da pesquisa científica e histórica.

Marx acentuou o lado humano e ativo da relação homem-sociedade, negando radicalmente seu dualismo. A atividade social e humana do homem é o seu trabalho; os produtos do trabalho, incluindo a sociedade, são extensões da própria natureza humana. Portanto, o homem é sua atividade, é seus objetos, o homem é a sociedade. Qualquer reificação dos objetos humanos, qualquer transcendência do produto dos homens sobre eles mesmos que os impeça de visualizar seus interesses, suas habilidades e seu poder ali expressados e afirmados, vem a ser uma evidência da alienação do homem de sua própria atividade, de seus objetos e de si mesmo. A noção total de alienação social pressupõe esta concepção imanente da natureza humana. A alienação é um estado histórico que será, no limite, superado, na medida em que o homem se aproxime da liberdade. Liberdade, para Marx, bem como para Hegel, significava uma existência autônoma e autoabrangente. Os homens serão livres quando o mundo, liberto já da exploração e, portanto humanizado, supor homem e sociedade unidos na teoria e na prática. A obra de Marx poderia ser interpretada como uma análise empírica do processo histórico no qual o homem se torna separado e reunido à sociedade como indivíduo.

Mais preocupado com a natureza da ordem social do que com sua mudança, Durkheim enfatizava o lado passivo da relação homem-sociedade, ou seja, como a sociedade faz o homem e como o coage. Sua definição de anomia, centrada nesta dimensão dos problemas de controle social e de moralidade, pressupõe uma distinção eterna e absoluta entre homem e sociedade, e uma concepção dualista da natureza humana. O homem de Marx é o *homo laborans*, uma variável histórica que se desenvolve através de sua própria atividade. Mas, o homem de Durkheim é o *homo duplex*, em parte egoísta, autocentrado e anárquico e em parte um ser moral, na medida de sua submissão à coerção da sociedade, que é a fonte de toda a lógica e de toda a moralidade.(10) O objeto da orientação do homem,

---

(9) Para uma discussão das relações entre Comte e Durkheim, veja-se Alvin W. Gouldner, "Introdução", Émile Durkheim, *Socialism*, pp. 7-36. Gouldner argumenta que Durkheim era, realmente, um crítico de Comte; muito menos conservador do que Comte, não visualizava um retorno à solidariedade mecânica comtiana. No entanto, acredito que Gouldner vai muito longe ao enfatizar o reformismo de Durkheim. Durkheim, como outros conservadores utópicos, queria o reestabelecimento do controle social e das forças morais coercitivas. Insistiu em uma concepção histórica e fixa do controle social e em uma concepção histórica e relativista de sua expressão. Independentemente da divisão do trabalho ser simples ou complexa, o controle social localiza-se sempre nos padrões supraindividuais. Durkheim é essencialmente conservador em sua concepção hobbesiana do homem e na concepção transcendente da sociedade.

(10) Durkheim anunciou claramente sua doutrina do dualismo do homem e da transcendência da sociedade. A isto contrastou com o que chamou de definições monísticas (imanentes?) do homem e da sociedade. Sustentou que o socialismo e o utilitarianismo, como doutrinas monísticas, eram falsas porque não poderiam explicar o comportamento altruísta ou a existência de conceitos gerais. Falham em explicar fenômenos sociais que não se originam dos motivos autointeressados, utilitários dos indivíduos. Veja em Émile Durkheim, "The Dualism of Human Nature and its Social Conditions" em Kurt A. Wolff (org.), *Émile Durkheim*, 1858-1917, Columbus, Ohio State University Press, 1960, pp. 325-39.

a sociedade, sendo coletivo e perdurando além da vida individual humana, é transcendente, qualitativamente distinto das partes que o compõem. A transcendência durkheimiana é, em parte, uma extensão lógica de sua interpretação relativista e sociológica do homem. Se a natureza do homem é plástica, no sentido de não possuir um sistema interno de direção e controle, supõe então a necessidade de um sistema de controle externo. A sociedade é a fonte da ordem e do controle desde que é analiticamente e, como Durkheim explicitamente acreditava, realmente independente dos indivíduos. O argumento transcendente, bem como o imanente, com suas afirmações da liberdade como condição de crescimento, são também argumentos éticos. Influenciado por Kant, Durkheim afirmava que a moralidade não provém do interesse individual, mas do desinteresse; os homens submetem-se às normas e aos sentimentos de obrigação e dever quando se defrontam com uma entidade superior. A anomia surge então como uma situação de amoralidade e anarquia, superável apenas pelo estabelecimento de normas societárias. A liberdade, para Durkheim, não termina com a coerção; começa com a coerção sobre as paixões conflitantes dos homens. A alienação, como a transcendência da sociedade sobre os indivíduos particulares, é a condição da moralidade.

A ideologia da imanência da alienação e a ideologia da transcendência da anomia revelam-se, também, nas críticas respectivas de Marx e Durkheim da ética do interesse individual e em seus respectivos projetos de mudança social. Ambos os conceitos descrevem fenômenos históricos semelhantes, mas de modo agudamente contrastante e com implicações radicalmente distintas para a ação. Para Marx, a doutrina do interesse individual é uma indicação da alienação, da desorientação e da falta de poder em uma sociedade de classes. Para o transcendentalista Durkheim, o mesmo fenômeno indica a anomia, um problema mais de controle social inadequado do que de sua legitimidade. A proposta imanente e materialista para a superação da alienação requer uma prática revolucionária que ponha fim à sociedade de classes e estabeleça a base material para a liberdade nas atividades produtivas; mas "é necessário sobretudo evitar definir a 'sociedade', mais uma vez, como uma abstração que enfrenta os homens". (11)

Marx desejava humanizar a sociedade, organizar o mundo real de forma a que o homem pudesse experimentar-se, a si mesmo, como homem (livre e autônomo em sua atividade humana e produtiva). Durkheim propunha humanizar homens hobbesianos através da extensão do controle social. Pedia um reestabelecimento da moralidade que pudesse levar em conta a divisão especializada do trabalho na sociedade, e não em aboli-la. Sua proposta específica consistia no estabelecimento de comunidades ocupacionais, que seriam as modernas portadoras da disciplina moral e do controle social:

"Para terminar a anomia, deve existir, ou ser formado, um grupo que possa constituir o sistema de regras realmente necessárias.(12) O problema deve ser colocado da seguinte forma: descobrir, através da ciência, a coibição moral que possa regulamentar a vida econômica e, através disso, controlar o egoísmo e assim satisfazer as necessidades."(13)

O prosseguimento da sociologia transcendente e imanente

As interpretações imanente e transcendente dos problemas sociais ultrapassam seu interesse histórico, pois continuam a existir e a se opor na Sociologia americana contemporânea. Esta oposição continua também a paralelizar interesses diferentes no processo social. Os funcionalistas contemporâneos, interessados na ordem e na sociedade como a unidade de análise, tendem a uma interpre-

---
(11) Karl Marx, "Economic and Philosophical Manuscripts", *op. cit.*, p. 77.
(12) Émile Durkheim, *The Division of Labor in Society*, p. 5.
(13) Émile Durkheim, *Socialism*, p. 285.

tação transcendente (durkheimiana) da sociedade. Os interessados nos processos, nas mudanças e nas reformas sociais amplas enfatizam naturalmente a natureza imanente da sociedade. Talcott Parsons é quem provavelmente chega mais próximo a Durkheim, afirmando a necessidade funcional de um controle social transcendente. Sua posição nunca esteve tão clara como quando criticou C. W Mills, que havia se aproximado, com um estilo próprio, de uma interpretação imanente do homem e da sociedade. Na resenha que fez do livro de Mills, *A elite do poder*, Parsons se mostra menos crítico dos fatos apresentados por Mills do que de sua interpretação sobre estes fatos, de sua ideologia imanente. Como um transcendentalista, Parsons acusa Mills de veicular uma ideologia utópica que concebe a possibilidade de existir uma sociedade sem coerção:

"Estou certo de que atrás de tudo isso há uma posição 'metafísica' parcialmente manifesta, que Mills partilha com Veblen e com toda uma linha de acusadores da sociedade industrial moderna, na qual o poder não tem lugar.

Esta é uma posição filosófica e ética comum tanto ao liberalismo utópico quanto ao socialismo em nossa sociedade, e também a uma boa parte da ideologia 'capitalista'. O que eles têm em comum é a ênfase em um 'individualismo' de certo tipo. Este não é o individualismo fundamental, no sentido de que o bem-estar e os direitos dos indivíduos constituem os valores morais primordiais, mas antes de que se afirma que tanto os direitos individuais quanto os coletivos só serão promovidos minimizando-se a organização positiva dos grupos sociais. A questão da dependência profunda e real que os objetivos e as capacidades dos próprios indivíduos têm com relação à organização social é simplesmente empurrada para último plano. Parece-me que ele é claramente e injustificadamente anticapitalista, na medida em que sustenta esta suposição."(14)

A analogia poderia ser levada mais adiante. Como um transcendentalista, Parsons tende a visualizar a estratificação e o poder em termos da ótica de sua contribuição à ordem social; e Mills não está interessado na estratificação e no poder legítimo, mas exatamente em sua ilegitimidade e nos seus efeitos negativos sobre os indivíduos dentro da sociedade. A preocupação dos imanentistas com os problemas da liberdade e dos transcendentalistas com os problemas da autoridade está mais sucintamente demonstrada na oposição entre Erich Fromm e John Schaar. Este último, significativamente, intitula seu ataque a Fromm de "O medo à autoridade", sendo autoridade um conceito conspicuamente ausente dos trabalhos de Fromm.(15)

As definições contemporâneas de anomia e alienação: a busca da objetividade e a transformação da subjetividade

Embora as tradições transcendentais e imanentistas continuem existindo, a tendência dominante tenta negar a existência de influências ideológicas, na crença firme de que a ciência e os valores, a teoria e a prática social, são e devem ser distintos em nome da objetividade científica. Esta tendência está bem demonstrada na maioria das definições contemporâneas de anomia e alienação. Como um humanista particular, o sociólogo pode ser seduzido pelas implicações éticas radicais da alienação e da anomia; como um sociólogo cientista, em nome da objetividade, nega o próprio objeto de sua atração. Com exceção de algumas vozes inconformadas que vão de R. S. Lynd a C. W. Mills,(16) homens que não reconheceram a distinção entre valores e ciência, na ação e na teoria, os sociólogos americanos fizeram um esforço deliberado para purificar a alienação e a anomia das condições desordenadas de seu nascimento nos escritos polêmicos de Marx e Durkheim. Ideologicamente, proclamam o "fim da ideologia".

---

(14) Tacott Parsons, "The Distribution of Power in American Society", *World Politics*, 10 (out./1957), pp. 140-41.
(15) John H. Schaar, *Escape from Authority, The Perspectives of Erich Fromm*. New York. Basic Books, Inc., 1961.
(16) Robert S. Lynd, *Knowledge for What?*, Princenton University Press, 1948; C. Wright Mills, *The Sociological Imagination*, New York, Oxford University Press, 1959.

Existem pelo menos três fórmulas-padrão para o rito da purificação; todas as três implicam eludir a questão dos valores. Em cada uma delas, o teor ético dos conceitos e a perspectiva historicamente fundada do observador sociológico são omitidos. Encobre-se a relação necessária entre a estrutura ocupacional do sociólogo e sua perspectiva, seus conceitos. Não apenas o papel dos valores é encoberto, mas, sob o pretexto de uma Sociologia não valorativa, modificam-se os valores em uma direção conservadora.

A questão dos valores e da perspectiva do sociólogo é eludida transferindo-se a fonte e a responsabilidade da avaliação para fora do observador, para 1) a pessoa que está sendo observada (a abordagem psicológica); 2) os valores dos grupos dominantes, que estabelecem as fronteiras dentro das quais o sistema social é observado (a abordagem do alcance médio); e/ou para 3) os padrões supraindividuais da comunidade de sociólogos (a abordagem ideológica profissional). Na estrutura social contemporânea da Sociologia, as técnicas são características das especialidades ocupacionais: o homem da pesquisa exploratória, o teórico do alcance médio, e o ideólogo profissional. Discutirei cada uma dessas abordagens, na medida em que se relacionem com a desumanização da anomia e da alienação.

A abordagem psicológica da anomia e da alienação

A primeira abordagem, na medida em que transfere a fonte do significado às pessoas observadas — ou seja, transfere o nível de análise da Sociologia para a Psicologia social — é, tipicamente, uma pesquisa exploratória. O sociólogo especializado em descobrir correlações usualmente define anomia e alienação em termos dos sentimentos que os indivíduos têm sobre eles mesmos, sobre outras pessoas ou sobre fins e meios para fins. Através desta fórmula, ele transforma a alienação e a anomia em termos amplamente metafóricos, relacionados com uma extensa série de descontentamentos psicológicos e pessoais, que podem ser operacionalizados para a pesquisa exploratória. Por exemplo, a alienação definida como impotência ou a anomia psicologizada são medidas através de questões de tipo concorda-discorda. Então, estas medidas são relacionadas com níveis de *status* socioeconômico, com o preconceito, com o extremismo político ou com alguma outra forma de comportamento não conformista.(17) Se a constelação de correlações que daí resultam indica desordem social, o sociólogo rigidamente empírico pode argumentar que foram seus entrevistados, e não ele, que definiram esse estado de coisas. A questão da perspectiva do observador é então escamoteada pela fragmentação dos conceitos e por sua psicologização; aparecem, assim, como despidos de seus valores.

A abordagem da Psicologia social pode ser exemplificada em alguns dos trabalhos de Melvin Seeman.(18) Seeman elabora seis medidas para a alienação; no entanto, inclui provavelmente reações tanto anômicas quanto alienadas. A "impotência" e a "autoestranheza" aproximam-se dos sentimentos de uma pessoa alienada, no sentido marxista. "Ausência de normas" e "ausência de sentido" podem ser reações a situações não estruturadas ou à anomia. "Isolamento" poderia ser incluído em ambas as definições. É claro que nem Marx nem Durkheim teriam pensado em testar seus casos medindo atitudes. Pode-se ter falsa consciência (no sentido de não estar consciente da alienação *de facto*); há também freudianos, religiosos e existencialistas atualizados que veem o egoísmo e a anarquia como a condição humana (aceitação da anomia).

Apesar da amplitude das medições de Seeman, deixa-se de fora um significado crucial dos conceitos originais de anomia e alienação — o egoísmo e o interesse individual. Isto talvez se deva ao fato de

---

(17) Para as definições psicológicas de anomia e alienação, veja, entre outros, Melvin Seeman, "On the Meaning of Alienation" em *American Sociological Review*, 24 (dez./1959), pp.783-91; Gwynn Nettler, "A Measure of Alienation" em *American Sociological Review*, 22 (dez./1957), pp. 670-77; Leo Strole, "Social Integration and Certain Corollaries: an Exploratory Study" em *American Sociological Review*, 21 (dez./1956), pp, 706-16; Dwight Dean, "Meaning and Measurement of Alienation" em *American Sociological Review*, 26 (out. /1961), pp. 753-58.
(18) Melvin Seeman, *op. cit.*

que o interesse individual é tão amplamente aceito como um valor do sistema americano, que não é pensado como uma razão para o descontentamento nem para o comportamento desviante.

A questão, no entanto, permanece: em que sentido as definições psicológicas são livres de valoração? Combinando alguns dos sentidos clássicos, separando-os operacionalmente de seus contextos teóricos e reduzindo-os a medições psicológicas, consegue-se apenas uma aparência de objetividade. As pessoas são alienadas em relação a alguma coisa e anômicas em termos dos padrões de bem-estar. É, presumivelmente, tarefa dos entrevistados nos contar que são alienados que isto é a fonte de seus problemas. Mas, de fato, Seeman e os outros não estão construindo uma teoria da ordem e da desordem através do relacionamento de medidas operacionalizadas do comportamento não conformista e, casualmente, garantindo a natureza de suas descobertas? Não estão apenas ocultando suas próprias convicções, projetadas em fatos "objetivos", de que a alienação e a anomia são importantes causas da desordem social e do desvio? Se isto for um erro, é um erro que não pode ser eliminado controlando tendências preconceituosas ou sonhando com conceitos menos valorativos. Seeman está, justificadamente, testando sua própria perspectiva e não a de seus entrevistados. O erro consiste em não admiti-lo, em não discutir em relação a que existe a alienação e com que propósito existe o conhecimento.

A abordagem de alcance médio

Na estrutura ocupacional da Sociologia, o teórico "sem valores" que está atrás da pesquisa exploratória avalorativa é o sociólogo do "alcance médio". Ele reembala as teorias clássicas em hipóteses operacionais, de modo a permitir que elas sejam usadas por qualquer número de especialistas pouco inclinados à teoria, nas muitas áreas substantivas da Sociologia. O mercado do "alcance médio" altera as antigas teorias:(19) no processo de simplificação, estas são fragmentadas e despidas de seu sentido ético, histórico e frequentemente de seu sentido fundamental. Evita-se assim o problema da perspectiva do observador e da comunidade de sociólogos, interpretando os valores como objetos neutros pertencentes ao sistema social em observação e não como ideais políticos e utópicos. Não se respondem questões sobre a quem pertencem os valores e por que são assim. A técnica do alcance médio da Sociologia avalorista é falha, porque a atitude neutra perante fenômenos sociais é, por convicção ou negligência, uma identificação com a ordem cultural das classes médias.

A abordagem de alcance médio do conceito de anomia está exemplificada nos trabalhos de R. K. Merton e outros, que utilizaram variações deste conceito na análise do comportamento divergente. (20) O conceito livre de valores de Merton repousa na aceitação da ética do sucesso e do interesse individual das classes médias americanas. Das colocações de Merton, entendo que uma sociedade é anômica quando há uma disjunção entre os fins legítimos (cultura) e as estruturas de oportunidade (estrutura social). Especificamente, a sociedade americana é anômica na medida em que existem barreiras estruturadas à aquisição dos fins de sucesso e de *status*, culturalmente legitimados.

O teor essencialmente conservador e político desta definição explicita-se quando comparado com aquele de Durkheim. A anomia, definida como uma disjunção entre a busca do sucesso e as oportunidades legítimas de adquiri-lo, pode muito bem ser um descontentamento socialmente estruturado na sociedade americana; no entanto, a anomia de Merton difere da de Durkheim em um aspecto crucial — a sua identificação com os próprios grupos e valores que Durkheim via como a fonte principal de anomia, nas sociedades industriais modernas. Para Durkheim, a anomia se tornava endêmica nestas sociedades não apenas por causa das condições desiguais de competição, mas sobretudo

---
(19) Para uma discussão sobre a relação entre as teorias de alcance médio e as teorias clássicas veja Maurice R. Stein, "Psychoanalytic Thought and Sociological Inquiry" em *Psychoanalysis and the Psychoanalitic Review*, 49 (verão, 1962), pp. 22-3.
(20) Robert K. Merton, "Social Structure and Anomie" e "Continuities in the Theory of Social Structure and Anomie" em *Social Theory and Social Structure*, Glencoe, The Free Press, 1957, pp. 161-94.

porque a busca do interesse individual (os objetivos de sucesso e de *status*) havia se ampliado para fins sociais. A institucionalização do interesse individual significava a legitimização da anarquia e da amoralidade. De acordo com a modificação feita por Durkheim da visão kantiana, a moralidade requer a anuência a fins sociais, com base no desinteresse e no altruísmo e não no interesse individual e no egoísmo. A anomia não será solucionada através da maximização das oportunidades de conseguir sucesso. Durkheim questionava os próprios valores que Merton toma como constantes.

A diferença essencial entre as definições clássicas e as mais recentes de anomia e alienação não consiste no fato de que as primeiras estão comprometidas com os valores e as segundas são livres de juízos de valor. Ambas contêm valores, embora distintos. Os conceitos clássicos são utópicos e radicais: suas valorações se referem a condições sociais ideais. Os conceitos contemporâneos são ideológicos desde que se identificam com as condições sociais existentes. Marx e Durkheim descreviam e condenavam; condenavam as sociedades ocidentais modernas como alienadas e anômicas, em termos dos padrões que transcendiam suas instituições. Para muitos sociólogos americanos, o presente é a referência da anomia e da alienação; mas, se condenam as condições existentes, o fazem nos termos dos valores do grupo dominante, reificados em valores do sistema social. Paradoxalmente, o uso contemporâneo dos conceitos de anomia e alienação seria exemplo de alienação e anomia, visto tanto da perspectiva marxista como da durkheimiana. Definir um conceito em termos de sucesso como objetivo, ou tentar construir conceitos livres de juízos de valor pode ser a resposta esperada de sociólogos que trabalham em uma divisão alienada do trabalho e perseguem a ética do interesse individual das classes médias. Tais sociólogos não precisam questionar aquilo que foi mais problemático para Marx e Durkheim.

A ideologia da objetividade

A terceira fórmula da Sociologia livre de valores localiza a objetividade nos padrões da comunidade científica. Esta é a solução do ideólogo profissional e ela fornece uma *rationale* tanto para o sociólogo da pesquisa exploratória como para o sociólogo do alcance médio. Esta solução foi a resposta de Karl Popper ao subjetivismo ameaçador da Sociologia do conhecimento.(21) Afirmou, acertadamente, que a objetividade não necessita ser influenciada pelos preconceitos dos cientistas individuais. Estes preconceitos, quaisquer que sejam, podem ser corrigidos pelos padrões coletivos e coercitivos da comunidade de cientistas, padrões da testabilidade e da crítica intersubjetivos. Não se põe em dúvida esta importante fonte de controle social. No entanto, a solução de Popper não é uma solução, porque elude a questão dos valores, confundindo o consenso com a objetividade; existem preconceitos tanto individuais quanto coletivos. Por exemplo, nossos modelos funcionais e nossos métodos de testabilidade podem refletir nossa concordância na maneira e no método de abordar a realidade, mas não refletem a própria realidade. Existem tantas alternativas de conhecimento quanto de ação social. Se a perspectiva dos sociólogos americanos pode ser localizada na organização social da Sociologia, os padrões desta organização devem ser também localizados no contexto mutável da história social, e a objetividade, como verificação e prognóstico, se verá operando dentro do contexto mutável da subjetividade coletiva.

As condições sociais da elusão dos valores

Essas táticas de elusão não são originais na Sociologia americana contemporânea; a originalidade está nas condições sociais que as fizeram tão convincentes. Marx e Durkheim também evitavam

---

(21) Karl Popper, *The Open Society and Its Enemies*, Princenton, Princenton University Press, 1956; especialmente capítulos 23 e 24; *The Poverty of Historicism*, Boston, Beacon Press, 1957, seção 31; *Logic of Scientific Discovery*, New York, Basic Books, 1959, pp. 44-8.

a questão dos valores, transferindo o seu foco às coisas observadas. Durkheim dotou os padrões de controle social de qualidades morais e interpretou o mundo como uma ordem natural. Marx projetou valores humanistas nos padrões emergentes da história, vista como uma ordem política.(22) Ao contrário dos sociólogos contemporâneos, eles foram menos bem-sucedidos em escapar à acusação de uma Sociologia comprometida com os valores. Não puderam escapar disso porque afirmaram valores radicais e porque sua atividade prática de sociólogos tinha um caráter não especializado; foram pessoalmente responsáveis pelas funções da Sociologia que estão agora separadas teoria, método e utilização da descoberta. Na Sociologia moderna, os valores são oficialmente desprezados e realmente modificados. A questão sociológica é, significativamente: por que isto é assim?

Uma explicação óbvia para esta falta de consciência dos valores é que, na Sociologia contemporânea, os valores são frequentemente descrições dos valores cruciais da ordem social existente. (Valores são invisíveis, a menos que sejam procurados e colocados em dúvida.) As definições de Marx e Durkheim são facilmente apontadas como valorativas, não porque elas contenham valores, mas porque contêm valores radicais, opostos ao *status quo* e nele não realizados. Os valores radicais tendem a ser identificados pelo que são. Na atmosfera presente das ciências sociais, de consenso e de falta de debate, os valores conservadores passam por descrições naturais e objetivas das coisas.

Razões mais profundas podem ser achadas na organização social em transformação da Sociologia e nas origens sociais dos sociólogos. A atual especialização e divisão do trabalho na Sociologia pode explicar o hábito de negar o papel dos valores e da estrutura social na obtenção de um conhecimento socialmente significativo; a posição do sociólogo na Sociologia e na comunidade ampla poderia explicar a modalidade dos valores expressos.

Os conceitos podem aparecer como avalorativos desde que o sociólogo não questione seus valores e não veja sua influência, porque na prática é capaz de separar seu papel de cientista de seu papel de cidadão privado. Os valores e a ação podem estar unidos em uma só pessoa, como era o caso com Marx e Durkheim, ou dispersos em um sistema de papéis especializados. É apenas nesta última situação que o sociólogo que lida com a teoria pode aparentemente escapar da acusação de uma sociologia comprometida com valores. Sendo especializado em sua atividade e isolado da empresa sociológica ampla, ele pode não experimentar pessoalmente nem ter controle sobre as conexões que existem entre a estrutura, a perspectiva e os valores ocupacionais e as direções da pesquisa. Identificado com as instituições e valores dominantes de seu setor da sociedade, faz com que os valores se tornem irrelevantes e não problemáticos para seu problema de predição, dentro dos limites aceitos de seu sistema social.

Em outras palavras, a doutrina da Sociologia livre de valores pode ser afirmada enfaticamente sob as condições sociais de consenso valorativo e de divisão ocupacional entre os aspectos teóricos e práticos da Sociologia. A divisão ocupacional do trabalho na Sociologia dificulta e obscurece a relação entre os valores e a pesquisa para os sociólogos especializados e individuais. O consenso, conseguido pela transformação dos valores em coisas, esconde a sua base subjetiva; transforma a subjetividade em limites objetivos e naturais da ação social. Assim, a competência da pesquisa social e da formação de conceitos cai dentro dos limites invisíveis e subjetivos do consenso. O sociólogo passa a falar mais sobre os meios e os métodos do que sobre os fins. O conceito radical de anomia, que questionava os objetivos do sucesso individual, é redefinido conservadoramente como um problema de meios inadequados para adquirir o sucesso. Nada, no ambiente de Marx e Durkheim, apoiava a ideologia da objetividade. Eles se opunham aos valores dominantes; combinaram a teoria e a prática em suas próprias atividades — e nelas fundiram os papéis que mais tarde haveriam de se diferenciar.

---

(22) Para uma discussão sobre a utilização dos conceitos de ordem natural e lei natural na Sociologia, veja Leon Bramson, *The Political Context of Sociology*, Princenton University Press, 1961, pp. 18-26.

Conclusões e implicações

Em primeiro lugar, discuti o fato de que as definições clássicas de anomia e alienação repousaram em descrições utópicas e opostas de um mesmo descontentamento social. Segundo, afirmei que a história destes conceitos, a partir de então, foi a história da transformação desses valores e não da emergência de conceitos avaloristas. Em terceiro lugar, e em menor detalhe, sugeri que estas transformações ideológicas podem ser explicadas sociologicamente, em termos da transformação da posição de classe do sociólogo e da organização da Sociologia. Finalmente, o trabalho levanta uma questão geral sobre o relacionamento entre os valores e a pesquisa em Sociologia. No momento em que localiza a prática e a ideologia da Sociologia livre de valores no tempo, a pesquisa histórica lança dúvidas sobre qualquer posição teórica que defina ciência e objetividade a-historicamente, reificando o que é praticado em um período histórico. Se o sociólogo deve praticar a Sociologia em si mesma, é obrigado a reconhecer que a possibilidade de os conceitos de anomia e alienação serem livres de valorações, bem como da doutrina da Sociologia avalorista, reflete uma consciência generalizada de uma situação particular e histórica, de consenso valorativo e de divisão da Sociologia em atividades práticas e teóricas. Sendo um sociólogo, deveria perguntar se a doutrina da Sociologia livre de valores é o único meio, e o mais desejável e necessário, de perceber as relações entre os valores e o conhecimento. Não estará, talvez, aceitando sem crítica sua própria situação histórica, encontrando justificações ideológicas para ela?

A conclusão requer, sem dúvida, uma nota de esclarecimento. Desde que qualquer discussão sobre a Sociologia da Sociologia possa ser interpretada como um ataque direto à ciência pelos sociólogos inclinados ao behaviorismo e ao positivismo, serei mais preciso sobre o que estou e o que não estou atacando. Não sou pró-irracionalidade, pró-subjetividade e anticientista. A ciência opera dentro de um contexto, em transformação, da subjetividade. Não há um conflito necessário entre o sociólogo do conhecimento e o metodólogo, porque um estuda as determinações sociais do pensamento e o outro testa a exatidão das proposições dentro de um universo dado de valores. Penso que os proponentes de uma Sociologia do conhecimento não negam a realidade externa, mas sim afirmam a conexão humana com esta realidade. Argumentam que o conhecimento é relativo ao homem. Não negam a objetividade, mas mostram que os homens são objetivos sobre coisas muito distintas: que coisas são estas, é uma questão prática de fixar qual é a perspectiva, quais os valores em jogo e com que propósito são usados. A exatidão do que é descoberto depende, certamente, da previsibilidade e do velho método de ensaio-e-erro da ciência. Não estou sugerindo que Marx e Durkheim foram melhores sociólogos e que deveríamos retornar às suas definições radicais de anomia e alienação e à sua forma de lidar com o problema dos valores. Não estou atacando os sociólogos sistematicamente por serem conservadores. Por mais importante que possa ser este ataque, este é um ponto polêmico e político que necessitaria de uma crítica política à organização social da Sociologia.

Sustento que a alienação e a anomia contêm valores, embora sejam noções desumanizadas, e que estes valores se transformaram, não desaparecendo da prática da objetividade. Com esta afirmação, que pode e deve ser mais sistematicamente verificada, ataco diretamente aquele sociólogo abstrato e esperançosamente mítico, incapaz de pensar sociologicamente sobre si mesmo e sobre seu trabalho. O alvo do ataque é o pensamento ideológico na Sociologia, e particularmente o pensamento alienado sobre a anomia e a alienação.(23) O ideólogo pensa no conhecimento socialmente determinado como não determinado socialmente e apregoa que suas perspectivas não têm nada a ver com seus conceitos. Pode ser uma desgraça pessoal não conhecer seus próprios valores; é desconfortável atacar e ser atacado a partir de posições valorativas; mas é simplesmente não sociológico negar a influência de valores — qualquer que seja o valor em jogo ou a confusão valorativa — apresentando um trabalho como objetivo no sentido extremamente ambíguo da liberdade de juízos de valor.

---

(23) Na falta de palavras mais precisas, empreguei ideologia em três diferentes sentidos: (1) ideologia como qualquer perspectiva socialmente determinada; (2) ideologia como um pensamento identificado com as condições sociais existentes, no sentido mannheimiano, oposto ao pensamento utópico, ou ao pensamento identificado com ideais ou pelo menos às condições sociais não existentes; (3) finalmente, ideologia no sentido marxista de falso pensamento, representando o pensamento socialmente determinado como livre da determinação social.

5

A Sociedade Industrial*

Raymond Aron

As quatro primeiras aulas deste curso constituíram uma espécie de introdução geral, não apenas ao objeto de que trato este ano, mas também a um modo de ensino. A partir de hoje vou tentar caracterizar o que chamo de sociedade industrial e, simultaneamente, os diversos tipos de sociedades industriais: trata-se de separar as características comuns a todas as sociedades industriais e as que dão especificidade a cada uma delas.

Pode-se pensar em uma definição simples de sociedade industrial: sociedade em que a indústria, a grande indústria, seria a forma de produção mais característica. Uma sociedade industrial seria aquela em que a produção se opera em empresas como a Renault ou a Citröen.

Com base nessa definição elementar, poder-se-ia, efetivamente, deduzir muitas das características de uma economia industrial. Em primeiro lugar, observa-se que a empresa está radicalmente separada da família. A separação entre lugar de trabalho e círculo familiar não é um dado universal, nem mesmo em nossas sociedades. As empresas artesanais e grande número de empresas camponesas mostram que a separação — lugar de trabalho e empresa de um lado, e família de outro — não é uma necessidade histórica.

Em segundo lugar, uma empresa industrial introduz um modo original de divisão de trabalho. Implica não somente a divisão, que existe em todas as sociedades, entre os setores da economia — entre camponeses, comerciantes e artesãos — mas também um tipo de divisão interna à empresa, uma divisão tecnológica do trabalho, que é uma das características das sociedades industriais modernas.

Em terceiro lugar, uma empresa industrial supõe uma acumulação de capital. Uma civilização industrial exige que cada operário trabalhe para um capital considerável e que este se renove. Da noção de sociedade industrial pode sair a noção de economia progressiva. Poder-se-ia citar aqui a fórmula famosa de Marx: "Acumulai, acumulai, eis a lei e os profetas." Marx, com isso, quis caracterizar a sociedade capitalista. Sabemos, pela experiência histórica atual, que a acumulação do capital não caracteriza apenas as sociedades capitalistas, mas todas as sociedades industriais. Sem dúvida, Stalin pôde aplicar a fórmula de Marx à sua própria sociedade.

(*) Raymond Aron, *Dix-huit leçons sur la société industrielle* (Lição V: "De la société industrielle"), Éditions Gallimard, Paris, 1968, pp. 97-117. Tradução de Iara De Lorenzi Rággio. Reprodução autorizada por Editorial Presença, Ltda.

A partir do momento em que o trabalhador tem necessidade de um capital considerável, que deve se expandir, introduz-se uma quarta noção: a do cálculo racional. Em uma grande empresa, como as já citadas, é necessário calcular permanentemente; calcular para obter o menor preço de custo, para renovar e aumentar o capital. Nenhuma sociedade industrial moderna pode furtar-se a isso que os economistas burgueses — do mesmo modo que os economistas marxistas — chamam de cálculo econômico. Teremos ocasião de ver em que medida o modo de calcular varia segundo o regime. Como ponto de partida, porém, pode-se dizer que toda sociedade industrial implica um cálculo econômico rigoroso, sem o qual as perdas de riquezas e de energia seriam imensas.

Refiro-me a cálculo econômico, e não a cálculo técnico. Tomemos um exemplo da distinção necessária entre o cálculo técnico e o econômico: a empresa francesa de estradas de ferro, que tecnicamente é uma maravilha, financeiramente está em permanente desequilíbrio. Não quero dizer que o desequilíbrio seja efeito da perfeição técnica, mas sim que a introdução dos aperfeiçoamentos técnicos deve estar submetida ao cálculo. É preciso saber se é rentável substituir um instrumento que não é do último modelo por outro ainda mais aperfeiçoado. E se a questão se coloca para a substituição de uma máquina em uma empresa específica como as estradas de ferro, coloca-se também o conjunto dos meios de transporte. Como repartir os recursos entre as estradas de ferro e o transporte rodoviário? E, em um cálculo mais amplo, como repartir o conjunto de recursos da coletividade entre as diferentes aplicações? Em uma economia industrial, não se pode jamais utilizar simultaneamente tudo que a técnica torna possível.

Na imprensa encontram-se frequentemente os exemplos citados, como característicos dos defeitos da sociedade na qual vivemos. De fato, não há nenhuma possibilidade de se empregar a cada momento todos os procedimentos técnicos mais aperfeiçoados, pois isso requereria fontes ilimitadas de capital. Por definição, sempre se observarão atrasos, em certos setores, em relação às possibilidades técnicas. Para saber quais os processos técnicos que se devem empregar, é preciso proceder a um cálculo econômico.

Por fim, a quinta característica que se pode destacar da noção de empresas industriais é a concentração operária no lugar de trabalho. Imediatamente surge a questão da propriedade dos meios de produção.

Existe concentração operária em toda sociedade industrial, seja qual for o sistema de propriedade dos instrumentos de produção. Mas, naturalmente, quando de um lado se colocam centenas ou milhares de operários e, de outro, um pequeno número de proprietários, não se pode absolutamente deixar de colocar o problema da relação entre esses proprietários e os operários concentrados. Todas as sociedades industriais implicam uma certa organização das massas trabalhadoras e o questionamento constante da propriedade individual dos meios de produção.

A ideia de propriedade coletiva é tão velha quanto o mundo, tão velha quanto as sociedades complexas, tão velha quanto as civilizações conhecidas. Sempre houve homens que protestavam contra a desigualdade que a propriedade privada acarreta e que sonhavam com a propriedade coletiva, que poria fim às desigualdades. Seria absurdo, porém, confundir o sonho socialista secular com o problema socialista das sociedades industriais, pois é a primeira vez que existem imensas concentrações operárias, a primeira vez que os meios de produção parecem ultrapassar — por suas dimensões — as possibilidades da propriedade individual; e, em consequência disso, coloca-se a questão de saber a quem eles devem pertencer.

Como vemos, pode-se destacar um certo número de características de nossas sociedades industriais, a partir daquela noção elementar da sociedade industrial.

No entanto, essa análise me parece superficial e gostaria de tentar aprofundá-la, caracterizando sumariamente o que é um sistema econômico, de modo a passar em revista os diferentes pontos de vista, segundo os quais se pode observá-lo: isso permitirá caracterizar mais rigorosamente que espécie de sociedade industrial é a sociedade capitalista.

A própria noção de *econômico* é difícil de esclarecer. Há dois tipos de definição. Pode-se referir às necessidades dos indivíduos e chamar-se-á econômica a atividade que visa satisfazer as necessidades dos homens. Mas esta definição não é satisfatória. Em verdade, há necessidades, tais como a sexual, cuja satisfação não se pode dizer que implique uma atividade econômica enquanto tal; além disso, jamais se pode enumerar de forma rigorosa as necessidades dos homens. Poder-se-ia dizer, de maneira aparentemente paradoxal, mas no fundo bem banal, que o homem é um animal para quem as necessidades que parecem não essenciais são tão prementes quanto as necessidades ditas essenciais. A partir do momento em que as necessidades fundamentais, como a de nutrição e a de proteção, estejam satisfeitas, surgem outras necessidades de ordem social — como a de reconhecimento, de prestígio, de força. De modo que é impossível dizer que determinadas necessidades são econômicas e determinadas outras não o são.

A segunda espécie de definição se refere à significação da atividade econômica; ou ainda, para empregar a linguagem de Max Weber, ao sentido que, em sua conduta, os homens dão à economia. Neste caso, chama-se de economia à administração de recursos raros, ou, ainda, à relação dos meios com os fins a atingir, na medida em que os meios são raros e suscetíveis de usos alternativos.

Essa definição da economia pela característica significativa da atividade é satisfatória para as sociedades desenvolvidas. Em nossas sociedades, os fins que os indivíduos se propõem são múltiplos e explícitos. As necessidades ou os desejos aumentam perpetuamente. Os meios de satisfazê-los são numerosos, e comportam usos alternativos. Em particular, o uso da moeda e a generalização da determinação monetária dos bens introduzem a noção de escolha, de usos alternativos dos meios e de multiplicidade de fins. A moeda é uma espécie de meio universal para atingir os fins que cada um pode se propor.

A dificuldade dessa definição da economia a partir da administração onerosa de meios raros reside no fato de ser, nas pequenas sociedades, nas sociedades arcaicas, quase impossível isolar a atividade que corresponderia à escolha racional dos meios em vista de fins determinados. Nas sociedades mais simples, os meios não constituem objeto de cálculo alternativo, as necessidades ou os fins são determinados, de forma definitiva, pelos costumes ou pelas crenças religiosas. Dificilmente se poderia isolar o cálculo econômico ou o cálculo racional de meios raros. Nas sociedades primitivas, o setor econômico e a atividade econômica não estão separados do conjunto social. As condutas econômicas dos homens não podem ser isoladas, porque tanto os fins como os meios são determinados pelas crenças, que nos parecem extraeconômicas.

A dificuldade de cada uma das duas definições mencionadas não é intransponível, se nos lembrarmos de que os conceitos supra-históricos devem ter um caráter formal e de que, para retomar a história, é preciso especificar esses conceitos.

O homem como animal deve evidentemente satisfazer certas necessidades elementares, a fim de sobreviver. O homem como homem, desde que as sociedades existem, conhece necessidades não biológicas que não são menos urgentes que as necessidades ditas elementares. Todas as sociedades são pobres e têm que resolver um problema que chamamos de problema econômico. Isso não significa que todas as sociedades têm consciência do problema econômico, isto é, da administração racional dos meios raros. Todas as sociedades têm uma economia *em si*, mas nem todas têm uma economia *para si*; simplificando: todas as sociedades têm uma economia e resolvem seus problemas econômicos, mas nem todas os colocam explicitamente em termos econômicos.

Nas sociedades em que não há isolamento da atividade econômica, fica-se tentado a considerar a satisfação das necessidades elementares como exclusivamente econômica. Mas, isso é apenas um costume. De fato, em tais sociedades existem necessidades elementares que se pode chamar de econômicas, mas há, sobretudo, o não isolamento da atividade econômica.

De qualquer forma, porém, uma economia, mesmo em uma sociedade dita primitiva, comporta a *produção*, a *circulação dos bens* e o *consumo*.

A produção, ou seja, o esforço ou o trabalho para colher os frutos da terra ou para transformar as matérias-primas, existe desde que o homem deixou o paraíso terrestre. A condição do homem é tal que ele não pode viver sem satisfazer suas necessidades, e só pode satisfazer suas necessidades através de algum trabalho.

Esse trabalho pode ser considerado sob três pontos de vista principais:

1º — *Ponto de vista tecnológico:* de que instrumentos dispõe o homem ou a sociedade que se está estudando?

2º — *Ponto de vista jurídico:* a quem pertencem os instrumentos e, em particular, a terra?

3º — *Qual é a organização social, administrativa, do trabalho em comum?*

A noção marxista de relações de produção é equívoca porque não separa rigorosamente o ponto de vista tecnológico, o ponto de vista jurídico e o ponto de vista social ou administrativo. Tais distinções são fundamentais, como veremos, pois não se pode compreender os problemas econômicos de nossa época se não se distingue: de um lado, o que existe de comum a toda produção tecnologicamente determinada, e de outro, as diferenças jurídicas que resultam da propriedade dos instrumentos, bem como as diferenças administrativas que resultam ou não dessas diferenças jurídicas.

A segunda fase de todo sistema econômico é aquela que se pode chamar de circulação, a saber: troca e repartição.

O problema da troca surge do fato de existir, mesmo nas sociedades mais simples, uma atividade social ou coletiva de produção. Não há sociedade em que todos aqueles que produzem bens guardam-nos para si; existe sempre um mínimo de troca, do qual decorre um problema de comércio e de repartição. Devemos estudar um sistema econômico do ponto de vista do modo de trocar, do ponto de vista do sistema que permite as trocas, isto é, do sistema monetário; e, enfim, do ponto de vista da repartição dos bens ou do grau de igualdade ou desigualdade do consumo.

Por fim, toda economia tem como finalidade satisfazer desejos ou necessidades; a finalidade última é o consumo. Estudar uma economia em relação ao consumo significa procurar primeiro o que a sociedade quer consumir, ou seja: quais as metas que ela se propõe, que bens tem tendência e desejo de obter. Em uma sociedade complexa, estudar o consumo significa determinar em que nível se situa o consumo da sociedade global, ou de uma certa classe, ou de certos indivíduos, e também determinar como, com base em uma determinada quantidade de recursos, os indivíduos repartem seu consumo em função de seus desejos; isso leva a diferençar o que se chama de nível de vida, que é uma noção quantitativa, e modo de vida, que é uma noção qualitativa.

Um conjunto econômico pode ser compreendido, sinteticamente tomando-se por base diversas considerações:

1. A divisão do trabalho e o tipo de divisão do trabalho na sociedade global.

2. O espírito ou os móveis (as forças motrizes — N. da T.) da atividade econômica.

Quero agora introduzir uma distinção banal mas necessária: pode-se produzir com o fim de satisfazer diretamente as necessidades, ou produzir com o fim de vender no mercado, ou seja, de obter vantagens. Não há camponês na França que não produza parcialmente para suas próprias necessidades e parcialmente para vender no mercado. Os dois móveis podem ser aplicados tanto a um conjunto parcial quanto a um conjunto total. Temos sociedades nas quais domina a atividade com o fim de satisfazer diretamente as necessidades, e economias nas quais domina o desejo de lucro, em que os homens trabalham essencialmente para vender no mercado e obter vantagens.

3. O modo de regulagem ou o tipo de organização do sistema econômico.

Em toda economia, é preciso determinar os objetivos, repartir os meios e, finalmente, equilibrar o que se produz e o que se adquire.

Há pelo menos dois tipos simples de regulagem da economia. Uma é por decisão central ou planificada, outra é a que se dá pelos mecanismos do mercado. São dois tipos abstratos. Uma grande empresa industrial como a Renault é dirigida centralmente, estabelece planos de produção para o ano e eventualmente para alguns anos. Tais planos, porém, estão sujeitos a revisão, porque a venda dos automóveis Renault não é planificada nem planificável; ela depende dos desejos dos consumidores. Todos os conjuntos econômicos comportam um misto de regulagem por decisão central e de regulagem por ajustamento à oferta e à procura no mercado.

O tipo ideal de uma economia planificada seria o de uma economia em que os planificadores decidissem, no início do ano, a totalidade do que se iria produzir, a totalidade da renda atribuída aos diferentes indivíduos e, por conseguinte, a harmonia entre a produção e a procura fosse realizada por decisão central da comissão de planejamento. Nem é preciso dizer que uma economia totalmente planificada jamais existiu e nem pode existir. Mas há diferenças extremas nos graus de planificação ou nos graus de influência dos mecanismos do mercado. As diferentes sociedades industriais dependem, em larga escala, não da oposição esquemática entre mercado e planificação, mas da parte que cabe ao mercado e da parte que cabe à planificação.

4. A parte que diz respeito às funções do Estado e a das iniciativas individuais no sistema econômico.

Não me agrada a oposição entre economia individual e economia estatizada, porque é equívoca e combina dois critérios distintos. Há um critério claro que é a propriedade dos instrumentos de produção, propriedade individual ou coletiva, e um outro critério claro que é o modo de regulagem da economia. A noção de papel do Estado, utilizada vulgarmente, deve se subdividir em alguns critérios mais precisos.

Entre esses diferentes pontos de vista, através dos quais se pode estudar um conjunto econômico, quais os mais importantes?

Não tentarei fazer uma teoria geral dos tipos de economia, pois a finalidade destas aulas é sugerir-lhes um modo de pensar os problemas sociológicos. Interessa-me mais mostrar o caráter problemático da maior parte das distinções entre os tipos de economia, do que lhes impor mais uma classificação.

Podemos constatar que para a proto-história e a pré-história, os historiadores, etnólogos ou arqueólogos se referem comumente àquilo que chamei de ponto de vista tecnológico. Efetivamente, para os princípios da espécie humana, é a qualidade e a quantidade dos instrumentos disponíveis que determinam não a maneira exata como os homens viveram mas sim as margens no interior das quais podem variar as diferentes formas da existência humana.

No que concerne às sociedades históricas complexas, que Spengler e Toynbee estudaram e chamaram de civilização ou cultura, todas reduzem ao mínimo a criação de gado e a agricultura. O ponto de vista estritamente tecnológico é insuficiente porque, baseadas em uma mesma tecnologia, derivam diferentes modalidades de propriedade dos instrumentos de produção e de relações de classe. Não se pode, no decorrer do desenvolvimento das sociedades históricas, relacionar cada uma das transformações com uma mudança tecnológica. A tecnologia permite, aqui, somente apreciações amplas e vagas. Suponhamos, por exemplo, que nos Estados Unidos 7% da população estejam empregados na agricultura, 45% na indústria e o restante no setor terciário. Esta repartição exige uma força produtiva, para empregarmos uma expressão marxista, que não existia antes do período moderno. Uma determinada quantidade de energia disponível fixa uma certa margem de variação para as sociedades, mas não determina a organização em seus detalhes. As sociedades modernas parecem pertencer a um tipo novo, original, exatamente em razão de seu potencial energético. Emprega-se vulgarmente a noção de "escravo mecânico",(*) que significa aproximadamente a energia que representa o trabalho normal de um homem 8 horas por dia durante 300 dias. A sociedade francesa dispunha em 1938 de 15 "escravos mecânicos" por trabalhador; na mesma época, a Grã-Bretanha tinha 26, e os Estados Unidos, 55. Multiplicando essa cifra por 10 teremos um tipo de sociedade original com relação a todas as sociedades conhecidas no passado.

As classificações de tipos de sociedade sempre se referem a algum dos pontos de vista já enumerados. Uma das mais célebres é a de um economista alemão, Karl Bucher, que considerou que a

---

(*) *Esclave mécanique*, expressão sem correspondente em português. (N.T.)

História econômica se reduzia à sucessão de três etapas: a economia doméstica fechada, a economia urbana e a economia nacional. Uma classificação dessa ordem vincula-se à esfera da circulação e pretende caracterizar a economia por referência à extensão da esfera no interior da qual os produtos circulam. Partindo-se disso pode-se encontrar muitas características históricas concretas, mas não há sucessão rigorosa dos três tipos. Além do mais, são, ao mesmo tempo, tipos parciais e tipos que se aplicam às sociedades globais.

Outras classificações vinculam-se aos meios utilizados para o cálculo econômico e para a troca: economia natural, economia monetária e economia de crédito.

Uma última classificação, da qual quero dizer alguma coisa — porque ela é célebre — é a classificação de Marx que se encontra no prefácio da *Contribuição à crítica da economia política*. Marx adianta que se pode distinguir o modo de produção asiático, o modo de produção antigo, baseado na escravidão, o modo de produção feudal, baseado na servidão, e, enfim, o modo de produção capitalista, baseado no assalariamento.

A classificação de Marx torna a relação dos homens no interior da produção como centro da análise histórica. Pode-se extrair muitas das características das economias antiga, medieval e moderna através das três noções — escravidão, servidão e assalariamento, — mas não se pode apreender com elas, certamente, todas as características das economias. Assim, não vou lhes propor uma nova classificação. A enumeração dos critérios tinha por fim mostrar essencialmente que, para compreender um conjunto econômico, é preciso adotar vários pontos de vista. No estágio atual de nossos conhecimentos, não podemos afirmar que um critério seja dominante e suficiente para determinar o conjunto da economia.

Uma economia em que existe salário, isto é, separação entre empregadores e empregados, pode caracterizar tanto a economia da Índia atual como a dos Estados Unidos. Dizer que em ambos os casos a economia está baseada no sistema do assalariamento é de pouco interesse: os dois países são tão diferentes que nossa atenção devia, antes, concentrar-se na distinção entre as formas de assalariamento — e não no fato dele aparecer nos dois casos. O que se deve procurar é, com base em um certo critério, fixar margens de variação.

Com efeito, suponhamos que, segundo o método marxista, disséssemos: as economias modernas estão baseadas no assalariamento. Há, portanto, separação entre o trabalhador e os instrumentos de produção; os instrumentos de produção pertencem a um empreendedor ou a um capitalista e o trabalhador não possui nada, a não ser sua força de trabalho. O problema científico é o seguinte: quais são as características comuns a toda economia em que existe a separação entre o empreendedor e os assalariados, e quais as margens de variação das economias baseadas no sistema de assalariamento?

Lembremo-nos do que já foi dito sobre toda economia industrial: a empresa é separada da família, do que resulta um tipo original de produção, uma divisão técnica do trabalho, uma acumulação de capital e o caráter progressivo da economia, tornando-se inevitável o cálculo econômico, seguindo-se uma concentração operária.

Agora que já passamos em revista os diferentes critérios possíveis, podemos colocar a questão: as cinco características citadas encontram-se tanto em uma economia soviética quanto em uma economia capitalista. Em que se baseiam as oposições? Ou ainda, em que consistem as diferenças entre as espécies de sociedades industriais?

As oposições entre esses dois tipos de economia baseiam-se essencialmente em dois pontos:

1. *A propriedade dos instrumentos de produção*: em uma economia capitalista os instrumentos de produção pertencem a particulares e não ao Estado.

2. *O modo de regulagem*: esquematicamente pode-se dizer que, de um lado, a repartição dos recursos é determinada soberanamente pela comissão de planejamento, e de outro, a repartição dos recursos é determinada pelas decisões dos indivíduos no mercado; ou, ainda, que o equilíbrio entre oferta e procura é obtido em um caso pela planificação, e no outro pelo confronto no mercado.

Procuremos as consequências de tais posições fundamentais, a partir das quais chegaremos a suboposições.

Pode-se e deve-se perguntar em que medida as relações entre os associados e a produção variam, isto é, em que medida as relações entre os operários e os dirigentes da produção são diferentes em um sistema de propriedade privada e em um sistema de propriedade pública. Em que medida os móveis da atividade econômica são diferentes, segundo o modo de regulagem adotado? Ou ainda, mais precisamente, em que medida o móvel do lucro desempenha um papel semelhante ou diferente nos dois sistemas?

Combinando os diferentes critérios que enumerei, pode-se dizer que o regime capitalista é aquele no qual:

1. Os meios de produção são objeto de apropriação individual.

2. A regulagem da economia é descentralizada, o que significa que o equilíbrio entre produção e consumo não é definitivamente estabelecido por decisão planificada, mas sim progressivamente, por aproximações, no mercado.

3. Empregadores e empregados estão separados uns dos outros, de tal modo que uns dispõem somente de sua força de trabalho e outros são proprietários de instrumentos de produção, de onde vem a relação chamada de assalariamento.

4. O móvel predominante é a busca de lucro.

5. A repartição dos recursos não sendo determinada de maneira planificada, ocorre flutuação de preços em cada mercado parcial, e mesmo no conjunto da economia; é o que se chama, em linguagem polêmica, a anarquia capitalista. Pois se a regulagem não é centralizada, é inevitável que os preços dos produtos no mercado oscilem em função da oferta e da procura, e é compreensível que mesmo o nível geral dos preços no mercado oscile em função do excesso ou da insuficiência da procura global com relação à oferta global e que, consequentemente, de tempos em tempos acontece isso que chamamos de crises (regulares ou não).

De fato, não existe nenhuma sociedade capitalista que seja totalmente, idealmente, capitalista. Na sociedade francesa, atualmente, uma parte da indústria é propriedade coletiva. Por outro lado, não é certo que, em um sistema capitalista, todos os agentes econômicos sejam animados unicamente pelo desejo de lucro. Procuramos apenas assinalar as características fundamentais de um regime capitalista em estado puro.

Por que o regime capitalista aparece a algumas pessoas como o próprio mal? Até o momento não introduzi nenhum julgamento de valor, mas agora é preciso comparar esse regime com outros modos de regulagem possíveis, com outros modos de propriedade e de produção possíveis.

Quais são as críticas fundamentais feitas à economia capitalista? O assunto constitui uma espécie de moda intelectual. Há cerca de um século um anticapitalista provocava escândalo; hoje, é aquele que não se declara anticapitalista que provoca escândalo. Pessoalmente, não sou nem uma coisa nem outra, mas gostaria de passar em revista os principais argumentos da acusação, para tentar analisar mais de perto o regime capitalista.

Parece-me que, fundamentalmente, ele é acusado *antes de tudo* de suportar a exploração operária enquanto tal; em seguida, de ser um regime imoral, baseado na procura do lucro; em terceiro lugar, de levar a uma extrema desigualdade de rendas; em quarto lugar, de ser dominado pela anarquia, isto é, pela não planificação, pela não repartição voluntária dos recursos e das rendas e, em consequência, de comportar permanentemente o risco de crises.

Um último argumento, que mais tarde examinarei, é o da autodestruição do capitalismo; em certo sentido, um regime tal qual o definido, baseado na propriedade privada dos instrumentos de produção e na regulagem descentralizada, estaria condenado a destruir a si próprio. Mas, passemos a um rápido exame do primeiro argumento. Vamos nos referir, porém sem desenvolvê-lo, ao argumento clássico de Marx em O *Capital*, a saber: a teoria da mais-valia, da qual deriva a ideia geral da exploração. Nem todos os teóricos atuais da exploração leram O *Capital*, mas, como se sabe, quando uma ideia se torna popular, não há mais necessidade de se reportar ao texto original.

Se entendemos que existe exploração desde que exista desigualdade de remuneração, é claro que a organização das grandes empresas capitalistas implica exploração, pois a desigualdade de salários é evidente. Pode-se mesmo dizer, sem pessimismo excessivo, que o salário tende a aumentar à medida que os trabalhos se tornam mais agradáveis. Os trabalhos mais vulgares, os menos qualificados, aqueles que nos parecem mais odiosos, são os mais mal pagos. Aliás, devemos acrescentar que essa característica não está limitada, até o momento, somente às sociedades capitalistas, mas existe em todas as sociedades conhecidas, inclusive a soviética.

Se deixamos de lado o simples fato da desigualdade, a ideia de exploração gira em torno da noção de mais-valia. Reduzida ao essencial, a argumentação é a seguinte: o operário produz com seu trabalho uma certa quantidade de valor; e recebe, em seu salário, um valor inferior àquele que produziu com seu trabalho. A argumentação pode ser complicada utilizando-se a teoria do valor trabalho e a teoria marxista do salário. Deixo isso de lado, pois nos levaria muito longe. Fiquemos apenas com o ponto central da argumentação: o operário produz com seu trabalho uma certa quantidade de valor, recebe uma contrapartida inferior ao que produziu, e o resto vai para o lucro dos capitalistas.

É preciso começar reconhecendo a parte verdadeira da argumentação. O operário recebe em seu salário — a massa operária recebe globalmente — um valor inferior ao que produziu. Mas não pode ser de outra forma em uma economia do tipo moderno. A economia moderna, que definimos como uma economia progressiva, supõe que a coletividade não consome a cada ano a totalidade do valor que produziu. Em uma economia totalmente planificada haveria igualmente uma mais-valia, ou seja, uma fração do valor produzido pelos operários que não lhes seria restituída sob a forma de salário, mas que reverteria para a coletividade. A coletividade utilizaria este valor suplementar em função de seu plano e o repartiria entre os diferentes setores para investir.

Na economia soviética a parte do valor criado pelo operário que excede seu salário vai para a coletividade toda, que a reparte em função das decisões da comissão de planejamento. Em uma economia capitalista, desde que existe a propriedade individual dos instrumentos de produção, esse excedente de valor vai para as rendas individuais dos empresários. Como estou considerando uma economia capitalista em estado puro, suponho, então, que os fundos necessários aos investimentos venham da economia individual, das sobras das rendas individuais não consumadas por seus detentores. Nos dois casos há excedentes investidos. No sistema planificado soviético, o reinvestimento do excedente de valor é decidido e repartido pela comissão de planejamento, enquanto em um sistema de economia capitalista o excedente deverá ser reinvestido por intermédio das rendas individuais.

Quais são os inconvenientes possíveis do sistema em que o excedente de valor passa pelas rendas individuais?

Esse excedente de valor, destinado a ser investido para aumentar o aparelho de produção, arrisca-se a ser consumido por seus detentores. Se, em um sistema capitalista, os capitalistas obtêm lucros consideráveis e os utilizam para despesas suntuárias, o sistema é detestável. Se, em um sistema capitalista, a maior parte das rendas que vão para os capitalistas é reinvestida, não importa que elas passem pelos indivíduos para em seguida retomarem aos diferentes setores da economia. O primeiro problema é, então, saber qual a fração do excedente de valor consumida pelos privilegiados. O segundo é saber qual a eficácia relativa do sistema de produção privado e do sistema de produção coletivo. O terceiro é saber se a repartição dos investimentos por decisão da comissão de planejamento é melhor ou pior do que a repartição dos investimentos pelo mercado de capitais, acidentalmente pelos capitais no mercado.

Coloca-se agora uma questão a respeito da exploração e do excedente de valor. Que representa, em uma economia capitalista moderna — do tipo da economia americana — o excedente de valor que vai para os capitalistas?

Trago-lhes uma estatística da repartição das despesas totais das sociedades anônimas americanas em 1953. Os salários representam 76,9% do total; 12,4% vão para o Estado sob a forma de impostos; 5,2% são reinvestidos diretamente na empresa, e restam 5,5% para os acionistas.

Em uma sociedade capitalista desenvolvida, a proporção de dividendos distribuídos aos acionistas é irrisória, em comparação com o volume total dos salários, dos impostos e do reinvestimento direto na empresa.

Por que essa porcentagem é tão pequena? Dois fatores limitam a possibilidade das despesas suntuárias e do não reinvestimento. Em primeiro lugar, a concorrência. Em uma economia concorrencial é preciso reinvestir capitais para desenvolver a maquinaria, de modo a não ser ultrapassado na luta entre os diferentes produtores. O outro fator atuante é a pressão dos sindicatos. Observadores pessimistas, entre os quais me incluo, têm sempre a tendência de crer que o volume da exploração é diretamente proporcional à capacidade que os homens têm de explorar seus semelhantes. Quanto mais uma classe social detém uma posição que lhe permite explorar as outras classes, mais essa classe explorará efetivamente as outras. No caso de uma sociedade capitalista pouco desenvolvida — hoje chamada subdesenvolvida — em que existe pequeno número de capitalistas, os quais não têm o espírito capitalista, mas sim o espírito das despesas suntuárias, o assalariamento é por vezes um sistema de exploração detestável ao mesmo tempo pelos explorados e pela sociedade em seu conjunto: os salários estão abaixo do nível que seria compatível com os recursos coletivos e a maior parte das rendas não é reinvestida. Em troca, em outras sociedades em que reina o mesmo princípio do assalariamento, pode haver uma repartição bem diferente das rendas individuais e o excedente do valor criado pelo operário retorna à sociedade em seu conjunto.

No entanto, resta ainda o fato de que o sistema capitalista comportará sempre, no entender de grande parte dos críticos, o inconveniente do excedente de valor passar pelas rendas individuais. Mas, se isso se refere ao problema do nível dos rendimentos, o fato é que a qualidade, a eficácia da produção e da organização, conta infinitamente mais do que o volume dos lucros. Lembrem-se das cifras que dei: 76,9% de salários, 12,4% para o Estado, 5,5% para os acionistas. Suponham que não haja nenhuma distribuição aos acionistas: o aumento dos salários que decorreria seria irrisório ao lado do aumento dos salários que o aumento da produtividade permite a cada ano.

6

*Sociologia e Sociedade Industrial**

Ralph Dahrendorf

Se fôssemos designar, um tanto irreverentemente, o lugar histórico de algumas grandes disciplinas do pensamento humano, poderíamos dizer que: o mesmo que a Teologia significou na sociedade feudal medieval e a Filosofia na época de transição para a Idade Moderna, isso significa a Sociologia para a Sociedade Industrial. As três grandes disciplinas foram ou são, prescindindo dos fins que lhes são próprios, instrumentos de autointerpretação de determinadas épocas históricas. Nesse sentido, impuseram-se sobretudo pelo fato de que souberam combinar de modo dissimulado, mas nem por isso menos efetivo, a faceta da autointerpretação com a de justificadoras de estruturas típicas da época. Os teólogos da Alta Idade Média, os da Reforma Luterana e da Contrarreforma, os filósofos do Empirismo inglês, da Ilustração francesa e do Idealismo alemão e os sociólogos de muitos países em épocas recentes e atuais foram ou são também os ideólogos de suas sociedades: homens que representam os fatos sociais e políticos em seus sistemas ou teorias de tal maneira que o real em cada caso aparece, senão como razoável, pelo menos como necessário. A transformação sofrida nos instrumentos destas autojustificações de uma época prova, por um lado, a existência imutável da necessidade de transcender ideologicamente a realidade das sociedades humanas e, por outro, as mudanças ocorridas na orientação dessa necessidade. Um ponto a discutir é se a passagem da Teologia para a Filosofia, e desta para a Sociologia, representa uma tendência inequívoca do desenvolvimento social, se trata-se de um progresso ou de um retrocesso; mas seguramente valeria a pena considerar o fato de que sociedades que puderam satisfazer suas necessidades ideológicas com o reflexo de um mundo ultraterreno, pensado ou crido, tenham sido substituídas hoje por outras sociedades que esperam apenas das ciências a solução de todos os seus problemas.

Mas, semelhante reflexão não entra em nosso tema. Ao indicar esta possibilidade só queremos fazer notar que também a Sociologia, como sociologia da sociedade industrial e como disciplina científica, pode ser objeto desse tipo de desmistificação crítica, que ela mesma apoia. Sociologia e sociedade industrial mantêm relações sumamente estranhas. Por um lado, a Sociologia nasceu na sociedade industrial; apareceu e adquiriu importância como consequência da industrialização. Mas,

---
(*) Ralph Dahrendorf, *Sociedad y libertad* (cap. I: "Sociologia y sociedad industrial"), trad. José Jimenes Blanco, Editorial Tecnos S.A., Madrid, 1966, pp. 25-35. Tradução para o português por Maria Helena Pinheiro de Araújo Pinto. Escrito em 1960. Manuscrito ligeiramente retocado de uma conferência na "Universidade pelo rádio" da emissora RIA-S, de Berlim, publicado na revista *Politische Studien*, caderno 128 (1960). Reproduzido com autorização da Editorial Tecnos S.A.

por outro lado, a "sociedade industrial" é a filha mimada da Sociologia, seu próprio conceito pode ser considerado um produto da moderna ciência social. A mútua paternidade é causa de uma relação de parentesco paradoxal e desconhecida inclusive entre os antropólogos. Precisamente por isso parece aconselhável analisar mais detidamente as relações da Sociologia com a sociedade industrial, mitos muito pouco discutidos.

Ao relatar a origem histórica da Sociologia, é costume iniciar-se a evolução da ciência social pela antiguidade grega, com Platão e Aristóteles. Seja com o fim de proporcionar a dignidade de uma tradição venerável a uma disciplina que ainda se esforça por obter o reconhecimento acadêmico, ou seja para ligar a Filosofia antiga com as modernas ciências sociais, o caso é que o estudo histórico da Sociologia evoca a aparência de continuidade em um ponto em que ela não existe. Claro está que Platão e Aristóteles, Cícero e Tácito, Santo Agostinho e São Tomás, e muitos outros pensadores e historiadores se ocuparam de assuntos sociais, pensaram a respeito das formas reais e possíveis da sociedade e trataram de investigar as leis do desenvolvimento social. Mas, é igualmente certo que a tipicidade das estruturas sociais ainda não se havia convertido para estes pensadores em um problema de análise científica. Todos eles aceitaram o fato da desigualdade dos homens, cuja problemática devia dar origem mais adiante à Sociologia, como "natural" ou "instituído por Deus" ou, também, como "obra dos demônios". Para Platão, uns tinham nascido com ouro, outros com prata; para Aristóteles, uns eram senhores por natureza, outros escravos; a sociedade, a boa sociedade, para ambos, não era outra coisa senão a tentativa de canalizar estas discrepâncias naturais e estabelecer uma ordem nelas. O pensamento cristão da igualdade de todos perante Deus não impediu aos teólogos e políticos medievais aferrarem-se ao pensamento, e reproduzi-lo de mil formas diferentes, de que "Deus criou os homens em posições altas ou baixas e ordenou seu *status* social".

Somente no século XVIII transforma-se repentinamente em um problema o fato, instituído por Deus e pela Natureza, da desigualdade dos homens. No ano de 1754 a Academia de Dijon propôs como tema de um concurso literário, o significativo problema: "Qual é a origem da desigualdade humana? Está ela legitimada pelo direito natural?" Ainda assim hesitavam os sábios em aceitar soluções demasiado radicais. Deram o prêmio a um teólogo e não ao trabalho de Jean-Jacques Rousseau, que buscava a origem da desigualdade na propriedade privada, quer dizer, em um fenômeno social. Mas a pergunta ficava feita. Pouco depois escrevia o escocês Millar seu livro *Sobre a origem das diferenças de classe*; também ele via na propriedade privada a fonte de toda desigualdade social. Não era de outra maneira que argumentava Schiller em suas lições de "História Universal" na Universidade de Jena ao descrever a "primeira sociedade humana". Com estes trabalhos começa uma tradição de pensamento e investigação, que tem seu primeiro zênite em Marx no século XIX. Aqui começa ao mesmo tempo a história da Sociologia como desenvolvimento contínuo do tratamento científico de um problema específico.

Nem sempre as circunstâncias nos facilitam a tarefa de descobrir a transfiguração social das correntes ideológicas, como no caso da discussão do problema da desigualdade social no século XVIII. Pelo menos na França e na Inglaterra encontramos nessa época sociedades em que entrou em declínio o princípio de legitimidade do sistema estamental de privilégios. "Realmente criou Deus os homens socialmente 'altos' ou 'baixos'? São as diferenças sociais uma consequência de direitos naturais, isto é, hereditários? É o homem efetivamente o que é por nascimento ou, ao contrário, seria melhor dizer que é aquilo que possui?" A Revolução Industrial estava ainda em seus primeiros passos, mas já em fins do século XVIII alguns pensadores e investigadores se deram conta de que estava em vias de aparecer uma nova sociedade em que a desigualdade humana seria considerada de um ponto de vista diferente do critério até então válido. A imposição da noção moderna da igualdade dos cidadãos no Estado e a formação de uma classe social fundada em sua posição econômica foram os estímulos fundamentais desta evolução intelectual que mais tarde desembocou na Sociologia científica.(1)

---

(1) Cf., para este problema, minha exposição mais detalhada na monografia *Uber den Ursprung der Ungleichheit unter den Menschen* (*Sobre a origem da desigualdade entre os homens*), Tubinga, 1961. Esse trabalho contém outras citações e bibliografia adicional.

Mas "as instituições morrem por causa de suas vitórias". Apenas um século depois nascia a Sociologia como ciência e já começava a desenvolver uma autolegislação profissional em que foram ficando cada vez mais na penumbra os impulsos que lhe deram origem. As etapas mais importantes deste processo são provavelmente: discussão dos juízos de valor e a fundação da Sociedade Alemã de Sociologia antes de 1914, a descoberta da investigação social empírica, na segunda década e começo da terceira de nosso século, e o surpreendente florescimento da Sociologia americana nos anos 1930 e 1940. A Sociologia nasceu como resultado de uma situação histórica evolutiva no auge da época designada, com certa imprecisão, como feudal e do período moderno industrial-capitalista; nasceu como consequência do interesse despertado pela descoberta de que relações tidas até então como naturais fossem de fato mutáveis e históricas. No século XIX, a crítica social substituiu a pergunta de Saint-Simon e Proudhon até Ruge e Marx, e deles a Le Play, Booth e muitos outros. Em todos eles a análise sociológica era mais um instrumento de desorientação que de orientação. Enquanto forneciam esquemas intelectuais e filosóficos eram filósofos e não sociólogos; como sociólogos tratavam de descobrir os males reais e não de justificá-los. Mas, logo depois, com a discussão dos juízos de valor na Associação de Política Social e a imposição da tese de Max Weber da inibição valorista na Sociedade Alemã de Sociologia, iniciou-se o século científico desta disciplina. Perdera-se o primitivo interesse e desterrara-se a valoração crítica; o que ficou foi e é a intenção de captar a realidade social e a postura que o homem tem nela pelo único meio de conhecimento reconhecido como válido em nosso século, isto é, a ciência da experimentação.

Um dos primeiros resultados desta nova tendência da Sociologia foi a criação da sociedade industrial. Na realidade o conceito de sociedade industrial data do século XIX; mas somente nas últimas décadas alcançou seu pleno florescimento e importância. Os sociólogos e economistas políticos do século XVIII ainda não tinham nome apropriado para designar a transformação que se realizava ante seus olhos. Os sociólogos do século XIX interpretavam a sociedade sobretudo de um modo polêmico: como sociedade capitalista, sociedade de alienação, da injustiça, da miséria e opressão. Com a ciência avalorista começaram também a buscar termos assépticos, e entre eles destacou-se o de sociedade industrial como o mais adequado e eficaz.

Mas a sociedade industrial não era somente uma criação conceitual. Logo adquiriu conteúdo e foi esse conteúdo o causador do mito da sociedade industrial. O problema da origem da Sociologia e o problema da desigualdade entre os homens o mostram com toda clareza.

A época da Revolução Industrial caracteriza-se pela queda daquele sistema privilegiado de desigualdade social, que designamos, de preferência, como ordem estamental. No entanto, os pensadores e pesquisadores sociológicos do século XIX e começo do século XX deram-se conta de que com a queda da ordem estamental não desapareceu a desigualdade entre os homens. Seu grande tema era a desigualdade como consequência da propriedade e do poder: a luta de classes e a sociedade que valoriza a cada um segundo sua renda e posse. A sociedade igualitária, com que sonhavam esses homens, era um quadro bélico frente à realidade não igualitária. Somente nas últimas décadas a Sociologia científica descobriu algo completamente novo no desenvolvimento da realidade: a sociedade industrial. Também nela ainda existem, de acordo com o quadro atualmente válido, estratos sociais e inclusive, talvez, classes sociais; portanto, também nela se dá a desigualdade humana. Mas, para a maioria dos sociólogos da sociedade industrial, esta desigualdade perdeu seu aguilhão e, inclusive, tende à sua própria dissolução em uma forma de estrutura social que segundo os gostos e qualidades de cada um se descreve como "sociedade de consumo", "sociedade de massas", "sociedade de classe média nivelada", "sociedade classista", "sociedade da época pós-ideológica", mas sempre como sociedade industrial. Vamos contemplar mais de perto algumas das características designadas como típicas da sociedade industrial de nosso tempo.

Encontramo-nos, em primeiro lugar, no campo dos estratos sociais, quer dizer, da própria desigualdade. A imagem dominante na atualidade sobre a estratificação social da sociedade industrial é caracterizada sobretudo por três elementos: em primeiro lugar, fala-se de tendência a uma nivelação pelo achatamento dos "altos" e "baixos". Argumenta-se que desde a Revolução Francesa todos os homens gozam de um mesmo e comum *status* fundamental: o de cidadão. Eliminou-se na sociedade as diferenças de princípio entre os homens. As discrepâncias acidentais que ficaram já não são tão grandes como antes; a hierarquia na estratificação social se reduziu, seja se aplicamos o critério das rendas como o do prestígio, a formação ou, inclusive, o do poder. Em segundo lugar, encontramo-nos com uma forte concentração no campo médio desta hierarquia reduzida. Enquanto em todas as sociedades antigas a maioria dos homens se concentrava no estrato hierárquico inferior, uma imensa maioria ocupa hoje a posição média. Isto vale tanto em um sentido "objetivo" — no que se refere a renda e prestígio social, meios e situação de formação e poder entre dois extremos — como também em sentido "subjetivo", na medida em que a maioria se considera hoje como pertencente à "classe média". Quanto às diferenças restantes, pode-se afirmar, em terceiro lugar, que o indivíduo na sociedade industrial não se acha preso à sua posição social; pode mover-se livremente, descer e, sobretudo, subir de categoria. Se não consegue ascender, seus filhos podem consegui-lo. Em qualquer caso a oportunidade do livre movimento completa a tendência para a compensação nas diferenças das posições sociais.

Além do âmbito da estratificação social o quadro sociológico da sociedade industrial fica marcado por um tipo de análise que aponta na mesma direção e que pode expressar-se mais acertadamente pelo conhecido tema da "sociedade de massas". A sociedade industrial é uma sociedade de massas, isto é (ainda que se esconda nesse conceito um sentido determinável), nela o indivíduo se converte em um grão de areia, que não pode se distinguir em nada de seus semelhantes. Perde sua individualidade, tanto como joguete dos demagogos, quanto como objetivo da propaganda e dos chamados meios de comunicação de massa, como um "indivíduo dirigido de fora". Para demonstrar esta tese apresenta-se como prova a conduta massificada, a moda: todo mundo quer passar suas férias na Itália, todos sentam-se uma noite atrás da outra diante do televisor, todos querem carro, todos se vestem como todo mundo, inclusive todos pensam, sentem e fazem a mesma coisa no trabalho e no tempo livre, em seu ambiente social e político. É lógico que neste sentido atribua-se à sociedade industrial uma estrutura que conduz à eliminação da desigualdade entre os homens mediante sua transformação em uma massa genérica e parda, de uniformidade anônima.

A análise sociológica da sociedade de massas tem, em geral, um acento depreciativo, atrás do qual, não obstante, não se esconde outra coisa além da petulância esnobista do intelectual que se considera diferente, melhor, como Hofstätter claramente o demonstrou.(2) Em troca, é tal o realce que quase todos os sociólogos dão a um terceiro aspecto básico da sociedade industrial que ele foi designado com um novo tópico: o da "sociedade de consumo". Na sociedade estamental a posição social do homem dependia de seu nascimento; na sociedade industrial do século XIX o homem era o que tinha, isto é, sua situação social se determinava de acordo com suas rendas e posses. A sociedade industrial, por outro lado, apoia-se sobre uma nova base de ordenação: agora o homem é o que ele consegue. A renda determina a situação social de cada um e as instituições do sistema educativo têm a missão de calibrar a capacidade de rendimento de cada indivíduo com o objetivo de dirigir cada um até a posição que lhe corresponde na sociedade. Todos têm idêntica oportunidade, uma vez que nem a origem nem a propriedade decidem hoje a situação social do indivíduo; a sociedade de consumo também conduz à eliminação da desigualdade.

A sociedade industrial está nivelada, massificada, fundada no princípio do rendimento. Mas, tem ainda uma quarta característica, que quase não falta nas análises sociológicas mais recentes de qualquer língua e origem — e que é talvez a mais curiosa: na sociedade industrial desaparece o domínio do homem pelo homem, isto é, o instrumento mais eficaz de separação entre os de cima e os de baixo que aglutinava e desmembrava todas as sociedades antigas. Neste sentido, hoje se fala muito da fábrica automática em que todas as relações de dominação se transformaram em um programa de mecanismos dirigidos eletronicamente e na qual ninguém dá ordens e ninguém obedece. "Mutatis

---

(2) Em seu livro *Gruppendynamik* (*Dinâmica de grupos*), Hamburgo, 1957.

mutandis" este esquema também se aplica aos sistemas políticos; aqui se fala da "estrutura amorfa do poder" ou do "predomínio da lei" (em oposição ao predomínio humano), da "transformação do Estado" em um mero organismo administrativo e do pluralismo de grupos, que impede a formação de núcleos de poder. Desta maneira, ninguém, na realidade, está por cima ou está subordinado; também no campo do poder e da servidão a sociedade industrial eliminou a desigualdade entre os homens.

Este é — em linhas gerais um tanto quanto carregadas — o quadro que a Sociologia científica da sociedade industrial esboça. Ao procurar traçar este quadro não citei nomes, embora pudesse apresentar uma longa lista: quase todos os sociólogos de todos os países contribuíram com seu grão de areia para facilitar o nascimento do conceito de sociedade industrial. Enquanto o fizeram como sociólogos com *status* científico, outorgaram a este quadro, ao mesmo tempo, um marco que do nosso ponto de vista tem especial importância: a sociedade industrial não é uma imagem inspirada ou especulativa; não é, por isso, tampouco, coisa evidente para a Sociologia, ideologia tendenciosa que trate de justificar o predomínio de determinados grupos sociais; é, isto sim, a imagem de nossa época, tal como foi obtida mediante uma investigação "objetiva" e "avalorista". Esta tese é, para a maioria dos sociólogos, um pressuposto evidente. Somente nos últimos tempos alguns sociólogos — por exemplo, Helmut Schelsky na Alemanha e Daniel Bell nos Estados Unidos(3) — empreenderam a tarefa de fundamentar este pressuposto, argumentando que vivemos em uma "época pós-ideológica", em que já não são possíveis ou, pelo menos, já não são efetivos, os quadros deformadores da realidade como instrumentos de autojustificação social. Independente de que se aceite esta tese ou não, é certo que a noção de que a Sociologia talvez possa ser um eco ideológico de sua criação mais cara (a sociedade industrial) aparece cada vez menos nas análises cada vez mais numerosas da sociedade moderna.

Não obstante, essa noção é uma das teses destas reflexões. Afirmo que a sociedade industrial, segundo o conceito sociológico aqui apresentado esquematicamente, é um mito e um produto da fantasia sociológica e que não responde, além disso, a todas as perguntas básicas que formulemos às sociedades de nossa época. É preciso fundamentar esta afirmação.

Ao afirmar que a Sociologia da sociedade industrial é uma ciência, o que se quer dizer é que ela tem de proceder de um modo "avalorista", isto é, que as convicções e preconceitos pessoais do investigador devem permanecer distanciados da análise objetiva. No entanto, se contemplamos mais detidamente o quadro sociológico da sociedade industrial, veremos logo, e com toda clareza, que aqui somente se pode falar de assepsia valorista em um sentido: este quadro não se baseia — como a Sociologia do século XIX — em estímulos críticos-sociais; ao contrário, os sociólogos se preocupam trabalhosamente em desterrar de suas análises qualquer distanciamento crítico da realidade; mas, em consequência, surge de imprevisto a valorização, porém em um sentido inverso, de uma imagem da harmonia, da integração, do reconhecimento do real como lógico e exato. Claro está que fica quase sempre a condição restritiva da sociedade de massas, mas isto somente justifica a reserva mental própria do intelectual e não propriamente sua postura crítica. No conjunto, vibra em quase todas as investigações sociológicas recentes o sentimento oculto de que tudo está bem em nosso mundo social e de que a própria realidade tende para formas cada vez mais justas e melhores. Este acento conservador da Sociologia moderna não pode ser negado e é até mesmo admitido por alguns sociólogos. Com menos gosto se vê que nele igualmente se esconde em especial uma espécie de valoração suspeita de ser ideológica; vale a pena analisar este fato.

O conceito de sociedade industrial contém um elemento de benévola generalização. Todas as diferenças particulares entre as distintas sociedades desaparecem dentro dele — as sociedades inglesa, americana, alemã e francesa e logo também a russa se fundem nela de um modo genérico, que promete a todos os países idêntica esperança. Mas, essas sociedades são, realmente, tão semelhantes? Não

---

(3) Cf. H. Schelsky, *Ortsbestimmung der Deutschen Soziologie* (*Determinantes da sociologia alemã*), Düsseldorf-Colônia, 1959, e D. Bell, *The End of Ideology*, New York, 1960.

existiria uma falta de exatidão intranquilizadora nesse conceito de sociedade industrial? Não será uma tentativa de elidir o problema das características particulares, e menos agradáveis, da sociedade americana ou alemã ou russa? Não fica sem ser dito, e mais, sem perguntar, o fundamental, se nos aproximamos da realidade com essa inocente ideia geral da sociedade industrial? A Alemanha e a Inglaterra são sociedades industriais; mas a Inglaterra é a mãe da democracia liberal e a Alemanha é a mãe do moderno Estado autoritário. A América e a Rússia são sociedades industriais e, sem dúvida, suas divergências caracterizam a nossa época. Estes não são problemas sociológicos? Parece-me que são até mesmo nossos problemas fundamentais. Mas, para resolvê-los, temos de liberar-nos sem escusas do mito idílico da sociedade industrial.

Do mesmo modo, no que se refere a quaisquer sociedades determinadas, a sociedade industrial resulta em um mito. Já não existe efetivamente a desigualdade entre os homens nas sociedades modernas? Ou, talvez, apenas se modificaram as formas dessa desigualdade? Não são também o tipo de carro, o lugar das férias, o estilo da habitação outros tantos símbolos efetivos e que deixam a marca da estratificação social, como o eram os privilégios na sociedade estamental? Não se pode dizer que a sociedade de rendimento, que na realidade é uma sociedade de títulos e certificados, é tão pouco "natural" ou "justa" como era a sociedade de origem ou da propriedade? A divisão do trabalho e a burocratizarão do poder eliminaram de fato toda forma de supraordenação e subordinação entre os homens? Não existem mais na sociedade atual o "de cima" e o "de baixo"? Admito que se tratam de questões difíceis, que de maneira alguma podem ser respondidas com uma simples negação ou afirmação; mas creio poder afirmar que cada uma dessas perguntas nos revelaria um aspecto de nossa sociedade que não corresponde à imagem harmoniosa da sociedade industrial.

É sobretudo seu caráter harmonizador que faz aumentar a suspeita de que o conceito sociológico de sociedade industrial é um eco ideológico. Se quisermos dar fé a todas as teses manifestas e latentes da investigação sociológica, deveríamos aceitar que nossa sociedade é a utopia feita realidade ou, melhor dizendo, feita quase realidade, pois as obras sociológicas se distinguem por uma acumulação suspeita de afirmações de "tendência". "Tendemos" para a sociedade de rendimento, para a nivelação, para a massificação etc. Essas afirmações de tendência levam a acreditar em modéstia e seriedade científicas; na realidade não são nem uma coisa nem outra. Na realidade não são mais do que profecias, pois para estabelecer prognósticos objetivos ainda falta fundamento à teoria sociológica.

Por que razão, então, a tentativa constante em profetizar para um futuro próximo uma sociedade industrial justa e harmônica? De que fontes se alimenta tal ciência? A quem ela serve? Aqui se nota claramente que a Sociologia moderna da sociedade industrial não é, na realidade, mais do que ideologia da camada burocrática e da pequena burguesia que denomina a si própria de "classe média" e que domina muitas sociedades modernas; camada a que também pertencem os próprios sociólogos. Tornou-se difícil nas sociedades americana, inglesa e também alemã recentes designar com clareza qualquer que seja o grupo, como a camada superior da sociedade. A divisão do trabalho no poder e no *status* social aumentou o volume dos grupos dominantes e, ao mesmo tempo, reduziu sua homogeneidade. Apesar disso, os burocratas, os *managers* e os técnicos formam uma camada superior, uma classe dominante, a quem deve servir a ideologia harmônica da sociedade industrial, para reforçar seu débil fundamento de legitimidade. Pelo menos em um ponto a moderna meritocracia de títulos e certificados continuou fielmente os passos de seus antecessores: também necessita de uma ideologia que justifique a desigualdade. A Sociologia é a encarregada de oferecer essa ideologia com o mito da sociedade industrial.(4) Não é uma casualidade que seja exatamente a Sociologia a que procure esse reforço ideológico para a sociedade industrial. Os burocratas, *managers* e técnicos constituem um grupo dominante, "invisível", que evita cuidadosamente aparecer como tal. Necessita, por isso, de uma ideologia o mais "neutra" possível, cujo caráter de justificação não seja patente a uma simples

---

(4) Essa ideologia segue também suas antecessoras por considerar as circunstâncias sociais contemporâneas, em particular suas características desigualdades, como "naturais", isto é, fundadas em qualidades pessoais e rendimentos. Cf. *ad hoc* a utopia polêmica de M. Young, *The Rise of the Meritocracy*, Londres, 1958.

verificação, uma ideologia com a auréola da ciência. Em parte o procuram as especulações pseudocientíficas dos físicos modernos sobre a "imagem do universo de nossa época"; mas, em maior parte, e cada vez em maior medida, a Sociologia intervém. Acontece imprevisivelmente que a própria Sociologia se transforma em um mito; ou seja, em um sucedâneo para decisões morais e convicções metafísicas — talvez também religiosas. Se a Sociologia fosse efetivamente apenas o que pretende ser, isto é, uma ciência, poderia ajudar-nos com presteza a colher nas redes da inteligência humana e dominar teoricamente um outro aspecto do mundo, mas não poderia converter-se em sucedâneo da moral nem da religião. O mundo da ciência será sempre uma geometria não euclidiana da existência humana; se a ciência fornece imagens do mundo, traiu sua missão. A chamada ciência da sociedade dos países comunistas é um mito, uma ideologia; aí se encontra sua força e também sua debilidade, pois é fácil desmascará-la como tal. Infelizmente, a Sociologia da sociedade industrial se acha também no caminho mais apropriado para desempenhar um papel semelhante nos países não comunistas. Por isso que é oportuno o conselho de buscar no lugar apropriado as fontes de nossa compreensão do mundo e da sociedade; isto é, de buscá-las no campo dos valores e convicções, além da ciência meramente instrumental. Somente se livrarmos a Sociologia do peso de exigir-lhe que seja uma autocompreensão de época e a nossa imagem ética do universo da ilusão de vê-la consagrada pela ciência, atribuiremos a cada uma delas o que lhe corresponde.

5

*Consciência e Sociedade Industrial**

Erich Fromm

Tendo em vista discorrer sobre a consciência na sociedade industrial, vou me referir de forma teórica à consciência e à sociedade e somente no final desta conferência terei a oportunidade de tratar do tema de modo mais específico, porque é necessária a compreensão do que é a consciência para entender o que denominamos de "sociedade industrial".

Permitam-me acrescentar algo sobre as duas palavras "consciência" e "sociedade". Desta última, tudo o que quero dizer é que não existe tal coisa; "sociedade" é uma abstração. Talvez algum dos senhores conheça o interessante livro de Ignazio Silone, *Escola de ditadores*. Nessa obra descreve-se um personagem, que é o "cérebro" de um ditador fascista, o Professor Pickup; é professor de Sociologia e escreveu um famoso livro de texto que tem uma frase fundamental: "A sociedade é a sociedade". Mas, a sociedade não é a sociedade; é uma entidade específica fundada em forças de produção específicas, modos de produção específicos e relações de classe específicas. Falar da sociedade em geral somente contribui para obscurecer os temas sobre a sociedade particular de que tratamos. Portanto, quando falo da sociedade, quero me referir a algo diferente do que pretende afirmar o Professor Pickup.

Agora trataremos da consciência. Falar deste assunto teria sido fácil na época pré-freudiana, porque naquela época, isto é, há 70 anos, geralmente se aceitava a ideia de que a "consciência era a percepção do que acontece na própria mente do homem". E também se admitia que a consciência era a característica que distinguia o que se poderia chamar de vida mental, isto é, pensava-se que a vida mental nada mais era do que aquilo que se produzia na consciência. Assim, a consciência era o conhecimento da percepção, dos sentimentos, da sensação, dos pensamentos, da imaginação etc. Não havia nada na mente que não fizesse parte da consciência, ou, ainda, que não fosse consciente.

Como todos sabem, isso se transformou com as descobertas de Freud, podendo dizer-se que a principal delas foi a constatação da existência de uma vida mental que não é consciente e, mais ainda, de que a maior parte de nossa vida mental, talvez a mais importante, não é consciente. É claro que essa ideia não era inteiramente nova. Podemos encontrar o conceito de inconsciente em Spinoza,

---

(*) Erich Fromm, "Conciencia y sociedad industrial", in Erich Fromm *et al*, *La sociedad industrial contemporánea*, trad. de Margarita Suzan Prieto e Julieta Campos, Siglo Veintiuno Editores, México, 1967, pp. 1-15. Traduzido para o português por Maria Helena Pinheiro de Araújo Pinto. Reproduzido com autorização de Siglo Veintiuno Editores.

Nietzsche, Kant e outros. Mas, sem dúvida, Freud foi o responsável pelo fato desta descoberta ser propriedade de todas as pessoas que estão seriamente comprometidas com a ciência do homem.

O que Freud descobriu é, em detalhes, que podemos ter emoções como a ansiedade, temor, tensão, das quais não temos conhecimento e que sem dúvida existem no nosso sistema fisiológico e mental. Para aqueles que são céticos em relação a este assunto, e que continuam pensando em termos das ideias que prevaleceram nos séculos XVIII e XIX, receio não ser capaz de convencê-los de que Freud tinha razão.

Contudo existe todo um corpo de experiências clínicas e estudos teóricos que mostram com muita clareza que a descoberta de Freud foi uma das mais importantes e revolucionárias no campo da ciência do homem. Dirigi-me aos que duvidam da existência de uma vida mental inconsciente e agora devo dizer que talvez um número demasiado de pessoas acredite nela; a descoberta de Freud chegou a ser, de certa forma, excessivamente popular. Essa popularidade levou o assunto a uma constante falsificação e divulgou uma concepção que não está de acordo com a importância da descoberta.

Atualmente todos falam de seu "inconsciente". Não quero dizer exatamente todos; é lógico que não me refiro aos camponeses do México ou do resto da América Latina. Dos camponeses norte-americanos não sei se por acaso também falam de seu inconsciente. Mas nos círculos intelectuais a palavra "inconsciente" chegou a ser muito popular e, devo dizê-lo, a ser empregada de maneira imprópria.

Permitam-me expor um fato simples: não existe o consciente nem tampouco o inconsciente. Algumas pessoas preferem usar a palavra *subconsciente*, vocábulo que o próprio Freud utilizou algumas vezes em seus primeiros trabalhos; essa palavra é comum porque se presta a uma agradável ideia topográfica. "Isto está no meu subconsciente" quer dizer que se encontra no porão; "isto está na minha consciência" significa que está no primeiro andar; quando se fala do superego, quer dizer que se encontra em alguma parte do sótão. Dessa forma obtém-se um panorama muito elementar da divisão do homem em três partes e, uma vez que o aprendemos, pensamos que conhecemos muito sobre o homem.

De fato, porém, as coisas são um pouco mais complicadas. Se afirmo que não existe o inconsciente, devo acrescentar que talvez, por meio de estudos neuropsiquiátricos, se possa chegar a saber que há partes no cérebro que correspondem tanto a atividades inconscientes como a conscientes. Já foram realizados estudos a este respeito. Falando não como neuropsicólogo, mas como psicanalista, devo insistir em que não existe o inconsciente e sim que se pode *ter conhecimento ou não ter conhecimento* de alguma coisa. Se tenho medo (o que se pode constatar por meio de uma variedade de métodos psicológicos) e não tenho conhecimento disso, então não tenho consciência do meu medo. Se tenho conhecimento dele, tenho o direito de afirmar que tenho consciência do meu medo.

O mesmo pode acontecer com relação à vergonha, à tensão, e muitos outros sentimentos e emoções. Consciência significa que temos conhecimento da realidade dentro e fora de nós mesmos. Se falo com um malandro e não tenho conhecimento de que ele o seja, posso ter um sonho em que este homem me rouba até o último centavo. Em outras palavras, eu "senti" que o homem era um ladrão, mas como não tinha conhecimento disso, a sensação não se traduziu em consciência, em conhecimento. Isso nos leva a dizer que estar consciente de algo significa ter conhecimento ou observar o que existe dentro e fora, e estar inconsciente significa não ver, estar cego. A importância que procuro dar a esse aspecto decorre de que não estou me referindo a um lugar, mas sim a uma função humana: a consciência ou a inconsciência.

No entanto, falar realmente sobre estar consciente ou inconsciente requer algumas observações prévias. Talvez seja conveniente introduzir minhas ideias a esse respeito, citando a famosa história de Tschum-Ze sobre o sonho da mariposa. Diz o filósofo: "Ontem à noite sonhei que via uma mariposa e não sei se sou um homem que sonhou que via uma mariposa ou se sou uma mariposa que sonhou que é um homem." Essa história configura com precisão o problema. Quando estou acordado, estou consciente do que vejo aqui, de minhas observações, recordações e tudo o mais. Mas quando estou dormindo só tenho consciência do conteúdo do meu pensamento e é a isso que denominamos "sonho". Na verdade nós sonhamos mais do que nos damos conta, isto é, mais do que conseguimos lembrar depois.

Algumas experiências demonstraram que se as pessoas são impedidas de sonhar, apresentam sintomas de perturbação mental. Assim, o que aqui se examina, na verdade, são as duas formas de consciência: a *consciência da vigília* e a *consciência do sonho*, ambas representando mundos diferentes. Enquanto estou acordado é a minha consciência da vigília que opera; quando durmo, a consciência do sonho a substitui, enquanto a primeira só intervém de forma marginal.

Qual é a função da consciência da vigília? É um dos mecanismos humanos para se adaptar à realidade. É, como sustenta Freud, uma função do *ego*. Em outras palavras, a função sociobiológica da consciência é ter conhecimento de tudo que é significativo para mim, se desejo sobreviver. Tenho conhecimento da realidade, esteja ela me ameaçando ou sendo útil. Mas ao dormir estamos em um estado totalmente diverso, podendo-se dizer que esse ato, sociobiologicamente falando, é o estado da mente em que o homem se encontra livre da preocupação da sobrevivência. O homem é livre no sonho e podemos afirmar que esse é o único estado em que a liberdade humana se estabelece de forma completa. Biologicamente falando, não temos necessidade, quando dormimos, de tomar medidas necessárias à sobrevivência e, portanto, nosso pensamento e nossa consciência obedecem a mecanismos e leis completamente diferentes dos que regem nossa vida quando estamos acordados.

Nossa consciência do sono, podemos afirmar, não tem a função de cuidar da sobrevivência e, por isso, não tem que pensar em categorias que são importantes para o processo de sobreviver. Ao falar da consciência do sonho e da consciência da vigília, refiro-me ao que Freud denominou algumas vezes de processo primário e processo secundário. Ele supunha que o processo primário é o que se dá na primeira infância ou no sonho, enquanto o processo secundário é a característica da vida normal de vigília. Eu me refiro às duas formas de consciência como dois estados diferentes do organismo, como duas funções sociobiológicas diferentes: a função de sobreviver e a função de estar livre da necessidade de enfrentar a realidade. Devo acrescentar que dormir não é a única condição em que se elimina a função de sobreviver, mas é única condição normal. Há outras, como a hipnose, em que se estabelece uma outra consciência nitidamente diferente que não corresponde necessariamente à realidade; em um estado psicótico a pessoa perde a capacidade, que é função do *ego*, de julgar a realidade, isto é, de pensar em termos do que é necessário para sobreviver. Recentemente tem-se realizado experiências interessantes sobre a perda dos sentidos, em que se isola a pessoa de toda sorte de estímulos externos, de modo que a sua relação com o mundo exterior perde a função de cuidar da sobrevivência. É nesse caso que a pessoa estudada também mostra o tipo de pensamento que em termos freudianos se denomina processo primário.

Há certos pensamentos aos quais não se permite que cheguem ao nosso conhecimento e que permanecem na inconsciência; estes, que foram conscientes, afastaram-se da consciência de tal forma que só poderão surgir novamente com grande dificuldade.

Freud demonstrou que o principal motivo da repressão, tanto quando a experiência não chega a ser consciente ou quando é recusada, é de caráter afetivo. Ele supunha que o principal sentimento que leva à repressão é o medo, medo da separação que se produz originariamente no processo de nascimento e, mais tarde, medo da castração, mas medo também do superego. Tudo isso, no conceito de Freud, refere-se às primeiras experiências da criança no seio da família. Isso é verdade até certo ponto, mas creio que Freud não levou em conta a causa afetiva mais importante da repressão e que não se relaciona com o medo à castração nem com as primeiras experiências da criança na família, mas que surge dos temores que toda sociedade na história engendrou no homem, com exceção, talvez, de algumas sociedades primitivas. Se alguém a ameaça, a sociedade reage ameaçando seus membros com a morte, a perda da liberdade, a fome, a pobreza, a vergonha ou o ostracismo. Embora também aconteça com a família, esta não atua da mesma maneira, a não ser apenas como agente da sociedade. A família transfere as ameaças à criança, que deve conhecê-las para não fracassar dentro da sociedade que lhe corresponderá uma vez que seja adulta. Quase todas as sociedades historicamente se fundaram na força e isso as manteve unidas. A ansiedade é o principal motivo que obriga as pessoas a obedecerem e a adaptarem-se. Freud criticou a sociedade de uma forma muito restrita, nos termos do pensamento liberal: os pais não devem ser *demasiadamente* rígidos, as crianças não devem ser *demasiadamente* ameaçadas, a moral sexual não deve ser *demasiadamente* rígida. Mas, no geral, aceitou a sociedade burguesa e suas normas fundamentais, em contraste com muitos dos seus contemporâneos que as criticaram em todos os seus aspectos.

Isso foi uma das desvantagens de Freud; a outra foi a de estar seu conceito da realidade baseado na ideia ultrapassada da percepção, em que se denomina "realidade" ao que se contempla, ou seja, aqui há algumas pessoas, um microfone, uma mesa: isso é a realidade. Freud não viu que a realidade é uma entidade muito mais complexa e ambígua e que corresponde em alto grau a uma categoria social. Muito do que consideramos realidade são fenômenos que uma dada sociedade condiciona. De fato, grande parte do que acreditamos ser a verdade nada mais é que o consenso da maioria, manipulado por aqueles que detêm o poder. A maioria está de acordo naquilo que subjetivamente se experimenta como real, verdadeiro, racional e moral. Nunca se deu o caso de a irracionalidade não ser considerada pela maioria como algo racional, porque o consenso transforma o imoral em moral, o irracional em racional, o feio em bonito.

O conceito de Freud sobre o consciente sofreu a influência do nacionalismo e, portanto, o mesmo aconteceu com o seu conceito de inconsciente. Ele atribuía ao consciente uma qualidade demasiadamente racional e ao inconsciente uma qualidade demasiadamente irracional. Quando Freud dizia: "Onde há *Id* deve haver Ego", falava como um filósofo da Ilustração do século XVIII. Não percebeu, suficientemente, que grande parte do que é consciente é fictício e que grande parte do inconsciente é verdade, exatamente a verdade que não se permite chegue à consciência e promova o funcionamento e a preservação dessa estrutura social particular. Mais ainda, cada sociedade cria também uma forma própria de repressão; uma forma própria de *inconsciência social* necessária ao seu funcionamento e sobrevivência. Devo acrescentar que o sistema da consciência da vigília, isto é, o sistema de conhecimento que opera enquanto o homem se ocupa das tarefas da sobrevivência, tem um esquema pré-fabricado ou categorias que estão determinadas pela estrutura própria de qualquer sociedade. *Esse esquema determina qual parte do conteúdo se fará consciente e qual parte permanecerá inconsciente.* Denomino *filtro social* ao mecanismo pelo qual se realiza esse processo. Explicarei rapidamente o que quero dizer: o *filtro social* compõe-se essencialmente de três partes: uma delas é a linguagem. É difícil obter conhecimento de algo que não se designe com as palavras. Não é impossível, mas é muito difícil para a maioria das pessoas. Isso pode ser visto claramente no importante trabalho de Benjamim Lee Whorf, que demonstrou que o pensamento depende em grande parte da linguagem. Darei alguns exemplos. Os esquimós utilizam muitos vocábulos para designar os diferentes tipos de neve. Os árabes possuem um número igualmente grande de palavras para dar nome às diferentes espécies de camelo. E nós, no século XX, denominamos de muitas maneiras os diferentes tipos de carro. Por outro lado, conhecemos poucas palavras para designar uma experiência como o amor ou a ternura; neste terreno somos extremamente pobres. No que se refere à neve, sequer sabemos que existem tipos diferentes; mas a neve é muito importante para os esquimós e, por isso, eles têm conhecimento de sua variedade, enquanto para nós toda neve é igual, como também nos parece que todos os chineses têm o mesmo rosto. Da mesma forma, parece que as diferentes marcas de automóveis são hoje muito importantes, já que até uma criança de 10 anos conhece as palavras que as indicam, ao passo que os adultos usam a palavra "amor" tanto para descrever sua preferência pelos sorvetes como para falar da experiência mais intensa de que tratam os poetas e escritores. Em outras palavras, a linguagem é um produto do modo de viver de uma certa sociedade e a formação de palavras leva o indivíduo a ter ou não conhecimento de algumas experiências que enfrenta.

Quero dar outro exemplo de uma das linguagens ditas "primitivas". É uma demonstração de como o mesmo verbo pode ser usado de formas diferentes: suponhamos que eu diga "chove"; ninguém sabe se estive na chuva, se me molhei, se vi que chove ou se alguém me disse que isso acontece. Em algumas das linguagens "primitivas", as três possibilidades se expressam pela forma com que se utiliza o verbo. Aparentemente, para algumas sociedades há uma grande diferença se uma afirmação se baseia na experiência direta ou indireta ou se em um boato. Isto não significa nenhuma diferença para nós. Mais do que supõem, as pessoas se baseiam no boato, na opinião pública ou no consenso. Ainda que elas não se tenham "molhado", têm o costume de esperar que certas coisas aconteçam e acreditam que realmente acontecem ainda que não seja assim. Dessa forma pode-se observar o tipo de linguagem que mencionei. As pessoas de uma sociedade podem ter noção do que representa a força de seus conhecimentos, enquanto outras de uma sociedade diferente podem não ter essa noção nem considerá-la muito importante. Esse último é o caso das pessoas de nossos dias, já que, examinando-se o assunto com cuidado, ver-se-á que, atualmente, obter um conhecimento através da experiência real é a mesma coisa que obtê-lo pelo simples fato de ter ouvido falar dele.

A segunda parte do filtro social é a lógica. A tradição ocidental nos acostumou à lógica aristotélica, segundo a qual A *não pode* ser *não* A, mas há outra lógica, que algumas vezes é chamada lógica paradoxal ou lógica dialética, em que A é A *e ao mesmo tempo não* A. Isso, do ponto de vista aristotélico, não tem sentido. Mas, do ponto de vista da dialética, sim. Freud tocou em um fenômeno que só pode ser entendido usando-se a lógica dialética, e que é o sentido de ambivalência, mediante o qual, ele sustenta, é possível amar e odiar uma pessoa ao mesmo tempo. Aqui está um outro exemplo da lógica dialética tomado da política. Refiro-me à execução dos criminosos de guerra nazistas na Alemanha, depois do processo de Nuremberg. Uma declaração de senso comum seria a de que os líderes nazistas foram castigados como parte da intenção de aniquilar o nazismo, mas esse castigo abriu as portas a muitos outros nazistas que não foram castigados e puderam voltar ao poder depois do ritual em que uns poucos foram utilizados como vítimas propiciatórias. Em outras palavras, os processos foram ao mesmo tempo o castigo e a conservação dos nazistas. É difícil compreender isso se não se entende a lógica dialética.

Outra formulação mais geral é esta: cada sociedade compreende dentro de si mesma sua própria negação, ou seja, é o que é e ao mesmo tempo é sua própria negação; esse fato não pode ser compreendido com os fundamentos da lógica aristotélica.

A terceira parte do filtro são os tabus sociais, os assuntos em que não se deve pensar porque poderia resultar em um grande perigo; o perigo está em que ninguém que pense dessa forma pode ir até o fim. Darei outro exemplo: uma tribo primitiva de guerreiros que vive do ataque a outras tribos, matando e saqueando, se põe em pé de guerra. Há um dissidente nesse grupo ao qual, por várias razões, não agrada matar. Não é provável que na manhã em que se realize o saque tenha conhecimento do fato de que não gosta de matar; esse pensamento é "impensável" ou, como diria o psicanalista, está reprimido. O que é bem provável que aconteça é que esse indivíduo desenvolva sintomas psicossomáticos no dia da luta. Ele pode sofrer um ataque de vômito ou paralisar uma perna, o que evitará que tome conhecimento daquilo que reprime. Seu corpo "conhece" sua aversão, mas sua mente consciente não. Outro exemplo poderia ser o fato de muita gente, atualmente, não ter conhecimento de que o uso de armas nucleares pode levar toda a humanidade a uma catástrofe. Podem pensar e falar nisso, mas sem um conhecimento completo do fato. Se isso acontecesse, o instinto natural de conservação os levaria a realizar alguma ação para evitar tudo aquilo que levasse à catástrofe.

O que afirmo é que o filtro social evita que muitas experiências se tornem conscientes e que, portanto, esse filtro produz uma forma específica de "inconsciência social". Mas, há um quarto elemento que determina a consciência. Esse elemento consiste na considerável massa de ficção elaborada que toda sociedade transmite ao indivíduo. Algumas vezes a chamam de "lavagem cerebral", quando é um outro grupo que o faz; quando se trata do próprio grupo a chamam "educação" ou algo parecido. Mas, na realidade, é tudo a mesma coisa. O fato é que 90% do que preenche nossas consciências não são reais e que grande parte do "verdadeiramente real" não é consciente.

Assim, nossa consciência compreende apenas as experiências selecionadas através do filtro social, além da massa de ficção que uma determinada sociedade elege como condição necessária para que a conduta de seus membros seja adequada. Em resumo, dado que o homem é um ser social, e já que não tem outra alternativa a não ser viver em sociedade, sem poder escolher aquela em que teria gostado de nascer, e posto que todas as sociedades, inclusive as atuais, estão saturadas de contradições, —

particularmente da contradição existente entre o real interesse humano de todos os seus membros e o interesse da sociedade por sobreviver de seu modo particular — resulta que a consciência é, em alto grau, uma "falsa consciência" e, também, que a inconsciência social é uma percepção da realidade de que não temos conhecimento.

Deve-se expor brevemente uma outra questão: como se dá o processo de repressão? De acordo com Freud a repressão é, em grande parte, o resultado das ameaças que vêm do pai contra a criança pequena, que na idade de 5 ou 6 anos se converte em seu rival. O pai a ameaça com a castração, ou, como Freud pensou mais tarde, na ausência de ameaças severas a criança sente medo porque seus próprios desejos incestuosos lhe produzem o medo da castração. Devido a essas ameaças, a criança renuncia ao seu desejo instintivo pela mãe e se identifica com o pai, incorporando os desejos e ordens dele à sua própria personalidade (superego). Sem discutir o fato de ser o medo da criança realmente maior em relação ao pai do que à mãe, como estou propenso a crer, o seguinte se afirma segundo as condições especiais da repressão, que basicamente são duas: 1) a ameaça de isolamento e ostracismo; dado que para a maioria dos indivíduos a realidade consiste naquilo sobre o que há um consenso (senso comum), pensar ou sentir algo que a maioria considera absurdo produz uma sensação de isolamento que em muita gente provoca um profundo estado de ansiedade. Se a pessoa está sozinha com as suas convicções e sentimentos, facilmente sente que está fora da realidade e começa a perguntar-se pela própria sanidade. Deste ponto de vista puramente biológico, o medo da morte é talvez o mais profundo; de um ponto de vista especificamente humano, o medo maior é o da loucura. Por isso, talvez, a ameaça de isolamento seja muito severa. 2) Todas as sociedades têm empregado sistemas e ameaças de força. Na medida em que a mesa não está posta para aqueles que desejam comer e enquanto os grupos privilegiados utilizam a maioria como um meio para atingir seus fins, tem sido inevitável que se governe com o uso da força e das ameaças. O objeto das ameaças tem sido essencialmente aqueles que têm um poder mínimo: as crianças e as classes sem posses. O princípio da força e da ameaça invade toda a sociedade, mas se faz sentir particularmente na infância. Não há grande diferença se a ameaça é direta e brutal ou se é refinada e indireta. A criança sente que se não obedece será castigada, de uma forma ou de outra. A desobediência se faz sentir como um pecado e qualquer violação provoca um sentimento de culpa e de medo. Nas sociedades em que as práticas sexuais são um tabu para as crianças, qualquer atividade desse tipo dará origem a uma forte ansiedade, o que as conduzirá à repressão dos pensamentos e das sensações que provêm das atividades proibidas. Nas sociedades em que a satisfação dos desejos sexuais não é tão importante como outro tipo de satisfação, o medo também surgirá, mas em relação a outros tabus, quaisquer que sejam. Por outro lado, uma sociedade que não esteja fundada no medo e nas ameaças não poderá dar origem ao medo da castração, apesar dos desejos sexuais e das fantasias da criança. Em outras palavras, o medo da castração não provém essencialmente de fatores individuais e suas raízes se encontram na estrutura social e dependem do grau em que o princípio do medo e das ameaças é inerente a essa sociedade como um todo. O medo da castração descrito por Freud é um caso de culpa e medo socialmente provocados e a família não é senão o agente da sociedade. Posso resumir tudo o que disse na interpretação da afirmação clássica de Marx: "Não é a consciência do homem que determina o ser, mas, ao contrário, é o ser social que determina a consciência." A aplicação dos princípios psicanalíticos ao problema da consciência ajuda a explicar mais detalhadamente por que e de que forma o ser social determina a consciência.

Agora devemos perguntar-nos como o inconsciente pode chegar a ser consciente. Há uma resposta que consiste em afirmar que o inconsciente pode chegar a ser consciente quando desaparece o conflito básico entre os interesses de uma sociedade e os de cada indivíduo dessa sociedade. Se isso ocorresse, a sociedade não teria que deformar, não seria necessário ameaçar, nem "lavar cérebros", tampouco seria necessário bloquear a realidade para que ela não fosse percebida por nossa mente consciente.

Contudo, no que se refere às sociedades atuais, é certo que nossa mente consciente, isto é, o filtro social em si, pode ser liberada em alto grau por meio de uma função que também é um processo da mente humana, ou seja, o *pensamento crítico* — a atitude crítica e indagadora e, especificamente, a que interroga sobre a estrutura, a função e a ideologia de uma dada sociedade. No próprio processo de crítica ou indagação, as categorias ou esquemas da mente consciente perdem sua força e rigidez; e assim os pensamentos da mente crítica chegam a ser conscientes, quando de outra forma permaneceriam inconscientes. Com o devido respeito à importância da descoberta das causas *individuais* da repressão, devo dizer que a meta de Freud, de fazer consciente o inconsciente, tem como condição primordial o exercício da *crítica social* e da crítica das ideologias, já que sem essa atitude o homem fica preso pelas categorias que a sociedade constrói em sua inconsciência, o que o leva a convencer-se de que o "senso comum" é razoável, moral, racional e lógico.

Para nos referirmos à consciência do homem na sociedade industrial devemos considerar alguns dos fatores concretos que a determinam: o principal deles na sociedade industrial talvez seja o fato de o interesse do homem estar situado na produção, no intercâmbio e no consumo das coisas. Nesse processo ele se vê a si mesmo como uma coisa que tem que manipular e consumir outras coisas. Essa experiência fundamental de si mesmo como uma "coisa" que troca e manipula outras, constitui um esquema e uma categoria muito importantes para o seu inconsciente. Outra forma de expressar essa ideia seria a de dizer que a consciência do homem industrial é uma consciência altamente alienada, em que a experiência de sua própria identidade se perdeu. Expresso de outra forma, grande parte do que sente não é, na realidade, um sentimento, mas sim um *pensamento sobre um sentimento*. Isso pode ser demonstrado clínica e experimentalmente. Muitas pessoas têm sentimentos (de amor, ódio, indignação, entusiasmo etc.) que conscientemente aparentam ser sentimentos, mas que na realidade são apenas pensamentos sobre sentimentos que elas supõem ter em uma determinada situação. Assim, observamos que existe uma forte inclinação pela arte, pela música, pela literatura, pelo homem e pela mulher; sem dúvida, se estudarmos o fenômeno, descobriremos que grande parte disso consiste em pensamentos disfarçados de sentimentos, o que é, na realidade, uma forma de alienação.

Mais ainda, o fato é que nem tudo que se encontra reprimido no homem industrial de nossos dias é constituído dos desejos sexuais. Uma das revoluções que se processaram foi a sexual, em que o tabu do sexo foi enfraquecido. O sexo chegou a ser um objeto de consumo e atualmente é um dos mais baratos e acessíveis. Levará algum tempo para que este desenvolvimento se dissemine em toda a sociedade, mas Huxley, em seu *Admirável mundo novo*, previu brilhantemente esse processo. Se o sexo não parece ser o objeto principal da repressão, como Freud pensava, qual será então? O que me parece realmente reprimido no homem industrial é a sua ansiedade, sua falta de identidade, sua apatia e sua grande insegurança, do que tenta salvar-se unindo-se à multidão, não sendo diferente do que os outros são, pensam e sentem. De fato, deve-se dizer que o homem da sociedade industrial ainda é *homo faber*, o animal que produz. Na segunda Revolução Industrial, *homo faber* significa que ele não só produz para substituir a energia humana ou animal pela mecânica, mas que também produz para substituir a inteligência humana pela máquina. Assim, ele se converte em um *homo faber* melhorado. Sem dúvida, ele também é um *homo consumens*, isto é, um homem cujo principal objetivo é consumir e para quem o mundo inteiro, as riquezas do mundo, se transformaram em artigos de consumo. As razões econômicas de tudo isso são demasiado evidentes e não é necessário mencioná-las. A única pergunta que deixa de ser feita é se o homem da sociedade industrial ainda é *homo sapiens*, se este for definido como um animal que utiliza a inteligência com o objetivo de sobreviver.

Quando vemos atualmente que os dois grandes blocos de poder continuam preparando um arsenal nuclear em crescimento constante, e que, como muita gente pensa, possivelmente levará uma grande parte da humanidade ao suicídio, devemos perguntar-nos, então, realisticamente, se o homem não perdeu sua qualidade de *homo sapiens*, ainda que continue sendo *homo faber* e *homo consumens*. Todos esses fatores determinam a consciência; o homem deve reprimir o conhecimento de sua irracionalidade e de suas ações suicidas.

Para resumir tudo em uma frase, creio que os problemas da sociedade podem ser mais bem entendidos se aplicarmos as descobertas básicas de Freud e se, ao mesmo tempo, a psicanálise se enriquecesse e se libertasse de uma certa estreiteza, através da introdução de categorias sociais e da aplicação das ideias fundamentais de Marx à informação psicológica.

SEGUNDA PARTE

Conceitos Sociológicos Fundamentais

Capítulo 3

Ação, Relação e Processo Sociais

8

Ação Social e Relação Social*

Max Weber

1. A ação social (incluindo tolerância ou omissão) orienta-se pelas ações de outros, que podem ser passadas, presentes ou esperadas como futuras (vingança por ataques anteriores, réplica a ataques presentes, medidas de defesa diante de ataques futuros). Os "outros" podem ser individualizados e conhecidos ou então uma pluralidade de indivíduos indeterminados e completamente desconhecidos (o "dinheiro", por exemplo, significa um *bem* — de troca — que o agente admite no comércio porque sua ação está orientada pela expectativa de que outros muitos, embora indeterminados e desconhecidos, estarão dispostos também a aceitá-lo, por sua vez, em uma troca futura).

2. Nem toda espécie de ação — incluindo a ação externa — é "social" no sentido aqui sustentado. Não o é, desde logo, a ação exterior quando esta só se orienta pela expectativa de determinadas reações de objetos materiais. A conduta íntima é ação social somente quando está orientada pelas ações de outros. Não o é, por exemplo, a conduta religiosa quando esta não passa de contemplação, oração solitária etc. A atividade econômica (de um indivíduo) somente o é na medida em que leva em consideração a atividade de terceiros. De um ponto de vista formal e muito geral: quando reflete o respeito por terceiros de seu próprio poder efetivo de disposição sobre bens econômicos. De uma perspectiva material: quando, por exemplo, no "consumo" entra a consideração das futuras necessidades de terceiros, orientando por elas, dessa maneira, sua própria poupança. Ou quando na "produção" coloca como fundamento de sua orientação as necessidades futuras de terceiros etc.

3. Nem toda espécie de contato entre os homens é de caráter social; mas somente uma ação, com sentido próprio, dirigido para a ação de outros. Um choque de dois ciclistas, por exemplo, é um simples evento como um fenômeno natural. Por outro lado, haveria ação social na tentativa dos ciclistas se desviarem, ou na briga ou considerações amistosas subsequentes ao choque.

4. A ação social não é idêntica a) nem a uma ação *homogênea* de muitos, b) nem a toda ação de alguém influenciada pela conduta de outros. a) Quando na rua, no início de uma chuva, numerosos indivíduos abrem ao mesmo tempo seus guarda-chuvas, então (normalmente) a ação de cada um não

---

(*) Max Weber, *Economia y sociedad*, trad. de José Medina Echavarría *et al.*, Fondo de Cultura Económica, México, 1969, vol. I, pp. 18-23. Tradução para o português por Amélia Cohn, confrontada com a edição alemã, *Wirtschaft und Gesellschaft*, J. C. B. Mohr, Tünbingen, 5ª ed., rev., 1972, pp. 11-4 por Gabriel Cohn. Reproduzido com autorização do Fondo de Cultura Econômica.

está orientada pela ação dos demais, mas a ação de todos, de um modo homogêneo, está impelida pela necessidade de se defender da chuva. b) É conhecido que a ação do indivíduo é fortemente influenciada pela simples circunstância de estar no interior de uma "massa" espacialmente concentrada (objeto das pesquisas da "psicologia das massas", a exemplo dos estudos de LeBon); trata-se, pois, de uma ação *condicionada* pela massa. Esse mesmo tipo de ação pode se dar também em um indivíduo por influência de uma massa dispersa (por intermédio da imprensa, por exemplo), percebida por esse indivíduo como proveniente da ação de muitos. Algumas formas de reação são facilitadas, enquanto outras são dificultadas, pelo simples fato de um indivíduo se "sentir" formando parte de uma massa. De tal forma que um determinado acontecimento ou uma conduta humana pode provocar determinados estados de ânimo — alegria, furor, entusiasmo, desespero e paixões de toda índole — que não se dariam no indivíduo isolado (ou não tão facilmente); sem que exista, todavia (em muitos casos pelo menos), uma relação *significativa* entre a conduta do indivíduo e o fato de sua participação em uma situação de massa. O desenvolvimento de uma ação semelhante, determinada ou codeterminada pelo simples fato de ser uma situação de massa, mas sem que exista para com ela uma relação significativa, não se pode considerar como social na acepção do termo aqui adotado. A distinção, de resto, é fluida ao extremo. Pois não somente no caso dos demagogos, por exemplo, mas também frequentemente no público de massa pode existir, em diferentes graus, uma relação de sentido no que diz respeito à situação de "massa". Tampouco se pode considerar como uma "ação social *específica a imitação* de uma conduta alheia (cuja importância G. Tarde justamente salientou) quando é puramente reativa, e não se dá uma orientação com sentido da própria ação pela alheia. O limite é tão fluido que mal é possível uma distinção. O simples fato, porém, de que alguém aceite para si uma determinada atitude, aprendida em outros e que parece conveniente para seus fins, não é uma ação social em nossa acepção. Pois nesse caso não orientou sua ação *pela ação* de outros, mas *pela observação* se deu conta de certas probabilidades objetivas, dirigindo *por elas* sua conduta. Sua ação, portanto, foi determinada *causalmente* pela alheia, mas não pelo sentido daquela. Quando, ao contrário, se imita uma conduta alheia porque está na "moda" ou porque é tida como "distinta" enquanto estamental, tradicional, exemplar ou por quaisquer outros motivos semelhantes, então, sim, temos a relação de sentido, no que diz respeito à pessoa imitada, a terceiros ou a ambos. Naturalmente, entre ambos os tipos ocorrem transições. Ambos os condicionamentos pela massa e pela imitação são fluidos, representando casos limites da ação social, como os que encontraremos com frequência, por exemplo, na ação tradicional (§ 2). O fundamento da fluidez desses casos, como o de vários outros, reside na orientação pela conduta alheia e o sentido da própria ação de nenhuma forma pode ser sempre especificado com absoluta clareza, nem é sempre *consciente*, nem muito menos plenamente consciente. Por essa razão nem sempre se pode separar com toda segurança a mera "influência" da "orientação com sentido". Mas por outro lado, podem ser separadas conceitualmente; ainda que, naturalmente, a imitação puramente reativa tenha sociologicamente pelo menos o mesmo *alcance* que a "ação social" propriamente dita. À Sociologia de modo algum concerne *somente* a ação social; todavia, esta constitui (para o tipo de Sociologia aqui desenvolvido) o dado central, aquele que para ela, por assim dizer, *é constitutivo*. Com isto nada se afirma, contudo, a respeito da *importância* desse dado em comparação com os demais.

§ 2. A ação social, como toda ação, pode ser: 1) *racional com relação a fins:* determinada por expectativas no comportamento tanto de objetos do mundo exterior como de outros homens, e utilizando essas expectativas como "condições" ou "meios" para o alcance de *fins* próprios racionalmente avaliados e perseguidos; 2) *racional com relação a valores:* determinada pela crença consciente no valor interpretável como ético, estético, religioso ou de qualquer outra forma — próprio e absoluto de uma determinada conduta, considerada de *per si* e independente de êxito; 3) *afetiva*, especialmente emotiva, determinada por afetos e estados sentimentais atuais; e 4) *tradicional:* determinada por um costume arraigado.

1. A ação estritamente tradicional — da mesma forma que a imitação puramente reativa (ver *supra*) — está plenamente na fronteira, e frequentemente mais além do que se pode chamar de uma

ação "com sentido". Isso porque frequentemente não passa de uma reação opaca a estímulos habituais, dirigida conforme uma atitude já arraigada. A massa de todas as ações cotidianas, habituais, se aproxima deste tipo, que por sua vez se inclui na sistemática não só enquanto caso limite, mas também porque a vincularão ao hábito pode se manter consciente em diferentes graus e sentidos; nesse caso esse tipo se aproxima do número 2, tratado a seguir.

2. A conduta estritamente afetiva está, igualmente, não só na fronteira, como muitas vezes mais além daquilo que é conscientemente orientado "com sentido"; pode ser uma reação sem limites a um estímulo extraordinário, fora do cotidiano. É *sublimação* quando a ação emotivamente condicionada aparece como descarga *consciente* de um estado sentimental; neste caso se encontra a maior parte das vezes (mas, nem sempre) no caminho para a "racionalização axiológica" ou para a ação com relação a fins, ou para ambas.

3. A ação orientada racionalmente com relação a valores distingue-se da afetiva pela elaboração consciente na segunda delas dos princípios últimos da ação e por orientar-se por eles de modo consequentemente planejado. Por outro lado, ambas têm em comum o fato de que o sentido da ação não reside no resultado, no que já se encontra fora dela, mas na própria ação em sua peculiaridade. Age afetivamente quem satisfaz sua necessidade atual de vingança, de gozo ou de entrega, de beatitude contemplativa ou de dar vazão a suas paixões do momento (sejam toscas ou sublimes).

Age de modo estritamente racional com relação a valores quem, sem considerar as consequências previsíveis, se comporta segundo suas convicções sobre o que o dever, a dignidade, a beleza, a sabedoria religiosa, a piedade ou a importância de uma "causa", qualquer que seja seu gênero, parecem lhe ordenar. Uma ação racional com relação a valores é sempre (no sentido de nossa terminologia) uma ação segundo "mandatos" ou de acordo com "exigências" que o agente acredita serem dirigidos para ele (e diante das quais o agente se acredita obrigado). Falaremos de uma nacionalidade com relação a valores somente na medida em que a ação humana se oriente por essas exigências — o que apenas ocorre em uma fração, o mais das vezes modesta, dos casos. Como se mostrará posteriormente, atinge significação suficiente para destacá-la como um tipo particular, ainda que não se pretenda aqui apresentar uma classificação que esgote os tipos de ação.

4. Age racionalmente com relação a fins aquele que orienta sua ação conforme o fim, meios e consequências implicados nela e nisso avalia racionalmente os meios relativamente aos fins, os fins com relação às consequências implicados e os diferentes fins possíveis entre si; em todo caso, pois, é aquele que *não age* nem afetivamente (emotivamente sobretudo) nem com relação à tradição. Por outro lado, a decisão entre os diferentes fins e consequências concorrentes e conflitantes pode ser racional com relação a *valores*; nesse caso a ação é racional com relação a fins somente nos seus meios. Ou ainda o agente, sem nenhuma orientação racional com relação a valores sob a forma de "mandatos" ou "exigências", pode aceitar esses fins concorrentes e em conflito em sua simples qualidade de desejos subjetivos em uma escala de urgências estabelecido de forma consequente, orientando por ela sua ação, de tal maneira que, na medida do possível, fiquem satisfeitos na ordem dessa escala (princípio da utilidade marginal). A orientação racional com relação a valores pode, pois, estar em relação muito diversa no que diz respeito à racional com relação a fins. Da perspectiva desta última, a primeira é sempre *irracional*, acentuando-se esse caráter à medida que o valor que a move se eleve à significação de absoluto, porque quanto mais confere caráter absoluto ao valor próprio da ação, tanto menos reflete sobre as suas consequências. A *absoluta* racionalidade da ação com relação a fins, todavia, tem essencialmente o caráter de construção de um caso limite.

5. Raras vezes a ação, especialmente a social, está *exclusivamente* orientada por uma ou outra de suas modalidades. Tampouco essas formas de orientação podem ser consideradas de modo algum como uma classificação exaustiva, mas como tipos conceituais puros, construídos para fins de pesquisa sociológica, com relação aos quais a ação real se aproxima mais ou menos ou, o que é mais frequente, de cuja mescla se compõe. Somente os resultados que com eles se obtenham é que podem *nos dar* a medida de sua conveniência.

§ 3. Por "relação" social deve-se entender uma conduta de vários — *referida* reciprocamente conforme seu conteúdo significativo, orientando-se por essa reciprocidade. A relação social *consiste*, pois, plena e exclusivamente, na probabilidade de que se agirá socialmente em uma forma indicável (com sentido); sendo indiferente, por agora, aquilo em que a probabilidade repousa.

1. Um mínimo de *reciprocidade* nas ações é, portanto, uma característica conceitual. O conteúdo pode ser o mais diverso: conflito, inimizade, amor sexual, amizade, piedade, troca no mercado, "cumprimento", "não cumprimento", "ruptura" de um pacto, "concorrência" econômica, erótica ou de outro tipo, "comunidade" nacional, estamental ou de classe (nesses últimos casos sim, se produzem "ações sociais" para além da mera situação comum, do que se falará posteriormente). O conceito, pois, *nada* diz sobre se entre os agentes existe "solidariedade" ou exatamente o contrário.

2. Trata-se sempre de um conteúdo significativo empírico e *visado* pelos participantes — seja em uma ação concreta ou em uma média ou em um tipo "puro" construído — e nunca de um sentido normativamente "justo" ou metafisicamente "verdadeiro". A relação social *consiste* só e exclusivamente — ainda que se trate de "formações sociais" como "Estado", "igreja", "corporação", "matrimônio" etc. — na *probabilidade* de que uma determinada forma de conduta social, de caráter recíproco pelo seu sentido, tenha existido, exista ou venha a existir. Isso deve sempre ser considerado para evitar a *substancialização* desses conceitos. Um "Estado" deixa pois de "existir" sociologicamente quando desaparece a *probabilidade* de que ocorram determinadas ações sociais com sentido. Esta probabilidade pode ser muito grande ou reduzida até o limite. No mesmo sentido ou *medida* em que subsistiu ou subsiste de fato essa probabilidade (segundo estimativa), subsistiu ou subsiste a relação social em questão. Não cabe unir um sentido *mais claro* à afirmação de que um determinado "Estado" ainda *existe ou deixou de existir*.

3. Não afirmamos de modo algum que em um caso concreto os participantes da ação mutuamente referida ponham o *mesmo* sentido nessa ação, ou que adotem em sua intimidade a atitude da outra parte, vale dizer, que exista "reciprocidade" nessa acepção do termo. O que em um é "amizade", "amor", "piedade", "fidelidade contratual", "sentimento da comunidade nacional", pode encontrar-se no outro com atitudes completamente diferentes. Os participantes associam então à sua conduta um sentido diverso: a relação social é assim, por ambos os lados, objetivamente "unilateral". Não deixa todavia de estar referida na medida em que o agente *pressupõe* uma determinada atitude de seu parceiro diante dele (talvez de modo parcial ou totalmente errôneo) e nessa expectativa orienta sua conduta, o que poderá ter, e no mais das vezes tem, consequências para o desenrolar da ação e para a configuração da relação. Naturalmente, ela só é objetivamente bilateral na medida em que haja "correspondência" no conteúdo significativo da ação de cada qual, segundo as *expectativas* médias de cada um dos participantes; por exemplo, a atitude do filho com relação à atitude do pai se dá aproximadamente como o pai (no caso concreto, em média ou tipicamente) espera. Uma ação apoiada em atitudes que signifiquem uma *correspondência* de sentido plena e sem resíduos é na realidade um caso limite. A ausência de reciprocidade, todavia, só exclui, em nossa terminologia, a existência de uma relação "social" quando tem por consequência a falta efetiva de *referência mútua* das duas ações. Aqui também a regra é a presença de transições de toda espécie.

4. Uma relação social pode ter um caráter inteiramente transitório ou implicar permanência, vale dizer, que existe nesse caso a probabilidade da *recorrência* contínua de uma conduta com o sentido correspondente (vale dizer, a tida como tal e, consequentemente, esperada). A *existência* de relações sociais consiste *tão somente* na presença desta "chance" — a maior ou menor *probabilidade* de que ocorra uma ação de um sentido determinado e *nada* mais —, o que se deve sempre levar em consideração para evitar ideias falsas. Que uma "amizade" ou um "Estado" existiu ou *exista*, significa pura e exclusivamente: nós (*observadores*) julgamos que existiu ou existe uma *probabilidade* de que, com base em uma certa atitude de homens determinados, se aja de uma certa maneira com relação a um sentido visado *determinável em média*, e nada mais do que isto cabe dizer (conforme nº 2, final). A

alternativa inevitável na consideração jurídica de que um determinado preceito jurídico tenha ou não validade (em sentido jurídico), de que se dê ou não uma determinada relação *jurídica, não* pesa portanto na consideração sociológica.

5. O "conteúdo significativo" de uma relação social pode variar; por exemplo, uma relação política de solidariedade pode se transformar em uma colisão de interesses. Neste caso é um simples problema de conveniência terminológica ou de grau de *continuidade* na transformação dizer que se criou uma "nova" relação ou que a anterior continua com um "novo conteúdo significativo". Também esse conteúdo pode ser em parte permanente, em parte variável.

6. O conteúdo significativo que constitui de *modo permanente* uma relação pode ser formulado na forma de "máximas", cuja incorporação aproximada ou em média podem os participantes *esperar* da outra ou outras partes e, por sua vez, orientar por elas (aproximadamente ou em média) sua própria ação. O que ocorre quanto maior for o caráter racional — com relação a valores ou a fins — da ação. Nas relações eróticas ou afetivas em geral (de piedade, por exemplo), a possibilidade de uma formulação racional de seu conteúdo significativo é muito menor, por exemplo, do que em uma relação contratual de negócios.

7. O conteúdo significativo de uma relação social pode ser *pactuado* por declaração recíproca. Isto significa que os que nela participam fazem uma *promessa* quanto à sua conduta futura (seja de um a outro ou de outra forma). Cada um dos participantes — na medida em que procede racionalmente — conta normalmente (com diferente grau de segurança) com que o outro orientará sua ação pelo sentido da promessa tal como ele o entende. Orientará assim sua ação em parte — de modo racional com relação a fins (com maior ou menor lealdade ao sentido da promessa) — nessa expectativa e, em parte — de modo racional com relação a valores — no dever de se ater, por seu lado, à promessa segundo o sentido que nela pôs. Com o que foi dito, é suficiente por agora. (...)

9

Racionalização e Liberdade:
*O Sentido da Ação Social**

Karl Loewith

O tema fundamental da pesquisa de Max Weber

O campo especificamente "digno de ser conhecido", no qual as investigações de Weber têm lugar, é basicamente um só. A investigação estudiosa desse campo era sua preocupação principal em meio a todas as suas discussões metodológicas e indagações diversamente orientadas; não era essa ou aquela particularidade, nem meramente o fenômeno do capitalismo "em seu significado cultural geral". Segundo o próprio Weber:(1)

"O tipo de ciência social no qual estamos interessados é uma ciência empírica da realidade concreta. Nosso alvo é o entendimento da singularidade característica da realidade na qual nos movimentamos. Desejamos entender, por um lado, a relação e a importância cultural, de acontecimentos singulares em suas manifestações contemporâneas e, por outro, a causa de serem historicamente dessa forma e não de outra."(2)

Assim sendo, investigação histórica não significa entender como as coisas têm sido (Ranke) ou como elas foram predestinadas por causa da necessidade histórica (Marx). Mais precisamente, o propósito é tornar inteligível como viemos a ser o que somos hoje. O capitalismo, entre outras coisas — preeminentemente — pertence a essa história contemporânea (apenas um "segmento do curso dos destinos humanos"). Esse conhecimento do significado da realidade que nos cerca e determina, esse autoconhecimento sócio-histórico é explicitamente iniciado por Weber contra uma

---
(*) Karl Loewith, "Weber's Interpretation of the Bourgeois-Capitalist World in Terms of the Guiding Principle of 'Rationalization'", in Dennis Wrong (org.), *Max Weber*, Prentice-Hall, Inc., Englewood Cliffs, New Jersey, 1970, pp. 101-22. Tradução de Maria Helena Ferreira Machado. Reproduzido com autorização de Verlag W. Kohlhammer.
(1) A maior parte das citações neste ensaio é tirada de *Gesammelte Aufsätze zur Wissenschaft-slehre* de Weber, à qual Loewith se refere como W. L. Vários artigos desta coleção foram traduzidos e editados por Edward A. Shils e Henry A. Finch, sob o título *Max Weber on the Methodology of the Social Sciences*, Glencoe, III, The Free Press, 1949. Passagens do último trabalho são identificadas como M., as outras W. L. (N. do T. americano). Outros trabalhos citados no texto não são acompanhados de indicação bibliográfica completa e precisa. Por isso mantivemos as citações exatamente como ocorrem na edição americana. (N. dos Orgs.)
(2) M., p. 72.

busca de "fatores" últimos e "leis" gerais. "A significação da configuração de um fenômeno cultural e o fundamento dessa significação não podem, no entanto, ser derivados e tornados inteligíveis por um sistema de leis analíticas, (...) já que a importância de eventos culturais pressupõe uma orientação valorativa quanto a tais eventos. (...) A realidade empírica torna-se uma cultura para nós na medida em que nós a relacionamos a ideias valorativas. Ela inclui aqueles segmentos da realidade e apenas aqueles segmentos da realidade que se tornaram significativos para nós por causa dessa relevância valorativa."(3) Assim sendo, nossa realidade humana nunca pode ser conhecida "sem pressuposições". "Um caos de juízos existenciais sobre inúmeros eventos individuais seria o único resultado de uma séria tentativa de analisar a realidade 'sem pressuposições'. E mesmo esse resultado é só aparentemente possível. (...)."(4) A qualificação de um evento, por exemplo, como um fenômeno socioeconômico não é nada que ele possua "objetivamente", mas é condicionada pela orientação de nosso interesse cognitivo, que sua parte resulta do sentido cultural específico atribuído a tais eventos. Esse sentido é o que é na medida em que existe para nós como seres humanos, apesar de não necessariamente para nós como indivíduos isolados. "Não podemos descobrir, entretanto, o que é significativo por e para nós através de uma investigação, sem pressuposições de dados empíricos. Antes, a percepção de sua significação para nós é a pressuposição dela se transformar em um objeto de investigação",(5) uma percepção de algo em geral se tornando digno de ser conhecido e questionável, assim, por exemplo, o fato do significado do capitalismo humanamente tão carregado de pressuposições.

Essa realidade humana "digna de ser conhecida" e significativa para nós em vários aspectos, no entanto, inclui o importante fato da própria ciência, do conhecimento científico, ter se tornado "historicamente assim e não de outra maneira". O simples fato de que Weber vê sua própria tendência ao entendimento científico como algo incluso e ligado com a singularidade histórica e com a natureza problemática do todo da vida moderna, distingue-o fundamentalmente de toda ânsia científica de saber, de caráter puramente especializado e não ciente de suas próprias pressuposições, e da crédula confiança na ciência, manifestada pela maioria dos marxistas. Esse conhecimento do caráter único de nossa ciência induz Weber a levantar a questão do "sentido" da ciência especializada, racionalizada. Esse tipo de ciência, altamente especializada, e tendo nesse ponto se tornado "positivista", é parte do "espírito" e "falta de espírito" do "capitalismo". Não se pode estabelecer cientificamente se tal tipo de ciência tem um "sentido", isto é, que tipo de sentido tem, a partir de si própria, principalmente porque agora não é um caminho para "Deus" nem para um "ser puro", nem mesmo para a "felicidade" pessoal. A questão metodológica de Weber com respeito ao valor da ciência é, no fundo, a mesma questão que Nietzsche propôs à Filosofia, quando ele questionou sobre o significado e o valor da "verdade". Pois, "que sentido a nossa existência teria, a não ser que nos conscientizássemos desse 'desejo da verdade' como um problema em si?" Começando da premissa de que "a confiança no valor da verdade científica" é o "produto de culturas definidas" e não um dado da natureza, Weber também propõe a demanda pelos chamados juízos científicos "livres de valoração". Isso de maneira alguma significa um retrocesso para os princípios da ciência pura: pelo contrário, tem como intuito precisamente levar em conta os critérios extracientíficos operantes no julgamento científico.

O que este preceito requer não é a eliminação da determinação de "ideias valorativas" e interesses, mas sim sua objetivação como uma possibilidade de nos distanciarmos delas. A ciência é separada da fé apenas por um "fio de cabelo". No fundo, os juízos científicos não podem realmente ser isolados dos juízos de valor; quando muito podem ser formulados separadamente. O que pode e deveria acontecer com a "objetividade" científica como o fim em vista não é uma minimização ilusória da "subjetividade", mas a deliberada aceitação e a acentuada ênfase precisamente daquilo que é cientificamente não demonstrável, apesar de ser cientificamente relevante. A chamada "objetividade"

---

(3) M., p. 76.
(4) M., p. 78.
(5) M., p. 75.

(Weber sempre fala em "chamada" objetividade, sempre colocando a palavra entre aspas), "apoia-se exclusivamente no arranjo de uma dada realidade de acordo com categorias que são subjetivas em um sentido específico, a saber, no sentido de que elas constituem as pressuposições do nosso conhecimento e são baseadas na pressuposição do valor daquelas verdades que apenas o conhecimento empírico pode nos dar".(6) Por conseguinte, Weber combate o marxismo como um "socialismo" científico não porque seja baseado em ideias e ideais que em conjunto não são demonstráveis cientificamente, mas porque apresenta a subjetividade de suas pressuposições fundamentais sob a capa de sua validade "objetiva" e universal, sem se distanciar delas. Além disso, confunde esses dois aspectos e é cientificamente "parcial" em favor de seus próprios juízos de valor e preconceitos. "Os argumentos já mencionados são dirigidos contra essa confusão, não contra a introdução evidente de ideais na discussão. Uma atitude de indiferença moral não tem conexão alguma com 'objetividade' científica."(7) Assim sendo, o marxismo, de acordo com Weber, não tem confiança de menos na ciência, mas sim demais. O que lhe falta é imparcialidade "científica" quanto à questionabilidade da objetividade científica.

Entretanto, na base da proposição de Weber de que normas obrigatórias ideais não são demonstráveis e que consequentemente não há "fórmulas" como determina a prática, de maneira alguma sucede que "juízos de valor devam ser retirados da discussão científica em geral, simplesmente porque em última análise eles se apoiam em certos ideais e são, portanto, 'subjetivos' por princípio. (...) A crítica não deve ser suspensa em face dos juízos de valor. O problema é mais propriamente: quais são o sentido e o propósito da crítica científica dos ideais e juízos de valor?"(8) Assim sendo, para Weber, o principal, finalmente, é fazer inteligíveis as ideias "pelas quais o homem luta, real ou supostamente" através de crítica científica (como, por exemplo, de Roscher e Knies) e através de autorreflexão. Essa exposição das ideias e ideais que em verdade guiam e influenciam investigações científicas do que "em última análise é realmente desejado", o próprio Weber designa como Filosofia social.

O serviço decisivo que a reflexão científica sobre esse problema pode proporcionar é trazer à consciência os "padrões últimos" que se manifestam em juízos de valor concretos e deste modo abrir espaço para uma clara discussão e disputa sobre a sua natureza.

Essa autorreflexão científica que abandona o positivismo ingênuo da ciência especializada, *eo ipso*, com certeza não mostra o que se "deve" fazer, mas sim o que se pode fazer de modo consistente com determinados meios em relação a uma meta prevista. Acima de tudo, torna conhecido o que em geral realmente se "quer". A sempre postulada invalidade objetiva de nossos padrões valorativos últimos e a inexistência de normas universalmente obrigatórias, no entanto, não fazem parte da natureza geral da ciência como tal. Essa deficiência surge mais precisamente da especificidade daquelas épocas cujo destino era ter "comido da árvore do saber" e, consequentemente, ter observado que "nós não podemos aprender o sentido do mundo", mas "devemos antes estar em posição de criar esse mesmo sentido".

"Somente um sincretismo otimista (...) pode teoricamente enganar-se sobre a profunda seriedade dessa situação ou praticamente esquivar-se de suas consequências."(9) Se "grandes comunidades" ou "profetas" ainda existissem, também valores universais poderiam ainda existir. Mas visto que estes não "estão aí", tudo que existe é uma batalha de muitos e igualmente verdadeiros "deuses", "ideais".

Enquanto que Dilthey, em reconhecimento ao mesmo estado de "anarquia em todas as nossas profundas convicções", e em renúncia a qualquer "Filosofia metafísica de cátedra universitária",

---

(6) M., p. 110.
(7) M., p. 60.
(8) M., p. 52.
(9) M., p. 57.

tentou desenvolver uma base para validades universais fora da própria "consciência histórica", Weber não apenas rejeitou isso, mas imediatamente "respirou aliviado assim que uma vez mais (...) a impossibilidade de emitir juízos de valor válidos objetivamente tinha sido provada" (Honigsheim), conforme sua ideia de "liberdade do homem". Assim, precisamente porque a indagação científica vem de pressuposições não expressas, mas particularmente decisivas, de um ser humano (em analogia com a ideia do homem como sendo a pré-condição do especialista), a preocupação de Weber é com o que não é mais simplesmente uma tarefa sociológica especializada, mas sim filosófica: revelar expressivamente o *a priori* das ideias valorativas determinantes em toda e em cada indagação individual específica. Tal busca deve parecer inútil ao cientista especializado — como o próprio Weber às vezes enfatiza — porque ela não "produz" nada — nada, quer dizer, em termos do progresso positivista-científico. De fato, ela significa um retrocesso na compreensão do possível "sentido" da objetividade científica e do conhecimento. O motivo original dessa reflexão não é uma preocupação com uma metodologia vazia; antes, essa volta ao sentido da objetividade científica surge, por sua vez, de uma crença inteiramente precisa, mais propriamente da descrença nas ideias valorativas tradicionais da pesquisa científica. A característica mais geral dessas ideias valorativas tradicionais é, contudo, sua reivindicação de uma objetividade humanamente instintiva. Portanto, o que Weber está atacando fundamentalmente é a crença da ciência em normas objetivas em geral e sua demonstrabilidade científica em especial — com os meios da ciência e pelos procedimentos "críticos" e de ambos como os "verdadeiramente humanos". Em Weber, a imparcialidade científica, especialmente em relação aos próprios preconceitos, denota o caráter da teoria. Verdadeiramente digno do homem, segundo Weber, é aquele procedimento que ao notar o que "não está aí" tira disso conclusões positivas. Por essa razão, o propósito de sua minuciosa revelação do que "em última análise é realmente almejado", ou seja, a revelação das ideias valorativas norteadoras da pesquisa científica, não é simplesmente exibir essas pressuposições como existentes e importantes para, então, deixá-las estar. O propósito muito mais específico é "desencantar" e levar a exame o seu conteúdo.

O verdadeiro e positivo intuito do tratado teórico-científico de Weber é a demolição radical de "ilusões". Os dois tratados exemplares sobre Roscher e Knies constituem uma destruição metodológica de preconceitos e juízos de valor totalmente definidos, mais precisamente daqueles que violam a "imparcialidade científica" contradizendo um fato humano-histórico de que o presente é um "dia de semana religioso" e de que a ciência — como declarou Nietzsche — é "ateísmo científico". As considerações metodológicas de Weber surgem de sua consciência dessa situação particular, mais precisamente de que "nossos olhos foram cegos por mil anos, cegos pela suposta ou presumível orientação exclusiva para o grandioso fervor moral da ética cristã". A metodologia de Weber cresce com uma lógica interior para fora desse discernimento central não apenas em relação aos fundamentos questionáveis da ciência e da cultura modernas, mas também em relação à orientação da vida contemporânea. Weber estava bem ciente desse motivo principal de suas considerações metodológicas, assim como Marx fora do significado básico de sua crítica da Filosofia do Direito de Hegel e seu "método". Weber conclui seu tratado programático sobre "objetividade nos conhecimentos sociocientífico e sociopolítico" repelindo um possível equívoco que essas investigações metodológicas e conceituais poderiam ter assumido qualquer que fosse o sentido para elas. Não é menor a rejeição dos "especialistas em assuntos" que são insensíveis ao "refinamento de uma nova ideia". Finalmente, ele justifica positivamente a necessidade de suas investigações aparentemente inúteis da seguinte maneira: "Toda pesquisa nas ciências culturais em uma era de especialização, uma vez orientada para um determinado assunto através de colocações de problemas e estabelecidos seus princípios metodológicos, considerará a análise dos dados como um fim em si mesmo. Suspenderá a consideração do valor de fatos isolados em termos de sua relação com as ideias valorativas últimas. De fato, perderá a certeza de seu enraizamento último nas ideias valorativas em geral. E é bom que assim seja. Mas há um momento em que a atmosfera muda. A importância dos pontos de vista irrefletidamente utilizados torna-se incerta e o caminho se perde na obscuridade. A luz dos grandes problemas culturais continua. Aí também a ciência se prepara para mudar seu ponto de vista e seu aparato analítico e para vislumbrar o curso dos eventos a partir do alto do pensamento..."(10)

***

O caráter construído ou "nominalístico", como também tem sido chamado, dos conceitos metodológicos fundamentais de Weber e de todo o seu estilo científico não surge de nenhuma exigência direta da ciência — nem pode ser refutado com apelação para "fenômeno", pois isto postularia que os fenômenos poderiam ser consignados somente por meio de um *logos*. Mais precisamente, é expressão consistente de uma atitude bem definida do homem quanto à realidade. A "construção" ideal-típica tem como fundamento um específico homem "sem ilusão" remetido sozinho sobre si mesmo por um mundo tornado objetivamente sem sentido e sóbrio e, portanto, até esse ponto, enfaticamente "realista". Ele é, portanto, forçado a imaginar por si mesmo qualquer sentido objetivo e uma relação significativa com as coisas, em particular a relação com a realidade, como especificamente sua: em resumo, "criar" um significado prática e teoricamente. O povo, o Estado e o indivíduo, portanto, não podem mais ser considerados e interpretados como substâncias uniformes em contextos mais profundos — não meramente porque não seria científico, mas sim porque tal atitude seria marcada por preconceitos e ideais transcendentais e a visão do mundo na qual "fomos colocados" não mais justifica tais preconceitos. Assim sendo, por exemplo, a exemplar definição de Weber sobre a existência do Estado como nascido da possibilidade (*chance*) *de* que "tipos definidos de ação social (mais propriamente por indivíduos) ocorram" pode ser entendida — plenamente entendida! — somente quando percebemos que ela se apoia de fato em uma realidade política totalmente definida, mais propriamente o Estado moderno no qual fomos colocados — visto que é um tipo de "instituição" racional, um *establishment*. Em termos hegelianos ele é a *Verstandesstaat*, o Estado racional; em termos marxistas uma "generalidade abstrata" acima dos indivíduos como simples pessoas isoladas. Há um automal-entendido de Weber, o cientista especializado, quando ele afirma (*vis-à-vis* Spann) o sentido puramente "metodológico" de suas definições "individualistas" e "racionais" e nega o caráter substantivo delas juntamente com a relatividade valorativa. De fato, o que Weber demonstrou em Roscher e Knies aplica-se muito mais a ele mesmo: que as pressuposições ideológicas últimas estendem-se mesmo pela estrutura lógica. A pressuposição última da definição "individualista" de Weber das chamadas estruturas sociais, entretanto, é a seguinte: já que a todos os tipos de objetividades, como resultado de seu desencantamento (através de racionalização), não pode mais ser atribuído um sentido independente, é apenas o "indivíduo", o simples homem dependente unicamente de si, que é verdadeiramente real e justificado em sua existência. Por outro lado, se o Estado ainda fosse uma *res publica* e o homem como tal um cidadão do Estado ou cidade e não primariamente uma pessoa isolada responsável por si própria, então, certamente também teria feito sentido interpretar o próprio Estado como uma entidade substantiva e "universalista" e não apenas em termos da possibilidade de sua "existência". Assim sendo, a "imparcialidade" científica de Weber também aqui se expressa como uma quebra permanente com tendência na forma de preconceitos transcendentais. Mesmo a crença, compartilhada pelo marxismo, no desenvolvimento e progresso objetivos faz parte desses preconceitos "transcendentais", isto é, os que vão além da trivialidade rotineira de um mundo desencantado.(11) Ela se propõe como uma necessidade apenas "quando a carência surge para dotar o curso do destino da humanidade, exaurido de religiosidade, de um 'sentido' secular que é contudo objetivo".(12) Porém, de acordo com Weber, essa carência é uma contradição dessa secularidade. A "realidade" agora se coloca sob essa "luz" e o fio condutor para a

---

(10) M., *p*. 112. (Uma discussão detalhada da análise de Weber sobre as suposições valorativas implícitas no trabalho de Roscher e Knies é omitida aqui.)
(11) W. L., pp. 203 e segs.
(12) W. L., p. 330, nota 2, cf. p. 56 e pp. 61 e segs.

interpretação dessa realidade é o processo de racionalização através do qual a realidade foi desencantada e tornou-se monótona, plana e prosaica. O padrão verdadeiramente valioso, entretanto, pelo qual o próprio Weber julga esse *factum* histórico da racionalização é seu inverso aparente, mais precisamente a liberdade do indivíduo, dependente e responsável apenas por si mesmo, o "herói humano" em relação ao domínio das "ordens", "instalações" e *establishments* da vida moderna que vieram a existir através da racionalização.

Essa tese agora requer uma elaboração mais precisa, especificamente por meio de uma análise do sentido fundamental e compreensivo da "racionalização", que é, ao mesmo tempo, o conceito oposto à interpretação do mesmo fenômeno por Marx em termos de "autoalienação".

A "racionalidade" como a expressão problemática do mundo moderno

Nós estabelecemos a singularidade da realidade inclusiva na qual fomos colocados como o tema fundamental e integral das investigações de Weber. O tema básico de sua pesquisa "científica" acaba sendo a tendência à secularidade. Weber, contudo, sumariza o especial caráter problemático de nossa realidade contemporânea sob o título de "racionalidade". Mas, Weber tenta tornar inteligível esse processo geral de racionalização de toda a nossa vida porque a nacionalidade que dele aflora é algo especificamente "irracional" e ininteligível. Assim sendo, por exemplo, enquanto ganhar dinheiro com o propósito de autopreservação é racional e inteligível, o especificamente racionalizado ganhar dinheiro simplesmente por ganhar dinheiro — "entendido puramente como um fim em si mesmo" — é especificamente irracional. Em sua resposta a uma das críticas de Brentano, Weber estabelece expressamente essa descoberta elementar e decisiva: toda racionalização radical cria irracionalidades com a necessidade de um destino.(13) (...)

Weber demonstrou a ocorrência da racionalização em seu sentido universal, bem como fundamental, mundialmente histórico e antropológico em seu prefácio à *Sociologia da religião*. O fenômeno da racionalização é "a grande linha mestra não apenas de sua Sociologia, mas fundamentalmente de todo o seu sistema" (Frever) e, não menos, de seus escritos políticos. Para Weber, racionalização significa o caráter fundamental do estilo de vida ocidental. É nosso "destino", em resumo, apesar de se poder tomar atitudes diferentes quanto a esse destino, como é exemplificado por Weber e Marx e, consequentemente, interpretá-lo de maneira diversa: religioso-sociologicamente ou sócio-economicamente. Mesmo o trabalho de Weber na Sociologia da religião visa simplesmente a ser uma contribuição à Sociologia do próprio racionalismo.(14) A originalidade da análise religioso-sociológica de Weber sobre o capitalismo, em contraposição e, presumivelmente, em oposição à análise "econômica" de Marx, está no fato de que ele não vê o capitalismo como um poder de relações sociais, e dos meios e forças de produção, que tivesse se tornado uma entidade independente, a partir da qual devêssemos interpretar ideologicamente todo outro fenômeno derivado. Mais precisamente, segundo Weber, foi possível ao capitalismo tornar-se a força "mais decisiva" na vida humana apenas por já ter se desenvolvido no interior de um "modo de vida racional". A "racionalidade", reivindicada como um fio condutor para a compreensão, não se exaure por ser a racionalidade de algo, a racionalidade de uma área definida (que então se espalha a outras áreas da vida como um fator "determinante"). Mais precisamente, a "racionalidade" de Weber, apesar do seu procedimento científico especializado em um tipo de imputação causal invertida de "fatores" definidos, é entendida como um todo original sem imputação causal posterior; isto é, como o conjunto de uma "atitude frente à vida", um modo de vida e um caráter ocidental multicondicionado e, no entanto, único. Esse caráter normativo é manifestado no "espírito" do capitalismo (burguês), bem como no do Protestantismo (burguês).(15)

---

(13) *Soc. of Religion*.
(14) *The Protestant Ethic and the Spirit of Capitalism*, trad. de Talcott Parsons, p. 26.
(15) Cf. *The Protestant Ethic and the Spirit of Capitalism*, cit., capítulo 1.

(...) Um tipo definido de economia não é uma consequência direta de uma crença religiosa definida, nem esta última é uma consequência "emanada" de um tipo "substantivo" de economia. Ambos, na verdade, formam-se "racionalmente" nas bases de uma penetrante nacionalidade do modo de vida. Por outro lado, e tampouco o que pode o capitalismo, como tal em seu significado econômico preeminente, para ser considerado como a causa independente da racionalidade, que, ao invés disso, nós devemos considerar uma racionalidade de modo de vida (na origem motivada religiosamente) como tendo permitido que o capitalismo, em um sentido econômico, se transformasse em uma força de vida dominante. Assim sendo, onde quer que a tendência a "atitudes definidas de um modo de vida prático racional" estivesse faltando, "o desenvolvimento de um modo de vida economicamente racional também encontrou obstáculos internos sérios".

No passado, porém, forças religiosas e "ideias éticas de dever", apoiadas na fé, eram parte dos elementos formadores do modo de vida "em um âmbito dificilmente compreensível hoje". Assim, Weber levanta a questão da relação interna entre a "ética" protestante e o "espírito" do capitalismo. A "afinidade possível" interna dos dois é aquela de uma visão econômica e religiosa, apoiados ambos em um "espírito" ou "caráter" geral, cujo veículo socialmente característico é a burguesia ocidental.

(...) O resultado dessa racionalização universal da vida é um sistema de dependência em todos os lados, um "cárcere", uma "mecanização" geral do homem, uma inevitável arregimentação de cada um para um "empreendimento" (*Betriebe*), que agora é decisivo, quer em economia quer em ciência. E "apesar de tudo" (Weber conclui sua conferência sobre A *política como vocação* com a exclamação "apesar de tudo"!) essa nacionalidade, para o próprio Weber, é o local da liberdade. Essa relação entre racionalidade e liberdade aqui postulada meramente como uma tese, pode ser mais diretamente deduzida do impulso interno da atitude prática de Weber quanto a todas as instituições racionalizadas, ordens e organizações da vida moderna — ele desafiou sua reivindicação a qualquer realidade metafísica e a usou como um meio para um fim, isto é, como o objeto de suas investigações teóricas. Assim sendo, é particularmente mais importante para nós revelar o pensamento de Weber também neste fato.

No ensaio sobre "Knies e o problema da irracionalidade" Weber discute a relevância da questão do chamado livre-arbítrio em pesquisa histórica: "Sempre se encontra nelas a 'imprevisibilidade' do comportamento pessoal que é uma consequência da liberdade, interpretada explícita ou implicitamente como uma dignidade peculiar do homem e, portanto, da história na qual a importância 'criativa' da personalidade é contrastada com a causalidade 'mecânica' da natureza."(16)

Em uma nota a essa observação, Weber comenta ironicamente a "reverência" de Treitschke e de Meinecke por um chamado "vestígio" irracional, um "sacrário interno" e "mistério" da personalidade livre. O que Weber tenciona mostrar nas discussões que se seguem,(17) porém, não é de modo algum a "não liberdade" do indivíduo, mas sim o "trivial fato evidente por si mesmo" — apesar de ele permanentemente cair em esquecimento ou ser obscurecido — de que esta liberdade "criativa", que é reivindicada como um atributo especificamente humano, não é genuína do homem, um dado objetivo a ser lido nele como em um livro. É, antes, algo que pode ser "visto" somente com base em um "juízo de valor", em uma avaliação decisiva, com base em uma atitude de subjetividade frente a um fato que "em si" é insignificante. Mesmo porque, em si mesma, a incalculabilidade e, consequentemente, a irracionalidade, é tampouco uma marca da liberdade de ação humana (em contraste com a calculabilidade dos eventos da natureza) que a previsão do tempo, por exemplo, pode ser menos certa do que a possibilidade de se calcular e predizer o comportamento humano.

"Todo comando militar, toda lei penal, de fato toda declaração que fazemos em comunicação com outros, 'fia-se' no ingresso de efeitos decisivos na 'psique' daqueles a quem é dirigido — não em uma internalização inequívoca absoluta em todos os aspectos, mas, entretanto, em um grau disto suficiente para o fim que o comando, a lei penal, a declaração concreta em geral procuram servir."(18)

---

(16) W. L., p. 46.
(17) *Ibid.*, p. 64.
(18) W. L., p. 64.

Na verdade, quanto menos livre é uma ação humana, mais imprevisível é o comportamento humano, isto é, menos um ser humano tem controle de si mesmo e, portanto, da liberdade de suas próprias ações.

"Quanto 'mais livre' é a decisão para agir — ou seja, quanto mais essa decisão é uma resposta a suas 'próprias' reflexões e menos a 'pressões externas ou afetos irresistíveis' — tanto mais completamente, *ceteris paribus*, as motivações envolvidas na decisão podem ser situadas nas categorias, fim e meios; mais adequada será a análise racional dessas motivações (...) mas, quanto maior a liberdade de ação — ou seja, quanto mais afastada dos processos da natureza — mais entra em jogo, finalmente, a concepção de uma personalidade que encontra autorrealização na harmonização constante de seu ser íntimo com valores últimos e significados de vida definidos; por meio de uma ação esses valores e significados são transformados em metas e motivos e no processo essa ação se torna teleológica e racional. Consequentemente há cada vez menos lugar para a concepção romântico-naturalista da personalidade que, seguindo na direção oposta, busca o caráter da personalidade no subsolo úmido, alqueivado da vida humana, ou melhor, animal. Desse obscurantismo romântico, com suas indiscriminadas tentativas para enclausurar a liberdade de arbítrio nos recessos escuros do mundo natural, emana aquele mistério de personalidade como foi mencionado ocasionalmente por Treitschke e mais frequentemente por muitos de seus companheiros românticos. O absurdo desse último empreendimento é óbvio em experiência direta: nós nos 'sentimos' seja 'necessitados' ou codeterminados de um modo 'não imanente' em nossa 'vontade' precisamente por meio daqueles elementos 'irracionais' da nossa ação."

Isso é expresso até mais claramente na disputa com E. Meyer:

"O erro na suposição de que qualquer liberdade do querer — como quer que seja entendida — é idêntica à 'irracionalidade' da ação ou de que a última é condicionada pela anterior, é óbvio. A característica da 'incalculabilidade' igualmente grande, mas não maior do que a das 'forças cegas da natureza', é privilégio do louco. Por outro lado, associamos a medida mais alta de um empírico 'sentimento de liberdade' com aquelas ações que estamos conscientes de desempenhar racionalmente — isto é, na ausência de 'coerção' física e psíquica, de 'afetos' emocionais e distúrbios 'acidentais' na clareza de julgamento em que buscamos um fim nitidamente conhecido através de 'meios' que conforme o alcance do nosso conhecimento lhe são os mais adequados."(19)

Assim sendo, a racionalidade acompanha a liberdade de ação quando, como uma "racionalidade teleológica", é uma liberdade a ser buscada com livre escolha dos meios adequados para isso, um fim pré-designado por valores últimos ou "significados" de vida. A "personalidade" é marcada concretamente nessa conduta racional orientada para fins, como uma constante relação do homem com valores últimos. Agir como uma pessoa livre, portanto, significa agir propositalmente, ou seja, adaptar os meios dados ao fim preestabelecido e, nesse âmbito, agir logicamente ou "consequentemente". A liberdade de ação humana é evidenciada concomitantemente com a racionalidade na medição e avaliação dos propósitos e consequências inerentes aos meios disponíveis a uma conduta racionalmente orientada para um fim. Quanto mais livremente o homem considera e avalia os meios necessários para algo (um fim), mais ele age em termos de conduta racionalmente orientada para um fim e, portanto, age acima de tudo inteligivelmente. Da mesma maneira, entretanto, a ação livre é mais estritamente implicada no recurso a um meio definido e proposto (ou, inversamente, na falta de um meio adequado e no abandono da meta).

"É precisamente a atuante pessoa empiricamente 'livre', isto é, a pessoa que pesa as consequências, a que, de acordo com a situação objetiva, é teleologicamente ligada a inadequados (...) meios para o alcance de seus fins. A crença em sua "liberdade de arbítrio" pouco adianta ao fabricante envolvido em competição inescrupulosa, ao atravessador. Ele tem a escolha de ser eliminado economicamente ou de seguir regras de comportamento econômico bem definidas. Se ele não as segue, em seu manifesto prejuízo, diremos em uma explicação

---

(19) M., pp. 124-25.

(...) e talvez usemos precisamente essa explicação (...) que lhe faltava "força de vontade". São exatamente as "leis de economia política teórica" que necessariamente postulam (...) a existência de "livre-arbítrio" em todo significado empírico possível da palavra.(20)

A liberdade de alguém obrigar-se a perseguir seus fins últimos em relação a meios especificamente dados, entretanto, significa nada mais e nada menos que a responsabilidade da ação humana. Mas o conhecimento dos meios — e só dos meios, não dos fins — é dado pela "ciência" racional. (21) Torna-se possível, então, a "consequência e portanto (!) a honestidade" interior de nossa propositada conduta teórica ou prática. A consideração racional dos meios dados em relação ao fim autoproposto e do próprio fim em relação aos propósitos e consequências de sua realização constitui a responsabilidade da ação racional e livre. A "tensão", contudo, entre o meio e o fim (o alcance de bons fins pode estar implicado com o uso de meios questionáveis) faz da própria racionalidade da responsabilidade uma ética definida. Em contraste com uma ética de fins últimos (*Gesinnungsethik*), expressamente designada por Weber como uma ética de conduta "irracional" por causa de sua indiferença para com as "consequências" (em comparação com ação racional-propositada racionalmente orientada para um fim, que é racional valorativamente orientada), a "ética da responsabilidade" sempre calcula os propósitos e consequências da ação em cada caso de acordo com os meios disponíveis.(22) É uma ética "relativa", e não "absoluta", já que relacionada com o conhecimento dos propósitos e consequências transmitidos através de uma consideração dos meios envolvidos no alcance de seus fins. Assim sendo, junto com uma decisão pela ética da responsabilidade, ao mesmo tempo decide-se também pela racionalidade como uma racionalidade de meios para um fim. A contradição entre a preferência pela racionalidade de meios para fins e o peso teoricamente igual dado à classificação da conduta em racional com relação a fins, racional com relação a valores, afetiva e tradicional no "sistema" é apenas aderente.(23) A razão intrínseca e primordial da óbvia preferência de Weber pelo esquema "racional com relação a fins" não é a de que ele suporta no mais alto grau uma elaboração típico-ideal para o entendimento da ação humana; a razão é a responsabilidade específica que caracteriza a própria conduta racional com relação a fins. Enquanto dessa maneira a racionalidade está enraizada na ética da responsabilidade, como tal, ela retoma à ideia de "homem" de Weber.

Weber, porém, também vê a irracionalidade característica que se forma no processo de racionalização, e que é o motivo específico para seu estudo, como se igualmente proviesse dessa relação entre meios e fins, tão fundamental para o conceito de racionalidade e liberdade, mais precisamente no inverso daquela relação. Tal como aquele que era originalmente um mero meio (para um fim de outro modo valioso) torna-se um fim ou um fim em si mesmo, as ações pretendidas como um meio tornam-se independentes ao invés de orientadas para um fim e precisamente assim perdem seu "sentido" ou fim original, isto é, sua racionalidade orientada para um fim, baseada no homem e suas necessidades. Este oposto, entretanto, marca toda a cultura moderna: seus *establishments*, instituições e empreendimentos são racionalizados de tal maneira que essas estruturas, originalmente preparadas pelo homem, agora, por sua vez, o envolvem e determinam como uma "prisão". Assim, a *nolens volens* conduta humana, da qual essas instituições originalmente surgem, é obrigada a se adaptar às suas próprias criações que literalmente escaparam de seu controle. O próprio Weber declara que é aqui que repousa o problema cultural da racionalização para o irracional juntamente com as similaridades e diferenças na avaliação desse complexo por ele e Marx. Em sua conferência sobre "Socialismo", depois de uma exposição sobre a chamada "separação" do trabalhador (bem como do trabalhador intelectual), Weber resume: "Tudo aquilo que o socialismo agora entende como o 'domínio das coisas sobre o homem', deveria significar o

---

(20) W. L., p. 133.
(21) W. L., pp. 150 e 549.
(22) Ges. Pol. Schr. (Collected Political Writings), pp. 442 e segs. e 447 e segs.
(23) Wirtsch. u. Ges., II; pp. 11 e segs.

domínio dos meios sobre os fins (a satisfação de necessidades)." A manifestação mais acentuada, porém, dessa inversão paradoxal — essa "tragédia da cultura" como Simmel a chamou — ocorre quando nós a encontramos, de todos os lugares, em uma esfera que de acordo com sua intenção mais particular objetiva ser especificamente racional: na conduta econômica racional. Aqui, especialmente, é mais marcantemente apresentado o fato — e a modalidade de uma conduta puramente orientada para um fim racional, transformada em seu oposto, por decisiva necessidade, apresentando a "irracionalidade" sem sentido de "condições" independentes e autocráticas que, então, regulam a conduta humana. A difundida organização racional das condições de vida resulta na regra irracional autocrática da organização. O alvo do trabalho teórico e prático de Marx é a explicação e destruição desse estado geral das coisas; o alvo de Weber é a sua compreensão. A equação econômica marxista para essa inversão é M-D-M vs. D-M-D (mercadoria-dinheiro-mercadoria versus dinheiro-mercadoria-dinheiro). Para Marx, porém, essa perversão econômica também significa a forma econômica de uma inversão geral que consiste no fato de que a "coisa" em geral, assim como o produto produzido (de qualquer espécie), reina sobre o homem como ser humano e como produtor. Sua expressão humana direta é a objetivação e especialização do próprio homem — o homem humanamente compartimentado através de sua atividade especializada, o especialista — "particularizado" que junto com o empreendimento altamente especializado de qualquer espécie Weber vê como o homem típico da época racionalizada e, de um modo ambíguo, Weber aceita.

O índice inexpressivo, no entanto, pelo qual essa irracionalidade do racionalizado como tal é interpretada — tanto em Marx quanto em Weber — é a pressuposição de que o fim original e absolutamente independente, o fim último de todas as instituições humanas não está nessas mesmas instituições, mas apenas no próprio homem — para quem tudo mais é um "meio" para seus fins. A índole econômica da camada burguesa da sociedade que na origem era motivada "religiosamente", isto é, por necessidades humanas definidas, torna-se "irracional", por exemplo, não quando é transformada em uma economia secular através da exaustão de seus conteúdos religiosos de modo que o que antes era um meio para fins religiosos serve agora, se secular, para outros fins. Antes, tornar-se "irracional" em virtude do fato de que a economia se torna independente a tal ponto que — apesar de toda racionalidade externa — não mais existe nenhuma relação evidente com as necessidades do homem como tal. O predomínio e a autonomia das condições que se transformaram em um fato independente da vida é o que é — mais precisamente irracional — sob a pressuposição de que o "racional" representa a independência e a autonomia do homem — quer este determine sua humanidade no horizonte de sua sociabilidade, como em Marx, quer na individualidade de sua autorresponsabilidade, como em Weber.

O ponto de vista de Weber para a interpretação da humanidade do homem (através da qual aquela irracionalidade é medida) não é a felicidade terrena. Isso resulta indiretamente do fato dele tentar repetidamente mostrar que o ganhar dinheiro, por exemplo, puramente como um fim em si mesmo, é completamente irracional quando considerado do ponto de vista da "felicidade" e do "lucro" do indivíduo, mas em lugar algum ele declara que "essa inversão do que poderíamos chamar a relação natural, tão irracional de um ponto de vista simplista", é também completamente sem sentido na sua própria opinião! O "nós" aqui se refere a um "alguém" impessoal, visto que é bastante óbvio que as próprias preferências de Weber repousam exatamente sobre aqueles "puritanos" para quem o trabalho de suas vocações e "negócios", com sua atividade incessante, tornou-se "indispensável à vida". Isso, diz Weber, é de fato a única motivação conveniente e, ao mesmo tempo, ela expressa um modo de vida tão irracional "percebido através do ponto de vista da felicidade pessoal".

É apenas óbvio, por outro lado, no entanto, que a própria ética de Weber não era mais a de um puritano piedoso, mas a de um homem completamente secularizado; contudo, alguém que não podia ser satisfeito com uma renúncia completa do "sentido" e da "interpretação" da atividade humana. Se a noção do dever para com a vocação, que obviamente se coloca por trás da "demanda do dia" de Weber; se essa (ideia) agora assombra nossa vida como um mero fantasma de crenças religiosas mortas e "ninguém sabe quem viverá nessa prisão no futuro", a questão que precisa ser levantada inevitavelmente é a de saber qual foi a atitude do próprio Weber em relação ao fato irracional da racionalização universal cuja expressão humana é essa humanidade especializada e vocacional, porquanto ele, evidentemente, não a nega à maneira marxista ou do ponto de vista da felicidade como "inumanidade", nem a afirma como um passo em direção ao progresso da humanidade? Por que ele não luta, como Marx, contra essa "autoalienação" universal do homem? Por que ele não denomina, como Marx, esse "mesmo" fenômeno um "materialismo depravado" de autonegação, em vez de usar o conceito de racionalidade, cientificamente neutro mas ambíguo na sua possível interpretação ambíguo precisamente porque ao mesmo tempo ele exprime a realização específica do mundo moderno e de toda questionabilidade dessa realização? Weber não afirma e nega esse processo decisivo de racionalização de uma maneira contraditória? Por que, depois de tudo, o que ele precisamente e de forma tão inteligente questiona, e com toda força de sua personalidade, é precisamente a "ordem" planejada, calculada, a "segurança" e a "especialização compartimentada" da vida moderna em todas as suas instituições políticas, sociais, econômicas e científicas? No entanto, como pode ele, ao invés, desde a primeira frase da *Sociologia da religião* até seu último manifesto, *A ciência como vocação*, denominar-se de "criança da sua época", "especialista" e cientista "especializado" ou, em outras palavras, deliberadamente colocar a si mesmo neste mundo e efetivamente tornar-se o porta-voz desse "demônio" da racionalização intelectual e das "flores do mal"? Ou, com essa citação de Baudelaire, desvendou ele alegoricamente o enigma da sua atitude a respeito de tudo e todos e, por conseguinte, também em relação à racionalidade irracional do nosso mundo? "Se alguma coisa percebemos novamente hoje em dia é que alguma coisa pode ser sagrada a despeito de não ser bonita, mas antes porque e na extensão em que não é bonita", e ele sustenta essa afirmação com uma referência a passagens bíblicas e a Nietzsche. E é "senso comum observar que alguma coisa pode ser verdadeira embora não seja bonita, nem sagrada nem boa. De fato, pode ser verdadeira precisamente nesses aspectos". Em outro lugar ele denomina isto de "irracionalidade ética do mundo" o que, no entanto, o absoluto "moralista dos fins últimos" não pode endossar. Se o bem pode somente gerar o bem e o mal pode somente gerar o mal, a "política como vocação" não existiria como um problema absolutamente. Mas, se isso é "racionalidade", o que são então as "flores do mal"? Aqui de fato a fenda parece abrir, através da qual é possível espreitar a unidade interna dessa atitude ambígua em relação à "realidade na qual nos movemos". A unidade desse cisma repousa na anteriormente mencionada interconexão entre racionalidade e liberdade, que nós agora teremos que desenvolver em relação mais próxima com a noção de homem para Weber.

Essa liberdade pode estar em íntimo acordo com a racionalidade somente se não for uma liberdade desse mundo racionalizado, mas uma liberdade no meio dessa "prisão de ferro" que determina até mesmo indivíduos que não estão diretamente preocupados com a aquisição econômica "com força irresistível...". Mas, o que é a natureza dessa liberdade "interiormente secularizada" baseada na racionalidade do mundo?

A racionalidade como liberdade para a autorresponsabilidade do indivíduo em meio à sujeição universal

Que o sentido positivo da racionalidade, para o próprio Weber, repousa na aparência oposta não resulta de investigações feitas em *A Sociologia da religião*, que nas suas intenções são puramente "históricas", mas de seus escritos políticos, particularmente o Capítulo 2 de *Parlamento e Governo* e do seu *Debattenrede*. Ambos os escritos combatem a racionalização na sua forma política de burocratização e racionalização. Aqui Weber afirma que a Primeira Guerra Mundial representa um futuro progresso no processo de racionalização universal, isto é, das organizações humanas autoritárias racionalmente calculadas, departamentalizadas e burocraticamente especializadas. Esse processo se estende à organização das Forças Armadas e do Estado, assim como à das fábricas, escolas técnico-científicas e universidades. Exames altamente especializados de todas as espécies cada vez mais se tornam um pré-requisito para uma posição oficial segura. "Isso, como sabemos, foi antes da 'demanda do dia' apoiado igualmente pelo interesse das universidades no alistamento e na mania de seus estudantes por sinecuras dentro e fora do Estado." Este prosaico estado de coisas inerente à especialização burocrática, ele afirma, também se esconde atrás do "socialismo do futuro". Até mesmo quando visa o oposto, fortalece o poder da burocracia que coloca sua marca na era contemporânea e no futuro previsível.

Uma eliminação contínua do capitalismo privado é, sem dúvida, teoricamente possível — apesar de não ser um assunto insignificante como muitos *literati*, que não o sabem, sonham. E não será certamente a consequência desta guerra. Mas, admitamos que aconteça uma vez: que significaria isso na prática? A destruição da "prisão de ferro" do moderno trabalho assalariado? Não. Ao contrário, a administração de qualquer empresa nacionalizada ou "comunitária" se tornaria burocrática.(24)

Essa "máquina viva", diferençada pela "especialização racional" e "em treinamento" é exatamente igual a um "espírito solidificado" sem vida.

Junto à máquina morta está a tarefa de se estabelecer a prisão de ferro da sujeição do futuro, na qual talvez, algum dia, os homens, desamparados, serão forçados a se integrar se um bem puramente técnico — e isto significa uma burocracia racional, administrativa e mantenedora que decide sobre a direção de seus assuntos — é o principal e único valor. Porque a burocracia pode efetivar isso muito melhor do que qualquer outra estrutura organizacional autoritária.(25)

Uma estrutura social "orgânica", isto é, de tipo oriental-egípcio, surgiria — mas em contraste com a última tão estrita e racional quanto uma máquina. Quem negaria que alguma coisa desse tipo se coloca como uma possibilidade no bojo do futuro...? Admitamos que exatamente essa possibilidade é um destino incontornável — quem então não sorriria perante o medo de nossos *literati* de que o desenvolvimento político e social no futuro nos daria muito mais "individualismo" ou "democracia" ou algo do gênero e que a "verdadeira liberdade" surgirá resplandecente quando a atual "anarquia" da nossa produção econômica e a competição entre os partidos no Parlamento serão superadas em favor da "ordem social" e da "estrutura orgânica" — isto é, do pacifismo da fraqueza social sob a asa do único, verdadeiro e intransponível poder da burocracia no Estado e na economia! Em face ao fato fundamental do avanço irresistível da burocracia, a questão de futuras formas políticas de organização em geral pode ser resumida no seguinte: 1) Como, em face da predominância da tendência à burocratizarão, é ainda possível, de alguma forma, salvar algo da liberdade de movimento "individual"...?(26)

***

O debate termina com um desafio deliberadamente imoral: é preferível hoje ter-se uma "expansão capitalista privada, combinada com uma burocracia de tipo empresarial que é mais facilmente vulnerável à corrupção", do que a "direção governamental da burocracia do serviço civil alemão altamente moral e autoritariamente transfigurada".

Com respeito à irresistabilidade da racionalização burocrática, de acordo com Weber, podemos indagar apenas como é possível, em vista dessa tendência subjugadora rumo à racionalização da totalidade da vida, salvar qualquer remanescência da "liberdade individual de movimento", em qualquer sentido! É também a mesma "liberdade de movimento" que Weber não "salvou para si mesmo", mas pela qual se bateu incessantemente — quase que apenas pela luta em si. Alguém que verdadeiramente "salvou-a" para si mesmo foi um homem como Jakob Burckhardt, através de uma retirada deliberada para a esfera "privada" e a cultura da "velha Europa"; (...) ao passo que Weber teve que conquistar essa liberdade constantemente, sem esmorecer, aparentemente e espontaneamente colocando a si mesmo exatamente neste mundo a fim — enquanto nele estivesse — de trabalhar

---

(24) *Pol Schr.*, pp.150 e segs.
(25) *Pol Schr.*, p. 151.
(26) *Pol Schr.*, p. 152.

contra ele, em um "ato de renúncia". A questão, no entanto, é de *como* e *para quê?* Para responder a essa questão nós ainda necessitamos de um estudo compreensivo do contexto geral de significação no qual o fenômeno da racionalização se coloca.

Weber demonstrou o mais geral e penetrante sucesso da racionalização, particularmente no caso da "ciência": um desencantamento fundamental para com este mundo. A mágica que governava a relação do homem com o mundo em épocas prévias era — racionalmente falando — a crença em qualquer sentido "objetivo" de qualquer espécie. Com o despojamento desse "encanto" surge a necessidade de se investigar sob novas formas o "sentido" de nossas objetividades e, assim, Weber em particular levanta a questão da objetividade da ciência. Desde que todas as objetividades — através da racionalização efetivada pelo homem — perderam seu sentido *objetivo*, elas são agora — como foram, renovadas à disposição do homem para a determinação dos seus significados. Pois o relacionamento do homem com o mundo, este desencantamento com o mundo motivando a questão do "sentido", significa uma desilusão que se difunde ou, em outras palavras, imparcialidade científica. A "oportunidade" positiva apresentada por essa desilusão do homem e do desencantamento com o mundo é a afirmação "sóbria" da vida cotidiana e suas "demandas". Ao mesmo tempo, a afirmação dessa vida cotidiana significa a negação de toda transcendência, mesmo a do "progresso". Progresso aqui, significando meramente um passo à frente ao longo dos trilhos do destino predeterminado, com paixão e resignação. Em comparação com qualquer fé transcendental, essa crença no destino e a paixão da atividade temporal constituem uma "descrença" positiva. O fator positivo, no entanto, dessa falta de crença em alguma coisa que transcenderia o "destino do nosso tempo" e "demanda do dia" — nos valores objetivos existentes, significados, validades — é a subjetividade da responsabilidade racional na forma de uma simples autorresponsabilidade que o indivíduo assume para e em função dele mesmo. A característica decisiva desse "individualismo situado" (as aspas são de Weber) repousa na distinção entre duas espécies de responsabilidade basicamente diferentes. O funcionário especializado, como qualquer especialista racionalizado, deve ser responsável para si mesmo não como indivíduo, mas sempre e unicamente em função de seu cargo, da respectiva instituição, isto é, para "si próprio" como membro da instituição. Por outro lado, o verdadeiro político "executivo" com liderança e o empresário dirigente, aqueles resíduos da "era heroica do capitalismo", *qua* individualidade humana age sob sua própria responsabilidade — e agiria de modo irresponsável exatamente se ele se sentisse responsável como um funcionário público.(27) Assim a atitude básica que Weber assume neste mundo racionalizado, e que também determina sua metodologia, é a de uma determinação objetiva sem pressupostos do indivíduo autorresponsável através de si mesmo. Colocado nesse mundo de sujeição, o indivíduo como "homem" pertence a si mesmo e confia totalmente sozinho em si mesmo.

A pressuposição dessa posição, no entanto, é exatamente esse mundo de "estatutos", instituições, empresas e seguranças contra os quais se coloca. A posição de Weber é essencialmente de oposição; os oponentes são a contrapartida integral da posição. Alcançar os próprios objetivos neste mundo e, ainda, em oposição a ele, objetivos que não são deste mundo, mas de qualquer modo calculados para ele, tal é o sentido positivo dessa "liberdade de movimento" com a qual Weber estava preocupado. Uma "democracia dirigente com a 'máquina'", contra uma democracia sem direção, mas além disso contra uma liderança que não tem o que liderar porque provém da 'máquina': esta é a fórmula *política, grosso modo,* para o movimento fundamental de Weber em oposição. Com essa afirmação final da produtividade da oposição, Weber se opõe fundamentalmente a Marx, que nesse ponto continuou um hegeliano, porque quis abolir as "contradições" da sociedade burguesa. Não como Hegel, através da sua preservação dentro de um Estado absolutamente organizado, mas através da sua completa eliminação em uma sociedade absolutamente sem classes. A força motivadora de toda atitude de

---
(27) *Pol. Schr.*, pp. 153 e 415.

Weber, por outro lado, foi a sempre novamente vencida contradição do reconhecimento de um mundo racionalizado e da contratendência de alcançar a liberdade da autorresponsabilidade.

A expressão humana direta dessa contradição fundamental é a contradição humana interna entre o homem e o homem especialista. Essa unidade de racionalidade e liberdade é mais impressionantemente documentada na posição peculiar que Weber, como homem, assumiu para sua própria humanidade como um especialista. E mesmo aqui a unidade e a divergência de seus interesses especializados correspondem à unidade de uma contradição humana. Weber nunca se apresentou como um todo inseparável, mas sempre como membro de uma esfera específica — neste ou naquele papel, como esta ou aquela pessoa: como um cientista individual "empírico" nos (seus) escritos, como um professor acadêmico na cátedra, como um político na tribuna, como *homo religiosus* nos seus círculos mais íntimos. É exatamente nessa separação das esferas da vida — cuja expressão teórica é a liberdade valorativa — que a individualidade de Weber na singularidade do seu todo se revela. Mesmo aqui a questão para Weber não foi a mesma que para Marx, precisamente a de achar um caminho pelo qual o tipo humano específico do mundo racionalizado, isto é, o homem especialista, pode ser abolido juntamente com a divisão do trabalho. Ao invés, Weber pergunta, de que modo pode o homem como tal preservar a liberdade da autorresponsabilidade em meio e apesar de sua inevitável humanidade compartimentalizada. Aqui também Weber afirma essa humanidade autoalienada (tal como Marx a aponta) porque foi exatamente essa forma de existência que, conquanto não a propondo ou oferecendo, forçou-o a uma extrema "liberdade de movimento". Agir no seio deste doutrinado e especializado mundo de "especialistas sem espírito, sensualistas sem coração" com a força apaixonada da negatividade, penetrando aqui e ali na estrutura de "dominação" — esse era o sentido da "liberdade de movimento". Do mesmo modo que Weber, na esfera da política, situa executivos (como indivíduos) agindo dentro do arcabouço da inevitável burocratização, assim a salvação do indivíduo humano significa para ele que deve ter lugar na atitude sólida da humanidade especialista e em consideração a ela. Mas, submetendo-se ao seu destino, ao mesmo tempo se opõe a ele. Essa contraposição, porém, tem essa subordinação prévia como sua pressuposição inevitável. Assim, a defesa que Weber faz da chamada anarquia na produção econômica corresponde — em termos puramente humanos — à defesa do direito de cada individualidade como tal (os "últimos heróis humanos"), embora Weber não seja nem um anarquista nem um individualista no sentido usual do termo. Ele quer, de fato, salvar a "alma" da predominância do "homem da ordem", embora não se trate da alma sentimental da "mecânica do espírito" de Rathenau, mas uma alma existente em meio à frieza dos cálculos humanos. Assim, o indivíduo como tal, com o qual Weber estava preocupado como o "elemento humano", também não significa um todo indivisível acima ou fora do modo de vida compartimentalizado e factual dos especialistas modernos. Ao invés disso, o indivíduo é um "homem", quando arrisca o todo do seu ser em cada e distinto papel, grande ou pequeno. Baseado nessa espécie de individualismo, Weber poderia se fixar em qualquer coisa e, no entanto, ele não se fixou em nada; colocasse em cada situação dada e ao mesmo tempo permanece completamente só. Para ser mais preciso, esse individualismo que sumariza sua ideia de homem não é capaz de destruir a prisão de ferro da sujeição geral, mas é capaz de penetrá-la individualmente para si próprio. Assim, a renúncia deliberada de Weber quanto ao "homem universal", sua restrição ao trabalho particularizado do especialista "no mundo de hoje, a pressuposição para qualquer trabalho sério global" — é uma renúncia que ao mesmo tempo incorpora uma grande demanda, a saber, apesar dessa "compartimentalização da alma", o homem deve estar sempre envolvido com seu ser inteiro — baseado na paixão — em todos os atos que em si mesmo são isolados. "Porque nada tem algum valor para o homem como homem que ele não possa fazer com paixão."(28) Com esse "demônio" de sua paixão — pode-se chamá-lo também de ídolo de uma humanidade ímpia — como o solo sem solo de seus propósitos, Weber — no meio de seus esforços em favor da objetividade científica e política — lutou

---

(28) W. L., p. 534.

pela crença em alvos objetivamente válidos, instituições e conceitos tais como idolatria e superstição — a fim de salvar o herói humano. Como Honigsheim aponta no seu livro *Max Weber como sociólogo*, o método sociológico da destruição de todas as exigências valorativas absolutas, como foram feitas pelos representantes das instituições, em última instância serve a esse objetivo. A Sociologia também, particularmente, serviu a essa liberdade de movimento. O que Weber criou para si mesmo com seu método foi uma "plataforma de negatividade", na qual o herói humano "em um sentido muito simples da palavra" deve agora movimentar-se. A expressão intelectual, no entanto, dessa atitude humana é o que Weber descreveu como "simples integridade intelectual" que consiste em dar conta para si mesmo "do sentido final de suas próprias ações".

A concepção de Weber sobre a liberdade humana não somente se coloca em contraste em face do individualismo médio contra o qual Hegel e Marx lutaram como a liberdade filisteia da conveniência privada, mas também está em contraste extremo com aquela "liberdade" através da qual Marx quis emancipar o homem "humanamente", a qual, para ele, era uma liberdade de "comunidade mais elevada". Para Weber, essa concepção de Marx era utópica, enquanto para Marx o herói humano de Weber provavelmente teria parecido uma "conjuração da morte", uma segunda edição isolada da época heroica da burguesia cuja "realidade sóbria" é "não heroica" e é meramente o fantasma de seu grande passado. O que para Weber era um "destino inelutável", para Marx nada mais era que a "pré-história" da humanidade, e aquele ponto que, para Marx, marcaria o começo da verdadeira história era, para Weber, o começo de uma ética de "convicção" irresponsável. Essa diferença entre suas visões de mundo e suas ideias sobre o homem é expressa através da dissimilaridade de seus pontos de vista determinantes para a interpretação do mundo capitalista burguês moderno para Weber a "racionalidade", para Marx a "autoalienação".

10

A Reificação das Relações Sociais*

Lucien Goldmann

Em primeiro lugar quero agradecer à Sociedade de Filosofia de Toulouse pela honra que me fez com o convite para falar a vocês; e agora entro imediatamente no assunto.(1)

Para começar, algumas palavras sobre a situação atual do pensamento marxista. Ele sai de um longo período de crise e, hoje, é particularmente importante compreender suas causas, natureza e evolução. Além disso, é preciso constatar desde logo que essa crise, que se manifestou também em outros domínios da vida social, adquiriu no plano intelectual uma agudeza particular; ela transparece, entre outras coisas, no fato de, durante aproximadamente 25 anos, o marxismo oficial não ter produzido quase nenhuma obra *teórica* verdadeiramente importante. Por isso, durante esse período, era essencial que os pesquisadores que não sofressem pressões de qualquer organização ou ortodoxia, se dedicassem a mostrar no *plano das pesquisas concretas*, neste ou naquele domínio, as possibilidades *atuais* e a fertilidade do método. Foi o que eu mesmo tentei fazer, dedicando longos anos ao estudo da obra de Pascal e de Racine, tentando mostrar que o método dialético é, de longe, o mais eficaz, quando se trata de compreender esses fenômenos particularmente complexos que são as grandes obras filosóficas e literárias do passado.

Entretanto vocês não me convidaram para tratar do passado, mas sim de um tema bastante atual: o das diferentes interpretações do pensamento marxista no século XX. Esse é um tema

---

(*) Lucien Goldmann, *Recherches dialectiques* ("La réification"), 4ª ed., Librairie Gallimard, Paris, 1959, pp. 64-106. Tradução de Iara De Lorenzi Rággio. Reproduzido com autorização de Editions Gallimard.

(1) Análise *esquemática*, e como tal, *abstrata* e *estática*, nosso estudo tem por objeto as consequências *psíquicas e intelectuais* da existência de uma produção para o mercado em uma sociedade capitalista pura — liberal ou monopolista — com pouca intervenção econômica do Estado.

Ora, uma tal sociedade jamais existiu na realidade empírica, em que o capitalismo sempre esteve misturado a sobrevivências pré-capitalistas e, atualmente, às primeiras manifestações de mudanças estruturais que começam a acontecer; além disso, toda realidade está sempre em transformação.

Isso não faz com que os conceitos estáticos deixem de constituir um instrumento científico indispensável para a compreensão de tal realidade.

Também, como o relacionamento do conceito com a realidade supõe já um conceito previamente elucidado, poderíamos, e talvez deveríamos, com todo o rigor científico, dar a nosso trabalho um caráter puramente teórico, evitando qualquer referência à história.

Assim, delineamos um certo número de referências empíricas que parecem facilitar a compreensão dos conceitos, com a condição de não se esquecer que elas não mudam em nada seu caráter e que nós *não quisemos elaborar uma análise histórica concreta, mas um trabalho preparatório para isso.*

demasiado rico para uma só exposição, pois o pensamento marxista europeu abrangia até 1930-1933, numerosas discussões vivas e sérias sobre os principais problemas relativos à vida dos homens e das sociedades; discussões hoje quase esquecidas, em razão da interrupção dos últimos 25 ou 30 anos.

O tema que me foi proposto era, pois, ao mesmo tempo muito amplo e particularmente urgente e atual. Preferi então limitar-me a um de seus capítulos mais importantes, a teoria marxista e lukacsiana da *reificação*. Naturalmente não me contentarei com uma exposição histórica; não que ache errônea essa parte das análises marxistas, pelo contrário: ela me parece constituir ainda um dos elementos mais notáveis da obra de Marx. Mas, ao contrário do que sucede com as Ciências Naturais, a História é caracterizada pelo fato de que as leis constitutivas das sociedades humanas mudam com a transformação dessas sociedades.

Ora, é certo que no decorrer dos 35 anos que nos separam da grande obra de Lukács(2) o mundo mudou profundamente, e devemos perguntar em que medida essas antigas análises mantêm-se ainda válidas para a nossa sociedade, que hoje tentamos compreender.

E isso vale *a fortiori* para a obra ainda mais antiga de Marx, a qual não é para nós uma Bíblia na qual buscamos fórmulas sacrossantas, mas sim a expressão de um pensamento genial, de um dos mais extraordinários esforços para compreender a realidade humana. Expressão que de qualquer modo é preciso conhecer, mas a partir da qual devemos tentar ir mais além, na medida em que isso seja possível e mesmo necessário.

Diz-se, com razão, que talvez sejamos anões ao lado dos gigantes do passado. Mas quando um anão sobe nos ombros de um gigante, conseguirá ver mais longe do que este último.

É dessa perspectiva, pois, que vou estudar, para começar, a análise marxista do valor, estreitamente ligada àquilo que Marx chama de *fetichismo da mercadoria* e Lukács designa com o termo *reificação*. Contudo, para determinar o lugar desse problema no conjunto do sistema habitualmente designado de materialismo histórico, permito-me ressaltar que somente a teoria da reificação leva à compreensão da coerência de todos os textos marxistas referentes às relações entre a "infraestrutura" e a "superestrutura".

Sem dúvida, é conhecida a longa discussão em torno dos problemas do papel *ativo* da consciência ou, ao contrário, de seu caráter de simples *reflexo*.(3)

Na realidade, cada uma dessas teses corresponde *em parte* à posição de Marx, e nenhuma das duas corresponde inteiramente a ela. Aliás, esta é a razão porque cada uma delas pode valer-se de certo número de textos autênticos para criticar a outra ou para usar em seu favor, ainda que o pensamento de Marx — que tentaremos desenvolver — nos pareça ser o seguinte: tanto o indivíduo como os grupos humanos constituem totalidades das quais apenas arbitrariamente é que se pode destacar alguns setores e fazer deles realidades autônomas. Assim, não existe pensamento independente da afetividade, ou mesmo comportamento independente da consciência etc. Em última instância, o pensamento, a afetividade e o comportamento de um indivíduo constituem uma unidade coerente e significativa. Além disso, é necessário acrescentar que, quando se trata de indivíduos, esta unidade estrutural passa por grande número de mediações cujo sujeito não é consciente ou o é muito pouco; daí dificilmente poderem ser revelados individualmente, enquanto que é incontestavelmente mais fácil trazer à luz a coerência que rege o comportamento, a afetividade ou a consciência de um grupo social no interior do qual as inúmeras variações individuais se anulam mutuamente. Sem querer incorporar o estudo dos fatos sociais à estatística, há uma certa analogia entre essa constatação e o fato de que é impossível dizer se Pedro ou João se casará este ano, terá um filho, sofrerá um acidente de automóvel etc., ao passo que, pelo contrário, sempre é possível prever, com pequena margem de

---

(2) G. Lukács, *Geschichte und Klassenbewustsein*, Malik-Verlag, Berlim, 1923 (em alemão no original).
(3) Sem falar das respostas bastardas ou híbridas que camuflam o problema, do gênero daquela que se exprime pelo termo "reflexo-ativo", a qual se tornou corrente entre certos teóricos marxistas nos últimos anos.

erro, o número de casamentos, nascimentos ou acidentes de automóvel que acontecerão no país em determinado dia do próximo ano.

Voltemos agora ao problema das relações entre a "infraestrutura" e a "superestrutura". A teoria marxista, tal como acabamos de expor, implica a ideia de que, por um lado, não há história autônoma da economia, do pensamento, da religião etc., mas também que, por outro lado, não há, se tomarmos o conjunto da história, primazia que pertença *de direito* e *necessariamente* a este ou aquele setor particular da vida social. Esta, repetimos, constitui sempre uma *totalidade estruturada* — com a ressalva, no entanto, de que o tipo preciso de cada estrutura particular varia mais ou menos rapidamente no decorrer do tempo.

Então, onde está a célebre predominância dos fatores econômicos? Tomada em seu conjunto, como teoria da evolução histórica, ela significa em Marx apenas que no decurso de toda a história passada, seja por causa da pobreza das sociedades primitivas, seja por causa da divisão das sociedades posteriores em classes sociais, os homens foram obrigados a dedicar a maior parte de sua atividade a resolver os problemas referentes à produção e à distribuição das riquezas materiais, isto é, àquilo que habitualmente chamamos de problemas econômicos. De sorte que, na mesma medida em que a vida dos homens constitui uma unidade que tende à coerência, a predominância *quantitativa* do econômico no pensamento e no comportamento dos indivíduos levou-o a assumir uma primazia como fator dinâmico da transformação histórica. Trata-se, entretanto, de uma primazia apenas *de fato* e não *de direito*, que desaparecerá naturalmente no dia em que a conquista das riquezas materiais passar, graças ao desenvolvimento das forças produtivas e a uma mudança de estrutura social, a segundo plano na atividade dos indivíduos. É o célebre "salto" do reino da necessidade para o reino da liberdade. De qualquer forma, é evidente que essa tese não implica de modo nenhum a ideia de uma passividade particular da consciência e do pensamento teórico em relação à atividade econômica.

Onde fica, então, a teoria da consciência reflexa? Ela é inteiramente falsa? Certamente que não. Acontece apenas que exprime não um tipo *universalmente válido* de relações entre a infra e a superestrutura, mas sim um tipo particular destas relações, próprio da sociedade capitalista clássica.(4)

Em tal sociedade, a consciência tende, com efeito, a tornar-se um simples reflexo, a perder toda função ativa à medida que o processo de *reificação* — consequência inevitável de uma economia mercantil — se estende e penetra no âmago de todos os setores não econômicos do pensamento e da afetividade.

Em princípio, a religião, a moral, a arte, a literatura, não são nem realidades autônomas, independentes da vida econômica, nem simples reflexos dela. Porém, no mundo capitalista, elas tendem a se transformar nisso, à medida que sua autenticidade vai sendo *esvaziada por dentro*, graças à aparição de um conjunto econômico autônomo que tende a se apossar de modo exclusivo de todas as manifestações da vida humana. Já se vê a importância do fenômeno que hoje nos propomos a analisar em suas linhas gerais.

Para descrever esse processo, é preciso naturalmente partir da economia, e especialmente do estudo da economia mercantil. O que caracteriza esta forma de produção em relação às outras é o que se poderia chamar *sua universalidade e sua anarquia*.

Com efeito, todas as formas de organização da produção que precederam a economia mercantil em geral, e a economia capitalista em particular, eram caracterizadas pela existência de unidades de produção e de consumo no interior das quais a organização da produção dos bens e de sua distribuição se faziam segundo um esquema. Esquema este, sem dúvida, muitas vezes iníquo e desumano, mas sempre transparente e facilmente compreensível.

Em todas essas formas de organização, havia sempre uma regra tradicional, religiosa, racional etc., que conferia a certos indivíduos ou a certos grupos de indivíduos o direito de decidir — em

---

(4) Neste trabalho empregamos o termo sociedade capitalista clássica para designar, ao mesmo tempo, o capitalismo liberal e o capitalismo monopolista e imperialista com *pouca intervenção econômica do Estado*.

certas condições e de acordo com certa ordem bem clara — sobre os bens a se produzir, a repartição eventual do trabalho no interior do grupo e a posterior distribuição dos produtos. Por isso é que todas essas formas de organização social supunham não somente uma limitação das unidades econômicas (antes do mundo capitalista estas unidades jamais coincidiram nem mesmo com os grupos nacionais), mas também uma transparência muito grande do caráter *humano e social* da organização da produção.

Contudo, essas duas coisas desapareceram com a extensão da economia mercantil. Esta é, à primeira vista, senão realmente, pelo menos *virtualmente universal*; graças ao intercâmbio, um produtor europeu pode trabalhar com matérias-primas vindas do outro lado do globo e vender seu produto, através de certo número de intermediários, a distâncias praticamente ilimitadas. Sem dúvida, só mais tarde é que a vida econômica se tornou realmente internacional. No entanto, na produção para o mercado, desde suas formas mais simples, há uma possibilidade *virtual* de superar todas as limitações particulares: nacionais, religiosas, sociais etc. e de se estender indefinidamente. Não existe para o comerciante como tal e para o produtor — enquanto comprador de matérias-primas e de força de trabalho e vendedor de produtos — senão seres que têm a mesma qualidade *abstrata* de homem, ou seja, de possível comprador e vendedor, abstraindo qualquer outra particularidade social. Aliás, aí está, entre outras coisas, o fundamento histórico da ideologia dos direitos do homem, da igualdade, da legalidade, da justiça universal etc.

Mas, por outro lado, o que caracteriza a produção para o mercado é também a ausência, em todos os seus níveis, de um organismo que regulamente ao mesmo tempo a produção é a distribuição das mercadorias. Sem dúvida, no nível da empresa individual no mundo capitalista clássico, a produção é rigorosamente planificada. Mas o indivíduo ou o grupo de indivíduos, digamos a junta técnica, que organiza racionalmente a produção sob o ângulo da eficácia e da rentabilidade, não tem nenhuma autoridade quando se trata de assegurar a distribuição; aí não há senão uma regra: os produtos devem ser vendidos a um preço suficientemente elevado em um mercado mais ou menos competitivo, no qual cada um se encontra diante de compradores ou de concorrentes que agem independentemente dele — ou mesmo contra as suas intenções. E por isso que o mercado assume para ele o aspecto de uma realidade *cega, objetiva e exterior*.

Essa ausência de organismo regulador comum à produção e à distribuição, característica de toda economia mercantil capitalista não planificada, constitui assim a contrapartida de sua universalidade. É a isso que chamamos de anarquia da produção.(5)

Em uma produção mercantil, o que adquire a função do organismo planificador é exatamente o mercado e, dentro dele, a troca das mercadorias em uma certa proporção; troca que em sua forma imediata se chama *preço*, e em sua forma pura, abstraindo qualquer desequilíbrio entre oferta e procura, e toda variação destas, é chamada por Marx de *valor de troca*. O raciocínio mais simples permite, sem dúvida, constatar que as disposições individuais dos produtores e o confronto no mercado entre os inúmeros vendedores e compradores conduzem, cada ano, à recolocação das forças produtivas e das matérias-primas utilizadas na produção, ao eventual aumento desta e também a assegurar o consumo efetivo — suficiente ou insuficiente, isso é outra questão — de todos que constituem a sociedade (operários, capitalistas, camadas médias etc.).

Tal resultado, porém, não é obtido por uma decisão consciente de um ou de outro indivíduo, ou de um órgão planificador: é o resultado *objetivo* e *involuntário* dos choques entre compradores e vendedores no mercado. Assim, é natural que para compreender o mecanismo da produção mercantil, fosse necessário começar, como fez Marx, pelo estudo do valor e dos preços.

---

(5) Por enquanto, fazemos abstração das formas modernas de organização econômica, tanto no mundo socialista como no mundo capitalista, as quais, na medida em que conseguem substituir o mercado ou reduzir seu papel, tendem também à superação ou à retração da reificação.

Em muitos textos Marx insiste no fato de que, em uma economia mercantil, o que caracteriza o valor de troca é que ele transforma a relação entre o trabalho necessário à produção de um bem e este mesmo bem em *qualidade objetiva do objeto*; é o próprio processo da reificação.(6)

O que significa esse termo? Certamente não significa que o "valor" possa tornar-se uma qualidade da coisa, do mesmo modo que sua cor, sua consistência, seu cheiro etc. Trata-se naturalmente de um processo social que faz com que, na *produção mercantil*, o valor se apresente *à consciência dos homens* como uma qualidade objetiva da mercadoria. Analisemos tal processo um pouco mais de perto.

Em toda economia não mercantil, o que determina aos homens que dediquem parte de seus esforços à produção de certos bens são as qualidades naturais destes últimos, qualidades que os tornam aptos a satisfazerem as necessidades naturais dos membros do grupo. A estas qualidades é que chamamos de *valor de uso*.

Quer se trate da caça em um clã primitivo, do trabalho agrícola de um servo ou da corveia na terra do senhor, os homens têm sempre mais ou menos consciência da necessidade de produzir certos bens para alimentar, vestir etc., a si mesmos, ou para alimentar, vestir outros membros da sociedade. Sem dúvida, vistos pelos *economistas de hoje*, os homens possuem também, *sempre*, certa força limitada de trabalho e alguém deve decidir sobre sua utilização para produzir estes ou aqueles bens. Neste sentido, o problema de uma comparação dos bens sob o ângulo do *custado trabalho social* existe em qualquer ordem econômica. Sobre isso, no entanto, impõem-se duas observações especialmente importantes.

Por motivos sociológicos, nenhum sistema econômico pré-capitalista permite compreender a ideia de trabalho abstrato e, por conseguinte, a ideia de custo social dos produtos também não pode ser compreendida.(7) Com efeito, na consciência dos homens de tais sociedades, os indivíduos que produzem, sua atividade, os bens produzidos, sua distribuição, constituem uma *unidade indistinta* na qual não se consegue separar o trabalho abstrato de suas manifestações concretas. Na Idade Média, uma hora de trabalho de um padre ou de um senhor e uma hora de trabalho de um escravo ou de um servo, são coisas bem diferentes, e isto em um sentido *qualitativo*, de forma que não se poderia dizer — coisa que hoje, contudo, nos parece muito natural — que a hora de trabalho de um "vale mais" do que a hora de trabalho do outro.

Pelas mesmas razões, ninguém teria tido a ideia de apresentar essa comparação sob a forma de uma relação entre o valor abstrato (*qualitativamente* idêntico e diferente apenas do ponto de vista *quantitativo*) de dois bens. Passemos agora da economia natural à economia mercantil. Dissemos que o que caracteriza em primeiro lugar essa última é a ausência de planejamento ligando a produção ao consumo.(8) As mercadorias, não há dúvida, continuam sendo bens úteis e possuem um valor de uso. Entretanto, se em última instância, elas vão chegar ao consumidor que busca esse valor de uso, é somente porque antes chegam a um mercado em que são comparadas a outras mercadorias sob o

---

(6) *Le Capital*, tomo I, p. 75, Editions Sociales, Paris: "Em qualquer estágio social o produto do trabalho é valor de uso ou objeto de utilidade, mas há apenas uma época determinada, no desenvolvimento histórico da sociedade, que geralmente transforma o produto do trabalho em mercadoria: é aquela em que o trabalho despendido na produção dos objetos úteis toma o caráter de *uma qualidade inerente a estas coisas*, de valor delas." *Critique du Programme de Gotha*, Editions Sociales, p. 23: "No seio de uma ordem social comunitária fundada sobre a propriedade comum dos meios de produção, os produtores não trocam seus produtos, do mesmo modo como o trabalho incorporado aos produtos não aparece mais como *valor* destes produtos, como uma *qualidade real possuída por eles*. Pois daí para a frente, ao contrário do que se passa na sociedade capitalista, não é mais por meio de um desvio, mas sim diretamente, que os trabalhos do indivíduo se tornam parte integrante do trabalho da comunidade."
(7) Marx, *Le Capital*, p. 73: "O que impedia Aristóteles de perceber, na forma valor das mercadorias, que todos os trabalhos são aí expressos como trabalho humano indiscriminado e, por conseguinte, iguais, é que a sociedade grega repousava sobre o trabalho dos escravos e tinha por base natural a desigualdade dos homens e de suas forças de trabalho. O segredo da expressão do valor — a igualdade e a equivalência de todos os trabalhos, porque e enquanto são trabalho humano em geral só pode ser decifrado depois que a ideia da igualdade humana já tenha adquirido a consistência de uma convicção popular. Mas isto só ocorre em uma sociedade em que a forma mercadoria tenha se tornado a forma geral dos produtos do trabalho; em que, por conseguinte, a relação dos homens entre si como produtores e trocadores de mercadorias seja a relação social dominante. O que caracteriza o gênio de Aristóteles é que ele descobriu na expressão do valor das mercadorias uma relação de igualdade. O estágio particular da sociedade na qual vivia impediu-o apenas de descobrir qual era o conteúdo real dessa relação".
(8) O planejamento tem, é claro, muitas outras funções; por exemplo, a de organizar a produção. Mas não é isso que nos interessa neste momento.

ângulo puramente quantitativo de seu *valor de troca*. Por isso, quando se tornam mercadorias, os bens se desdobram bruscamente e apresentam dois atributos diferentes, aparentemente independentes entre si; um *valor de uso*, que interessa ao consumidor final somente depois que a mercadoria deixou o mercado, e um *valor de troca*, qualitativamente idêntico em todas as mercadorias e diferente apenas por *sua quantidade*. É esse *valor de troca* comum a todas as mercadorias que permite sua comparação e sua troca no mercado.

Do mesmo modo, o trabalho necessário à produção das mercadorias divide-se, então, em dois elementos diferentes que poderemos chamar: um de *trabalho concreto* (na medida em que é trabalho do sapateiro, do romeiro, do fresador, e cria valores de uso), e o outro de *trabalho abstrato* (força muscular, energia despendida etc.), qualitativamente idêntico em todos os trabalhadores produtivos, diferindo apenas pela *quantidade*, e criando valores de troca. Recordemos que Marx considerou sempre a distinção entre esses dois aspectos do trabalho, em uma economia mercantil, como uma de suas descobertas mais importantes.

Ora, se na época de suas primeiras aparições o comércio atinge somente os bens excedentes e se a troca só é praticada dentro dos limites das comunidades, sabemos que logo o mercado destrói as velhas formas econômicas para se apossar da própria produção. No começo, o grupo produz *para seu próprio consumo* e só troca alguns bens excedentes por outros que ele mesmo não pode produzir; no fim dessa evolução, os grupos desaparecem como unidades econômicas e os indivíduos produzem apenas para a venda.

É assim que a produção para o mercado (e sua forma desenvolvida, a produção capitalista) não somente contém em si a *possibilidade* de uma economia universal, mas também representa *um fator ativo de dissolução* de todas as antigas economias naturais(9) às quais ela tende a substituir.

Todavia, examinemos um pouco mais detidamente o aspecto psicológico da vida econômica em uma economia na qual a enorme maioria dos bens, senão sua totalidade, é produzida para o mercado, e em que o preço substitui qualquer outro organismo planificador.(10)

Não sendo nossa intenção escrever um tratado de Economia Política, não vamos insistir no fato de que — no funcionamento do mercado — no nível de uma economia mercantil simples, os preços oscilariam em torno do valor, enquanto em uma economia capitalista liberal eles oscilariam em torno de um certo nível que garantisse a todos os capitais a mesma taxa de lucro médio; e que, nos dois casos, esse ponto de equilíbrio asseguraria ao mesmo tempo a produção de um conjunto de bens cujos aspectos concretos, os valores de uso, corresponderiam à reprodução e ao consumo da sociedade.(11) O que nos interessa, para compreender o fenômeno da reificação, é o mecanismo psíquico através do qual têm lugar todos os processos.

Neste trabalho (que, convém dizer, será apenas um estudo esquemático e sumário do fenômeno) vamos partir de uma constatação tão importante que constitui uma das peças-chave da economia liberal clássica. Em uma sociedade capitalista ideal, na qual nada entravasse o livre jogo da concordância, as coisas caminhariam bem — segundo os grandes economistas liberais — pois cada empreendedor, tentando obter um lucro tão grande quanto possível, seria obrigado a baixar os preços para enfrentar seus concorrentes de modo eficaz. *Assim, ele agiria ainda mais — e sem desejá-lo conscientemente* — no interesse dos consumidores, que obteriam as mercadorias pelos menores preços.

Se bem que isso seja *inexato* como descrição da formação dos preços, aqui nos limitaremos apenas à *análise rigorosa dos mecanismos psicológicos* pelos quais *os equilíbrios e também* os *valores humanos de solidariedade* se realizam — desde que se realizem — no mundo capitalista. Os próprios teóricos

---

(9) Empregamos esse termo para designar, em relação à economia mercantil, todas as formas de organização econômica que envolvem um organismo de planificação da produção e do consumo.
(10) Essa expressão pode parecer imprópria para designar, ao mesmo tempo, os camponeses que organizavam a economia de uma família na Idade Média e a comissão de planejamento de uma economia socialista. Sem dúvida, as diferenças são enormes; mas, em alguns aspectos que nos interessam aqui, a função econômica é análoga.
(11) Uma observação, de passagem. É para explicar este último ponto que a teoria da "utilidade marginal" pode ter certo interesse teórico.

do capitalismo liberal nos dizem que isso acontece *implicitamente*, sem que os homens o queiram, *malgrado e contra* a vontade dos indivíduos. No mundo fictício dos economistas clássicos, mundo que é apenas uma extrapolação esquemática e idealista do mundo capitalista real, os indivíduos seriam perfeitos egoístas, indiferentes e insensíveis aos sofrimentos, aspirações e necessidades de seus semelhantes, mas que passariam (e é nisso que consiste a idealização) seu tempo a ajudar estes últimos, *sem o querer*.

Acrescentemos que tal esquema de pensamento, longe de ser exclusivo dos economistas, exprimia a tal ponto a estrutura essencial da realidade capitalista em nascimento que o encontramos desde o século XVIII, em uma carta de Descartes à Princesa Elisabeth em que ele diz que: "Deus estabeleceu de tal modo a ordem das coisas e juntou os homens em uma associação tão íntima que ainda que cada um cuidasse apenas de si mesmo e não tivesse nenhuma consideração com os outros, mesmo assim não deixaria de se empenhar comumente por eles em tudo que estivesse ao seu alcance, contanto que tivesse prudência, principalmente se vivesse em uma época em que os costumes não fossem corrompidos" (carta de 6 de outubro de 1645). Podemos encontrar o mesmo esquema também em Leibniz, quando ensina que, se bem que não tenha portas nem janelas, o conjunto das mônadas representa "o melhor dos mundos possíveis"; e, enfim, *em uma perspectiva crítica*, em Kant, quando ele opõe o imperativo categórico à vida real, em que um comerciante "estabelece um preço igual para todo mundo — de modo que até uma criança possa comprar dele — pois seu interesse o exige. E não se tem o direito de supor que ele deve, acima do mercado, demonstrar simpatia por seus fregueses de modo a fazer, por qualquer tipo de afeição por eles, preços mais vantajosos para uns do que para outros; a ação não é, pois, realizada nem por dever nem por simpatia, mas apenas por propósitos de interesse". A analogia entre todos esses raciocínios é evidente.

Depois das relações dos homens entre si, abordemos agora outro aspecto complementar da vida econômica: a relação dos homens com as coisas. Em todas as formas de sociedade os homens produzem — já dissemos — objetos para seu próprio consumo, bem como para o consumo de outros membros do grupo. Acontece que em todas as formas sociais pré-capitalistas, o motivo *consciente* que leva os homens a empregarem seu trabalho na produção de certos bens, ou a obrigarem outros homens a fazê-lo, é o *valor de uso* desses bens, é a diversidade múltipla dos objetos produzidos que lhes permite satisfazerem as necessidades humanas. Sem dúvida, a ordem social da maior parte das sociedades do passado estava baseada na opressão brutal, nos privilégios de uma pequena minoria e na exploração de grande número de trabalhadores.

Através dessa opressão e dessa injustiça, todavia, estabelecia-se sempre mais ou menos claramente uma relação *real* e *consciente* entre os produtores e o *valor de uso* dos bens produzidos.

O desenvolvimento da *produção para o mercado* introduziu uma modificação radical nessa estrutura comum às diferentes ordens sociais não capitalistas. Ao lado do *valor de uso* e, em larga escala, em lugar dele, criou e desenvolveu o valor econômico, o *valor de troca*. Por isso, hoje, os industriais não produzem mais os bens — tornados *mercadorias* — em função de seus valores de uso diversos e múltiplos, que permitiriam satisfazer as variadas necessidades de seus semelhantes, mas sim para alcançar seu *valor de troca comum*, *qualitativamente idêntico* em todas as mercadorias que chegam ao mercado. É verdade que o valor de uso não perdeu totalmente a realidade: não se pode vender uma mercadoria, realizar seu valor de troca, senão na medida que ela apresente um valor de uso para o último comprador. Não obstante, enquanto a mercadoria não deixa o círculo das relações inter-humanas, enquanto ainda está no estágio da produção e da venda, é seu *valor de troca* que ocupa exclusivamente a consciência dos homens, o valor de uso só tendo importância com relação a ele. Um fabricante de calçados não se pergunta se os sapatos são bons, mas se são vendáveis; sua qualidade só lhe interessa na medida em que facilite ou, ao contrário, torne mais difícil o escoamento da produção. E mesmo o consumidor, quando resolve comprar um par de sapatos, pensa antes de tudo no preço que pode pagar, e no preço médio dos sapatos no mercado no momento em que vai se apresentar como comprador. Quantas vezes compramos uma mercadoria qualquer não porque seja boa ou bonita, nem mesmo porque necessitamos dela, mas porque está "em oferta", ou seja, um pouco abaixo do preço corrente. De certo, não há dúvida de que chega um momento em que a "mercadoria" se torna objeto concreto, quando o valor de troca desaparece para dar lugar ao valor de uso; mas isso só acontece depois que ela abandonou a esfera das relações inter-humanas gerais, a esfera da troca, para entrar naquilo que chamamos *esfera privada*, a esfera do consumo. Aqui o indivíduo está sozinho diante dos bens que consome, ou melhor, se há ainda relações inter-humanas, são *relações familiares* ou *de amizade*. Exatamente por serem privadas — o que significa mais ou menos libertas da ação *imediata* do mercado — tais relações resguardam em certa medida o altruísmo e a solidariedade interindividual.

O parentesco entre nossas duas análises é evidente: como o *valor de uso*, a *solidariedade* consciente e deliberada entre os homens é relegada ao domínio "privado" das relações de família ou de amizade; nas relações inter-humanas em geral — e especialmente nas econômicas —, ao contrário, a função de um e de outra é tomada implícita, obscurecida por fatores que solicitam unicamente o egoísmo do *homo economicus*, que administra racionalmente um mundo abstrato e puramente quantitativo de "valores de troca".

Ressaltemos a importância capital desses dois fenômenos para a estrutura psíquica dos homens que vivem no mundo capitalista. Antes de tudo, eles devem necessariamente provocar a ruptura das relações imediatas entre os homens e a natureza. O valor de uso estava ligado ao aspecto sensível e diferenciado das coisas naturais ou fabricadas; o valor de troca abstrai toda a qualidade sensível — e comum a todas as mercadorias; tem em conta apenas diferenças de *quantidade*. Todo elemento qualitativo é radicalmente eliminado. Os resultados dessa transformação não foram, todavia, total e exclusivamente negativos; eles favoreceram, entre outras coisas, na Grécia antiga e, mais tarde, na Europa Ocidental dos séculos XVI e XVII, o nascimento e o desenvolvimento de uma física mecanicista que afirma o caráter ilusório de todas as qualidades sensíveis e reduz o universo físico aos elementos extensos e quantitativos. É verdade também que o desenvolvimento da produção capitalista baseada no fator puramente quantitativo do valor de troca impediu progressivamente a compreensão dos elementos qualitativos e sensíveis do mundo natural pelos homens. A sensibilidade a esses elementos foi se tornando cada vez mais um privilégio "dos poetas, das crianças e das mulheres", isto é, dos indivíduos à *margem da vida econômica*.

Tal transformação não se limita às relações entre os homens e a natureza; atinge também as relações dos homens entre si, se bem que aqui também seus resultados não sejam única e exclusivamente negativos. À criação de uma física científica, no nível das relações entre os homens e o mundo natural, corresponde, no plano das relações sociais, a afirmação da *liberdade individual* como valor e a noção *da justiça* como direito — reconhecido a cada indivíduo — de fazer, na esfera de sua liberdade, tudo que não interfira na liberdade dos outros. É também verdade que, mesmo nos limitando provisoriamente ao plano da economia, o indivíduo, o operário especialmente, não é mais, como o artesão da Idade Média, um homem insubstituível — na medida em que ele é o único a produzir determinados objetos que um outro produziria, diferentemente; ele se tornou um produtor de *mercadorias, de valores de troca*(12) e como tal, um elemento *intercambiável* (em um cálculo talvez complicado, mas, em todo caso, *racional*). Seu trabalho não é mais o trabalho de um determinado indivíduo; na contabilidade da empresa, é o trabalho de um operário anônimo que custa tal soma e produz tal lucro. E o fenômeno se estende também às relações entre industriais ou comerciantes. Uma das características fundamentais da sociedade capitalista é a de mascarar as relações sociais entre os homens e as realidades espirituais e psíquicas, dando-lhes o aspecto de atributos naturais das coisas ou de leis naturais.(13) É por isso que as relações de troca entre os diferentes membros da sociedade — transparentes e claras em todas as outras formas de organização social — tomam aqui a forma de um atributo de coisas mortas: o preço.

"Um par de sapatos custa cinco mil francos." Aqui está a expressão de uma relação social e implicitamente humana entre o criador de gado, o curtidor de couro, seus empregados, seus operários,

---
(12) Ainda ele as produz para outro.
(13) Daí o nome de *reificação* (Verdinglichung).

o revendedor, o comerciante de calçados e enfim o consumidor final. Mas nada disso é visível; a maioria desses personagens nem mesmo se conhece e até ignora sua existência mútua. Ficariam espantados de saber da existência de um laço que os une. Tudo se exprime em um só fato: "um par de sapatos custa cinco mil francos."

Ora, esse não é um fato isolado. É, ao contrário, o fenômeno social fundamental da sociedade capitalista: a transformação das relações humanas qualitativas em *atributo quantitativo de coisas inertes*, a manifestação do trabalho social necessário, empregado para produzir certos bens sob a forma de *valor*, como *qualidade objetiva desses bens*; é a reificação que se estende progressivamente ao conjunto da vida psíquica dos homens, a qual faz predominar o abstrato e o quantitativo sobre o concreto e o qualitativo.

Com efeito, para o industrial ou o comerciante, em uma economia capitalista, o valor de uso de seus produtos não é senão um desvio inevitável, através do qual ele deve recobrar um *valor maior* do que o inicial: uma mais valia, um lucro.

Ora, para chegar a isso ele deve, primeiramente, proceder no interior da produção de modo tão racional quanto possível, isto é, transformar de imediato todos os elementos qualitativos (mão de obra, matérias-primas) em elementos quantitativos da ordem do preço de custo, do rendimento, ou seja, da ordem do valor.

Em segundo lugar, se a vontade consciente do capitalista intervém para organizar o processo de produção, isso está em oposição ao ponto de partida do processo — quando se trata de comprar a mão de obra e as matérias-primas — e em oposição, sobretudo, ao fim desse processo — quando se trata de vender os produtos — em face de um mercado no qual os acontecimentos se apresentam como resultado de leis cegas, independentes das vontades individuais, e regidas pelos preços, isto é, pelas qualidades objetivas das coisas. E assim que nesse domínio fundamental da vida humana que é a vida econômica, a economia mercantil mascara o caráter histórico e humano da vida social, transformando o homem em elemento passivo, em *espectador* de um drama que se renova continuamente e no qual os únicos elementos realmente ativos são as coisas inertes.

Longe de ser um simples aspecto sutil, tal distorção é uma realidade psíquica profunda que se exprime até mesmo na linguagem. Correntemente usamos expressões absurdas em si mesmas, mas que todo mundo compreende, como: "a empresa vai indo bem", "o cobre subiu", "as mercadorias não vieram". Marx escreveu em O *Capital* que se chega assim a um aspecto manifesto das relações econômicas e sociais, maravilhosamente caracterizado pela expressão de um personagem shakespeariano: "Ser um homem de bem é resultado das circunstâncias, mas saber ler e escrever, isso nos vem da natureza."

Ademais, é preciso acrescentar aqui uma observação que demanda desenvolvimentos mais amplos e sobretudo controles históricos longos e difíceis de efetuar. Com efeito, além da reificação estudada por Marx e que está ligada à produção mercantil, é provável que a estrutura *capitalista* da economia venha ainda fortalecer a autonomia das coisas inertes em relação à realidade humana.

Em toda sociedade a atividade social está estreitamente ligada aos objetos físicos. Os homens agem em conjunto sobre a realidade não humana, e essa realidade se transforma continuamente sob a ação dos homens.

É provável que para poder agir sobre essa realidade, os homens tenham sido obrigados, em todas as sociedades, a separar o aspecto cognitivo da realidade física, de suas relações ativas ou afetivas com ela, criando assim um mundo do qual se pode falar à maneira *teórica*, em termos de *constatação*. É também provável que para fazê-lo, finalmente, tenham sido obrigados, durante toda sua história, a ligar esses quadros em contínua modificação, que são os dados empíricos imediatos, a invariáveis conceituais, das quais uma das mais importantes para a vida cotidiana tenha sido a invariável *do objeto, da coisa*.

Todavia, coloca-se o problema da estrutura que torna, para a consciência dos homens, nas diferentes sociedades, a relação entre essas invariáveis e a mutação em geral e a relação particular que existe entre as coisas e a ação humana que as transforma. (Refiro-me, por exemplo, à relação que existe entre a casa e a ação dos homens que a habitam e a transformam continuamente até o dia em que a derrubem.) Nas *Teses sobre Feuerbach*, Marx colocou este problema no nível essencial das relações entre a percepção e a atividade perceptiva. Em nossos dias, Jean Piaget reencontrou as posições de Marx em seus estudos experimentais sobre a percepção.(14)

Ora, parece-nos muito provável que, na sociedade capitalista, o fato de que a cada momento a apropriação do que é produzido seja integralmente *separada* de quem o produziu, que o operário produza objetos que não lhe pertencem, contribui para tornar a categoria do invariável, da coisa, muito mais preponderante em relação à mutação, a teoria muito mais preponderante em relação à atividade transformadora dos homens do que jamais o foram em todas as outras formas de organização social.

Por outro lado, Marx esclareceu suficientemente: no mundo capitalista a atividade humana não é apenas separada de seus produtos, mas ela mesma se encontra assimilada às coisas, na medida em que a força de trabalho se torna uma *mercadoria* que tem *valor e preço próprios*. Isso se manifesta tanto na contabilidade das empresas quanto na Economia Política, em que a força de trabalho é considerada como um simples elemento do capital circulante, o qual não se distingue em nada dos outros elementos de tal capital (matérias-primas etc.).(15)

Finalmente é preciso acrescentar que, exatamente como a produção capitalista tem tendência a se impor sobre outras formas de produção, transformando assim a realidade de acordo com suas categorias, ela também transformou — durante um longo período, que apenas em nossos dias está em vias de ser ultrapassado, graças à automação — a situação de uma grande parcela da classe operária, reduzindo a qualificação e com ela as diferenças entre os indivíduos, tornando-os intercambiáveis e assimilando, assim, sua atividade concreta ao trabalho abstrato, simples e socialmente necessário, que é o fundamento do valor de troca.

Resumindo, a economia mercantil — especialmente a economia capitalista — tende a substituir na consciência dos produtores o valor de uso pelo valor de troca e as relações humanas concretas e significativas por relações abstratas e universais entre vendedores e compradores; desse modo, tende a substituir no conjunto da vida humana o qualitativo pelo quantitativo.

Além disso, ela separa o produto do produtor e assim fortalece a autonomia da coisa com relação à ação dos homens e à mutação.

Faz, enfim, da força de trabalho uma *mercadoria* que tem um *valor* — e isto significa que aí também transforma uma realidade humana em coisa — e aumenta durante um longo período histórico o peso do trabalho não qualificado ou pouco qualificado, em relação ao trabalho qualificado, substituindo mesmo, no plano da realidade imediata, as diferenças qualitativas por simples diferenças de quantidade.

---

(14) O problema é colocado também de modo particularmente sugestivo e claro em uma historieta infantil: Joãozinho tem uma faca, um dia manda trocar o cabo; dois meses mais tarde manda trocar a lâmina. Esta continua sendo a faca de Joãozinho?

(15) Sabemos que em O *Capital* a distinção fundamental que se acrescenta e passa ao primeiro plano em relação à distinção entre capital fixo e capital circulante é a que se faz entre *capital constante* e *capital variável*, ou seja, entre objetos e trabalho humano.

11

A "Praxis": A Relação Social como Processo*

Henri Lefebvre

Durante toda sua vida, Marx lutou contra Hegel para destruir a fortaleza hegeliana (um castelo no sentido kafkiano) e apossar-se de seu maior bem, ou, se quisermos, para salvar da destruição do sistema absoluto aquilo que podia e devia ser salvo. A relação entre hegelianismo e marxismo não cessará tão cedo de apresentar enigmas e de oferecer temas para pesquisas. É uma relação dialética, isto é, conflituosa. Entre os dois pensamentos existe, ao mesmo tempo, continuidade e descontinuidade, prolongamento e transformação. Somente mais tarde quando escreve O Capital, Marx conseguirá formular seu método dialético, precisando aquilo em que ele difere do método hegeliano. No entanto, bem cedo, ele substituiu pela noção de *superação* (noção esta tirada de Hegel) a noção de síntese, que coroava, completava, imobilizava a tese e a antítese na construção do sistema hegeliano.

Não é nosso propósito, no momento, retomar e expor ponto por ponto, setor por setor, aquilo em que o pensamento marxista desenvolve o pensamento hegeliano, aquilo em que dele difere radicalmente. Nós nos contentaremos em indicar o ponto de ruptura, negligenciado ou dissimulado após circunstâncias complicadas. A ruptura se dá na questão do Estado. Para Hegel, filósofo do Estado, este encarna a ideia. Ele consolida e complementa a sociedade. Sem ele se desagregariam os elementos e os momentos da realidade social, isto é, os "estados", profissões e corporações, os grupos parciais tais como a família e a cidade, e, enfim, as necessidades e as regulamentações (tais como a moralidade objetiva, isto é, os costumes, e a moralidade subjetiva ou sentimento de obrigação e de dever). Com o Estado moderno, constitucional, a História termina. Nada mais há a esperar do tempo nem da ação. Para Marx, ao contrário, o Estado não é senão uma instituição que depende de suas condições históricas, em vez de fazê-las surgir e aglutiná-las sob seu mando por um processo metafísico. Usando um vocabulário que Marx ainda não emprega no momento em que critica radicalmente a filosofia hegeliana do direito e do Estado, as instituições possuem uma base e são superestruturas. Quanto à tese hegeliana, que faz da classe média (e da burocracia do Estado a ela ligada) a classe universal, portadora da consciência e do saber, Marx a rejeita com violência. A crítica marxista é

(*) Henri Lefebvre, *Sociologia de Marx* (cap. II: "A 'praxis'"), Companhia Editora Forense, Rio de Janeiro — São Paulo, s/d., pp. 17-41. Tradução de Carlos Roberto Alves Dias. Reproduzido com autorização da Editora Forense Universitária.

teórica? Sim. Ela vai mesmo até o fim, até o fundo da teoria, da análise dos conceitos. Ela também é fundamentalmente prática. O sistema hegeliano proíbe a ação, porque ele fecha o horizonte e detém o futuro. Marx entra no pensamento como homem de ação. Ele combate pela democracia, pelo socialismo e comunismo, pelo desenvolvimento da sociedade. Elabora uma estratégia, apoiada no proletariado, para que a classe operária conteste e negue as instituições existentes. Não pode admitir um sistema filosófico que consagre (no sentido mais forte do termo: que sacralize e canonize) o Estado e o direito existentes. Ora, o sistema hegeliano é um sistema filosófico perfeito: o sistema. A crítica do Estado e a crítica da Filosofia, pois, são feitas em conjunto, através da crítica radical ao sistema filosófico-político.

Contudo, a ruptura se faz mantendo uma continuidade. Da mesma forma que se fala de uma revolução galileu-cartesiana nas ciências da natureza, poder-se-ia falar de uma revolução hegeliana e marxista no conhecimento do homem. Isto seria muito mais justo do que atribuir a Kant e ao kantismo a mudança neste domínio. Em que consiste esta revolução? Consiste em que para Hegel, de início, e para Marx, em seguida, o objeto da pesquisa e do conhecimento é o tempo. Nas ciências e nos conceitos até então elaborados, o espaço tem o papel principal. Embora o tempo não esteja de todo eliminado, mesmo no "mecanismo" mais avançado, ele resulta do espaço, está determinado por ele e lhe é subordinado. Em Hegel o *vir a ser* torna-se primordial: *vir a ser* histórico, sucessão de figuras e momentos da consciência humana. Ao sistematizar a Filosofia, Hegel detém o tempo, fixa-lhe um termo final no Estado existente e, em seu próprio sistema, destrói seu pensamento mais profundo. Marx o retoma em profundidade. O vir a ser se universaliza verdadeiramente, pois tanto a natureza como a sociedade são concebidas historicamente. O homem e o humano se caracterizam temporalmente: tempo de trabalho social, divisão das atividades no tempo, gênese das formas e estruturas no tempo. As obras ditas filosóficas perseguem de maneira coerente este aprofundamento do tempo, até desbordar e fazer explodir toda sistematização filosófica, toda formalização que se queria definitiva. Conhecer o humano é liberar suas potencialidades no vir a ser. Hegel não nos pôde dar um sistema da liberdade. Seu sistema do saber é perigoso. E, no entanto, o hegelianismo estabeleceu o conhecimento do tempo, que se tornou o fundamento de todo conhecimento do homem.

Em Marx, ainda mais explicitamente que em Hegel, o tempo possui duplo aspecto: crescimento e desenvolvimento. Os "seres" que nascem no vir a ser com certa estabilidade crescem, isto é, aumentam gradualmente uma ou outra de suas propriedades. Essas propriedades são quantitativas (logo mensuráveis). Ao mesmo tempo e no mesmo vir a ser surgem propriedades novas, diversidades qualitativas. Crescimento e desenvolvimento avançam juntos. Eles têm uma conexão, estipulada pelos princípios mais gerais (as leis) do pensamento dialético. Um "ser" que somente crescesse, quantitativamente, logo se tornaria um monstro. Contudo, estes dois aspectos do vir a ser diferem e, às vezes, se dissociam e divergem. Tais monstros existem e não são raros, talvez representem uma forma da decadência e da morte. O crescimento, pois, é quantitativo, contínuo. O desenvolvimento é qualitativo, descontínuo. Ele avança aos saltos, ele os supõe. O crescimento é facilmente previsível. O desenvolvimento o é menos. Talvez mesmo comporte o imprevisto, o acaso, aparições surpreendentes de qualidades novas, irredutíveis ao passado e aos determinismos. A história, sempre mais rica de formas e de obras do que as previsões e a expectativa da reflexão, está repleta de exemplos.

Quando se lê Hegel, sobretudo A *Filosofia do Direito*, à luz do marxismo, reencontra-se a noção de *praxis*. Hegel analisa o que ele chama de sociedade civil, a qual distingue da sociedade política (o Estado e seu pessoal: burocracia, governo). A sociedade civil compreende as necessidades dos indivíduos e dos grupos, necessidades que a vida social organiza em um sistema coerente e que a divisão do trabalho tende a satisfazer. Ela compreende também os grupos parciais: as famílias, os grupos profissionais (Estados), as cidades e agrupamentos territoriais. Todos esses elementos agem uns sobre os outros, e de sua interação surge um conjunto, a sociedade civil, a qual o direito, o Estado, o governo, o aparelho burocrático do Estado vêm consolidar e coroar.

A noção de *praxis* se encontra já em Hegel e, ao mesmo tempo, não se encontra. Com efeito, no sistema filosófico-político de Hegel, o Estado providencial e divino propõe suas condições, que só têm importância e interesse como materiais de construção do edifício jurídico e político. Não vendo nesses elementos e condições senão "momentos" sem substância própria da realidade superior — o Estado — Hegel os despreza.

Nos Manuscritos de 1844, nas *Teses sobre Feuerbach*, na *Sagrada família* e na *Ideologia alemã* (redigidos com Engels em 1845-46), a noção *de praxis* emerge.

Os manuscritos de 1844 criticam e rejeitam as categorias e noções fundamentais da Filosofia, inclusive os conceitos de *materialismo e idealismo*. Que é "substância" no sentido filosófico? É natureza metafisicamente dissimulada quando separada do homem. Inversamente, que é a consciência? É o espírito humano metafisicamente dissimulado quando separado da natureza.

As duas *interpretações* do mundo, o materialismo e o idealismo, são superadas pela *praxis* revolucionária. Elas perdem em primeiro lugar sua oposição e, por consequência, perdem sua existência também. A especificidade do marxismo, seu caráter revolucionário (isto é, seu caráter de classe) não resulta, pois, de uma tomada de posição materialista, mas de seu caráter *prático*, que supera a especulação, a Filosofia, superando tanto o materialismo como o idealismo. As interpretações do mundo se encontram também no pensamento anterior, notadamente no pensamento burguês do século XVIII. Se é verdade que o materialismo esteve presente no conjunto da filosofia das classes oprimidas e revolucionárias, a burguesia inclusive, a função da classe operária é radicalmente nova. Explicitando a *praxis* (prática da sociedade baseada na indústria que permite tomar consciência da prática humana em geral), ela ultrapassa definitivamente as interpretações anteriores, como etapas superadas que são da luta de classes.

O marxismo (que teoricamente esclarece a situação da classe operária e lhe fornece uma consciência de classe elevada ao nível da teoria) não é uma Filosofia materialista, porque já não é uma Filosofia. Não é mais idealista nem materialista, porque é profundamente *histórica*. Ele explicita a historicidade do conhecimento; revela a historicidade do ser humano, a formação econômico-social.

Não somente a Filosofia não explica nada, mas ela mesma é explicada pelo materialismo histórico. A Filosofia, atitude contemplativa, aceita o existente. Não transforma o mundo, transforma apenas as interpretações do mundo. A atitude contemplativa, consequência longínqua da divisão do trabalho, é uma atividade mutilada, parcial. Ora, o verdadeiro é o todo. A Filosofia não pode pretender o título de atividade suprema e total. Os resultados obtidos por essa atividade contemplativa vão contra os fatos empiricamente observados. Não existem os absolutos imóveis, nem existe o além espiritual. Todo absoluto se revela como máscara que justifica a exploração do homem pelo homem. As abstrações filosóficas como tais não têm nenhum valor, nenhuma significação precisa. O verdadeiro é também o concreto. E as proposições da *philosophia perennis*? Ou bem são tautologias sem conteúdo, ou bem recebem um significado concreto através de um conteúdo histórico, empiricamente verificável. Elevar-se sobre o mundo pela reflexão pura, em realidade, é permanecer prisioneiro da pura reflexão. Isto não quer dizer que se atingirá o nominalismo; as universais estão fundadas na *praxis* que, em si mesma, é objetiva.

Haveria várias espécies de conhecimento, qualitativamente diversas e distintas, por exemplo, o conhecimento filosófico e o conhecimento científico? Não. O pensamento filosófico abstrato não se justifica senão como abstração dos conhecimentos científicos particulares ou, mais exatamente, como resumo dos resultados mais gerais do estudo do desenvolvimento histórico.

O materialismo histórico se justifica pelo desejo de restituir ao pensamento humano sua força ativa — força que ele possuía "no início", antes da divisão do trabalho, quando estava diretamente ligado à prática — mas, igualmente, pela decisão "filosófica" de não ser enganado pelas ilusões da época e de criar uma doutrina realmente universal.

Esta tríplice exigência que extingue a Filosofia e, ao mesmo tempo, a prolonga e pode ainda passar por exigência filosófica (pensamento eficaz, pensamento verdadeiro, pensamento universalmente humano) não se encontra completamente desenvolvida na *Ideologia alemã* e em *A sagrada família*. Encontra-se no centro dos temas, polêmicas e críticas contidas nos textos posteriores.

A noção de *praxis* passa ao primeiro plano nos textos ditos filosóficos de Marx. Acabamos de sublinhar; ela se define por oposição à Filosofia e à atitude especulativa do filósofo. Feuerbach, que rejeitou a Filosofia hegeliana em nome de uma antropologia materialista, não conseguiu superar a atitude filosófica. Se, por um lado ele acentua o objeto sensível, por outro despreza o aspecto subjetivo na percepção sensível: atividade que molda o objeto, que o reconhece e, ao mesmo tempo, se reconhece nele. Feuerbach não vê no objeto sensível o produto ou a obra de uma atividade criadora, ao mesmo tempo sensível e social. Negligenciando a atividade prático-sensível, ele ignora com mais razão a atividade prático-crítica, isto é, revolucionária. (1) Em relação ao materialismo filosófico, que deixou de lado a *praxis*, o idealismo legitimamente retomou e compreendeu, embora abstratamente, o aspecto da percepção e do pensamento humano, deixando de lado o sensível (tese I sobre Feuerbach). Com esta orientação, Feuerbach só viu sordidez na *praxis*. O materialismo filosófico chegou a consequências mais graves. Ele liga as mudanças do homem às mudanças nas circunstâncias e na educação, esquecendo que é o homem que muda as circunstâncias e que os educadores têm necessidade de ser educados. Esta teoria materialista *tende a dividir a sociedade em duas partes, das quais uma se eleva sobre a própria sociedade*. Expresso de outra forma, a Filosofia materialista, como o idealismo, justifica o Estado, não mais a pretexto de organização, mas de educação (tese III).

"A questão de saber se o pensamento humano pode atingir uma verdade objetiva não é uma questão teórica, mas uma questão prática. É na *praxis* que o homem deve demonstrar a verdade, isto é a realidade, a precisão, o poder de seu pensamento. A controvérsia sobre a realidade ou não realidade do pensamento, isolada da *praxis*, é uma questão puramente escolástica" (tese II).

As várias formas de conhecimento encontram seu alcance e seu sentido na conexão com a atividade prática. O problema especulativo do conhecimento deve ser rejeitado como um falso problema. A coerência abstrata, a demonstração teórica desligada da atividade social e da verificação prática, não têm nenhum valor. A essência do ser humano é social e a essência da sociedade é *praxis*: ato, ação, interação. Separando-se da *praxis*, a teoria se perde em problemas mal postos e insolúveis, em mistérios e misticismo (tese VIII).

Segundo estes textos, a determinação da *praxis* é, sobretudo, negativa. Ela se define na medida em que ignora e despreza a Filosofia, na medida em que a Filosofia não existe mais. E uma determinação polêmica, na qual o negativo revela o essencial: o positivo para o pensamento dialético. Contudo, a explicitação do novo conceito permanece incompleta. Marx não a impulsionou o suficiente de forma a que impedisse certas confusões. O critério da prática, expresso na tese II sobre Feuerbach, será tomado logo em seguida como uma rejeição da teoria a favor do espírito prático, como uma posição empirista e um culto da eficácia: como um praticismo ou um pragmatismo. Em nome da crítica à Filosofia, perdeu-se de vista a importância da Filosofia e o elo entre a *praxis* e a superação da Filosofia.

Alguns pensarão que as ciências sociais ou ciências da realidade humana, entre as quais se põe em primeiro plano a Sociologia, bastam para substituir a Filosofia moribunda. Os símbolos, visões e conceitos filosóficos, que são confundidos por eles, são substituídos por constatações de fatos empíricos (sociais, humanos, culturais etc.). Esses pensadores terão a surpresa de se encontrarem diante de constatações precisas, porém parciais, sem amplitude, às quais somente o retorno a um "filosofismo" mal escondido ou declarado pode fornecer novas dimensões e profundidade. Ou ainda — o que dá no mesmo — os especialistas encontrarão técnicas parciais e logo chegarão os filósofos para dar unidade especulativa a esta massa informe de fatos, de técnicas e de resultados. Oscilarão entre o positivismo e o filosofismo, entre o objetivo e o subjetivo, entre o empirismo e o voluntarismo.

---

(1) É preciso sublinhar que visamos aqui à teoria do "prático-inerte" (em J. P. Sartre, *Crítica da razão dialética*), que desconhece a crítica da filosofia elaborada pelo pensamento marxista, ignora a restituição do sensível e dá um passo atrás em relação à antropologia de Feuerbach.

Outros ainda dizem que Marx descobriu a *praxis* e que esta descoberta torna inútil a Filosofia, permitindo que os sonhos dos filósofos se realizem. Será, porém, simples a noção de *praxis*? Como atingir sua complexidade? Já conseguimos discernir as diferenças, os níveis, as polarizações e as contradições que contém. A partir de que conceitos analisar e expor, em seu poder criador, a noção de *praxis*, senão a partir dos conceitos elaborados pela Filosofia (universais)?

Se confundimos a descoberta da *praxis* com a supressão da Filosofia, não nos estaremos dirigindo a uma Filosofia da *praxis*, o pragmatismo ou outra qualquer, mas que continua a ser uma Filosofia, um derivado ou sucedâneo da antiga Filosofia?

Todas estas tendências se encontram em grande confusão no movimento marxista contemporâneo, sem que nunca sejam explicitadas as hipóteses e implicações. De fato, na prática, o marxismo oficial adota uma atitude empirista e positivista, acobertado por uma fraseologia filosófica. Ele outorga plena e inteira confiança às ciências e às técnicas (mais às ciências da natureza do que às ciências da realidade humana). Arrisca-se, assim, a acobertar e justificar sob o manto do marxismo ideológico uma *praxis* tecnocrática. Quanto à Filosofia da *praxis*, tal como A. Gramsci a formulou, se torna justificação de uma *praxis* determinada; a do partido, o príncipe moderno. Transforma-se, pois, em Filosofia do maquiavelismo, conferindo certificado filosófico ao pragmatismo político.

Para G. Lukács, em *História e consciência de classe*, é a consciência de classe do proletariado que substitui a Filosofia clássica. O proletariado introduz a *totalidade*, retirada do real: passado, presente e futuro (possibilidades), negando radicalmente o real existente.

Por infelicidade, esta consciência histórica da classe operária não existe em nenhuma parte na classe operária; em nenhum indivíduo real, em nenhum grupo real. Ela somente se constrói na cabeça do filósofo, que pensa especulativamente na classe operária. Ela cede, pois, ante a crítica que distingue a consciência *espontânea* (incerta, primitiva) da consciência política (resultado da fusão, na ação, do conhecimento conceitual elaborado pelos sábios — logo, os intelectuais — com a consciência *espontânea*). Lukács substitui a Filosofia clássica pela Filosofia do proletariado. Esta Filosofia delega o poder filosófico de representar e sistematizar o real a um pensador. Isto perpetua os riscos e perigos da sistematização clássica, sobretudo quando o "pensador" se torna "coletivo"! A teoria lukacsiana da consciência de classe tem o mesmo inconveniente da Filosofia da *praxis* segundo A. Gramsci. Os dois teóricos marxistas conceberam o fim da filosofia, sem terem concebido sua *realização*. Engano muito generalizado.

A descoberta da *praxis* aboliu a Filosofia independente, especulativa, metafísica. Ela, porém, não busca a realização da Filosofia, senão na medida em que uma *praxis* eficaz (revolucionária) supera, com a divisão do trabalho e o estabelecimento do Estado, a oposição entre o mundo filosófico (verdadeiro) e o mundo não filosófico (real).

Por numerosas razões, contemporâneas ou posteriores a Marx, mas sempre ligadas ao desenvolvimento contraditório do pensamento marxista no mundo atual, julgamos indispensável explicitar o conceito de *praxis*. E isto não somente agrupando extratos e citações de Marx e Engels, mas esclarecendo esta noção com as experiências e provas do homem moderno. Somente uma exposição completa do conceito, de suas implicações, do que explica, pode mostrar que ele contém múltiplos elementos sociológicos: uma Sociologia das necessidades, dos objetos, do conhecimento, da vida cotidiana e da vida política etc.

Na leitura que nos propomos de Marx, as tentativas sucessivas se integram em sua concepção sempre mais ampla, e, ao mesmo tempo, mais próxima da ação prática (política). Marx sempre considerou ter atingido a crítica da Filosofia. Ele nunca voltou à noção de *praxis*. Até o fim de sua vida quis escrever uma exposição da metodologia dialética, porém desapareceu sem ter realizado sua vontade. A obra de Marx não somente é inacabada como é incompleta e as exposições são insuficientes até nos setores mais elaborados. O que muito contribuiu para os mal-entendidos posteriores.

Para estudar exaustivamente a *praxis* em Marx, admitindo-se que isto seja possível, seria necessário retomar, agrupar e esclarecer em suas relações um número considerável de textos. Deixamos a outros esta tarefa, como também a de redefinir as relações entre Hegel e Marx e várias outras questões em suspenso. Nós nos propomos somente a evitar e mesmo a impedir certas confusões, e também a mostrar como a *praxis* concebida por Marx deixa lugar à Sociologia, no sentido moderno da palavra.

a) A noção de *praxis* pressupõe a reabilitação do sensível e a restituição, a que já nos referimos, do prático-sensível. O sensível, como bem o compreendeu Feuerbach, é o fundamento de todo conhecimento, porque é o fundamento do ser. Não apenas é rico de significação, como também é ação. O mundo humano foi criado pelos homens, no curso de sua história, a partir de uma natureza original que não se dá a nós senão transformada por nossos meios: instrumentos, linguagem, conceitos, signos.

Fonte de inesgotável riqueza a ser conquistada, o prático-sensível nos conduz à *praxis*. Ele possibilita incessantes revelações, bastando abrir os olhos para que se perceba a amplidão da *praxis* nesta obra humana que vai até as paisagens, as cidades, os objetos de uso corrente, como os objetos raros (obras de arte). A unidade do sensível e do intelecto, da natureza e da cultura, se nos oferece de todos os lados. Nossos sentidos tornam-se teóricos, como diz Marx, e o imediato revela as mediações que envolve. O sensível nos conduz à noção de *praxis* e esta descortina a riqueza do sensível.

As relações entre os seres vivos e humanos fazem parte deste mundo sensível reconhecido, redescoberto, revelado. Com efeito, antes de ser outra consciência para o sujeito consciente, o outro ser vivo e humano, antes de tudo, objeto. E como objeto sensível que ele entra nas relações sociais mais ou menos ricas e complexas, que o revelam como "sujeito", permitindo-lhe exercer seu poder subjetivo: atividade, reflexão, desejos.

b) O homem (ser humano) é, antes de mais nada, ser de necessidade. E o é muito mais do que os animais, que encontram, quase todos desde o nascimento, em seus corpos ou em derredor, os recursos que lhes permitem sobreviver. Na falta desses recursos, desaparecem espécies e indivíduos. Em todo o humano, em todas suas atividades, a necessidade em geral (genérica) aparece e reaparece como fundamento. Nada existe que não corresponda a uma necessidade ou que não suscite necessidade. Mesmo o que parece mais afastado na cultura e na técnica. Com maior razão na vida econômica. Se existem necessidades individuais (que só se satisfazem socialmente), existem também necessidades sociais propriamente ditas e necessidades políticas, necessidades imediatas e necessidades cultivadas, necessidades naturais e artificiais, reais e alienadas. O reconhecimento da consciência no outro (ser humano) não se torna fato humano, isto é, social, senão a partir do momento em que o reconhecimento da necessidade do outro (ser humano) se torna uma necessidade da consciência. Enfim, a razão, a nacionalidade no social e no individual, só aparece com o desenvolvimento das necessidades e quando os homens associados têm necessidade da razão atuante.

Após seu nascimento (individual e histórico), o homem, ser de necessidade, permanece por muito tempo fraco e desarmado. Pergunta-se como puderam os homens sobreviver, crianças desfavorecidas pela cruel genitora, a natureza. Seria o homem, como ser de necessidade, para Marx e para o pensamento marxista, objeto de uma ciência particular que se poderia chamar de *antropologia*? Sem dúvida. *Os manuscritos de 1844* esboçam essa antropologia (cf. ed. Bottigelli, pp. 92-106) e ao mesmo tempo contêm a sua crítica. A Antropologia (e a de Feuerbach é o exemplo típico) tende a imergir o homem na natureza ou a separá-lo dela. Ao contrário, o que é preciso perceber é a relação conflituosa entre o homem e a natureza: unidade (o homem mais desenvolvido não se separa da natureza) e luta (a atividade humana arranca da natureza a satisfação das necessidades humanas, transformando-a, devastando-a). O fundamento do ser humano na natureza pode legitimamente ser tomado por ontológico (cf. *Os manuscritos*, p. 119). Por outro lado, tudo o que o homem faz entra no vir a ser, isto é, na História. Mas não temos o direito de "ontologizar" a História e muito menos a natureza, fazendo dela uma Filosofia, separando assim mais uma vez o humano do natural.

As necessidades são estudadas na medida em que entram no movimento geral da espécie humana e enquanto estimulam as atividades do homem que se torna humano. Assim se introduzem, legitimamente, noções como as de riqueza e pobreza das necessidades, sua diversidade, a passagem da necessidade de objetos para a necessidade de presença (de outro ser humano), a passagem da utilidade natural ao uso humano (cf. *ibidem*, p. 92).

O estudo das necessidades revela um entrelaçamento de processos dialéticos. O homem difere do animal na medida em que, para conseguir o objeto de suas necessidades, criou instrumentos e inventou o trabalho. A necessidade é, ao mesmo tempo, ato (atividade) e relação, em si mesma complexa, com a natureza, com outros seres humanos, com objetos. Pelo trabalho o ser humano domina a natureza e se apropria parcialmente dela. O trabalho não pertence à natureza. Ele chega a ser "contra a natureza" em dois sentidos; enquanto labor, exige esforço e disciplina — modifica a natureza em torno do homem e dentro do homem. O trabalho torna-se uma necessidade. Os sentidos são cultivados e apurados pelo trabalho. As necessidades mudam e são cultivadas, porque o trabalho as modifica, apresentando-lhes novos bens. Assim o homem emerge da natureza, sem poder se separar dela. O prazer reconcilia o homem com seu fundamento, a natureza. Por um momento, ele põe fim à cisão, à luta, ao rompimento. O trabalho substitui a necessidade como sinal de impotência, pela necessidade como capacidade de gozo, como poder de realizar tal ou qual ato. O ser humano substitui, assim, aquela sua unidade com a natureza, — imediata e pouco diferenciada, enquanto ser natural — por uma totalidade diferenciada. Sendo múltiplo, ele se arrisca a mutilar-se pela alienação. É preciso substituir a teoria hegeliana do sistema das necessidades, controlado pelo Estado, por uma totalidade: necessidades (conjunto de necessidades), necessidade de totalidade (isto é, de realização, de plenitude no exercício de todas as atividades e gozo de todos os desejos). A superação dos limites visa à realização total.

Desta forma descobrimos o duplo fundamento de toda *praxis*: o sensível, de um lado, e, do outro, a atividade criadora, estimulada pela necessidade que ela transforma. Esse fenômeno total (necessidade, trabalho, gozo sensível do objeto sensível) se encontra em todos os níveis. O trabalho é produtor de objetos e de instrumentos de trabalho. Mas ele também é produtor de novas necessidades; necessidades na produção e necessidades da produção. As necessidades novas em quantidade e em qualidade reagem sobre aqueles que lhe deram origem. Assim, pouco a pouco, a necessidade atinge as formas mais altas e mais profundas, mais sutis e mais perigosas: desejo de presença (e presença do desejo), poder do desejo (e desejo de poder). Em certo sentido, a História inteira pode caracterizar-se pelo crescimento e desenvolvimento das necessidades (através dos artifícios, das perversões, das alienações). O comunismo apenas explícita a necessidade humana, levando-a a seu termo e libertando-a de suas alienações.

A finalidade é a supressão do trabalho pela técnica, porém esse termo do desenvolvimento previsível supõe uma mediação: o trabalho como necessidade primeira. A contradição entre o trabalho e o não trabalho (entre o esforço humano e os meios que visam diminuir e suprimir esse esforço, inclusive as técnicas e as máquinas) é uma das mais estimulantes. O não trabalho é o ócio, e a espontaneidade genial é a incapacidade de trabalhar e a recompensa do trabalho. É a necessidade como privação do gozo completo.(2) A espécie humana saiu do não trabalho animal para o não trabalho do ser poderoso que domina tecnicamente a matéria, passando pelo trabalho obstinado (e oprimido) das massas humanas e o não trabalho (o ócio) dos exploradores dessas massas.

c) O trabalho participa do movimento dialético "necessidade-trabalho-gozo", do qual ele é um momento prático e histórico. No curso desse movimento, ele assume suas próprias determinações e outros movimentos se mesclam com os precedentes. O trabalho se divide. A divisão biológica, a divisão técnica (comandada pelos instrumentos) e a divisão social interferem. As funções se cindem; a separação da cidade e do campo acompanha a do trabalho intelectual e do trabalho material, pois a cidade assume as funções dirigentes e estas se aperfeiçoam no quadro urbano: previsão, adminis-

---

(2) Os textos de Marx sobre a necessidade se encontram dispersos em toda a sua obra, desde a primeira (particularmente *Os manuscritos de 1844*) até a última. Foi na *Crítica ao programa de Gotha* (1875) que Marx escreveu: "*Quando o trabalho se tornar necessidade primeira da vida, quando as fontes da riqueza coletiva jorrarem plenamente, então o estreito horizonte jurídico burguês poderá ser superado e a sociedade escreverá sobre uma bandeira: de cada um, segundo sua capacidade, a cada um, segundo suas necessidades.*"

tração, orientação política, relações com os outros grupos territoriais. Durante muito tempo, a cidade é parasita do campo (particularmente no "modo asiático de produção" dos grandes impérios orientais); ela só tem funções improdutivas: militares, administrativas, políticas. Em seguida, e sobretudo no Ocidente europeu, a cidade suplanta o campo no trabalho produtivo; o processo se concentra e se precipita no período capitalista. É a finalização de uma imensa história durante a qual a desigualdade das funções se acentua. O trabalho produtivo (principalmente o agrícola) se desvaloriza em relação às outras funções, aquelas dos chefes e notáveis, dos guerreiros, padres e feiticeiros. Os grupos (que durante milênios não se constituirão em classes) se engajam em renhidas lutas pela repartição do magro sobreproduto social; e enquanto isto sucede, as funções privilegiadas não se podem libertar do controle da comunidade; ser-lhes-á necessário poupar e fortificar seu prestígio, assumir certas posições, sacrificar-se as condições de sua primazia. O Estado que se constitui não lhe permite ainda uma certa liberdade frente ao "povo". Esses privilégios, para que se justifiquem, durante muito tempo são obrigados a inventar obras, construir monumentos, embelezar a cidade, organizar divertimentos e festas.

Então, entre as funções privilegiadas, emerge uma de importância particular: a função ideológica. De início, ela será assumida pelos padres antes de passar para os intelectuais cada vez mais especializados: poetas, filósofos, sábios, escritores. Antes de expor o conceito de ideologia, assinalaremos aqui a existência social do suporte das ideologias, o grupo especializado (que elabora e emite representações).

d) Devemos distinguir as atividades que se consagram à matéria daquelas que se ocupam dos seres humanos. As segundas nascem da divisão do trabalho, embora o termo trabalho não lhe corresponda com exatidão. Fala-se de funções religiosas, políticas, culturais mais do que de trabalho religioso, político, cultural. Designamos os dois grupos de atividades pelos termos *poiésis* e *praxis*. A *poiésis* dá forma humana ao sensível; compreende as relações com a natureza, os trabalhos agrícolas, artesanais, artísticos e, de modo geral, a *apropriação* da natureza por parte do homem social em torno dele e *dentro dele mesmo*. A *praxis* compreende as relações entre os seres humanos, praticamente o comércio, as atividades diretivas, as funções estatais, na medida em que se vão constituindo. Em sentido amplo, a *praxis* envolve a *poiésis*; em sentido restrito, ela se limita ao se determinar designando apenas os *pragmata*, tarefas deliberadas entre seus membros e a sociedade.

A distinção proposta segue a formação da linguagem, considerada como consciência social e como esboço de um conhecimento da sociedade. Ela acentua a cisão e a dualidade das atividades humanas na unidade do social.

A *poiésis*, resultado de uma cisão, por sua vez se divide. O trabalho produtivo (agrícola, artesanal e, em seguida, industrial) se desvaloriza em relação à atividade propriamente criadora, mesmo porque somente passa por criadora a atividade do indivíduo que completa sua obra. A coisa, o produto, a obra se distinguem. Do mesmo modo na *praxis* (em sentido restrito) algumas atividades emergem e se tornam privilegiadas, como as de mediação ou intermediárias; o comerciante, o orador, o político.

No curso desse vasto processo o trabalho entra em conflito consigo mesmo. Ele é, ao mesmo tempo, individual e social, parcial e global, diferenciado e total, quantitativo e qualitativo, simples e complexo, produtivo e improdutivo, heterogêneo e homogêneo. Ele entra em conflito com o não trabalho (ócio, lazer). Desse trabalho, como movimento dialético e como conteúdo, emerge uma forma, aquela que assume o produto do trabalho material: a mercadoria.

Com efeito, a *praxis* é antes de tudo, ato; relação dialética entre a natureza e o homem, as coisas e a consciência (que não se tem o direito de separar, como fazem os filósofos, que os substantivam isoladamente). Mas, se por isso toda *praxis* é conteúdo, esse conteúdo cria formas; ele só é conteúdo devido à forma, que nasce de suas contradições, que as resolve de maneira geralmente imperfeita e se volta para o conteúdo a fim de impor-lhe uma coerência. Por isso mesmo, toda sociedade é criadora de formas. Quanto ao desenvolvimento da *praxis*, através de peripécias e dramas (entre os quadros o desaparecimento de muitas sociedades, inclusive das mais belas e mais felizes), ela perpetuou e aperfeiçoou certas formas. Mencionemos algumas: as formas de polidez, as relações pessoais imediatas; as formas estéticas; a lógica formal (resultante da reflexão sobre o discurso); o direito (regras dos contratos e das trocas); enfim, a mercadoria (forma assumida pelo produto no curso da generalização da troca) com sua consequência, ou, melhor, sua implicação, o dinheiro. A mercadoria possui uma particularidade muito importante. Não se destaca de seu conteúdo, o trabalho. Ela é, como coisa (uso) e como valor (troca), produto humano. Em relação ao trabalho e às contradições internas do trabalho produtivo, a mercadoria é, ao mesmo tempo, objeto de mensuração e padrão de medida. Ela só vale pelo trabalho que contém (tempo de trabalho social médio, afirma Marx), porém, por sua vez, resulta que o trabalho só vale enquanto produtor de mercadorias e mercadoria ele mesmo (como tempo e força de trabalho). Uma vez lançada ao seu curso normal, a mercadoria vai até o fim das possibilidades da forma. Com ela, torna-se cada vez mais importante na *praxis* o mediador entre os trabalhos produtivos: o comerciante. Devido à sua ação, o trabalho é dependente e submisso; o dinheiro torna-se primordial e as atividades intermediárias mais essenciais do que as criadoras e produtivas.

As cem primeiras páginas de O *Capital* mostram que a mercadoria é a forma assumida, em certas condições, por uma coisa (por um bem). A coisa se desdobra. Sem perder sua realidade material e seu valor de uso, ela se metamorfoseia em valor de troca. Como tal, a coisa sofre uma transubstanciação, que a faz passar do qualitativo ao quantitativo, da solidão à confrontação com os outros bens, da realidade substancial à forma pura (a moeda, o dinheiro). A forma torna-se perfeita quando toda mercadoria é avaliada em equivalente geral: o ouro.

Esta análise do valor de troca e a exposição do desenvolvimento de sua forma são bastante conhecidas. Aliás, é exato para Marx que a forma pela qual se constitui o valor de troca possui o poder estranho de encobrir sua própria essência e sua própria gênese aos homens que nela vivem. A forma se fetichiza. Aparece como algo dotado de poderes sem limites. A forma reage sobre o conteúdo e se assenhora dele. A coisa faz do homem sua coisa, mascarando suas próprias origens e o segredo de seu nascimento, isto é, que é produzida pelos homens através de certas relações que se estabelecem entre eles. Este caráter fetichista da mercadoria, do dinheiro, do capital, vai longe. Gera aparências reais, névoas que tanto melhor encobrem o "real" (a *praxis*) quanto dele fazem parte. A análise deve dissipar essas névoas, penetrar nas aparências. Fetichizada, a forma adquire duas propriedades: ela se autonomiza como coisa (abstrata) e dissimula as relações reais. Voltaremos em profundidade a esta análise.

"A reflexão sobre as formas de vida social e, por consequência, sua análise científica, segue um caminho completamente oposto ao movimento real. De início, já começa com todos os dados estabelecidos e com os resultados do desenvolvimento. As formas que imprimem aos produtos do trabalho o caráter de mercadoria e, por consequência, comandam a sua circulação, já possuem a fixidez de formas naturais da vida social, antes que os homens se deem conta não do caráter histórico dessas formas, que mais lhes parecem imutáveis, porém de seu sentido mais íntimo (...)."(3)

A forma, pois, é enganadora. Ela conduz a representações falsas, particularmente à impressão de fixidez, à confusão entre a coisa natural (imóvel) e a coisa social (abstrata, logo historicamente formada). Arrasta toda a sociedade a um processo muito particular: a reificação.

Contudo, essas importantes indicações de Marx não poderiam ser sistematizadas em uma teoria da reificação que constituísse o essencial do marxismo e de O *Capital*. A escola de Lukács superestimou a teoria da reificação até produzir uma Filosofia e uma Sociologia (confundida com a Filosofia nesta sistematização). Ora, a coisa abstrata, a forma (mercadoria, dinheiro, capital) não pode ir até o fim do processo de "coisificação" (reificação). Não pode se libertar das relações humanas, as quais tende a dominar, a deformar, a transformar em relações entre coisas. Não pode existir completamente como coisa concreta. Permanece coisa abstrata por obra do ser humano ativo e para ele. O que ela comanda, pois, é uma ordem de relações formais entre os homens.

---

(3) Cf. O *Capital*, I, cap. IV, ed. Plêiade, pp. 609 e segs.

"As mercadorias não podem ir por si mesmas ao mercado (...). Para pôr estas coisas em relação umas com as outras, como mercadorias, é preciso que seus guardiães se relacionem entre si, enquanto pessoas cuja vontade se dirige para essas coisas. Devem-se reconhecer reciprocamente como proprietários privados. Esta relação jurídica que tem como forma o contrato, legalmente desenvolvido ou não, é apenas a relação das vontades na qual se reflete a relação econômica."(4)

A coisa abstrata ou a forma-coisa conduz pois, no que concerne aos homens, a uma ordem formal de relações: as relações contratuais. Uma se traduz na outra.

Em suma, a forma se desdobra: de um lado, a mercadoria com suas consequências socioeconômicas e, do outro, o contrato com suas implicações sociojurídicas. A correspondência entre esses dois aspectos está assegurada pela unidade do processo fundamental

Ao estudo econômico das trocas corresponderá o estudo das relações jurídicas com suas consequências. Logo que seja aberta a via para o dinheiro e a mercadoria, logo que seu reinado seja anunciado na História, então será promulgado o Código das Relações contratuais entre os seres humanos: o Código Civil (napoleônico). Para aqueles que virão após a elaboração formal desse Código, ele permitirá desvendar a nova sociedade, decifrar a sociedade burguesa e sua mensagem ainda obscura.(5)

Não devemos esquecer que sob a forma perdura o conteúdo: o trabalho, com seu movimento dialético (trabalho individual e trabalho social; trabalho parcial e trabalho global; trabalho qualitativo e quantitativo; trabalho simples e trabalho complexo). A teoria da forma-valor nos reconduz ao estudo e à teoria da divisão do trabalho:

"A existência do mundo mercantil supõe uma divisão do trabalho desenvolvida ou, melhor, esta se manifesta diretamente na diversidade dos valores de uso, que se enfrentam como mercadorias particulares e contêm modos de trabalhos diversos entre si. A divisão do trabalho, enquanto totalidade de todos os gêneros particulares de ocupação produtiva, representa o conjunto do trabalho social sob seu aspecto material, considerado como trabalho criador de valores de uso. No entanto, do ponto de vista das mercadorias e no quadro do processo de troca, a divisão do trabalho só existe no seu resultado, na particularidade das próprias mercadorias."(6)

e) A existência distinta e específica da arte e da cultura poderia indicar que a apropriação de sua própria natureza por parte dos homens (a natureza neles; sensação e sensibilidade, necessidades e desejos) resulta mais da *poiésis* do que da *praxis* (no sentido restrito e preciso deste último termo). São as obras que em uma cultura permitem ao homem apropriar-se da natureza. Contudo, não se deve formular nem aceitar esta tese sem reservas. A apropriação resulta da cooperação contínua das duas atividades e da unidade que se perpetua até na cisão. No entanto, é preciso distinguir entre a *dominação sobre a natureza* (exterior) e a *apropriação da natureza* (interior ao homem). O domínio sobre a natureza pode ser exercido sem que resulte progresso na apropriação. Certas sociedades acentuaram a apropriação (exemplo histórico: a Grécia), e outras, o domínio sobre a natureza e, ao mesmo tempo, sobre os homens (exemplo histórico: Roma). Os respectivos elementos das sociedades, culturas e civilizações, muito variaram de um exemplo para outro.

Devemos igualmente distinguir o setor conquistado (dominado ou apropriado) do setor não conquistado. Este último setor não se localiza na natureza material. No homem, existe o que ele não conhece e não conquista, tanto no campo individual como no social e histórico. O fato de que uma parte (porém apenas uma parte) do real humano, histórico e social seja conhecida e dominada ou apropriada, e de que uma outra parte seja desconhecida e aja cegamente, é fato social e história

---

(4) *O Capital*, I, cap. II: "Das trocas", ed. Pléiade, pp. 619 e segs.
(5) Permitimo-nos introduzir uma nota nesta exposição: por acaso, não foi Balzac que nos deu a melhor Sociologia da sociedade burguesa, partindo do Código Civil, esta forma perfeita das relações contratuais?
(6) *Crítica da economia política*, ed. Pléiade, p. 304.

de primeira importância. Os homens fazem a sociedade e a História, mas sem saber como, em uma mescla ambígua de conhecimento e ignorância, de ação consciente e cegueira.(7)

O setor conquistado e o setor cego não estabelecem nunca relações pacíficas. É um drama perpétuo e uma luta acirrada que se desenvolve a partir de sua coexistência jamais pacífica, até o estabelecimento de uma nova ordem.

Dado o conhecimento que Marx unha do pensamento grego,(8) poder-se-ia atribuir-lhe a distinção conhecida das ordens de causas e de razões: os determinismos, os acasos e as vontades e escolhas dos homens. Na sociedade "em ato" se enfrentam e se confrontam essas três ordens. A última tende a crescer e a dominar as outras, sem poder absorvê-las ou eliminá-las.

Um esquema muito difundido distingue os níveis da *praxis*: a base (forças produtivas: técnicas, organização do trabalho); as estruturas (relações de produção e de propriedade); as superestruturas (instituições, ideologias). Este esquema corresponde a certos textos de Marx. Cobre ele toda a *praxis*? É preciso considerá-lo como necessário e suficiente? Não. Não mais que o esquema, igualmente vulgarizado, que considera a Economia como anatomia da sociedade e a Sociologia como fisiologia social. Tais esquemas se enrijecem dogmaticamente e se tornam falaciosos. Deixam de lado as mediações, as interferências, as interações e, sobretudo, as formas. Por exemplo, no primeiro esquema, onde situar o conhecimento? Ele está em estreita relação com as técnicas (logo com a "base") e com as ideologias (logo com as "superestruturas"). Onde situar a linguagem? A lógica? O direito? Os dois esquemas tendem a negligenciar a atividade humana, a relação viva (e dupla) entre os homens e as obras. Eles deixam de lado os momentos dialéticos fundamentais, tanto os da necessidade como os do trabalho. Em duas palavras, eles desgastam e decompõem a noção de *praxis*.

Sem rejeitar a análise por níveis, propomos outro esquema que julgamos fiel à inspiração de Marx. A *praxis* existe em três níveis: o repetitivo e o inovador nos dois polos e, entre os dois, o mimético. A *praxis* repetitiva recomeça os mesmos gestos, os mesmos atos, em ciclos determinados. A *praxis* mimética segue modelos; pode suceder que, imitando, ela chegue a criar, mas sem saber como nem por quê; mais frequentemente ela imita sem criar.(9) Quanto à *praxis* inventiva e criadora, ela atinge seu nível mais elevado na atividade revolucionária. Esta atividade pode ser exercida tão bem no campo do conhecimento e da cultura (a ideologia), como no da ação política. Contudo, a ação política concentra e condensa todas as mudanças parciais em um fenômeno total; a revolução que transforma o modo de produção, as relações de produção e de propriedade, as ideias e as instituições, a maneira de viver. A *praxis* revolucionária introduz descontinuidades no processo global sócio-histórico.

Com efeito, este processo tem duplo aspecto: quantitativo e qualitativo. As técnicas, o conhecimento, a produção material, as forças produtivas aumentam de maneira gradual, com certa continuidade. O desenvolvimento qualitativo da sociedade — sobretudo no Ocidente — se faz de forma muito dramática. É entrecortado de regressões e estagnações, lança na existência social uma variedade, que parece inesgotável, de ideias e de formas. É no curso desse desenvolvimento que sobrevêm transformações radicais, saltos históricos. As revoluções põem em questão a totalidade social, baseada no crescimento relativamente gradual das forças produtivas, deixando para trás as formas e as ordens estabelecidas. Nas revoluções e mutações, as sociedades se manifestam como totalidades. No curso de sua transformação, o feudalismo aparece como um todo, como um "sistema". Da mesma forma o capitalismo concorrencial.

Por conseguinte, é a *praxis* revolucionária que introduz a inteligibilidade concreta (dialética) nas relações sociais. Ela restabelece a coincidência entre as representações e a realidade, entre as instituições (superestruturas) e as forças produtivas (a base), entre formas e conteúdos. Reencontramos

---

(7) O mais significativo texto de Marx se encontra no início do *18 Brumário de Luís Bonaparte*.
(8) Cf., especialmente em sua tese de doutorado sobre *Epicuro e Demócrito*, as considerações sobre a relação entre o materialismo destes filósofos e sua concepção de liberdade.
(9) Cf. o início do *18 Brumário* sobre os atos históricos que imitam o passado e tomam de empréstimo a esses ilustres modelos seus costumes, seus gestos, suas palavras.

aqui a ideia fundamental da *superação*. Ela cria a inteligibilidade como razão viva na cabeça dos homens e a nacionalidade do social.

A *praxis* revolucionária, saída do crescimento e inserida no desenvolvimento, se choca sempre com uma *praxis* política oposta, conservadora. Esta busca salvaguardar as formas, as instituições, as ordens estabelecidas. Tenta mantê-las, seja adaptando-as aos conteúdos modificados do crescimento, seja eliminando essas modificações do conteúdo. Essas tentativas podem ter maior ou menor êxito segundo as capacidades políticas dos grupos, das classes, dos indivíduos. As transformações radicais pressupõem uma necessidade histórica, mas podem cumprir-se por duas vias: de baixo para cima, revolucionariamente, na *praxis* inteira, na totalidade social; de cima para baixo, por atos autoritários das instituições, das formas estabelecidos, dos homens de Estado (exemplo: o bismarckismo na Alemanha após a derrota da Revolução de 1848). Somente as primeiras transformações são decisivas, não deixando sobrevivências. As do segundo tipo vão menos longe, porém, segundo Marx, preparam metamorfoses mais radicais que chegarão a destruí-las.

Reencontramos aqui outra ideia fundamental. Tanto no social como no homem tudo é ato e obra. Mesmo a necessidade histórica supõe a passagem pela ação — *a praxis* — do possível ao real, e dá lugar à iniciativa. Toda possibilidade abre dois caminhos: o de uma alienação maior e o de uma desalienação. A alienação tende também a "tornar-se mundo". A desalienação é atingida pela luta consciente — cada vez mais consciente com a entrada em cena da classe operária — contra a alienação. Por toda parte o homem social sempre inventa e cria; por toda parte ele sempre é vítima de suas obras.

A *praxis*, no seu mais alto grau (criador, revolucionário), inclui a teoria que ela vivifica e verifica. Ela compreende a decisão teórica como a decisão de ação. Supõe tática e estratégia. Não existe atividade sem projeto; ato sem programa, *praxis* política sem exploração do possível e do futuro.

A noção de *praxis* e a *praxis* real começam a desdobrar diante de nós a riqueza das determinações que contêm. Que o termo hegeliano "determinação" não desvie a atenção e não nos faça derivar a teoria. A *praxis*, estando determinada, é aberta. Ela sempre comporta uma abertura sobre o possível. Outra coisa não é a determinação, dialeticamente: o negativo que compreende o positivo, nega o passado em nome do possível e, assim, o manifesta como totalidade. Toda *praxis* se situa duplamente na História: em relação ao passado e em relação ao futuro, sobre o qual ela se abre buscando criá-lo. Determinação não significa determinismo. Esta confusão está na base de muitos mal-entendidos que concernem ao pensamento marxista. Os determinismos resultam do passado; são formas, sistemas, estruturas colocados à margem e que não desaparecerão, não puderam ser superados ou apenas o foram incompletamente; estes resultados, estas obras continuam a agir. Os determinismos não excluem nem a iniciativa dos homens que os combatem para liquidá-los, nem os acasos e contingências.

Seguindo o desdobramento da *praxis* (realidade e noções), nós partimos do biológico: as necessidades do ser humano como ser vivo. Passamos em resumo o desenvolvimento deste ato humano e também os níveis de realidade que se pode ainda constatar nele: o etnográfico, o histórico, o econômico, o sociológico. Encontramos no curso desta caminhada grandes formas nascidas do processo. Levando em conta os conceitos propostos por Marx e pelo marxismo, será que podemos especificar o que compete à Sociologia tal como ela se declara — ciência particular — após a fundação do pensamento marxista por Marx?

Sim. Ao menos a título de hipóteses. O sociólogo marxista seguirá a emergência das formas. Estudará o efeito de retorno das formas sobre os conteúdos, das estruturas sobre os processos. O resultado do vir a ser não só o esclarece retrospectivamente como o modifica. Enquanto uma forma constituída vai até o fim de suas possibilidades (sempre determinadas, sempre limitadas), aparecem outras formas, outras estruturas, outros sistemas. Esses "seres" nascidos do vir a ser, que tentam manter-se, agem uns sobre os outros, tanto na sociedade como na natureza. Ao sociólogo cabe analisar e expor esse conjunto de interações, ao historiador estudar o processo (logo a gênese das formas e a formação das estruturas), ao economista estudar tais formas e estruturas tomadas em si mesmas. A interação das formas e das estruturas leva-as ao seu próprio fim. O sociólogo estudará, pois, as estabilidades a partir daquilo que as dissolve, e os equilíbrios a partir daquilo que os ameaça: os "seres" constituídos por seu lado efêmero, dialeticamente. O estudo da *praxis* (inclusive o aspecto particular que denominamos *poiésis*), isto é, de um conteúdo, conduz a uma Sociologia das *formas*, conforme pensamos, e isto devido a uma reviravolta dialética inerente ao método. Nós atribuímos, pois, um domínio determinado à Sociologia marxista. Outra maneira de tratar a questão, por exemplo, contentando-se em reter da obra de Marx o que pode ter algum interesse sociológico para nossa época, não fugiria de um quadro acadêmico e escolástico. Marx sociólogo ajuda-nos a determinar as perspectivas de uma Sociologia marxista.

Esta Sociologia acentua o lado crítico do pensamento marxista. As estruturas nascidas dos processos e as formas surgidas do conteúdo tendem a imobilizá-los. A crítica radical das estruturas e das formas é, pois, inerente ao conhecimento e não se sobrepõe à ciência como julgamento de valor a julgamento de fato. Os resultados da *praxis* alienam os homens, não que "objetivem" as capacidades humanas, mas na medida em que imobilizam o poder criador e impedem a superação. O conceito de alienação, designando a relação geral entre os homens e as obras, não se perde, pois, no indeterminado. Ele se integra em uma Sociologia das estruturas e das formas, da ruptura das formas e da dissolução das estruturas.

Uma última palavra sobre a *praxis*. "*O Pensamento e o Ser são distintos mas, ao mesmo tempo, formam uma unidade* ", escrevia Marx em Os *Manuscritos de 1844*, inspirando-se no *Parmênides*. Para ele, a Filosofia não podia encontrar a unidade do ser e do pensamento já que partia da diferenciação e permanecia nela. "*A solução dos enigmas teóricos é tarefa da praxis*." A *praxis* verdadeira é a condição de uma teoria real. Somente é verdadeira a *praxis* revolucionária, que supera a *praxis* repetitiva e mimética. "*A solução das oposições teóricas só é possível de maneira prática, pela utilização da energia prática.*" Sua solução não é, de forma alguma, tarefa única do conhecimento, mas tarefa vital real, que a Filosofia não pode resolver, porque precisamente a concebeu como tarefa unicamente teórica. Entre essas oposições especulativas, enumeramos o subjetivismo e o objetivismo, o espiritualismo e o materialismo; a atividade e a passividade são consideradas abstratamente.(10)

Compreendemos assim, com maior profundidade, a tese marxista da superação da Filosofia. Na *praxis*, o pensamento reencontra a unidade com o ser, a consciência com a natureza sensível ou "material", o espírito com a espontaneidade. A importância dada à *praxis* não autoriza nem a interpretação pragmatista, nem a elaboração de uma nova Filosofia, mesmo que seja uma Filosofia da *praxis*. Ela exige o estudo analítico e a exposição da *praxis* mesma. Esta tese não lança a Filosofia às *cloacas da História*, mas a situa no movimento dialético da consciência e do ser, das formas e dos conteúdos. A Filosofia foi forma distinta (muito distinta, muito destacada) dos conteúdos no curso do desenvolvimento humano. Contudo, esse desenvolvimento não recebe um privilégio ontológico, que promulgaria o tempo histórico como explicativo do ser humano, por causalidade ou finalidade. Este "ser" conserva um fundamento ontológico. Onde? Na "natureza". A Antropologia possui seu domínio e o homem pode se definir: *sapiens, faber, ludens* etc. Esta definição jamais terá o direito de separar o homem de seu fundamento, de dissociar a cultura da natureza e o conquistado do espontâneo. Da mesma forma que as outras ciências, a Sociologia agarra alguma coisa entre o nada e o todo. Ela não tem o direito de erigir-se em ciência total, pretendendo atingir a totalidade da *praxis*.(11)

---

(10) Cf. a edição Bottigelli, pp. 90, 94, 106.
(11) Georges Gurvitch mostrou várias vezes, especialmente em um curso na Sorbonne, a importância de Marx como sociólogo. E isto contra os dogmatismos filosóficos, econômicos e historicistas. A posição aqui mantida difere um pouco da sua. Não pensamos que a Sociologia de Marx se encontra quase que unicamente em suas obras de juventude. Acreditamos poder descobrir em O *Capital* um aspecto sociológico. Não pensamos que a Sociologia de Marx tenha sobretudo um interesse retrospectivo etc.

Capítulo 4

INSTITUIÇÃO, SOCIALIZAÇÃO E ESTRUTURA SOCIAL

12

O que É uma Instituição Social?*

Peter L. Berger e Brigitte Berger

Já definimos a instituição como um padrão de controle, ou seja, uma programação da conduta individual imposta pela sociedade. Provavelmente tal definição não terá despertado qualquer oposição no leitor visto que, embora difira da acepção comum do termo, não entra em choque direto com o mesmo. No sentido usual, o termo designa uma organização que abranja pessoas, como por exemplo um hospital, uma prisão ou, no ponto que aqui nos interessa, uma universidade. De outro lado, também é ligado às grandes entidades sociais que o povo enxerga quase como um ente metafísico a pairar sobre a vida do indivíduo, como "o Estado", "a economia" ou "o sistema educacional". Se pedíssemos ao leitor que indicasse uma instituição, ele provavelmente recorreria a um desses exemplos. E não estaria errado. Acontece, porém, que a acepção comum do termo parte de uma visão unilateral. Em termos mais precisos, estabelece ligação por demais estreita entre o termo e as instituições sociais reconhecidas e reguladas por lei. Talvez isso constitua um exemplo da influência que os advogados exercem em nossa maneira de pensar. Seja como for, no contexto deste trabalho torna-se importante demonstrar que, sob a perspectiva sociológica, o significado do termo não é exatamente este. É por isso que desejamos ocupar um momento da atenção do leitor para, em um capítulo pouco extenso, demonstrar que a linguagem é uma instituição.

Diremos mesmo que muito provavelmente a linguagem é a instituição fundamental da sociedade, além de ser a primeira instituição inserida na biografia do indivíduo. É uma instituição fundamental, porque qualquer outra instituição, sejam quais forem suas características e finalidades, funda-se nos padrões de controle subjacentes da linguagem. Sejam quais forem as outras características do Estado, da economia e do sistema educacional, os mesmos dependem de um arcabouço linguístico de classificações, conceitos e imperativos dirigidos à conduta individual; em outras palavras, dependem de um universo de significados construídos através da linguagem e que só por meio dela podem permanecer atuantes.

Por outro lado, a linguagem é a primeira instituição com que se defronta o indivíduo. Esta afirmativa pode parecer surpreendente. Se perguntássemos ao leitor qual é a primeira instituição com que a criança entra em contato, será provavelmente a família que lhe virá à mente. E de certa forma não

---

(*) Peter L. Berger e Brigitte Berger, *Sociology — A Biographical Approach*, 2ª ed., Basic Books, Inc., New York, 1975, pp. 73-81. Tradução de Richard Paul Neto. Reproduzido com autorização de Basic Books, Inc.

deixa de ter razão. Para a grande maioria das crianças a socialização primária tem lugar no âmbito de uma família específica, que por sua vez representa uma faceta peculiar da instituição mais ampla do parentesco na sociedade a que pertence. Não há dúvida de que a família é uma instituição muito importante. (...) *Acontece, porém, que a criança não toma conhecimento desse fato*. Ela de fato experimenta seus pais, irmãos, irmãs e outros parentes que possam estar por perto naquela fase da vida. Só mais tarde percebe que esses indivíduos em particular, e os atos que praticam, constituem uma das facetas de uma realidade social muito mais ampla, designada como "a família". É de supor que essa percepção ocorra no momento em que a criança começa a comparar-se com outras crianças — o que dificilmente acontece na fase inicial da vida. Já a linguagem muito cedo envolve a criança nos seus aspectos macrossociais. No estágio inicial da existência, a linguagem aponta as realidades mais extensas, que se situam além do microcosmo das experiências imediatas do indivíduo. É por meio da linguagem que a criança começa a tomar conhecimento de um vasto mundo situado "lá fora", um mundo que lhe é transmitido pelos adultos que a cercam, mas vai muito além deles.

A linguagem: a objetivação da realidade

Antes de mais nada, é o microcosmo da criança, evidentemente, que encontra sua estruturação através da linguagem. Esta realiza a *objetivação* da realidade — o fluxo incessante de experiências consolida-se, adquire estabilidade em uma série de objetos distintos e identificáveis. Isso acontece com os objetos materiais. O mundo transforma-se em um todo orgânico formado por árvores, mesas, telefones. Mas a organização não se restringe à atribuição de nomes; também abrange as relações significativas que se estabelecem entre os objetos. A mesa pode ser levada para baixo da árvore, se quisermos subir nesta, e pelo telefone podemos chamar o médico se alguém adoece. A linguagem ainda estrutura o ambiente humano da criança por meio da objetivação e por estabelecer relações significativas. Por intermédio dela a realidade passa a ser ocupada por seres distintos, que vão desde a mamãe (que geralmente é uma espécie de deusa reinante, cujo trono está erigido no centro de um universo em expansão) até o menininho malvado que tem acessos de cólera no quarto contíguo. E é através da linguagem que se deixa claro que mamãe sabe tudo, e que menininhos malvados serão castigados; aliás, só através da linguagem tais proposições poderão continuar plausíveis, mesmo que a experiência forneça pouca ou nenhuma prova em abono das mesmas.

Há outro detalhe importante. É por meio da linguagem que os papéis desempenhados pelos diversos seres se estabilizam na experiência da criança. Já aludimos aos papéis sociais quando falamos no aprendizado da criança para assumir o papel do outro — que constitui um passo decisivo no processo de socialização. A criança aprende a reconhecer os papéis como padrões repetitivos na conduta de outras pessoas — trata-se da experiência que já resumimos na frase "lá vai ele de novo".[1] Essa percepção transforma-se em uma feição permanente da mentalidade infantil e, portanto, da sua interação com outras pessoas, realizada por meio da linguagem. É a linguagem que especifica, em uma forma capaz de *ser* repetida, exatamente o *que* a outra pessoa vai fazer de novo — "lá vai ele de novo com esse jeito de papai castigador", "lá vai ele de novo com essa cara de quem espera visita", e assim por diante. Na verdade, é só por meio de fixações linguísticas como estas (através das quais a ação alheia adquire um significado definido que será atribuído a cada ação do mesmo tipo), que

---

[1] A definição de papel adotada nesta passagem é bastante corrente, tanto na Sociologia como nas outras Ciências Sociais. Compare-se, por exemplo, a seguinte definição, formulada por Ralph Turner: "Na maioria das acepções em que o termo é empregado, os seguintes elementos são incluídos na definição de papel: fornece um *padrão* compreensivo para a conduta e as atitudes; constitui uma *estratégia* para o confronto com situações repetitivas; é *socialmente identificável*, de forma mais ou menos clara, como uma entidade; pode ser desempenhado de forma perceptível por *indivíduos dessemelhantes*; e constitui uma das bases mais importantes para a *identificação* e a *classificação* dos indivíduos na sociedade." ("Role: Sociological Aspects", in *International Encyclopedia of the Social Sciences*, Macmillan, New York, 1968, vol. 13, p. 552.)

a criança pode aprender a assumir o papel do outro. Em outras palavras, a linguagem estabelece a ligação entre o "lá vai *ele* de novo" e o "cuidado, que lá vou *eu*".

A linguagem: a interpretação e justificação da realidade

O microcosmo da criança é estruturado em termos de papéis. Muitos desses papéis, porém, estendem-se ao campo mais amplo do macrocosmo ou, para usarmos a imagem inversa, constituem incursões do macrocosmo na situação imediata da criança. Os *papéis representam instituições*.(2) No momento em que o pai assume aquele jeito de castigador, podemos presumir que essa ação será acompanhada de boa dose de verbosidade. Enquanto castiga, o pai fala. Fala sobre o quê? Parte de sua fala pode constituir apenas um meio de dar vazão à sua contrariedade ou raiva. Mas, na maioria das vezes, grande parte da conversa constitui um comentário ininterrupto sobre o ato incorreto e o castigo tão merecido. As palavras *interpretam* e *justificam* o castigo. E é inevitável que isso seja feito de uma maneira que ultrapassa as reações imediatas do próprio pai. O castigo é enquadrado em um amplo contexto ético-moral; em casos extremos, até mesmo a divindade pode ser invocada como autoridade penal. Deixando de lado a dimensão teológica do fenômeno (sobre a qual infelizmente a Sociologia nada tem a dizer), cabe ressaltar que as explanações sobre a moral e a ética ligam o pequeno drama que se desenrola naquele microcosmo a todo um sistema de instituições macroscópicas. Naquele momento, o pai que aplica o castigo é o representante desse sistema (mais precisamente, do sistema da moral e das boas maneiras como tais); quando a criança voltar a situar-se no mesmo, ou seja, no momento em que repetir o desempenho de um papel identificável, esse papel representará as instituições do sistema moral.

Dessa forma, a criança, ao defrontar-se com a linguagem, vê nela uma realidade de abrangência universal. Quase todas as experiências que sente em termos reais estruturam-se sobre a base dessa realidade subjacente — são filtradas através dela, organizadas por ela, entram em expansão por meio dela ou, ao contrário, por ela são relegadas ao esquecimento — pois uma coisa sobre a qual não podemos falar deixa uma impressão muito tênue na memória. Isso acontece com *toda* e *qualquer* experiência, mas principalmente com as experiências ligadas ao próximo e ao mundo social.

Características fundamentais de uma instituição: a exterioridade

Quais são algumas das principais características de uma instituição? Tentaremos elucidá-las por meio do caso da linguagem.(3) Neste ponto queremos formular uma sugestão. Sempre que o leitor se defrontar com alguma afirmativa sobre instituições, sobre o que são e como funcionam ou sobre como mudam, poderá seguir a norma prática de indagar em primeiro lugar qual a impressão que se colhe dessa afirmativa se a mesma for aplicada à linguagem. Evidentemente existem instituições totalmente diversas da linguagem — pense-se, por exemplo, no Estado. Todavia, se uma afirmativa formulada em termos bastante amplos, mesmo depois de adaptada convenientemente a outro caso institucional, for totalmente absurda quando aplicada à linguagem, teremos boas razões para supor que há algo de muito errado com a mesma.

As *instituições são experimentadas como algo dotado de realidade exterior*; em outras palavras, a instituição é alguma coisa situada fora do indivíduo, alguma coisa que de certa maneira (de uma maneira bastante "árdua", diríamos) difere da realidade formada pelos pensamentos, sentimentos e fantasias do indivíduo. Por esta característica, uma instituição assemelha-se a outras entidades da realidade

---

(2) Neste ponto estamos combinando o conceito de papel com o de representação, nos moldes preconizados por Durkheim.
(3) As características aqui indicadas se atêm estritamente à descrição dos fatos sociais fornecida por Durkheim.

exterior — guarda certa semelhança até mesmo com objetos tais como árvores, mesas e telefones, que estão *lá fora*, quer o indivíduo queira, quer não. O indivíduo não seria capaz de eliminar uma árvore com um movimento da mão — e nem uma instituição. A linguagem é experimentada desta maneira. Na verdade, sempre que o indivíduo fala, está como que "pondo para fora" alguma coisa que estava "dentro" dele — e o que põe para fora não são apenas os sons de que é feita a linguagem, mas os pensamentos que a linguagem deve transmitir. Acontece que este "pôr para fora" (para exprimirmos o fenômeno de maneira mais elegante, poderíamos usar o termo "exteriorização") realiza-se em termos que não resultam da idiossincrasia criadora de quem fala. Suponhamos que ele esteja falando *inglês*. A língua inglesa não foi criada nas profundezas de sua consciência individual. Existia lá fora muito antes do momento em que o indivíduo a usou. Ele a experimenta como alguma coisa que existe fora dele, e a mesma coisa acontece com a pessoa à qual se dirige; ambos experimentaram a língua inglesa como uma realidade exterior no momento em que começaram a aprendê-la.

Características fundamentais de uma instituição: a objetividade

As *instituições são experimentadas como possuidoras de objetividade*. Esta frase apenas repete, de forma um tanto diferente, a proposição anterior. Alguma coisa é objetivamente real quando todos (ou quase todos) admitem que de fato a mesma existe, e que existe de uma maneira determinada. Este último aspecto é muito importante. Existe um inglês *correto* e um inglês *incorreto* — e isso permanece assim, *objetivamente* assim, mesmo se o indivíduo pensasse que as regras que disciplinam a matéria são o cúmulo da tolice, e que ele mesmo poderia encontrar uma forma muito melhor e mais racional de organizar a linguagem. É evidente que, via de regra, o indivíduo não se preocupa com esse fato; aceita a linguagem da mesma forma que aceita outros fatos objetivos por ele experimentados. A objetividade da linguagem inicial do indivíduo assume uma intensidade extraordinária. Jean Piaget, o psicólogo infantil suíço, relata que, em certa oportunidade, perguntaram a uma criancinha se o sol poderia ser chamado por outro nome que não fosse "sol". "Não", respondeu a criança. Perguntaram-lhe como sabia disso. Por um instante a questão deixou-a intricada. Finalmente apontou para o sol e disse: — "Ora, basta olhar para ele."

Características fundamentais de uma instituição: a coercitividade

As *instituições são dotadas de força coercitiva*. Em certa medida, esta qualidade está implícita nas duas que já enumeramos: o poder essencial que a instituição exerce sobre o indivíduo consiste justamente no fato de que a mesma tem existência objetiva e não pode ser afastada por ele. No entanto, se acontecer que este não note o fato, esqueça o mesmo — ou, o que é pior —, queira modificar o estado de coisas existente, é nessas oportunidades que muito provavelmente a força coercitiva da instituição se apresenta de forma bastante rude. Em uma família esclarecida da classe média, e em uma idade em que todos concordam que tais deslizes são de se esperar, a criança geralmente é submetida a uma persuasão suave quando ofende os padrões do inglês correto. Essa persuasão suave poderá continuar a ser aplicada em uma escola progressista, mas raramente o será pelos colegas que a criança encontra na mesma. Estas provavelmente reagirão a qualquer infração ao seu código de inglês correto (que evidentemente não é o mesmo do professor), por meio de uma zombaria brutal e possivelmente de represálias físicas. Se o adulto insiste nessa atitude de desafio, ficará sujeito a represálias partidas de todos os lados. O jovem de classe operária poderá perder a namorada se não quiser falar "bonito", e por esse mesmo motivo poderá perder a promoção. O dicionário *Webster* e o manual *Modern English Usage*, de Fowler, montam guarda em cada degrau da escada de ascensão social. Mas ai do jovem da classe média que *continue* a falar bonito no exército! E ai também do professor de meia-idade que pretenda captar as simpatias dos jovens, falando a "linguagem deles"; evidentemente, estará sempre ao menos 2 anos atrás das convenções destes, sujeitas sempre a mudanças rápidas, e *seu* choque com o poder coercitivo da linguagem atinge as feições patéticas duma tragédia de Sófocles.

Reconhecer o poder das instituições não é o mesmo que afirmar que elas não podem mudar. Na verdade, elas mudam constantemente — e *precisam* mudar, pois não passam de resultados necessariamente difusos da ação de inúmeros indivíduos que "atiram" significados para o mundo. Se, de um dia para outro, todos os habitantes dos Estados Unidos deixassem de falar inglês, a língua inglesa deixaria de existir abruptamente como uma realidade institucional do país. Em outras palavras, a existência objetiva da linguagem depende da fala ininterrupta de muitos indivíduos que, ao se comunicarem, exprimem suas intenções, significações e motivos de ordem subjetiva.(4) É claro que essa objetividade, ao contrário da objetividade dos fatos da natureza, nunca pode assumir caráter estático. Muda constantemente, mantém-se em um fluxo dinâmico e, às vezes, sofre convulsões violentas. Mas *para o indivíduo* não é fácil provocar mudanças deliberadas. Se depender exclusivamente dos seus esforços individuais, as possibilidades de êxito em um empreendimento desse tipo serão mínimas. Imaginemos que o leitor se lance à tarefa de reformular a gramática ou de renovar o vocabulário. É possível que tenha algum êxito no microcosmo que o rodeia. É até provável que tenha conseguido algum êxito no tempo de criança: talvez sua família tenha adotado algumas das criações mais extravagantes de sua fala de bebê, incorporando-as à linguagem intragrupal da família. Como adulto, o indivíduo poderá alcançar pequenas vitórias como estas, quando fala à esposa ou ao círculo de seus amigos mais íntimos. Mas, se não for considerado um "grande escritor" ou um estadista, nem realizar esforços imensos para congregar as massas em torno de sua bandeira de revolução linguística (neste ponto poderíamos evocar o reavivamento do hebraico clássico no sionismo moderno ou os esforços menos bem-sucedidos de fazer a mesma coisa com o gaélico da Irlanda), o impacto alcançado sobre a linguagem de seu macrocosmo será provavelmente nulo no dia em que abandonar este vale de palavras.

Características fundamentais de uma instituição: a autoridade moral

As instituições têm uma autoridade moral. Não se mantêm apenas através da coercitividade. Invocam um direito à legitimidade; em outras palavras, reservam-se o direito de não só ferirem o indivíduo que as viola, mas ainda o de repreendê-lo no terreno da moral. É claro que o grau de autoridade moral atribuído às instituições varia de caso para caso. Geralmente essa variação se exprime através da gravidade do castigo infligido ao indivíduo desrespeitoso. O Estado, no caso extremo, poderá matá-lo, enquanto a comunidade de uma área residencial talvez se limite a tratar friamente sua esposa, quando esta frequenta o clube. Em um caso como no outro, o castigo é acompanhado de um sentimento de honradez ofendida. Raramente a autoridade moral da linguagem encontra expressão na violência física (muito embora, por exemplo, existam situações no Israel moderno nas quais a pessoa que não fala o hebraico pode ficar sujeita a certo desconforto físico). Geralmente exprime-se em um estímulo bastante eficiente, representado pela sensação de vergonha e, por vezes, de culpa, que se apossa do infrator. A criança estrangeira que continuamente comete erros de linguagem, o pobre imigrante, que carrega o fardo do sotaque, o soldado que não consegue superar o hábito arraigado da fala polida, o intelectual de vanguarda cujo falso jargão mostra que não está "por dentro", todos eles são indivíduos que experimentam um sofrimento muito mais intenso que o das represálias externas; quer queiramos, quer não, temos que reconhecer neles a dignidade do sofrimento moral.

---

(4) A distinção entre linguagem e fala procede de Ferdinand de Saussure, um linguista fortemente influenciado por Durkheim.

Características fundamentais de uma instituição: a historicidade

As instituições têm a qualidade da historicidade. Não são apenas fatos, mas fatos históricos; têm uma história. Em praticamente todos os casos experimentados pelo indivíduo, a instituição existia antes que ele nascesse e continuará a existir depois de sua morte. As ideias corporificadas na instituição foram acumuladas durante um longo período de tempo, através de inúmeros indivíduos cujos nomes e rostos pertencem irremediavelmente ao passado. A pessoa que fala o inglês contemporâneo dos Estados Unidos, por exemplo, reitera sem o saber as experiências verbalizadas de gerações mortas — os conquistadores normandos, os servos saxões, os escribas eclesiásticos, os juristas elizabetanos, além dos puritanos, dos homens da fronteira, dos gangsters de Chicago e dos músicos do jazz, que viveram em épocas mais recentes.

A linguagem (e, de fato, geralmente o mundo das instituições) pode ser concebida como um grande rio que flui através do tempo. Aqueles que por um momento viajam em suas águas, ou vivem às suas margens, continuamente atiram objetos nele. Na sua maioria, estes vão ao fundo ou se dissolvem imediatamente. Mas alguns deles se consolidam e são carregados por um período mais curto ou mais longo. Apenas uns poucos percorrem todo o trajeto, chegando à foz, onde este rio, tal qual todos os outros, se despeja no oceano do olvido, que é o fim de toda história empírica.

Para Karl Kraus, um escritor austríaco, a linguagem é a habitação do espírito humano. É ela que proporciona o contexto vitalício das experiências dos outros, do próprio indivíduo, do mundo. Mesmo ao imaginarmos mundos situados além deste, somos obrigados a formular nossos temores e esperanças em palavras. A linguagem é a instituição social que supera todas as outras. Representa o mais poderoso instrumento de controle da sociedade sobre todos nós.

13

*Socialização: Como Ser um Membro da Sociedade**

Peter L. Berger e Brigitte Berger

A infância: componentes não sociais e sociais

Bem ou mal, a vida de todos nós tem início com o nascimento. A primeira condição que experimentamos é a de criança. Se nos propusermos à análise do que esta condição acarreta, obviamente nos defrontaremos com uma porção de coisas que nada têm que ver com a sociedade. Antes de mais nada, a condição de criança envolve certo tipo de relacionamento com o próprio corpo. Experimentam-se sensações de fome, prazer, conforto e desconforto físico e outras mais. Enquanto perdura a condição de criança, o indivíduo sofre as incursões mais variadas do ambiente físico. Percebe a luz e a escuridão, o calor e o frio; objetos de todos os tipos provocam sua atenção. É aquecido pelos raios do sol, sente-se intrigado com uma superfície lisa ou, se tiver azar, pode ser molhado pela chuva ou picado por uma pulga. O nascimento representa a entrada em um mundo que oferece uma riqueza aparentemente infinita de experiências. Grande parte dessas experiências não se reveste de caráter social. Evidentemente, a criança ainda não sabe estabelecer essa espécie de distinção. Só em retrospecto torna-se possível a diferenciação entre as componentes não sociais e sociais de suas experiências. Mas, uma vez estabelecida essa distinção, podemos afirmar que a experiência social também começa com o nascimento. O mundo da criança é habitado por outras pessoas. Esta logo aprende a distinguir essas pessoas, e algumas delas assumem uma importância toda especial. Desde o início a criança desenvolve uma interação não apenas com o próprio corpo e o ambiente físico, mas também com outros seres humanos. A biografia do indivíduo, desde o nascimento, é a história de suas relações com outras pessoas.

Além disso, os componentes não sociais das experiências da criança estão entremeados e são modificados por outros componentes, ou seja, pela experiência social. A sensação de fome surgida em seu estômago só pode ser aplacada pela ação de outras pessoas. Na maior parte das vezes a sensação

---

(*) Peter L. Berger e Brigitte Berger, *Sociology — A Biographical Approach*, 2ª ed., Basic Books, Inc., New York, 1975, pp. 49-69. Tradução de Richard Paul Neto. Reproduzido com autorização de Basic Books, Inc.

de conforto ou desconforto físico resulta da ação ou omissão de outros indivíduos. Provavelmente o objeto com a superfície lisa tão agradável foi colocado ao alcance da mão da criança por alguém. E é quase certo que, se a mesma é molhada pela chuva, isso aconteceu porque alguém a deixou do lado de fora, sem proteção. Dessa forma, a experiência social, embora possa ser destacada de outros elementos da experiência da criança, não constitui uma categoria isolada. Quase todas as facetas do mundo da criança estão ligadas a outros seres humanos. Sua experiência relativa aos outros indivíduos constitui o ponto crucial de *toda* experiência. São os outros que criam os padrões por meio dos quais se realizam as experiências. É só através desses padrões que o organismo consegue estabelecer relações estáveis com o mundo exterior — e não apenas com o mundo social, mas também com o da ambiência física. E esses mesmos padrões penetram no organismo; em outras palavras, interferem em seu funcionamento. São os outros que estabelecem os padrões pelos quais se satisfaz o anseio da criança pelo alimento. E, ao procederem assim, esses outros interferem no próprio organismo da criança. O exemplo mais ilustrativo é o horário das refeições. Se a criança é alimentada somente em horas determinadas, seu organismo é forçado a adaptar-se a esse padrão. E, ao realizar o processo de adaptação, suas funções sofrem uma modificação. O que acaba acontecendo é que a criança não apenas é alimentada em horas determinadas, mas também sente fome nessas horas. Em uma espécie de representação gráfica, poderíamos dizer que a sociedade não apenas impõe seus padrões ao comportamento da criança, mas estende a mão para dentro de seu organismo a fim de regular as funções de seu estômago. O mesmo aplica-se à secreção, ao sono e a outros processos fisiológicos ligados ao estômago.

Alimentar ou não alimentar: uma questão de fixação social

Alguns dos padrões socialmente impostos à criança podem resultar das características peculiares dos adultos que lidam com ela. A mãe, por exemplo, talvez alimente a criança sempre que a mesma chore, independentemente de qualquer horário, porque seus tímpanos são muito sensíveis, ou porque lhe dedica tamanho amor que não pode conformar-se com a ideia de que ela possa experimentar uma sensação de desconforto, por qualquer tempo que seja. Na maior parte das vezes, porém, a opção entre a alternativa de alimentar a criança sempre que a mesma chore ou submetê-la a um horário rígido de refeições não resulta de uma decisão individual da mãe, mas representa um padrão bem mais amplo prevalecente na sociedade em que esta vive e foi ensinada que esse padrão constitui a maneira adequada de solucionar o problema.

Daí resulta uma consequência muito importante. Em suas relações com outros indivíduos, a criança defronta-se com um microcosmo bastante circunscrito. Só bem mais tarde fica sabendo que esse microcosmo se entrosa com um macrocosmo de dimensões infinitamente maiores. Em uma visão retrospectiva talvez cheguemos a invejar a criança por ignorar esse fato. De qualquer maneira, esse macrocosmo invisível, desconhecido da criança, moldou e definiu antecipadamente todas as experiências com que ela se defronta em seu microcosmo. Se a mãe abandona o horário rígido de refeições para adotar um novo regime, segundo o qual a criança é alimentada toda vez que chora, evidentemente não ocorrerá a esta a possibilidade de atribuir a qualquer outra pessoa que não a mãe o mérito dessa modificação agradável em sua situação. Não sabe que a mãe seguiu o conselho de algum perito que reflete as ideias em voga em certo círculo como, por exemplo, o grupo da classe média superior dos Estados Unidos que possui instrução universitária. Em última análise, no caso não foi a mãe, mas antes uma entidade coletiva invisível que interferiu — de forma agradável — no sistema fisiológico da criança. No entanto, existe outra consequência que não pode deixar de ser considerada. Se a mãe da criança pertencesse a outra classe social, como por exemplo a classe operária sem instrução universitária, a criança continuaria a gritar em vão pela comida. Em outras palavras, os microcosmos em que se desenvolvem as experiências da criança diferem de acordo com os macrocosmos em que se inserem. A experiência infantil guarda uma proporção de relatividade com sua situação geral na sociedade. E o mesmo princípio de relatividade aplica-se aos estágios posteriores da infância, à adolescência e a qualquer outra fase da biografia.

As práticas alimentares podem ser consideradas um exemplo de suma importância. É claro que admitem grande número de variações — pode-se escolher entre a alimentação segundo um horário regular ou a chamada alimentação a pedido, entre a amamentação no seio materno e a mamadeira, entre vários tempos de desmama etc. Neste ponto existem diferenças consideráveis não somente de uma sociedade para outra, mas também de uma para outra classe da mesma sociedade. Assim, por exemplo, nos Estados Unidos o pioneirismo da alimentação por mamadeira coube às mães da classe média. A prática logo se disseminou entre outras classes. Posteriormente, foram novamente as mães da classe média que lideraram a reação a favor da amamentação no seio materno. Podemos dizer, portanto, que é geralmente o nível de renda dos pais da criança que decide se esta, quando sente fome, deve ser presenteada com o seio materno ou com a mamadeira. (1)

Se compararmos várias sociedades, as diferenças nesta área são verdadeiramente notáveis. Na família de classe média da sociedade ocidental adotava-se, antes da divulgação das ideias variadas dos peritos sobre a alimentação a pedido, um regime rígido, quase industrial, de alimentação segundo um horário prefixado. A criança era alimentada em certas horas, e somente nessas horas. Nos intervalos poderia chorar à vontade. Esse procedimento era justificado de várias maneiras, tanto com base em considerações práticas como sob o fundamento de ser útil à saúde da criança. A título de contraste, poderíamos examinar as práticas alimentares dos gusii do Quênia.(2)

Os gusii não conhecem qualquer horário de alimentação. A mãe amamenta a criança toda vez que esta chora. De noite dorme nua sob uma coberta, com a criança nos braços. Na medida do possível, a criança tem acesso ininterrupto e imediato ao seio materno.

Quando a mãe trabalha, carrega a criança amarrada às costas, ou então esta é carregada por alguém que se mantém a seu lado. Também nesta oportunidade, a criança, assim que começa a chorar, é alimentada o mais rapidamente possível. De acordo com uma norma geral, a criança não deve chorar mais de cinco minutos antes de ser alimentada. Em comparação com a maior parte dos padrões de alimentação prevalecentes nas sociedades ocidentais, esta prática nos choca por ser excessivamente "permissiva".

Mas existem outros aspectos das práticas alimentares dos gusii que nos impressionam sob um ângulo totalmente diverso. Poucos dias após o nascimento, a criança passa a receber um mingau como complemento alimentar ao leite materno. Segundo indicam os dados de que dispomos, a criança não demonstra muito entusiasmo por esse mingau. Mas isso não lhe adianta nada, pois é alimentada à força. E a alimentação forçada é realizada de uma maneira bastante desagradável: a mãe segura o nariz da criança. Quando esta abre a boca para respirar, o mingau é empurrado para dentro da mesma. Além disso, a mãe demonstra pouca afeição pela criança, e raramente a acaricia, embora outras pessoas possam fazê-lo. Provavelmente procede assim no intuito de evitar os ciúmes das pessoas que poderiam assistir às suas demonstrações de afeto; de qualquer maneira, na prática isso significa que a experiência da criança encontra maiores demonstrações de afeto de outras pessoas que da própria mãe. Vê-se que mesmo sob outros aspectos, a maneira pela qual os gusii criam os filhos na fase inicial da vida nos choca bastante, se a compararmos com os padrões ocidentais. De outro lado, em relação à desmama os gusii mais uma vez demonstram um elevado grau de "permissividade", em comparação com as sociedades ocidentais. Enquanto nestas a grande maioria das crianças passa da amamentação materna para a alimentação por mamadeira antes de atingir a idade de 6 meses, as crianças dos gusii são amamentadas no seio materno até a idade de 22 meses.

---

(1) John e Elizabeth Newson, *Patterns of Infant Care*, Penguin Books, Baltimore, 1965, pp. 176 e segs.
(2) Beatrice Whiting (compiladora), *Six Cultures — Studies in Child Rearing*. Wiley, New York, 1963; pp. 139 e segs.

O treinamento para o uso da toalete: a moita ou a "inspiração"

O treinamento para o uso da toalete constitui outro setor do comportamento da criança em que as próprias funções fisiológicas do organismo são forçadas, de maneira bastante óbvia, a submeter-se aos padrões sociais. Em linhas gerais, nas sociedades primitivas raramente surgem problemas nesta área. Segundo a regra geral a criança, assim que sabe andar, segue os adultos para a moita ou outra área que a comunidade considere apropriada para as funções eliminatórias. O problema é ainda menor nas regiões quentes, onde as crianças usam pouca ou nenhuma roupa. Entre os gusii, por exemplo, o treinamento para o uso da toalete resume-se na tarefa relativamente simples de fazer a criança defecar fora de casa. Em média, essa tarefa é iniciada aproximadamente com a idade de 25 meses, e concluída mais ou menos dentro de um mês. Ao que parece, não há maior preocupação com o ato de urinar. Uma vez que as crianças não usam vestes na parte inferior do corpo, não existe o problema de molhar a roupa. Ensina-se-lhes que devem proceder com discrição no desempenho da função eliminatória, mas ao que tudo indica elas o aprendem por meio de um simples processo de imitação, independentemente de ameaças ou sanções.(3)

Já nas sociedades ocidentais o treinamento para a toalete constitui uma grande preocupação. (É bem provável que, se Freud tivesse sido um gusii, nunca se teria lembrado de conferir ao treinamento para o uso da toalete um lugar tão importante na sua teoria do desenvolvimento infantil.) Se compararmos, por exemplo, a sociedade norte-americana com a dos gusii, não teremos maiores dificuldades em explicar por que, na primeira, o treinamento para a toalete constitui um problema mais importante que na última. Afinal, devemos considerar a variedade de roupas usadas pelas crianças e a complexidade dos arranjos domésticos, além da ausência generalizada de moitas. Dessa forma, as atribulações, os sucessos e os insucessos experimentados nesta área constituem um tópico bastante frequente na conversação das mães norte-americanas. Em estudo recente realizado em uma comunidade da Nova Inglaterra,(4) os pesquisadores descobriram uma série espantosa de medidas punitivas aplicadas às crianças que não reagiam da forma esperada ao treinamento para o uso da toalete. Essas medidas punitivas consistiam tanto em esfregar o nariz da criança em suas próprias fezes, como no uso de supositórios e clisteres por meio dos quais se pretendia levar a criança a adotar hábitos regulares de evacuação. (Na verdade, entre um quarto e um terço das mães entrevistadas informaram ter aplicado estas últimas medidas.) Ao que parece, a criança vota um desapreço total aos clisteres, motivo por que a simples ameaça de sua aplicação geralmente era suficiente para "inspirar" a mesma a defecar quando a mãe o desejasse.

Esses dados poderiam levar um sociólogo gusii à conclusão de que o treinamento para o uso da toalete nos Estados Unidos é extremamente rígido, mas o mesmo incidiria em erro se generalizasse essa conclusão, aplicando-a à maneira pela qual as crianças americanas são tratadas em outras áreas de comportamento. Os americanos, por exemplo, acham perfeitamente natural que uma criança queira muito movimento, e via de regra esse comportamento é tolerado até mesmo nos graus elementares da escola. Já os franceses têm uma opinião totalmente diversa a este respeito.(5) Em um estudo recente sobre a maneira pela qual são criadas as crianças francesas, um observador americano mostra-se espantado pelo fato de que as mesmas são levadas para brincar no parque elegantemente vestidas, e conseguem manter-se limpas. Evidentemente uma criança americana colocada em situação semelhante conseguiria sujar-se em um instante. A explicação do fenômeno reside na relativa imobilidade da criança francesa. O estudioso americano notou o fato em crianças francesas de 2 a 3 anos: ficou surpreso ao ver que as mesmas eram capazes de se manter absolutamente imóveis por longos períodos. O mesmo estudo relata o caso de uma criança americana que o professor encaminhou ao

---

(3) Whiting, *ibid.*, pp. 154 e segs.
(4) *Ibid.*, pp. 944 e segs.
(5) Margaret Mead e Martha Wolfenstein (compiladoras), *Childhood in Contemporary Cultures*, Phoenix Books, Chicago, 1955, pp. 106 e segs.

psicólogo escolar, unicamente porque a mesma não conseguia manter-se quieta durante as aulas. O professor francês, totalmente desabituado a esse tipo de comportamento, concluiu que a criança devia estar doente. Em outras palavras, um grau de atividade motora considerado normal nas escolas americanas passou a ser visto como sintoma de um estado patológico na França.

A socialização: padrões relativos experimentados como absolutos

O processo por meio do qual o indivíduo aprende a ser um membro da sociedade é designado pelo nome de *socialização*. O mesmo revela uma série de facetas diversas. Os processos que acabam de ser examinados constituem facetas da socialização. Vista sob este ângulo, a socialização é a imposição de padrões sociais à conduta individual. Conforme procuramos demonstrar, esses padrões chegam mesmo a interferir nos processos fisiológicos do organismo. Conclui-se que na biografia do indivíduo a socialização, especialmente em sua fase inicial, constitui um fato que se reveste de um tremendo poder de conscrição e de uma importância extraordinária. Sob o ponto de vista do observador estranho, os padrões impostos durante o processo de socialização são altamente relativos, conforme já vimos. Dependem não apenas das características individuais dos adultos que cuidam da criança, mas também dos vários grupamentos a que pertencem esses adultos. Assim, por exemplo, a natureza dos padrões de conduta aplicados a uma criança depende não somente do fato de ser a mesma um gusii ou um americano; mas também da circunstância de pertencer à classe média ou à classe operária dos Estados Unidos. Mas, sob o ponto de vista da criança, estes mesmos padrões são sentidos de forma bastante absoluta. Temos razões para supor que, se não fosse assim, a criança seria perturbada e o processo de socialização não poderia ser levado avante.

O caráter absoluto com que os padrões sociais atingem a criança resulta de dois fatos bastante simples: o grande poder que os adultos exercem em uma situação como aquela em que se encontra a criança e a ignorância desta sobre a existência de padrões alternativos. Os psicólogos divergem sobre se a criança tem a impressão de que nessa fase da vida exerce um controle bastante pronunciado sobre os adultos (uma vez que os mesmos são sensíveis às suas necessidades), ou se vê neles uma ameaça contínua, porque depende deles tão fortemente. De qualquer maneira, não pode haver a menor dúvida de que, em termos objetivos, os adultos exercem um poder avassalador sobre a criança. É claro que esta pode resistir à pressão exercida por eles, mas o resultado provável de qualquer conflito só poderá ser a vitória dos adultos. São eles que trazem a maior parte das recompensas pelas quais anseia a criança e dos castigos que teme. Na verdade, o simples fato de que a maior parte das crianças acaba por socializar-se constitui prova cabal desse fato. Além disso, é evidente que a criança ignora qualquer alternativa aos padrões de conduta que lhe são impostos. Os adultos apresentam-lhe certo mundo — e para a criança este mundo é o mundo. Só posteriormente a mesma descobre que existem alternativas fora desse mundo, que o mundo de seus pais é relativo no tempo e no espaço e que padrões diferentes podem ser adotados. Só então o indivíduo toma conhecimento da relatividade dos padrões e dos mundos sociais — em uma hipótese extrema, poderá prosseguir na trilha dessa visão, escolhendo a profissão de sociólogo.

A iniciação da criança: o mundo transforma-se em *seu* mundo

Vemos que uma das maneiras de encarar o processo de socialização corresponde àquela que se poderia designar como a "visão policialesca". Segundo ela, a socialização é vista principalmente como uma série de controles exercidos de fora e apoiada por algum sistema de recompensas e castigos. O mesmo fenômeno pode ser examinado sob outro ângulo, que pode ser considerado mais benigno. A socialização passa a ser considerada um processo de iniciação por meio do qual a criança pode desenvolver-se e expandir-se a fim de ingressar em um mundo que está ao seu alcance. Sob este ponto de vista a socialização constitui parte essencial do processo de humanização integral e plena realização do potencial do indivíduo. A socialização é um processo de iniciação em um mundo social, em suas formas de interação e nos seus numerosos significados. De início, o mundo social dos pais apresenta-se à criança como uma realidade externa, misteriosa e muito poderosa. No curso do processo de socialização este mundo torna-se inteligível. A criança penetra nesse mundo e adquire a capacidade de participar dele. Ele se transforma no seu mundo.

A linguagem, o pensamento, a reflexão e a "fala respondona"

O veículo primordial da socialização, especialmente sob a segunda faceta, é a linguagem. Logo mais realizaremos um exame mais detalhado da linguagem. Neste ponto só queremos ressaltar que ela constitui um elemento essencial do processo de socialização e, mais do que isso, de qualquer participação posterior na sociedade. Ao assenhorear-se da linguagem, a criança aprende a transmitir e reter certos significados socialmente reconhecidos. Adquire a capacidade de pensar abstratamente, isto é, consegue ir além da situação imediata com que se defronta. E é também por meio do aprendizado da linguagem que a criança adquire a capacidade de refletir. As reflexões incidem sobre a experiência passada, que se integra em uma versão coerente e cada vez mais ampla da realidade. A experiência presente é continuamente interpretada em conformidade com essa visão e a experiência futura não pode ser apenas imaginada, mas também planejada. É através dessa reflexão cada vez mais intensa que a criança toma consciência de si mesma como uma individualidade, no sentido literal de reflexão, isto é, do fenômeno através do qual a atenção da criança *retoma* do mundo exterior para incidir sobre ela própria.

É muito fácil dizer, e até certo ponto não deixa de ser correto, que a socialização é um processo de configuração ou moldagem. A criança é configurada pela sociedade, é por ela moldada de forma a fazer dela um membro reconhecido e participante. Mas é importante que não se veja nisso um processo unilateral. Mesmo no início da vida, a criança não é uma vítima passiva da socialização. Resiste à mesma, dela participa e nela colabora de forma variada. A socialização é um processo recíproco, visto que afeta não apenas o indivíduo socializado, mas também os socializantes. Não é difícil observar esse fato na vida quotidiana. Geralmente os pais alcançam um êxito maior ou menor em moldar a criança de acordo com os padrões gerais criados pela sociedade e desejados por eles. Mas a experiência também produz modificações nos pais. A reciprocidade da criança, isto é, sua capacidade de exercer uma ação individual e independente sobre o mundo e as pessoas que o habitam, cresce na razão direta da capacidade de usar a linguagem. No sentido literal da palavra, a criança nessa fase começa a *responder* aos adultos.

Neste contexto, torna-se necessário admitir que há limites para a socialização. Essas limitações estão fixadas no organismo da criança. Desde que possua uma inteligência razoável, qualquer criança de qualquer parte do mundo pode ser socializada para ser transformada em um membro da sociedade americana. Qualquer criança normal pode aprender o inglês. Qualquer criança normal pode aprender os valores e padrões de vida ligados ao uso da língua inglesa nos Estados Unidos. Provavelmente qualquer criança normal poderia aprender um sistema de notação musical. Mas é evidente que *nem toda* criança normal poderia ser transformada em um gênio musical. Se essa qualidade não estiver presente, em potencial, no organismo da criança, qualquer tentativa de socialização que se desenvolvesse nesse sentido esbarraria em resistências duras e invencíveis. O estado atual do conhecimento científico (especialmente na área da Biologia Humana) não nos permite traçar os limites precisos da socialização. Todavia, é muito importante que não nos esqueçamos de que esse limite existe.

Tomando as atitudes e desempenhando o papel dos outros

Através de que mecanismo é levada avante a socialização? O mecanismo fundamental consiste em um processo de interação e identificação com os outros. Um passo decisivo é dado no momento em que a criança aprende, na expressão de Mead, a *tomar as atitudes do outro*.(6) Isso significa que a criança não só aprende a reconhecer certa atitude em outra pessoa e a compreender seu sentido, mas também aprende a tomá-la ela mesma. Por exemplo, a criança observa quando a mãe toma, em certas ocasiões, uma atitude de cólera — por exemplo, nas ocasiões em que a criança se suja. Além de exprimir-se por gestos e palavras, a atitude de cólera encerra um sentido perfeitamente definido, qual seja o de que não é correto sujar-se. De início a criança imitará as exteriorizações dessa atitude, assim verbais como não verbais. E é nesse processo de interação e identificação que o sentido dessa atitude é absorvido pela criança.

Essa fase específica da socialização terá sido coroada de êxito quando a criança tiver aprendido a tomar a mesma atitude para consigo mesma, até na ausência da mãe. Pode-se observar uma criança "brincando de mãe" quando se encontra sozinha. Isso acontecerá, por exemplo, quando ela se repreende a si mesma por infrações às regras ligadas ao uso da toalete, chegando por vezes a elaborar uma figura caricata a título de imitação do papel anteriormente desempenhado pela mãe. Chegará o dia em que não mais será necessário realizar a caricatura. A atitude acha-se firmemente implantada na consciência da criança, que consegue realizá-la em silêncio, sem elaborar conscientemente o respectivo papel. Da mesma forma, a criança aprende a *desempenhar o papel do outro*. Para os fins ora visados, podemos ver no papel desempenhado apenas uma atitude que se fixou em um padrão de conduta coerente e reiterado. O que a mãe transmite ao filho não é apenas uma série de atitudes, mas sim um padrão geral de conduta que pode ser designado como o "papel de mãe". A criança aprende não só a tomar atitudes específicas, mas a assumir os respectivos papéis. O brinquedo representa uma parte muito importante desse aprendizado. Não há quem não tenha visto uma criança que brinca de pai, irmã ou irmão mais velho e, mais tarde, de policial, "cowboy" ou índio. A importância desse tipo de brincadeira não resulta somente dos papéis específicos que envolve, mas do fato de que ensina a criança a desempenhar *qualquer* papel. Pouco importa, portanto, que a criança jamais venha a ser um "cowboy" ou um índio. Ao desempenhar estes papéis aprende, antes de mais nada, a seguir um padrão de conduta reiterada. *O que importa não é tornar-se um índio, mas aprender como desempenhar um papel.*

Socialização: dos "outros significativos" ao "outro generalizado"

Além da função de aprendizagem generalizada realizada através do ato de "desempenhar" papéis, esse mesmo processo pode transmitir significados sociais "verdadeiros". A maneira pela qual uma criança americana desempenhará o papel de policial depende em larga escala do significado que esse papel assume em seu ambiente social imediato. Para a criança dum bairro residencial branco, o policial representa a imagem da autoridade e da segurança; é uma pessoa à qual se deve recorrer sempre que haja algum problema. Já para a criança negra do centro da cidade, o mesmo papel muito provavelmente envolve uma ideia de hostilidade e perigo, uma ameaça antes que um fator de segurança, uma pessoa à qual não se deve recorrer, mas da qual é preciso fugir. Ainda é de supor que o desempenho dos papéis de "cowboy" e índio assume significados totalmente diversos no bairro residencial branco e em uma reserva indígena.

Vê-se que a socialização se realiza em uma contínua interação com outros. Mas nem todos os outros com que a criança se defronta assumem a mesma importância nesse processo. Alguns deles eviden-

---

(6) Estes conceitos e os que serão apresentados a seguir foram definidos por George Herbert Mead.

temente ocupam uma posição de relevo. Para a maior parte das crianças, serão os pais e os irmãos e irmãs que possam rodeá-las. Em alguns casos pertencem ao mesmo grupo os avós, os amigos íntimos dos pais e os empregados domésticos. Outras pessoas se situam em um segundo plano, e sua função no processo de socialização poderia ser concebida como a de quem providencia o fundo musical. Entram nesta categoria os contatos ocasionais de todos os tipos, desde o carteiro até o vizinho que só aparece de vez em quando. Se quiséssemos ver na socialização uma espécie de drama, o mesmo poderia ser comparado a uma peça da Grécia antiga, na qual alguns dos participantes podem ser equiparados aos grandes protagonistas, enquanto outros desempenhariam suas funções no coro.

Mead designou os grandes protagonistas do drama da socialização como os *outros significativos*. São as pessoas que com maior frequência se tornam objeto da interação da criança, com as quais mantém relações emocionais mais intensas e cujas atitudes assumem importância crucial na situação em que se encontra. Obviamente, o que acontecerá à criança dependerá em larga escala de quem ou o que sejam esses outros significativos. Não nos referimos apenas às suas características ou excentricidades individuais, mas à posição que ocupam no mundo mais amplo da sociedade. Nas fases iniciais da socialização toda ou qualquer atitude adotada pela criança terá sido copiada dos outros significativos. Em um sentido bastante real, eles *são* o mundo social da criança. Mas, à medida que prossegue a socialização, a criança começa a compreender que essas atitudes e papéis se ligam a uma realidade muito mais ampla. A criança começa a compreender, por exemplo, que não é somente sua mãe que fica com raiva quando ela se suja, mas que essa raiva é compartilhada por qualquer adulto significativo que conhece e, mais do que isso, pelo mundo dos adultos em geral. Nessa altura a criança passa a relacionar-se não apenas com determinados outros significativos, mas com um *outro generalizado* (temos aqui mais uma expressão meadiana), que representa a sociedade em geral. Este passo é facilmente identificável na linguagem. Na fase inicial, tudo se passa como se a criança dissesse a si mesma (muitas vezes realmente diz) "Mamãe não quer que eu me suje". Depois da descoberta do outro generalizado, essa frase transforma-se em uma afirmação como esta: "A gente não se deve sujar." As atitudes específicas assumiram caráter universal. Os comandos e as proibições específicas de outros determinados transformaram-se em normas gerais. Este passo representa um dos marcos cruciais do processo de socialização.

Interiorização, consciência e autodescoberta

A esta altura compreenderemos por que um dos termos usados para definir a socialização, que por vezes chega a ser empregado quase indiferentemente no lugar deste, é *interiorização*. Esse termo significa que o mundo social, com sua multiplicidade de significados, passa a interiorizar-se na consciência da criança. Aquilo que anteriormente era experimentado como alguma coisa existente fora dela agora também pode ser experimentado dentro dela. Através de um complicado processo de reciprocidade e reflexão, certa simetria se estabelece entre o mundo interior do indivíduo e o mundo social externo, em cujo âmbito o mesmo está sendo socializado. O fenômeno é claramente ilustrado pelo fato que costumamos chamar de consciência. Afinal, a consciência é basicamente a interiorização (ou melhor, a presença interiorizada) dos comandos e proibições de ordem moral vindos do exterior. Tudo teve início quando, em certo ponto do processo de socialização, um outro significativo disse "faça isso" ou "não faça aquilo". À medida que a socialização foi levada avante, a criança passou a identificar-se com esses postulados morais. Ao identificar-se com eles, realizou sua interiorização. Em certa oportunidade, a criança disse a si mesma "faça isto" ou "não faça aquilo" provavelmente quase no mesmo tom em que a mãe ou outra pessoa lhe dissera estas palavras pela primeira vez. Com isso tais postulados foram absorvidos por sua mente. As vozes transformaram-se em vozes interiores. Finalmente, passaram à própria consciência que lhe falava.

Talvez este fenômeno possa ser encarado de várias maneiras. A interiorização pode ser vista sob o ângulo que mais atrás designamos pela expressão "visão policialesca", e esse ângulo não deixará de ser correto. Conforme evidencia o exemplo da consciência, a interiorização relaciona-se com o controle da conduta individual. Através dela o controle pode tornar-se contínuo e econômico. Seria extremamente dispendioso para a sociedade, e provavelmente até mesmo impossível, se o indivíduo tivesse que ser rodeado constantemente por outros que lhe dissessem "faça isto" ou "não faça aquilo". Depois que essas injunções se interiorizaram na consciência do indivíduo, só ocasionalmente haverá necessidade de reforços vindos de fora. Na sua maioria, os indivíduos se controlam a si mesmos na maior parte das vezes. Acontece que esta é apenas uma das maneiras de encarar o fenômeno. A interiorização não só controla o indivíduo, mas abre-lhe as portas do mundo. Não só permite que o mesmo participe do mundo social externo, mas capacita-o para uma vida interior mais rica. *É só por meio da interiorização das vozes dos outros que podemos falar a nós mesmos. Se ninguém nos tivesse dirigido uma mensagem significativa vinda de fora, em nosso interior também reinaria o silêncio. É só através dos outros que podemos descobrir-nos a nós mesmos.* Ou, em termos mais precisos, é só através dos outros significativos que podemos desenvolver um relacionamento significativo com nossa própria pessoa. É esta uma das razões por que é tão importante que tenhamos um certo cuidado na escolha dos pais.

"É apenas uma criança" — crescimento biológico e etapas biográficas

É claro que existe certo paralelismo entre os processos biológicos do crescimento e a socialização. Quando menos, o crescimento do organismo impõe certos limites à socialização. Seria um contrassenso, por exemplo, uma sociedade querer ensinar a linguagem a uma criança de um mês ou a matemática a outra criança de 2 anos. Incidiríamos, porém, em grave engano se acreditássemos que as etapas biográficas da vida, definidas pela sociedade, são baseadas diretamente nas etapas do crescimento biológico. Isso se aplica a todas as etapas da biografia, do nascimento à morte, inclusive à infância. Existem várias maneiras de estruturar a infância, não apenas segundo sua duração, mas também pelas características. Não há dúvida de que o biólogo pode definir a infância com base no grau de desenvolvimento do organismo; e o psicólogo pode formular uma definição correlacionada com a do biólogo, baseada no desenvolvimento da mente. Dentro desses limites biológicos e psicológicos, porém, o sociólogo há de insistir em que a infância depende de construção social. Em outras palavras, a sociedade dispõe de um campo bastante amplo ao decidir o que será a infância.

A infância, conforme é entendida e conhecida hoje, constitui uma criação do mundo moderno, especialmente da burguesia.(7) Foi só em época bem recente da história do Ocidente que a infância passou a ser considerada uma idade especial e altamente protegida. A estrutura moderna da infância encontra sua expressão não só em inúmeras crenças e valores ligados à criança (como, por exemplo, na ideia de que a criança é de certa forma uma criatura "inocente"), mas também na nossa legislação. Assim, hoje em dia prevalece nas sociedades modernas a opinião quase universal de que as crianças não devem ficar sujeitas aos preceitos gerais da lei penal. Não faz muito tempo que as crianças eram consideradas apenas adultos em miniatura. Isso se exprimia de forma patente na maneira de vesti-las. Conforme se depreende das pinturas da época, ainda no século XVIII, as crianças andavam com seus pais em trajes idênticos aos deles — exceto, naturalmente, quanto ao tamanho. Quando a infância passou a ser concebida e organizada como uma fase muito especial da vida, distinta da idade adulta, as crianças passaram a usar trajes especiais.

Um ponto que deve ser considerado é a crença na "inocência" da criança, hoje prevalecente, isto é, a crença de que a criança deve ser protegida contra certos aspectos da vida. A título de comparação, podemos examinar o relato fascinante encontrado no diário mantido pelo médico da corte durante a infância de Luís XIII da França, no início do século XVII.(8) Sua aia já brincava com o

---

(7) Philippe Ariès, *Centuries of Childhood*, Knopf, New York, 1962.
(8) *Ibid.*, pp. 100 e segs.

pênis da criança quando esta tinha menos de um ano. Todo mundo achava isso muito engraçado. Não demorou que o principezinho fizesse questão de exibir constantemente seu pênis, em meio ao regozijo geral. Além disso, pedia a todo mundo que beijasse essa parte de seu corpo. Essa atenção irreverente pelos órgãos genitais da criança durou alguns anos, envolvendo não apenas criadas frívolas, mas até mesmo sua mãe, a rainha. Com 4 anos uma dama da corte levou o príncipe à cama da mãe e lhe disse: "Monsieur, aqui o senhor foi fabricado." Só aos 7 anos, aproximadamente, surgiu em sua mente a ideia de que deveria mostrar certa discrição em relação a essa parte do corpo. Ainda cabe mencionar que Luís XIII casou com a idade de 14 anos quando, segundo certa pessoa comenta ironicamente, não tinha mais nada a aprender.

Os diferentes mundos da infância

Um exemplo clássico dos diferentes mundos da infância, que quase todos conhecem, é o contraste que Atenas e Esparta nos oferecem neste ponto.(9) Os atenienses estavam empenhados em que seus jovens, ao crescerem, se transformassem em indivíduos bem formados, habilitados tanto para a poesia e a Filosofia como para a arte da guerra. E a educação de Atenas refletia esse ideal. O mundo da criança ateniense (ao menos do sexo masculino) era um mundo de competição ininterrupta, tanto no terreno físico como no mental e estético. Em um contraste flagrante a esse quadro, a educação espartana insistia apenas no desenvolvimento da disciplina, da obediência e da bravura física — vale dizer, das virtudes do soldado. Em comparação com os métodos atenienses, a maneira pela qual os espartanos criavam suas crianças era excessivamente rude, talvez mesmo declaradamente brutal. O costume de fazer as crianças passarem fome a fim de levá-las a roubarem sua comida era apenas uma das muitas formas pelas quais se exprimia essa concepção da infância. Evidentemente seria muito mais agradável ser um menino em Atenas que em Esparta. Mas não é este o ponto mais importante sob o ângulo sociológico. O que realmente importa é que a socialização espartana produzia indivíduos muito diferentes dos que resultavam da socialização realizada em Atenas. A sociedade espartana, que exaltava o aspecto militar da vida acima de qualquer outro, precisava de indivíduos desse tipo, e em face desse objetivo o sistema espartano de educar as crianças era perfeitamente sensato.

O tipo de infância criado no ocidente moderno se vem disseminando rapidamente por todo o mundo. O fenômeno resultou de várias causas. Uma delas é o declínio dramático da mortalidade infantil e das doenças da infância, que constituem uma das consequências verdadeiramente revolucionárias da Medicina moderna. Em virtude desse fator, a infância passou a ser uma fase mais segura e feliz do que jamais foi, e esse fato estimulou a propagação das concepções ocidentais sobre essa fase da vida, segundo as quais a mesma é mais preciosa e digna de proteção que as outras. Em comparação com os períodos anteriores da história do Ocidente e de todas as outras partes do mundo, a socialização de hoje assume qualidades sem precedentes de delicadeza e interesse por todas as necessidades da criança. É bastante provável que a propagação do conceito de socialização e a estruturação da infância que a acompanha estejam produzindo influência poderosa na sociedade, até mesmo no terreno político.

O encontro conosco mesmos: o eu e o me

Até aqui enfatizamos a maneira pela qual a socialização introduz a criança em um mundo social específico. Um aspecto que assume igual importância é a maneira pela qual a socialização apresenta a criança a si mesma. Da mesma forma que a sociedade constitui um mundo no qual a criança pode

---

(9) Ver, por exemplo, H. I. Marrou, A History of Education in Antiquity, Mentor Books, New York, 1956.

ser iniciada, ela também produz vários tipos de individualidade. A criança é socializada não só para um mundo específico, mas também para determinada individualidade. Mead exprimiu através dos conceitos do *eu* e do *me* os fatos que se desenrolam na consciência da criança no curso desse processo. (10) Já mencionamos uma consequência interessante do processo de socialização: a criança adquire a capacidade de falar a si mesma. O *eu* e o *me* são precisamente os parceiros desse tipo de conversação. O *eu* representa a consciência espontânea ininterrupta da individualidade que todos temos. Já o *me* representa a parte da individualidade que foi configurada ou moldada pela sociedade.

Essas duas facetas da individualidade podem conversar uma com a outra. Um menino que esteja sendo criado na sociedade americana, por exemplo, aprende certas coisas que, segundo se supõe, ficam bem a um menino, como a coragem diante da dor. Suponhamos que o menino machuque o joelho e que este comece a sangrar. O *eu* registra a dor e, ao que imaginamos, quer irromper em prantos. O *me*, de outro lado, aprendeu que um bom menino deve ser corajoso. É o *me* que faz o menino morder o lábio e suportar a dor. Ou então, suponhamos que o menino já esteja mais velho, e tenha uma professora muito simpática na escola que frequenta. O *eu* registra a atração sentida pelo menino e não quer outra coisa senão agarrar a professora e fazer amor com ela. Mas o *me* assimilou a norma social segundo a qual simplesmente não se faz uma coisa dessas. Não é difícil imaginar uma conversação interior mantida entre as duas faces da individualidade. Uma delas dirá: "Ande, agarre-a", enquanto a outra advertirá: "Pare, isso não está certo." Vê-se que em um ponto muito importante a socialização configura a individualidade. Não pode configurá-la em toda a extensão. Sempre restará algo de espontâneo e incontrolável, que vez por outra irrompe de forma imprevisível. E é essa parte espontânea da individualidade que se *coloca diante* da parte socializada.

Assimilando uma identidade: atribuição ou aquisição

A parte socializada da individualidade costuma ser designada como a *identidade*.(11) Qualquer sociedade pode ser vista como um repertório de identidades: a do menino, da menina, do pai, da mãe, do policial, do professor, do ladrão, do arcebispo, do general etc. Através de uma espécie de loteria essas identidades são atribuídas aos diversos indivíduos. Algumas delas já são atribuídas com o nascimento, como a de menino ou menina. Outras vezes a identidade é atribuída ao indivíduo em uma fase posterior da vida, como a de menino esperto ou menina bonita (ou, ao contrário, de menino estúpido ou menina feia). Outras identidades são guardadas como que para aquisição, a fim de que os indivíduos possam obtê-las através de um esforço espontâneo como, por exemplo, a de policial ou arcebispo. Mas, quer a identidade seja atribuída ao indivíduo, quer seja adquirida por ele, ela sempre é assimilada através de um processo de interação com outros. São outros que o identificam de certa maneira. Só depois que uma identidade é confirmada pelos outros, é que pode tornar-se real para o indivíduo ao qual pertence. Em outras palavras, a identidade resulta do intercurso da identificação com a autoidentificação. Isto aplica-se até mesmo às identidades deliberadamente constituídas pelo próprio indivíduo.

Por exemplo, em nossa sociedade existem indivíduos identificados como homens que prefeririam ser mulheres. Podem fazer várias coisas, que vão até a cirurgia destinada a reconstituí-los de acordo com a nova identidade. O objetivo principal a ser atingido, porém, consiste em fazer com que ao menos alguns outros aceitem a nova identidade, ou seja, que os identifiquem nesses termos. É impossível ao indivíduo ser alguém ou alguma coisa por muito tempo, exclusivamente por sua conta.

---

(10) Estes conceitos também são de Mead.
(11) Não há certeza absoluta sobre quem usou pela primeira vez o conceito de identidade no sentido em que aqui o empregamos. A popularidade que o mesmo alcançou nos últimos anos é devida em grande parte ao trabalho de Erik Erikson, que pode ser considerado um psicanalista com inclinações sociológicas. Ver a obra deste estudioso intitulada *Childhood and Society*, Norton, New York, 1950.

Outros têm de nos dizer quem somos, outros têm de confirmar nossa identidade. É bem verdade que existem casos em que certos indivíduos mantêm uma identidade que ninguém mais neste mundo considera real. Esses indivíduos costumam ser chamados de psicopatas. São personalidades marginais que despertam grande interesse, mas sua análise é estranha ao presente trabalho.

Sociedades diferentes, identidades diferentes: a socialização americana e a socialização soviética

Uma vez examinadas as relações entre a socialização e a identidade, logo perceberemos porque grupos ou sociedades inteiras podem ser caracterizados de acordo com identidades específicas. Os americanos, por exemplo, podem ser reconhecidos não apenas por determinados padrões de conduta, mas também com base em certas características que muitos deles têm em comum, — ou seja, segundo uma identidade especificamente americana. Numerosos estudos revelaram que certos valores básicos da sociedade americana, como a independência, as realizações individuais e a seriedade com que é encarada a carreira do indivíduo são incluídos no processo de socialização desde o início, especialmente quando se trata de um menino.(12) Até mesmo os jogos das crianças americanas revelam esses valores, o que se depreende, por exemplo, da ênfase que põem na competição individual. Há severos castigos para quem não consegue viver segundo esses valores e identificar o que pretendem. Esses castigos vão desde as graçolas das outras crianças até o fracasso no mundo ocupacional.

Já a sociedade soviética enfatiza a disciplina, a lealdade e a cooperação com outros, em prol das realizações coletivas. São estes os valores enfatizados nos métodos soviéticos de criação e educação. Evidentemente o objetivo consiste em produzir uma identidade adequada ao ideal soviético da sociedade socialista. A criança soviética cresce em uma situação em que está submetida a um controle muito mais rígido que o exercido nos Estados Unidos. De outro lado, porém, está mais protegida contra as exigências desconcertantes da tomada de decisões. Em virtude disso a criança soviética, segundo observações realizadas por vários pesquisadores americanos, costuma apresentar uma serenidade muito maior que a criança americana da mesma idade.(13) Podemos deixar de lado a pergunta sobre se é correta a afirmativa soviética segundo a qual essa sociedade produziu "o novo homem socialista". Certo é que, bem ou mal, a sociedade soviética montou processos de socialização conducentes ao tipo específico de identidade que se harmonize com os ideais e as necessidades dessa sociedade.

Socialização secundária: o ingresso em novos mundos

Ao falarmos sobre a educação, já deixamos implícito que a socialização não chega ao fim no momento em que a criança se torna um participante integral da sociedade. Na verdade, poderíamos dizer que a socialização nunca chega ao fim. O que acontece em uma biografia normal é apenas que a intensidade e o alcance da socialização diminuem depois da primeira fase da infância. Os sociólogos estabelecem distinção entre a *socialização primária* e a *socialização secundária*. A socialização primária é o processo por meio do qual a criança se transforma em um membro participante da sociedade. A socialização secundária compreende todos os processos posteriores, por meio dos quais o indivíduo é introduzido em um mundo social específico. Qualquer treinamento profissional, por exemplo,

---

(12) Existe um estudo sobre a vida de uma comunidade de subúrbio residencial canadense, com ênfase especial sobre a família e os padrões aplicados às crianças. Trata-se da obra de J. R. Seeley, R. A. Sim e E. W. Loosley, intitulada *Crestwood Heights*, Basic Books, New York, 1956, pp. 118 e segs.
(13) David e Vera Mace, *The Soviet Family*, Dolphim Books, Garden City, New York, 1964, pp. 264 e segs.

constitui um processo de socialização secundária. Em certos casos esses processos são relativamente superficiais. Assim, por exemplo, nenhuma modificação profunda na identidade do indivíduo se torna necessária para habilitá-lo a exercer a profissão de contador. No entanto, isso não ocorre se o indivíduo for treinado para tornar-se um sacerdote ou um revolucionário profissional. Existem exemplos de socialização desse tipo que se parecem com a socialização realizada na primeira infância. A socialização secundária também se acha presente em experiências das mais variadas, como a de melhorar a posição social, mudar de residência, adaptar-se a uma doença crônica ou ser aceito em um novo círculo de amigos.

Relacionamento com os indivíduos e com o universo social

Todos os processos de socialização se realizam em uma interação face a face com outras pessoas. Em outras palavras, a socialização sempre envolve modificações no microcosmo do indivíduo. Ao mesmo tempo, a maior parte dos processos de socialização, tanto primária como secundária, liga o indivíduo às estruturas complexas do macrocosmo. As atitudes que o indivíduo aprende através da socialização geralmente se relacionam com sistemas amplos de significados e valores que se estendem muito além de sua situação imediata. Os hábitos de ordem e limpeza, por exemplo, não são apenas ideias excêntricas de determinado par de pais, mas constituem valores muito importantes em um amplo mundo da classe média. Da mesma forma, os papéis aprendidos no curso da socialização relacionam-se com vastas instituições, que talvez não sejam imediatamente visíveis no microcosmo do indivíduo. A aprendizagem do papel de menino corajoso não só acarreta a aprovação dos pais e dos companheiros de folguedo, mas assume certa importância para o indivíduo enquanto este abre caminho em um mundo bem mais amplo de instituições, que inclui desde o campo de futebol do colégio até as organizações militares. A socialização liga o microcosmo ao macrocosmo. De início, habilita o indivíduo a ligar-se a determinados outros indivíduos; após isso, torna-o capaz de estabelecer contato com um universo social inteiro. Para o bem ou para o mal, a própria condição humana traz consigo esse tipo de relacionamento em uma base vitalícia.

/ 14

Os Limites do Conceito de Estrutura*

Claude Lévi-Strauss

Em outras publicações discorri suficientemente sobre a natureza e o papel da noção de estrutura em Etnologia. Parece mais oportuno considerar aqui algumas críticas, recentemente suscitadas pelo emprego desta noção, e a propósito das quais podemos nos perguntar se não são os sinais anunciadores de uma crise que seria bastante normal depois da acentuadíssima ênfase, nos últimos 20 anos, dada ao conceito de estrutura, usado, com frequência, nas acepções mais diversas e, também, às vezes, contraditórias.

O sinal precursor desta crise encontra-se, talvez, em um artigo de Murdock,(1) bastante surpreendente se lembrarmos que, alguns anos antes, o autor fez do estruturalismo uma religião. É verdade que o estruturalismo "a um tanto por cento" de Murdock era mais aparente que real, e que uma ruptura ruidosamente anunciada, apenas 6 anos depois da publicação de *Social Structure*, vem confirmar muito bem as dúvidas que pudemos alimentar, desde aquele momento, sobre a conveniência do título dado a esta célebre obra.

Seja como for, não lemos sem inquietude, no artigo de 1955, que o trabalho taxinômico, em Antropologia, pode ser considerado como terminado, como o demonstra o fato de que os distintos tipos de organizações familiares e de parentesco, de modos de residência, de terminologia e de atitudes, se combinam entre si para dar "uma classificação sistemática, comparável às de Lineu e de Mendeleieff".

Ou melhor, parecia que tal fórmula definia uma meta a ser alcançado e que exigiria, de nossa parte, esforço prolongado. Os estudos minuciosos de Rodney Needham, que desde há muitos anos vem examinando, uma por uma, as sociedades caracterizadas por uma regra de matrimônio obrigatório, têm, entre outros méritos, o de provar empiricamente que, neste vasto campo das regras de casamento, quase não fizemos mais que um trabalho de esboço: como a golpes de machado os problemas foram desbastados, e as principais linhas de demarcação sumariamente tragadas. Mas, do ponto de vista de uma classificação lineana, tudo está, ainda por fazer, pois cada sistema concreto,

---

(*) Claude Lévi-Strauss, "Os limites do conceito de estrutura em Etnologia", *in* Roger Bastide (org.), *Usos e sentidos do termo "estrutura"*, Editora Herder — Editora da Universidade de São Paulo, São Paulo, 1971, pp. 33-9. Tradução de Maria Heloiza Schabs Cappellato. Reproduzido com autorização da Editora Pedagógica Universitária Ltda.
(1) G. P. Murdock, "Changing Emphasis in Social Structure", *Southwestern Journal of Anthropology*, vol. 11, nº 4, 1955.

histórica e geograficamente situado, revela, ao observador atento, problemas e lacunas quando se pretende defini-lo sem equívocos e compreender seu modo de funcionamento.

Pelo contrário, segundo Murdock, conviria abandonar a noção de estrutura, "estéril" e "estática", para nos dedicarmos daqui por diante ao estudo dos processos (*process*) o único que nos pode permitir reinserir o homem na evolução orgânica e biológica, a sociedade na cultura, a cultura na história e a história no indivíduo. "O sistema lineano", escreve ele, "tomou-se vital somente depois que Darwin descobriu os processos de variação e de seleção natural". Entretanto, Darwin não poderia ter sido possível se Lineu não o houvesse precedido, quer dizer, se não se houvessem lançado antes as bases teóricas e metodológicas que permitem descrever e definir as espécies sujeitas à mutação. Deste ponto de vista, estamos, em Antropologia, muito longe de um acordo.

Os exemplos invocados por Murdock, por outro lado, parecem orientar a investigação para uma direção diferente. É, sem dúvida, certo que quando os antropólogos americanos começaram o estudo das antigas populações japonesas na Micronésia, constataram a impossibilidade de usar as noções tradicionalmente adotadas para o estudo da estrutura social, porquanto inoperantes. Essas estruturas não podiam ser descritas de um ponto de vista puramente sincrônico. Como entre os Nakanai da Nova Bretanha, estudados por Goodenough, estruturas diferentes correspondiam a diversos períodos da vida individual, e um corte instantâneo nunca dava mais que uma distribuição estatística. Esta descoberta convergia com a de Fortes entre os Ashanti, em que, segundo a aldeia considerada, o estado civil e a idade dos chefes de família, a residência devia ser definida — se se pretendia usar as categorias clássicas — ora como patrilocal, ora como matrilocal ou avunculocal. Seria imprudente concluir daí um conflito entre a ordem da estrutura e a do acontecimento. Em casos deste tipo, ocorre apenas que a estrutura é ostensivamente bidimensional, isto é, que a estrutura do sistema se transforma segundo a residência, a idade e o status dos indivíduos. A melhor prova é que, de forma a introduzir esta correção, os autores retromencionados recuperam a oportunidade de fazer uma análise estrutural.

Mas, por acaso, toda estrutura não é bidimensional? Que se possa fazer, em certos casos privilegiados, abstração da dimensão do tempo — seja porque a observação corresponde a um momento determinado da evolução do grupo social, seja porque a idade dos indivíduos, seu estado civil, seu grupo local, não são elementos pertinentes do sistema — não muda em nada a situação geral: de fato e de direito existem estruturas diacrônicas e estruturas sincrônicas. Como a linguística, e por razões metodológicas evidentes, a Antropologia começou por considerar as segundas. Hoje, empreende a tarefa de começar com as outras, mas ao fazer isso, não sai do quadro da interpretação estrutural.

Se tivéssemos que nos convencer, bastaria que nos referíssemos a um recente estudo de Zelditch Jr.[2] Estes índios praticavam casamentos que, por muito tempo, foram tidos como arbitrários, porquanto as observações se contradiziam mutuamente. Ao retomar o problema de uma perspectiva estatística, extraiu-se um modelo segundo o qual uma família tende primeiro a destruir as vantagens de parentesco; logo depois de ter percorrido o ciclo inteiro das famílias com as quais logra iniciar relações matrimoniais, inaugura um novo ciclo. Por conseguinte, em um ciclo de matrimônios, apenas o primeiro oferece um caráter contingente. Apesar das aparências, os outros estão estruturalmente ligados a ele.

A oposição ora em moda nos Estados Unidos entre "estrutura" e "processo" também é destacada por Evon Z. Vogt[3] em um artigo. Seguindo as pegadas de Fred Eggan, Vogt atribui a primeira noção à problemática da escola inglesa e a segunda à da escola americana. Porém, segundo este autor, trata-se mais de integrar ambas em um modelo teórico geral, que permite escapar à dupla antinomia com que se tropeçou até o presente: de um lado, a da estrutura e a história e, de outro, a do sistema e o indivíduo.

Ora, prossegue ele, cometemos o erro de conceber as estruturas como sendo estáticas, fazendo, assim, da mudança, ora um princípio heterogêneo, ora um fenômeno interno, mas de natureza patológica. Ao contrário, é necessário afirmar a primazia da mudança, e considerar a estrutura como a

---

(2) Zelditch Jr., "Statistical Preferences of the Ramah Navao", *American Anthropologist*, vol. 61, nº 3, 1959.
(3) Evon Z. Vogt, "On the Concept of Structure and Process in Cultural Anthropology", *American Anthropologist*, vol. 62, nº 1, 1960.

forma em que se traduz, para o observador, a apreensão instantânea e artificial de uma realidade móvel. Porquanto a natureza só nos mostra as mudanças: "Se as sociedades humanas, se as culturas fazem parte da natureza, segue-se que as estruturas não são mais que as interseções, no tempo e no espaço, dos processos em vias de mudança e de desenvolvimento." É impossível captar as estruturas se não se compreendem os processos.

O autor distingue dois tipos de processos: os que se repetem ciclicamente no interior de cada sociedade (ciclo da vida individual, atividades fixadas pelas estações ou ligadas ao calendário etc.) e os que ele chama "acumulativos" e "direcionais", que se produzem em um nível histórico macroscópico e que transformam progressivamente o sistema. Os primeiros estão na ordem da estrutura, ainda que impliquem uma dimensão temporal; os segundos se manifestam como alterações irreversíveis da estrutura e são responsáveis pelo aparecimento de novas estruturas.

A existência deste segundo tipo é geralmente admitida para as grandes civilizações históricas. Pode também ser encontrado nas pequenas sociedades tradicionais estudadas pelos etnólogos? O autor crê que sim, na medida em que, segundo ele, cada grupo possui um sistema de valores que opera, no sentido de uma direção constante, sobre o conjunto das condições geográficas, tecnológicas, econômicas e sociais. Assim, o valor proeminente que os Navaho conferem à saúde individual, ao atuarem juntamente com a expansão demográfica e a complexidade da estrutura social, resultantes, para um povo de caçadores e colecionadores nômades, da adoção da agricultura e da criação de ovelhas, explicaria os caracteres do ritual que hoje é dado observar: uma multiplicidade de cerimônias e de observâncias surgidas das mais diversas fontes, mas tendo como principal objeto a cura médica.

Contudo, o que é explicado em uma hipótese desse gênero — supondo que a observação seja exata — é, em primeiro lugar, a presença de um valor proeminente e formador, sobre o qual apenas a investigação comparativa permitiria provar (e não é este o caso) que se aplica "obviamente" a uma sociedade de caçadores e colecionadores; em segundo lugar, porquê este valor subsistiu e não o gênero de vida (que deveria ser também objeto de valores) a que estava primitivamente ligado; por fim, se existe ou se não existe uma relação estrutural entre as novas formas de atividade econômica e as instituições sociais adoradas. Encontramo-nos, portanto, de novo com os problemas de estrutura no momento em que acreditávamos havê-los superado.

Não pretendo, por certo, recusar a noção de processo, nem contestar a importância das interpretações dinâmicas. Parece-me apenas que a pretensão de conduzir solidariamente o estudo dos processos e das estruturas deriva, pelo menos em Antropologia, de uma filosofia ingênua, que não leva em conta as condições particulares em que operamos. Foi preciso esperar os antropólogos para descobrir que os fenômenos sociais obedeciam a ordens estruturais. A razão é simples: as estruturas apenas se mostram a uma observação feita de fora. Esta, ao contrário, não pode mais captar os processos, que não são objetos analíticos, mas a forma peculiar em que uma temporalidade é vivida por um sujeito. O que equivale a dizer, de um lado, que não existe processo senão para um sujeito comprometido em seu devir histórico ou, mais exatamente, no do grupo de que é membro (4) e, por outro lado, que, em um grupo dado os sujeitos são tão numerosos — e tão diferentes uns dos outros — que existem subgrupos de identificação: para um aristocrata e para um revolucionário a Revolução de 1789 não é o mesmo processo; não existe um "meta-processo" que integre estas experiências irredutíveis. Ele existe para um pensamento historicamente posterior e que corresponde à ação de um grupo que, por sua vez, insere a Revolução dentro de sua própria perspectiva histórica.

Voltando à Etnologia, foi um de nós — E. R. Leach — quem observou em um de seus escritos que "os evolucionistas jamais discutiram em detalhe — e menos ainda observaram — o que se produz de fato quando uma sociedade do estádio A se transforma em uma sociedade do estádio B; limitaram-se a afirmar que todas as sociedades do estádio B saíram, de um modo ou de outro, de sociedades do

---

(4) E a demonstração feita por Sartre na *Critique de la raison dialectique,* obra que, por este motivo, se situa em um campo diverso daquele da reflexão etnológica.

estádio A" Este comentário irritaria com razão historiadores cujo trabalho específico parece ser assim relegado a uma simples contabilidade. Mas os historiadores trabalham na base de documentos fornecidos por testemunhas, às vezes membros do grupo estudado; ao passo que o etnólogo é sua única testemunha, e uma testemunha, por hipótese, estranha ao grupo. Portanto, para um, a mudança, para outro, as estruturas — sem esquecer que um historiador pode, às vezes, trabalhar como etnólogo, e um etnólogo como historiador; mas os métodos são complementares no sentido que os físicos dão a este termo: quer dizer, não se pode simultaneamente definir com rigor um estádio A e um estádio B (possível apenas de fora e em termos estruturais) e reviver empiricamente a passagem de um a outro (que seria a única maneira inteligível de compreendê-la). Também as ciências do homem têm suas relações de incerteza.

15

*Estrutura Social: A Reprodução das Relações Sociais**

Henri Lefebvre

1 — Este conceito aflora nas obras de Marx a partir do momento em que formula o de *sistema* ou de *modo de produção* capitalista. Contudo, Marx nunca o especificou completamente. Ele torna-se explícito, se bem que de modo incompleto, em um capítulo de O *Capital* que ficou inédito e que, por isso mesmo, tem sido um pouco mais incompreendido que os restantes.(1) Por quê? Esta pergunta desdobra-se em duas:

a) Por que é que só no fim da sua pesquisa e da sua atividade teórica Marx compreende que há o problema de reprodução das relações (capitalistas) de produção, que não coincide com os problemas da sua gênese e da sua exposição?

b) Por que ficou por tanto tempo na obscuridade esta preocupação, de forma tal que os textos de Marx, relacionados com esta problemática, só recentemente foram "descobertos"? Como e por que é que esta matéria e este problema se encontram na ordem do dia?(2)

2 — Em O *Capital* e nas obras com ele relacionadas, como os *Grundrisse*,(3) Marx faz a exposição da formação histórica (ou "pré-histórica", porque o seu pensamento e o seu vocabulário carecem de

---

(*) Henri Lefebvre, *A re-produção das relações de produção*, Publicações Escorpião, Porto, 1973, pp. 47-104 (extraído de Henri Lefebvre, *La survie du capitalisme*, Éditions Anthropos, Paris, 1973, pp. 57-126). Tradução de Antônio Ribeiro e M. Amaral. Reproduzido com autorização de Publicações Escorpião.
(1) Marx, *Un chapitre inédit du Capital*, tradução e apresentação de Roger Dangeville, col. 10/18, Paris, 4º trimestre, 1970. Depois que este tradutor desenterrou o inédito, apareceram outras traduções e comentários, que muitas vezes tiveram como finalidade camuflar a negligência e o vazio de certos "marxólogos" especializados, assim como dos exegetas dogmáticos, mais ou menos oficiais.
(2) Resumindo o debate aberto em 1970, René Lourau, em anexo ao colóquio de Cabris, que teve lugar entre 18 e 28 de julho de 1970, esquece-se de citar (*L'homme et la société*, nº 21, set., 1971, p. 266, nota) uma comunicação a este colóquio (cf. pp. 149-56) em que o problema da "reprodução" era posto em toda a sua extensão.
Para obviar aos reparos mal-intencionados, digamos desde já que o problema da reprodução estava implícito desde o início da análise crítica da quotidianeidade e também na do espaço urbano — e que ele se explicitou nomeadamente em *Le droit à la ville* (Anthropos, Paris, 1968), *Le manifeste differentialiste* (Gallimard, 1970), *Au-delà du structuralisme* (Anthropos, 1971, coleção de artigos; cf., p. 392, o artigo publicado em 1969 em *L'homme et la société*) etc. Voltaremos a este assunto mais adiante.
(3) Karl Marx, "Fondements de la critique de l'économie politique" (2 volumes), Edições Anthropos, Paris, 1967-1968.

precisão neste ponto) do capitalismo. Se bem que hoje se manifestem as insuficiências da sua teoria da acumulação primitiva — ele concebe-a em função da Inglaterra, mas as experiências dos países ditos "socialistas" e as dos chamados "subdesenvolvidos" fizeram aparecer novos aspectos deste enorme processo — ela constitui um dos pontos fortes da sua concepção. Ele mostra a gênese das *relações de produção* capitalistas específicas da sociedade burguesa: a relação "capital trabalho", a mais-valia, o sobretrabalho e o sobreproduto social captados e geridos pela burguesia segundo os seus interesses de classe. Quanto ao *modo de produção* (capitalista), este conceito designa em Marx o resultado global das relações de antagonismo: "salário/capital", "proletariado/burguesia". Estas relações de antagonismo não entram na prática social, a da sociedade burguesa, a não ser através de *formas* que as sustêm e mascaram; por exemplo, *a forma contratual* (a do "contrato de trabalho", ficticiamente livre, que liga os membros da classe trabalhadora e os da burguesia, e que pretensamente os associa). Este resultado global compreende, portanto, as elaborações jurídicas das relações de produção, as relações de propriedade codificadas — as ideologias que "exprimem" também, dissimulando-as, as relações de antagonismo —, as instituições políticas e "culturais", a ciência etc.

Seria interessante mostrar uma certa fluidez, aqui também, no pensamento e no vocabulário de Marx. Ele hesitou durante muito tempo entre as noções de *sujeito* (o "sujeito" seria constituído pela sociedade encarada globalmente, ou por determinado "sujeito" político, a burguesia ou então o proletariado?), de *sistema* e de *modo de produção*. Dá ideia de que, o conceito de "sujeito" pareceu a Marx demasiado impreciso, embora permita imputar a esta ou àquela classe um determinado projeto político. Quanto ao conceito de *sistema*, ele achou-o, com certeza, demasiado rígido. O *modo de produção* teve para Marx as vantagens do "sistema", sem ter dele a rigidez, e as do "sujeito", sem a sua ambiguidade.

Nesta extensa elaboração, um conceito se afirma solidamente — o de *produção*. O que não quer dizer que este conceito seja simples, à maneira dos conceitos cartesianos, nem que seja completamente esclarecido nas obras de Marx. O mesmo acontece com o conceito de *acumulação*. Há um século que estes conceitos, entrados no domínio do vocabulário e do pensamento teóricos, revelam as suas complexidades.

A formação do capitalismo, ou, por outras palavras, a sua gênese e a sua história, pressupõem apenas a análise crítica da *produção e da reprodução dos meios de produção*. Em que consistem estes meios? Primeiramente em forças produtivas, a saber, os próprios *trabalhadores* e os seus instrumentos de trabalho. Os trabalhadores têm de reproduzir-se: ter filhos, alimentá-los, educá-los, torná-los capazes, por sua vez, de trabalhar, podendo assim um crescimento demográfico acompanhar o das forças produtivas. Quanto às máquinas e instalações (oficinas, empresas), desgastam-se, transmitindo o seu valor, calculado em dinheiro, aos produtos. Com as técnicas e a maquinaria, transmitem-se a organização e a divisão do trabalho. Por outro lado, o papel desempenhado pelas máquinas estabelece na produção a preponderância do Setor I (indústria pesada, extração de matérias-primas etc.).

Todo o crescimento econômico pressupõe, portanto, simultaneamente, a reprodução ampliada da força de trabalho e da maquinaria: por outras palavras, *do capital constante* (fixo, investido) e do *capital variável* (salários), segundo proporções que Marx analisa; ele mostra que o capitalismo não as realiza sem períodos críticos, em que se defrontam as autorregulações espontâneas (médias sociais) e os conflitos. São as crises econômicas.

Os *ciclos* (o ciclo D – M – D, dinheiro/mercadoria/dinheiro, e o ciclo "crise/animação/depressão") tendem a reproduzir as suas próprias condições. Sem o que não haveria processos cíclicos. Quanto às cláusulas contratuais entre os agentes de trocas na circulação das mercadorias, entre capitalistas assalariados, ou então no interior dos grupos (família, nação etc.), elas tendem também a manter, alimentar e reproduzir as suas condições. Mais uma vez, trata-se apenas da reprodução dos *meios* de produção. Para ilustrar esta ideia, tomemos um exemplo vulgar tirado da vida quotidiana. O sono (tempo de repouso) desempenha um papel importante na manutenção e reprodução da força de trabalho (meio de produção). Mesmo tomando em consideração o contexto e a qualidade desse contexto, qualidade do mobiliário, da habitação e do alojamento, não se poderia dizer que o sono, como tal, intervém na reprodução das relações sociais de produção. O mesmo não se pode dizer dos *tempos de lazer*.

Pelo exposto em *O Capital* e nas obras anexas, parece que a reprodução (a continuação) das relações sociais constitutivas desta sociedade lhe é inerente, salvo no caso de uma crise final e de uma revolução (proletária) total! Fato que Marx, sem dúvida nenhuma, julgava inelutável e mesmo próximo. Todos sabem que ele previa o advento de uma sociedade inteiramente nova, a sociedade comunista, precedida de um período *de transição* (o socialismo). A própria revolução política devia preparar, preceder, organizar esta transição mais ou menos longa, caracterizada pelo crescimento finalmente harmonizado das forças produtivas (até então entravado pelas relações de produção e pelo modo de produção capitalista), orientado segundo *necessidades sociais*, finalmente determinantes e determinadas.

Por que lembramos estas teses já por demais conhecidas? Para mostrar a alternativa que torna claro o pensamento de Marx. A sociedade burguesa ou subsiste, ou se desmorona. Ou a revolução introduz relações (sociais) de produção radicalmente novas, libertas dos entraves e das contradições que travam as forças produtivas, ou então perpetuam-se as antigas relações por uma espécie de inércia e de efeito interno. *A revolução precede a transição*.

A análise de Marx, em *O Capital*, incide principalmente sobre os efeitos cumulativos e sobre as condições objetivas e subjetivas da acumulação (em todos os domínios, incluindo o saber, as técnicas, mas sobretudo no que diz respeito ao próprio capital). Como é que o crescimento das forças produtivas franqueou, ao longo da "história", os obstáculos decorrentes das relações sociais existentes, do "real" e dos seus elementos conflituais? Ao abordar este problema, parece que, para Marx, o crescimento atinge uma espécie de limiar que o levará à estagnação ou que ele transporá revolucionariamente. Será que Marx negligencia a reprodução das relações sociais no decurso deste processo cumulativo? Não, mas este aspecto do processo compreende-se no e pelo processo, sem problemática suplementar. É evidente que as palavras "processo cumulativo" não designam aqui uma simples acumulação de conhecimentos, aspecto que, para Marx, é secundário, mas que passa para primeiro plano com o retraimento (momentâneo talvez) do pensamento marxista. Estes termos designam, portanto, necessário é dizê-lo, uma prática social duma outra amplitude: um crescimento relativamente contínuo da capacidade das sociedades modernas para dominar a natureza. O meio de levar a cabo este domínio é, evidentemente, a indústria. Para Marx, este domínio (*dominação*) da natureza não se separa da sua *apropriação pelo "homem"*, ainda que pressinta por vezes a destruição pela dominação. Ele nunca põe em dúvida a possibilidade e a necessidade de um salto (qualitativo) no processo, que interrompa as relações sociais capitalistas, para assegurar a continuação do próprio processo.

Marx não ignorava que as relações de *exploração* e de *alienação* são duplicadas e reforçadas por relações de poder e de dependência, e mostra nos *Grundrisse* que as relações sociais, quando se constituem, não aparecem ainda na sua realidade e verdade; admitem e exigem mesmo a luta contra as relações preexistentes. Estas, ao atingirem o seu termo e o esgotamento, não são mais do que relações de dominação, que sustentam pela violência relações de exploração já ultrapassadas. Foi isso que aconteceu quando da longa crise final que abateu a sociedade feudal, do século XVI ao século XIX. Em termos modernos, há em Marx uma teoria da *obsolescência* das sociedades, das relações sociais e dos modos de produção. Esse é um dos aspectos importantes e muitas vezes negligenciado da sua teoria crítica do *poder*, do qual outro aspecto igualmente importante e não menos negligenciado é o que se encontra na sua análise crítica da noção hegeliana de Estado. Contudo, não se poderia afirmar que Marx esgotou a questão do poder. Não lhe pôde analisar os meios, as capacidades de manipulação pelo constrangimento (pela violência) e pela persuasão (pelas ideologias), assim como a "criatividade" dos homens do Estado em matérias e em formas institucionais. Foi a experiência política de um século que, posteriormente a Marx, revelou o Poder.

É em 1863 que Marx descobre o conceito de "reprodução total". É possível que uma releitura atenta descubra outros textos. A expressão aparece em uma carta de 6 de julho dirigida a Engels, em que comenta o famoso Quadro Econômico de Quesnay. Marx julga que este quadro não resume apenas uma circulação de bens e dinheiro; mostra de que modo e por que razão o processo não se interrompe, pois reproduz as suas próprias condições. O fim do processo (ciclo) teórico, a saber, a repartição da mais-valia, restabelece o começo, na sequência de um conjunto complexo de movimentos: perequações, permutas, médias etc. Já não se trata, portanto, da reprodução dos meios de produção, mas da *reprodução das relações sociais*.

É na mesma época que Marx redige o "capítulo inédito" (apresentação de R. Dangeville, p. 18) explorando um novo horizonte. Aliás, neste capítulo ele se limita a estabelecer que as relações de produção são o "resultado incessantemente renovado" do processo de produção e que a reprodução é também "reprodução das relações" (cf. pp. 266-67). Vai pouco além de uma generalização da mercadoria em um "mundo da mercadoria" em que o capital se reproduz a si mesmo (cf. p. 264). Ele opõe com vigor a mercadoria antes do capitalismo ao seu reinado no mercado mundial, produto do capitalismo. Notemos, de passagem, que este quadro da "troca generalizada" levanta alguns problemas novos. Por exemplo: "como sair do mundo da mercadoria, que parece ser o meio que alimenta o capital?"

3 — Depois de Marx, realiza-se uma parte do que ele tinha anunciado: o fim do capitalismo concorrencial. Contudo, as suas previsões não se cumprem exatamente. O estilhaçar do capitalismo de livre concorrência passa pela concentração e pela centralização do capital, mas este processo confere ao capitalismo uma elasticidade e uma capacidade de organização imprevistas. Ele resiste às crises e às convulsões revolucionárias, e isso nos países "avançados", contrariamente aos vaticínios de Marx. Esse estilhaçar dá lugar a um processo contraditório original: o "socialismo" em vários países economicamente (industrialmente) atrasados, o neocapitalismo nos países fortemente industrializados. A concepção unitária de Marx desagrega-se. No plano teórico, o conhecimento global exposto em *O Capital* dá lugar a ciências parcelares: Economia Política, Sociologia, Psicologia etc. Cada uma destas ciências pretende, por outro lado, através dos seus próprios meios atingir verdades totais, ou a Verdade, ao mesmo tempo que o pensamento dialético se obscurece e a Filosofia tradicional, condenada por Marx a ser superada, prossegue uma nova carreira. Apesar das críticas cada vez mais radicais (Nietzsche), esta Filosofia degenera em pedagogia sem força revolucionária. Entra na divisão e na especialização dos trabalhos intelectuais, que tradicionalmente desejara transcender.

Para os especialistas das ciências ditas "humanas" ou "sociais", a reiteração das relações sociais não é problema. Não é sequer necessário constatá-la: ela "está" tanto nos olhos e no olhar do sábio, como no objeto do seu saber. Estas relações, subentendidas nos fatos, nem sequer são fatos. Os robustos campeões da realidade, chamem-se eles positivistas ou nacionalistas, não perdem o seu tempo a interrogar os fatos para procurar o que neles se esconde e para compreender a capacidade de permanência das relações sociais. A importância teórica e histórica (se assim se pode dizer) de um Max Weber ou de um Durkheim, provém de terem afastado estes problemas no preciso momento em que eles surgiam. Passaram, assim, durante longo tempo, por "cientistas" por excelência. A investigação em profundidade, durante este período, refugia-se nos poetas-filósofos (mas críticos da velha Filosofia): primeiro Nietzsche, depois Heidegger. E sobretudo, na França, o surrealismo (o que de maneira nenhuma autoriza Louis Aragon a pretender ter dito tudo na sua bela e longínqua juventude!). O primeiro, Nietzsche, interroga-se sobre o modo como pode subsistir uma sociedade tão reles, tão enganadora, tão vulgar, por baixo das satisfações de superfície. É verdade que, para Nietzsche, o "social", como lugar e vínculo de relações, tem sempre algo de constrangedor e de suspeito, atitude que se afasta da dos marxistas, ou da maior parte deles, cujo otimismo, no que diz respeito ao "social", resiste às mais difíceis provas...

Para além do conhecimento aburguesado, no movimento operário que se diz revolucionário, a situação teórica não é, na altura, muito diferente. Desde os fins do século XIX que no seio deste movimento uma espécie de clivagem anuncia e prepara o que mais tarde sobrevirá no nível global. Para uns, os "revisionistas", o poder político pode e deve servir para inflectir as relações existentes, orientando-as no sentido de uma sociedade melhorada. A esta tendência "direitista" opunha-se já um "esquerdismo": a Bernstein replicava Rosa Luxemburgo anunciando a catástrofe. Quem tinha razão? Nem um nem outro — e os dois! Mas deixemos este debate interminável. Nem os direitistas "revisionistas", nem o esquerdismo anunciador da luta final tomam em consideração a reprodução das relações de produção. Para os primeiros ela é evidente; está implícita na produção e no seu crescimento; aliás, estas relações de produção não têm nada de tão fortemente determinado que não possam ser modificadas pelo poder do Estado (parlamentar). Para os segundos, estas relações irão ruir bruscamente na crise revolucionária.

Em Lênin e mesmo em Trotsky, haverá porventura até a Guerra Mundial e até 1917 outra previsão além da crise final, embora motivada de maneira diferente da que se encontra em Rosa Luxemburgo e na sua tendência extremista? Parece que não, se bem que depois da Primeira Guerra Mundial e da Revolução de Outubro (com o fracasso da revolução mundial e com as dificuldades da Rússia Soviética) uma nova problemática surja à luz do dia e transpareça, em filigrana, nas obras dos dois grandes revolucionários. Como é que o capitalismo, ferido de morte, pode sobreviver? O que é que permite esta reconstrução? É a base econômica? São os camponeses e a produção agrícola? Ou mesmo a indústria? Ou a pequena burguesia como classe ambígua? Ou o quadro nacional? Ou ainda a burocracia? Ou o poder do Estado? Ou a violência militar? Ou as ideologias? A reconstituição do mercado mundial capitalista e das instituições essenciais da sociedade burguesa, uma vez modificadas, nos grandes países industrializados, não vai determinar na Rússia socialista, a partir de 1920, uma reprodução inesperada das relações de produção capitalistas? A morte de Lênin e a evicção brutal de Trotsky, seguidas mais tarde da execução de Boukharine, provocam profundo golpe nas pesquisas teóricas. A tal ponto que, durante o governo de Stalin, não haverá sequer teoria da acumulação (primitiva) socialista! A reflexão crítica sobre o poder do Estado — imposta tanto pelo stalinismo como pelo fascismo — caía evidentemente sob a alçada das maiores restrições, cujas violações eram punidas sem piedade. Para melhor camuflar as dificuldades do crescimento na sociedade "socialista", ir-se-á até o ponto de dissimular o crescimento da produção capitalista e as suas crises como crises de superprodução! Quanto ao Poder evitar-se-á — em nome do marxismo que foi o primeiro a criticá-lo — analisar os seus meios e limites, as suas possibilidades e impossibilidades. A teoria das *estratégias* não será desenvolvida por este lado; será, pelo contrário, recusada pelo pensamento marxista oficial.

4 — A problemática emergente, a da reprodução das relações sociais de produção, só tardiamente se descobre, e justamente na obra de um aberrante pensador "marxista", duplamente herético, psicanalista que faz voltarem contra a psicanálise "ortodoxa" os seus próprios dogmas: Wilhelm Reich. Pretende ele ver, nas relações sexuais e familiares, as homologias com as relações sociais. A família corresponde à empresa. O pai é também o patrão, e vice-versa; a paternidade, pela gestão do patrimônio, por meio da autoridade e do poder, corresponde à propriedade capitalista dos meios de produção; a mulher, os filhos, os empregados domésticos, são, portanto, simultaneamente explorados e dominados. Wilhelm Reich não vê na família burguesa uma consequência, uma "mímese" (imitação) da sociedade global capitalista. Ele inverte esta perspectiva: no "lar" familiar entrevê o centro no qual se produzem e reproduzem as relações globais. É uma tese que não recua perante algumas extrapolações (visto que passa alegremente por cima da teoria da mais-valia e do sobreproduto social), mas que tem o mérito de equacionar, em toda a sua extensão, o problema fundamental. As gerações passam; os homens mudam; as relações "estruturais" permanecem. Como é que isso é possível? Onde se produz a reprodução? Embora Reich conclua apressadamente da parte para o todo, ele não deixa de compreender, por isso, o problema e uma parte da resposta. Retomaremos mais adiante a sua teoria e a sua análise subordinada a uma rubrica definida, a do "núcleo gerador".(4)

---

(4) Seria injusto e inexato não recordar aqui *La conscience mystifiée* (de N. Guterman e H. Lefebvre, Gallimard, 1936). Nesta obra, o problema transparece. A *mistificação* difere da *ideologia* pela realização de certos objetivos, propondo à representação outras finalidades. Assim, o fascismo incorpora a juventude, servindo-se do seu entusiasmo espontâneo. Pretende preservar as classes médias ameaçadas, militarizando-as. Diz-se inovador e mantém as relações existentes, agravando-as.

5 — Durante a III Internacional, organização revolucionária transformada em Instituição stalinista, completa-se o esmagamento do pensamento político e da investigação teórica. A partir de 1925, uma fórmula ritual responde a todas as perguntas: "estabilização provisória do capitalismo." E o fim deste "provisório"? Todos os dias se espera por ele. Nomeadamente no decurso da grande crise (1929-1933). O desenlace deste período dramático, a ascensão do fascismo, interpreta-se como significando a eminência, na Alemanha e no mundo, da revolução proletária. Quanto aos elementos degenerescentes dentro do movimento comunista, não se fala deles. Este movimento evolui para o patriotismo, devido à pressão das circunstâncias e por ordem superior, sem elucidação teórica. Pretende-se distinguir o "patriotismo" revolucionário do "nacionalismo" reacionário. Esta distinção abstrata não impede as confusões na prática. O papel da nação e do Estado nacional na reprodução das relações, assinalado por Trotsky, desaparece do "campo" teórico e ideológico. A qualquer pergunta ou a qualquer formulação de dúvida responde-se com o "sentido da história". Os portadores de verdades históricas detêm o sentido da história!

6 — Depois da Segunda Guerra Mundial, o problema central sobe ao horizonte, mas com uma lentidão surpreendente. A tal ponto que só depois de maio de 1968 ele emerge completamente das brumas. Foram necessárias nada menos de três reconstituições das relações sociais capitalistas em meio século para que esta reconstrução, depois de abalos mais ou menos profundos, se tornasse "objeto" de reflexão, de conhecimento crítico! A passagem das considerações respeitantes à reprodução dos *meios* de produção para aquelas que dizem respeito às *relações de* produção, isto é, a passagem de um conceito restrito para um conceito lato, exige um esforço singularmente difícil e ainda incompleto. Esta dificuldade só se explica cabalmente pelos obstáculos acumulados diante do pensamento crítico e pelos desvios que este sofreu. Foram assim necessárias dezenas de anos para redescobrir a última descoberta de Marx.

Será necessário expor de novo o trajeto de um conceito, o percurso de uma pesquisa? Sim, embora rapidamente, para restabelecer o contexto, o ambiente e a linguagem. A crítica da sociedade existente, durante o período considerado (1950-1970), torna-se cada vez mais violenta, cada vez mais bem motivada. Do mesmo modo, as "crises" e momentos críticos tornam-se cada vez mais numerosos. Contudo, a crítica (mais ou menos radical) da sociedade não basta para isolar o novo conceito. Muitas vezes esta crítica, desejando ser radical, denunciando a sociedade burguesa e o neocapitalismo, exagera este ou aquele aspecto mais odioso e esconde o conjunto por baixo dos pormenores. Ela se apresenta como sintoma e como aviso da crise final. Ora, o conceito de reprodução das relações de produção incide sobre a totalidade, sobre o movimento desta sociedade no nível global.

A maior parte das análises experimentou e ainda experimenta dificuldades em sair dos aspectos particulares que adquiriu e em elevar-se até o global. Por exemplo, a "Sociologia do trabalho", ao estudar as empresas, rodeia muitas vezes o problema: como é que as relações capitalistas de produção se manifestam e se perpetuam no interior da empresa? Problema este que levanta outro: as relações de exploração e de dominação, de autoridade e de poder, que implicam relações entre aqueles que decidem e os que executam, poderão perpetuar-se apenas nos locais de trabalho, nas unidades de produção? Não implicarão condições exteriores às condições de trabalho? Onde, como e por que se realiza então esta reprodução que nem coincide com a produção como tal, nem com a reprodução dos meios, humanos e materiais, da produção? Por não considerar a questão, esta "pesquisa" contribui para mascará-la desempenhando o papel de uma ideologia.

Paradoxalmente, mas de uma maneira claramente compreensível *a posteriori, a crítica pedagógica* inaugura na França a nova investigação. Esta crítica incidia ao mesmo tempo sobre os métodos de ensino e sobre a matéria ensinada. Pouco a pouco, ela pôs em evidência — e em primeiro lugar no nível da escola de massas, da instrução primária — os traços característicos deste ensino. Os métodos, os locais, a arrumação do espaço, reduzem o aluno à passividade, habituando-o a trabalhar sem prazer (apesar das pretensões a um ensino "vivo" e de algumas tentativas de renovação). O espaço pedagógico é repressivo, mas esta "estrutura" tem um significado mais vasto do que a repressão local: o saber imposto, "engolido" pelos alunos, "vomitados" nos exames, corresponde à divisão do trabalho na sociedade burguesa, serve-lhe, portanto, de suporte. Esta análise desenvolveu-se desde a descoberta da Pedagogia ativa (Freinet) até as investigações da crítica institucional que prosseguem nos nossos dias.

A escola perdeu, assim, o seu prestígio ganho no século XIX. Ela já não aparece apenas como instrumento de "cultura" ou como "escola", com funções oficializadas de educação e de instrução; a crítica pedagógica fá-la mostrar-se como local de reprodução das relações sociais de produção. A escola prepara proletários e a universidade prepara dirigentes, tecnocratas e gestores da produção capitalista. Sucedem-se as gerações assim formadas, substituindo-se uma pelas outras na sociedade dividida em classes e hierarquizada. Uma instituição revela-se *polifuncional* (não sem disfunções e fracassos). A escola e a universidade propagam o conhecimento e formam as gerações jovens segundo "padrões" (*patterns*) que convêm tanto ao patronato como à paternidade e ao patrimônio. Há disfunção quando o saber crítico inerente a todo o conhecimento dá origem a revoltados. As funções maciças da escola e do liceu sobrepõe-se a função "elitista" da universidade, que filtra os candidatos, desencoraja ou afasta "os que se desviam", permite o *establishment*. Assim, os três graus de ensino (primário, secundário e superior) não entram apenas como efeitos ou produtos na *divisão social* do trabalho, doutrina já exposta, por vezes em nome da crítica liberal e moderada. Eles fazem parte dela como causas e razões, como funções e estruturas e subordinam-se aos diversos *mercados* capitalistas (o das mercadorias, que estimula a produção — o do trabalho, que fornece os trabalhadores).

Apesar disso, a sociologia do conhecimento e a sociologia da educação não discerniram o novo conceito. Giram em torno dele. A sociologia do conhecimento, legada por G. Gurvitch, constitui-se à volta de uma nomenclatura das formas do saber na sociedade contemporânea e de um quadro ou "grelha" do conhecimento em oposições pertinentes: empírico/racional, místico/científico etc. Ora, Georges Gurvitch, mais do que qualquer outro, insistiu no global e na importância das relações de classes. O que ele escreveu sobre a sociologia do conhecimento figura na melhor parte da sua obra e nos trabalhos mais notáveis da época. Não estabelece, no entanto, a contribuição do saber para a sociedade existente, para a sua extensão. O saber parece depender de uma estrutura própria. Ora, esta estrutura como tal possui uma existência e uma realidade; e intervém. Onde? Como? A tendência estruturalista estimulou primeiro e paralisou depois a reflexão, impedindo literalmente a crítica dia[ética. Quanto à sociologia da educação, ela recua diante do que a análise lhe revela; como a sociologia geral, vai procurar em outro sítio, não interessa onde (na História, na Antropologia, na Mitologia), elementos de explicação, em vez de passar à frente, de dar o salto decisivo que lhe permitiria situar o educativo no político.(5) O mesmo acontece no que diz respeito à sociocrítica limitada, de que as investigações de David Riesman (em A *multidão solitária*) dão um belo exemplo. Se há heterodeterminação do indivíduo que se julga e se sente "livre", se há autoalienação, tratar-se-á simplesmente de tipos individuais mais ou menos conformes? Tratar-se-á de uma vaga fatalidade, ameaçadora da liberdade e dos "valores humanos"? De um simples efeito do crescimento demográfico? Qual é o sentido da "intradeterminação" e do "externo-condicionamento"? Qual é o valor da autoalienação diagnosticado? Quando J. P. Sartre(6) descreve o prático-inerte nos grupos e os conflitos entre "serialidade" e fusão efervescente no nível psicossociológico, não atingindo assim nem o histórico nem a historicidade que ele confunde com o total (e vice-versa), a sua tentativa não vai muito mais longe. Quando a Sociologia descreve, com ou sem humor, os traços da classe média, ilude a realidade sociopolítica que esta classe propaga e suporta.

Será a altura de introduzir a crítica mais geral, a da epistemologia e da metodologia, nas ciências especializadas, e de modo especial, em Sociologia? Sem dúvida nenhuma, porque a argumentação atinge aqui o nível global e do total.

---

(5) Testemunho notável destas hesitações, em J. Ardoino, *Propos actuels sur l'éducation*, Gauther-Villars, 1969, pp. 79 e segs., pp. 85 e segs. etc.
(6) *Critique de la raison dialectique*, pp. 615 e segs.

A propósito da epistemologia, é preciso dizer e repetir que os seus inconvenientes ultrapassam as suas vantagens. Por "inconvenientes", entenda-se um aspecto que não aparece como tal, que permanece por formular, e, por conseguinte, bloqueia a situação (teórica). A investigação epistemológica isola, o melhor possível, "núcleos" de saber adquirido, ou que se supõe ou se pretende adquirido. Ela ratifica, portanto, uma divisão do trabalho intelectual que não pode deixar de ter relações com a divisão social do trabalho, isto é, com o mercado (dos produtos intelectuais, no quadro mais geral do mercado das mercadorias e do dos capitais; em outras palavras, do mercado mundial). Tanto em Sociologia como em História, a reflexão epistemológica encontra pouco, aliás, para estabelecer, isto é, para trazer ao nível do *establishment* universitário, o do saber respeitável e respeitado.

O mais importante (e mais interessante) é, sem dúvida, a metodologia dos *modelos*. Ela se faz passar por absolutamente científica. Como procede o sábio? Constrói um modelo pondo o "vivido" entre parênteses, destacando do caos deste "vivido" algumas variáveis — o menor número possível; liga-as então de modo a formar uma coerência que desde logo substitui a incoerência e a falta de coesão do vivido. Por exemplo, para explicar a revolução em geral e, mais particularmente, as revoluções na França, um sociólogo construirá um esquema (ou modelo) da autoridade e das suas crises. No modelo entram variáveis provenientes da família (o pai), da propriedade, do Estado etc. Que uma revolução acompanhe ou surja depois de uma crise da autoridade estabelecida, isso é exato; sem tal crise nada se passa de revolucionário. O modelo será, portanto, verdadeiro de uma verdade trivial e geral que não explica nenhum acontecimento, nenhuma revolução. Terá unicamente como objetivo e como sentido liquidar a compreensão crítica da sociedade burguesa e do capitalismo como tais, substituindo-a por uma construção "verdadeira", mas "falsa", ou melhor, nem verdadeira nem falsa, porque, ao pretender explicar tudo, não explica nada.

A metodologia dos modelos não se pode defender senão "relativizando-se" ao extremo. Um "modelo"? Como construção provisória que é, ele se confronta com o "real", com outros modelos, mais para manifestar desvios do que adequações. Infelizmente, os construtores de modelos mostram-se muitas vezes de uma arrogância dogmática extraordinária. O seu modelo (sobretudo se é político, como o modelo soviético de planificação, ou como o modelo americano enquanto protótipo de sociedade etc.) proclama-se como verdade absoluta. Ora, os elementos de todo e qualquer modelo (variáveis, parâmetros) vão buscar-se necessariamente na *sociedade existente*. A metodologia dos modelos tende, portanto, a eliminar não só a crítica radical mas também as contradições (a dialética) do vivido. Ela não pode elevar-se à apreensão do total como reprodução das relações sociais, porque contribui para essa reprodução, omite operações cientificamente recomendáveis. Com efeito, ao lado da indução e da dedução clássicas, há a transdução (construção de objetos virtuais, exploração do possível).

Os trabalhos dos mais bem apetrechados sociólogos profissionais ficam a meio caminho do conceito considerado. Assim acontece com Bourdieu e Passeron em Les *héritiers*, e mesmo em *La reproduction*. O que é que eles examinam? O recrutamento do pessoal dirigente na sociedade burguesa. Não vão além, senão incompletamente, da reprodução dos *meios* de produção, meios de que os agentes da produção fazem parte. Na medida em que estudam os dirigentes e não os trabalhadores, vão mais longe do que a sociologia banalizada nos Estados Unidos sociologia do trabalho, da empresa industrial e da educação. Todavia, a sua sociocrítica para diante de uma barreira colocada à sua frente pelo culto da pura constatarão empírica (do fato chamado "sociológico") e pela ideologia liberal, inerente a esta metodologia.

Uma tal análise da forma e da transmissão passa ao largo de um problema central, o do conteúdo do saber e do seu lugar na divisão do trabalho. Em contrapartida, muitos "esquerdistas" quiseram confundir todo e qualquer saber com a ideologia (de classe). Se uns passam por cima dele, outros não chegam sequer a montar o cavalo (de batalha).(7)

---

(7) Cf. P. Bourdieu e J. Passeron, *Les héritiers*, Ed. de Minuit, 1964, e *La reproduction — Eléments pour une théorie du système d'enseignement*, nomeadamente livro 2, pp. 89 e segs. "Le maintien de l'ordre".

Não falta audácia nem coragem aos promotores da análise institucional. Eles não hesitam perante as consequências das suas hipóteses. Os limites do seu pensamento são-lhes internos. Não abordam as instituições a não ser separadamente e na medida em que podem *intervir* (sendo a intervenção *in loco* a prática da sua teoria). O ensino e a universidade — e por vezes a Igreja — ofereceram assim a esta disciplina um terreno privilegiado. Mas como tentar a análise institucional do exército, da magistratura, da justiça, da polícia, do sistema fiscal etc., por outras palavras, dos subsistemas, membros do conjunto, que se encararam socialmente em outras tantas instituições? A exterioridade recíproca destas instituições não é senão aparente. Onde se encontra o global? Como atingi-lo, captá-lo, defini-lo? É possível afirmar que estas instituições constituem um todo, que a burocracia e o Estado constituem o somatório e o total das instituições existentes. Mas onde e como compreender as relações exatas entre o todo e as partes e as suas articulações? Qual é o lugar do econômico e da economia política? Não se pode abandoná-los em benefício único e exclusivo da burocracia "institucionalizante" e "institucionalizada". Mostrar como uma instituição "reflete" ou "exprime" uma realidade mais profunda e mais elevada, quer seja o inconsciente ou a história, quer a sociedade burocrática e o Estado burguês, quer ainda o econômico e o social, é uma coisa, mostrar como ela contribui *ativamente* para produzir ou reproduzir relações sociais, é outra coisa. Renê Lourau levanta o problema, mas não lhe dá solução. Georges Lapassade, quando o aborda, sente-se puxado para trás, para considerações gerais sobre a história e a humanidade (antropológica).(8) Como disciplina, a análise institucional e a sua base de intervenção prática, a dinâmica de grupo, têm dificuldade em sair da oscilação entre a pura verificação (do existente) e o anúncio de um fim catastrófico pela contestação.

Passemos agora aos tempos livres. Há muito que se mostrou (H. Raymond) como uma *Societé de loisirs* (sociedade de fazeres) — um clube de férias — que apregoa a libertação completa relativamente à sociedade existente e que pretende libertar-se das condições e violências inerentes a esta vida social, reproduz relações de dependência e de poder. Particularmente no domínio sexual e até no "espaço lúdico". Esta análise prepara o terreno de uma teoria geral dos *tempos livres* como libertação ilusória, como extensão do capitalismo, trazendo uma contribuição ativa à consolidação das suas relações essenciais. Na verdade, os tempos livres (comercializados, depois constitutivos de espaços especializados) marcaram um período e determinaram uma articulação de primacial importância. Mas há um abismo entre uma análise "sociocrítica" particular e a análise crítica geral.(9)

Os *social-scientists*, especialistas das ciências parcelares, a Psicologia, a Psicossociologia, a Sociologia, a História, a Economia Política, preferiram *criticar* Marx (e o marxismo) a prolongar e aprofundar em novos moldes a crítica radical. A crítica da sociedade, em Marx, incide sobre o capitalismo concorrencial. Ela faz parte de um conjunto teórico, não especializado! Para a prolongar para o domínio do neocapitalismo, tornava-se e ainda se torna necessário um esforço. É mais fácil reagir contra os iniciadores do que continuá-los. Mesmo a "sociocrítica", embora infinitamente mais interessante e mais perspicaz do que a "sociotécnica", nem sempre escapa a esta censura. É claro que a "sociotécnica" (estatística, quantitativa, abastecedora dos "bancos de dados") se põe deliberadamente ao serviço das relações de produção existentes. Enquanto que a "sociocrítica" rodeia a questão: a recondução destas relações. É certo que o marxismo oficial, com a sua fraseologia pretensamente revolucionária e as suas censuras estereotipadas ao "capitalismo monopolista de Estado", parece tornar inútil o aprofundamento do pensamento marxista, Não é este o menor defeito nem a menor vantagem deste marxismo institucionalizado!

Não. As ciências comprometidas não desaparecem tão facilmente; têm sete fôlegos, tal como as instituições. Desacreditada na prática social, reconhecidamente culpada de defender a sociedade existente, funcionando como sua ideologia, e, por outro lado, incapaz de continuar esta atividade, a Economia política refugia-se na universidade, na qual ainda é "tomada a sério". Ali se encontra

---

(8) René Lourau, *L'analyse institutionnelle*, Ed. de Minuit, 1970; Georges Lapassade, *Groupes, organisations, institutions*. Gauthier-Villars, 1967, nomeadamente pp. 121 e segs., 176 e segs.
(9) Cf. Henri Raymond, em *Arguments*, nº 17, 1960.

empoleirada em um ramo da árvore do saber, a despeito da *Crítica da economia política* com que Marx saudou este saber em migalhas e estas migalhas de saber, esta ideologia associada a uma prática demasiadamente real: a repartição das raridades e das frustrações.

Contra este Marx que não era um especialista, contra Nietzsche e outros, defendem-se os especialistas desta ou daquela ciência. Defendem a sua profissão, a sua atividade (de sociólogo, de historiador, de perito em economia política etc.). Estão no seu direito e é mesmo esse o seu dever perante os da sua igualha, pais, colaboradores etc. Será isso razão para lhes contestar o título e "cientistas"? De forma nenhuma. Mas a ciência não parece livre de conflitos. Com que direito escaparia o saber às contradições?

A pouca sorte, a infelicidade destes especialistas que censuram Marx e outros pelo fato de não serem especializados, é que a ciência institucionalizada, academizada por uma epistemologia, justificado por um "núcleo", cedo ou tarde desaparece. Deste modo, a crise que se prepara há alguns anos (crise monetária) faz-se acompanhar de uma crise da economia política e da política econômica. Estes conhecimentos especializados e práticas parcelares, que permitiram a montagem de modelos pretensamente globais, dissolvem-se.(10)

Em relação à sua estreia, é fácil denunciar, 25 anos mais tarde, uma certa ambiguidade na *Crítica da vida quotidiana* (1946, primeira edição, Grasset). Livro alusivo? A quê? À cultura? Aos "tempos livres"? À realidade urbana? Sem dúvida. O alusivo implicava o que devia explicitar-se. A ambiguidade permitiu as interpretações mais desencontradas: extremistas (a revolução na e pela vida quotidiana, tudo e já imediatamente) e reformistas (melhorado o estatuto do quotidiano, a "qualidade da vida"). Também não impediu a crítica: a crítica "direitista" pela cientificidade que se pretende pura — a crítica "esquerdista" pela ação que se pretende dura.

Mas o interesse deste conceito, o *quotidiano*, apareceu depois muito mais bem expresso. O quotidiano, e não já o econômico em geral, é a base sobre a qual se pôde estabelecer o neocapitalismo. Ele estabeleceu-se no quotidiano como solo, isto é, em terra firme, substância social conservada por instâncias políticas.

Implícito originariamente na *Crítica da vida quotidiana*, o conceito da reprodução das relações sociais torna-se perfeitamente nítido pelo confronto entre a análise crítica do quotidiano, a dos fenômenos urbanos, a do crescimento econômico e do economismo, domínios relacionados entre si, cujas conexões bem depressa foram explicitadas em uma série de estudos, o que atingiu, pela via da contestação — a via negativa — uma globalidade pouco contestável como tal. Quem poderá censurar uma análise crítica pelo fato de avançar lentamente, de acompanhar os "fatos" tropeçando por vezes em obstáculos, contornando armadilhas, em um mundo que não muda como se diz que muda, à maneira de um mutante? Em boa verdade, no mundo "moderno", o que parece mudar permanece imutável, e o que parece estagnar modifica-se. O que não exclui estranhas complicações nem simplificações brutais! Deste modo, o que se descobre? Um "continente", se quiser empregar-se esta metáfora, um continente com as suas "dimensões": o quotidiano, o urbano, a diferença ou antes as diferenças. Dimensões desiguais, desigualmente marcadas, contrariadas ou desenvolvidas. Este continente não aparece na bruma a um navegador corajoso, diante de um explorador solitário; ele emerge das vagas. O navegador não provoca a sua aparição com um gesto mágico, mas teve que pilotar o navio até ao meio dos recifes para o atingir durante a sua aparição. Ninguém se pode atribuir o mérito desta descoberta. Por quê? O conceito emerge com o "objeto" que não se constrói mas nasce em uma prática multidimensional, apesar das tentativas de redução. Isso se passa, isso se produz à nossa volta, ou à volta de *nós* (vós, ele, eles, elas). Nada vem daquele que escreve a respeito deste objeto nascente. Com ele nada começa e nada acaba. A sua ação? Ela consiste em reunir, depois de os ter feito passar no crivo da crítica (teórica e política), os dados, fatos e conceitos que outros separam. Para conceber e compreender o que se descobre, basta não se deixar cegar.

---

(10) Cf. Samuelson, prêmio Nobel, em *L'expansion*, pp. 71 e segs., julho-agosto, 1971. Sobre a psicanálise e a inconcebível cegueira de Freud e dos seus discípulos no que diz respeito à mulher e à sexualidade feminina, cf. Kate Millett, *La politique du mâle*, passim.

Após termos reconstituído brevemente a "emergência" do conceito e do seu "objeto", abordemos o problema de frente. Além do mais, ou melhor, antes do mais, haverá verdadeiramente problema? A resposta não estaria contida no enunciado, o que suprimiria a questão *ab ovo*? Vamos, para começar, examinar esta afirmação e a atitude que ela gera.

7 — Para alguns teóricos marxistas, o modo de produção é resposta para tudo. Este conceito, no caso vigente o capitalismo, onipresente desde que a epistemologia e a teoria o formularam, elimina ou subordina a si as outras representações. Fortalecido por uma cuidada preparação em nome da ciência perfeita, ele apresenta-se como *totalidade* preexistente ao que ela engloba, incluindo as relações sociais. Estas relações sociais definem-se e concebem-se teoricamente apenas pelo e no modo de produção e, portanto, o fato de existir reprodução das relações de produção não exige nem uma explicitação nem uma explicação particulares; isto quer dizer que as relações de produção são inerentes ao modo de produção e que o modo de produção capitalista ainda não desapareceu.

A discussão parece de certo modo escolástica. O que é que vem em primeiro lugar — as relações de produção ou o modo da produção? Em boa verdade, a discussão põe em jogo muito mais do que aquilo que um exame rápido destes termos sugere. O problema é o seguinte: a sociedade capitalista constitui desde o princípio um sistema fechado, que só pode conservar as suas condições e conservar-se — ou desmoronar-se, segundo o princípio do *tudo ou nada*? Haverá alguma coisa de novo no capitalismo desde que ele existe? Haverá em Marx e no pensamento marxista um saber absoluto a respeito deste capitalismo? Que concluir e que excluir desta ciência, que se pretende total, da totalidade?

A tese que põe o modo de produção em primeiro plano choca-se com numerosas objeções. Como datar o modo de produção como tal, isto é, em que momento histórico deve a reflexão teórica considerá-lo como constituído como totalidade? Não basta, nesta hipótese, declarar que ele existe, virtualmente, desde que se verifique a presença deste ou daquele elemento. A troca de mercadorias, com a moeda a servir de intermediário, existe desde a antiguidade; foi lentamente que esta troca subordinou a si a permuta direta de um objeto por outro, a oferta cerimonial. É por isso, aliás, que Marx, no "capítulo inédito", demonstra que a extensão mundial da mercadoria permite um salto qualitativo. Nas cidades medievais ele nota a existência de "jornaleiros", trabalhadores já privados de meios de produção, que vendiam à burguesia local e aos mestres de corporação o seu tempo de trabalho, que eram pagos, portanto, de acordo com o tempo de trabalho. No século XVI, o capitalismo e a burguesia, arrastados por um movimento ascendente, travam grandes batalhas políticas; no século XVIII, a sua ascensão confirma-se, porque entra em cena a indústria que substitui a manufatura. Esta história concreta, a da acumulação primitiva, desenvolve-se com um encadeamento específico de continuidades e descontinuidades; ela apresenta, retrospectivamente, uma série de deslocações, de substituições, de transferências (de riqueza, de poder), extraordinariamente dramática. "Sujeitos" e "agentes" confrontam-se, afrontam-se, enquanto à sua volta e por meio deles se acumulam os conhecimentos, as técnicas, a riqueza, ou seja, o capital e as condições da sociedade burguesa.

Se durante estes séculos há acontecimentos e transformações, portanto coisas diferentes da simples localização de uma estrutura, que dizer do fim do século XIX e do século XX! Marx expõe a gênese e a constituição do *capitalismo concorrencial*. O "modo de produção" encontrar-se-ia aí já atualizado? Se a resposta for "não", isso quer dizer que o capitalismo concorrencial, com as suas leis e as suas autorregulações cegas (descobertas por Marx), ainda não é o capitalismo. Se a resposta for "sim", o interessado na resposta fica na maior perplexidade; como explicar as transformações do capitalismo, a fragmentação do capitalismo concorrencial, a ascensão do capitalismo de Estado frente ao socialismo de Estado, ou melhor, o que se passou depois de Marx ter publicado O *Capital*?

O conceito "total", dogmaticamente petrificado esvazia a história sem mais formalidades. E se alguém insiste no *problema* da história como tal, logo nota que o dogmatismo esvazia também este problema, considerando-o antecipadamente resolvido, isto é, considerando-o como problema inaceitável! Dogmatismo de tal ordem, que nunca se lhe conhecera nem sequer se lhe suspeitara a possibilidade! A requisição, imposição e inquisição do *saber* que se pretende absoluto (legitimado filosoficamente pela epistemologia, como núcleo adquirido, firme, solidificado) oculta simultaneamente a *espontaneidade* e o *poder* (por um lado, o que acontece cegamente, e por outro o que intervém em plena consciência, mas exterior à ciência).

A autossuficiência do saber reclamada pela Filosofia em degenerescência, proclamada em nome da epistemologia, impede a compreensão do "mundo" e do "social" tais como são: apenas é considerado aquilo que tende a reduzir-se ao saber "puro". E o "vivido"? Esta perspectivação dissipa-o como um nevoeiro, nos *bas-fonds*, com as ilusões (ideológicas), com o *desconhecimento* de si que o *quotidia*no comporta. O vivido sem conceito é substituído pelo conceito sem vida, em retrocesso relativamente à concepção hegeliana. Quanto ao Poder, não gosta que o concebam, mas, como não se reduz a um conceito, *é respeitado* e é tudo o que pede. Não é equitativo tal tratamento do vivido e do poder: este é deixado na sombra, enquanto as sombras do "vivido" são varridas pela espada luminosa do Anjo exterminador e pelo olhar do filósofo.

É assim que o enquistamento de tal conceito "marxista", o "modo de produção" (ou qualquer outro) e a sistematização a partir deste conceito, tomado separadamente, destroem a perspectiva de Marx: compreender aquilo que se passa para o transformar, captar o "vivido" para abrir caminho à vida. Há quem ache atrativos nessa atitude sistemática, com o seu fundamento positivista ou empirista. O discurso torna-se firme e mais claro. A velha clareza cartesiana, esfumada e arrefecida, recobra fulgor. Avança-se de certeza em certeza. Nada de alusivo. Fala-se do que se conhece, escreve-se sobre o que se sabe de ciência certa. Não falta movimento ao estilo daqueles que menosprezam o estilo e que não compreendem senão a "escrita". Todavia, a situação inverter-se-á depressa. Gira-se dentro do círculo (vicioso primeiro, logo infernal) do saber que se pretende puro e absoluto. Desdenhado, o vivido vinga-se. Cava-se a separação entre sentido e não sentido, (não o "impensado" do pensamento mal pensado, mas o "mundo" inteiro, incluindo o prazer e o sofrimento, a ação e a paixão). Bem depressa se nota que, de tanto se saber do que se fala, só se dizem vacuidades sobre o resto, sobre o que não entra no âmbito do "saber" possuído, saber do pensamento. A sistematização, aqui e além denunciada, motiva o recurso a um pensamento que, como o de Marx, soube evitar a "fetichização" do saber e os seus perigos: o de Nietzsche. "O instinto do conhecimento sem discernimento é semelhante ao instinto sexual cego: sintoma de *baixeza!*" O que é que define esta vulgaridade do "puro" saber? Isto: o necessário torna-se autossuficiência. Esta baixeza qualitativa não se aprecia a não ser do ponto de vista do "vivido" desprezado, isto é, da poesia e do trágico. Não tem maior inconveniente quando o campeão do saber "ideal" e o do real se ocupam de Física ou de Biologia. O resto do mundo um dia se encarrega de lhes lembrar os seus limites. Em contrapartida, quando estes campeões se ocupam da civilização, da "cultura", ou muito simplesmente dos acontecimentos, a situação cedo se torna penosa. O Poder (dos políticos, dos militares, dos tecnocratas, aliados ou alheados uns dos outros, segundo as conjunturas) depressa encontrará as suas justificações no saber. Ele não conhecerá limites.

O emprego sistematizado do "modo de produção" não traz nada e não muda nada relativamente à atitude dos pensadores "clássicos" do marxismo depois de Marx. O capitalismo subsiste e subsistirá enquanto subsistir. Quando tiver desaparecido, terá desaparecido. Não há nenhuma mudança, visto que nada muda no seio do "modo de produção", que, nessa qualidade, é imutável; nada muda, a não ser os pormenores de acomodação. Nada muda à exceção do seguinte: a noção de "processo" (histórica na origem, econômica depois) é substituída pela noção de *estrutura*. Quanto à passagem do capitalismo de Estado ao socialismo de Estado, corre o risco de um dia se apresentar com as aparências de um *corte* ou *cesura* (*descontinuidade*), embora tenha todos os traços de uma continuidade fortemente "estruturada"!

A tônica posta quase incondicionalmente no "modo de produção" não corresponde somente a um congelamento do pensamento marxista; tem outro sentido, com outro alcance: a *coerência*, colocada acima da contradição, erige-se em critério, o pensamento que se liga às condições de um "objeto", da sua construção, da sua constituição, da sua instituição, valoriza a coesão desse objeto e a sua própria coerência, em detrimento do que possa haver de conflituoso no objeto e em si próprio.

De que modo e em que é que um pensamento como este se alia às tendências de uma sociedade que quer atingir a consistência afastando o que a mina — é quase uma evidência, ainda que tal assunto se possa desenvolver longamente.

As *relações de produção* encerram contradições, nomeadamente as contradições de classe (capital/salário) que se amplificam em contradições sociais (burguesia-proletariado) e políticas (governantes-governados). Mostrar como se reproduzem as relações de produção não significa que se sublinhe uma coesão interna do capitalismo; isso quer dizer, também e sobretudo, que se mostra como se amplificam e aprofundam, em escala mundial, as suas contradições. Sobrepor o modo de produção às relações de produção como a coerência à contradição, essa atitude de uma "prática teórica" tomada em separado. tem apenas um sentido: liquidar as contradições, excluir os conflitos (ou pelo menos certos conflitos essenciais), camuflando o que sucede e o que procede desses conflitos.

Liquida-se a dialética no momento em que uma das interrogações teóricas fundamentais incide sobre a relação entre dois termos: coerência e coesão, por um lado; conflito e contradição, por outro. Por outras palavras, o que hoje passa para primeiro plano é a relação: lógica/dialética. E isto no próprio saber, como saber. Este transcende as contradições? Não encerra também contradições internas-externas, em si e sobretudo em relação ao "mundo", o mundo do "vivido", o mundo do desconhecimento e do desconhecido?

É neste sentido que convém apreciar, ironicamente, isto é, como ridicularias, as contorsões ideológicas de L. Althusser ao introduzir a sobredeterminação. Este conceito ou pseudoconceito, de origem psicanalítica, transportado ou deportado para longe das suas origens, acomoda o conflituoso e procura deixar-lhe uma pequena parte, sobrepondo-lhe a coerência, subordinando-o à coesão e à consistência do total. Qualquer contradição refletiria as suas condições de existência no Todo complexo, a sua situação na estrutura. A situação "de fato" da contradição só pode conceber-se na sua relação com a situação de "direito", isto é, como *variação do invariante* estrutural "com dominante..." (instância determinante, que domina os fatos e as situações de fato). É a contradição em geral ou determinada contradição que domina? Não, a contradição é dominada pelo todo. Quem puder, que compreenda! Como é que o *invariante* da totalidade pode suportar *variações*, e de tal natureza que se possam chamar "contradições"? Como pode reduzir-se uma contradição a uma variação em um todo estruturado? De que se está falando? De que se trata? De desvios relativamente à média ou em relação ao "tipo ideal", ao modelo geral do capitalismo? Trata-se porventura das nações? Das tentativas dos economistas (Keynes, por exemplo) ou das modificações no interior do capitalismo de há um século a esta parte? Não parece. Ou trata-se das sociedades socialistas? Das suas "*diferenças específicas*"? Também não parece. As considerações sobre a totalidade (hegeliana ou não hegeliana) que se seguem às considerações sobre a totalidade "complexamente — estruturalmente — inigualitariamente determinada"(11) servem sobretudo para legitimar a *prática política* marxista, justificando teoricamente as suas variações. Compreendem-se estas variações como "reestruturações concretas", inscritas no jogo de cada categoria, no "jogo" de cada contradição. Estas variações, se bem se ler o texto, vão de Lênin a Mao, passando por Stalin! Não é curiosa a inversão? Parte-se do "mundo de produção". Em vez de analisar a partir de Marx o modo de produção capitalista, considera-se a prática política, com base em Marx, já como interna ao modo de produção socialista!

Aqui, por fim, o leitor sabe de quem e do que fala o autor (L. Althusser): da *prática política*, a do Partido, acompanhada da *sua prática teórica,* a elaboração da experiência (aparentemente no seio do Partido, que é um pensador coletivo). Tudo se clarifica, com um senão: uma infelicidade e um fado que são mais uma vez desastrosos para os seus teorizadores, fizeram com que a prática política inspirada no marxismo explodisse a partir de então (1963). Enquanto nessa data se tomava indicado para o dogmatismo excluir da "prática teórica" o "revisionismo" iugoslavo, assim como os esforços

---

(11) Cf. L. Althusser, *Pour Marx,* Maspero, 1965, pp. 215 e segs. Comparar (ironicamente) esta tototalidade "marxizante", tão fortemente "estruturante-estruturada" com a totalidade fragmentária e fragmentada do mundo multidimensionar em Kostas Axelos, *Le jeu du monde,* Ed. de Minuit, 1969, pp. 157 e segs.

para reintegrar no pensamento marxista o negativo e a negatividade (crítica), já não foi possível, depois dessa data, minimizar as divergências entre soviéticos e chineses. Ora, a formulação teórica segundo a qual a prática política *faz já parte do futuro* (do modo de produção socialista) exclui tais divergências. A sua cientificidade, a sua univocidade, o seu rigor epistemológico, excluem uma situação como esta!

Este aspecto do marxismo estruturalizado tem por agora pouca importância. Importante é acentuar que ele elude o problema da reprodução das relações de produção, que ele repete, de forma redundante, a definição do modo de produção: o capitalismo é o capitalismo, tautologia que ocupa o lugar de uma análise das mudanças dentro do capitalismo, mudanças irredutíveis a variações em torno de uma invariabilidade estrutural. Quanto ao que se passa no capitalismo e que é preciso admitir, isso compreende-se por analogia, quer comparando-se ao passado (o que fica da História), quer antecipando-se ao futuro (o que resta de previsão política). A incoerência torna-se, assim, metodológica, sob a capa do rigor.

Tomemos um caso concreto. Consideremos os fenômenos urbanos. Na perspectiva estruturalista, dir-se-á que esses fenômenos fazem parte do modo de produção (capitalista). Por um lado, há as unidades de produção, as empresas, e, por outro, os aglomerados urbanos. Nestes, reproduz-se a força de trabalho necessária às empresas. O consumo não tem outro sentido nem outro alcance: reproduzir a força de trabalho. A estrutura do modo de produção define-se, portanto, neste nível sobredeterminado pelo todo, como uma relação entre dois grandes grupos de unidades: as unidades de produção, as empresas — as unidades de consumo, as cidades "complementares" das unidades de produção.

Esta análise estrutural (não dialética) não é falsa; nem tampouco é verdadeira. Trivial como é, não traz nenhuma data. Verdadeira e falsa como é, em qualquer momento e em qualquer lado, o que ela afirma tanto se pode dizer de uma cidade inglesa nos fins do século XVIII como de uma cidade moderna, de um pequeno aglomerado de casas de mineiros como de uma fabulosa capital. Ela reduz a um esquema muito pobre os fenômenos urbanos. Empregar-se-á como uma aplicação do M.P.C. (modo de produção capitalista) a um fenômeno parcial, que este M.P.C. sobredetermina. Acreditar-se-á que se "descobriu" o fenômeno urbano, e isso será uma ilusão do discurso científico. O discurso não evitará o ideológico a não ser que caia na vulgaridade. É evidente que o problema da reprodução das relações de produção é eludido, já que também é reduzido a um componente (de uma força) banal e perpétuo, a reprodução da força de trabalho (meios de produção). Não se menciona nenhum dos fenômenos urbanos aparecidos ou desaparecidos há dois séculos, pois trata-se de um pormenor secundário ao lado do "todo estruturado" no seio do qual nada acontece, visto que está inteiramente presente desde o início. Do encadeamento rigoroso de proposições quase tautológicas, tirar-se-ão conclusões rigorosas e ter-se-á sobrevoado o essencial, eludindo-o. Em particular o fato de que a cidade pré-capitalista (histórica), arruinada mas inserida em um espaço urbano mais vasto, se torna precisamente nessa qualidade — o lugar da reprodução das relações de produção.

Em conclusão, a hipótese estruturalista identifica apressadamente "modo de produção" e "sistema"; ela apresenta um *sistema capitalista* bem constituído desde a sua formação, com todos os seus órgãos. A hipótese que aqui se opõe a esta construção especulativa será a seguinte: nunca existe um sistema acabado, mas esforço no sentido da sistematização — no sentido da coerência e da coesão a partir das *relações de produção* e das suas *contradições*. Os homens de ação, os homens de Estado, sempre tentaram reduzir estes conflitos, ou pelo menos atenuar-lhes as consequências. Eles têm em conta os níveis e dimensões, tais como a ideologia, as instituições, a língua, o sistema contratual etc. Tentam extrair uma coesão do caos das contradições, apoiando-se nos mecanismos reguladores. Jamais acabado, o *sistema consumar-se-ia ao cabo, ao fim* (não no começo), se entretanto tal fim, o seu, que aquele precipita e dissimula, permitir que ele suo a consumado. E quando a sistematização começa a ter êxito que a explosão se prepara. A finalidade mascara a deterioração. Por outro lado, este fim só pode definir-se pelo definhamento ou o desmoronar da estrutura, e não através da sua transmissão para outras mãos (como alguns concebem a passagem do capitalismo de Estado a um socialismo de Estado). Provavelmente, o problema será menos catastrófico do que na primeira hipótese — o desmoronar — e mais movimentado que na segunda — isto é, a transmissão. Salvo em caso de acidente. Acobertando-se com os "cortes", o esquema epistemológico aplicado ao marxismo associa de uma maneira talvez demasiado visível a tecnocracia capitalista à tecnocracia dita socialista.

Na perspectiva do marxismo estrutural-funcionalista, a reprodução das relações de produção reduz-se a um simples reforço, a uma duplicação destas relações. Pela intervenção de quem? Pela intervenção do Estado, aparelho ideológico e aparelho repressivo. O Poder possuiria, além de outros, o poder particular de reduzir as contradições, depois de as ter compreendido. O poder redutor não pertenceria a uma certa cientificidade (que no entanto se serve dela nos seus esquemas e moldes), mas ao Estado. Mais precisamente ainda, existiria o nível da *determinação*, no qual se manifestam as contradições econômicas. O Estado intervém como instância que acarreta a redução (ou resolução parcial) desses conflitos segundo os interesses da fração hegemônica da burguesia e do capital. A sua coerência (relativa) restabelece-se, portanto, neste nível. Haveria também o nível da *sobredeterminação*, o qual implica (para a reduzir) a distância entre as instâncias, entre os interesses econômicos e os interesses políticos. É o campo de ação do Estado, instância política. Os interesses próprios da fração hegemônica, originariamente econômicos, transformam-se por isso em interesses políticos e em interesses gerais (aparentemente os do país, do povo, da nação). O aparelho ideológico dissimula a exploração e a opressão das classes que não dispõem da hegemonia. A autonomia e a distância das instâncias e níveis são simultaneamente reduzidas, utilizadas, respeitadas como distâncias; mas há deste modo coesão do nível da sobredeterminação, coerência e sistema. As coerências relativas dos dois níveis reforçam-se mutuamente. A redução das contradições ativa-se, nesta perspectiva, no plano da ideologia, pela eficácia do aparelho e das instâncias ideológicas. Donde, obscurecimento e não ocultarão da própria essência do aparelho de Estado (e a sua essência de classe). Por conseguinte:

a) um único problema subsiste, o da *reprodução da ideologia*;
b) o mecanismo de instâncias e de níveis contenta-se em dar forma aperfeiçoada a algumas teses clássicas do marxismo-leninismo, indo-se buscar a sua formulação na ideologia funcionalista;
c) a tese impede a aparição de fatos novos no quadro do modo de produção.

8 — Para colocar o problema da reprodução das relações sociais que a posição teórica aqui criticada elude, podemos ir do total para o particular. Procurar-se-á a explicação dos fatos considerados em um grupo de fenômenos muito vastos.

O recurso à ideologia não tem nada de novo e, quando muito, merece apenas ser mencionado. Já há meio século (desde outubro de 1917) que se explica o que não corresponde às previsões e às esperanças pela "pressão ideológica" do adversário. Ora, a ideologia tem uma eficácia limitada, embora incontestável: mascara as contradições na e para a consciência (nas representações). Na pior das hipóteses, ela difere os efeitos dessas contradições; não pode suprimi-los. É claro que sem o crescimento, quer das forças produtivas (técnico), quer da população (demográfico), nunca a ideologia poderia ter conservado as relações de produção — apenas pode encobrir a sua reprodução.

Temos que ter em conta um fato conhecido: o conceito de ideologia debate-se em um impasse. Para os dogmáticos, não se pode desembaraçar desde já a ciência de toda a ideologia; para os hipercríticos, o saber não passa de aparência solidificada e aquilo que se pretende ciência não é mais do que a ideologia desta sociedade.

Na verdade, a questão da ideologia na época do neocapitalismo terá que ser reconsiderada em função dos textos de Marx relativos ao capitalismo concorrencial que não perderam ainda o seu alcance. Na sociedade capitalista, expõe Marx, o poder (político, estatal) é simultaneamente capaz de unir e desunir sob o seu controle os elementos dessa sociedade. Estes elementos — a saber: a terra (a propriedade do solo), o trabalho, o capital — estão estreitamente unidos mas são, contudo, representados como separados e simultaneamente reiterados como fontes de "rendimentos" distintos, fato que parece legitimar o "rendimento" do capital, em vez de mostrar que este é constituído por mais-valia, tal como o do solo e da propriedade fundiária. Nestas condições, a prática sociopolítica e as representações (as ideologias da separação, da "distinção") estão intimamente ligadas. As representações "exprimem" à sua maneira a situação concreta, assim a dissimulam, assim contribuem para mantê-la. Não se pode dissociar a ideologia da prática, "apresentando" aquela à parte.

Durante um período bastante bem delimitado (uns 20 anos: 1948-1968) as sistematizações baseadas (ou "fundadas") em um fato particular ou em um conjunto de fatos amplificados não foram produtos raros; quando muito, produtos de luxo. Proliferavam os sistemas, pior ou melhor recebidos, pior ou melhor apresentados. A tal ponto que, apesar dos rótulos, ao crítico imparcial era-lhe difícil discernir neles os caracteres do "produto" social. No sítio onde germinavam, cresciam e apodreciam como se fossem plantas. Os seus promotores afastavam deliberadamente a discussão e a polêmica, contando com uma espécie de seleção natural através da qual os mais robustos dos pequenos sistemas atingiriam a maturidade e eliminariam os outros. Daqui decorria, inversamente, o projeto duma ciência — a Sistemática Geral — que estudaria esta flora, começando por estabelecer a distinção entre os sistemas germinados naturalmente no terreno social (os sistemas contratuais, jurídicos, fiscais, pedagógicos etc.) e os factícios (as filosofias, os discursos elaborados, as belas-artes institucionalizadas, as morais etc.).

Alguns dos sistemas postos a circular durante este período tornaram-se célebres, nomeadamente o de Claude Lévi-Strauss que, a partir dos fatos antropológicos (as relações de parentesco e as suas nomenclaturas), procedeu por extrapolações-reduções, tratando tais fatos segundo um modelo combinatório. Desta maneira, a Antropologia, ciência particular e especializada, se ergueu ao nível do geral. Por que recordar aqui esta tentativa a que não faltou fôlego nem audácia, temperados pela prudência científica? Porque este sistema desempenhou um papel privilegiado no decurso do período em questão: na falta das velhas referências filosóficas, morais ou políticas, desaparecidas simultaneamente, serviu de referencial para muitos espíritos sistemáticos e, a este título, direta ou indiretamente, afastou os "pesquisadores" duma investigação da sociedade contemporânea; repetidas vezes, inclusive neste mesmo sítio, notamos este desvio teórico. Em plena investigação sobre a educação ou sobre as instituições do nosso tempo, em lugar duma abordagem das questões centrais (o Estado, o poder), sobrevinha uma consideração acerca dos mitos ou das sociedades "primitivas", erigidos em critérios ou modelos epistemológicos do atual, como a adição dum pouco de linguística e de psicanálise. Apesar da sua capa de *cientificidade* este procedimento é ideológico *por excelência* — pois se desvia do *essencial* ou o contorna, pois é um desvio do saber!

A que "essencial" nos referimos? Não se trata de maneira nenhuma de uma "essência" filosófica distinta da existência ou metafisicamente reunida à existência; não: trata-se da *reprodução das relações sociais*, ou, em outros termos, da capacidade do capitalismo para se manter passados os seus momentos críticos. Este problema — sejamos tão claros quanto possível — foi rejeitado, foi literalmente *recalcado*; o recurso à Antropologia ou à psicanálise equivalia a uma recusa; talvez se supusesse que tal problema já estava antecipadamente resolvido no "inconsciente" ou na combinatória universal! Segundo esta perspectivação, a problemática aqui considerada não tem nenhum sentido, nem nenhum "objetivo". (Na realidade, não se trata de um "objeto"!...)

Embora C. Lévi-Strauss tenha intentado uma vasta síntese a partir da redução das estruturas sociais às estruturas mentais consideradas como invariantes, e A. Moles tenta hoje em dia uma outra síntese a partir da cibernética (as duas tentativas podem eventualmente confluir caso não entrem em rivalidade), há algumas sistematizações parciais provindas do marxismo e que não deixam de continuar a ter o seu interesse. Tudo se passa como se a desagregação do pensamento marxista e a desagregação do marxismo oficial (dogmático) tivessem libertado alguns elementos de que um ou outro autor se apodera para tentar uma generalização. Aqui ou ali podiam discernir-se os traços de uma elaboração sistemática da alienação (embora este conceito seja particularmente rebelde à sistematização!). Herbert Marcuse tomou a *produção* no sentido lato, nas sociedades industriais; tendo em conta a intervenção dos conhecimentos e das técnicas em geral na atividade produtiva, tentou mostrar o resultado: um sistema prático, positivo, fechado, o sistema da sociedade americana, sistema sem saída, sem outra "negatividade" além da de grupos isolados e desesperados. Na

França, Jean Baudrillard intenta uma sistematização um pouco diferente, a partir do valor de troca e da *mercadoria:* o mundo da mercadoria, quer dizer, do valor de troca, desfraldado com a sua lógica, reduziria o valor de uso ao uso dos signos. O *mundo* dos *signos* suplanta o das coisas, as quais são já suportes das relações sociais, os objetos da troca. Este mundo dos signos tem sua consistência e sua inconsistência próprias: exclui a dialética, despoleta as contradições e os conflitos e, bem entendido, acaba com o que foi a "História", obrigando o presente a regressar ao passado para o transmutar em signos. Desta maneira, a sociedade do consumo conseguiria reabsorver divergências aparentemente intransponíveis, induzi-las de forma a torná-las inofensivas. Nesta hipótese, tal como nas precedentes, a reiteração das relações sociais está implícita.

Uma das tentativas mais interessantes, a de Kostas Axelos,(12) indica melhor do que as outras os limites da sistematização quanto ao que agora nos preocupa. K. Axelos teve o mérito de, já em 1961, ter destacado um "fator" que tende para uma autonomia pelo menos aparente na sociedade moderna: a técnica, a tecnicidade. Embrenhando-se mais audazmente do que ninguém nesta direção, Axelos mostra como Marx formulou o conceito da técnica, como definiu a sua importância e o papel que desempenhava na indústria, bem como no crescimento econômico e, em função desta tese, indica uma certa ordem no pensamento e na obra de Marx: a ascensão e a elucidação deste conceito. Com isto, K. Axelos não sai do impasse. A sua meditação sobre a "problemática da reconciliação" entre a técnica e a natureza, entre a Filosofia e a História, entre o pensamento e a sociedade (pp. 294-300) põe entre parênteses a reprodução aqui considerada como problema, pois transpõe-na dum salto e passa do capitalismo para a questão do homem no mundo.

Quanto ao "econômico" em geral: de que é que se fala? Da realidade econômica? Ela permanece e o que procuramos são precisamente as razões ou as causas dessa permanência. Responder que o econômico explica a reiteração das relações socioeconômicas é mais uma tautologia; ou então é uma simples comprovação que se limita a atribuir a perpetuação dos fatos à sua inércia natural ou ao seu caráter "normal" — atitude esta que elude o problema. Se a realidade econômica permanece é porque contém a sua autorregulação. Marx já em *O Capital,* começou, se é que não o acabou, o estudo destes dispositivos e mostrou como eles se imbricam com os conflitos. De sorte que nem os princípios de coesão podem exterminar as contradições, nem estas podem destruir os mecanismos reguladores até a revolução política. Estes mecanismos são cegos e espontâneos; eles apenas afloram à consciência, como, de resto, as contradições enquanto tais. No plano metodológico e teórico encontramos aqui de novo um problema que já mencionamos e que é dos mais espinhosos: a articulação "lógica/dialética". Como íamos dizendo, o econômico possuía uma regulação interna resultante das relações sociais de produção no capitalismo concorrencial. Estas relações geram médias sociais: os preços, a taxa média de lucro etc. Qual o destino destes dispositivos na passagem do capitalismo concorrencial para o capitalismo de organização (que também se chama "monopolista de Estado" e não é um capitalismo organizado)? Estes dispositivos não desaparecem; são batizados com nomes atraentes: *feedbacks,* homeostases etc. Em certa medida conhecemo-los e reconhecemo-los. Que lhes acrescenta o conhecimento? Os cientistas hesitam quanto à resposta a dar e têm razão, pois tanto se pode responder que "o conhecimento seguido de intervenções imprudentes perturba as autorregulações" (resposta do neoliberalismo) como: "o conhecimento permite dominar os processos espontâneos" (resposta neodirigista).

Somos assim relegados do econômico como tal para a economia política como ciência e para a política econômica como prática e técnica. Ora, é evidente o fracasso desta ciência parcelar que se pretende global e da técnica que se lhe associa. A chamada ciência econômica não teria *ela também* eludido o nosso problema à maneira duma ideologia?

Por conseguinte, se a prática social (o crescimento alimentado) permitiu a reiteração das relações sociais, a economia política não pode dar conta disso. Ou contribuiu *cegamente* — como ideologia —

---

(12) K. Axelos, *Le jeu du monde*, Editions de Minuit, 1969.

para essa reprodução; ou, então, passou ao largo da questão, de olhar erguido para soberbos modelos (de equilíbrio e crescimento, ou antes, de equilíbrio no crescimento, reunindo "idealmente", por exemplo, o pleno emprego e a estabilidade dos preços...).

Quando se procuram as razões da manutenção das relações sociais em um fenômeno ou em um grupo de fenômenos particulares (e não globais) é porque se pretende encontrar um *núcleo gerador*, teoria que não pode confundir-se com a de "núcleo epistemológico", pois se situa no seio do "vivido" e não na trajetória dos puros conceitos. Esta pesquisa liga-se a W. Reich, para quem a relação "homem-mulher" gerou, no passado, e é suficiente para gerar hoje em dia, todas as relações de dependência, de dominação, de exploração e de desigualdade (de poder).

Esta tese foi retomada recentemente, com muito espírito, pelas teóricas dos movimentos femininos. Não se põe aqui a hipótese de depreciar esta ofensiva, tanto mais que de novo os grandes espíritos "positivos" olham de alto esta irrupção a que chamam "intrometimento" na serenidade do saber. Quando Kate Millet (*Politics of Male*) ataca a mitologia e a ideologia fálicas na literatura e na ciência contemporâneas, este ataque tem um alcance teórico. Se há antropólogos, etnólogos, sociólogos, psicólogos e psicanalistas, semiólogos, filósofos que ignoram metade da espécie humana, as mulheres (e Freud, eminentemente, foi um deles) até o ponto de substituírem o conhecimento por uma imagem fantástica (incluindo os maiores, os que deveriam ter acabado com esse desconhecimento), tal não pode deixar de ter certa importância em todos os planos. Quantos textos não vão aparecer sob uma nova luz, a partir de um conteúdo e não de uma forma! No tocante à epistemologia que consagra o que, em um dado momento, se torna pelo saber (absoluto), como resistirá ela a um tal assalto? Todavia esta agressão, embora tenha os seus muitos motivos, rodeia algumas questões capitais. Ao atacarem a ideologia e a mitologia do poder fálico, Kate Millet e as suas aliadas não atacam a *linguagem do poder* (que não tem por símbolo só o *Phallus* mas também o Olho e o Olhar, a atitude e a altivez, o monumental e o espaço centrado!). A falocracia não coincide nem com a plutocracia nem com a democracia moderna, capitalista ou socialista. Isolando a relação sexual e o seu simbolismo, refutando com verve a imagem do feminino como vazio e ausência, K. Millet contorna o quotidiano, o urbano, a diferença; isto é, *a reprodução*, — reprodução das relações essenciais! (Apesar de que, frequentemente, com ou depois de Betty Friedan e outras, ela penetra nestes percursos escorregadios e nestes terrenos escabrosos, mas sem lhes ver as conexões e a configuração global.) Não será que, com esta irrupção do feminino autenticado por ações e lutas práticas e que abre a via da nova radicalidade, é o *corpo* — e não determinado saber — que entra de novo em cena, como elemento e fundamento da subversão? Não será que, com o feminino, com a juventude, com os trabalhadores de hoje e o não trabalho de amanhã, intervém enfim o corpo inteiro, o corpo total e não já um "corpus" epistemológico ou um "corpo" socialmente constituído (institucionalizado)?...

A relação sexual, reforçada e comprometida simultaneamente na família e no contrato de casamento não chega para explicar o Estado. Se é verdade que, como Marx disse, se pode suprimir a propriedade privada sem suprimir a família, esta será suficiente para manter aquela? Como se extrai o *sobreproduto social* (a mais-valia, recordêmo-lo uma vez mais, à escala de toda a sociedade)? Como é que este sobreproduto, que é colossal, à escala de uma sociedade moderna como o capitalismo nos Estados Unidos, se torna disponível e é destinado, distribuído? Por quem? Para quem? Como? Embora as relações de subordinação entre indivíduos e grupos (sexos, famílias) sejam necessárias para explicar estas disposições, não são suficientes; quanto à divisão social do trabalho, ela intervém até nas relações biológicas (sexuais). A questão da criança, da recusa dessa criança ou da sua atribuição a alguém, dos custos da educação, continua a ser primordial, no próprio seio da sexualidade.

A teoria arrisca-se aqui, mais uma vez, a proceder por redução-extrapolação: de verdade parcial que era, transforma-se agora em erro global. O caráter brilhante e espiritual do ataque pode redundar em conclusões obscuras, ou pode, simplesmente, terminar em cauda de sereia.

Outro tanto se poderia dizer da moral e dos "sistemas de valores"; ou dos *mass-media* e das informações que veiculam. Estes conjuntos (ou subconjuntos) de fatos, que são necessários para explicar a sobrevivência de uma sociedade várias vezes aparentemente condenada à falência imediata, não são suficientes. Eles próprios necessitam de ser explicados. Além disto é necessário conceder uma certa importância aos estudos sistemáticos destes fatos. O que constitui a característica própria da televisão não é o transmitir uma massa (opressiva) de informações, mas, antes de mais nada, o fato de reduzir, diante da pequena tela, o espectador à passividade do puro olhar e, além disso, de induzir uma série de operações intelectuais (recepção de uma mensagem, decodificação) que implicam a aceitação da rede, do "canal" e, consequentemente, de todo o seu quadro social. Isto, constataram-no — cada qual à sua maneira — Guy Debord na França (no seu livro A *sociedade do espetáculo*) e Marshall McLuhan nos Estados Unidos em numerosas obras. Contudo, a espetacularização do mundo, descrita e criticado pelo primeiro, e a "retribalização", constatada pelo segundo, poderão ser consideradas de outra maneira além de instrumentos ou órgãos ao serviço duma atividade muito mais vasta e mais constrangedora? Outro tanto se poderia dizer dos gestos e do *gestual*. Modelados ou quebrados como são pelo "real" existente, bastarão os gestos do corpo para alimentar esse "real"?

Nos casos mais favoráveis, a teoria do núcleo gerador deriva de uma preocupação tática. Parte-se do princípio de que há na sociedade, tal como nos organismos vivos mais desenvolvidos, um ou vários pontos vulneráveis. Quem atingir esse centro favorável poderá paralisar — a sociedade existente e aniquilar a classe dirigente. No seio do "esquerdismo" viu a luz do dia uma tendência que atribuía esse papel aos trabalhadores estrangeiros e à sua relação para com o capitalismo (francês), através da mediação de instituições especializadas e de "estruturas de acolhimento" — teoria mais inteligente de que muitas outras teses "esquerdistas", politicamente falando. Com efeito, a relação entre esta mão de obra "estrangeira" e o proletariado francês, e os elementos mais explorados e mais humilhados desta classe (sem excluir as mulheres) é uma relação muito geral e muito importante. Tem a sua homóloga em todos os grandes países capitalistas. Infelizmente, ao ser posto à prova da experiência (que no entanto foi muito bem dirigida politicamente) este ponto nevrálgico não se revelou muito vulnerável.

Após termos fracassado na busca do "núcleo gerador", não seria mais correto incriminarmos o saber ou a "cultura" ou a linguagem? Relegados do total para o particular, regressaríamos agora ao total, mas particularizado.

Não serão um nem dois os sábios que acharão monstruoso acusar-se o saber de possuir uma tal eficácia social e política. A tese "neutralista", a tese do saber acima das sociedades e das classes, ou até mesmo guia das sociedades e das classes, não desapareceu — longe disso — alimentada como foi pela tese adversa segundo a qual aquilo que pretende ser o saber representa uma ideologia (de classe). Que o saber como tal — para lá das ideologias e representações que veicula — pode agir social e politicamente, tal é uma aquisição da crítica institucional prosseguida na França desde há vários anos, antes e após 1968. E isto é verdade, quer se trate de epistemologia quer de saberes especializados, ligados a práticas técnicas (psicanálise, urbanismo etc.). Como se manteria a divisão do trabalho exteriormente à divisão social do trabalho, quer dizer, do mercado? Como se determinaria ela espontaneamente em função de uma divisão puramente técnica do trabalho, exterior à divisão social, quer dizer, às pressões do mercado, ou melhor, dos diversos mercados? Esta tese, que é de um tecnocratismo arrogante, e que é dificilmente defensável (embora L. Althusser a tenha defendido), não resistiu à crítica e aos acontecimentos. A antiga universidade, humanista e enciclopédica, de origem pré-industrial, desapareceu, remodelada em função da sociedade existente (não sem que tenham surgido conflitos com o democratismo que na França dificilmente se pode denegar).

Pode acontecer que o saber enquanto tal se venha a tornar ostensivamente a espinha dorsal da sociedade existente, desempenhando amanhã, em público, o papel que ontem assumia mais discretamente. Como haveria isto de nos surpreender, se é verdade que o conhecimento se torna *imediatamente* uma força produtiva (e não já através de intermediários e mediações), fórmula de Marx tantas e tantas vezes confirmada? Pode até acontecer que o saber "puro" se torne o eixo e o centro do capitalismo (tecnocrático) de Estado e, simultaneamente, do socialismo (tecnocrático) de Estado. Ele serviria de comum medida, enquanto que "mundo verdadeiro" asseguraria a passagem de uma sociedade manipuladora (das pessoas, das necessidades, dos objetivos e dos fins) para uma outra sociedade ainda mais habilmente manipuladora. Por-se-ia assim ao serviço da reprodução das relações de produção para lá do modo de produção em que nasceram. Isto não passa de uma hipótese no nível estratégico...

A recusa de todo e qualquer saber (do saber integral e não apenas do saber "puro" ou que se quer e se diz "puro"), em nome da espontaneidade "pura", redunda na neobarbárie. As *relações entre o saber e o saber crítico* e entre este e a *crítica do saber* revestem-se de tal importância que será necessário a elas voltar com mais vagar. O fetichismo do saber absoluto esmaga o "vivido", mas o vivido e o imediato tentam em vão emancipar-se do saber. Um movimento de vaivém entre estes dois extremos deve ceder o passo a uma atitude melhor elaborada, via da civilização entre a barbárie racionalizada e a barbárie irracional.

Mas como se há de definir, apreciar, situar o *saber* sem se compreender a linguagem, o *discurso*? O pensamento contemporâneo abordou o assunto pelo lado errado. Ele submeteu o discurso ao saber, constituindo a linguística (e as suas dependências: semântica e semiologia) em saber absoluto em nome do qual se vai extrair da linguagem corrente o saber relativo que esta recobre, quando o verdadeiro problema era o inverso: examinar o saber "puro" como um caso da linguagem e do discurso. Só Nietzsche colocou corretamente o problema da linguagem, partindo do discurso real e não de um "modelo", ligando a partir dos próprios fundamentos os sentidos aos valores e o saber ao poder (à "vontade de Poder", pois que, com efeito, todo o poder condensa, utiliza, manipula os "valores"). No seguimento de Saussure, embrenhando-se imprudentemente nesta pista, o pensamento "moderno", sobretudo na França, sistematizou a linguagem e, reciprocamente, estabeleceu sobre o seu estudo uma sistematização filosófica. Para determinado teórico da linguagem (Michel Foucault), o seu estudo demonstra a existência concreta de um sistema abstrato no interior do qual e pelo qual "se" existe socialmente, discorrendo e pelo discurso. Para outros, a palavra não basta; é-lhes preciso a escrita, o grafismo, a imagem etc.

Ora, estas análises vão *quase* até o ponto de transformar uma suposição em certeza: o papel importante do discurso (e do saber inerente a todo e qualquer discurso quotidiano ou especializado) na prorrogação (impensada, "inconsciente", desconhecida como prorrogação) das relações sociais e políticas. Contudo, esta verdade nunca ou *quase* nunca se explicita. Talvez que todas as ciências especializadas de determinado período tenham hesitado perante a verdade e o conceito teórico que estavam descobrindo. Os "cientistas" recuavam, tomados de pânico perante uma verdade que os condenava. Qual a razão deste salto para trás? Recua-se, por falta de quê? Por *falta de uma crítica do saber* (crítica essa que não renuncia por isso ao saber). Estas ciências não conseguem determinar o laço entre o saber e o poder, laço esse que se situa no nível global... Os espíritos científicos não veem em que e como a linguagem e o discurso dependem do poder e o alimentam, nomeadamente no seio das ciências especializadas da linguagem e do discurso. Como todas as instituições, o discurso e a linguagem são *polivalentes*: eles veiculam necessidades e desejos, poesia e ideologia, símbolos e conceitos, mitos e verdades, mas também as condições do poder (estatal), os seus símbolos e as suas palavras-chave. Contribuem, portanto, para reproduzir as relações de produção.

Dá ideia que o domínio e o meio do poder são o Proibido (em uma acepção muito forte): o que é interdito porque simultaneamente dito e não dito (porque intermediário). Não se levanta, pois, o véu. Regressa-se aos mitos: classifica-se o pensamento crítico (marxista na arqueologia do saber Michel Foucault), algures em uma prateleira com a etiqueta: "século XIX". Passa-se a tratar do "sujeito", do "Homem", do "Se", após o que se enchem os quatro ventos com os brados destas descobertas sem se ter descoberto o que estava quase à mão de semear. Tem-se medo, o mais imperdoável dos medos: o pânico intelectual.

Como responsabilizar o saber, como imputar à linguagem um conjunto de fatos tão ponderosos como a reconstituição das relações sociais de alienação e exploração — reconstituição que sobrevém a um momento "histórico" de derrocada ou de desagregação — sem atacar a sacrossanta Cultura? Contudo, a cultura por si só, seja ela de elite ou de massas, não pode nada, tal e qual como a ideologia e o discurso. O consumo cultural, o consumo do passado artístico ou o consumo de "neo" (realismo, plasticismo, clássico etc.) não exerceria a menor influência sociopolítica sem o consumo dos bens materiais. Os turistas vão à moribunda Veneza consumir as grandes épocas de arte conjuntamente com as paisagens, a cozinha, os vinhos italianos, o que não os impede de adquirirem objetos "*kitch*" fabricados nas fábricas vidreiros de Murano. Assim também os peregrinos vão a Lourdes por causa da gruta milagreira e das termas de Gavarine e por causa do turismo. A polifuncionalidade recobre as disfunções e estas comprometem apenas uma das funções.

9 — É, portanto, impossível atacar separadamente a cultura, ou o discurso, ou o saber. Resta-nos, pois, como único caminho, regressar ao global. Verificamos o que desde o início já suspeitávamos: o Total foi e continua a ser mal concebido. A identificação tautológica (ou "tautologisante") entre Totalidade e Sistema perturbou o pensamento; se o advento do sistema só pode dar-se no fim, é porque ele é objeto de ação, objetivo de uma *estratégia*. É que o sistema vai-se efetuando, em vez de se apresentar no princípio, re(a)presentando-se em seguida. E em que nível se vai efetuando? No nível do Poder e, portanto, do Estado (e não de uma totalidade especulativa). Que se deve entender por "estratégia"? Uma noção corrente, a noção de "relação de forças", não basta, pois não ultrapassa o nível da tática. Em resumo, a Estratégia não é constituída nem por concepções admitidas por um "sujeito" genial, o Chefe, nem pela aplicação pormenorizada de um sistema doutrinar preexistente. Ela resulta sempre de um encadeamento de acasos e de necessidades sempre particulares: as confrontações entre forças diversas e desiguais, repartidas por dois campos opostos (se houver três partidos em presença, a situação complexifica-se extraordinariamente). Os objetivos, os interesses, as vontades, as representações das diversas frações empenhadas na luta, as concepções dos dirigentes, tudo isso desempenha o seu papel. A unidade teórica resultante dessas relações tomadas no seu conjunto, horizonte dos atos parciais, visão total inacessível enquanto tal a cada um dos participantes tomados separadamente e contudo possível/impossível dos seus pensamentos e consciências é *a Estratégia* no sentido de Clausewitz. As ações e as iniciativas dos agentes participantes oscilam entre o empirismo e o oportunismo, no imediato, por um lado, e, por outro lado, a concepção que se eleva ao nível estratégico, sem nunca poder esgotar o conhecimento do conjunto, o qual só a uma análise teórica aparece na sua totalidade.

A que se há de imputar a perenidade (aparente) das relações de produção? Será ao Estado, na sua qualidade de legislador, organizador do sistema contratual e institucional, sempre perfectível pelo menos aparentemente — ou então ao Estado como capacidade repressiva, que detém o exército, a polícia, os "serviços especiais", os meios de constrangimento aos quais bastaria a sua simples presença para já estarem a agir, para lá do desfraldar de violência que tornam possível? Nem a um, nem a outro, separadamente. Aos dois, como fatores complementares e fatores da ordem estabelecido. Não basta a capacidade repressiva, mesmo em socialismo de Estado. A capacidade legislativa e contratual não é nada sem a repressão. O Estado dispõe destes dois membros, destas duas mãos, destes dois braços armados. É no nível do Estado político que se situam os *pensamentos estratégicos* que utilizam, bem ou mal, consciente ou inconscientemente, as forças econômicas, sociais, ideológicas e políticas de que os atores dispõem. A estratégia global só aparece *a posteriori* como encadeamento dos riscos e das partidas perdidas ou ganhas, como sequência de acontecimentos, de vitórias e derrotas (vitórias para um campo e derrotas para o outro), portanto após a recolha das apostas e a repartição dos ganhos. Foi nesse nível que o capitalismo jogou e ganhou (até hoje) sem dispor antecipadamente de uma vantagem esmagadora sobre o adversário (proletário e socialista), sem possuir uma teoria nem sequer uma concepção global digna do título de "ciência", mas sabendo otimizar, quer dizer, fazer entrar as suas forças dentro de dispositivos eficazes. Bem entendido, o termo estratégico "otimizar" é aqui tomado ironicamente. As guerras (imperialistas, coloniais, civis etc.) fazem parte da "otimização"!...

A teoria e a análise das estratégias situar-se-iam na articulação entre a ciência e a política? Esta formulação pressupõe a persistência do saber e da política, "estruturalmente" distintos um do outro e separáveis. Desde logo parece que procuramos não uma mediação, mas uma conexão que ocuparia o lugar da velha Filosofia ou a perpetuaria retomando o seu nome. Assim o filósofo iria apresentar a política e os políticos à ciência (aos cientistas)! Basta esta "apresentação" para tornar a tese insustentável. Em que é que consiste a política? Na busca do Poder, na manutenção do Poder e da ordem estabelecida. Ora, a política marxista implica a crítica de toda e qualquer política, de todo o Estado; ela tem por objetivo o seu fim. Apresentar uma política absoluta a um saber absoluto, eis algo que desfigura e destrói pela base o pensamento marxista. A estratégica, cume do saber, articulação da prática e da teoria, não substitui a Filosofia, não a suplanta, não a prolonga. E uma outra perspectiva, que implica por um lado a crítica radical do saber e, por outro, a crítica do Poder e, por último, e acima de tudo, o desnudamento das suas relações e dos seus conflitos.

Quanto à classe operária, como intervém ela estrategicamente? Ela forma, com toda a certeza, o grosso das tropas no campo anticapitalista e anti-imperialista, mas os seus destacamentos e frações encontram-se desigualmente repartidos, e muito diferenciados em quantidade e qualidade. A classe operária não possui nenhuma vocação intemporal para o combate; a sua atitude é conjuntural; não é de excluir que em um ou outro ponto ela se torne não só classe integrada, mas também "núcleo integrado" (ou "núcleo gerador" da integração do capitalismo) e, portanto, base da reprodução das relações de produção — mesmo que tenha organizações sindicais ou políticas representativas. Tudo depende dos momentos e das circunstâncias: da conjuntura.

Todavia, a classe operária resiste ao capitalismo e mostra-se impenetrável, *irredutível*. Por outro lado, não está só, mesmo quando se encontra isolada. Em torno dela não há apenas os camponeses, mas outros grupos *periféricos*, em relação aos centros urbanos e industriais onde as classes dominantes vão buscar as bases do seu pensamento estratégico. A este proletariado mundial recai a missão que Marx atribuiu à classe operária como tal: negar o existente, desconstruí-lo (em linguagem atual) ou "desestruturá-lo" para, em seguida, o reconstruir, radicalmente metamorfoseado.

Contrariamente ao que pensa um certo *obreirismo*, a classe operária em escala mundial não pode dizer-se isenta de responsabilidades na perpetuação das relações sociais de exploração e de dominação. Não é por isso que é culpada dessa perpetuação; não temos o direito de dizer que outras classes ou camadas sociais vão substituí-la, revezá-la na sua "missão histórica" por cumprir; a classe operária distingue-se do proletariado mundial (este inclui também os camponeses arruinados, mais uma parte "proletarizada" da pequena-burguesia, uma fração dos intelectuais e das profissões liberais, ou até um "subproletariado"). A classe operária, como tal — "trabalhadores" ocupados ou no desemprego, assalariados (manuais ou não) —, não sai do conjuntural em nome de uma estrutura; contudo, sem ela a frente "antiburguesia" não teria nenhuma consistência — não teria, pois, existência estratégica. Uma conclusão se impõe: se a classe operária não desempenhou o papel histórico que Marx lhe consignou em certos escritos, o da negação e da superação inelutáveis e universais, tal não arrastou consigo um estreitamento da frente estratégica, mas o contrário: a sua extensão à escala mundial.

Desta análise resulta que *o lugar da reprodução das relações da produção não se pode localizar na empresa, no local de trabalho e nas relações de trabalho*. A pergunta proposta formula-se assim em toda a sua amplitude: onde se reproduzem estas relações?

10 — Quando o capitalismo (concorrencial) se instala com a classe dirigente específica, a burguesia, no século XIX, nos países em vias de industrialização rápida em que consiste ele? É constituído por um número relativamente restrito de grandes empresas, mais ou menos numerosas segundo os países, cujo peso econômico se torna determinante. Estas grandes unidades de produção arrastam na sua esteira um número muito maior de empresas dependentes, quer economicamente (quanto às encomendas), quer financeiramente (quanto à colocação de capitais). Como é do conhecimento geral, a grande indústria e os principais bancos já estão inter-relacionados, malgrado as rivalidades das frações internas da classe dirigente.

Limitemos este exame retrospectivo à França. Durante o século XIX, a maior parte deste país permanece agrário — e a produção agrícola implica uma produção artesanal, manufatureira e operária (pequena e média indústrias) que no seu conjunto é *pré-capitalista* — embora a dominação da burguesia se estribe em um capitalismo tradicional, essencialmente comercial. Há regiões inteiras que escapam à alçada do capitalismo industrial e bancário e algumas delas enveredam já pela via do "subdesenvolvimento". Quanto às grandes cidades, embora atacadas já pelo grande capital e pela grande indústria, continuam a ser "cidades históricas" durante o século XIX — com exceção de Paris, à volta da qual começa, na periferia, embora ainda de forma bastante limitada, o processo de marginalização para os subúrbios e a *clochardização* das periferias.

Este quadro retrospectivo de um grande capitalismo e de uma indústria dirigidos pela grande burguesia sobre o pano de fundo de um crescimento já desigual e de pré-capitalismo ficaria incompleto se tivéssemos em conta apenas o econômico.

A cultura? O conhecimento? As instituições correspondentes, incluindo a Universidade (e as Humanidades)? As Academias? Na França contemporânea com raras exceções, este belo conjunto "cultural" data dos séculos XVII e XVIII — quer dizer de épocas pré-capitalistas, da era agrária ou, no melhor dos casos, da era da burguesia ascendente e da sua revolução (democrático-burguesa). Poder-se-ia acrescentar que o mesmo se passava e o mesmo se passa com uma boa parte — a melhor parte — das instituições políticas, apesar dos esforços de "modernização". Um exame pormenorizado dos "subsistemas" revelaria, mesmo hoje, uma estranha manta de retalhos, uma complexa trama de remendos com diversas datas e padrões muito diferentes, alguns já apagados. De onde o grande sonho (a utopia tecnocrática) de uma remodelação total dos subsistemas e instituições que constituem o conjunto França. A locomotiva da grande indústria arrastava e ainda arrasta alguns vagões já fora de moda.

Os "lazeres"? Só foram inventados, como realidade e conceito após a Frente Popular (1936). Até essa altura, o que havia? As boas e velhas distrações, os divertimentos e as atrações artísticas, as festas tradicionais, as danças e os bailes de máscaras; para a burguesia e uma parte da classe média, havia as "férias".

O quotidiano? As formas de vestuário, de alimentação, de mobiliário e de alojamento são datadas, tanto quanto os outros aspectos da vida social. A cozinha, o mobiliário e o vestuário provinham em linha direta das tradições locais e nacionais (exceto para a grande burguesia, que dispunha do *modern style*, do exotismo, da alta-costura e da moda). Não bastará lançar um olhar ao passado para que estas recordações se transformem em constatações? Na sociedade francesa (e em outras), os anacronismos não são da alçada da teoria econômica ou sociológica do crescimento e do atraso, pertencem ao âmbito da teoria geral das *desigualdades* (de desenvolvimento). As defasagens, as distorções e outras "dis-funções" são inerentes a uma sociedade na qual fatores mal controlados (fatores técnicos, demográficos etc.) e, portanto, "autonomizados" passam a exercer a sua influência, em uma sociedade em que transformadores suscitam efeitos diversos e por vezes inversos.

Por que recordar estas banalidades? Para reconstituir, coisa que será menos banal, o processo seguido pelo capitalismo no decurso da sua transformação. Bastará recordar a concentração do capital, o surto do capital financeiro, o surto e os fracassos do imperialismo? Não. Bastará dizer que o grande capital "se integrou", ou então que "sobredeterminou" certos elementos formais e certos conteúdos da prática social que o antecedeu? Não. O grande capitalismo transformou esses elementos da sociedade, apropriando-os para o seu uso. Os prolongamentos da era agrária em plena era industrial, esses restos, o capitalismo destruiu-os como tais (não sem conservar uma condição essencial da era passada, a saber, a propriedade privada do solo). O capitalismo não subordinou apenas a si próprio setores exteriores e anteriores: produziu setores novos transformando o que preexistia, revolvendo de cabo a rabo as organizações e as instituições correspondentes. É o que se passa com a "arte", com o saber, com os "fazeres", com a realidade urbana e a realidade quotidiana. Este vasto processo, como sempre, reveste-se de aparências e mascara-se com ideologias. Por exemplo, devastando obras e estilos anteriores para transformá-los em objetos de produção e de consumo "cultural", a produção capitalista retoma estes estilos como restituição e reconstituição, como "neo" isto ou "neo" aquilo, como obras de elite e produtos de alta qualidade.

Não é apenas toda a sociedade que se torna o lugar da reprodução (das relações de produção e não já apenas dos meios de produção): é *todo o espaço*. Ocupado pelo neocapitalismo, setorizado, reduzido a um meio homogêneo e, contudo, fragmentado, reduzido a pedaços (só se vendem pedaços de espaço às "clientelas"), o espaço transforma-se na sede do poder.

As forças produtivas permitem que os que delas dispõem disponham do espaço e venham até a *produzi-lo*. Esta capacidade produtiva estende-se ao espaço terrestre e transborda-o: o espaço social natural é destruído e transformado em um produto social pelo conjunto das técnicas, desde a Física à Informática. Mas este crescimento das forças produtivas não para de gerar contradições específicas que reproduz e agrava. A propriedade privada (do solo e, portanto, do espaço natural) se, por um lado, destrói a natureza e transforma o espaço material, por outro lado reconduz a potência produtiva a quadros próprios de épocas ultrapassadas, da época da produção agrícola, da "natureza" rural.

Uma análise crítica, mesmo que rápida, dos *espaços de lazeres* na França, por exemplo, na costa mediterrânea (e não apenas de determinada unidade de lazer — clube, aldeia de férias — tomada em separado), proporcionar-nos-á uma primeira ilustração e uma prova. Ela mostra como este espaço *reproduz ativamente* as relações de produção e contribui, portanto, para a sua manutenção e para a sua consolidação. Nesta perspectiva, os "lazeres" constituíram a etapa, o intermediário, a conexão entre a organização capitalista da produção e a conquista de todo o espaço.

Os espaços de lazer constituem objeto de especulações gigantescas, mal controladas e frequentemente auxiliadas pelo Estado (construtor de estradas e comunicações, aval direto ou indireto das operações financeiras etc.). O espaço é vendido a alto preço aos citadinos expulsos da cidade pelo tédio e pelo bulício. Férias, exílio, refúgio; este espaço reduz-se a propriedades visuais que depressa perde. Severamente hierarquizado, vai desde os locais para as multidões aos lugares de elite, das praias públicas ao Eden-Roc etc. Os lazeres entram assim na *divisão do trabalho social,* não só porque o lazer permite a recuperação da força de trabalho, mas também porque passa a haver uma indústria dos lazeres, uma vasta comercialização dos espaços *especializados,* uma divisão do trabalho social projetada no território, e que entra na planificação global. De onde um novo perfil do país, uma nova face e novas paisagens.

Por um lado, o espaço social, transformado em espaço político, centraliza-se e fixa-se na centralidade política; por outro lado, especializa-se, parceliza-se. O Estado determina centros de decisão, cristaliza-os; simultaneamente, o espaço reparte-se por periferias hierarquizadas em relação aos centros. Simultaneamente também pulveriza-se. A colonização que outrora estava localizada, como a produção e o consumo industriais, generaliza-se. Em torno dos centros já só há espaços subjugados, explorados e dependentes — espaços neocoloniais.

Esta globalidade nova que (conscientemente ou não) tem como sentido e como fim a reprodução das relações de produção, mais ainda do que o lucro imediato ou o crescimento da produção, é acompanhada por uma modificação qualitativa profunda dessas relações. As relações de dominação que originariamente subtendem, reforçando-as, as relações de exploração, tornam-se essenciais, *centrais*. A vontade de poder (as capacidades de coação e de violência) passa por cima dos gostos de lucro e proveito, da busca do superlucro (lucro máximo). As leis econômicas e sociais perdem o aspecto *físico* (natural) descrito por Marx e, portanto, cego e espontâneo; tornam-se cada vez mais constrangedoras a coberto do contrato (ou sem essa cobertura).

A estratégica global que aqui revelamos (mais do que descobrimos) no plano teórico, constitui uma totalidade nova, cujos elementos, simultaneamente unidos (no espaço, pela autoridade e pela quantificação) e *desunidos* (nesse mesmo espaço fragmentado pela mesma autoridade que reúne separando e separa unindo sob o seu poder), vão aparecendo. Há o *quotidiano,* reduzido ao consumo programado, afastado das possibilidades que a técnica abre. Há o *urbano,* reduzido a pedaços em torno da centralidade estatal. Há, por último, as *diferenças* reduzidas à homogeneidade pelos poderes coercitivos.

Estas determinações afirmam-se contra as suas *reduções*, contra as negações lógica e prática que as restringem mas não conseguem destruí-las, elas afirmam-se no seio da redução. Se o espaço se torna lugar da re-produção (das relações de produção), torna-se também lugar de uma vasta contestação não localizável, difusa, que cria o seu centro às vezes em um sítio e logo em outro. Essa contestação não pode desaparecer, pois é o rumor e a sombra prenhe de desejo e de expectativa que acompanham a ocupação do mundo pelo crescimento econômico, pelo mercado e pelo Estado (capitalista ou socialista).

Felizmente, entre as contradições do espaço, há uma que se torna mais acentuada, e que impede que se consolidem a ocupação e a colonização generalizadas: é a contradição entre o capitalismo de

Estado e o socialismo de Estado, contradição relativa, conjuntural, umas vezes forte, outras débil, consoante as alturas. Não convém sobrestimá-la, nem tampouco subestimá-la. Ela corresponde a estratégias diferentes. Ela impede que o conjunto se estabilize, o que, a dar-se, faria com que a *reprodução das relações* de *produção* se transformasse em rotina e deixasse de constituir qualquer problema (nem sequer isso!)...

O paradoxo estratégico reside no fato de a contestação seguir como uma sombra a extensão e a consolidação das relações para, em seguida, as comprometer sem trégua. E não as segue como a ideologia segue o saber ou o erro segue a verdade. É mais sutil. A consolidação carece de centros; ele tem de fixá-los, de monumentalizá-los (socialmente), de especializá-los (mentalmente). Enquanto que a contestação surge bruscamente aqui ou ali, sob mil formas, desde o protesto oral contra este ou aquele aspecto da sociedade, desde a guerrilha até as operações vastas e bem preparadas. A negação criadora cria um centro precário e momentâneo e depois desloca-se, muda-se para outro ponto.

Poder-se-á dizer do Poder (o Poder de manter as relações de dependência e de exploração) que tem de defender uma "frente" no nível estratégico? Não. Esta frente do Poder já não se pode definir como uma fronteira no mapa, como uma linha de trincheiras em um terreno de batalha. O Poder está em toda a parte, o poder é onipresente e predestinado a sê-lo. Por todo o lado no espaço! Tanto no discurso quotidiano e nas representações banais, como nas sirenas da polícia e nos blindados do exército. Tanto em um "objeto de arte" ou em um objeto "*kitch*" como em um míssil. Tanto na predominância difusa do "visual" e do olhar como na disposição significativa dos lugares, na escola, no espetáculo, no Parlamento. Tanto nas coisas como nos signos, os signos dos objetos e os objetos-signos. Por todo o lado, em nenhum lado. Onde reside a certeza? O Poder não segura com mão firme nenhum dos seus instrumentos. Não há exército, nem polícia, nem corpo de mercenários ou de *Tonton-macoutes*, não há coronel nem espião que não possam entrar em greve, revoltar-se, tomar conta do poder, trair o seu senhor. Que tragédia shakespeariana! Quanto mais se consolida, mais o poder teme. Ele ocupa o espaço, mas o espaço treme-lhe debaixo dos pés. O veneno da suspeita, dramática contrapartida do poder, destila-se por todo o espaço social.

Os locais em que o Poder se torna acessível e visível ressumam tédio: esquadras de polícia, casernas, edifícios administrativos. O Poder perece de várias maneiras às vezes pelo tédio, mas sempre em meio do tédio. Todavia, ele estendeu o seu domínio até ao interior de cada indivíduo, até ao fundo da sua consciência, até às "topias" escondidas nos recessos da sua subjetividade. O "eu" comanda o Ego; o Ego dá ordens ao Id. É preciso! Como não dominar as pulsões, como não havemos de pôr um pouco de ordem em nós próprios, para nos constituirmos em pessoas? É necessário, mas esta necessidade arrasta consigo as relações de poder; faz com que estas entrem na linguagem. A "estrutura" atual da Pessoa reproduz à sua maneira as relações sociais, introduzindo-as nas relações imediatas, na família, no casamento, no sexo, nas relações entre pais e filhos, nas relações entre "superiores" e "inferiores". Uma vigilância atenta permite fazer ressaltar estas atitudes, mas não afastá-las. (A psicanálise teve esse mérito: manteve-nos alerta e despertos, detectou as intrusões da ordem moral da vida dita "interior", consciente e inconsciente.)

A questão das regiões e da "regionalização", na França, tal como a dos lazeres, ilustra a estratégia do espaço. De resto, esta questão põe-se em escala mundial, em todos os pontos em que o Estado centralizado quis assenhorear-se de todos os assuntos, de todos os problemas. Na França, a questão põe-se em função de um dado histórico, a luta entre jacobinos e girondinos. É preciso descentralizar, descongestionar as instituições governamentais. Em lugar de se pôr vigorosamente em prática esta reforma importante — revolucionária na medida em que se põe em questão o Estado — apresenta-se a operação como uma sequência de ações de cortesia para com as regiões, para com os seus notáveis e as suas aspirações. De fato, os projetos governamentais só tiveram um objetivo: descarregar uma parte das responsabilidades sobre os organismos locais e regionais, mantendo intatos os mecanismos do Poder. Quanto à "esquerda", todos sabem que no seu conjunto recusou esta perspectiva política, porque jacobina. A descentralização inevitável arrasta-se, falhada, esquivada, e a França atola-se uma vez mais na estagnação (sob o signo da "nova sociedade"); quanto ao espaço, o espaço é cada vez mais o meio e a jogada de uma estratégia cada vez mais consciente e pérfida, que o hierarquiza em torno de Paris em zonas mais ou menos favorecidas, destinadas, umas, a um grande futuro industrial e urbano e, outras, pelo contrário, votadas ao declínio (controlado, sujeito a cerrada vigilância).

Caso ainda mais altamente significativo é o da arquitetura que comporta uma prática específica, parcial e especializada, ligada ao quotidiano. A orientação social impõe ao arquiteto a realização de espaços que convenham à sociedade, quer dizer, que "reflitam" as suas relações, dissimulando-as se possível (se não for muito oneroso) na paisagem. A arquitetura oscila entre o esplendor monumental e o cinismo do *habitat*. No monumental, tanto o que se pede emprestado aos estilos do passado quanto as exibições de tecnicidade procuram dissimular o sentido, mas só o conseguem ostentar ainda mais: os monumentos são os lugares do Poder, as sedes oficiais, os locais em que ele se concentra, se reflete em si próprio, o lugar onde ele olha de alto e onde transparece. O fálico une-se ao político; a verticalidade simboliza o Poder. Transparente, metal e cristal, o espaço construído diz as astúcias da vontade de poder. Quanto ao *habitat*, ele entra com uma tal evidência na repartição espacial da dominação, que não carece de uma análise crítica.

Quando responde a um encargo/encomenda social (a dos "promotores" e a dos "poderes"), o espaço arquitetural e urbanístico contribui, pois, ativa e abertamente para a reprodução das relações sociais. É o espaço programado. O que é estranho é que o arquiteto não consiga emancipar-se quando crê e quer criar. Ora, precisamente sucede às vezes que ele dispõe dos meios para criar, para produzir "livremente" espaço, quando produz para uma procura distinta da encomenda. Por que esta impotência da imaginação e este bloqueamento? Sem dúvida, por uma razão simples e profunda. Durante séculos e séculos o arquiteto, isolando-o por meio de paredes, *subtraiu* espaço à natureza, para seguidamente preencher esse espaço vazio com símbolos religiosos e políticos, com dispositivos que correspondiam à ordem estabelecida. Hoje em dia, ele deveria produzir um *espaço subtraído como tal aos poderes*, um espaço apropriado a relações libertadas dos constrangimentos. Ora, essas pressões e esses constrangimentos exercem-se em todo o espaço; elas modelam-no, preenchem-no e produzem à sua maneira um espaço específico, ou antes, especial: homogêneo e fragmentado, visual e pulverulento. O arquiteto não pode libertar-se disto nem na sua prática, a do desígnio, do projeto e do desenho, nem na sua imaginação. Quanto às relações sociais, permanecem prisioneiras dos constrangimentos — exceto nos casos de revolta, de contestação, de revolução. Afora estes casos-limite, o espaço social continua a ser o do Poder.

O quotidiano possui o privilégio de arcar com o fardo mais pesado. Se o Poder ocupa o espaço que gera, o quotidiano é o solo sobre que se erigem as grandes arquiteturas da política e da sociedade. Esta interessante propriedade não lhe retira a sua ambiguidade, misto de pobreza e de riqueza. Nele o insuportável e o atraente misturam-se, o mal-estar e a satisfação amalgamam-se. A felicidade breve se torna intolerável. O concreto torna-se abstrato e a abstração concreta, no quotidiano.

A reprodução das relações de produção faz alastrar as contradições fundamentais, reproduzindo-as, dizemos nós. A contradição entre a felicidade e o tédio tende a tornar-se profunda como uma ferida purulenta.

Introduzir o tédio na apreciação teórica e política, que utopismo! Que falta de realismo! — exclamam os grandes espíritos positivos. O tédio para eles não conta. Com efeito. Por isso não insistimos aqui no curioso contraste existente entre o tédio realizado e a felicidade prometida, mas nas *contradições do espaço*. E a mais extraordinária, não será esta que a pouco e pouco se vai destacando: o corpo, membro efetivo deste espaço, opõe-se-lhe. Por quê?

Porque não se deixa desmembrar sem protesto, porque sem protesto não deixa que o dividam em fragmentos, que o privem de ritmos, que o reduzam a necessidades catalogadas, a imagens, a especializações. Irredutível e subversivo no seio do espaço e dos discursos dos Poderes, o corpo refuta a reprodução das relações que o esmagam e o privam de tudo. Há algo mais vulnerável, mais fácil de torturar do que a realidade de um corpo? Há algo mais resistente? Não sabemos do que é capaz o corpo (Espinoza). Fundamento tanto das necessidades e do desejo, como das representações e dos conceitos, sujeito e objeto filosóficos e, mais e melhor, base de toda a praxis e de toda a reprodução, o corpo humano resiste à reprodução das relações opressivas. Quando não o faz frontalmente, fá-lo pela calada. É vulnerável, sem dúvida, mas não se pode destruí-lo sem massacrar o próprio corpo social — eis o Corpo carnal e terrestre, quotidiano. É a ele que se recorre, ele é que nos socorre e não o Logos ou o "humano"...

Estabeleceremos o nexo entre o quotidiano e o corpo mostrando como a vulnerabilidade lhes confere o privilégio, não só de testemunhas de acusação, mas também de terreno de defesa e ataque. Será o desenlace duma crítica essencial que incide sobre os conhecimentos especializados: desde a Economia Política clássica e a Sociologia ou a História até a Filosofia tradicional (esta na qualidade de especialidade do não especialista).

Tornar-se-ia o conhecimento uma globalidade confusa? Não. O conhecimento não pode renunciar do pé para a mão a fazer distinções, a estabelecer separações. Todavia, a separação que as epistemologias metodicamente prosseguem e legitimam produz impasses, gera bloqueamentos. Há uma obsolescência do saber como há uma obsolescência das sociedades. A ditadura de um saber "puro" e, portanto, fetichizado, conjuntamente com as ditaduras do Olhar e do *Phallus*, com a do Poder que se encarna em uma especialidade específica, esta ditadura do Verdadeiro entra em derrocada, fragmentando-se. Descobre-se o solo sobre que se pode construir uma arquitetura mental e social apropriada.

Se é verdade que a reprodução considerada resulta de uma estratégia e não de um sistema preexistente e que intenta constituir este sistema em lugar de o interinar, resulta daqui que o "real" não pode fechar-se. O único desenlace da situação não é a derrocada global, pois que as próprias contradições se desenvolvem, embora desigualmente. Por último, os conceitos teóricos podem escapar ao sistema, embora nele nasçam e dele emerjam. Os conceitos do espaço, do quotidiano, do urbano, da diferença não fazem parte do sistema — do espaço dominado pela estratégia, do quotidiano programado, da homogeneização. Embora tenham que se libertar dele!

Quanto ao saber, esta análise permite-lhe escapar à alternativa: ou bem o saber absoluto (fixado em "núcleos") — ou a sua negação brutal (o pseudosaber identificado com a ideologia). O saber crítico e o crítico do saber, que o situam e o relativizam, em lugar de o erigirem em norma e critério, salvam o conhecer.

Para resumirmos as nossas aquisições, com o máximo de clareza, podemos dizer que:

a) a lenta redescoberta de uma problemática teve condições objetivas e subjetivas. Os elementos novos só aparecem uma vez rasgados e afastados os véus (aparências, "representações", ideologias etc.);

b) não pode haver reprodução das relações sociais nem por simples inércia, nem por recondução tácita. Esta reprodução não se dá sem modificações que excluem tanto o processo automaticamente reprodutivo no interior do modo de produção constituído (sistema) como a eficácia imediata de um "núcleo gerador". As contradições também se reproduzem, não sem modificações. Antigas relações há que degenerarei ou se dissolvem (por exemplo: a cidade, o natural e a natureza, a nação, a miséria quotidiana, a família, a "cultura", a mercadoria e o "mundo dos signos"). Outras há que se constituem de maneira que *há produção* de relações sociais no seio da reprodução (por exemplo: o urbano, as possibilidades do quotidiano, o diferencial). Estas novas relações emergem no seio das que se dissolvem: aparecem de início através da sua negação e dos seus desvios, como destrutoras das suas próprias condições e antecedentes, que as puxam para trás e tendem a bloqueá-las. É a marcha específica das contradições ampliadas. Ampliadas — a quê? Ao espaço. Ao mundo: ao mundial;

c) a transição? Ela não se seguiu à revolução política, não seguiu o esquema de Marx: precede essa revolução. Tal situação exige um *projeto global* e concreto de uma sociedade nova, qualitativamente diferente. Este projeto ultrapassa largamente as reivindicações relativas ao trabalho, nascidas no espaço dos locais de trabalho (unidades de produção), e a simples melhoria da "qualidade" do vivido. Um tal projeto só pode ser elaborado apelando para todos os recursos do conhecimento e da imaginação. Essencialmente revisível, tem muitas probabilidades de fracassar, pois não dispõe taticamente de nenhuma eficácia social e de nenhuma força política. Os "valores" novos não se impõem. Propõem-se.

Capítulo 5

Comunidade e Sociedade

16

*Comunidade**

Robert A. Nisbet

A redescoberta da comunidade

O conceito mais fundamental e de mais largo alcance dentre as ideias-elementos da Sociologia é o de comunidade. Não há dúvida de que a redescoberta da comunidade constitui o fato mais notável na evolução do pensamento sociológico do século XIX. Seus efeitos ultrapassaram a área da teoria social, estendendo-se à Filosofia, à História, à Teologia e a outras disciplinas, a tal ponto que a matéria se transformou em um dos temas predominantes das obras especulativas do século. Dificilmente haverá outra ideia que represente um divisor de águas tão nítido entre o pensamento social do século XIX e o da era precedente, que foi a Idade da Razão.

A ideia de comunidade assume, no século XIX, a posição dominante que a noção do contrato assumia na Idade da Razão. Naquela época, os filósofos usavam a figura racional do contrato para legitimar as relações sociais. O contrato proporcionava o modelo de tudo que era bom e defensável no seio da sociedade. No século XIX, porém, assistimos ao definhamento do contrato diante da redescoberta do simbolismo da comunidade. Em muitas áreas de pensamento os laços da comunidade — reais ou imaginários, tradicionais ou deliberadamente criados — chegam a constituir a imagem de uma boa sociedade. A comunidade forma o elemento denotativo da legitimidade em associações tão variadas como o Estado, a Igreja, o sindicato, o movimento revolucionário, a profissão e a cooperativa.

Ao falar em comunidade, refiro-me a algo muito mais amplo que a comunidade local. No sentido em que é empregado por muitos pensadores dos séculos XIX e XX, o termo abrange todas as formas de relacionamento caracterizadas por um grau elevado de intimidade pessoal, profundeza emocional, engajamento moral, coerção social e continuidade no tempo. A comunidade encontra seu fundamento no homem visto em sua totalidade e não neste ou naquele papel que possa desempenhar na ordem social, encarada separadamente. Sua força psicológica deriva de uma motivação mais profunda que a da volição ou do interesse e realiza-se na fusão de vontades individuais que seria

---

(*) Robert A. Nisbet, *The Sociological Tradition*, Heinemann, Londres, 1973, pp. 47-55. Tradução de Richard Paul Neto. Reproduzido com autorização de Amorrortu Editores S.A.

impossível em uma união que se fundasse na mera conveniência ou em elementos de nacionalidade. A comunidade é a fusão do sentimento e do pensamento, da tradição e da ligação intencional, da participação e da volição. Pode ser identificada ou encontrar sua expressão simbólica na religião, na nação, na raça, na profissão, nas cruzadas. Seu protótipo, tanto histórico como simbólico, é a família, cuja nomenclatura ocupa lugar predominante em quase todos os tipos autênticos de comunidade. O elemento fundamental do liame comunitário é a antítese, real ou imaginária, representada no mesmo ambiente social pelas relações não comunitárias de competição ou conflito, utilidade ou consentimento contratual. Em face de seu caráter relativamente impessoal e anônimo, essas relações evidenciam a estreita ligação pessoal que prevalece na comunidade.

Na tradição sociológica, de Comte e Weber, o contraste conceitual entre o comunitário e o não comunitário é evidente e está perfeitamente definido. Foi Tönnies quem, em fins do século passado, lhe deu expressão através dos termos *Gemeinschaft* e *Gesellschaft*. Todavia, o contraste dificilmente será menos evidente nas obras de outros sociólogos que escreveram antes e depois dele. Apenas Marx diverge de forma significativa das implicações valorativas que esse contraste envolve.

Não basta nem é correto dizer, como fazem muitos historiadores, que a feição mais notável do impulso que a Sociologia tomou no século XIX é a ideia de "sociedade". Esta afirmação diz demais e também diz de menos. De uma forma ou de outra, a sociedade, como conceito, nunca deixou de constituir objeto do interesse filosófico, nem mesmo na Idade da Razão e do Iluminismo, quando as doutrinas individualistas haviam atingido a maturidade. Conforme Sir Ernest Barker ressaltou de forma tão elucidativa, de 1500 a 1800 toda a secular teoria do direito natural estava preocupada quase que exclusivamente em elaborar uma teoria social. Mas, atrás da imagem nacionalista da sociedade que prevalecia nesse período, havia sempre a imagem precedente de indivíduos livres por natureza, que se haviam vinculado racionalmente em um modo específico e limitado de associação. O homem era o elemento primário, as relações sociais o elemento secundário. As instituições nada mais eram senão as projeções de sentimentos fixos e adormecidos, inatos ao ser humano. A volição, o consentimento e o contrato são os pontos-chave da visão jusnaturalista da sociedade.

Os grupos e as associações que não pudessem ser concebidos nesses termos eram atirados ao monturo da História. Raras eram as comunidades tradicionais que poderiam resistir ao exame realizado pelos filósofos jusnaturalistas dos séculos XVII e XVIII. Evidentemente, a família era geralmente aceita, muito embora Hobbes recorresse à ideia do contrato tácito para justificar o relacionamento entre pais e filhos e, um século depois, Rousseau namorasse a ideia da submersão da família na Vontade Geral. Um tratamento especial também teve de ser dispensado à Igreja, mas ao findar do século XVII essa situação privilegiada já se ia desvanecendo. Quanto às outras associações, as mesmas são tratadas sem a menor contemplação. As guildas, as corporações, os mosteiros, as comunas, as comunidades parentais e aldeãs — eram todos apontados como entidades não fundadas no direito natural. Tal qual o conhecimento racional, também a comunidade racional deve ser o extremo oposto da tradicional. Deve fundar-se no homem, que não há de ser visto como um membro de corporação, um adepto da Igreja ou um camponês, mas apenas como um homem *natural*, e há de ser concebida como um entrelaçamento de relações específicas, criadas pela *vontade*, através das quais os homens se ligam livre e racionalmente. Foi este o modelo de sociedade que o, Iluminismo francês veio encontrar.

Para os *filósofos*, este modelo veio a propósito, pois correspondia aos objetivos políticos que perseguiam. As relações comunais do feudalismo causavam-lhes repugnância, por questões morais e políticas; se fosse possível demonstrar que essas relações não eram sancionadas pelo direito natural nem pela razão, tanto melhor. No seu entender, a França estava repleta de relações de caráter corporativo e comunal. Precisava-se duma ordem social fundada na razão e no instinto, mantido pelos liames mais frouxos e impessoais. Na formulação solene de Rousseau, o problema consistia em "encontrar um tipo de associação que use de toda a força comum para proteger a pessoa e os bens de cada associado, e na qual o indivíduo, embora unido a todos, continue a obedecer exclusivamente a si mesmo, permanecendo tão livre como antes".(1) Tal estado de coisas não poderia ser criado enquanto permanecesse intacta a estrutura social legada pelo passado. Os males sociais resultaram principalmente da interdependência fática. "A partir do momento em que um homem precisou do auxílio de outro; a partir do momento em que se tornou vantajoso a qualquer indivíduo acumular provisões que bastem a dois, a igualdade desapareceu, a propriedade foi criada, o trabalho tornou-se indispensável e grandes florestas transformaram-se em campos sorridentes que tinham de ser regados com o suor do rosto, e nos quais a escravidão e a miséria não tardariam a crescer juntamente com as colheitas."(2) O novo ponto de partida de que precisava o complexo social só poderia surgir com a destruição total das instituições perniciosas. O erro das reformas anteriores consistira em "que estavam sendo realizadas por meio de remendos, quando a tarefa deveria ter consistido em limpar o terreno e remover o entulho, conforme Licurgo fez em Esparta (...)". É verdade que nem todos os *filósofos* concordaram com as conclusões que Rousseau extraiu da sua própria combinação radical entre o individualismo e o absolutismo político, mas podemos afirmar com toda segurança que ninguém duvidava do irracionalismo da maior parte dos ingredientes da ordem antiga. Foi dali que surgiu a oposição irrestrita que o iluminismo votava a todas as formas de associação tradicional e comunitária. "Nenhum período da História foi mais carente no desenvolvimento de um espírito comunitário geral que o século XVIII", escreveu W H. Riehl. "A comunidade medieval foi dissolvida e a comunidade moderna ainda não havia sido criada (...). Na literatura da época um bobo costumava ser representado pela figura de um burgomestre, e a descrição de uma reunião de imbecis era feita através da imagem de uma sessão de conselheiros municipais." (...) O Iluminismo "foi um período no qual os indivíduos ansiavam pelo humanismo mas não demonstravam o menor interesse pelo semelhante; no qual filosofavam sobre o Estado, mas esqueciam a comunidade".(3)

Conforme vimos, a hostilidade intelectual à comunidade tradicional e seu substrato ético obtiveram um impulso poderoso com as duas revoluções,(*) que viam na união das forças legislativas e econômicas, empenhadas na destruição dos grupos e associações surgidos na Idade Média, obras do Progresso que cumpriam as recomendações e previsões dos filósofos nacionalistas, a partir de Hobbes. No pensamento do século XIX a animosidade à comunidade tradicional revela-se com maior ênfase nos escritos (e nas realizações práticas) dos Filósofos Radicais liderados pelo notável Jeremy Bentham. Este autor e seus sucessores rejeitavam a fé do Iluminismo francês nos direitos naturais e na lei natural, mas, segundo ressaltou Halévy, as doutrinas da harmonia natural e do egoísmo racional por eles criadas produziram consequências idênticas para as corporações que se interpunham entre o indivíduo e o Estado soberano. Os anátemas que Bentham lançou contra a comunidade tradicional estendiam-se ao direito comum, ao sistema do júri, ao burgo e até mesmo às universidades antigas. O racionalismo que, em sua formulação cartesiana, havia eliminado a superstição e a revelação divina, também haveria de remover as relíquias do comunalismo.(4) O comércio, a indústria e a lei administrativa do Estado serviriam de instrumentos na luta por esse objetivo radical. Todos eles cumpririam, cada qual à sua maneira, as finalidades sociais do racionalismo.

Os legisladores do século XIX, cada vez mais sensíveis aos desejos manifestados pela nova classe de homens que atuavam no mundo dos negócios e na administração pública, encontraram muita coisa fascinante nos escritos dos utilitaristas, de Bentham a Herbert Spencer. Não havia nenhuma dificuldade em trasladar as abstrações filosóficas para as necessidades políticas, quando o inimigo comum era a persistência das tradições comunais que haviam ultrapassado seu tempo de vida útil e constituíam um impedimento ao desenvolvimento econômico e à reforma administrativa. Não foi

---

(1) *The Social Contract and Discourses*, G.D.H. Cole, trad. e comp., E.P. Dutton and Company, New York, 1950, pp. 13 e segs.
(2) *Discourse on the Origin of the Inequality*, ob. cit., pp. 244 e 254.
(3) Cf. Lewis Mumford, *The City in History*, Harcourt, Brace & World, New York, 1961, p. 454.
(*) Nisbet está se referindo à Revolução Industrial e à Revolução Francesa. (N. dos Orgs.)
(4) O trabalho clássico sobre Bentham continua sendo *Growth of Philosophical Radicalism*, de Halévy, no qual esse aspecto do pensamento de Bentham e seu poderoso impacto sobre os seus seguidores são tratados em detalhe. Cf. também o fascinante ensaio de Gertrude Himmelfarb, "The Haunted House of Jeremy Bentham", em *Ideas in History: Essays in Honor of Louis Gottschalk*, Duke University Press, Durham, N. C., 1965.

por simples coincidência que desde o início da Revolução Industrial o interesse que os homens do comércio e da indústria dedicavam às reformas políticas e administrativas era tão intenso quanto o que votavam à disseminação do novo sistema econômico.

Dessa forma, encontramos nos discípulos de Bentham a paixão dupla pelo individualismo econômico e pelas reformas políticas — sendo que esta última muitas vezes se exprimia através de propostas de centralização administrativa, que naqueles dias chegavam a verdadeiros extremos. Durante todo o século, o relacionamento entre o industrialismo e o centralismo administrativo foi bastante estreito. Muitas vezes as nuvens da retórica manchesteriana sobre o *laissez-faire* encobriam a influência exercida pela atuação política do legislador, mas essa influência sempre esteve presente. Tanto o economicismo como a politização consciente eram indispensáveis ao cumprimento da tarefa gigantesca de eliminar os destroços comunais legados pela Idade Média.

A imagem da comunidade

Apesar da prevalência incontestável do quadro que acaba de ser exposto, também assistimos no século XIX a uma reação intelectual bastante pronunciada contra o mesmo. Essa reação foi iniciada pelos conservadores. Em face de seu desapreço pelo modernismo, eles tiveram que por maior ênfase nos elementos do regime antigo contra os quais o modernismo investiu mais vigorosamente. E entre esses elementos sobressaía a comunidade tradicional.

Burke dedicou sua hostilidade aos reformadores que, segundo dizia, procuravam "subverter as relações de subordinação da comunidade e mergulhá-los em um caos social, rude e desconexo, de princípios fundamentais".(5) Na verdade, as contribuições mais importantes de Burke ao pensamento político baseiam-se naquilo que ele mesmo considerava a precedência ética da comunidade histórica (quer esta se localizasse nas colônias, na Índia ou na França) sobre os "direitos adquiridos de indivíduos inexistentes" e a "distribuição geométrica e os arranjos aritméticos" do centralismo político. "As entidades corporativas são imortais para o bem de seus membros, não para seu castigo", escrevia em uma contestação amarga às leis individualistas elaboradas pelos líderes revolucionários da França.(6)

A redescoberta da comunidade tradicional e de suas virtudes constitui um dos pontos centrais dos trabalhos de todos os conservadores. O mesmo pode ser dito do contraste entre a comunidade e o individualismo despersonalizado que os conservadores viam surgir a seu lado. Na França, Bonald afirmou que a necessidade mais premente do seu tempo consistia no restabelecimento da segurança comunitária proporcionada pela Igreja, pela família e por outras fontes pré-revolucionárias de solidariedade, inclusive as guildas e as comunas. O contraste entre a segurança patriarcal dessas entidades e a insegurança da nova ordem constitui um tema bastante frequente nos trabalhos de Bonald. Para Haller, a comunidade local e sua autonomia natural constituem um marco central das Ciências Sociais. A denúncia do "mecanicismo", formulada por Carlyle, funda-se ao menos em parte no deslocamento das "maneiras de pensar e sentir" do seu contexto histórico e comunal. A formulação mais eloquente do ponto de vista conservador é encontrada em Disraeli. Na obra *Sybil*, ele escreve: "Na Inglaterra não existe comunidade; existem formas de agregação, mas de uma agregação realizada sob circunstâncias que fazem dela antes um elemento de dissociação que de união (...) A sociedade constitui-se pela comunhão de objetivos (...) Sem essa comunhão, os homens podem ser levados à contiguidade, mas permanecerão virtualmente isolados." É nas cidades que essa condição do homem adquire seu feitio mais intenso e pernicioso. "Nas grandes cidades os homens se reúnem pela ambição do lucro. Durante o processo de acumulação de fortunas não se encontram em

---

(5) *Works*, I, 498.
(6) *Works*, I, 518.

um estado de cooperação, mas em uma situação de isolamento. Quanto ao mais, não dão a menor atenção ao próximo. O cristianismo nos diz que devemos amar o próximo como a nós mesmos; e o próximo não encontra lugar na sociedade moderna."(7)

"A sociedade moderna não reconhece o próximo." Estas palavras de Disraeli poderiam servir de tema a grande parte do pensamento do século XIX, quer este se mova pelas trilhas radicais ou conservadoras, quer siga os caminhos da imaginação ou os do empirismo. Vejamos as palavras de William Morris, cuja exaltação das virtudes medievais constitui o fundamento principal do ataque ao individualismo moderno: "O companheirismo é o céu, a falta de companheirismo, o inferno; o companheirismo é a vida, a falta de companheirismo, a morte; e tudo que fizeres sobre a terra, tu o farás pelo companheiro, e a virtude que estiver em teus atos viverá para sempre, e cada parte deles será uma parte de ti mesmo."(8)

O companheirismo, a condição de próximo, a comunidade, cada qual à sua maneira, formam os novos padrões da *utopia*. Aquilo que apenas era o sonho de algumas mentes utópicas transformou-se em realidade — em uma realidade transitória, muitas vezes decepcionante, mas sempre em uma realidade — para um número não pequeno de pessoas daquele século. É claro que o *New Lanark*, de Roberto Owen, não afetou a vida real de muita gente, mas o tema que lhe serviu de base foi bastante exaltado. As comunidades religiosas utópicas do século XIX abrangeram maior número de pessoas. Sua motivação situa-se no repúdio ao egoísmo político e econômico, e também no desejo de recuperar a pureza apostólica ou profética do cristianismo. Como ética, o comunitarismo representa uma força poderosa na religião do século XIX, e em muitas outras áreas. No socialismo, os marxistas afastaram-se resolutamente de todo e qualquer modelo baseado no localismo e na tradição, pois acreditavam que na "vasta associação da nação" e na fábrica encontrariam estruturas suficientemente poderosas para a redenção ética da humanidade. Mas outros socialistas sustentavam opinião diferente. Podemos citar Proudhon, em cuja obra a defesa da família patriarcal, do localismo, do regionalismo constitui o elemento característico do pensamento socialista; os anarquistas, que muitas vezes viam nas comunidades aldeãs e nas cooperativas em extinção a célula-mater da nova ordem — naturalmente depois de libertada do senhor feudal, da monarquia e do predomínio de classe. O impulso que os movimentos cooperativistas e de auxílio mútuo experimentaram no século XIX teve sua origem, em grande parte, nos esforços de restituir à sociedade parte do que ela perdera com a extinção das comunidades aldeãs e das guildas. Muitos livros e revistas da época apontam a solidariedade dessas entidades, já desaparecidas, em contraste com o egoísmo e a ganância dos novos tempos. Às vezes seus propósitos eram radicais — visando à abolição da propriedade privada e das classes sociais outras vezes eram conservadores, conduzindo aos esforços singulares de homens como William Morris, que pretendiam restaurar ou preservar o passado comunitário-artesanal. Muitas vezes o comunitarismo assumia uma forma puramente antiquária, levando à fundação de clubes e periódicos e à realização de pesquisas amadoristas. Esses esforços não se revelaram estéreis, pois o movimento incipiente de planejamento urbano e reforma municipal a que se assistiu na época resultou, em parte, do contraste odioso que as cidades daquele tempo ofereciam em relação às gravuras e às plantas das aldeias e cidades medievais.

Acontece que a comunidade constitui um modelo de feitio mais sutil e pronunciadamente intelectual. Grande parte da reorientação da Filosofia moral e social resultou do impacto que a redescoberta da comunidade produziu sobre o pensamento histórico e sociológico. O fenômeno levou a uma mudança total de perspectivas.

A influência da ideia da comunidade surge em uma parte substancial do fluxo do pensamento político do século. A ideia do estado abstrato, impessoal e puramente jurídico é contestada pelas teorias baseadas na precedência da comunidade, da tradição e do status social. Conforme mostram doutrinadores como Henry Maine e Otto von Gierke e, ao findar do século, o grande F. W. Maitland,

---
(7) Raymond Williams, *Culture and Society: 1780-1950*, Doubleday Anchor Books, Garden City, 1960, p. 106.
(8) Cf. May Morris, *William Morris: Artist, Writer, Socialist*, Basil Blackwell, Oxford, 1936, I, p. 145.

os fundamentos da soberania, do direito normativo e da cidadania dos tempos modernos, de forma alguma derivam da vontade ou do consentimento individual, muito menos de algum contrato misterioso, mas devem ser concebidos como as resultantes históricas do processo de desmoronamento da comunidade e da corporação medieval. As ideias desses doutrinadores afetam a própria imagem do Estado. Muito embora a feição abstrata e individualista do Estado tenha recebido apoio vigoroso e convincente na obra de John Austin, a mesma entra em conflito com outras opiniões, algumas delas jocosas, que apontam o Estado como uma comunidade, e sustentam que a nação politizada é o legítimo sucessor da Igreja no direito à lealdade dos súditos.

Dessa forma, os reflexos da comunidade também são encontrados no pensamento religioso da época. O individualismo religioso e a teologia nacionalista do século XVIII — que por sua vez constituem consequência direta das ideias lançadas por Lutero e Calvino — são contestados em numerosas frentes, no terreno canônico, litúrgico, moral e político. Na obra *Essay on Indifference*, publicada em 1817, que exerceu uma influência bastante pronunciada, Lamenais afirmou que ao homem que se afastou do caráter comunitário e corporativo da religião só resta a desesperança do ateísmo. No começo, diz ele, não está o verbo, mas a comunhão: a comunhão do homem com Deus e a comunhão do homem com o homem. Dessa forma, uma corrente de pensamento cada vez mais poderosa atravessa o século; essa corrente de pensamento, que atingiria os teólogos de todos os países ocidentais, talvez constitua a primeira reação significativa ao individualismo protestante que a Europa conheceu depois da Contrarreforma. Assiste-se a uma verdadeira renascença dos temas litúrgicos e canônicos. Não há dúvida de que se trata de temas cujo conteúdo se desenvolve no terreno do intelecto ou da crença; no entanto, seu surgimento também representa uma faceta bastante elucidativa da mentalidade comunitária que perpassa tantos setores do pensamento do século XIX. A exteriorização política do corporativismo religioso encontra sua revelação mais patente nas ideias de autonomia religiosa e pluralismo expostas por vários pensadores, como Döllinger na Alemanha, Lacordière na França e Acton na Inglaterra. Se a Igreja realmente é uma comunidade e não uma simples união de indivíduos, ela merece seu justo quinhão de autoridade no ambiente social e tem o direito de ser considerada coeva ao Estado em assuntos ligados à sua natureza. As verdadeiras raízes do pluralismo político que seria esposado nas obras de F. W. Maitland, J. N. Figgins e do jovem Harold Laski devem ser procuradas no comunitarismo religioso do século XIX.

Na Filosofia a ideia de comunidade revela-se sob aspectos variadíssimos, especialmente de natureza social e moral, mas também epistemológica e mesmo metafísica. Na verdade, o ataque que começa a ser desferido contra as perspectivas sensoriais e atomistas da realidade, primeiro por Hegel e depois por outros pensadores, como Bradley na Inglaterra e Bergson na França — culminando na área ora visada nos escritos de Durkheim sobre a origem comunitária da concepção do Universo e das categorias cognitivas do homem — constitui parte da mesma perspectiva comunitária que assume contornos mais nítidos nas áreas sociais e políticas da Filosofia. Basta lembrar Coleridge e Hegel. O primeiro desses autores, na obra notável *Constitution of Church and State*, fez de sua visão da comunidade o fundamento primordial do ataque ao nacionalismo utilitário, ao individualismo religioso e ao industrialismo do *laissez-faire*. Da mesma forma que para Coleridge a comunidade é o modelo da boa sociedade, a tradição é a raiz de seus ataques contra o modernismo intelectual e literário.

A influência que a ideia da comunidade exerceu sobre o pensamento hegeliano torna-se mais patente na *Filosofia do direito*, obra que, mais que qualquer outro escrito isolado da Filosofia alemã do início do século XIX, criou a verdadeira base sobre a qual seria erigida a Sociologia alemã. A *Filosofia do direito* é um ensaio nacionalista, mas seu nacionalismo é muito diferente daquele do Iluminismo — tanto na Alemanha como na França. Hegel era um conservador, e o substrato conservador de seu pensamento social foi mantido em larga escala pelo papel dominante que a imagem da comunidade representava para ele. Suas críticas ao individualismo jusnaturalista e à soberania direta e imediata, seu repúdio ao igualitarismo da Revolução Francesa e seus ataques ao contrato como modelo de relacionamento humano são condicionados por uma visão da sociedade que, seguindo o modelo da sociedade medieval, é concêntrica, formada por círculos interligados de associações — a família, a profissão, a comunidade local, a classe social, a Igreja — cada qual autônoma nos limites de sua abrangência funcional, cada uma delas considerada fonte necessária de afirmação do indivíduo, e todas elas, em conjunto, reconhecidas como o elemento formativo do verdadeiro Estado. Para Hegel, o verdadeiro Estado é uma *communitas communitatum*, não a agregação de indivíduos que o Iluminismo via nele.

Por fim, a influência da redescoberta da comunidade pode ser notada em toda a área da historiografia do século XIX. Entre os aspectos que distinguem a obra dos historiadores do século XIX daqueles do século XVIII, o que sobrepuja os demais — com exceção talvez do caráter cada vez mais científico de seus objetivos — é a verdadeira irrupção de um interesse erudito pelo passado comunitário e tradicional da Europa. Esse interesse torna-se manifesto nos numerosos trabalhos sobre o feudo, a comunidade aldeã, a guilda, o condado, o burgo, o distrito e outros mais. Da mesma forma que a historiografia do século XIX rejeitava o método adotado no século XVIII, que se lançava à busca de histórias naturais, "conjeturais" ou "hipotéticas" — reconhecidamente fundadas antes na luz da razão que nos arquivos históricos — também rejeitava a hostilidade para com a Idade Média, que levou Voltaire, Gibbon e Condorcet a repudiar toda essa época da história como um período bárbaro de interrupção do progresso. Basta mencionar nomes como Stubbs, Freeman, Maitland, Fustel de Coulanges, Savigny e von Gierke para evidenciar o interesse que vários historiadores da maior importância dedicavam, no curso do século XIX, ao estudo das comunidades e instituições medievais. Até hoje o século XIX não foi superado no terreno da história das instituições, que representa uma das manifestações do novo interesse pela comunidade medieval, que também afetou o nascimento da Sociologia. O relacionamento pronunciadamente adverso ou hostil que, segundo os historiadores do século XVIII, existia entre as instituições medievais e os processos eleitorais, as assembleias e as liberdades modernas foi convertido no extremo oposto; pelo século afora, vemos os historiadores procurarem as origens da democracia nos ambientes antes desprezados da assembleia do povo, do feudo, da assembleia do condado e do estamento.

# Sociedade*

Max Horkheimer e Theodor W. Adorno

O que se entende por "sociedade" — essa área de investigação específica da Sociologia — parece ser suficientemente fácil de explicar: o conjunto de homens, com grupos de diversas dimensões e significados, que compõem a humanidade. Entretanto, também é fácil perceber que o conceito de sociedade não combina imediatamente com esse substrato e estamos mais próximos do que se considera próprio da sociedade se orientarmos o conceito para os momentos de conjunção e separação do "homem" como uma série de individualidades biológicas por cujo intermédio os seres humanos se reproduzem, controlam a natureza interna e externa, e das quais promanam, em sua própria vida, conflitos e formas de dominação. Mas também esta maneira de ver as coisas, a que nos países anglo-saxônicos se prefere dar o nome de "antropologia cultural", aborda apenas o conjunto de significados que concorrem na palavra alemã *Gesellschaft*, um desses termos históricos cuja peculiaridade, segundo Nietzsche, consiste justamente no fato de não se deixar definir: "Todos os conceitos em que um processo total se resume semioticamente escapam à definição, porquanto só é definível o que não tem história."(1) No seu mais importante sentido, entendemos por "sociedade" uma espécie de contextura formada entre todos os homens e na qual uns dependem dos outros, sem exceção; na qual o todo só pode subsistir em virtude da unidade das funções assumidas pelos coparticipantes, a cada um dos quais se atribui, em princípio, uma tarefa funcional; e em que todos os indivíduos, por seu turno, estão condicionados, em grande parte, pela sua participação no contexto geral. Assim, o conceito de sociedade define mais as relações entre os elementos componentes e as leis subjacentes nessas relações do que, propriamente, os elementos e suas descrições comuns. A Sociologia seria, pois, antes de mais nada, a ciência das funções societárias, de sua unidade e de sua regularidade. Entretanto, convirá recordar que, se este conceito de sociedade só agora atingiu o seu pleno desenvolvimento, na fase de socialização total da humanidade, a ideia de um contexto funcional, geral e completo, como forma de autorreprodução de uma totalidade de divisão de trabalho é, contudo, bem mais antiga; com efeito, ele já se prenunciava em uma fase tão arcaica quanto a da Filosofia naturalista e cosmogônica dos gregos, para converter-se depois, com Platão, na base em que o Estado assenta.

(*) Max Horkheimer e Theodor W. Adorno, *Temas básicos da sociologia* (cap. II: "Sociedade"), Editora Cultrix — Editora da Universidade de São Paulo, São Paulo, 1973, pp. 25-44. Tradução de Álvaro Cabral. Reproduzido com autorização da Editora Cultrix Ltda.
(1) Friedrich Nietzsche, *Werke*, vol. III, Leipzig, 1910, p. 373.

Por outro lado, o conceito de Sociedade como tal só veio a ser formulado durante a ascensão da burguesia moderna, como um conceito de autêntica "sociedade" em oposição à Corte. É um "conceito de Terceiro Estado".(2) Mas essa demora não foi devida a uma falta de consciência da constituição dos indivíduos em sociedade, em seu sentido mais restrito. Ao contrário, as formas do processo de constituição em sociedade ou de "socialização" foram longamente meditadas na tradição ocidental antes de se começar a dar ênfase ao indivíduo, que os sofistas, é certo, já opunham à sociedade mas cujo *pathos* só teria seu pleno desenvolvimento com o Helenismo e o Cristianismo, depois da cidade-estado grega ter perdido a sua autonomia. As formas de socialização — e, sobretudo, a socialização dos indivíduos em um Estado organizado e controlado — manifestaram-se, precisamente, ao pensamento que começava a refletir sobre a vida associada a algo que era substancial e presente, incontroverso e vigente sem contrastes, de modo que, diante do seu conteúdo — isto é, o processo vital da humanidade — a reflexão sobre o caráter da sociedade resolve-se, quase sem problemas, em um exame das suas instituições coisificadas. A cortina da mistificação societária é tão antiga quanto a própria Filosofia política.

Platão baseou a totalidade abrangente do Estado nas relações funcionais entre os homens, as quais devem ser reciprocamente mantidas para satisfação de suas necessidades vitais:

Assim, digo que uma cidade nasce quando um de nós já não se basta a si próprio e sente a necessidade de muitos outros (...). Por isso, quando um homem se aproxima de outro por uma necessidade, e outro por outra, e havendo muitas necessidades, reúnem-se em um só lugar muitos companheiros e auxiliares; e a essa convivência damos o nome de cidade.(3)

A comunidade citadina mais elementar consiste em quatro ou cinco homens que se ajudam mutuamente para satisfação de suas necessidades e carências, procurando alimento, casa e vestuário:

Não terá um que ser agricultor, o outro arquiteto e o outro tecelão? Não devemos acrescentar também um sapateiro ou algum outro que supra as necessidades do corpo? (...) Assim, a cidade resultaria desses quatro ou cinco homens (...). Ora, cada um deles terá de colocar à disposição da comunidade o seu próprio trabalho; por exemplo, o agricultor deverá fornecer alimento para os quatro, dedicando o quádruplo do tempo e de

---

(2) Assim é definido o conceito de "sociedade" pelo jurista e político alemão Bluntschli. O seu artigo "Gesellschaft", publicado no *Deutsches Staats-Wörterbuch* de 1859, continua tendo interesse na atualidade: "O conceito de sociedade, tanto no seu sentido social como político, tem totalmente a sua base natural nos costumes e concepções do Terceiro Estado. Não se trata de um conceito nacional mas tão só de um conceito específico do Terceiro Estado, se bem que esteja sendo hoje usado na literatura para identificar também o Estado com a sociedade burguesa. Os príncipes têm a Corte (...). Para os camponeses e os pequenos burgueses há estalagens de todos os tipos, nas quais se reúnem e confraternizam, mas não há sociedade. Em contrapartida, o Terceiro Estado, assim como a pequena nobreza que, inclusive, demonstra nisso ser prima daquele, é sociável; e a sua sociedade converteu-se em manancial e expressão de juízos e tendências comuns. Gradualmente, formou-se nela uma visão geral, de sorte que a opinião da sociedade converteu-se em opinião pública e chega a ser uma potência social e política. Esse desenvolvimento não ocorre de maneira análoga em todos os povos (...) mas onde floresce e prospera uma cultura urbana aí surge também a sociedade, como seu órgão indispensável. No campo, é quase desconhecida. Nos círculos palacianos e nas festas da corte, a sociedade distingue-se pelo princípio burguês da igualdade de todos os participantes, todos os "consócios". E por diverso que seja o *status* exterior ou o valor pessoal de cada um dos membros, a sociedade insiste, com veemência, em todas as suas formas, em uma certa igualdade externa de todos, o que proporciona, inclusive, maior honraria aos menores, sem prejudicar ou discutir o prestígio do mérito superior, e assegura a todos o gozo total e o livre-comércio da própria sociedade. Em um primeiro grau, a sociedade não está organizada. Os indivíduos ingressam nela ou retiram-se dela segundo a sua necessidade ou desejo. Neste sentido mais estrito, ela não será sequer organizável (...). Por isso foi pouco feliz a ideia dos que pretenderam explicar o Estado a partir da sociedade (...). A própria a-estatalidade é que, na verdade, faz parte da essência da sociedade; e esta não se deixa conter nos limites de uma única comunidade nacional, porquanto abrange nativos e estrangeiros, cidadãos e não cidadãos, homens e mulheres. Desdobra-se para além das fronteiras dos Estados e une entre si as classes instruídas de todo o mundo civilizado. Tendo surgido, primordialmente, na vida privada e movimentando-se em forma privada, escapa, por conseguinte, à direção e tutela do Estado, e tem boas razões para fazê-lo. E quando a polícia do Estado procura dominar ou mesmo apenas vigiar constantemente a vida da sociedade, isso é um sintoma seguro ou de uma civilização ainda imatura, ou já corrompida, ou de uma condição mórbida da sociedade ou de uma patologia do Estado (...). Somente quando a sociedade transgride, de alguma forma, a ordem legal ou põe em perigo o bem público, é que os poderes estatais devem intervir contra ela ou contra os indivíduos cujos atos são puníveis ou contrários ao regimento da segurança pública." (J.C, Bluntsehli, *Deutsches Staats-Wörterbuch*, Stuttgart, 1859, vol. 4, pp. 247 e segs.). A relação entre o conceito de "sociedade" e determinada formação social também é mencionada por Simmel, que observou terem sido as "camadas inferiores" que conferiram importância à "sociedade" (Georg Simmel, *Soziologie*, 2ª edição, Munique/Leipzig, 1922, p. 1).

(3) Platão, *Politeia*, 369 B e C.

esforços para obter sustento e reparti-lo com os demais? Ou deverá pensar só em si mesmo, obter um quarto dos mantimentos e consumir um quarto do tempo na agricultura, e dedicar as três partes restantes de tempo livre, uma para arranjar moradia, outra para fazer suas roupas e a terceira para fabricar suas sandálias, sem se dar ao trabalho de repartir com os demais e tratando apenas dos seus interesses?(4)

A constituição em sociedade é concebida na base da divisão do trabalho como meio para satisfazer as necessidades materiais de uma comunidade. Mas essa base converte-se no fundamento da teoria idealista de Platão. Uma condição *sine qua non* da relação funcional é "que cada um só pode se dedicar eficazmente a uma tarefa e não a muitas; e se preferisse a segunda alternativa, dedicando-se a uma quantidade de coisas, não teria êxito algum e só conseguiria adquirir má fama".(5) A teoria das ideias propõe, assim, um critério sobre o qual repousa a divisão do trabalho, no sentido de que cada indivíduo deve se ajustar à Ideia imanente que garante que o seu trabalho não será destituído de valor; por outras palavras, ela propõe uma limitação hipostática das capacidades individuais. As exigências aumentam com o avanço da civilização, levam à ampliação da cidade e, depois, aos conflitos bélicos com as cidades vizinhas. Faz-se necessária a forjarão de uma classe de guerreiros. Finalmente, as próprias dimensões da cidade exigem uma classe específica para a manutenção da ordem e a determinação dos objetivos comuns; essa é a classe dos governantes. Neste esquema básico da república platônica já está implícita a teoria da transformação qualitativa da estrutura social, em consequência do aumento quantitativo da população.(6)

Este esquema oferece, além disso, uma crítica às mais antigas teorias sociais. Por um lado, pretende refutar a antiga concepção mitológica da fundação divina *da polis*, que fazia derivar as leis da cidade das leis divinas, como ensinava Heráclito.(7) Por outro lado, Platão refuta a tese de que os homens viviam primitivamente dispersos e a sua congregação resultara da necessidade de enfrentarem unidos a natureza.(8) Mas o ataque principal de Platão foi assestado contra a doutrina do direito natural, defendida pelo pensador ático. Nega que tenha existido jamais uma sociedade sem Estado e reduz tal conceito ao de uma "cidade de porcos".(9) No tocante à sua oposição, polemicamente explorada por seus adversários, entre o natural e o meramente positivo, Platão tentou superá-la mediante a redução das formas de organização ao *a priori* ontológico, ou seja, à Ideia. A lei e a ordem são, para ele, atributos da natureza humana.(10) Deste modo, Platão procurou sustar a tendência revolucionária dos nacionalistas áticos, que insistiam em separar a sociedade do Estado. Já então o conceito de sociedade era uma arma na luta societária. A doutrina do direito natural da esquerda socrática colocava-se ao lado dos oprimidos contra os poderosos. O sofista Antifonte, por exemplo, baseou a sociedade nas leis da natureza e o Estado, em contrapartida, em convenções humanas decorrentes de um contrato e que estão para aquelas como a aparência em relação à verdade. Os regulamentos humanos subjugam sempre o que é natural, prejudicam a liberdade, estorvam a igualdade entre os homens e não servem para proteger contra a injustiça.(11) A "subversão de todos os valores" dos sofistas tende a anular a determinação do *nomos*, do nascimento, do *status* social, da educação tradicional, da riqueza e da fé convencional em benefício de uma vida "natural". Ao cidadão da *polis*, vinculado ao *nomos*, é oposto o cidadão do mundo, cujos atributos são a liberdade e a igualdade.

---

(4) Cf. *op. cit.*, 369 C e 370 A.
(5) *Op. cit.*, 394 E; cf. também 370 B e 433 A.
(6) Cf. também Platão, *Nomoi*, 676 B e C; e Aristóteles, *Política*, I, 2.
(7) Cf. Heráclito (Fragmento 114): "Os que falam com inteligência devem apoiar-se sobre o comum a todos, como uma cidade sobre as suas leis, e mesmo muito mais. Pois todas as leis humanas nutrem-se de uma única lei divina. Esta domina, tanto quanto quer; basta a todos (e a tudo) e ainda os ultrapassa". (Transcrito da tradução de Gerd A. Bornheim, *Os filósofos pré-socráticos*, Clássicos Cultrix, S. Paulo, 1967.) Cf. também Platão, 'Gorgias', 484 A.
(8) Cf. Platão, *Protágoras*, 322 A-E.
(9) Platão, *Politeia*, 372 D.
(10) Cf. a crítica de Platão à tese de Trasímaco (*Politeia*, 338 C).
(11) Cf. Diels, *op. cit.*, vol. 2, pp. 289 e segs.

A formação de comunidades, a socialização, é, para esta doutrina física que pressupõe a separação *de physis e nomos*, e que culminará no cosmopolitismo dos sofistas e dos pós-socráticos, o elemento primário e "naturalmente dado" e que só virá a ser limitado pela divisão do trabalho e das instituições estabilizadas da *polis*. Na Stoa média, sobretudo com Panécio de Rodes, no século II a.C., o cosmopolitismo confunde-se com a noção de Estado Universal. A *humanitas* realiza a identidade da espécie humana e seu ordenamento utilitário.(12) Com isto, a refutação estoica do Estado converte-se, entretanto, na absolutização do Estado, reflexo da unificação das pequenas cidades-estados gregas sob o império macedônio e que, mais tarde, seria o sustentáculo do programa romano de império universal. Daí surgiu uma das raízes da concepção medieval da sociedade como *universitas*.(13) Mesmo na teocracia agostiniana, a concepção do reino de Deus nada mais é do que uma "cidade". Assim se produziu uma reviravolta ideológica de extraordinário alcance: o fator secundário, a Instituição, passa para o primeiro lugar, na cabeça dos homens que vivem sob tais instituições e que eliminam da sua consciência, em grande parte, o elemento verdadeiramente primordial, isto é, o seu efetivo processo vital. Não há dúvida de que para essa transformação radical contribuiu o fato de que o trabalho material, graças ao qual a humanidade continua subsistindo, permaneceu vinculado aos escravos durante toda a Antiguidade. Mesmo para Aristóteles, os escravos são excluídos da definição de Homem — e, portanto, compreensivelmente, do Estado; o grego tinha, para designá-los, o neutro *ανθρωποςυν*, que significa "pés de homem". De qualquer modo, as doutrinas de Panécio e Posidônio de uma humanidade universal puderam se ajustar, sem dificuldades, ao Estado universal romano, ao imperialismo integral, servindo-lhe de base ideológica, o que talvez ajude a explicar por que a filosofia estoica, com sua tônica trágica, foi tão prontamente acolhida pelos romanos, apesar do seu notório positivismo. Até nestes paradoxos se revela claramente a íntima compenetração entre sociedade e domínio. Ainda hoje, a própria palavra "Sociedade" testemunha, em todas as línguas, a maneira como, a par do significado universal, pôde ser isolada e conservada uma outra acepção do termo: a de "boa sociedade", a *society*, que abrange todos os que foram admitidos em um círculo cujos membros se reconhecem reciprocamente pelos modos e gestos de soberania social, quando não se encontram codificados, de forma mecânica, em um registro social, com o que, na verdade, o conceito de *society* é eliminado tendenciosamente.

O conceito de sociedade só voltou a florescer com o advento da época burguesa, quando se tornou visível o contraste entre as instituições feudais e absolutistas, por um lado, e aquela camada social que já dominava então o processo vital material da sociedade, por outro lado, e foi atualizado o antagonismo entre sociedade e instituições vigentes. O Estado deixa de ser aceito como imagem da Cidade de Deus (a *civitas Dei*). A sua origem e a relação dos homens com ele são postas em dúvida. A identidade de Estado e Sociedade ainda não está radicalmente dissolvida, na medida em que aquele se presta a ser interpretado por meio de uma analogia orgânica e mecânica com o "corpo".(14) Entretanto, a Renascença já conhece reflexões mais profundas. Jerônimo Cardano, por exemplo, estabelece uma distinção entre pequenas comunidades, que podem prescindir das leis, e grandes comunidades, cuja sobrevivência seria impossível sem leis. A ascensão do indivíduo na jovem sociedade burguesa reforçou as tendências mais críticas ao Estado; o direito natural é uma reivindicação do indivíduo perante o domínio absoluto e o poder do Estado.(15) O Estado deixa de

---

(12) Cf. Eduard Zeller, *Die Philosophie der Griechen in ihrer geschichtlicher Entwicklung*, vol. III, I: "Nacharistotelische Philosophie", 4ª ed., Leipzig, 1909, pp. 307 e segs.
(13) A Stoa impregnou de tal maneira a imagem medieval da Filosofia clássica, até Tomás de Aquino, que Alberto Magno não hesitou em repor Aristóteles entre os estoicos.
(14) A concepção do todo social como corpo surgiu em Aristóteles (cf "Política", 1281 b). Apoiando-se nele, os italianos Pomponazzi e Campanella aludem, nos primórdios do mundo burguês, ao Estado como "organismo" como um homem maior do que o comum. Mas é uma ideia que se repete sempre, inclusive na Sociologia formal; cf., por exemplo, o "esqueleto objetivo" de Theodor Geiger.
(15) Cf., neste sentido, Baruch Spinoza: "Tractatus Politicus", cap. 2, § 4: "Por direito natural entendo, pois, as próprias leis da natureza ou as regras segundo as quais todas as coisas acontecem, isto é, a potência intrínseca da natureza. Por isso, o direito de toda a natureza e de cada um dos indivíduos coincide com a sua potência. Tudo o que cada um faz de acordo com as leis da sua natureza concorda com o supremo direito da natureza; possui tanto direito natural quanto o valor da sua potência."

ser considerado um dado imóvel ou "estático", uma unidade autoexistente; compõe-se de elementos distintos, os indivíduos, e o todo estatal é a soma destes. Assim se equacionou o problema de como e porque a parte isolada se converte em todo social:

> Tal como em um relógio ou outro mecanismo um tanto complexo é impossível saber com exatidão qual é a função de cada uma das peças e pequenas engrenagens, salvo desmontando o todo e estudando, um por um, a matéria, a forma e o movimento dos elementos; também, do mesmo modo, quando se investiga o direito do Estado e os deveres dos cidadãos, é necessário, não direi que o Estado se dissolva mas que o examinemos, outrossim, como se estivesse desmontado, isto é, devemos entender bem a qualidade da natureza humana, em que aspectos ela é capaz ou não de formar um Estado, e de que modo, quando os homens querem se juntar, devem estabelecer entre eles uma unidade.(16)

Com a expressão "quando os homens querem se juntar" pretendeu Hobbes demonstrar que não se chega a isso por revelação divina mas por meio de uma deliberação racional. O problema consiste agora na fundamentação racional do Estado e da Sociedade. O "direito natural" que legitima o Estado e a Sociedade já consiste, para Hobbes, como para os iluministas posteriores, uma simples "ordem da razão natural".(17) A mesma posição é defendida por Voltaire quando afirma que a razão "é a única causa que permite a sobrevivência da sociedade humana".(18) Hobbes colocou explicitamente em dúvida a doutrina do homem como um ser primitivamente social, o *zoòn politikón:* (19) "O homem não é sociável por natureza e só logra sê-lo por educação." Os homens vivem primeiro sem instituições, em um estado de igualdade em que cada indivíduo tem direito sobre todas as coisas. O esforço para obter vantagens e poderes sobre os outros fez com que "o estado natural dos homens, antes de se reunirem em sociedade, fosse a guerra, uma guerra de todos contra todos".(20) A "tendência natural dos homens para se causarem danos recíprocos"(21) entra em conflito com as imposições da razão natural, que exige "a preservação da vida e a possibilidade de cada um dos membros do grupo a conservar".(22) E esse conflito termina com o triunfo da Razão, isto é, com o contrato que assegura a cada um a propriedade de determinados bens. Assim entrou em jogo um novo argumento, a que a sociedade burguesa se ateria firmemente daí em diante: a doutrina segundo a qual a sociedade se baseia na propriedade privada, cabendo ao Estado a obrigação de assumir a tutela dessa propriedade. Com essa finalidade e para salvaguardar o primeiro contrato, ou contrato social, estabeleceu-se um segundo, o de domínio, mediante o qual os indivíduos se submetem às Instituições do Estado. O medo de todos a todos é suplantado agora pelo "temor a um poder que se situa acima de todos". A convivência entre os homens — ou seja, a Sociedade — só é possível em virtude da submissão dos indivíduos. Hobbes empenhou-se em resolver a dialética de força e direito, outorgando a primazia ao direito, vinculado à razão, mas na medida em que significava uma nova força. Assim, o poder do mais forte, no estado natural, converte-se em poder de domínio, no estado legal.

A doutrina posterior da sociedade não atacou menos a extrema sinceridade de Hobbes do que a dedução teocrática do Estado por vontade divina. Parece ainda menos aceitável derivar da sujeição dos indivíduos todas as formas de convivência social e civil. Mas o pensamento foi atraído então não pela possibilidade, abstratamente construída, de uma sociedade sem instituições, mas pelo problema de uma sociedade com instituições legítimas, na qual o Direito se baseie na liberdade e não na força.

Com efeito, é quase impossível separar o conceito de Sociedade na polaridade dos elementos institucionais e naturais. Só existe constituição social na medida em que a convivência entre os homens é mediada, objetivada e "institucionalizada". Inversamente, as instituições não são, em si

---

(16) Thomas Hobbes, *Elementarum Philosophia*, 2ª e 3ª partes ("Teoria do homem e do cidadão"), Leipzig, 1918, pp. 71 e segs.
(17) *Op. cit.*, pp. 66 e segs.
(18) Traduzido de Voltaire, *Le philosophe ignorant*, cap. 36; em *Oeuvres completes*, tomo 32, Paris, 1785, p. 137.
(19) Hobbes, *op. cit.*, p. 80.
(20) *Op. cit.*, p. 87.
(21) *Op. cit.*
(22) *Op. cit.*, p. 85.

mesmas, senão epifenômenos do trabalho vivo dos homens. A Sociologia converte-se em crítica da sociedade a partir do instante em que não se limita a descrever e examinar as instituições e os processos sociais, mas trata, além disso, de confrontá-los com esse substrato, a vida daqueles a quem essas instituições estão sobrepostas e dos quais elas próprias se compõem, nas mais diversas formas. Quando o pensamento sobre o caráter e a natureza da sociedade perde de vista a tensão entre instituições e vida, e procura resolver o social no natural, não orienta um impulso de libertação no que diz respeito à pressão das instituições mas, pelo contrário, corrobora uma segunda mitologia, a ilusão idealizada de qualidades primitivas que se referiria, na verdade, ao que surge através das instituições sociais. Um modelo extremo desta falsa e ideológica redução naturalista da Sociedade é o mito racista do nacional socialismo. A *praxis*, que a atacou, demonstrou de que forma a crítica romântica das instituições, subtraída ao vínculo da dialética social, afunda na dissolução de todas as garantias protetoras do que é humano, no caos e, por fim, na total absolutização da Instituição nua, do puro e simples domínio.(23)

Encarado como relação entre os homens, no quadro da conservação da vida total e, por conseguinte, mais como Fazer do que como Ser, o conceito de sociedade é essencialmente dinâmico. O fato de que a tendência final de cada ciclo de trabalho social é para deixar sempre um produto social maior do que o recebido do ciclo anterior já implica, por si só, a existência de um impulso dinâmico. É a essa dinâmica que se refere a doutrina de Herbert Spencer sobre o desenvolvimento da sociedade, ao dizer que esta

(...) abrange todos os processos e produtos que as atividades coordenadas de numerosos indivíduos pressupõem, atividades coordenadas que produzem resultados amplamente superiores, em seu âmbito e complexidade, aos que obtêm como resultado de cada atividade individual.(24)

Esse "mais" e tudo o que subentende de possibilidades, necessidades e até conflitos, os mais variáveis, resultam, forçosamente, em modificações do *status quo*, sejam elas desejadas ou não pelos próprios homens ou por aqueles que os governam. Por outro lado, se bem que o aumento da riqueza social seja, entre outras coisas, uma das causas primordiais da autonomia que as instituições e formas de socialização adotam para os homens, como um todo organizado, já não se identifica mais com os próprios homens e, pelo contrário, passou a se afirmar e consolidar independentemente deles. O princípio de socialização era, ao mesmo tempo, um princípio de conflito social entre o trabalho vivo e os momentos "estáticos", como as instituições coisificadas da propriedade. Não foi gratuitamente que, com o advento da sociedade industrial, a oposição entre *nomos* e *physis* passou a ser entendida como antagonismo entre o Trabalho e a Propriedade. Já em St. Simon essas duas categorias desempenham um papel essencial. Hegel, diante da economia nacional clássica, propôs a completa elaboração de uma nova relação assim equacionada: a satisfação das necessidades individuais só é possível, para cada indivíduo, mediante a "Dependência geral e recíproca"; e "a satisfação da totalidade das suas necessidades é um trabalho de todos". "A atividade como trabalho e a necessidade como movimento deste também têm, do mesmo modo, o seu aspecto imobilista na propriedade." Da relação dialética

---

(23) A antítese de sociedade e comunidade, pela primeira vez formulada por Schleiermacher, foi definida na Sociologia alemã graças, sobretudo, à obra fundamental de Ferdinand Tönnies, intitulada *Gemeinschaft und Gesellschaft* (Leipzig, 1887). Na sua classificação, Tönnies subdividiu os vínculos sociais, através dos quais os homens atuam uns sobre os outros, salvaguardando cada um a sua vida e vontade pessoais, em "vida real e orgânica", por um lado, e "formação ideal mecânica", por outro, ou seja comunidade e sociedade. A primeira abrange a linguagem, as tradições e costumes, as crenças; a "convivência familiar, doméstica e exclusiva" é o "organismo vivo". A outra comprova-se, por exemplo, na atividade aquisitiva e na ciência racional, e para Tönnies é, apenas, uma forma de convivência "transitória e aparente", um "agregado e artefato mecânico" (*op. cit.*, Livro 1, § 1). Na comunidade há homens "reciprocamente vinculados de maneira organizada e por sua vontade própria", que se aceitam positivamente. Na sociedade, os indivíduos "não estão essencialmente vinculados mas essencialmente divididos" (*op. cit.*, § 19). A determinante econômica da comunidade é "a posse e o gozo dos bens comuns" (*op. cit.*, § 11), enquanto a da sociedade é o mercado, a troca e o dinheiro. Este esquema perigosamente simples reapareceu, embora em um sentido totalmente diverso do que Tönnies enunciara, no Terceiro Reich, a título de confronto propagandístico entre a "comunidade de povos ariano-germânicos" e a "sociedade atomizada judaico-ocidental".
(24) Herbert Spencer, *Die Prinzipien der Soziologie*, vol. 1, tradução de B. Vetter, Stuttgart, 1877, p. 4.

entre trabalho e propriedade (ou posse) resulta não só o "geral", a sociedade, mas também a própria existência do indivíduo como Homem, como Pessoa.(25) Entretanto, ao invés dos economistas, Hegel elaborou o seu conceito de trabalho não só em função da obra comum de transformação do mundo exterior e da distribuição das tarefas individuais entre os membros da sociedade mas, além disso, em função da história do próprio homem, da sua "formação".

Conquanto a sociologia formal não ignore essas relações, ela procede de acordo com as regras de uma ciência classificatória, uma vez que ela própria já se institucionalizou. Assim, Comte foi o primeiro a dividir as leis da sociedade em estáticas e dinâmicas. Exigiu ele que "em Sociologia (...) se faça a distinção nítida, para cada objeto político, entre o estudo fundamental das condições da existência em sociedade e as leis do seu perpétuo movimento". Esta distinção equivale a dividir "a física social em duas ciências principais, a que poderemos chamar, por exemplo, Estática Social e Dinâmica Social". Comte identificou, de uma vez para sempre, dois princípios que atuam no mundo: os de Ordem e Progresso. Traduzindo o seu esquema para a sociedade, corresponder-lhe-á também um "dualismo científico", a que Comte se referiu nos seguintes termos:

> É evidente que o estudo estático do organismo social deve coincidir, em última análise, com a teoria positiva da ordem, a qual só pode consistir, essencialmente, em uma justa harmonia permanente entre as diversas condições de existência das sociedades humanas; e, ainda mais claramente se entende de que forma o estudo dinâmico da vida coletiva da humanidade constitui, necessariamente, a teoria positiva do progresso social se, pondo de lado toda a ideia inútil de perfeição absoluta e ilimitada, nos dermos conta de que ela se reduz, como é natural, à simples noção desse desenvolvimento fundamental.(26)

Por outro lado, está muito próximo disto a tentação de converter em eterno o momento institucional, por causa da sua "estática", e de menosprezar o momento dinâmico do processo vital da sociedade como algo mutável e causal. Comte não deixa de sustentar a relação de ordem e progresso, "cuja conjugação íntima e indissolúvel tanto caracteriza a dificuldade fundamental como o primeiro recurso de todo e qualquer sistema político autêntico".(27) Mas este programa é contradito tanto por sua tendência política como pelo seu método quase naturalista. Como lhe parece que o desenvolvimento total da sociedade burguesa redundará na desintegração anárquica da própria sociedade, Comte trata de subordinar o progresso à ordem. Até em um pensador dialético como Marx ressoa ainda essa divisão em estática e dinâmica. E nem mesmo hoje a Sociologia se livrou inteiramente dela. Marx contrapôs as leis naturais e imutáveis da sociedade àquelas que são específicas em uma determinada fase do desenvolvimento, "o maior ou menor grau de desenvolvimento dos antagonismos sociais" e as "leis naturais da produção capitalista".(28) Para tal confronto, o seu pensamento recorreu à ideia de certas categorias com tendência para se eternizarem em tudo o que para Marx era "pré-história", o império da falta de liberdade, as quais só poderiam sofrer uma transformação, em seu modo de manifestação, através da forma moderna e racionalizada da sociedade de classes; o próprio trabalho livre assalariado é escravidão ao salário; uma espécie de antologia negativa, portanto, ou se preferirem, a profunda percepção do que é existencial na História, o domínio e a falta de liberdade, e do modo pouco decisivo como até esse momento fora assinalada essa realidade, apesar de todos os progressos realizados na *ratio* e na técnica.

Contudo, a divisão entre invariantes e modificações, entre sociologia estática e dinâmica, é insustentável. Ela é incompatível com o próprio conceito de sociedade como unidade indissolúvel

---

(25) Georg Wilhelm Friedrich Hegel, *Sümtliche der Soziologie*, vol. XIX: "Jenenser Realphilosophie", I (edição de 1803/04); cf. a edição organizada por Georg Lasson, Leipzig, 1932, pp. 236 e segs.
(26) Auguste Comte, *Cours de philosophie positive*, citado da tradução de Valentine Dom dos vols. IV-VI: "Soziologie", 3 vols., 2ª ed., Jena, 1923, vol. 1, pp. 233 e segs.
(27) *Op. cit.*, p. 7.
(28) Karl Marx, *Das Kapital*, 1 vol., Berlim, 1951, Prefácio da 1ª ed., p. 6. Cf. *ibidem, Grundrisse der politischen Ökonomie*, Berlim, 1953, pp. 7 e 10, 364 e segs., e Friedrich Engels, Rezension Karl Marx, 'Zur Kritik der politischen Ökonomie' em *Das Volk*, Londres, 6 e 20 de agosto de 1859; reproduzido em *Kritik der politischen Ökonomie*, Berlim, 1951, pp. 217 e segs.

de ambos os momentos. As leis históricas de determinada fase não constituem simples modos de manifestação de leis mais gerais mas, pelo contrário, todas as leis são instrumentos conceituais criados com a finalidade de dominar as tensões sociais em suas origens teóricas. Assim fazendo, a ciência movimenta-se em vários planos de abstração, sem que por isso lhe seja lícito representar a própria realidade como se fosse uma montagem desses vários níveis. Um dos *desiderata* essenciais da Sociologia atual consiste, justamente, em libertar-se da precária antítese entre estática e dinâmica social que se manifesta na atividade científica, sobretudo como antítese entre as doutrinas conceituais da sociologia formal, por um lado, e o empirismo sem conceitualização, por outro. A ciência da sociedade não pode submeter-se ao dualismo de um substancial mas amorfo Aqui e Agora, e de uma universalidade constante mas vazia, a menos que queira deformar o objeto com o seu próprio mecanismo conceitual. Pelo contrário, a compreensão da estrutura dinâmica da sociedade exige um esforço infatigável de unidade entre o geral e o particular. Essa unidade perde-se, inclusive, sempre que a Sociologia se limita a fazer definições genéricas da sociedade, por exemplo, quando a sociedade é definida como "o conceito mais geral que abrange todas as relações do homem com os seus semelhantes", na qual o concreto está de antemão excluído:

A sociedade nada mais é do que uma parte da totalidade da vida social do homem, sobre a qual os fatores de hereditariedade e inatos influem tanto quanto os elementos culturais — conhecimentos e técnicas científicas, religiões, sistemas éticos e metafísicos, e as formas de expressão artística — proporcionados pelo meio. Sem estas coisas, não existe sociedade; elas atuam em todas as manifestações concretas da sociedade sem que, por esse fato, elas próprias sejam a sociedade. Esta abrange apenas o complexo de relações sociais como tais.(29)

Este tipo de abordagem predomina, sobretudo, na sociologia formal alemã. "O esqueleto objetivo da sociedade pode ser totalmente reduzido a conceitos quantitativos e mensuráveis, de acordo com os quais ela será descrita."(30)

O "caráter objetivo" das formações sociais não se fundamenta nas suas "objetivações", em suas criações coletivas: patrimônio cultural, símbolos, regulamentos, normas etc. (...) Essas configurações sociais de "segunda ordem" só tornam verificável pelo observador, somadas a outros sintomas, a eficácia objetiva da "sociedade" e representam, para o seu membro, a configuração social como tal. Mas essas objetivações, longe de constituírem a própria substância da sociedade, são os conteúdos da vida social. O objetivo da Sociologia não é a obra de arte nem a doutrina religiosa, mas a totalidade dos processos de socialização que ocorrem em relação com o aparecimento daquelas, em sua recepção, transformação e comunicação. Assim por exemplo, a vida artística ou religiosa, quando socializada.(31)

Contra esta concepção é conveniente insistir em que o conceito de sociedade abrange, precisamente, a unidade do geral e do particular, na correlação total e reproduzível dos homens. Poder-se-á perguntar em que consiste uma Sociologia assim concebida, em relação ao que se entende por Economia, tanto mais que um de seus temas principais, as instituições, são suscetíveis, em grande medida, de reconstrução por meio de categorias econômicas. A única resposta a tal objeção é que, em princípio, a própria ciência econômica, tal como se nos apresenta hoje em dia, refere-se, quando muito, a um cálculo derivado, já coisificado ou, em termos gerais, ao mecanismo da sociedade de permuta altamente desenvolvida. Mas, na realidade histórica, as partes contratantes das operações de troca não entraram, nem entram, nas relações racionais recíprocas exigidas por aquelas, mas acomodam-se, outrossim, nessas relações sociais — e de uma forma decisiva — às diferenças do

---

(29) Tradução do artigo de Talcott Parsons, "Society", na *Encyclopaedia of the Social Sciences*, vol. XIV, pp. 225 e 231.
(30) Theodor Geiger, "Über Soziometrik und ihre Grenzen", in *Kölner Zeitschrift für Soziologie und Sozialpsychologie*, Ano I, 1948/49, p. 302.
(31) Geiger, Artigo "Gesellschaft" em *Handwörterbuch de Soziologie,* ed. org. por Alfred Vierkandt, Stuttgart, 1931, p. 211.

poder real, às disposições sociais diversas, e isto não só na época mais recente do capitalismo altamente diferenciado mas em todas as épocas passadas em que seja legítimo falar-se de sociedade no sentido aqui analisado. Portanto, o processo vital básico que proporciona à Sociologia o seu objeto é, sem dúvida, um processo econômico. Mas, nas leis econômicas, já vamos encontrar a Sociologia estilizada em um sistema conceitual de operações rigorosamente racionais, sistema esse que se adota tanto mais assiduamente como esquema esclarecedor quanto menos realização efetiva encontrou. A Sociologia só é econômica na medida em que é economia política e daqui se deduz uma teoria da sociedade que volta a instalar na ordem social as formas vigentes da atividade econômica, isto é, as instituições econômicas.

A dinâmica da sociedade como correlação funcional de homens expressa-se, no plano mais elevado, no fato de que, por tudo o que o curso da História nos permite ajuizar, a tendência da socialização dos homens é para aumentar, isto é, em termos gerais, há cada vez "mais" sociedade. Spencer já fizera esta observação e apontara uma série de causas: o aumento progressivo dos agregados sociais, a interação da sociedade e dos seus elementos componentes, assim como de uma sociedade com as sociedades suas vizinhas, e a "acumulação dos produtos superorgânicos", como os instrumentos materiais, a língua, o saber e as obras de arte:

Reconhecida a verdade fundamental de que os fenômenos sociais dependem, em parte, da natureza dos indivíduos e, em parte, das forças a que eles estão sujeitos, vemos que estes dois grupos de fatores, profundamente diversos entre si e que são a causa das modificações sociais, se interligam cada vez mais com outros grupos, à medida que essas modificações se ampliam e intensificam. A influência do meio orgânico e inorgânico, que se mantém desde o começo e que é agora quase invariável, logo se modificará também, por seu turno, sob a influência da sociedade em desenvolvimento. O simples aumento da população faz entrar em jogo novas causas de modificação, cuja importância aumenta progressivamente. As influências da sociedade sobre as entidades que a compõem e destas sobre aquela colaboram, de forma incessante, na criação de novos elementos. Na medida em que as suas dimensões e articulação interna aumentam, as sociedades reagem mutuamente, ora em embates bélicos, ora em permutas comerciais, e assim determinam outras transformações ainda mais profundas. Os produtos superorgânicos, que se tornam cada vez maiores e mais complexos, constituem, além disso, outro grupo de fatores cujo efeito transformador está em constante aumento. E assim acontece que cada passo para a frente determina, nos fatores de transformação, por mais complicados que sejam, novas e maiores complicações, porquanto geram outros fatores que crescem constantemente em complexidade e potência.(32)

A formulação de Spencer do avanço da socialização está consubstanciada na sua famosa teoria da progressiva integração e diferenciação da sociedade. Ambas são complementares:

O crescimento de uma sociedade no número de seus membros e na sua consolidação interna dá-se simultaneamente com o aumento da heterogeneidade, tanto em sua organização política como industrial.(33)

Integração e diferenciação representam, para Spencer, as leis fundamentais do processo de socialização. O seu conceito de integração está, pois, essencialmente caracterizado através do aspecto quantitativo do processo de socialização:

A integração manifesta-se na formação de uma massa maior e no progresso dessa massa para uma coesão que se deve a estreita vinculação de todas as suas partes. (34)

O momento qualitativo, que Spencer define como "incremento da estrutura interna", expressa-se, por outro lado, na categoria da diferenciação: "São necessários complexos corretivos (...) para possi-

---
(32) Spencer, *op. cit.*, § 13, p. 17.
(33) Traduzido de Spencer, *First Principles*, New York, 1904, § 187, p., 470.
(34) Spencer, "Prinzipien der Soziologie", *op. cit.*, vol. 11, § 227, pp. 29 e segs.

bilitar a vida combinada de uma extensa massa."(35) A tese da integração progressiva foi confirmada; o próprio termo entrou também no jargão do fascismo, quando fala sobre um "estado integral", se bem que o ultraliberal Spencer jamais pudesse imaginar que a sua Teoria acabaria sofrendo semelhante reviravolta em sua função social.

O conceito de diferenciação é o que se reveste de uma validade mais problemática. Estabelece a correlação entre o progresso da socialização e a divisão do trabalho, mas deixa na sombra uma tendência oposta que também está implícita na divisão cada vez maior do trabalho. Essa tendência contrapõe-se ao conceito de diferenciação: quanto menores são as unidades em que se subdivide o processo social da produção, com o avanço da divisão do trabalho e da racionalização da produção, tanto mais as operações laborais assim subdivididas tendem a assemelhar-se e a perder o seu momento qualitativo específico. Portanto, o trabalho do operário industrial apresenta-se, de um modo geral, menos diferenciado que o trabalho do artesão. Spencer não previu que o processo de "integração" tornaria supérfluas muitas categorias intermédias que complicavam e diferençavam o todo, as quais estavam vinculadas à concorrência e ao mecanismo de mercado, pelo que, em muitos de seus aspectos, uma sociedade verdadeiramente integral é muito mais "simples" que a do liberalismo, em seu período de apogeu; com efeito, o caráter complexo das relações sociais, na fase atual, sobre o qual tanto se discorre, atua frequentemente como uma simples cortina que tapa essa simplicidade essencial. Esse processo talvez corresponda a uma tendência regressiva para a menor diferenciação e a um maior primitivismo, em termos subjetivo-antropológicos. A grandiosa concepção spenceriana permite-nos, pois, observar até que ponto uma teoria como esta, de espírito rigorosamente positivista, é incapaz de se proteger eficazmente contra o perigo de hipostasiar um elemento temporário, a diferenciação progressiva que se produziu em determinado momento da sociedade burguesa-liberal altamente desenvolvida, interpretando-o como se fosse uma lei eterna; o mesmo tem sido feito, aliás, com assiduidade, pela sociedade burguesa, ao converter suas leis históricas em leis absolutas, na perspectiva dos princípios de liberdade e igualdade que nelas se expressam formalmente. Por outra parte, a perda de diferenciação na sociedade atual não só é um fato positivo, uma espécie de economia de cargas supérfluas mas, simultaneamente, é um fato profundamente negativo, que está ligado, de forma indissolúvel, ao surgimento da barbárie no próprio âmago da Cultura e no qual vemos em ação aquele "igualitarismo nivelador" de que tanto foram acusados, em seu tempo, os críticos da sociedade.

Mas o aumento da socialização manifesta-se mesmo na fase atual, em dois aspectos, um qualitativo e o outro quantitativo. Por um lado, a "socialização" de mais indivíduos, grupos humanos, povos, arrasta-os para o contexto funcional da sociedade. Essa tendência socializante já se intensificara de tal modo no século XIX que mesmo os países que se tinham mantido na retaguarda do pleno desenvolvimento capitalista viam-se, apesar disso, envolvidos na socialização, no sentido em que "não serem ainda" capitalistas ou "não estarem ainda totalmente" capitalizados constituía uma das fontes da multiplicação do capital nos países dominantes e dava lugar, justamente por isso, a lutas políticas e sociais. Hoje, em virtude do progresso dos meios de transporte e das técnicas de comunicação, à descentralização industrial e tecnológica previsível, entre outras coisas, a socialização da humanidade está se aproximando de um novo ponto culminante; e o que parece estar "de fora" mantém-se nessa sua extraterritorialidade, mais como algo que é tolerado ou que se situa em um plano mais amplo, do que em virtude de uma autêntica e indiscutível manutenção do "exótico". Recorde-se, neste ponto, a verdade trivial de que o progresso acelerado da socialização não é, nem mais nem menos, uma fonte de pacificação universal nem de superação dos antagonismos. Na própria medida em que o princípio de socialização é intrinsecamente ambivalente, os seus progressos reproduziram, pelo menos até agora, todas as contradições já conhecidas, só que em nível cada vez mais elevado. Se é válida a conhecida fórmula de Wendell Willkie de *One World*, então poderíamos dizer que esse

---

(35) *Op. cit.*, § 228, p. 30.

"Um só mundo" se caracteriza pelo fato de ter dado à luz dois monstros, os dois "Blocos" armados até aos dentes um contra o outro. Será apenas exagerado dizer que o desenvolvimento da sociedade total faz-se acompanhar, inevitavelmente, do perigo de total aniquilação da humanidade.

Existe um outro sentido em que temos cada vez "mais" sociedade. A rede de relações sociais entre os indivíduos tende a ser cada vez mais densa; é cada vez mais reduzido o âmbito em que o homem pode subsistir sem elas. E é caso para indagar se tais momentos autônomos e tolerados pelo controle social ainda poderão se formar e em que medida. Em seu sentido estrito, o conceito de sociedade estabelece aqui uma linha divisória entre a Sociologia e a Antropologia, na própria medida em que o objeto da segunda depende amplamente, por sua vez, do processo de socialização. Por outras palavras, o que à reflexão filosófica tradicional parecia ser a própria essência do Homem é determinado, em cada uma de suas partes, pela natureza da sociedade e sua dinâmica. Isto não quer dizer, exatamente, que os homens tenham sido mais livres em épocas passadas da vida social ou que devessem, necessariamente, sê-lo. Transparece aqui a ilusão segundo a qual a sociedade é medida pela bitola do liberalismo e a tendência para a socialização total, na fase pós-liberal, é uma nova forma de opressão. Entretanto, é ocioso querer averiguar se o poder e o controle social em uma sociedade de troca, levada às suas últimas consequências, são maiores ou menores que na sociedade baseada na escravatura estatal, como ocorria, por exemplo, nos antigos impérios da Mesopotâmia e do Egito. Mais legítimo será, pelo contrário, observar que foi justamente, pelo fato de, muito mais tarde e, sobretudo, na era burguesa, a ideia de Indivíduo ter se cristalizado e, inclusive, adquirido uma configuração real, que a socialização total pode adquirir agora aspectos que não possuía em tempos idos e pré-individualistas de cultura bárbara. Rigorosamente falando, a socialização afeta o "homem" como pretensa individualidade exclusivamente biológica, não tanto desde fora, mas, sobretudo, na medida em que envolve o indivíduo em sua própria anterioridade e faz dele uma nômade da totalidade social. Nesse processo, a racionalização progressiva, como padronização do homem, faz-se acompanhar de uma regressão igualmente progressiva. O que outrora talvez acontecesse aos homens de fora para dentro, têm eles agora de sofrê-lo também no seu íntimo. É justamente por isso que tal "socialização interna" dos indivíduos não ocorre sem atritos, o que, por seu turno, gera conflitos que põem em dúvida o nível de civilização atingido até agora e que, simultaneamente, abrem perspectivas mais amplas e concretas. O simples fato de que a civilização não alcança hoje os homens de uma forma imediata, como seres da natureza, permitindo que se interponha uma situação em que tinham aprendido, há algum tempo, a conscientizar-se como algo mais do que simples espécimes biológicos, implica que a socialização total se lhes apresentará, forçosamente, cercada de sacrifícios que eles não estão dispostos a aceitar nem são capazes disso. Não menos importante foi a visão profunda de Freud, ao estabelecer que, como as renúncias cada vez maiores impostas aos instintos não encontram uma saída equivalente nas compensações pelas quais o ego as aceita, os instintos assim reprimidos não têm outro caminho senão o da rebelião. A socialização gera o potencial da sua própria destruição, não só na esfera objetiva mas também na subjetiva.

Uma Sociologia que permite a exclusão destes problemas do seu próprio seio e que abdica, em virtude da idolatria dos "fatos controláveis", da categoria central — a sociedade — a partir da qual todos esses fatos se apresentam à observação, quando nem mesmo se constituíram, está renunciando à sua própria concepção como ciência, para se recolher tão somente em uma atitude de regressão espiritual, àquela esfera restrita que constitui um dos mais perigosos dados sintomáticos do processo de socialização total.

TERCEIRA PARTE

A Sociedade de Classes — Caracterização e Processos Básicos

Capítulo 6

AS CLASSES SOCIAIS

18

*Classes Sociais e Estratificação Social**

Rodolfo Stavenhagen

A análise das estruturas de classes e das estratificações é um instrumento metodológico que foi desenvolvido pelos sociólogos dos países ocidentais no estudo de suas próprias sociedades. Pouco sistemáticos têm sido os esforços para aplicar estes conceitos ao estudo das sociedades não ocidentais e dos países subdesenvolvidos. Por outro lado, ainda nos países industriais, a análise das classes tem-se limitado com frequência ao marco social industrial e urbano. Em comparação ao número de obras que tratam da sociedade industrial, poucos são os estudos sobre as classes rurais, e encontram-se geralmente na literatura marxista.

Antes de proceder ao estudo das classes sociais nas sociedades agrárias dos países subdesenvolvidos, convém analisar brevemente os problemas metodológicos e teóricos que enfrentam os investigadores neste campo, sobretudo no que se refere à confusão muito generalizada entre classes sociais e estratificação.

A estratificação social

Por estratificação social se entende, geralmente, o processo mediante o qual os indivíduos, as famílias ou os grupos sociais são hierarquizados em uma escala, uns nos escalões superiores e outros nos inferiores. Esta concepção apresenta vários problemas.

a) Segundo Davis e Moore,[1] as estratificações são universais e representam a distribuição desigual de direitos e obrigações em uma sociedade. A sociedade, segundo os mesmos autores, tem necessidade de situar e motivar os indivíduos na estrutura social, e a base para isso é constituída pelo prestígio diferencial das diversas posições na sociedade e das pessoas que ocupam essas posições. A pergunta que surge de imediato é: Quais são as bases do prestígio de certas posições sociais? É fácil

---

(*) Rodolfo Stavenhagen, *Las clases sociales en las sociedades agrarias* (cap. 2: "Clases sociales y estratificación"), Siglo Veintiuno Editores S. A., México, 1970 (2ª ed.), pp. 20-46. Tradução de Berenice Moraes Lacroix e Shiguenoli Myiamoto. Reprodução autorizada por Edições Loyola.
(1) Kingsley Davis e Wilbert E. Moore, "Some Principles of Social Stratification", *American Sociological Review*, 10, 2, 1945.

ver as dificuldades para estabelecê-las: pode tratar-se do prestígio que o investigador atribui às posições, ou do prestígio que um indivíduo atribui à sua própria posição; do prestígio que um indivíduo atribui à posição de outros, ou, ainda, do prestígio de uma determinada posição, cuja valoração é aceita por toda a sociedade. O panorama da estratificação varia segundo o caminho tomado em cada caso. Por exemplo, a escola sociológica de W. Lloyd Warner, que estudou a estratificação nos Estados Unidos, tem sido criticada, com certa razão, porque não distingue claramente entre estes diferentes aspectos do "prestígio" como base da estratificação. Warner, em seu já famoso esquema das cinco classes sociais, faz valer, às vezes, sua própria opinião sobre o prestígio de determinadas posições sociais e às vezes a opinião de alguns de seus informantes sobre o prestígio de outros membros da comunidade. Também combina estes critérios com certos índices objetivos aos quais voltaremos mais adiante. A. Touraine, entre outros, mostrou as limitações deste enfoque.(2) Para o sociólogo norte-americano Talcott Parsons(3) a estratificação é a resultante das valorações diferenciais dos objetivos da ação social, ou seja, toda estratificação representa uma hierarquia de valores. Isto supõe, ao menos implicitamente, um sistema de valores comum da sociedade.(4)

Devido ao caráter essencialmente subjetivo destes procedimentos, que não podem conduzir à análise das estruturas sociais, certos autores descartam totalmente o fenômeno da estratificação de suas preocupações sobre as classes sociais.

b) Mas, se se aceita que a estratificação social está baseada em critérios objetivos, reais, e não somente em uma concepção subjetiva, então o problema consiste em conhecer estes critérios. Davis e Moore(5) assinalam a existência de dois fatores que, segundo eles, determinam o lugar dentro de uma hierarquia, das distintas posições na sociedade: sua importância para a sociedade, isto é, sua função e o treinamento ou o talento necessário para ocupá-las. As funções principais, com respeito às quais se estabelecem as estratificações, seriam a religião, o governo, a riqueza, propriedade e trabalho, e o conhecimento técnico. Em geral, nas investigações empíricas se tornam como índices para o estabelecimento de sistemas de estratificação os seguintes critérios: o nível de renda, a origem da renda, a riqueza, a educação, o prestígio da ocupação, a área residencial, a raça ou etnia e outros critérios secundários. Na maioria dos estudos sobre a estratificação, estes critérios são tomados isoladamente ou combinados. Em relação a cada um destes é possível estabelecer um sistema de níveis, isto é, uma hierarquia ou estratificação. Mas é evidente que uma estratificação social baseada somente em um destes critérios (a renda ou a ocupação, por exemplo), não corresponderia à realidade social. Por isso, é cada vez mais comum a elaboração de índices múltiplos, mediante cálculos estatísticos e fala-se de sistemas multiestratificados.

Ao considerar os diferentes critérios da estratificação é necessário distinguir claramente aqueles que são quantitativos, e que podem ser representados por gradações ou curvas (tais como o nível de renda ou a educação), e os que são qualitativos. Estes, por sua vez, são de dois tipos: os critérios objetivos (tais como a posse ou não posse de certos bens, o tipo de trabalho desempenhado na sociedade, o desempenho de funções diretoras ou subalternas etc.) e os critérios que, ainda que objetivos, estão baseados, sem dúvida, em avaliações subjetivas, tais como o prestígio de certas ocupações ou dos diferentes grupos raciais ou étnicos (critério importante nas sociedades com problemas de minorias).

Outro problema importante, no que diz respeito aos critérios da estratificação, é o de delimitar o universo social em que tal ou qual estratificação é válida. O sistema de estratificação ideal seria aquele que pudesse ser aplicado a toda a sociedade. Entretanto, poucos autores têm tentado estabelecer sistemas gerais desta índole. Os estudos empíricos geralmente tomam como universo uma determinada comunidade; mas as comunidades não são representativas da sociedade em geral, o

---

(2) Alain Touraine, "Classe social et statut socio-économique", *Cahiers Internationaux de Sociologie*, XI, 1951.
(3) Talcott Parsons, "A Revised Analytical Approach to the Theory of Social Stratification", in Reinhard Bendix e Seymour H. Lipset (orgs.), *Class, Status and Power*, Glencoe, The Free Press, 1953.
(4) Essa é também a suposição de Warner e outros investigadores, mas não corresponde aos fatos reais. Voltaremos ao tema mais adiante.
(5) *Loc. cit.*

que faz com que estes esquemas já não sejam válidos se queremos aplicá-los a casos gerais.(6) De fato, a sociedade-nação como um todo não é realmente uma verdadeira unidade no que se refere à estratificação. Dever-se-á distinguir pelo menos dois setores regionais, cada qual com estratificações próprias: o setor rural e o urbano.(7)

c) O terceiro problema é o de conhecer a unidade da estratificação: o indivíduo ou o grupo social. É este um dos problemas fundamentais da estratificação, já que implica estabelecer a diferença entre a descrição taxonômica e a análise estrutural da sociedade. A posição de um indivíduo em um sistema de estratificação, como resultado de uma série de atributos individuais, é considerada como seu *status* social.(8) Com frequência, o estudo da estratificação não é mais do que a busca dos *status* individuais, e fala-se também, com frequência, de sistemas de *status* ao invés de sistemas de estratificação.

Entretanto, em um grande número de investigações sobre a estratificação se reconhece não somente uma escala de *status* individuais, mas, também, a existência objetiva, hierarquizada, de uma série de categorias sociais mais ou menos homogêneas. Os indivíduos que integram estas categorias possuem em comum certos índices da estratificação ou indicadores da posição social. Estas categorias ou agrupamentos discretos são chamados estratos ou camadas ou, ainda, — e eis aí a maior causa da confusão — classes. Geralmente, trata-se apenas de categorias estatísticas (isto é, de uma série de pessoas que têm em comum um número determinado de características mensuráveis, ou seja, um *status* comum), ou de agrupamentos de pessoas caracterizadas por uma conduta semelhante, ou por atitudes e opiniões comuns, ou por um certo grau de interação e de associação mútuas. Na quase totalidade da literatura sociológica contemporânea, o conceito de *classes sociais* tem esta significação: agrupamentos discretos hierarquizados em um sistema de estratificação.

A consideração das classes como simples estratos ou camadas estatísticas hierarquizadas tem permitido a elaboração de um número indefinido de esquemas dicotômicos, tricotômicos, quadritômicos e quintutômicos, em cujos extremos encontramos sempre as classes chamadas "superiores" e "inferiores" ou "baixas", e nos quais abundam as classes ou camadas "médias". A maioria dos investigadores norte-americanos tem encontrado cinco ou seis classes nos Estados Unidos; os mais ortodoxos, e também a maior parte dos sociólogos latino-americanos,(9) contentam-se com o esquema aristotélico de três classes sociais.

O fato de que um sistema de estratificação seja representado por um *continuum de status* individuais, sem divisões determinadas ou por uma hierarquia de categorias discretas e delimitadas, depende dos indicadores empregados. Os critérios quantitativos produzirão um *continuum* e os critérios qualitativos uma hierarquia escalonada. Uma combinação de quaisquer destes critérios produzirá uma das duas possibilidades, ao gosto do investigador. Os estudos sobre a estratificação ainda não deram, todavia, conceitos precisos nem esquemas definitivos a este respeito.

d) Resta ver quais são as relações entre a estratificação e a estrutura social em geral, ou em algum dos seus aspectos. Max Weber fez a já famosa distinção entre as três dimensões da sociedade: a ordem econômica, representada pela classe; a ordem social, representada pelo *status* ou estamento (*stand*); e a ordem política, representada pelo partido.(10) Cada uma destas dimensões tem uma estratificação

---

(6) O antropólogo Walter Goldschmidt faz essa crítica em relação à escola de Warner. Cf. "Social Class in America. A Critical Review", *American Anthropologist*, 52, 1950.
(7) T. H. Marshall, "A General Survey of Changes in Social Stratification in the Twentieth Century", in *Transactions of the Third World Congress of Sociology*, Amsterdã, 1956.
(8) Kingsley Davis, "A Conceptual Analysis of Stratification" *American Sociological Review*, 7,3, 1942. Originalmente, o termo *status* não implicava uma estratificação. Veja-se Ralph Linton, *Estudio del hombre*, México, FCE, 1956, cap. VIII, e a discussão de T. H. Marshall, "A Note on Status", in *Ghurye Felicitation Volume*, Bombaim, 1954. Alguns autores consideram a família, e não o indivíduo, como verdadeira unidade da estratificação.
(9) Veja-se, por exemplo, só para citar alguns, os trabalhos publicados em *Materiales para el estudio de la clase media en America Latina*, Washington, Unión Panamericana, 1950; José Iturriaga, *La estructura social y cultural* de México. México, FCE, 1950; Lúcio Mendieta y Nuñez, *Las clases sociales*, México, UNAM, 1947; Mário Monteforte Toledo, *Guatemala, Monografia sociológica*, México, UNAM, 1959; Carlos Rama, *Las clases sociales en el Uruguay*, Montevidéu, 1960.
(10) Max Weber, *Economia y sociedad*, vol. IV, México, 1944, cap. 4.

própria: a econômica, representada pelos rendimentos e pelos bens e serviços de que dispõe o indivíduo; a social, representada pelo prestígio e a honra que desfruta; e a política, representada pelo poder que ostenta. A classe, portanto, baseada na ordem econômica, não seria mais do que um aspecto da estrutura social, aspecto que, segundo T. H. Marshall,(11) está perdendo sua importância na sociedade moderna, diante da importância do *status* como elemento primordial da estratificação social.

É difícil ver como os esquemas de estratificação que mostram estratos ou classes "superiores", "médias" e "baixas", com todas as suas diversas variações, podem ser integrados à estrutura social, se não se tomam em consideração outros fatores. As críticas principais feitas aos estudos da estratificação argumentam que a estratificação não vai além do nível da experiência,(12) que se trata de simples descrições estáticas,(13) que conduzem aos estereótipos e não à compreensão das estruturas.(14) Marshall afirma que se requer uma análise dinâmica de tensões e ajustes, de processos. E Lipset e Bendix pedem uma perspectiva histórica para uma análise que compreenderia, antes de tudo, o fator de processo e de mudança social. Para que o fenômeno da estratificação adquira este aspecto dinâmico e estrutural é necessário que esteja ligado à análise da estrutura de classes sociais, que trataremos em seguida.

A mobilidade social

Antes, porém, de examinar este problema temos que mencionar um aspecto importante de todos os estudos sobre a estratificação, que é apresentado, às vezes, como o tratamento "dinâmico" na análise da estratificação. Trata-se dos estudos sobre a mobilidade social, que ocupam um lugar de importância neste campo de investigações. A mobilidade social implica "um movimento significativo na posição econômica, social e política de um indivíduo ou de um estrato".(15)

Mas em geral o que se estuda é a mobilidade individual, pois a mudança na posição dos estratos tem mais a ver com a evolução ou o desenvolvimento social, que não deve confundir-se com a mobilidade social. Os estudos sobre a mobilidade baseiam-se no fato de que os sistemas de estratificação do mundo moderno não são rígidos e permitem a passagem de um indivíduo de um *status* ou de uma "classe" a outra. A mobilidade social no campo da estratificação é uma mobilidade vertical, que se distingue da mobilidade horizontal e da mobilidade geográfica. Os investigadores tomam geralmente como ponto de partida as mudanças na ocupação do indivíduo.

A proliferação dos estudos sobre a mobilidade, principalmente na sociologia norte-americana, tem implicações teóricas que é preciso assinalar brevemente:

a) Dois tipos de mobilidade foram assinalados: a oferta de *status* vazios ("o vazio demográfico" das classes superiores) e o intercâmbio de posições (para cada movimento para cima há um movimento para baixo).(16) Mas, na prática, os estudos sobre a mobilidade têm por objeto, geralmente, a mobilidade ascendente, e ignoram a mobilidade descendente.(17) Isto contribui para uma visão falsa da realidade.

---

(11) T. H. Marshall, "A General Survey... " *loc. cit.*
(12) Alain Touraine, *loc. cit.*
(13) T. H. Marshall, *loc. cit.*
(14) Seymour M. Lipset e Reinhard Bendix, "Social Status and Social Structure: A Reexamination of Data and Interpretations", *The British Journal of Sociology*, n, 1951.
(15) S. H. Miller, "The Concept and Measurement of Mobility", in Transactions *of the Third World Congress of Sociology*, Amsterdã, 1956.
(16) Seymour M. Lipset e H. L. Zetterberg, "A Theory of Social Mobility", in *Transactions of the Third World Congress of Sociology*, Amsterdã, 1956.
(17) A sociologia norte-americana está cheia de estudos sobre a "ascensão social" dos indivíduos, graças à educação, às oportunidades econômicas, ao esforço individual etc. (e por implicação, graças ao sistema da livre-empresa dos Estados Unidos). O "descenso social" de muitos pequenos empresários independentes ao *status* de trabalhadores assalariados e o dos artesãos ao de trabalhadores não qualificados — característico do desenvolvimento capitalista — têm sido ignorados sistematicamente.

b) A maioria dos estudos sobre a mobilidade tem uma tendência nitidamente psicológica, ao tratar dos problemas da motivação, das atitudes, da consciência de classe etc., do indivíduo em mobilidade, e ao ignorar as condições sociais e econômicas próprias do fenômeno da mobilidade. Neste sentido, pouco contribuem para o estudo das estruturas sociais.

c) Baseados nesse tipo de estudos, muitos autores afirmaram que os Estados Unidos, por exemplo, são uma sociedade com alto grau de mobilidade. Mas assinalou-se recentemente que o é muito menos do que se havia pensado, e menos que certas sociedades da Europa Ocidental.(18) Pretende-se, em geral, que a crescente mobilidade da sociedade industrial ocidental, a partir do século XIX, é a causa do desaparecimento dos antagonismos de classe nestas sociedades e que, portanto, deixaram de ter validade os "velhos" conceitos de classe (isto é, a teoria marxista).(19)

d) Em geral, não se deve subestimar as implicações políticas dos estudos sobre a mobilidade social. (20) Muitos deles têm o propósito de mostrar que a sociedade ocidental é igualitária — todos os indivíduos têm as mesmas oportunidades matemáticas de ascender na escala social — que a "passagem" de uma classe para outra substituiu os "conflitos" entre as classes. Este aspecto do conceito da mobilidade tem sido criticado com frequência.(21)

A mobilidade social é um fato importante em todas as sociedades, sobretudo se a estudarmos em relação às estruturas do poder e à conduta política, e às mudanças nas estruturas sociais. Mas não é um substituto dos estudos da estrutura de classes e não pode ser tomada, isoladamente, como um índice de determinadas modificações da estrutura de classes, tal como o pretendem certos autores.

As classes sociais

Já vimos que os estratos em um sistema de estratificação recebem comumente o nome de "classes". Entretanto, este conceito tem pouco a ver com o que vamos desenvolver nesta seção, e que é o resultado de uma concepção estrutural-funcional e dinâmica das classes. Porém, esta concepção, apesar de haver imposto limites bem definidos ao conceito de classes e apesar da distinção precisa que faz entre este conceito e o da estratificação não deu, entretanto, uma definição unívoca de classe social. É certo que foram formuladas definições formais, mas nenhuma delas logrou incorporar a complexidade total do fenômeno.(22) No entanto, não é necessária, em nossa opinião, uma definição completa e exaustiva, para dar ao conceito de classe o conteúdo específico que permita empregá-lo na análise estrutural da sociedade. Além de simples definições, é necessário assinalar, em primeiro lugar, o tipo de conceito de que se trata e como este se integra à teoria sociológica. Isto porque o conceito de classe social só tem valor como parte de uma teoria das classes sociais. A concepção estrutural e dinâmica das classes sociais foi desenvolvida por Marx e Engels e a literatura recente, em que o conceito de classe não foi absorvido inteiramente pelo de estratificação, se inspira, invariavelmente, na concepção marxista. Mas é sabido que nas obras de Marx não se encontra em nenhum momento uma definição exaustiva das classes e que a análise sistemática do tema ficou inacabada no último

---

(18) Seymour M. Lipset e H. L. Zetterberg, *loc. cit.* Veja também, S. M. Lipset e R. Bendix, *Social Mobility in Industrial Society*, Berkeley, 1959.
(19) Lipset e Zetterberg, *op. cit.*
(20) F. Van Heek, "Some Introductory Remarks on Social Mobility and Cla structure", in *Transactions...*, *op. cit.*
(21) Veja-se, por exemplo, A. Bojarski, "A propos de la 'mobilité sociale'", in *Études sociologiques, Recherches internationales*, 17, 1960 (Paris).
(22) Veja-se, por exemplo, a "definição exaustiva" de Georges Gurvitch em *El concepto de clases sociales de Marx a nuestros dias*, Buenos Aires, 1957, assim como a que oferece Pitirim Sorokin em "What is a Social Class?" em R. Bendix e S. M. Lipset (orgs.), *Class, Status and Power*, *op. cit*, e que não difere grandemente da anterior. Estas definições deixam sem esclarecer, lamentavelmente, alguns dos problemas principais, com os quais, com certeza, a maioria dos sociólogos tem-se defrontado: por exemplo, as relações entre as classes, sua função na sociedade, sua evolução dinâmica e, principalmente, os fatores que distinguem as classes umas das outras.

volume de O *Capital*. Sem dúvida, através das diversas obras de Marx aparecem distintas interpretações do fenômeno que nem sempre concordam, mas que de forma alguma se contradizem. São, ao contrário, exemplos da aplicação do método dialético aos fenômenos sociais, em diferentes tipos de análises, e da maturação do conceito na própria mente do autor. Os três aspectos do conceito são o filosófico, o econômico e o histórico.(23) Entretanto, em todos eles ressalta-se o enfoque que podemos chamar estrutural-funcional e dinâmico.(24) Este enfoque implica uma série de problemas que analisaremos em seguida.

a) Se os estratos, como vimos ("camadas" ou "classes"), no sentido de uma estratificação, constituem categorias descritivas, estáticas, as classes sociais, segundo a concepção que tentamos mostrar aqui, constituem categorias analíticas. Isto é, fazem parte da estrutura social, com a qual mantêm relações específicas; seu estudo conduz ao conhecimento das forças motrizes da sociedade e dos dinamismos sociais; permitem passar da descrição à explicação no estudo das sociedades. Como já mencionamos, o conceito de classe só adquire valor analítico como parte de uma teoria de classes.

b) A classe social é também, e antes de tudo, uma categoria histórica. Isto quer dizer que as classes estão ligadas à evolução e ao desenvolvimento da sociedade; encontram-se nas próprias estruturas sociais que a caracterizam. É por isso que faz pouco sentido falar, como o fazem os sociólogos da escola da estratificação, das classes altas, médias e baixas em todas as sociedades e em todos os tempos. As classes têm um conteúdo sociológico específico; as categorias sociais a que se referem podem ser descritas sempre com termos específicos. Assim, Marx fala em sua análise de "proletariado", de "pequena burguesia", de "aristocracia financeira", e estes termos têm em cada caso um conteúdo específico e concreto, de acordo com o momento histórico a que se referem. As classes não são imutáveis no tempo: formam-se, desenvolvem-se, modificam-se à medida que se vai transformando a sociedade, são o resultado destas contradições e, por sua vez, contribuem para o desenvolvimento das mesmas. Entre as classes e a sociedade, e entre as próprias classes, existe um movimento dialético constante, cujas particularidades em cada caso só poderiam ser descritas pelas investigações empíricas. As classes atuam como forças motrizes na transformação das estruturas sociais; constituem parte integrante da dinâmica da sociedade, e são movidas, ao mesmo tempo, por sua própria dinâmica interna. As classes surgem de determinadas condições estruturais da sociedade e constituem elementos estruturais da mesma.

c) O problema que mais tem dividido as diversas correntes sociológicas é o do critério ou dos critérios que servem para distinguir as classes, o das bases sobre as que se constituem as classes sociais. Desde que Max Weber distinguiu as dimensões econômica, política e social, certos autores só reconhecem no conceito de classe uma base econômica, e é esta geralmente a posição que se atribui, equivocadamente, ao marxismo.(25) Para alguns autores as semelhanças culturais, mentais, morais e de conduta dos membros de uma classe social são devidas à base objetiva de posições ocupacionais, econômicas e legais semelhantes de seus membros.(26) Para outros, desejosos de eliminar toda

---

(23) Que se encontram sobretudo, respectivamente, nas obras de juventude de Marx (até O *manifesto comunista*), em O *Capital*, e nas obras históricas (*As lutas de classes na França*, *O 18 Brumário de Luis Bonaparte*, *A Guerra Civil na França*). Veja Raymond Aron, "Social Structure and the Ruling Class", *The British Journal of Sociology*, 1. 1950.
(24) Há numerosas exposições da concepção marxista de classes, nem todas do mesmo valor, nem escritas com a mesma compreensão do conceito. Para citar só algumas das mais recentes: Ralf Dahrendorf, *Soziale Klassen und Klassenkonflikt in der Industriellen Gesellschaft*, Stuttgart, 1957, cap. I; Georges Gurvitch, *El concepto de clases sociales de Marx a nuestros días*, Buenos Aires, 1957, primeira parte; Reinhard Bendix e Seymour M. Lipset, "Karl Marx' Theory of Social Classe" em *Class, Status and Power*, op. cit. R. Duchac, "Bourgeosie et prolétariat à travers l'oeuvre de Marx". *Cahiers Internationaux de Sociologie*, XXX, 1961; E. de Grolier, "Classes et rapports de classes dans les premiares oeuvres de Karl Marx" e "Classes et rapports de classes dans la théorie marxiste (de 1859 a 1865)", em *Cahiers Internationaux*, vol. 6, n°s 55 e 60, 1954; S. Ossowski, "Les différents aspects de la classe sociale chez Marx", em *Cahiers Internationaux de Sociologie*, XXIV, 1958.
(25) Max Weber, op. cit. Há que assinalar, sem dúvida, que a concepção que tinha Weber da ordem econômica não corresponde à de Marx.
(26) Cf. Pitirim Sorokin, *loc. cit.*

implicação econômica do conceito de classe, deve-se levar em conta somente a base política, tomada em seu sentido amplo, isto é, de relações de poder e de dominação.(27)

A posição marxista não deixa dúvidas a respeito. Não é a ocupação, nem o nível das rendas, nem o estilo de vida, que constitui o critério principal, para a caracterização de uma classe social, apesar de constituírem critérios secundários que vigoram em casos particulares. Estes aspectos, assim como o poder ou o domínio político (que possui, todavia, um determinismo próprio), não são mais do que fatores dependentes que expressam ou refletem em maior ou menor grau um critério fundamental. Isto foi exposto de forma clara por Lênin: "As classes são grandes grupos de homens que se diferenciam pelo lugar que ocupam em um sistema historicamente determinado de produção social, por suas relações com os meios de produção (na maioria das vezes estabelecidos e formuladas por leis), pelo papel que desempenham na organização social do trabalho, e, consequentemente, pelo modo como obtêm a parte da riqueza social de que dispõem e pelo tamanho desta. As classes são grupos de homens, dos quais uns podem apropriar-se do trabalho de outros por ocupar posições diferentes em um regime determinado de economia social".(28) Esta definição não abrange todas as implicações nem todos os aspectos do conceito de classe social na literatura marxista, e não deve ser considerada como uma definição exaustiva. Entretanto, mostra qual é, para o marxismo, a base econômica da constituição das classes sociais, critério fundamental para a sua integração: a relação com os meios de produção. Não se trata de um critério arbitrário, escolhido ao capricho do autor (como sucede com os critérios da estratificação), mas de uma consequência lógica da análise estrutural da sociedade. Se as relações dos homens com os meios de produção determinam a existência desses agrupamentos humanos que chamamos classes, é porque as forças de produção, por um lado, e as relações de produção por outro, dão a cada estrutura socioeconômica, a cada etapa histórica, seu conteúdo e sua forma, sua fisionomia própria. O modo de produção de uma sociedade determinada, que é o que distingue uma estrutura socioeconômica de outra, impõe a determinados grupos humanos suas características específicas e o tipo de relações que mantêm com outros grupos de mesma índole. Estes grupos são as classes, e estas relações são as relações de classes. Só quando se toma a relação com os meios de produção como o critério fundamental para a determinação das classes sociais, é que é possível ligar estas com a estrutura social e chegar à análise estrutural de sociedade e à explicação sociológica e histórica. Os autores que tomam outros critérios, isolados ou combinados, e que ignoram este critério fundamental, falam, certamente, de "classes", mas não conseguem estabelecer um conceito analítico que sirva para a análise estrutural e a explicação histórica. E por isso que os já mencionados esquemas de "classes" altas, médias e baixas não têm conteúdo sociológico específico nem relação alguma com estruturas socioeconômicas, históricas e concretas.(29)

Como se depreende da definição de Lênin, não se trata apenas, para o marxismo, de classificar a tal ou qual indivíduo, de identificar tal ou qual pessoa concreta com esta ou aquela classe social. Tampouco se trata somente de distinguir, por exemplo, entre os que possuem os meios de produção e os que não os possuem, entre os que trabalham e os que não trabalham etc. Estas distinções, que são geralmente aceitas também por outros autores, não constituem mais do que uma parte da concepção geral da classe social. O que importa é que estas distinções, e outras, ocorrem dentro de um sistema socioeconômico determinado, no qual as classes em oposição (dominantes-dominados) são também complementares e estão dialeticamente ligadas entre si, já que são parte integral do funcionamento de um todo (exploradores-explorados).

---

(27) Ralf Dahrendorf, *op. cit.*
(28) V.I. Lênin, "Una gran iniciativa", em *Obras escogidas*, vol. II, Moscou, 1948, Ediciones en Lenguas Extranjeras, pp. 612-13.
(29) Uma afirmação típica (hipotética) desta tendência seria, por exemplo: "No México, durante o *Porfiriato,* a classe alta era pequena mas rica e poderosa, e a classe baixa, que constituía a maioria, vivia na miséria. Não havia, portanto, classe média. Atualmente, graças à Revolução, as classes médias estão crescendo, a classe baixa continua sendo numerosa e a classe alta já não tem o poder que tinha antes." Para algumas análises deste tipo, veja-se, por exemplo, José Iturriaga, *op. cit.*; Arturo González Cosío, "Classes e estratos sociais". in *México, 50 anos de revolution*, II, *La vida social*. México, FCE, 1962; Howard Cline, *Mexico, from Revolution to Evolution*, Londres, 1962.

d) Um dos aspectos fundamentais do conceito de classes é que estas não existem isoladas, mas somente como parte de um sistema de classes. As classes sociais só existem em relação umas com as outras. O que define e distingue as diversas classes são as relações específicas que se estabelecem entre elas. Uma classe social só pode existir em função de outra. As relações entre as diferentes classes podem ser de vários tipos, mas entre elas destacam-se as que podemos considerar como relações fundamentais ou estruturais. Estas estão determinadas pelos interesses objetivos que têm as classes, como resultado das posições específicas que ocupam no processo produtivo, como resultado da situação específica que tem cada uma delas com respeito aos meios de produção. Essas posições diferenciais que permitem, segundo a formulação de Lênin, que uma classe social se aproprie do trabalho de outra, determinam que os interesses objetivos das classes não apenas sejam distintos mas contrários e opostos. Portanto, as relações fundamentais que se estabelecem entre as classes são relações de oposição. Dizemos que são fundamentais, porque estas relações de oposição são as que contribuem para a transformação das estruturas sociais. As relações de oposição são assimétricas: as classes não se enfrentam, em plano de igualdade. As posições diferenciais que as classes ocupam na estrutura socioeconômica permitem que umas tenham maior riqueza, maior poder econômico, maior domínio político que outras, e este poder e este domínio são exercidos em detrimento dos interesses das classes que deles carecem. Portanto, as classes em oposição são classes dominantes e classes dominadas; e as relações de oposição são relações de dominação-subordinação. Mas essas relações constituem apenas um aspecto da oposição. As classes opostas, dominantes e dominadas, não só constituem dois fenômenos sociais distintos, mas também duas facetas de um mesmo fenômeno social total. No seio de uma estrutura socioeconômica determinada, as classes sociais em oposição são ao mesmo tempo classes *complementares*, porque formam parte integrante do funcionamento do sistema, e classes *antagônicas*, porque representam as contradições internas fundamentais do sistema e porque são as forças que conduzem à transformação radical deste. A base do antagonismo, da contradição, está, repetimos, na posição diferencial das classes em relação aos meios de produção, o que permite que a mais-valia produzida por uma delas seja apropriada pela outra. Em outras palavras, as classes em oposição são classes exploradoras e classes exploradas, e suas relações constituem relações de exploração. Temos, pois, que as classes são *complementares, opostas e antagônicas*, e que suas relações podem ser descritas, no marco da estrutura socioeconômica total, com os termos função, oposição e contradição, o que conduz inevitavelmente à transformação de todos os seus elementos constituintes e da estrutura como um todo.

e) As oposições entre as classes não são somente acadêmicas; manifestam-se em todos os níveis da ação social, nos conflitos e nas lutas de classes, sobretudo no campo político e econômico. As classes, portanto, não apenas constituem elementos estruturais da sociedade, como também, acima de tudo, agrupamentos de interesses político-econômicos particulares, os quais, em circunstâncias históricas específicas, adquirem consciência de si mesmo e destes interesses, e tendem a organizar-se para a ação política com o objetivo de conquistar o poder do Estado. A consciência de classe é o elo que permite a passagem da classe "em si", agrupamento com interesses objetivos "latentes", à classe "para si", grupo de poder que tende a organizar-se para o conflito ou a luta política, e cujos interesses tornaram-se, portanto, "manifestos".(30) Mas a consciência de classe não surge automaticamente da "situação de classe", nem todo agrupamento organizado para o conflito político tem por base a classe social. As relações específicas entre a posição de uma classe em um regime determinado de economia social e sua ação política consciente, cujo propósito pode ser a transformação radical das estruturas sociais ou a manutenção das estruturas existentes, variam segundo as circunstâncias históricas particulares e tem que ser, em cada caso, o objeto de investigações empíricas concretas. Há, pois, duas fases consecutivas no desenvolvimento das classes. Na primeira, a classe constitui

---

(30) A tomada de consciência de classe e a transformação da "classe em si" em "classe para si" constituem, todavia, um dos mais delicados problemas da teoria das classes. Nas obras de Marx o tema é tratado nas análises históricas de casos concretos, mas não em forma teórica geral. A noção dos interesses latentes e manifestos das classes tem sido desenvolvida por Dahrendorf, *op. cit.*, que se baseia na teoria da ação e dos "papéis" de Parsons e na análise funcionalista de Merton.

somente uma classe em relação a outra, devido à sua posição na organização socioeconômica e as relações específicas que resultam desta posição. Na segunda fase, a classe já toma consciência de si mesma e de seus interesses, e de sua "missão" histórica, e se constitui como uma classe "no verdadeiro sentido da palavra", como um grupo de ação política potencial, que intervém como tal nas lutas sociais e nos conflitos econômico-políticos e que contribui como tal para as mudanças sociais e para o desenvolvimento da sociedade. Ainda que as duas fases sejam consecutivas do ponto de vista histórico, já que as condições sociais de existência dos homens determinam a sua consciência, a passagem de uma a outra depende de múltiplos fatores históricos concretos. Em todo caso, é necessário manter sempre presente, no conceito das classes sociais, a distinção entre duas fases ou aspectos de seu desenvolvimento.

f) As lutas e os conflitos entre as classes são a expressão das contradições internas de sistemas socioeconômicos determinados. A contradição principal, que constitui o motor fundamental das lutas de classes, é a contradição entre as forças de produção e as relações de produção. Existem também outras contradições na sociedade, mas esta é a causa dos antagonismos principais entre as classes opostas. A classe dominante, que detém o poder e os meios de produção, representa as relações de produção estabelecidas na sociedade, e a classe dominada, cujo trabalho é apropriado pela outra, as novas forças de produção que mais cedo ou mais tarde entram em contradição com este sistema de relações. É assim que Marx e Engels puderam dizer que a história da humanidade tem sido a história das lutas de classes. Isto porque as transformações estruturais da sociedade implicam a eliminação de relações de produção que já não correspondem às forças de produção em desenvolvimento e em sua substituição por outras. O que significa a substituição no poder de uma classe por outra. Uma classe em ascensão, em desenvolvimento, é aquela que corresponde às forças de produção em desenvolvimento; a mesma classe, depois da conquista do poder político, se estabelece em um novo sistema de relações de produção, criado por ela, e entra em contradição com as novas forças de produção, liberadas por sua própria tomada de poder. Essa tem sido a história das classes até nossa época; e o processo dialético de evolução e o desenvolvimento da sociedade e das classes em oposição. Esse processo, que pode ser tomado como um modelo, é matizado e modificado em cada caso particular, em cada etapa histórica, por outros fatores políticos e sociais. É dessa forma que uma classe determinada sempre está ligada a uma estrutura socioeconômica determinada e toda mudança estrutural da sociedade é acompanhada por transformações no caráter das classes que a caracterizam.

As relações que existem em uma época determinada entre as classes da sociedade estão refletidas na estrutura do poder e no Estado. Se bem que o Estado representa, geralmente, os interesses da classe dominante, na prática ele pode expressar, às vezes, um compromisso entre distintas classes e frações de classes. Porém, enquanto existirem contradições entre as forças de produção e as relações de produção na sociedade, ou seja, entre as classes sociais, a luta política das classes terá sempre por objetivo o controle do poder do Estado.

As relações entre a estratificação social e a estrutura de classes

Se considerarmos que as oposições de classe na sociedade são assimétricas, que frente aos que possuem o poder, os meios de produção e as riquezas se encontram aqueles que não as possuem; que os que não trabalham com seus meios de produção empregam o trabalho assalariado de outros; que uns estão "acima" e outros estão "abaixo", é fácil ver que as diferentes posições ocupadas pelas classes na sociedade representam efetivamente uma estratificação. Certamente não se trata, de um *continuum de status* individuais nem de uma série de estratos superpostos. As hierarquias que se formam na sociedade agrupam seus extremos, ou classes ou blocos de classes em oposição, e no meio as camadas ou estratos intermediários. No entanto, isto não pode ser reduzido a um esquema válido universalmente. As características específicas de cada sistema de estratificação dependem diretamente do conteúdo específico das relações e das oposições entre as classes. As estratificações estão baseadas nas relações entre as classes, e tendem a refleti-las.

Há estratificações que, à primeira vista, não se assentam nas relações de classes como, por exemplo, as categorias ocupacionais de prestígio, ou certas hierarquias baseadas por critérios de extração racial ou étnica, nas sociedades múltiplas. Mas essas estratificações têm sua origem em uma situação de classe e não podem realmente ser compreendidas se não as relacionarmos com esta. A posição do operário industrial, em uma escala de prestígio, tem sua origem na situação do proletariado durante o período do desenvolvimento do capitalismo industrial, e esta posição encontra-se ainda enraizado no sistema de valores da sociedade, em que pesem as mudanças ocorridas na situação objetiva do proletariado desde então. Da mesma forma, a discriminação dos negros nos Estados Unidos, ainda que se ignore no momento suas implicações econômicas, tem sua origem na escravidão, assim como no desenvolvimento do capitalismo industrial nos Estados Unidos depois da abolição desta. A estratificação racial nesse país baseia-se, evidentemente, em uma situação de classe, ao menos originalmente, e mesmo em grande parte na atualidade.(31)

As estratificações representam, na maioria das vezes, o que poderíamos chamar cristalizações ou projeções sociais, frequentemente também jurídicas e, em todos os casos, psicológicas, de certas relações sociais de produção representadas pelas relações de classes. Nessas cristalizações sociais intervêm outros fatores secundários e acessórios (por exemplo, religiosos, étnicos), que reforçam a estratificação, e que têm, ao mesmo tempo, a função sociológica de "libertá-la" de seus vínculos com a base econômica; em outras palavras, têm a função de mantê-la em vigor ainda que mude sua base econômica. Consequentemente, as estratificações podem ser consideradas também como justificações ou racionalizações do sistema econômico existente, ou seja, como ideologias.(32) Como todos os fenômenos de superestrutura social, a estratificação adquire uma inércia própria que a mantém ainda que as condições que a originaram tenham se modificado. À medida que as relações entre as classes se modificam — devido à dinâmica das oposições entre as classes, às lutas e aos conflitos de classes — as estratificações se transformam em *fósseis* das relações de classes nas quais se basearam anteriormente. Podem, portanto, deixar de corresponder a estas, e até entrar em contradição com elas, particularmente no caso de mudanças revolucionárias na estrutura de classes. É por isso que certos tipos de estratificação não têm, aparentemente, nenhuma relação com a base econômica; por exemplo, no caso de certas estratificações sociais estabelecidas em torno da aristocracia em diversas monarquias europeias, e no caso dos vestígios de uma estratificação étnica, correspondente à época colonial, em certos países da América Latina, inclusive o México.

Do que foi citado acima depreende-se que as estratificações, como fenômenos da superestrutura e como o produto de certas relações de classes, atuam, por sua vez, sobre estas relações. Não constituem somente seu reflexo passivo. As categorias intermediárias dás estratificações tendem a diluir as oposições mais agudas que possam existir entre seus estratos polarizados, na qualidade de classes. Nos sistemas de estratificação que permitem a mobilidade social entre os estratos, esta

---

(31) A tese de que a discriminação racial nos Estados Unidos constitui um sistema de exploração econômica é considerada como anátema pela maior parte dos sociólogos norte-americanos. Esta tese foi brilhantemente desenvolvida por outro sociólogo norte-americano, Oliver Cromwell Cox, em seu *Caste, Class and Race, a Study in Social Dynamics*, N. Y., Monrhly Review Press, 1959.

(32) Não há nenhuma contradição no fato de considerar a estratificação como uma realidade social (quando se traduz em formas especiais de conduta e em determinados níveis de vida), como uma hierarquia de valores e como uma ideologia (no sentido de uma valorização ou interpretação moral, política, religiosa ou filosófica, de determinada situação social). Como exemplo podemos tomar a situação na União Sul-Africana, em que a estratificação étnica coloca os brancos na cúpula e os *coloured* (hindus e mulatos) no meio e os negros na base. Aqui a estrutura de classes corresponde, em termos gerais, à estratificação. Os africanos constituem o proletariado explorado das minas e indústrias, e a servidão. As leis desumanas de *apartheid* são o instrumento da minoria dominante branca para manter o sistema de exploração. Os *coloured* constituem efetivamente as camadas médias do sistema econômico: a pequena burguesia artesanal, comercial e de serviços. Os europeus são os proprietários dos meios de produção, da riqueza e do poder político. Tudo isso é justificado com referências piedosas à "tradição tribal do africano", baseadas no abuso e na falsificação do conceito de relativismo cultural, quando não o é com um franco racismo.

Outro exemplo é o que nos dá W. L. Warner em seus estudos sobre *Yankee City*. Ali a estratificação (na medida em que constitui uma realidade social e não um produto da imaginação do autor) compreende critérios tão diversos como a antiguidade da linhagem familiar, a educação, a religião, a origem nacional, a zona residencial etc. Tudo isso está expresso na hierarquia de valores dominantes e santificado pela ideologia do "American Way of Life". Porém, aqui a estratificação já não corresponde à realidade econômica e as tendências da estrutura de classes separam-se da estratificação estabelecida.

tem a dupla função de reduzir as oposições mais agudas entre as classes e de reforçar a própria estratificação. A estratificação exerce, pois, um papel eminentemente conservador na sociedade, enquanto as oposições e os conflitos de classes constituem, por excelência, um fenômeno de ordem dinâmica. A estratificação social, ao mesmo tempo que divide a sociedade em grupos, tem por função integrar a sociedade e consolidar uma estrutura socioeconômica determinada. Esta estrutura está dividida, certamente, não pela estratificação mas, sim, pelas oposições de classes. Do ponto de vista dos interesses dos agrupamentos sociais, toda estratificação serve aos interesses do estrato superior, porém somente certos tipos específicos de estratificações servem aos interesses da classe dominante da sociedade (somente aquelas estratificações que correspondem à estrutura socioeconômica). A classe dominante e o estrato superior podem não ser idênticos; é o caso, por exemplo, das relações entre as classes que se desenvolveram além dos limites das estratificações fixadas na sociedade. Parece que os dois tipos de agrupamentos (classe dominante e estrato superior) podem coexistir durante algum tempo, e se entrecruzam na estrutura social, segundo as circunstâncias históricas particulares. Porém, mais cedo ou mais tarde desenvolve-se um novo sistema de estratificação que melhor corresponde à estrutura de classes existente. Isso também pode explicar-nos a coexistência de múltiplos sistemas de estratificação em uma sociedade, enquanto somente uma estrutura de classes é possível dentro de um sistema socioeconômico determinado. As classes são incompatíveis umas com as outras, isto é, excluem-se mutuamente; porém, não sucede o mesmo com os estratos dos diversos sistemas de estratificação. Isto significa que um indivíduo pode ter diversos *status* na sociedade, participar em diversas estratificações, enquanto apenas pode pertencer a uma classe. (O que não nega a possibilidade que tem um indivíduo de mudar de classe, ou, sendo membro de uma classe, de identificar-se conscientemente com outra; por exemplo, o caso dos líderes revolucionários do proletariado ou do campesinato que têm sua origem na burguesia.) Se as estratificações representam sistemas de valores aos quais se pretende dar uma validade universal, as oposições entre as classes, ao contrário, criam sistemas de valores que entram em conflito. Em consequência, as contradições que se podem produzir entre um sistema de estratificação e uma estrutura de classes implicam também em múltiplos conflitos entre sistemas de valores. (33)

Casta, raça e minoria

Os esquemas de classes sociais e de estratificações complicam-se com frequência pela introdução de termos como *casta, raça* e *minoria*. Nos países subdesenvolvidos, mas também em alguns outros, ouve-se falar de uma estratificação racial ou de uma estratificação de castas em oposição a um sistema de classes. Torna-se, portanto, conveniente precisar estes termos e considerar o modo como fazem parte da teoria da estratificação e das classes sociais.

1) *Castas*

As discussões que surgem entre os especialistas sobre o significado e a caracterização sociológica das *castas* e do sistema de castas demonstram que a essência do fenômeno não foi ainda totalmente compreendida e que ainda existem muitas divergências entre os estudiosos. Há um consenso geral em afirmar que um sistema de castas é um sistema de estratificação e que não tem sentido falar de uma

---

(33) Quanto mais a estratificação deixa de corresponder às relações de classes subjacentes, tanto menos é aceita como sistema de valores por todos os estratos que a compõem, os quais tratam de impor, pelo contrário, seus próprios sistemas de valores. Daí surge a multiplicidade de conflitos entre sistemas de valores em uma sociedade que está por sua vez multiestratificada e dividida em classes sociais. Veja-se W. F. Wertheim, "La societé et les conflicts entre systèmes de valeurs", em *Cahiers Internactionaux de Sociologie*, XXVIII, 1960.

"casta" sem referir-se a um sistema de castas. Porém, a partir deste consenso, desenvolvem-se duas tendências divergentes. A primeira considera que um sistema de castas é uma forma particular de estratificação caracterizada por vários traços estruturais específicos (rigidez do sistema, o fazer parte de uma casta por nascimento, impossibilidade de mudar de casta, endogamia, hierarquia absoluta de castas em todos os campos, particularmente no sistema de valores). De acordo com esta tendência, todo sistema de estratificação que apresentar algumas destas características pode ser considerado como um sistema de castas, ou como uma variante de um sistema de castas. Segundo esta tendência, a casta representa um caso extremo, rígido, imóvel de estratificação, em oposição a uma estratificação de "classes sociais", aberta, móvel etc.(34) A segunda tendência considera o sistema de castas como um fenômeno cultural, especificamente hindu, enraizado no sistema de valores e na filosofia hindus, e incompreensível fora deste ponto de referência. Tratar-se-ia, pois, de acordo com esta tendência, de um fenômeno *sui-generis* que não se encontra presente em nenhuma outra parte.(35)

Uma posição intermediária é adorada por certos estudiosos britânicos, os quais consideram o sistema de castas do ponto de vista estrutural, porém limitado à área cultural pan-indiana. Além das características já mencionadas das castas, estes estudiosos insistem sobretudo (como fazem, além do mais, Cox e Dumont) em certos traços relacionais do sistema de castas: os direitos e as obrigações mútuas das diferentes castas, sua inter-relação funcional. Assim, Leach vê na casta "uma unidade funcional com uma série especial de características culturais que a distinguem". E Bailey insiste no fato de que um sistema de castas se encontra apenas em sociedades pequenas e simples (as aldeias indianas), e que perde suas características estruturais no nível do Estado e com a complexidade política e econômica da sociedade moderna.(36)

Seja qual for a situação na área cultural pan-indiana, é necessário determinar se o conceito de casta pode ser aplicado a outros sistemas de estratificação.

Em nossa opinião, o uso do conceito *casta* fora da área pan-indiana não é justificável. Se o emprego deste termo serve para caracterizar uma estratificação aberta, dita de "classes", então parece-nos que seu emprego causa mais confusão do que esclarece. Uma estratificação rígida pode ser parte de um sistema de classes tal como definimos este conceito na seção anterior. Se, por outro lado, o conceito de casta é empregado para caracterizar grupos raciais (como nos Estados Unidos ou na África do Sul), ou diversas etnias (como na América Latina), então seu emprego (ao fazer comparações implícitas com a área pan-indiana) também conduz a confusões porque frequentemente ignora os fatores históricos que intervêm no estabelecimento destes sistemas de relações: a escravidão, o colonialismo, a conquista militar, os trabalhos forçados etc., estes elementos todos, associados à expansão econômica da Europa. Não vemos, pois, nenhuma vantagem metodológica no emprego do termo casta como categoria analítica no estudo das estratificações e dos sistemas de classes fora da área cultural pan-indiana.

2) *Raças e minorias*

Uma vez que estas duas categorias são mencionadas com frequência nos estudos sobre classes e castas e sobre a estratificação em geral, é conveniente determinar suas características principais. Do ponto de vista sociológico, a "*raça* é um agrupamento humano definido culturalmente em uma sociedade dada", que se distingue de outros agrupamentos por características biológicas que se lhe

---

(34) Esta tendência é representada por A. L. Kroeber (cf. "Caste", in *Encyclopedia of the Social Sciences*, New York, 1930) e pela escola norte-americana de Warner, Davis *et al.* (e também Myrdal), os quais consideram as relações raciais nos Estados Unidos sob o prisma da casta. Também o sociólogo hindu G. S. Ghurie faz parte desta corrente (cf. seu *Caste and Class in India*, Bombaim, 3ª ed., 1957). O antropólogo inglês S. F. Nadei expressa as mesmas ideias ao escrever: "Quando a posição social uniforme de cada estrato está rigidamente adscrita à base da ascendência, falamos de castas; quando a posição social uniforme se baseia em qualidades adquiridas, de tal forma que há mobilidade entre os estratos, falamos de *classes sociais.*" Ver *Fundamentos de Antropologia Social*, México, 1955, p. 191.
(35) Esta tendência está representada principalmente por O. C. Cox, *op. cit.*, nos Estados Unidos, e por Louis Dumont, na França (cf. "Caste, racisme et stratification", em *Cahiers Internationaux de Sociologie*, XXIX, 1960).
(36) E. R. Leach (org.), *Aspects of Caste in South India, Ceylon and North-West Pakistan*, Cambridge, 1960. Introdução; e também F. G. Bailey, "Social Stratification in India", mimeografado, Universidade de Manchester, 1961.

atribuem e que podem variar de um lugar para outro.(37) O conceito adquire todo o seu valor sociológico nas condições específicas que os norte-americanos chamam *race relations*, isto é, os sistemas de relações sociais determinadas que permeiam a dois ou mais agrupamentos, cada um dos quais pode ser caracterizado em termos raciais. Sempre que duas ou mais raças, assim definidas, interagem em um sistema de relações sociais, é necessário caracterizar o tipo de relações de que se trata: políticas, econômicas, sociais. Os agrupamentos raciais podem enfrentar-se em um sistema de classes (como nos Estados Unidos), e nos sistemas coloniais (como na África colonial), ou mesmo em estruturas sociais que contêm os dois tipos de relações (como na América Latina). Geralmente, quando se fala de relações raciais, fala-se de dominação e de subordinação, assim como de conflitos sociais, econômicos e políticos entre os agrupamentos raciais, cujo objeto é a manutenção ou a destruição de certos privilégios econômicos ou políticos de uma das raças ou a competição entre os grupos raciais pela conquista de certos privilégios ou direitos. É evidente, em consequência, que quando se fala de relações sociais, importa descobrir a essência sociológica interna dos pactos que unem as raças ou dos conflitos que as separam.

Às vezes fala-se de *minorias*. *Uma minoria* pode definir-se como um subgrupo de uma sociedade mais ampla, cujos membros estão expostos a incapacidades que tomam a forma de preconceitos, discriminação, segregação ou perseguição por parte de outro tipo de subgrupo, considerado geralmente como uma maioria.(38)

As minorias se distinguem, além disso, por sua tendência à endogamia e, geralmente, por ter características culturais próprias que as transformam em subculturas. As minorias são geralmente hierarquizadas em uma escala de *status* e seus membros competem com a maioria pela hierarquia e os privilégios. As minorias podem ser nacionais, linguísticas ou religiosas.(39) Assim como as raças, podem representar, pois, por sua vez, estratos em um sistema de estratificação e grupos de poder em conflito político (e às vezes econômico) com outras minorias ou com o grupo chamado "maioria". O conflito pode ter por objeto, ora a emancipação, ora a assimilação, segundo o caso. As minorias não são classes, principalmente porque a base de sua integração não é sua relação com os meios de produção, nem seu lugar no processo de produção da sociedade. Não obstante, é possível que uma minoria se encontre em uma situação de classe, e que sua luta política contra a "maioria" se transforme em uma luta de classes. Estes casos particulares devem ser analisados no padrão de estudos empíricos específicos, porém sobretudo não se deve confundir os dois termos, apesar do fato de que, às vezes, podem recobrar-se e intercruzar-se na realidade.

---

(37) P. L. van den Berghe, "The Dynamics of Racial Prejudice: An Ideal Type Dichotomy", em *Social Forces*, 37, 2, 1968. Os critérios antropológicos para definir as raças são supostamente diferentes.
(38) Marvin Harris, "Caste, Class and Minority", *Social Forces*, 37, 3, 1969. Em geral, a sociologia norte-americana inclui as raças entre as minorias.
(39) A conotação numérica dos termos "minoria" e "maioria" é infeliz. Trata-se, supostamente, de agrupamentos que participam mais ou menos da cultura dominante, independentemente de seu número. Para Harris, a relação casta-minoria-classe é um *continuum*: assim um sistema de castas em que estas começam a competir umas com as outras transformar-se-á em um sistema de minorias, o qual, por sua vez, se transformará em um sistema de classes. Isto é o que estaria se passando na Índia e o que se passou na Europa feudal, segundo o autor. Esta concepção não corresponde, evidentemente, ao que desenvolvemos neste capítulo.

Capítulo 7

AS MODERNAS TÉCNICAS SOCIAIS: COMUNICAÇÃO DE MASSA E PLANIFICAÇÃO

A Indústria Cultural*

Edgar Morin

As invenções técnicas foram necessárias para que a cultura industrial se tornasse possível: o cinematógrafo e o telégrafo sem fio, principalmente. Essas técnicas foram utilizadas com frequente surpresa de seus inventores: o cinematógrafo, aparelho destinado a registrar o movimento, foi absorvido pelo espetáculo, o sonho e o lazer; o T.S.F., primeiramente de uso utilitário, foi por sua vez absorvido pelo jogo, a música e o divertimento. O vento que assim as arrasta em direção à cultura é o vento do lucro capitalista. É para e pelo lucro que se desenvolvem as novas artes técnicas. Não há dúvida de que, sem o impulso prodigioso do espírito capitalista, essas invenções não teriam conhecido um desenvolvimento tão radical e maciçamente orientado. Contudo, uma vez dado esse impulso, o movimento ultrapassa o capitalismo propriamente dito: nos começos do Estado Soviético, Lênin e Trotsky reconheceram a importância social do cinema. A indústria cultural se desenvolve em todos os regimes, tanto no quadro do Estado quanto no da iniciativa privada.

Dois sistemas

Nos sistemas ditos socialistas, o Estado é senhor absoluto, censor, diretor, produtor. A ideologia do Estado pode, portanto, desempenhar um papel capital.

No entanto, mesmo nos Estados Unidos, a iniciativa privada nunca fica inteiramente entregue à sua própria evolução: o Estado é, pelo menos, polícia.

Do Estado-soberano cultural ao Estado-polícia há uma gama de situações intermediárias. Na França, por exemplo, o Estado só interfere na imprensa para dar autorização prévia, mas tem sob sua proteção a agência nacional de informação (A.F.P.); no cinema, ele autoriza e proíbe, subvenciona em parte a indústria do filme, controla uma sociedade de produção; no rádio, ocupa um monopólio de direito, mas tolera a concorrência eficaz de emissoras periféricas (Luxemburgo, Europa nº 1, Monte Carlo, Andorra): na televisão, esforça-se por manter seu monopólio.

(*) Edgar Morin, *Cultura de massas no século XX* (cap. II: "A indústria cultural"), Companhia Editora Forense, Rio de Janeiro — São Paulo, 1969 (2ª ed.), pp. 25-36. Tradução de Maura Ribeiro Sardinha. Reproduzido com autorização da Editora Forense Universitária.

Os conteúdos culturais diferem mais ou menos radicalmente segundo o tipo de intervenção do Estado — negativo (censura, controle) ou positivo (orientação, domesticação, politização) — segundo o caráter liberal ou autoritário da intervenção, segundo o tipo de Estado interveniente.

Não levando em conta essas variáveis, pode-se dizer que se há igualmente a preocupação de atingir o maior público possível no sistema privado (busca de máximo lucro) e no sistema do Estado (interesse político e ideológico), o sistema privado quer, antes de tudo, agradar ao consumidor. Ele fará tudo para recrear, divertir, dentro dos limites da censura. O sistema de Estado quer convencer, educar: por um lado, tende a propagar uma ideologia que pode aborrecer ou irritar; por outro lado, não é estimulado pelo lucro e pode propor valores de "alta cultura" (palestras científicas, música erudita, obras clássicas). O sistema privado é vivo, porque divertido. Quer adaptar sua cultura ao público. O sistema de Estado é afetado, forçado. Quer adaptar o público à sua cultura. É a alternativa entre a velha governanta *deserotizada* — Anastácia — e a *pin-up* que entreabre seus lábios.

Sendo preciso colocar o problema em termos normativos, não existe, a meu ver, escolha a fazer entre o sistema de Estado e o sistema privado, mas a necessidade de instituir uma nova combinação.

Enquanto se espera, é na concorrência, no seio de uma mesma nação, entre sistema privado e sistema de Estado (para o rádio, a televisão e o cinema) que os aspectos mais inquietantes de um e de outro têm as melhores oportunidades de se neutralizarem, e que seus aspectos mais interessantes (investimento cultural no sistema de Estado, consumo cultural imediato no sistema privado) podem se desenvolver. Isso, bem entendido, colocado abstratamente.

Não examinarei neste ensaio o problema dos apêndices culturais da política de Estado, nem o sistema cultural dito "socialista", ainda que, com exceção feita à China, houvesse em seu seio penetração de elementos da cultura de massa à americana. O objeto de meu estudo são os processos culturais que se desenvolveram fora da esfera de orientação estatal (religiosa ou pedagógica) sob o impulso primeiro do capitalismo privado e que podem, de resto, se difundir com o tempo até nos sistemas culturais estatais. Para evitar qualquer confusão, empregarei o termo de cultura industrial para designar os caracteres comuns a todos os sistemas, privados ou de Estado, de Oeste e de Leste, reservando o termo de cultura de massa para a cultura industrial dominante no Oeste.

Produção — criação: o modelo burocrático-industrial

Em um e em outro caso, por mais diferentes que sejam os conteúdos culturais, há concentração da indústria cultural.

A imprensa, o rádio, a televisão, o cinema são indústrias ultraligeiras. Ligeiras pelo aparelhamento produtor, são ultraligeiras pela mercadoria produzida: esta fica gravada sobre a folha do jornal, sobre a película cinematográfica, voa sobre as ondas e, no momento do consumo; torna-se impalpável, uma vez que esse consumo é psíquico. Entretanto, essa indústria ultraligeira está organizada segundo o modelo da indústria de maior concentração técnica e econômica. No quadro privado, alguns grandes grupos de imprensa, algumas grandes cadeias de rádio e televisão, algumas sociedades cinematográficas concentram em seu poder o aparelhamento (rotativas, estúdios) e dominam as comunicações de massa. No quadro público, é o Estado que assegura a concentração.

A essa concentração técnica corresponde uma concentração burocrática. Um jornal, uma estação de rádio e de televisão são burocraticamente organizados. A organização burocrática filtra a ideia criadora, submete-a a exame antes que ela chegue às mãos daquele que decide — o produtor, o redator-chefe. Este decide em função de considerações anônimas: a rentabilidade eventual do assunto proposto (iniciativa privada), sua oportunidade política (Estado), em seguida remete o projeto para as mãos de técnicos que o submetem a suas próprias manipulações. Em um e outro sistema, o "poder cultural", aquele do autor da canção, do artigo, do projeto de filme, da ideia radiofônica se encontra imprensado entre o poder burocrático e o poder técnico.

A concentração técnico-burocrática pesa universalmente sobre a produção cultural de massa. Donde a tendência à despersonalização da criação, à predominância da organização racional de produção (técnica, comercial, política) sobre a invenção, à desintegração do poder cultural.

No entanto, essa tendência, exigida pelo sistema industrial, se choca com uma exigência radicalmente contrária, nascida da natureza mesma do consumo cultural, que sempre reclama um produto *individualizado*, e sempre novo.

A indústria do detergente produz sempre o mesmo pó, limitando-se a variar as embalagens de tempos em tempos. A indústria automobilística só pode individualizar as séries anuais por renovações técnicas ou de formas, enquanto as unidades são idênticas umas às outras, com apenas algumas diferenças-padrão de cor e de enfeites. No entanto, a indústria cultural precisa de unidades necessariamente individualizadas. Um filme pode ser concebido em função de algumas receitas-padrão (intriga amorosa, *happy end*) mas deve ter sua personalidade, sua originalidade, sua unicidade. Do mesmo modo, um programa de rádio, uma canção. Por outro lado, a informação, a grande imprensa pescam, cada dia, o novo, o contingente, o "acontecimento", isto é, o individual. Fazem o acontecimento passar nos seus moldes para restituí-lo em sua unicidade.

A indústria cultural deve, pois, superar constantemente uma contradição fundamental entre suas estruturas *burocratizadas-padronizadas* e a originalidade (individualidade e novidade) do produto que ela deve fornecer. Seu próprio funcionamento se operara a partir desses dois pares antitéticos: burocracia-invenção, padrão-individualidade.(1)

Esse paradoxo é de tal ordem que se pode perguntar de que modo é possível uma organização burocrático-industrial da cultura. Essa possibilidade reside, sem dúvida, *na estrutura mesma do imaginário*. O imaginário se estrutura segundo arquétipos: existem figurinos-modelo do espírito humano que ordenam os sonhos e, particularmente, os sonhos racionalizados que são os temas míticos ou romanescos. Regras, convenções, gêneros artísticos impõem estruturas exteriores às obras, enquanto situações-tipo e personagens-tipo lhes fornecem as estruturas internas. A análise estrutural nos mostra que se pode reduzir os mitos a estruturas matemáticas. Ora, toda estrutura constante pode se conciliar com a norma industrial. A indústria cultural persegue a demonstração à sua maneira padronizando os grandes temas romanescos, fazendo clichês dos arquétipos em estereótipos.

Praticamente, fabricam-se romances sentimentais em cadeia, a partir de certos modelos tomados conscientes e racionalizados. Também o coração pode ser posto em conserva.

Com a condição, porém, de que os produtos resultantes da cadeia sejam individualizados.

Existem técnicas-padrão de individualização que consistem em modificar o conjunto dos diferentes elementos, de modo que se pode obter os mais variados objetos a partir de peças-padrão de *meccano*.

Em determinado momento precisa-se mais, precisa-se da *invenção*. É aqui que a produção não chega a abafar a criação, que a burocracia é obrigada a procurar a invenção, que o padrão se detém para ser aperfeiçoado pela originalidade.

Donde esse princípio fundamental: a criação cultural não pode ser totalmente integrada em um sistema de produção industrial. Daí um certo número de consequências: por um lado, contratendência à descentralizarão e à concorrência, por outro lado, tendência à autonomia relativa da criação no seio da produção.

De qualquer maneira, há, variável segundo as indústrias, um limite à concentração absoluta. Se, por exemplo, o mesmo truste de sabão (Lever) é levado não só a lançar concorrentemente sobre o mercado várias marcas de detergente (Omo, Rinso, Sunil, Tide, Persil), mas ainda a dotar cada marca de uma certa autonomia, principalmente na organização da publicidade, é porque existe, mesmo nesse nível elementar, uma necessidade de variedade e individualidade no consumo, e porque a máxima eficácia comercial se encontra nessa forma estranha, mas relativamente descentralizadora, de autoconcorrência.

---

(1) Peter Baechlin, *Histoire économique du cinéma*, La Nouvelle Edition, Paris, 1947.

O limite à concentração aparece bem mais nitidamente na indústria cultural. Se há concentração na escala financeira é não só concebível mas frequente (por exemplo, vários jornais concorrentes dependem, de fato, do mesmo oligopólio, como *France-Soir* e *Paris-Presse*). A concentração em um só jornal, uma só emissora de rádio, um só organismo de produção cinematográfica contradiz demais as necessidades de variedade e de individualidade, a flexibilidade mínima de jogo que é vitalmente necessária à indústria cultural.

O equilíbrio concentração-descentralização, até mesmo concentração-concorrência, se estabelece e se modifica em função de múltiplos fatores. Donde as estruturas de produção híbridas e moventes. Na França, por exemplo, após a crise de 1931, os trustes de cinema se desmoronaram; a produção se fragmentou em pequenas firmas independentes; somente a distribuição ficou controlada em algumas grandes sociedades que, por efeito retrospectivo de reconcentração relativa, controlam frequentemente a produção por avanço sobre receitas. Nos Estados Unidos, após a concorrência da televisão, as grandes sociedades, como a Fox, se descentralizaram, deixando as responsabilidades de individuação a produtores semi-independentes.

Em outras palavras, o sistema, cada vez que é forçado a isso, tende a voltar ao clima de concorrência do capitalismo anterior. Do mesmo modo, cada vez que é forçado a isso, se deixa penetrar por antídotos contra o burocratismo. No sistema de Estado, de uma outra maneira, mantêm-se permanentemente grandes resistências antiburocráticas; estas se tornam virulentas desde que uma brecha racha o sistema: em alguns casos, as possibilidades criadoras dos autores podem ser maiores do que no sistema capitalista, uma vez que as considerações a respeito de lucro comercial são secundárias nesse tipo de sistema. Foi o caso do cinema polonês de 1955 a 1957.

O equilíbrio — e o desequilíbrio — entre as forças contrárias burocráticas e antiburocráticas, depende igualmente do próprio produto. A imprensa de massa é mais burocratizada do que no cinema, porque a originalidade e a individualidade já lhes são pré-fabricadas pelo acontecimento, porque o ritmo de publicação é diário ou semanal, e porque a leitura de um jornal está ligada a fortes hábitos. O filme deve, cada vez, encontrar o seu público e acima de tudo deve tentar, cada vez, uma síntese difícil do padrão e do original: o padrão se beneficia do sucesso passado e o original é a garantia do novo sucesso, mas o já conhecido corre o risco de fatigar enquanto o novo corre o risco de desagradar. É por isso que o cinema procura a vedete que une o arquétipo ao individual: a partir daí, compreende-se que a vedete seja o melhor antirrisco da cultura de massa, e, principalmente, do cinema.

Em cada caso, portanto, se estabelece uma relação específica entre a lógica, industrial-burocrática-monopolística-centralizadora-padronizadora, e a contralógica, individualista-inventiva-concorrencial-autonomista-inovadora. Essa conexão complexa pode ser alterada por qualquer modificação que afete um só de seus aspectos. É uma relação de forças submetidas ao conjunto das forças sociais, as quais mediatizam a relação entre o autor e seu público; dessa conexão de forças depende, finalmente, a riqueza artística e humana da obra produzida.

Essa conexão crucial se opera segundo equilíbrios e desequilíbrios. A contradição invenção-padronização é a contradição dinâmica da cultura de massa. É seu mecanismo de adaptação ao público e de adaptação do público a ela. É sua vitalidade.

É a existência dessa contradição que permite compreender, por um lado, esse universo imenso estereotipado no filme, na canção, no jornalismo, no rádio, e, por outro lado, essa invenção perpétua no cinema, na canção, no jornalismo, no rádio, *essa zona de criação e de talento no seio do conformismo padronizado*. Pois a cultura industrializada integra os Bresson e os Brassens, os Faulkner e os Welles, ora sufocando-os, ora desabrochando-os.

Em outras palavras, a indústria cultural precisa de um eletrodo negativo para funcionar positivamente. Esse eletrodo negativo vem a ser uma certa liberdade no seio de estruturas rígidas. Essa liberdade pode ser muito restrita, essa liberdade pode servir, na maioria das vezes, para dar acabamento à produção-padrão, portanto, para servir à padronização; pode, algumas vezes, suscitar uma espécie de corrente de Humboldt, à margem ou no interior de grandes águas (a corrente "negra" do filme americano de 1945 a 1960, de Dmytrik, Kazan a Lazlo Benedeck, Martin Ritt, Nicholas Ray, a corrente anarquista da canção francesa, com Brassens e Léo Ferré etc.). Ela pode, algumas vezes, brilhar de maneira fulgurante: *Kanal*, *Cinzas* e *Diamantes*.

Produção e criação: a criação industrializada

O "criador", isto é, o autor, criador da substância e da forma de sua obra, emergiu tardiamente na história da cultura: é o artista do século XIX. Ele se afirma precisamente no momento em que começa a era industrial. Tende a se desagregar com a introdução das técnicas industriais na cultura. A *criação tende a se tornar produção*.

As novas artes da cultura industrial ressuscitam, em certo sentido, o antigo coletivismo do trabalho artístico, aquele das epopeias anônimas, dos construtores de catedrais, dos *ateliers* de pintores até Rafael e Rembrandt. É surpreendente a analogia entre os heróis homéricos ou os cavaleiros da Távola Redonda, cantados por vagas sucessivas de poetas esquecidos, e os heróis das epopeias de revistas em quadrinho da imprensa de massa, ilustrados por ondas sucessivas de desenhistas que recaem no anonimato. Assim, por exemplo, John Carter, herói de Edgar Rice Barroughs, inaugura sob forma romanesca o "*western interplanetário*". Em 1934, o King Features Syndicate acusa o desenhista Alex Raymond de pôr em quadrinhos as aventuras desse herói que se transforma em Flash Gordon. Depois da morte acidental de Alex Raymond, Austin Briggs o sucede (1942-1949). Este último é substituído por Mare Raboy e Dan Barry... Do mesmo modo o destino de Tarzan passa de mão em mão. Também assim, na França, os *Pieds-Nickelés*, feitos por diversos desenhistas, depois da morte de Forton, atualmente o são por Pellos. O novo coletivismo, porém, não fez nada mais que se reconciliar com as formas primitivas da arte. Pela primeira vez na história, é a divisão industrial do trabalho que faz surgir a unidade da criação artística, como a manufatura faz surgir o trabalho artesanal.

A grande arte móvel, arte industrial típica, o cinema, instituiu uma divisão de trabalho rigorosa, análoga àquela que se passa em uma usina, desde a entrada da matéria bruta até a saída do produto acabado; a matéria-prima do filme é o *script* ou romance que deve ser adaptado; a cadeia começa com os adaptadores, os cenaristas, os dialogistas, às vezes até especialistas em *gag* ou em *human touch*, depois o realizador intervém ao mesmo tempo que o decorador, o operador, o engenheiro de som, e, finalmente, o músico e o montador dão acabamento à obra coletiva. É verdade que o realizador aparece como autor do filme, mas este é o produto de uma criação concebida segundo as normas especializadas de produção.

A divisão do trabalho se estende, inegavelmente, aos demais setores da criação industrial: a produção televisada obedece às mesmas regras, ainda que em grau menor do que a produção cinematográfica. Já a produção radiofônica obedece de modo diverso, segundo as emissões, a essa divisão de trabalho. Na imprensa periódica e, às vezes, diária, o trabalho redacional sobre a informação bruta (despachos de agência, comunicações de correspondentes), a colocação em linguagem que constitui o *rewriting*, testemunham a planificação da divisão racional do trabalho em detrimento do antigo jornalismo. Essa divisão de trabalho tornado coletivo é um aspecto geral da racionalização que chama o sistema industrial, racionalização que começa na fabricação dos produtos, se segue nos planejamentos de produção, de distribuição, e termina nos estudos do mercado cultural.

A essa racionalização corresponde a *padronização*: a padronização impõe ao produto cultural verdadeiros moldes espaço-temporais: o filme deve ter, aproximadamente, 2.500 m de película, isto é, deve cobrir uma hora e meia; os artigos de jornais devem comportar um determinado número de sinais fixando antecipadamente suas dimensões; os programas de rádio são cronometrados. Na imprensa, a padronização do estilo se dá no *rewriting*. Os grandes temas do imaginário (romances, filmes) são, eles mesmos, em certo sentido, arquétipos e estereótipos constituídos em padrão. Nesse sentido, segundo as palavras de Wright Mills em *White Collar*, "a fórmula substitui a forma".

A divisão do trabalho, porém, não é, de modo nenhum, incompatível com a individualização da obra: ela já produziu suas obras-primas no cinema, se bem que, efetivamente, as condições ideais da criação sejam aquelas em que o criador possa assumir, ao mesmo tempo, as diversas funções industrialmente separadas (a ideia, o cenário, a realização e a montagem). A padronização em si mesma não ocasiona, necessariamente, a desindividualização, ela pode ser o equivalente industrial das "regras" clássicas da arte, como as três unidades que impunham as formas e os temas. Os constrangimentos objetivos ou sufocam, ou, ao contrário, aumentam a obra de arte. O *western* não é mais rígido que a tragédia clássica e seus temas canônicos permitem as variações mais requintadas, da *Cavalgada fantástica* a *Bronco, High Noon, Shaine, Johnny Guitar, Rio Bravo*.

Portanto, nem a divisão do trabalho nem a padronização são, em si, obstáculos à individualização da obra. Na realidade, elas tendem a sufocá-la e aumentá-la ao mesmo tempo: quanto mais a indústria cultural se desenvolve, mais ela apela para a individuação, mas tende também a padronizar essa individuação. Não foi em seus começos de artesanato que Hollywood fez apelo aos escritores de talento para seus cenários; é no momento do apogeu do sistema industrial que a usina de sonhos prende Faulkner por contrato ou compra os direitos de Hemingway. Esse impulso em direção ao grande escritor que traz o máximo de individuação é, ao mesmo tempo, contraditório, porque, apenas contratado, Faulkner se viu, salvo uma exceção, na impossibilidade de escrever cenários faulknerianos e se limitou a fazer floreios sobre temas padrões.

Em outras palavras, a dialética padronização-individuação tende frequentemente a se amortecer em uma espécie de termo médio.

O impulso no sentido da individuação não se traduz somente pelo apelo ao elétrodo negativo (o "criador"), ela se efetua pelo refúgio em superindividualidades, as vedetes. A presença de uma vedete superindividualiza o filme. A imprensa consome e cria sem cessar vedetes calcadas sobre o modelo de estrelas de cinema: as Elizabeth, Margaret, Bobet, Coppi, Hergog, Bombard, Rubirosa. As vedetes são personalidades estruturadas (padronizadas) e individualizadas, ao mesmo tempo, e assim seu hieratismo resolve, da melhor maneira, a contradição fundamental. Isto pode ser um dos meios essenciais da vedetização (sobre o qual não insisti suficientemente em meu livro a respeito das estrelas).

Entre esses dois polos de individualização, a vedete e o autor (cenarista ou realizador de filme, de emissão, redator do artigo), funciona uma dialética na maioria das vezes repulsiva. Quanto mais aumenta a individualidade da vedete, mais diminui a do autor e *vice-versa*. Na maioria das vezes a vedete tem precedência sobre o autor. Diz-se "um filme de Gabin". A individualidade do autor é esmagada pela da vedete. Esta individualidade se afirma em um filme sem vedetes.

Podemos abordar aqui o problema do *autor*, que a indústria cultural utiliza e engana ao mesmo tempo em sua tríplice qualidade de artista, de intelectual e de criador.

A indústria cultural atrai e prende por salários muito altos os jornalistas e escritores de talento: ela, porém, não faz frutificar senão a parte desse talento conciliável com os padrões. Constitui-se, portanto, no seio do mundo da cultura industrial, uma *intelligentzia* criadora, sobre a qual pesam grosseiramente a divisão do trabalho e a burocracia e cujas possibilidades são subdesenvolvidas. O *copydesk*, anonimamente, dá forma às aventuras de Margaret no *France-Dimanche*. Conta o 17 de Outubro como um suspense em que Lênin seria o terceiro homem. O cenarista constrói descuidadamente cenários que ele despreza. Um Dassin se submete à Lollobrigida para rodar *La Loi*, um Lazlo Benedeck, para escapar ao silêncio, aceita a ninharia convencional de um *script*. E, assim, vemos frequentemente autores que dizem: "Isso não é meu filme — fui obrigado a aceitar esta vedete, tive que aceitar este *happy end* — fui forçado a fazer este artigo mas não o assinarei; é realmente preciso que eu diga isso neste programa de rádio." No seio da indústria cultural se multiplica o autor não apenas envergonhado de sua obra, mas também negando que sua obra seja obra sua. *O autor não pode mais se identificar com sua obra*. Entre ambos criou-se uma extraordinária repulsa. Então desaparece a maior satisfação do artista, que é a de se identificar com sua obra, isto é, de se justificar através de sua obra, de fundar nela sua própria transcendência.

É um fenômeno de alienação não sem analogia com o do operário industrial, mas em condições subjetivas e objetivas particulares, e com essa diferença essencial: o autor é excessivamente bem pago.

O trabalho mais desprezado pelo autor é, frequentemente, o que lhe dá melhor remuneração e dessa desmoralizante correlação nascem o cinismo, a agressividade ou a má consciência que se misturam à insatisfação profunda nascida da frustração artística ou intelectual. É o que explica que, negada pelo sistema, uma fração dessa *intelligentzia* criadora negue, por sua vez, o sistema e coloque no que ela crê seja o antissistema, o de Moscou, suas esperanças de desforra e de liberdade. É o que explica que um surdo progressismo, um virulento anticapitalismo se tenham desenvolvido junto aos cenaristas mais bem pagos do mundo, aqueles de Hollywood (a "caça às bruxas" de MacCarthy revelou que a Cidade dos Sonhos padronizada estava subterraneamente minada pela mais radical contestação. Do mesmo modo, na imprensa francesa, no cinema francês, uma parte da *intelligentzia* acorrentada e bem remunerada nutria sua contestação ao progressismo).

Contudo, sob a própria pressão que ele sofre, o autor espreme um suco que pode irrigar a obra. Além disso, a liberdade de jogo entre padronização e individualização lhe permite às vezes, na medida de seus sucessos, ditar suas condições. A relação padronização-invenção nunca é estável nem parada, ela se modifica a cada obra nova, segundo relações de forças singulares e detalhadas. Assim, a *nouvelle-vague* cinematográfica provocou um recuo real da padronização, embora não se saiba até que ponto e por quanto tempo.

Enfim, existe uma zona marginal e uma zona central da indústria cultural. Os autores podem se expressar em filmes marginais, feitos com um mínimo de despesas nos programas periféricos do rádio e de televisão, nos jornais de público limitado. Inversamente, a padronização restringe a parte da invenção (levando-se em conta algumas grandes exceções) no setor fechado da indústria cultural, o setor ultraconcentrado, o setor no qual funciona a tendência ao consumo máximo.

20

A Sociedade de Massas*

C. Wright Mills

Na imagem padrão do poder e decisão, nenhuma força é considerada mais importante do que o Grande Público Americano. Longe de ser apenas mais um controle, esse público é tido como a base de todo o poder legítimo. Na vida oficial como na lenda popular, é considerado como o balanceiro mesmo do poder democrático. Todos os teóricos liberais acabam baseando suas noções do sistema de poder sobre o papel político desse público. Todas as decisões oficiais e particulares, que tenham importância, são justificados como tomadas para o bem-estar do público; todas as proclamações formais são feitas em seu nome.

1

Vejamos, portanto, o público clássico da teoria democrática, com o espírito generoso com que Rousseau certa vez exclamou: "Opinião, Rainha do Mundo, não está sujeita ao poder dos reis; estes são os seus primeiros escravos."

A característica mais importante da opinião pública, originada pela ascensão da classe média democrática, é a discussão livre. As possibilidades de responder, de organizar órgãos autônomos da opinião pública, de compreender a opinião em movimento, devem ser asseguradas pelas instituições democráticas. A opinião resultante da discussão pública é considerada como uma resolução e posta em prática pela ação pública; é, segundo uma versão, a "vontade geral" do povo, que o órgão legislativo transforma em lei, dando-lhe força legal. O Congresso, ou Parlamento, como instituição, paira sobre todos os públicos dispersos — é o arquétipo de cada um dos pequenos círculos onde os cidadãos debatem, frente a frente, as questões públicas.

Esse conceito do século XVIII da opinião pública é paralelo ao conceito econômico de mercado na economia livre. De um lado, está o mercado composto de negociantes que competem livremente; do outro, o público formado de círculos de discussão da opinião do povo. Como o preço é o

---

(*) C. Wright Mills, *A elite do poder* (cap, XIII: "A sociedade de massas"), Zahar Editores, Rio de Janeiro, 1962, pp. 354-83. Tradução de Waltensir Dutra. Reproduzido com autorização de Zahar Editores Ltda.

resultado da ação individual, anônima e igualmente ponderada de todos os que compram, assim a opinião pública é o resultado das opiniões adoradas pelas pessoas individualmente, que contribuem, com suas vozes, para o grande coro. Na verdade, alguns podem ter mais influência sobre a opinião geral do que outros, mas nenhum grupo monopoliza a discussão, nem determina por si as opiniões que prevalecerão.

Os numerosos círculos de discussão são ligados pelas pessoas que levam as opiniões de um para outro lado, e lutam pelo poder de um comando maior. O público é assim organizado em associações e partidos, cada qual representando um conjunto de pontos de vista, cada qual tentando obter um lugar no Congresso, onde a discussão continua. Dos pequenos círculos de pessoas que conversam entre si, desenvolvem-se as forças maiores dos movimentos sociais e dos partidos políticos: e a discussão da opinião é a fase importante do conjunto de atos pelos quais as questões públicas são conduzidos.

A autonomia dessas discussões é um elemento importante na ideia da opinião pública como a base da democracia. As opiniões formais são postas em prática nas instituições de poder predominantes; todos os agentes da autoridade são feitos ou desfeitos pela opinião desse público. E, na proporção em que ele é frustrado na realização de suas exigências, seus membros podem ir além da crítica de políticas específicas: podem questionar a legitimidade da autoridade legal. É esse um dos sentidos da observação de Jefferson sobre uma "revolução" ocasional.

O público, assim concebido, é o leme da democracia clássica do século XVIII; a discussão é o fio que liga os círculos de debate. Ela está na raiz do conceito da autoridade, e se baseia na esperança de que a verdade e a justiça surgirão da sociedade, de alguma forma, como um grande aparato para discussão livre. O povo tem problemas. Discute-os. Decide sobre eles. Formula seus pontos de vista. Estes são organizados, e concorrem entre si. Um vence. Então, o povo age segundo esse ponto de vista, ou seus representantes recebem instruções para colocá-los em prática, o que prontamente fazem.

Essa é a imagem do público na democracia clássica, ainda utilizada nas justificativas do poder na sociedade americana. Mas devemos reconhecer que hoje essa descrição parece um conto de fadas: não constitui nem mesmo um modelo parecido com o funcionamento do sistema de poder americano. As questões que determinam atualmente o destino do homem não são apresentadas ao grande público nem por este debatidas. A ideia da comunidade de públicos não é uma descrição da realidade, mas de um ideal, que serve para legitimar uma farsa considerando-a realidade. Pois hoje todos os que examinaram cuidadosamente o público reconhecem que sua participação é muito menor do que no passado.

Essas dúvidas se apresentam de forma positiva na afirmação de que a comunidade clássica de públicos se está transformando em uma sociedade de massas. Essa transformação, na verdade, é uma das chaves para o sentido social e psicológico da vida moderna na América.

I. Na sociedade democrática de públicos supunha-se, como John Locke, que a consciência individual era a sede final de julgamento e, portanto, o último tribunal de apelação. Mas esse princípio foi desafiado — como disse E. H. Carr — quando Rousseau "pela primeira vez pensou em termos da soberania de todo o povo, e enfrentou a questão da democracia de massas".(1)

II. Na sociedade democrática de públicos supunha-se uma harmonia de interesses, natural e pacífica, entre os indivíduos que a formavam. Mas essa doutrina essencialmente conservadora foi substituída pela doutrina utilitária de que a harmonia de interesses tinha primeiro de ser criada pela reforma, antes que pudesse funcionar, e mais tarde substituída pela doutrina marxista da luta de classes, que certamente estava então, e ainda está hoje, mais perto da realidade do que qualquer suposta harmonia de interesses.

III. Na sociedade democrática de públicos supunha-se que antes da ação haveria uma discussão racional entre indivíduos que determinaria a ação, e que, dessa forma, a opinião pública resultante

---

(1) Ver E. H. Carr, *The New Society* (Londres, 1951), de que muito me vali neste e nos parágrafos seguintes.

constituiria a voz infalível da razão. Mas isso foi posto em dúvida não só 1) pela suposta necessidade de peritos para decidir sobre questões delicadas e complexas, mas também 2) pela descoberta — de Freud — da irracionalidade do homem comum, e 3) pela descoberta — feita por Marx — da natureza socialmente condicionada do que se considerava outrora como a razão autônoma.

IV. Na sociedade democrática de públicos supunha-se que, uma vez determinada a atitude autêntica, certa e justa, o público agiria de acordo com ela, ou faria com que seus representantes agissem. Com o tempo, a opinião pública não só estaria certa, como prevaleceria. Essa suposição foi perturbada pela grande distância, hoje existente entre a população em geral e os que tomam decisões em seu nome, decisões essas de grandes consequências, e que o público frequentemente nem mesmo sabe que estão sendo tomadas, só as conhecendo como fatos consumados.

Considerando essas suposições, não é difícil compreender o otimismo articulado de muitos pensadores do século XIX, pois a teoria do público é, sob muitos aspectos, uma projeção, sobre a comunidade em geral, do ideal intelectual da supremacia do intelecto. A "evolução do intelecto", Comte afirmou, "determina o curso principal da evolução social". Se, olhando à sua volta, os pensadores do século XIX ainda viam irracionalidade, ignorância e apatia, isso era apenas um atraso intelectual, que teria um fim breve com a difusão da educação.

Até que ponto a lógica da interpretação clássica do público se baseava na limitação desse público a pessoas cuidadosamente educadas se revela pelo fato de que em 1859 até mesmo John Stuart Mill escrevia sobre "a tirania da maioria", e tanto Tocqueville como Burckhardt anteciparam essa opinião popularizada em um passado recente por moralistas políticos como Ortega y Gasset. Em uma palavra, a transformação do público na massa — e tudo o que isso representa — foi, ao mesmo tempo uma das principais tendências das sociedades modernas e um dos principais fatores do colapso do otimismo liberal que condicionou grande parte da atitude intelectual do século XIX.

Em meados daquele século, o individualismo começara a ser substituído pelas formas coletivas da vida econômica e política; a harmonia de interesses dava lugar a desarmoniosa luta de classes e pressões organizadas; as discussões racionais eram minadas pelas decisões dos peritos nos assuntos complicados, pelo reconhecimento da tendenciosidade da argumentação dos interesses em jogo; e pela descoberta da eficiência do apelo irracional ao cidadão. Além disso, certas modificações estruturais da sociedade moderna, que examinaremos neste capítulo, haviam começado a retirar do público o poder da decisão ativa.

2

A transformação do público em massa é de interesse particular para nós, pois proporciona uma chave importante para o sentido da elite do poder. Se essa elite é realmente responsável perante uma comunidade de públicos, ou pelo menos existe em relação a esta, encerra um significado muito diferente do que encerraria se esse público fosse constituído de uma sociedade de massas.

Os Estados Unidos não são hoje apenas uma sociedade de massas, e não foram também, totalmente, uma comunidade de públicos. Essas expressões são nomes para tipos extremos: indicam certas características da realidade, mas constituem em si elaborações; a realidade social é sempre uma combinação das duas. Mesmo assim, não poderemos compreender prontamente as proporções dessa combinação, em nossa situação, se não compreendermos antes, em termos de dimensões explícitas, os tipos extremos e bem definidos.

Pelo menos quatro dimensões devem ser atendidas para que compreendamos as diferenças entre público e massa.

I. Há, primeiro, a proporção entre os que formam a opinião e os que recebem a opinião formada, que é o modo mais simples de afirmar o sentido social dos veículos formais de comunicação em massa. Mais do que qualquer outra coisa, é a transferência dessa razão que constitui o centro dos problemas do público e da opinião pública nas fases mais recentes da democracia. Em um extremo da escala de comunicações, duas pessoas falam pessoalmente uma com a outra; no extremo oposto, um porta-voz fala, impessoalmente, através de uma rede de comunicações, a milhões de ouvintes e espectadores. Entre esses extremos, há assembleias e partidos políticos, sessões parlamentares, debates em tribunais, pequenos círculos de decisões dominados por um homem, círculos de discussão livre em que a palavra vai de uma para outra, entre cinquenta pessoas, e assim por diante.

II. A segunda dimensão de que nos devemos ocupar é a possibilidade de responder a uma opinião sem provocar repressões internas ou externas. As condições técnicas dos meios de comunicação, impondo uma razão desproporcional de oradores em função dos ouvintes, pode reduzir as possibilidades de resposta livre. Regras informais, baseadas na sanção convencional e na estrutura informal da liderança da opinião, podem determinar quem fala, quando e por quanto tempo. Essas regras podem ou não ser congruentes com as regras formais e com as sanções institucionais que governam os processos de comunicação. No caso extremo, podemos imaginar um monopólio absoluto da comunicação para grupos pacificados, cujos membros não podem responder nem mesmo "em particular". No extremo oposto, as condições podem permitir, e as regras confirmar, a formação ampla e simétrica da opinião.

III. Devemos também considerar as relações da formação da opinião com sua realização no ato social, a facilidade com que a opinião modela efetivamente as decisões de grandes consequências. Essa oportunidade de as pessoas colocarem em prática coletivamente suas opiniões é, evidentemente, limitada pela posição que ocupam na estrutura do poder, que pode limitar decisivamente tal capacidade, permiti-la ou mesmo estimulá-la. Pode limitar a ação social a áreas locais, ou pode ampliar a área de oportunidade. Pode fazer a ação intermitente ou mais ou menos contínua.

IV. Há, finalmente, o grau em que a autoridade institucional, com as sanções e controles, penetra no público. O problema aqui é a margem de autonomia real que o público tem em relação à autoridade instituída. Em um extremo, nenhum agente da autoridade formal se localiza entre o público autônomo; no extremo oposto, o público é aterrorizado até chegar à uniformidade, pela infiltração de informantes e pela universalização da suspeita. Em um outro extremo, a estrutura formal do poder coincide com o fluxo e refluxo informal da influência pela discussão, que é assim eliminada.

Combinando esses diversos pontos, podemos construir pequenos modelos ou diagramas de vários tipos de sociedades. Como o "problema da opinião pública", tal como o conhecemos, é determinado pelo eclipse do público burguês-clássico, vamos ocupar-nos aqui de dois tipos apenas: público e massa.

Em um *público*, como podemos entender a expressão, 1) praticamente o mesmo número de pessoas expressa e recebe opiniões. 2) As comunicações do público são organizadas de tal modo que há a possibilidade imediata e efetiva de responder a qualquer opinião expressa em público. A opinião formada por essa discussão, 3) prontamente encontra uma saída na ação efetiva, mesmo contra — se necessário — o sistema de autoridade predominante. E 4) as instituições de autoridade não penetram no público, que é mais ou menos autônomo em suas operações. Quando essas condições prevalecem, temos um modelo de uma comunidade de públicos, e esse modelo se enquadra nas várias suposições da teoria democrática clássica.

No extremo oposto, na *massa*, 1) o número de pessoas que expressam opiniões é muito menor que o número de pessoas para recebê-las, pois a comunidade de públicos se transforma em uma coleção abstrata de indivíduos que recebem impressões através de veículos de comunicação em massa. 2) As comunicações que predominam são tão organizadas que é difícil ou impossível ao indivíduo responder imediatamente, ou com qualquer eficiência. 3) A colocação da opinião em prática é controlada pelas autoridades que organizam e fiscalizam os canais para tal ação. 4) A massa não tem autonomia em relação às instituições — pelo contrário, os agentes de instituições autorizadas nela penetram, reduzindo-lhe a independência que possa ter na formação da opinião pela discussão.

O público e a massa podem ser distinguidos mais facilmente pelos seus modos predominantes de comunicação: em uma comunidade de públicos, a discussão é o meio de comunicação fundamental, e os veículos de comunicação em massa, quando existem, apenas ampliam e animam a discussão, ligando um público básico com as discussões de outro. Em uma sociedade de massas, o tipo de comunicação dominante é o veículo formal, e os públicos se tornam apenas simples mercados de veículos, expostos que são ao conteúdo dos veículos de comunicações em massa.

3

De quase todos os ângulos em que nos possamos colocar, quando examinamos o público, compreendemos que já avançamos bastante na direção da sociedade de massas. No fim da estrada está o totalitarismo, como na Alemanha nazista, ou na Rússia comunista. Ainda não chegamos a esse ponto. Nos Estados Unidos de hoje, o mercado dos veículos de comunicação em massa ainda não predomina totalmente sobre os públicos básicos. Mas certamente podemos ver que muitos aspectos da vida pública de nossa época são antes características de uma sociedade de massas do que de uma comunidade de públicos.

O que está ocorrendo pode ser descrito em termos do paralelo histórico entre o mercado econômico e o público que constitui a opinião pública. Em suma, há um movimento de substituição dos pequenos poderes dispersos pelos poderes concentrados, e a tentativa de monopolizar o controle dos centros poderosos que, estando parcialmente ocultos, são centros de manipulação bem como de autoridade. A pequena loja que serve a vizinhança é substituída pela anonimidade da empresa nacional: a publicidade em massa substitui a influência da opinião pessoal entre negociante e consumidor. O líder político prepara seu discurso para uma rede nacional e fala, sem o devido toque pessoal, a um milhão de pessoas que nunca viu nem verá. Ramos inteiros de profissões e indústrias estão no "negócio da opinião", manipulando impessoalmente o público, sob remuneração.

No público básico, a competição de opiniões se faz entre pessoas que mantêm pontos de vista em defesa de seus interesses e seu raciocínio. Mas na sociedade de massas, dos mercados de comunicações, a concorrência, quando existe, se faz entre os manipuladores com seus meios de comunicação em massa, de um lado, e o povo que recebe a propaganda, do outro.

Nessas condições, não é de surpreender que surja um conceito da opinião pública como simples reação — não podemos dizer "resposta" — ao conteúdo do que lhe é comunicado. Assim, o público é apenas a coletividade de pessoas passivamente expostas aos meios de comunicação em massa e indefesamente sujeitas às sugestões e fluxo desses meios. A manipulação partida de pontos de controle centralizados constitui uma expropriação da antiga multidão de pequenos "produtores" e "consumidores" de opiniões, operando em um mercado livre e equilibrado.

Nos círculos oficiais, o próprio termo "público" — como Walter Lippmann observou há 30 anos — passou a ter um sentido fantasma, que revela dramaticamente seu eclipse. Do ponto de vista da elite que decide, alguns dos que bradam publicamente podem ser identificados como "o Trabalho", outros como "o Capital", outros ainda como "a Agricultura". Os que não podem ser identificados tão prontamente são "o Público". O público é, assim, formado de não partidários e não identificados em um mundo de interesses definidos e partidários. É socialmente composto de profissionais bem educados, assalariados, especialmente os professores universitários; de empregados não sindicalizados, especialmente os funcionários burocráticos, juntamente com os profissionais liberais e pequenos homens de negócios.

Nesse apagado eco da noção clássica, o público consiste de restos da classe média, velha e nova, cujos interesses não são explicitamente definidos, organizados ou gritantes. Em uma adaptação curiosa, o público se torna frequentemente o "perito não comprometido" que, embora bem informado, jamais assumiu uma posição pública bem definida sobre questões controversas, colocadas sob foco pelos interesses organizados. São esses os membros do "público" na junta, na comissão, no comitê. Assim, o que o público representa é, portanto, uma política frequentemente vaga (chamada de "espírito aberto"), uma falta de participação nas questões públicas (conhecida como sensatez) e um desinteresse profissional (conhecido como tolerância).

Alguns desses membros oficiais do público, como no setor da mediação entre o trabalho e a administração, começam muito jovens e fazem carreira do fato de serem sempre cuidadosamente bem informados, mas nunca adotarem uma posição inflexível. E há muitos outros, não oficiais, que tomam esses profissionais como uma espécie de modelo. O único problema é que agem como se fossem juízes desinteressados, mas não têm o poder de juiz — daí sua sensatez, sua tolerância, seu espírito aberto não representarem grande coisa no condicionamento das questões humanas.

4

Todas essas tendências que levam ao declínio do político e de sua sociedade em equilíbrio influem decisivamente na transformação do público em massa. Uma das transformações estruturais mais importantes é o declínio da associação voluntária como um instrumento autêntico do público. Como já vimos, a ascendência executiva das instituições econômicas, militares e políticas reduziu o emprego efetivo dessas associações voluntárias, que operam entre o Estado e a economia, de um lado, e a família e o indivíduo no grupo básico, de outro. Não se trata apenas do fato de que as instituições do poder se tenham ampliado e centralizado de forma inacessível. Ao mesmo tempo, tornaram-se menos políticas e mais administrativas, e é dentro dessa grande modificação de estrutura que o público organizado se reduziu.

Em termos de *escala*, a transformação do público em massa foi sustentada pela transformação de um público político, de proporções limitadas (pela propriedade e educação, pelo sexo e idade), em massa enormemente ampliada, que tem apenas as qualificações de cidadania e idade.

Em termos de organização, a transformação foi estimulada pela transferência do indivíduo e sua comunidade básica para a associação voluntária e o partido de massas como as principais unidades do poder organizado.

As associações voluntárias se ampliaram, ao mesmo tempo em que se tornaram eficientes; e nessa mesma proporção, tornaram-se inacessíveis ao indivíduo que daria forma, pela discussão, às políticas da organização a que pertence. Assim, juntamente com as instituições mais antigas, essas associações voluntárias perderam seu domínio sobre o indivíduo. À medida que novas pessoas são atraídas à arena política, essas associações se tornam maciças em escala; e à medida que o poder do indivíduo se torna mais dependente dessas associações em massa, menos acessíveis se tornam elas à influência do indivíduo.(2)

A democracia das massas significa a luta de poderosos grupos de interesses e associações de grande escala, que se interpõem entre as grandes decisões tomadas pelo Estado, pela economia, exército e a vontade do cidadão individual como membro do público. Como essas associações de nível médio são a principal ligação que tem o cidadão com as decisões, sua relação com elas adquire importância fundamental. Pois somente através delas ele exerce o poder de que por acaso disponha.

A distância entre os membros e os líderes das associações de massa é cada vez maior. Tão logo um homem chega a líder de uma associação bastante grande para ter importância, deixa de ser um instrumento dessa associação. Ele assim faz 1) com o interesse de manter sua posição de liderança em, ou, antes, sobre sua associação de massas, e o faz 2) porque passa a considerar-se não apenas um delegado, instruído ou não da associação que representa, mas membro de "uma elite" composta de homens como ele mesmo. Esses fatos, por sua vez, levam a 3) uma grande distância entre os termos nos quais as questões são debatidas e resolvidas entre os membros dessa elite, e os termos nos quais são apresentadas aos membros das várias associações de massa. Pois as decisões tomadas devem levar em *consideração* os que têm importância — os membros de outras elites — e ao mesmo tempo, devem convencer à massa de associados.

---

(2) Ao mesmo tempo — e também devido à segregação e distrações metropolitanas, que examinarei mais adiante — o indivíduo passa a depender mais dos meios de comunicação em massa para sua visão da estrutura como um todo.

A distância entre orador e ouvinte, entre poder e público, leva menos a qualquer domínio férreo de oligarquia do que à lei do porta-voz: à medida que os grupos de pressão se ampliam, seus líderes passam a organizar as opiniões que "representam". Assim, as eleições, como já vimos, tornam-se lutas entre dois partidos gigantes e sem coesão, e a nenhum dos dois o indivíduo se sente realmente capaz de influenciar, e nenhum dos dois é capaz de conquistar maiorias psicologicamente impressionantes ou politicamente decisivas. E, em tudo isso, os partidos têm a mesma forma geral das outras associações de massa.(3)

Quando dizemos que o homem, na massa, não experimenta qualquer sensação de participação política, temos em mente antes uma realidade política do que um estilo de sentimento. Temos em mente (I) certa forma de participar (II) de certo tipo de organização.

I. A forma de participar aqui implícita baseia-se na crença, nos propósitos e nos líderes de uma organização, o que permite a homens e mulheres se sentirem à vontade, livremente, dentro dela. Participar, nesse sentido, é fazer da associação humana um centro psicológico de si mesmo, admitir consciente, deliberada e livremente, suas regras de conduta e suas finalidades, que assim modelamos e que por sua vez nos modelam. Não experimentamos essa forma de participar em relação a nenhuma organização política.

II. O tipo de organização que temos em mente é uma associação voluntária, com três características definidas: primeira, é um contexto no qual se podem formular opiniões razoáveis; segundo, é uma agência através da qual é possível empreender atividades razoáveis; e terceiro, é uma unidade bastante forte, em relação a outras organizações de poder, para pesar na balança.

É porque não dispõem de associações que tenham um sentido psicológico e sejam ao mesmo tempo historicamente efetivas que os homens frequentemente se sentem constrangidos em sua fidelidade política e econômica. As unidades efetivas do poder são atualmente a grande empresa, o governo inacessível, o sombrio estabelecimento militar. Entre esses, de um lado, e a família e a pequena comunidade, de outro, não encontramos associações intermediárias nas quais os homens possam sentir-se seguros e com as quais se sintam poderosos. Há pouca luta política realmente viva. Em vez disso, o que existe é uma administração vinda do alto, e o vácuo político abaixo dela. Os públicos são hoje tão pequenos que desaparecem, ou tão grandes que constituem apenas outra característica da estrutura de poder geralmente distante, e portanto inacessível.

A opinião pública existe quando as pessoas que não participam do governo do país se atribuem o direito de expressar opiniões políticas livre e publicamente, e o direito de que essas opiniões influenciem ou determinem políticas, pessoal e atos de seu governo.(4) Nesse sentido formal, tem havido e há uma opinião pública bem definida nos Estados Unidos. Não obstante, com a evolução moderna, esse direito formal — quando existe como direito — não tem a mesma expressão de outrora. A antiga ordem de organização voluntária era tão diferente do mundo de organização e massa quanto o mundo dos folhetos de Tom Paine é diferente do mundo dos meios de comunicação em massa.

Desde a Revolução Francesa, os pensadores conservadores têm visto com alarme a ascensão do público, quer lhe deem o nome de massa ou outro semelhante. "A populaça é soberana, e cresce a maré da barbárie", escreveu Gustave Le Bon. "O direito divino das massas está em vias de substituir o direito divino dos reis", e já "os destinos das nações são elaborados presentemente no coração das massas, e não mais nos conselhos dos príncipes".(5) No século XX, os pensadores liberais e até

---

(3) Sobre as eleições nas democracias formais modernas, E. H. Carr conclui: "Falar hoje da defesa da democracia como se estivéssemos defendendo algo que conhecêssemos e tivéssemos possuído por muitos séculos é uma ilusão de que nos convencemos e uma impostura — a democracia de massas é um fenômeno novo, uma criação do último meio século — que seria inadequado e impróprio considerar em termos da filosofia de Locke ou da democracia liberal do século XIX. Estaríamos mais perto da realidade, e teríamos argumentos mais convincentes, se falássemos da necessidade, e não da defesa da democracia, mas de sua criação." (*Ibid.*, pp. 75-6.)
(4) Cf. Hans Speier, *Social Order and the Risks of War*, New York, 1952.
(5) Gustave Le Bon, *A multidão*.

mesmo os socialistas seguiram a mesma linha, com referências mais explícitas ao que chamamos de sociedade de massas. De Le Bon a Emil Lederer e Ortega y Gasset sustentaram que a influência das massas infelizmente está aumentando.

Mas certamente os que consideram a massa como todo-poderosa, ou pelo menos bem adiantada no caminho da vitória, estão errados. Em nossa época, como Chakhotin viu, a influência das coletividades autônomas na vida política está, na realidade, diminuindo.(6) Além disso, a influência que possam ter é grande; devem ser considerados não como públicos agindo autonomamente, mas como massas manipuladas em pontos focais, transformadas em multidões de manifestantes. Como os públicos se transformam em massas, as massas por vezes se tornam multidões; e, nas multidões, a violência psíquica pelos meios de comunicação em massa é complementada pelas incitações violentas. E em seguida a multidão se dispersa — como massas atomizadas e submissas.

Em todas as sociedades modernas, as associações autônomas que se colocam entre as várias classes e o Estado tendem a perder eficiência como veículos da opinião racional e instrumentos do exercício racional da vontade política. Tais associações podem ser deliberadamente desintegradas, e dessa forma transformadas em instrumentos passivos de domínio, ou podem, ainda mais lentamente, fenecer por falta de utilização em face dos meios de poder centralizados. Mas sejam destruídas em uma semana, ou em uma geração, elas são substituídas praticamente em todas as esferas de vida pelas organizações centralizadas, e são estas, com todos os seus novos meios de poder, que se encarregam da sociedade de massas — aterrorizadas ou não — conforme o caso apenas intimidadas.

5

As tendências institucionais que determinam a sociedade de massas são, em proporções consideráveis, uma questão impessoal, embora os remanescentes do público estejam também sujeitos a forças mais "pessoais" e intencionais. Com a ampliação da base da política dentro do contexto da lenda das decisões democráticas, e com a intensificação dos meios de persuasão em massa, o público que forma a opinião pública tornou-se objeto de esforços intensivos de controle, orientação, manipulação e, cada vez mais, de intimidação.

Nos setores militar, econômico e político, o poder se torna, em graus variados, constrangido frente à suspeição das massas, e assim a opinião pública se transforma na técnica consagrada para a conservação e conquista do poder. O eleitorado minoritário das classes abastadas e educadas é substituído pelo sufrágio universal — e pelas intensas campanhas de conquista de votos. O pequeno exército profissional do século XVIII é substituído pelo exército maciço de conscritos — e pelo problema da disposição nacionalista. A pequena oficina é substituída pela indústria de produção em massa — e pela publicidade nacional.

À medida que a escala das instituições se amplia e centraliza, também se ampliam e intensificam os esforços dos que procuram determinar a opinião. Os meios para isso, na verdade, seguiram paralelamente, em alcance e eficiência, as outras instituições de maior escala que alimentam a moderna sociedade de massas. Assim, além de seus meios de administração ampliados e centralizados, de exploração e violência, a elite moderna tem ao seu alcance instrumentos historicamente ímpares de controle e manipulação psíquicos, que incluem a educação universal compulsória e os meios de comunicação em massa.

Observadores antigos acreditavam que o aumento no alcance e volume dos meios formais de comunicação ampliariam e estimulariam o público básico. Essas opiniões otimistas — anteriores ao rádio, televisão e cinema — entendiam que o veículo formal apenas multiplicaria o alcance e

---

(6) Sergei Chakhotin, *The Rape of the Masses*, New York, 1940.

ritmo da discussão pessoal. As condições modernas, escreveu Charles Cooley, "ampliam indefinidamente a concorrência entre as ideias, e tudo o que vem existindo apenas pela falta, de confronto desaparecerá, pois o que for realmente adequado para o espírito selecionador, será mais apreciado e procurado".(7) Ainda entusiasmado pela ruptura do consenso convencional da comunidade local, via ele os novos meios de comunicação como um estímulo para a dinâmica da discussão da democracia clássica, com o crescimento da individualidade racional e livre.

Ninguém conhece realmente todas as funções dos veículos de comunicação em massa, pois em sua totalidade elas são tão penetrantes e sutis que não podem ser localizadas pelos meios de pesquisa social hoje existentes. Mas temos razões para acreditar que tais veículos de comunicação ajudaram menos a ampliar e animar as discussões dos públicos básicos do que a transformá-los em um grupo de mercados das comunicações, em uma sociedade de massas. Não me refiro apenas à proporção superior dos que expressam opinião, em relação aos que a recebem, e ao declínio das possibilidades de responder. Nem tampouco me refiro à violenta banalização e padronização de nossos órgãos sensoriais em termos da qual esses novos meios de comunicação lutam pela nossa "atenção". Penso na forma de analfabetismo psicológico assim facilitada, e que se expressa de vários modos:

I. Muito pouco do que julgamos saber da realidade social do mundo foi verificado diretamente. A maioria dos "quadros mentais" que temos são produto desses meios de comunicação — a tal ponto que muitas vezes não acreditamos realmente no que vemos à nossa frente, enquanto não lemos a respeito no jornal ou ouvimos no rádio.(8) Os meios de comunicação não nos proporcionam apenas a informação — orientam nossas experiências mesmas. Nossos padrões de credulidade de realidade são determinados por eles, e não pela nossa experiência pessoal fragmentária.

Assim, mesmo que o indivíduo tenha uma experiência direta, pessoal, dos acontecimentos, esta não será realmente direta e pessoal: está organizada em padrões e clichês. É necessário um longo preparo para eliminar esses clichês, e para que a pessoa veja as coisas puramente, de forma não padronizada. Poderíamos supor, por exemplo, que se todas as pessoas atravessassem uma depressão, teriam uma "experiência" dela, em termos da qual poderiam desprezar, ou rejeitar, ou pelo menos não aceitar o que os meios de comunicação dizem sobre ela. Mas as experiências desse tipo *estrutural* têm de ser organizadas e interpretadas, para que se reflitam na formação da opinião.

Em suma, o tipo de experiência que poderia servir de base à resistência aos meios de comunicação em massa não é o dos acontecimentos diretos, mas o de seus sentidos. A marca da interpretação deve estar na experiência, para que possamos usar essa palavra seriamente. E a capacidade de experiência é implantada socialmente. O indivíduo não confia em sua experiência, como disse, até que seja confirmada por outro, ou pelos meios de comunicação. Habitualmente, esse conhecimento direto não é aceito quando perturba fidelidades e crenças que o indivíduo já tenha. Para ser aceito, ele tem de reconfortar ou justificar os sentimentos que constituem as características básicas de sua fidelidade ideológica.

Clichês sobre a lealdade jazem sob as crenças e sentimentos relacionados com determinados símbolos e emblemas; são a forma mesma pela qual os homens veem o mundo social e em termos da qual estabelecem suas opiniões e interpretações específicas dos acontecimentos. São o resultado de experiências anteriores que afetam as experiências presentes e futuras. Não é preciso dizer que os homens frequentemente não têm consciência dessa fidelidade, que frequentemente nem podem formulá-la explicitamente. Não obstante, tais clichês gerais levam à aceitação ou rejeição de opiniões específicas, não tanto pela força da consistência lógica, mas pela sua afinidade emocional e pela forma que aliviam as ansiedades. Aceitar opiniões em seus termos é conseguir o bom sentimento sólido de estar certo sem ter de pensar. Quando os clichês ideológicos e as opiniões específicas estão assim

---

(7) Charles Horton Cooley, *Social Organization*, New York, 1909.
(8) Ver Walter Lippmann, *Public Opinion*, New York, 1922, que ainda é a melhor exposição sobre este aspecto dos meios de comunicação, especialmente pp. 1-25 e 59-121.

ligados, há uma redução da ansiedade provocado pela discordância entre a lealdade e as crenças. Tais ideologias levam a um desejo de aceitar uma determinada linha de pensamento: não haverá então, necessidade — emocionalmente ou racionalmente — de superar a resistência a determinados itens nessa linha. As seleções cumulativas de opiniões e sentimentos específicos passam a constituir a atitude e as emoções pré-organizadas que modelam a opinião e a vida da pessoa.

Esses sentimentos e convicções mais profundos são como lentes através das quais os homens experimentam seus mundos, condicionam fortemente a aceitação ou rejeição de opiniões específicas e determinam a orientação a tomar frente às autoridades dominantes. Há três décadas, Walter Lippmann disse que essas convicções prévias impediam os homens de definirem a realidade de forma adequada. Ainda continuam impedindo. Mas hoje podem, com frequência, ser consideradas como "tendências boas"; por mais inadequadas e errôneas que sejam, o são menos do que o realismo imediatista das altas autoridades e dos que formam a opinião. São o "bom senso" comum inferior, e, como tal, um fator de resistência. Mas devemos reconhecer, especialmente quando o ritmo de modificação é tão profundo e rápido, que o senso comum frequentemente é mais comum do que senso. E acima de tudo, devemos reconhecer que o "senso comum" de nossos filhos será menos o resultado de qualquer tradição social firme do que dos clichês transmitidos pelos meios de comunicação em massa, a que estão completamente expostos hoje em dia. São a primeira geração a ficar assim exposta.

II. Enquanto os meios de comunicação não forem totalmente monopolizados, é possível colocar um meio contra outro, compará-los, e resistir assim ao que dizem. Quanto mais autêntica a concorrência entre os meios de comunicação, maior resistência será possível ao indivíduo. Mas qual será, atualmente, a proporção dessa concorrência? Comparam as pessoas as notícias sobre acontecimentos públicos, ou sobre políticas, jogando o conteúdo de um meio de comunicação contra o outro?

A resposta é: não, geralmente são poucos que o fazem: 1) Sabemos que as pessoas tendem a escolher os veículos de comunicação com os quais estão mais de acordo. Há uma espécie de seleção de opiniões novas à base de opiniões antigas. Ninguém parece buscar as contra-afirmações que podem ser encontradas em outros meios. Determinados programas radiofônicos, revistas e jornais dispõem quase sempre de um público coerente, e isso reforça, no espírito do público, as suas mensagens. 2) Essa ideia de comparar os meios de comunicação supõe um conteúdo diverso entre eles. Supõe uma concorrência autêntica, o que não é totalmente verdade. Esses meios aparentam variedade e concorrência, mas em um exame mais detalhado parecem concorrer mais em termos de variações sobre alguns temas padronizados do que em assuntos de repercussão. A liberdade de levantar problemas parece limitar-se, cada vez mais, aos poucos interesses que dispõem de acesso pronto e permanente aos meios de comunicação.

III. Os meios de comunicação não só se infiltraram em nossas experiências das realidades externas, como também penetraram na experiência interior mesma. Proporcionaram novas identidades e aspirações do que gostaríamos de ser, e o que gostaríamos de aparentar. Proporcionaram modelos de comportamento que nos oferecem um novo conjunto de valores para nossa própria personalidade. Em termos da moderna teoria do eu,[9] podemos dizer que os meios de comunicação levam o leitor, ouvinte ou espectador à visão de grupos de referência mais amplos e mais altos — reais ou imaginários, conhecidos pessoalmente ou percebidos de relance — que constituem os espelhos de sua autoimagem. Multiplicaram os grupos para os quais nos voltamos para a confirmação dessa imagem que fazemos de nós mesmos.

Mais do que isso: 1) os meios de comunicação dizem ao homem da massa quem ele é — dão-lhe identidade; 2) dizem-lhe o que deseja ser — dão-lhe aspirações; 3) dizem-lhe como chegar lá — dão-lhe a técnica; e 4) dizem-lhe como se sentir em vias de chegar, mesmo que não esteja — dão-lhe a fuga. A distância entre a identidade e a aspiração leva à técnica ou à fuga. Essa é provavelmente

---

[9] Cf. Gerth e Mifls, *Character and Social Structure*, New York, 1953.

a fórmula psicológica básica dos meios de comunicação em massa hoje. Mas, como fórmula, não está destinada ao desenvolvimento do ser humano: é a fórmula de um pseudomundo, inventado e mantido por esses meios.

IV. Tal como existem e predominam hoje, os meios de comunicação, especialmente a televisão, usurpam o lugar da discussão em pequena escala e destroem as oportunidades de intercâmbio de opinião, feito em termos razoáveis, sem pressa e humanos. São uma causa importante da destruição da intimidade, em todo o seu sentido humano. Essa é uma das importantes razões pelas quais eles falharam como força educacional, mas existem como força maligna: não articulam para o espectador ou ouvinte as fontes mais amplas de suas tensões e ansiedades, seus ressentimentos subjacentes e esperanças mal formuladas. Nem lhe permitem transcender seu estreito meio ou esclarecer o sentido particular que tenha.

Os meios de comunicação proporcionam muitas informações e notícias sobre o que ocorre no mundo, mas nem sempre permitem ao ouvinte ou espectador ligar sua vida quotidiana com esses acontecimentos maiores. Não ligam a informação que proporcionam sobre as questões públicas com os problemas experimentados pelo indivíduo. Não aumentam a percepção racional das tensões, nem as do indivíduo, nem as da sociedade que se refletem no indivíduo. Pelo contrário, distraem e obscurecem sua oportunidade de compreender-se ou compreender seu mundo, atraindo sua atenção para loucuras artificiais que se resolvem dentro da moldura do programa, usualmente pela ação violenta ou por aquilo que chamam de humor. Em suma, para o espectador não oferecem solução alguma. Esses veículos concentram sua atenção dispersiva de tensões entre o ter ou não ter certos artigos ou as mulheres consideradas atraentes. Há sempre o tom geral de diversão animada, de agitação, mas que não leva a nada e não tem aonde levar.

Mas os meios de comunicação, como estão organizados e funcionam, são mais do que uma causa fundamental da transformação da América em uma sociedade de massas. Estão também entre os meios de poder à disposição das elites de fortuna e poder; e, mais, alguns dos principais agentes desses meios se situam entre as elites ou são muito importantes entre os que servem a elas.

Ao lado, ou imediatamente abaixo da elite, estão o publicitário, o perito em propaganda, o homem das relações públicas, que controlam a formação da opinião pública, a fim de poder incluí-la como mais um item pacificado nos cálculos do poder real, de maior prestígio, de fortunas mais seguras. Nos últimos 25 anos, as atitudes desses manipuladores, em relação à sua tarefa, atravessaram uma forma de dialética.

No princípio, há grande esperança no que as comunicações em massa podem realizar. As palavras vencem guerras ou vendem sabão; agitam ou acalmam o povo. "Somente o custo limita o condicionamento da opinião pública em qualquer sentido e sobre qualquer assunto", disse um publicitário da década de 1920.(10) A confiança que os modeladores de opinião têm na capacidade de convencer, evidenciada pelos meios de comunicação em massa, chega quase à magia — mas isso só será possível enquanto o público for confiante. Mas ele não continuará confiante. Os meios de comunicação em massa dizem coisas exageradas e contraditórias, banalizam sua mensagem e se anulam mutuamente. A "fobia da propaganda" como reação às mentiras da época de guerra e ao desencanto do pósguerra não lhes melhora a perspectiva, embora a memória seja curta e sujeita à deformação oficial. Essa descrença na mágica dos meios de comunicação se traduz em uma frase entre os fabricantes da opinião. Em seus emblemas, escrevem: "Persuasão em Massa não Basta".

Frustrados, raciocinam; e raciocinando, aceitam o princípio do contexto social. Para modificar a opinião e a ação, dizem eles, devemos dedicar muita atenção ao contexto e à vida das pessoas a serem modificadas. Juntamente com a persuasão em massa devemos, de alguma forma, utilizar a influência pessoal; devemos atingir as pessoas no contexto em que vivem e através de outras pessoas, de seus

---

(10) J. Truslow Adams, *The Epic of America*, Boston, 1931, p. 360.

companheiros quotidianos, daqueles em que acreditam: devemos atingi-los por meio de alguma forma de persuasão "pessoal". Não devemos mostrar-nos diretamente; em vez de simplesmente aconselhar ou mandar, devemos manipular.

Ora, a vida e o contexto social imediato em que vivem as pessoas e que sobre elas exerce uma expectativa constante são, decerto, o que chamamos de público básico. Quem conhece uma agência de publicidade ou um escritório de relações públicas por dentro, sabe que o público básico é ainda o grande problema não solucionado dos fabricantes de opinião. Negativamente, o reconhecimento da influência do contexto social sobre a opinião e a atividade públicas significa que o público articulado resiste e rejeita as comunicações dos meios maciços. Positivamente, esse reconhecimento significa que o público não se compõe de pessoas isoladas, mas antes de pessoas que não só têm opiniões anteriores, que devem ser levadas em conta, mas que também influenciam-se continuamente umas às outras, de forma complexa e íntima, direta e permanente.

Em seu esforço para neutralizar ou aproveitar em benefício próprio o público articulado, os fabricantes de opinião tentam transformá-lo em uma rede de revezamento para suas opiniões. Se os fabricantes de opinião tiverem poder bastante para agir direta e abertamente sobre seus públicos básicos, podem tornar-se autoritários; caso não tenham e, portanto, sejam obrigados a operar indiretamente e invisivelmente, assumirão então o papel de manipuladores.

Autoridade é o poder obedecido mais ou menos "voluntariamente"; a manipulação é o exercício "secreto" do poder, desconhecido pelos influenciados. No modelo da sociedade democrática clássica, a manipulação não é um problema, porque a autoridade formal reside no próprio público e em seus representantes, feitos ou destituídos por ele. Na sociedade completamente autoritária, a manipulação não é problema porque a autoridade se identifica abertamente com as instituições dominantes e seus agentes, que podem usar a autoridade explícita e claramente. No caso extremo, não precisam conquistar ou conservar o poder ocultando o seu exercício.

A manipulação torna-se um problema sempre que os homens têm poder concentrado e espontâneo, mas não têm autoridade, ou quando, por qualquer motivo, não desejam usar abertamente seu poder. Nesse caso, então, o poderoso procura dominar sem mostrar sua força. Quer dominar secretamente, sem a legitimação pública. É nesse caso misto — como na realidade intermediária do americano de hoje — que a manipulação se torna uma forma principal de exercer o poder. Pequenos círculos tomam as decisões de que necessitam autorizados, pelo menos, pela indiferença ou recalcitrância do povo sobre o qual não exercem autoridade explícita. Assim, os pequenos círculos procuram manipular esse povo, para obter aceitação voluntária ou apoio entusiasta às suas decisões ou opiniões — ou pelo menos a rejeição de possíveis opiniões contrárias.

A autoridade reside *formalmente* no povo, mas o poder de iniciativa está, de fato, nos pequenos círculos. É por isso que a estratégia padrão da manipulação consiste em aparentar que o povo, ou pelo menos um grande segmento dele, realmente tomou a decisão. Por isso, mesmo quando existe a autoridade, os homens com acesso a ela podem preferir, ainda assim, os processos secretos e silenciosos da manipulação.

Mas não será o povo, hoje, mais educado? Por que não dar ênfase à difusão da educação e não aos efeitos dos meios de comunicação em massa? A resposta, em suma, é que a educação em massa, sob muitos aspectos, tornou-se um outro veículo de massas.

A principal tarefa da educação pública, tal como se considera generalizadamente nos Estados Unidos, era política: tornar o cidadão mais informado e, portanto, melhor habilitado a pensar e formar juízo sobre as questões públicas. Com o tempo, a função da educação transferiu-se da política para a economia: preparar as pessoas para empregos melhores e dessa forma, para o progresso. Isso se aplica especialmente ao movimento da escola secundária, que atendeu às necessidades econômicas de funcionários burocráticos, a expensas públicas. Em grande parte, a educação tornou-se apenas vocacional; no que se relaciona com sua tarefa política, em muitas escolas ela se reduziu a um preparo de rotina sobre a lealdade nacionalista.

A transmissão de conhecimentos mais ou menos diretamente aplicáveis à vida vocacional é uma tarefa importante, mas não deve ser confundida com a educação liberal: o progresso funcional, não importa em que nível, não é o mesmo que evolução pessoal, embora os dois sejam hoje sistematicamente confundidos.(11) Entre os "conhecimentos", alguns são mais e outros menos relevantes aos objetivos da educação liberal — ou seja, liberadora. Os conhecimentos e valores não podem ser tão facilmente separados quanto a busca acadêmica de conhecimentos supostamente neutros nos faz supor. E não o podem especialmente quando falamos seriamente da educação liberal. Há, decerto, uma escala, tendo os conhecimentos em um extremo e os valores em outro, mas é a zona média da escala, que poderíamos chamar de sensibilidade, que tem maior relevância para o público clássico.

Ensinar alguém a trabalhar em um torno ou a ler e escrever é uma educação de habilidades. Despertar nas pessoas a compreensão do que realmente desejam de suas vidas, ou debater com elas os modos de vida estoico, cristão e humanista, é uma educação de valores. Mas ajudar ao nascimento, em um grupo de pessoas, da sensibilidade cultural, política e técnica que fará delas membros autênticos de um autêntico público liberal, isso é um preparo do conhecimento e uma educação de valores. Compreende uma espécie de terapia, no sentido arcaico de esclarecer o conhecimento próprio. Compreende a transmissão de toda a capacidade de entrar em controvérsia consigo mesmo, a que damos o nome de pensamento, e com os outros, ao que chamamos de debate. E o produto final dessa educação liberal da sensibilidade é simplesmente o homem ou mulher autoeducado e autocultivado.

O homem informado, parte do público autêntico, é capaz de transformar suas questões pessoais em problemas sociais, de ver a relevância que têm para a sua comunidade, e a comunidade para eles. Compreende que os pensamentos e problemas considerados pessoais são, quase sempre, problemas partilhados por outros e realmente impossíveis de resolver por uma pessoa, mas somente pelas modificações da estrutura dos grupos em que vive e por vezes da estrutura de toda a sociedade.

O homem, nas massas, é acossado pelos problemas pessoais, mas não adquire consciência de seu verdadeiro significado e fonte. O homem nos públicos enfrenta problemas, e tem consciência de seus termos. É tarefa das instituições liberais, dos homens de educação liberal, traduzir continuadamente os problemas em questões, e as questões em termos de sua expressão humana para o indivíduo. Na ausência de um debate público profundo e amplo, as escolas para adultos e adolescentes talvez pudessem tornar-se molduras desses debates. Em uma comunidade de públicos, a tarefa da educação liberal será impedir o público de ser esmagado; ajudar a desenvolver o indivíduo ousado e sensível que não pode ser submergido pelo peso da vida em massa. Mas a educação não tornou o conhecimento diretamente relevante para a necessidade humana do homem perturbado do século XX, ou para os atos sociais do cidadão. Este cidadão não pode, atualmente, ver as raízes de suas tendências e frustrações, não pensar claramente sobre si mesmo, nem sobre qualquer outra coisa. Não vê a frustração da ideia, do intelecto, pela atual organização da sociedade e não pode atender as tarefas que hoje enfrenta o "cidadão inteligente".

As instituições educacionais não fizeram isso e, com raras exceções, não estão agindo nesse sentido. Tornaram-se apenas elevadores da ascensão funcional e social e, em todos os níveis, tornaram-se politicamente tímidas. Além disso, nas mãos dos educadores profissionais, muitas escolas passaram a funcionar com uma ideologia de "adaptação à vida" que estimula a aceitação desses modos de vida em massa, em vez de estimular a luta pela transcendência individual e pública.(12)

Não há dúvida que os modernos educadores retrógrados adaptaram suas noções do conteúdo e da prática educacional às ideias de massa. Não proclamam padrões de nível cultural e rigor intelectual;

---

(11) Cf. Mills, "Work Milieu and Social Structure", discurso na Sociedade de Saúde Mental do Norte da Califórnia, em março de 1954.
(12) "Se as escolas estivessem executando sua tarefa", escreveu A. E. Bestor, "deveríamos esperar que os educadores mostrassem uma realização significativa e indiscutível, na elevação do nível intelectual do país — calculada talvez pela maior circulação *per capita* de livros e revistas sérias, pelo melhor gosto no cinema e nos programas de rádio, pelo maior nível dos debates políticos, pelo maior respeito à liberdade de palavra e pensamento, pelo declínio desse indício de emburrecimento que é a leitura interminável, pelos adultos, de histórias em quadrinhos." (*Educational Wastelands*, University of Illinois, 1953.)

preferem agir com as vocações e a adaptação à vida — ou seja, a frouxa vida das massas. "Escolas democráticas" significam, com frequência, o estímulo da mediocridade intelectual, do preparo vocacional, das fidelidades nacionalistas e quase nada mais.

6

As tendências estruturais da sociedade moderna e o caráter manipulativo de sua técnica de comunicação chegam a um ponto de coincidência na sociedade de massas, que é em grande parte uma sociedade metropolitana. O crescimento da metrópole, segregando homens e mulheres em estreitas rotinas e ambientes, faz com que percam qualquer sentido firme de sua integridade como público. Os membros dos públicos nas comunidades menores conhecem-se mais ou menos integralmente, porque se encontram nos vários aspectos da rotina total da vida. Os membros da massa em uma sociedade metropolitana conhecem-se apenas como frações de um meio especializado: o homem que conserta o carro, a moça que serve o almoço, a vendedora, a mulher que cuida de nossos filhos na escola durante o dia. O preconceito e o clichê florescem quando as pessoas se encontram dessa forma. A realidade humana dos outros não se manifesta e não pode manifestar-se.

Sabemos que as pessoas escolhem os meios de comunicação formal que confirmam suas crenças e sentimentos. De forma paralela, procuram, na segregação metropolitana, entrar em contato com pessoas cujas opiniões são semelhantes às suas. Aos outros, a tendência é tratar sem seriedade. Na sociedade metropolitana adotam, em sua defesa, uma atitude *blasé*, que é mais profunda do que simples atitude. Assim, não experimentam choques autênticos de pontos de vista, problemas verdadeiros. E quando isso ocorre, a tendência é considerar tais choques como simples falta de polidez.

Afundados na rotina, não transcendem, nem mesmo pela discussão e muito menos pela ação, suas vidas mais ou menos estreitas. Não adquirem uma perspectiva da estrutura de sua sociedade e de seu papel, como público, dentro dela. A cidade é uma estrutura composta de pequenos ambientes, e as pessoas que neles vivem isolam-se umas das outras. A "variedade estimulante" da vida não estimula os homens e mulheres das cidades-dormitórios, dos subúrbios, que atravessam a vida conhecendo apenas gente como eles próprios. Quando se procuram, o fazem somente através dos clichês e das imagens preconcebidas das criaturas de outros meios. Cada qual está preso pelo seu círculo limitador; cada qual pertence a grupos facilmente identificáveis. É para as pessoas desses meios estreitos que as comunicações em massa podem criar um pseudomundo além e um pseudomundo dentro deles também.

Os públicos vivem em seus ambientes, mas podem transcendê-los — individualmente, pelo esforço intelectual; socialmente, pela ação pública. Pela reflexão, pelo debate e pela ação organizada, uma comunidade de públicos adquire personalidade e passa a ser realmente ativa em pontos de relevância estrutural.

Mas os membros de uma massa existem em um meio e não podem livrar-se dele, nem pelo intelecto nem pela atividade, exceto — no caso extremo — sob a "espontaneidade organizada" do burocrata em uma motocicleta. Ainda não chegamos ao caso extremo, mas observando o homem metropolitano na massa americana, podemos ver claramente a preparação psicológica para isso.

Eis como podemos considerar a situação: quando um punhado de homens não tem empregos e não procura trabalho, buscamos as causas em suas situações imediatas e no seu caráter. Mas quando 12 milhões de homens estão desempregados, não podemos acreditar que todos eles subitamente ficaram preguiçosos e deixaram de "ser bons". Os economistas dão a isso o nome de "desemprego estrutural" — significando, pelo menos, que os homens em questão não têm oportunidades de emprego. O desemprego estrutural não se origina em uma fábrica ou em uma cidade nem é provocado por coisa alguma que uma fábrica ou uma cidade faça ou deixe de fazer. Além disso, pouco ou nada há que o homem comum de uma fábrica ou cidade possa fazer quando o desemprego ultrapassa seu ambiente pessoal.

Essa distinção entre a estrutura social e o meio pessoal é uma das mais importantes nos estudos sociológicos. Proporciona-nos uma compreensão rápida da posição do público na América de hoje. Em todas as principais áreas da vida, a perda de um senso de estrutura e o afundamento em um meio impotente é o fato mais significativo. No setor militar isso é evidente, pois nele os papéis são estritamente limitados; somente os postos de comando, no alto, proporcionam uma visão da estrutura do todo, e, além disso, essa visão constitui um segredo oficial zelosamente guardado. Na divisão do trabalho, também, as posições que os homens ocupam nas hierarquias econômicas constituem ambientes mais ou menos limitados, os postos de onde é possível uma visão do processo de produção como um todo estão centralizados, e os homens são alienados não só do produto e das ferramentas de seu trabalho, mas também de qualquer compreensão da estrutura e dos processos de produção. No setor político, na fragmentação do nível inferior e na proliferação dispersiva dos níveis médios, os homens não podem ver o todo, não podem ver o alto, e não podem compreender os aspectos que na realidade determinam o todo da estrutura em que vivem e o lugar que nela ocupam.

A perda de qualquer visão ou posição estrutural é o sentido da perda de comunidade. Na grande cidade, a divisão de ambientes e as rotinas isoladoras se impõem com mais força ao indivíduo e à família, pois embora a cidade não seja a unidade de decisão básica, nem ela pode ser vista como uma estrutura total pela maioria de seus cidadãos.

De um lado, há a crescente escala e centralização da estrutura da decisão; e, do outro, a crescente classificação dos homens segundo o ambiente. De ambos os lados, há a crescente dependência dos meios formais de comunicação, inclusive os de educação. Mas o homem na massa não adquire uma visão transcendente desses meios; ao invés disso, sua experiência lhe chega padronizada. Não pode desligar-se para observar, muito menos para avaliar, o que está experimentando, e ainda menos o que não está experimentando. Em vez da discussão interna que chamamos de reflexão, acompanhado durante toda sua vida-experiência uma espécie de monólogo inconsciente, como um eco. Não tem projetos próprios: preenche as rotinas que existem. Não transcende o que é, em nenhum momento, porque não transcende, não pode transcender seu meio diário. Não tem consciência exata de sua experiência diária e de seus padrões reais: vaga, realiza atos habituais, comporta-se segundo uma mistura sem planos de padrões confusos e de esperanças não criticadas, aprendidas de outros que não conhece realmente ou em quem não confia, se alguma vez chegou a conhecer e confiar.

Aceita as coisas como são, aproveita-se delas o melhor que pode, tenta olhar para a frente — um ano ou dois, talvez, ou mesmo mais se tiver filhos ou uma hipoteca — mas não indaga seriamente: "Que desejo eu? Como posso obtê-lo?" Enche-o um otimismo vago, que o sustenta, interrompido ocasionalmente por pequenas misérias e desapontamentos que são logo enterrados. É um arredio, do ponto de vista dos que julgam que algo pode estar errado com o estilo de vida da loucura metropolitana, em que "fazer-se por si mesmo" é um ramo externamente agitado da indústria. Quais os padrões que usa para julgar-se e julgar seus esforços? Onde estão os modelos de excelência desse homem?

Ele perde sua independência e, o que é mais importante, perde o desejo de ser independente: de fato, não conserva a ideia de ser um indivíduo independente, com sua mentalidade e seu modo de vida padronizados. Não que goste ou não goste de tal vida — a questão jamais se apresenta assim clara e aguda, portanto não se sente amargo nem satisfeito com as condições e os acontecimentos. Julga que deseja apenas ter sua parte do que existe à sua volta, com o mínimo de esforço possível e o máximo de diversão.

A ordem e os movimentos que sua vida tem estão em conformidade com as rotinas externas; de outra forma, sua experiência quotidiana seria um caos vago embora frequentemente não tenha consciência disso, porque, rigorosamente falando, não possui realmente, nem observa, sua experiência. Não formula seus desejos; estes lhe são insinuados. E, na massa, perde a autoconfiança no ser humano — se é que chegou a tê-la. Pois a vida em uma sociedade de massas cria a insegurança e estimula a impotência; torna os homens constrangidos e vagamente ansiosos; isola o indivíduo do grupo sólido; destrói padrões de grupo firmes. Agindo sem objetivos, o homem na massa sente-se apenas desarvorado.

A ideia da sociedade de massas sugere a ideia de uma elite do poder. A ideia do público, em contraste, sugere a tradição liberal de uma sociedade sem qualquer elite do poder, ou de qualquer forma sem elites móveis de consequências soberanas. Pois se um público autêntico é soberano, não necessita de senhor; mas as massas, em sua plenitude, são soberanas apenas em algum momento plebiscitário da adulação de uma elite autoritária. A estrutura política do Estado democrático exige o público; e o homem democrático, em sua retórica, tem de afirmar que esse público é a fonte mesma da soberania.

Mas, atualmente, tendo em vista todas essas forças que ampliaram e centralizaram a ordem política e fizeram as sociedades modernas menos políticas e mais administrativas; tendo em vista a transformação das antigas classes médias em algo que talvez nem deva ser chamado de classe média; tendo em vista todas as comunicações em massa que não comunicam realmente; tendo em vista a segregação metropolitana que não é comunidade; tendo em vista a ausência de associações voluntárias que realmente liguem o público em geral com os centros do poder — o que está acontecendo é o declínio dos públicos, soberanos apenas no sentido mais formal e retórico. Além disso, em muitos países, os remanescentes desse público estão sofrendo um processo de terrorismo. Perdem o desejo de decisão e ação racionalmente considerada, porque não possuem os instrumentos para essa decisão e ação; perdem o sentido de participação política porque não participam; perdem seu sentido de vontade política porque não veem como realizá-la.

A cúpula da moderna sociedade americana está cada vez mais unificada, e frequentemente parece estar coordenada com espontaneidade: na cúpula surgiu uma elite do poder; os níveis médios são um grupo de forças sem orientação, em um impasse, equilibradas: o meio não liga a base com a cúpula. A base dessa sociedade está politicamente fragmentada, e mesmo como fato passivo, é cada vez mais impotente: na base, está surgindo uma sociedade de massas.

21

A Planificação como Domínio Racional do Irracional*

Karl Mannheim

A sociedade está quase a ponto de passar a uma nova fase. Se não compreendermos isso, perderemos as oportunidades infinitas que a coordenação das técnicas sociais colocaria em nossas mãos.

A liberdade planificada só pode ser obtida por um tratamento deliberado e habilidoso dessas técnicas, de modo que toda influência exercida sobre os seres humanos seja teoricamente compreendida. A autoridade que planifica deve poder decidir, em bases empíricas, que influência usar em determinada situação, fundamentando seu julgamento no estudo científico da sociedade, conjugado se possível com a experiência sociológica. Essa tendência já é evidente em alguns setores. Assim, por exemplo, estamos desenvolvendo hoje uma nova forma de estudo científico, a sociologia do imposto,(1) a fim de descobrir que métodos atuam melhor nos diferentes países. Da mesma forma, é de esperar que possamos decidir pela experiência quais as táticas a adotar em outras esferas da sociedade, em face dos costumes predominantes em determinado momento. Assim como diferentes cidadãos em países diferentes reagem diferentemente sobre suas obrigações morais, quando se trata de pagar imposto, assim também há diferentes modos de pensamento, caminhos na psicologia das nações, os quais levam a fazer certas coisas em obediência a ordens militares e outras em um espírito de cooperação livre.

Ao procurar as técnicas adequadas, a ciência social terá, obviamente, de trabalhar com vários conceitos de eficiência. À parte o conceito puramente técnico, que se poderia definir como "obter o efeito máximo pelo máximo de esforço", outras considerações mais humanas terão de ser levadas em consideração. Uma forma drástica de impostos pode ser eficiente no momento, do ponto de vista exclusivamente técnico, porque extrai a maior soma no menor tempo possível, mas psicologicamente e com o tempo, será ineficiente porque pode abalar a confiança do contribuinte, de quem depende o recolhimento dos impostos no futuro. Assim, qualquer código econômico,

---
(*) Karl Mannheim, *O homem e a sociedade* (Estudos sobre a estrutura social moderna), Zahar Editores, Rio de Janeiro, 1962, pp. 274-83. Tradução de Waltensir Dutra. Reproduzido com autorização de Zahar Editores Ltda.
(1) Sobre a sociologia dos impostos, cf. H. Sultan, *Die Staatseinnahmen*. Versuch einer soziologischen Finanztheorie als Teil einer Theorie der politischen Ökonomie (Tübingen, 1932); F. K. Mann, *Finanzsoziologic*, Kölner Vierteljahrreshefte für Soziologie, vol. 12, nº 1, 1933.

educacional e administrativo, deve considerar não só a eficiência técnica passageira, mas os efeitos psicológicos mais profundos. Uma sociedade na qual o lucro não seja o único critério de produção econômica preferirá trabalhar pelos métodos que, embora menos eficientes do ponto de vista da produção, dão aos trabalhadores maior satisfação psicológica. Mesmo o nosso tipo de sociedade capitalista, embora preparado para lutar por objetivos puramente econômicos, não foi forçado a reduzir seus lucros em favor dos serviços sociais? Uma sociedade planificada quase certamente inventará novas formas de cálculo, devido ao seu maior interesse no bem-estar do todo. O novo conceito de eficiência que examinamos não se limitaria à esfera econômica. Os meios psicológicos, sociais e técnicos aplicados deviam ser julgados pelo seu efeito no caráter e na individualidade, bem como pela sua eficiência puramente técnica. Por que uma sociedade planificada, que poderá tratar não apenas da economia propriamente dita, mas também da economia humana, não há de deixar margem para esse ponto de vista? Podemos ir ainda mais longe. Um melhor domínio da escala social, um conhecimento mais preciso da técnica social, não resulta necessariamente em uma interferência excessiva. Acredito que a sagacidade do planejador frequentemente levará a uma recusa deliberada de interferir em muitos campos. Talvez eu possa explicar o que tenho em mente, com um exemplo em pequena escala. Um internato experimental, por exemplo, que pretendesse a planificação de todos os âmbitos de suas atividades, poderia estabelecer seus programas e horários detalhadamente, mas ao mesmo tempo propiciaria horas de recreio em que as crianças ficassem entregues a si mesmas, sem conselho ou interferência, de modo que pudessem desenvolver a iniciativa própria. Ao mesmo tempo, as coisas poderiam ser organizadas de modo que os rapazes saíssem sozinhos, ou procurassem trabalho em que sua iniciativa individual se exercesse livremente. Isso não é, de modo algum, contrário ao princípio de que as influências educacionais devam ser cuidadosamente controladas. Mesmo em nossa atual sociedade, zonas de abrigo e campos de batalha abertos existem simultaneamente. Na sociedade planificada continuarão existindo, mas serão postos em harmonia por uma compreensão mais profunda da contribuição que fazem à formação do caráter e à eficiência da sociedade.

Esse domínio racional do irracional, que não lhe rouba o encanto particular, esse reconhecimento deliberado da irracionalidade só é possível quando há uma compreensão total não apenas das técnicas padronizadas, mas também das formas espontâneas que se desenvolvem na vida se deixadas a si mesmas. A escala e a harmonia polifônica dos instrumentos musicais de que falamos não foram metáforas ocasionais. A analogia se justifica, pois só o homem que domina completamente a técnica musical pode realmente expressar a irracionalidade da experiência musical. Da mesma forma, uma sociedade realmente planificada não suprime a genuína dinâmica da vida, nem a intelectualiza, mas, sim, procura, pelo trato habilidoso da situação, utilizar-se das forças orgânicas de forma mais completa do que era possível em uma fase de controle mais primitivo e inflexível.

Nem mesmo o maior perito da técnica social imagina que pode criar os processos psicológicos e sociais elementares. Quanto maior seu conhecimento, mais claramente verá que o verdadeiro progresso na técnica social significa uma utilização mais cabal, um domínio sempre crescente, do material original. A habilidade não nos fará inumanos, mas sim humanos em um sentido mais profundo. Somente os que julgam ser "natural" a fase presente da sociedade porque nela nasceram, se oporão ao verdadeiro planejamento, deixando passar completamente despercebido o fato de que essa pretensa naturalidade é produto ocasional da interferência espasmódica no curso dos acontecimentos sociais e no desenvolvimento do indivíduo — interferência que habitualmente provoca mais mal do que bem, por não ser aplicada conscientemente. A inabilidade da nossa sociedade, em que diferentes instituições feitas pelo homem se chocam e diferentes códigos morais continuamente levam a conflitos, reflete-se na maré crescente das neuroses no indivíduo e no pânico e crise nas relações internacionais.

Para que a sociedade seja controlada, devemos indagar-nos como poderemos melhorar nossa técnica de intervenção nos assuntos humanos, e onde deve começar essa intervenção. O problema desse "onde", o ponto de ataque exato, leva-nos ao conceito do controle social.(2) As sociedades do passado fizeram uso desse controle sob muitas formas, e estaremos justificados se falarmos das "posições-chave do controle social" no sentido de terem sido sempre os focos dos quais emanam as influências mais importantes. Uma nova abordagem da história será feita quando pudermos traduzir as principais modificações estruturais em termos de um deslocamento dos antigos sistemas de controle. Considerando a sociedade como um todo, a substituição dos controles individuais não é nunca devida apenas a causas imediatas, mas, sim, a uma função das modificações na configuração total.

Surge, então, a questão de se, no passado, os controles nasceram ao acaso, ou se mesmo então eram inconscientemente coordenados, e se no futuro essa coordenação poderá ser estimulada deliberadamente. A chave da compreensão da transferência dos controles sociais está, em parte, na natureza transformável das técnicas sociais e, em parte, na transformação dos próprios seres humanos.

Em uma sociedade em que a técnica do controle social está ainda em sua infância, a influência vem de perto, do pai, do vizinho, do chefe. Os padrões de comportamento têm de ser inculcados, e todos têm de se conformar a eles, para que a sociedade funcione. Esse tipo de grupo primitivo, com sua limitada escala de influência social, tenderá a impor muitos tabus e insistirá ansiosamente naquilo que Durkheim chama de "solidariedade mecânica".

Mas em uma sociedade com uma divisão mais detalhada do trabalho, a conduta humana pode ser influenciada por meios mais sutis e menos evidentes. Como mostra Durkheim, a divisão do trabalho cria funções complementares entre si, de forma que todos dependem muito mais do vizinho do que em uma sociedade sem tais divisões, em que cada qual produz para si. Devido a essa divisão do trabalho e à consequente dependência da sociedade a que o indivíduo fica reduzido, novas formas de pressão passam a existir e continuam a influenciar quando já não há ninguém para dar ordens. Repetem-se constantemente certas situações e exercem uma pressão da qual há pouca possibilidade de fugir. Essa "pressão das circunstâncias" permite ao indivíduo fazer sua adaptação, mas o número de adaptações possíveis é limitado. Mesmo que a sociedade não esteja em condições de resolver essas situações, elas podem, não obstante, ser previstas e facilmente identificáveis nas mais importantes esferas da vida. A semelhança aparece em sua forma mais notável quando estudamos as biografias de homens que pertenceram ao mesmo período e classe: habitualmente, enfrentaram os mesmos tipos de situação, mesmo quando acreditavam estar atravessando uma situação singular. É claro que o controle social que consiste em apresentar a certas classes sociais certas situações definidas é radicalmente diferente do problema da sociedade primitiva, em que o indivíduo é atingido diretamente. Somente quando a estrutura social chega a uma fase de desenvolvimento razoavelmente complexa, podem os controles sociais tornar-se bastante flexíveis para provocar um número de reações frente a condições típicas, em vez de estabelecer regras de comportamento. Os tipos de controle social que atuam através das situações ou da força das circunstâncias só se encontram em certo nível de sociedade, e sua significação aumenta à medida que sua complexidade cresce. Da mesma forma, a questão vital do controle social ser exercido por um grupo central de líderes, ou democraticamente difuso por toda a sociedade, depende, para sua solução, tanto da ordem social como das técnicas sociais.

Quanto a isso, torna-se claro que a discussão do problema do controle social é inutilmente abstrata quando não se relaciona com o funcionamento da sociedade como um todo e, sim, artificialmente dividida em compartimentos estanques, como a economia, a ciência política, a administração, a educação. Enquanto nos especializarmos apenas em um desses campos, sua natureza nos

---

(2) Cf. E. Ross, *Social Control: A Survey of the Foundations of Order* (New York, 1901), livro cujo mérito foi ter atraído, ainda muito cedo, a atenção para esse problema. Creio, porém, que em uma fase ainda muito inicial não era possível ver as suas implicações últimas, que só se tornam visíveis quando as discutimos no contexto da técnica social e da planificação. Cf. também Ch. H. Cooley, *Social Organization* (New York, 1909); *idem*, *Social Process* (New York, 1918); R. M. MacIver, *Society. A textbook of Sociology* (New York, 1918), esp. livro II; C. M. Case, "Some Sociological Aspects of Coercion", *Publications of the Amer. Sociol. Society*, vol. 117, 1922; F. E. Lumley, *The Transition as an Objective Standard of Social Control Thesis* (Chicago, 1911); "Social Control", *Publication of the Amer. Sociol. Society*, vol. 12 (Chicago, 1918); W. R. Smith, "School Discipline as Training for the Larger Social Control", *ibid.*, vol. 17, 1923; G. H. Mead, "The Genesis of the Self and Social Control", *Intern. Journ. of Ethics*, vol. 35, 1924-1925.

estará oculta. Não compreendemos que todas essas ciências aparentemente separadas estão de fato inter-relacionadas, que se referem a técnicas sociais cuja finalidade é assegurar o funcionamento da ordem social, fazendo com que uma influência adequada se exerça sobre o comportamento e as atitudes dos homens.

Uma vez reconhecida essa unidade de propósito, o caráter político e social de todas as instituições humanas se torna claro. Não são, como à primeira vista parece, destinados simplesmente a realizar um objetivo limitado; são elementos permanentes na organização política da sociedade e se desenvolveram lado a lado. A economia, em seu aspecto mais amplo, não é apenas um instrumento de regulamentar a produção e o consumo, é também um meio eficiente de regulamentar o comportamento humano, e em algumas esferas de ação facilita seu ajuste à tendência geral. A administração não é meramente uma forma de organização social criada com o objetivo de realizar certas decisões; torna-se hoje cada vez mais evidente que a administração se está transformando em um instrumento de interferência política e que os métodos usados na execução dos regulamentos podem servir como meio indireto de alterar o equilíbrio do poder em uma sociedade. A distinção dogmática entre a criação da lei (legislação) e sua interpretação (jurisdição) já não parece tão nítida como antes, e vemos mais claramente que no processo de jurisdição os juízes estão criando o direito. Os sociólogos não consideram a educação apenas como um meio de compreender ideias culturais abstratas, como humanismo, ou especialização técnica, mas como parte do processo de influenciar homens e mulheres. A educação só poderá ser compreendida se soubermos para que sociedade e posição social os alunos estão sendo educados.(3)

Se, em vez de estudar cada ramo de atividade separadamente, considerarmos todas as atividades sociais como um todo, poderemos classificá-las como técnicas sociais, cuja única razão de ser é influenciar o comportamento humano da forma que a sociedade considerar adequada.(4) Isso nos leva à hipótese de que o *quantum* de energia mental necessário para produzir os hábitos e perspectivas de uma sociedade permanece constante, e que somente as formas concretas de expressão o modificam. Nesse sentido, podemos falar de uma transmutação (metamorfose) dessa energia.

Passemos agora ao exame mais detalhado dessa transformação de energia mental; vamos dar um exemplo para mostrar como a mesma atividade (trabalho manual) foi imposta de formas diferentes em duas fases sucessivas da história. É fato bem conhecido que na sociedade romana, especialmente nas grandes propriedades (*latifundia*), o trabalho era feito por escravos e o principal incentivo era o chicote. Em fins do domínio romano, no princípio da Idade Média, esse sistema de economia escrava foi transformado na servidão, e em vez da força bruta, houve uma combinação de métodos para despertar a vontade de trabalhar. Primeiramente os escravos, outrora condenados ao celibato, tiveram permissão para casar, de modo que em vez de viver em habitações coletivas, puderam ter um lar e uma família. Foi uma tentativa mais ou menos deliberada de mobilizar o instinto de conservação, no interesse econômico de seus senhores, fortalecendo-os através dos laços familiares. Em seguida, esse motivo foi reforçado sob outro aspecto, dando-se aos escravos uma faixa de terra, com uma participação na colheita, para que se interessassem na produção. E, finalmente, foram legalmente atados ao solo e dessa forma a ambição que a própria sociedade despertara, teve seu cresci-

---

(3) K. Mannheim, "Educação de massas e análise de grupos", *Diagnóstico de nosso tempo*, trad. Octávio Alves Velho, Zahar Editores, Rio de Janeiro, 1961.
(4) Faremos, aqui, apenas menção do que já explicamos em outro trabalho — porque teria de ser na época liberal que surgiria a tendência de divorciar as esferas entre si. O hábito de pensar em termos de pura economia, a distinção indiscutida entre o legislativo, o executivo e o judiciário, a autonomia da educação, assinalam apenas uma fase na evolução da sociedade e na qual, por motivos estruturais, a coordenação ocorre através de restrições e equilíbrios. Mesmo neste sentido, as diferentes esferas de ação não eram tão simples e impolíticas como parecem à análise abstrata. A regulamentação da propriedade, por exemplo, foi sempre política, pois não só constituía um meio de assegurar um certo padrão de vida, como também regulamentava as atividades humanas nas diferentes esferas. Mesmo quando não havia autoridades que conscientemente movimentassem as diferentes partes do mecanismo social, elas constantemente se influenciavam mutuamente e tendiam para o equilíbrio. Este não era totalitário, no sentido de ter sido planificado sobre princípios teóricos, para funcionar como uma máquina única.

mento obstado pela regulamentação social, pois não havia, para eles, esperança de se transferirem para as melhores propriedades do campo. Essas restrições na liberdade de movimentos eram reforçadas pela falta de comunicações.

A transformação dos escravos em servos é um exemplo dos diferentes incentivos empregados nessas duas soluções do problema do trabalho. Em vez do método primitivo da força bruta, aplicado na escravidão, na servidão há uma combinação de estímulos. Laços de sangue e ligação emocional à terra, impossibilidade legal de abandoná-la e um interesse prático na sua produção, tudo isso se combinou para criar um sistema habilmente equilibrado, para despertar a necessária vontade de trabalhar. O curso particular que toma a iniciativa humana, as novas formas de incentivos são uma função das técnicas sociais e só podem ser cabalmente compreendidas em relação à ordem social como um todo. A sociedade voltou-se, em nosso exemplo, para um sistema mais complicado, não apenas porque dava ao servo um interesse mais agudo em seu trabalho, mas porque as guerras imperialistas, que eram uma espécie de caça de escravos, cessaram, e com elas a fonte de trabalho escravo.(5)

Neste exemplo, a transmutação da energia social (metamorfose) é evidente ao observarmos como certos sistemas usaram métodos diferentes de pressão e estímulo para conseguir o mesmo resultado. Apesar de sua importância nesse caso particular, o princípio da transmutação da energia social é apenas uma metáfora; seria um erro levá-lo muito longe.(6) Seria também tolice procurar medir o *quantum* de energia;(7) poderíamos ser levados a um ocioso debate teórico. O elemento vital no princípio físico da conservação da energia é a possibilidade de medir os *quanta*, tal como realmente ocorrem em várias formas. No caso, a analogia da conservação da energia serve apenas para acentuar dois fatos importantes: primeiro, há apenas um princípio único subjacente a todas as técnicas sociais, o da influência no comportamento humano, fazendo as pessoas agirem de uma forma desejada. Segundo, o mesmo comportamento (trabalho manual, no caso que analisamos) pode ser conseguido ora por um ato único de compulsão direta, ora por uma combinação dos controles sociais, expandindo-se por toda a contextura social.

---

(5) Cf. Max Weber, "Die sozialen Gründe des Unterganges der antiken Kultur" em seu *Gesammelte Aufsätze zur Sozial-und Wirtschaftsgeschichte*, Tübingen, 1924.
(6) C. K. Friedrich, *Constitutional Governmentand Politics* (New York, 1973), fala da interpretação da ação humana pelo princípio do poder, mas se esquece de ressaltar que a ideia da conservação da energia só é adequada se puder ser medida. Além disso, ignora as suposições principais da unidade das técnicas sociais, que apesar de suas diferenças externas têm, em nossa opinião, uma mesma tarefa a executar influenciar o comportamento humano. Somente fazendo disso a base do estudo é possível falar da transmutação de energia. De outra forma, será impossível interpretar a mutável expressão da mesma tendência como variações dessas tendências. Certamente Friedrich deu um passo importante nessa direção, ao considerar não apenas as atividades compulsórias, mas também as espontâneas, como uma expressão dessa energia. Realmente, conseguir obediência a uma ordem desagradável é um método de influenciar o comportamento, tal como criar uma unanimidade ou o desejo espontâneo de cumprir com os deveres. É precisamente nessa capacidade de criar unanimidade, quando os métodos autoritários só obtém a obediência, que está a maior eficiência dos métodos democráticos.
(7) Para medir a energia mental empregada nos dois métodos acima mencionados, de fazer com que as pessoas trabalhem, os resultados obtidos pelo trabalho escravo teriam de ser comparados com a energia consumida pelos supervisores, e em seguida com os resultados obtidos pelos servos, a fim de contrastar a energia gasta pelos supervisores com a energia necessária à manutenção de todo o sistema. É claro que essas quantidades não são mensuráveis; portanto, como dissemos no texto, não é a igualdade de energia gasta que nos parece importante, mas a questão dos meios (orgulho pelo trabalho, iniciativa) e através de que combinações de técnicas sociais, funções idênticas são criadas em sociedades diferentes. Quanto aos efeitos psicológicos dos métodos espontâneo e autoritário, cf. K. Lewin e R. Lippitt, "An Experimental Approach to the Study of Autocracy and Democracy", *Sociometry*, I, nº 3-4, 1934; K. Lewin e R. K. White, "Patterns of Aggressive Behaviour in Experimentally Created Social Climates", *Journ. of Soc. Psychol*, maio de 1939.

Capítulo 8

OS MOVIMENTOS SOCIAIS

22

Os Movimentos Sociais*

Alain Touraine

A. Quatro espécies de condutas coletivas

Não se deve tomar a sociedade pelo que ela é, pelas suas formas de organização e suas regras de funcionamento. O que aparece como quadro dos comportamentos sociais é, em realidade, o resultado sempre limitado, frágil e mal-integrado dos conflitos e das transações que se formam entre classes e forças sociais delas derivadas e que são os atores da historicidade de uma sociedade, atores que animam e interpretam o sistema da ação histórica de uma sociedade, isto é, seu campo social e cultural de desenvolvimento.

Se entende-se por condutas sociais somente o jogo dos atores em um quadro institucional e organizacional dado, a noção de movimento social torna-se incompreensível, pois os movimentos sociais pertencem aos processos pelos quais uma sociedade produz sua organização a partir de seu sistema de ação histórica passando através dos conflitos de classes e das transações políticas.

Entendo, em princípio, por movimentos sociais *a ação conflitante de agentes das classes sociais lutando pelo controle do sistema de ação histórica*. Mas é difícil abstrair este tipo de conduta coletiva da realidade observável, na qual se misturam todos os níveis da análise. Pode-se falar de um movimento operário, definido por sua luta contra o capitalismo pelo controle do desenvolvimento industrial, sem levar em consideração o estudo do sistema institucional, isto é, em particular o grau e a forma de tratamento institucional dos conflitos do trabalho, ou sem considerar os efeitos das crises econômicas, da mobilidade profissional ou da organização das empresas?

Mas antes de estudar a interação de diversos tipos de condutas coletivas, deve-se primeiramente distinguir com clareza entre conflito das classes e resistência à autoridade ou pressão sobre o sistema institucional. Isto significa distinguir as espécies de condutas coletivas que correspondem ao sistema de ação histórica, ao sistema institucional e ao sistema organizacional. O essencial da análise será consagrado em seguida ao estudo dos movimentos sociais, condutas coletivas de historicidade. Finalmente será preciso considerar a projeção dos movimentos sociais no nível do sistema institucional

---

(*) Alain Touraine, *Production de la société* (cap. VI: "Les mouvements sociaux", partes "A" e "B"), Éditions du Seuil, Paris, 1973, pp. 347-89. Tradução de Braz José de Araújo e Eduardo Macedo Mussi. Reproduzido com autorização do autor.

e, sobretudo, da organização social, portanto a transformação do conflito social em luta contra o poder estabelecido.

O mais necessário é aprender a reconhecer na prática as diversas espécies de condutas coletivas. De fato, muitas vezes se opõem interpretações globais: para uns o movimento estudantil se explica pela crise da universidade, a organização não está, portanto, ajustada ao conjunto da sociedade que requer a produção de novos quadros; para outros, é antes de tudo a rigidez burocrática de um sistema de decisão que se deve questionar, e que se denuncia acusando a burocracia ministerial e o corporativismo dos docentes; para outros, enfim, o movimento estudantil revela e anima um novo conflito de classes. Tais discussões, por mais sugestivas que sejam, não podem levar a nenhum resultado se não se define de início as características das condutas coletivas que manifestam seja um conflito de classe, seja um bloqueio institucional, seja uma crise organizacional. Ao ponto em que chegou a nossa análise, é possível operar tais distinções.

a) *As condutas de crise organizacional*

Os atores se situam primeiramente na organização social. Toda ação coletiva supõe a existência de um ator, outros atores portadores de interesses diferentes dos seus e de um campo social no qual se colocam suas relações. Como se pode definir mais precisamente os elementos no nível organizacional?

— *Os membros de uma organização* que formulam reivindicações se definem a si próprios de duas maneiras, do interior e do exterior da organização.

De um lado, de fato, eles ocupam uma certa posição e consideram que dando uma certa contribuição devem receber uma retribuição justa, isto é, concedida no nível relativo de sua contribuição.

Por outro lado, a organização é apenas um meio social particular no qual o ator só parcialmente se empenha. Ele age, portanto, em função de seus outros papéis e do conjunto de seus interesses pessoais. O aumento dos preços não é produto de uma empresa ou de uma organização, mas suscita reivindicações e conflitos. A mobilidade social ou profissional cria situações nas quais o papel profissional é mais diretamente empenhado, mas que não se reduzem a ele, o que é uma outra forma importante da influência de fatores externos sobre as condutas organizacionais. Esta dualidade da posição do ator, que está ao mesmo tempo na organização e diante dela, está em oposição com a unidade de uma posição de classe, que define a identidade do ator de um movimento social.

— A reivindicação se dirige, ao contrário, a um interlocutor claramente definido, aquele que detém a *autoridade* e, ao lado desta, o poder. Mas se limita-se a análise ao nível propriamente organizacional, o "chefe" aparece ao mesmo tempo como todo-poderoso e pouco senhor de suas decisões, porquanto ele é somente aquele que relaciona objetivos e meios em nome de normas, mas também de uma certa estratégia relativa a um meio que constrange a organização. De maneira que toda reivindicação está obrigada a se colocar no interior de limites definidos ao mesmo tempo por estas pressões e pela natureza do próprio poder. Daí a descontinuidade das reivindicações, e mais ainda, um vaivém constante entre um "realismo" muito limitativo e um extravasamento do quadro organizacional que pode conduzir até a formação de um movimento social.

— Enfim, o campo do conflito é a própria organização; a reivindicação é neste sentido sempre orientada, ao mesmo tempo, para a desorganização e para a reorganização. Ela desorganiza porque modifica o esquema prévio; mas visa a reorganização pois só tem força verdadeira quando protesta contra uma desorganização e uma crise. Aquele que é ameaçado de desemprego, de subemprego ou de desqualificação, que protesta contra o arbitrário ou contra más condições de trabalho e de salário, ao mesmo tempo em que acusa a direção, quer salvar a organização em que trabalha e assim assegurar seu próprio futuro. O mineiro que enfrenta um trabalho penoso bate-se contra o fechamento da mina para afastar o desemprego.

Assim, a reivindicação organizacional é prisioneira da organização, apela mesmo aos interesses da organização contra os do poder que a dirige ou das forças exteriores que agem sobre ela.

Neste caso é difícil que se forme uma ação coletiva orientada na direção de uma transformação da ordem social. Uma tal ação só pode nascer se, além da crise da organização, o poder é questionado.

Em compensação é frequente que um movimento social provoque comportamentos de crise ou se apoie sobre eles. Uma crise econômica, a ameaça ou a realidade do desemprego provocam comportamentos coletivos que nem sempre estão associados a um questionamento do poder e que são diferentes de um movimento social, isto é, de um conflito de classes colocando em jogo o controle do sistema de ação histórica. O movimento estudantil na França, no decorrer dos anos recentes, foi fortemente associado a *condutas de crise*. É nas Faculdades de Letras, com recursos precários, com um ensino herdado da sociedade liberal, até mesmo de sociedades mais antigas, que ele se desenvolveu mais facilmente.

Se tomam forma isoladamente, esses tipos de condutas coletivas só podem ser orientados no sentido da reconstituição do sistema social atingido pela crise. É a eles — e não aos movimentos sociais — que se aplica a definição dada por N. Smelser em *Theory of Collective Behavior* (Free Press, 1963): "Uma mobilização não institucionalizada por uma ação cujo objetivo é de modificar um ou vários tipos de tensões sobre a base da reconstituição generalizada de uma componente da ação." O movimento é tanto mais importante, segundo este autor, se a crise atinge um componente da ação mais fundamental, ou seja, por ordem de importância decrescente: os valores, as normas, a participação em organizações e o emprego dos recursos técnicos. À crise responde o esforço de reconstrução da sociedade, de restauração de seus princípios e de seu funcionamento. Procura-se reencontrar uma situação "normal", recuperar as posições perdidas, a integração da coletividade, as regras do jogo social, os princípios que animam a cultura. Às vezes, as condutas coletivas não visam o retorno a um equilíbrio anterior; elas podem se mostrar confiantes no futuro. É apenas uma crise, dizem alguns, e com pouco esforço da razão, um novo equilíbrio será encontrado, salvaguardando os valores essenciais e respondendo melhor às exigências do tempo presente que o sistema anterior, desgostado ou deformado por pressões exteriores que recebem a responsabilidade da crise.

Em todos os casos, considerada em si própria, a crise se manifesta pela explosão, os comportamentos anômicos, a desmoralização, o recuo, a apatia ou, ao contrário, a revolta contra uma organização ultrapassada, esclerosada, incapaz de responder às necessidades da sociedade moderna.

Estes três tipos de conduta: *restauração, anomia, modernização* têm em comum colocar o ator diretamente em face do sistema social, sem introduzir conflitos entre atores definidos por sua oposição.

O ator é definido no interior de uma organização; ele se refere às suas regras, a seus costumes, a suas necessidades. Ele questiona a injustiça, a incompetência, a irracionalidade. O próprio ator é fracamente definido, pois cada indivíduo pode agir em função de vários grupos aos quais pertence e de vários papéis. A crise é vivida como um contrassenso, não como o resultado de uma ação adversa. As posições se elaboram como respostas "evidentes" à crise e, como a luz projetada sobre um espelho quebrado é devolvida em todas as direções, a imagem da ordem a restabelecer é muitas vezes incoerente e leva a apresentar simultaneamente afirmações ou objetivos contraditórios. A ação que se forma é mais de ruptura para a frente ou para trás do que de transformação. Ela se organiza, pois, dificilmente e é próprio das condutas de crise a sua descontinuidade, a sucessão rápida da excitação e da depressão, dos programas gerais e da indiferença apática.

Toda classe popular conduz uma ação defensiva ao mesmo tempo que contestadora. Mas pode acontecer que a ligação destas duas vertentes de seu movimento se rompa ou esteja ausente e que seja conduzido a uma ação puramente defensiva, que se torna, então, uma conduta de crise organizacional. Mas muitas ações coletivas são apressadamente colocadas nesta categoria. Uma coletividade rural atingida pela penetração do capitalismo mercantil é muitas vezes alcançado por um movimento *messiânico* ou outras formas de revolta. Aí não é suficiente ver uma reação de defesa de uma comunidade lutando contra sua desagregação. Muitas vezes, ao contrário, percebe-se ao mesmo tempo um esforço para se reapropriar da modernização e para lutar contra um adversário ainda distante e mal definido. O messias não é somente aquele que impõe a volta a uma situação antiga mais ou menos idealizada, mas antes quem tenta transformar em atores aqueles que sofrem a mudança. Trata-se assim de um movimento social e não de uma simples reação à desorganização social, de uma forma confusa de luta de classes e não de uma integração tradicionalista. O que distingue os dois tipos de condutas coletivas é a capacidade que só tem o movimento social de mobilizar um grupo ou uma coletividade por uma luta contra um adversário e pelo controle da mudança, enquanto a reação a uma crise organizacional só pode ser dirigida para o interior de uma coletividade. Ela se torna, por isso, inteiramente heterônoma em sua ação política ou, ao contrário, dominada por uma vontade de "recuperação", de maior participação social, que é também heterônoma.

Esta dissociação do *interior e do exterior*, substituindo-se ao tema do conflito, é a marca da crise organizacional e da ausência de movimento social.

b) *As tensões institucionais*

O sistema institucional tem por produto decisões definindo o quadro de ação das organizações. Os atores são forças sociais tentando exercer uma certa influência sobre as decisões que se imporão a uma coletividade.

A ação de uma força social se define, pois, por quatro componentes fundamentais.

Em primeiro lugar, o *reconhecimento dos limites do campo de decisão*. Um sindicato negociando com os empregadores não pode ter como objetivo a supressão do capitalismo. Tal pode ser a orientação do movimento operário, mas existe a institucionalização dos conflitos do trabalho somente na medida em que o movimento operário e a ação sindical não são inteiramente confundidos. Negociando, o sindicato não renuncia às orientações do movimento operário, mas ele só tem influência sobre as decisões porque sua ação de transformação social é indireta e limitada.

Em segundo lugar, uma força social — grupo de interesses ou de pressão — visa melhorar *sua posição relativa* em relação a outras forças sociais no *sistema de influência*.

Em terceiro lugar, cada força social elabora uma *estratégia complexa, pois seus interesses são pelo menos tão diferenciados como os problemas societários tratados pelo sistema político*. Um grupo de pressão é apenas uma força social fraca, tendo em vista que tem uma função única e chega a elaborar diferentemente uma estratégia complexa. Só pode agir através de manifestações momentâneas.

Se os atores do sistema institucional fossem todos grupos de pressão, este sistema se decomporia.

Em último lugar, a ação de uma força social é sempre orientada para uma *decisão* a ser tomada. O papel dos parlamentares é de votar leis, o de um conselho municipal — que é também um órgão de execução — de decidir o emprego dos recursos locais.

Uma negociação coletiva na empresa visa flexionar a utilização dos recursos e o exercício da autoridade.

Esta descrição da ação institucional é, entretanto, bastante limitada: ela só considera a zona de eficiência das instituições. Ora, todo sistema institucional é limitado, toda reivindicação não é negociada, todos os interesses sociais não são representados. Certas condutas coletivas são respostas ao *bloqueio* ou ao fechamento do sistema institucional. Na França, o Estado quase sempre se recusou a negociar os salários com as organizações sindicais. Nas universidades, países mais avançados economicamente não tinham, até uma data recente, quase nenhum sistema de representação estudantil. Na Igreja Católica não existe quase nenhum sistema institucional reconhecido. Em todos estes casos a decisão e a autoridade são confundidas e a oposição tende a passar sem transição de reivindicações organizacionais a uma contestação direta da dominação social. Mas existem também movimentos de protesto que se opõem ao bloqueio e visam a uma abertura do sistema político: a imposição de valores e de normas, a recusa de negociar por parte de dirigentes autoritários ou burocráticos. Uma tal ação é reformadora; faz apelo a uma necessária modernização e muitas vezes insiste sobre os efeitos positivos para a integrarão social de conflito reconhecido e tratado; ao mesmo tempo ela questiona a herança do passado e os direitos adquiridos.

Quais são os traços distintivos de uma pressão sobre o sistema institucional? Deve-se necessariamente reencontrar aqui os atributos de uma força social. Um movimento de pressão aceita certos limites, solicita participar na tomada de decisão, define-se pela capacidade real de influência; sua ação é, portanto, dirigida para e contra a instituição. Operários fazem greve para obter o reconhecimento da ação sindical e para impor a abertura de negociações. O início do movimento estudantil em Nanterre, em 1967, foi marcado por uma greve que solicitava a participação dos estudantes na aplicação das reformas Fouchet, a fim de evitar para certas categorias de estudantes os efeitos considerados irritantes e injustos dessa reforma.

Uma tal pressão pode pretender o tratamento institucional de certas reivindicações. Pode também reagir ao bloqueio ou à decomposição do sistema institucional e, portanto, dar nascimento e potência a uma revolta anti-institucional. É necessário distinguir nitidamente estes dois tipos de condutas. Os problemas internos da organização social e de seu funcionamento estão associados aos problemas, diferentes por natureza, do poder, isto é, da projeção sobre a organização social das relações de dominação; todavia, os problemas de funcionamento do sistema institucional expressos pelas palavras *rigidez, bloqueio* etc., não podem ser confundidos com *hegemonia*, que manifestam a influência da dominação social sobre o sistema institucional.

A pressão institucional tem, muitas vezes, como ator os estratos inferiores ou os elementos ameaçados da classe superior. Querem igualdade, opõem-se ao açambarcamento das riquezas e do poder político pelos grandes proprietários. Sua ação é muito mais política do que social, pois não constituem a classe popular da sociedade considerada. Tal foi o caso dos pequenos proprietários rurais da Grécia dos séculos VI e VII, e em particular de Atenas, que se levantaram contra o poder dos proprietários de grandes domínios que os ameaçavam: reclamaram mais igualdade e apoiaram os tiranos em sua ação antiaristocrática. Há séculos atrás, a pequena burguesia, na Inglaterra ou na França, reivindicava, da mesma maneira, medidas contra a riqueza e pela instrução pública para igualar as oportunidades. No primeiro caso, estes pequenos proprietários não podem ser confundidos com os escravos, pois são cidadãos; no segundo, esta pequena burguesia, mais ainda, não pode ser confundida com a classe operária, na qual se organiza o movimento social. Tais movimentos podem ser extremos no método de governo que preconizam ou que apoiam; não deixam de ser "moderados" no que se refere à sua ação sobre as relações de classes.

Não faltam ideólogos, sobretudo hoje, para negar a existência dos conflitos de classes e dos movimentos sociais e para ver neles apenas o efeito de bloqueios institucionais. Basta que o Estado e as empresas se tornem bons estrategistas, capazes de cálculo racional, sabendo a todo momento negociar as condições ótimas de adaptação a um meio em mudança, e as transações pragmáticas substituirão os afrontamentos dogmáticos.

Eu não oponho uma ideologia a uma outra. Afirmo somente que as condutas coletivas que respondem à disfunção do sistema institucional não são da mesma natureza, não têm os mesmos atributos que os movimentos sociais que questionam a dominação do sistema de ação histórica.

Nada mais arbitrário do que afirmar o sentido de um acontecimento histórico ou de uma associação voluntária. A análise comparativa deve se proteger contra tais ingenuidades. A rigidez do sistema institucional francês é certamente um elemento importante da situação que conduziu à explosão de maio de 1968. As universidades americanas não padeciam de uma rigidez e de um centralismo semelhantes. No entanto, elas conheceram um movimento estudantil que não está sem relações com aquele que viveram a França ou a Itália. Antes de recompor o acontecimento e o encadeamento de diversos problemas e condutas coletivas, é indispensável distingui-los analiticamente.

Tarefa tanto mais difícil e tanto mais necessária porque o sociólogo tende a se colocar no interior de um conjunto social, o mais das vezes sua própria sociedade; e se representa mais facilmente, como todos os atores sociais, os problemas "concretos" de seu funcionamento do que a referência às orientações culturais ou a uma dominação de classe, que só podem ser reconhecidas por um esforço de abstração.

1. Assim, a partir do isolamento legítimo das condutas organizacionais, passa-se facilmente à pretensão de só definir os atores sociais por sua posição na organização social, e mais concretamente na estratificação e na mobilidade sociais.

Os estratos mais baixos aparecem, então, ao mesmo tempo como conservadores e dependentes, até mesmo como passivos. Só debilmente participam na criação dos valores e nas trocas sociais; não são inovadores; seu comportamento é rígido. Ao contrário, os estratos superiores têm mais condutas "eletivas", gastam uma maior parte de seus recursos em despesas outras que a subsistência, são mais capazes de acolher inovações que se incorporam melhor a um conjunto mais diversificado e mais flexível de condutas. Por outro lado, as categorias mais baixas são mais heterogêneas, menos capazes de ação coletiva e também mais sensíveis a um desejo de ascensão individual.

Este tipo de análise encontra, no entanto, tipos de condutas que penso dependam de outros níveis de funcionamento da sociedade: o sistema político e as relações de classe. Inventa-se, então, noções cujo papel é evitar esta mudança de perspectiva. Se se observa os protestos, diz-se que eles visam restabelecer a ordem social anterior e que resistem ao esforço dos estratos superiores para conduzir racionalmente e por etapas as mudanças necessárias, ou então que se trata de reações anômicas à crise, de formas simples de decomposição social.

A atitude sociológica que acabo rapidamente de descrever não é neutra. Ela é *conservadora*, pois parte da ordem estabelecida: "as coisas sendo o que elas são." Observa-se "empiricamente" as diferenças entre os estratos ou entre as categorias definidas por sua mobilidade, o que resulta em mostrar que aquelas que estão acima ou que querem aí chegar são efetivamente "superiores" àquelas que estão abaixo. Tudo que se afasta deste esquema é apenas desordem, resistência à mudança ou volta ao passado.

A forma extrema desta Sociologia conservadora é aquela que se situa do ponto de vista do Estado. Os detentores do poder têm a iniciativa; o povo é apenas uma massa inorgânica, instável, autoritária e que se divide entre a marginalidade, a fuga em contrassociedades utópicas e o inconformismo intolerante.

2. Aqueles que se situam do ponto de vista do sistema político não constroem a mesma imagem das condutas sociais. São mais sensíveis à "nacionalidade limitada" dos interesses e das estratégias, às transações e às negociações. Mas afirmam, como a Sociologia conservadora, que quanto mais se sobe na hierarquia social, aumentam mais a capacidade política, a complexidade das estratégias e das alianças, de modo que a mudança é obra dos mais influentes, enquanto o povo é mais rígido. Se se constata que transformações são provocados pela ação das classes populares, esta Sociologia liberal responde de início que nada é menos certo. Certamente o povo intervém, mas de um lado não é a causa da mudança, que é apenas produto de um conflito formado no seio da elite dirigente, e, por outro lado, não pode orientá-la, contentando-se em ocupar provisoriamente o vazio do poder, e em aumentar ou a desordem ou a rigidez do sistema político, provocando reações que tornam a mudança mais difícil e mais custosa.

3. Finalmente, a Sociologia pode se instalar no nível da *historicidade* e, em particular, das *relações de classe*. Mas ela sempre corre o risco de apresentar os atores históricos, dos quais se ocupa, como coletividades reais. Daí a imagem de uma classe camponesa ou operária progressista, animada exclusivamente por uma vontade de liberdade e de igualdade, que se torna mais um traço cultural permanente do que a expressão de um movimento social contra a dominação e os privilégios. Às observações da Sociologia conservadora e da Sociologia liberal, esta Sociologia progressista responde que, se o progresso não é sempre confundido com a liberdade, é porque ele é confiscado por traidores, maus pastores e maus conselheiros, defensores de antigos privilégios ou açambarcadores do interesse geral. O que conduz a um apelo cada vez mais forte à virtude, à integração social, reforçando assim o peso do Estado e da ideologia dominante.

Estas deformações de uma análise *que identifica um dos níveis da sociedade no conjunto de seu funcionamento*, conduzem cada vez a Sociologia a tornar-se seja a auxiliar de uma ordem, fundada sobre princípios e tradições, seja de uma gestão elitista da mudança, seja da instauração de uma nova organização social e de novas relações de classes. O que leva a duas conclusões.

A primeira é que a *análise sociológica nunca pode se identificar com a direção da sociedade e ainda menos com o Estado*. Eis porque o poder, qualquer que seja, desconfia da Sociologia, porque esta critica em vez de justificar, distingue em vez de integrar. De bom grado se faz apelo a ela para combater o desvio, reforçar a socialização, eliminar os arcaísmos; ela é mais facilmente tolerada quando o próprio poder é pouco integrado, submetido a crises de mudança ou de adaptação. A Sociologia é melhor tratada nos sistemas políticos pluralistas do que nos "monopolistas", ela é melhor defendida pelos movimentos sociais em formação, contestadores, do que por aqueles que se aproximam do poder: ela é mais ouvida pelas categorias com *status* instáveis ou pouco congruentes do que pelos extremos da escala social.

A segunda é que é preciso escolher entre a explosão da análise sociológica e sua *independência*. A explosão significa que sociologias de direita, do centro e de esquerda polemizam interminavelmente, o que pode lhes ensinar a se limitarem ao tipo de fenômenos sociais correspondentes a cada uma delas, mas correndo muito mais risco de aguçar as ideologias concorrentes. A independência, ao contrário, confunde-se com um esforço de integração da análise sociológica e este supõe ao mesmo tempo um princípio de unidade, quer dizer de *hierarquização* dos diversos níveis da análise, e um princípio de dissociação, isto é, de separação da sociedade como sistema de sistemas e da sociedade como coletividade historicamente e geograficamente definida e regida por um Estado.

Em vez, pois, de separar simplesmente os problemas do campo da historicidade, do sistema político e da organização social, é preciso, em primeiro lugar, reconhecer que os primeiros comandam os segundos e, através destes, os últimos. Atrás das categorias da prática social, atrás da ordem, da estratificação e do poder, é preciso reencontrar sempre, *em última análise, as orientações de sistemas de ação histórica e as relações de classes*. Do consumo da sociedade é preciso chegar à produção da sociedade, passando por sua adaptação às mudanças.

Mas esta operação só tem sentido se se reconhece que o conjunto assim constituído não pode ser identificado com uma coletividade territorial e política diretamente observável como campo de ação de um Estado. Ao oposto da Sociologia pode e deve existir uma ciência política que parta do Estado, de seu poder, de seu papel nas relações internacionais, que considere em seguida a organização social, representada como um conjunto de recursos hierarquizados e repartidos pelo poder, antes de estudar os intercâmbios políticos e, finalmente, resíduo último, os sentimentos coletivos e as condições coletivas de existência. No momento de abordar o estudo dos movimentos sociais, nada é mais indispensável do que lembrar que este tema resulta diretamente de uma análise propriamente sociológica e não pode ser confundido com o tema de funcionamento do Estado, das crises políticas ou mesmo da luta pelo "poder".

c) *Os protestos modernizadores*
Às reivindicações organizacionais, às tensões institucionais e aos movimentos sociais é preciso acrescentar os protestos modernizadores. E a propósito da mudança social que deve ser introduzido e discutida a noção de modernização. Mas deve intervir também no interior de um tipo societário pois, se uns movimentos tendem a passar do presente ao futuro em nome da modernização, outros se definem pela luta em nome do presente contra o passado. Tal protesto se volta em realidade contra a ausência de historicidade. Se a classe dominante e a classe dominada têm mais peso do que a classe dirigente e a classe contestadora, se a manutenção do passado e sua reprodução levam a melhor sobre um compromisso com um futuro do funcionamento, uma sociedade está "desorientada". Ela é estorvada pelas obras mortas dos antigos sistemas de ação histórica, enquanto domínios novos, carregados, portanto, de historicidade, são mantidos fora do campo da ação social. O morto invade o vivo, o que provoca uma reação ao mesmo tempo elementar e ambígua. Elementar, porque é um apelo ao que é mais fundamental, um protesto contra a decadência, a perda de historicidade. Ambíguo, porque está acima das relações de classe e porque sua oposição às formas antigas da dominação pode ser conduzido tanto por uma nova classe dirigente como por uma força de oposição.

Formas de controle social e cultural tornam-se por um momento destituídas de sentido. O aparelho administrativo na França, por exemplo, permanece dominado pelo modelo cultural estatal. A menor diligência burocrática toma ares de suplício ao príncipe; os cidadãos são mantidos afastados de tudo que toca ao Estado. Os protestos contra a arrogância do Estado não são separáveis daqueles que denunciam sua ineficiência, sua incapacidade de assegurar os "serviços" que monopoliza. São liberais, o que significa que querem se desembaraçar de formas antigas de autoridade, mas em proveito tanto de um poder e de uma nova classe dirigente como das classes populares.

Este tipo de protesto é mais frequente na ordem cultural do que na ordem social. A Europa, do Oeste como do Leste, não é um conjunto de sociedades culturalmente arcaicas? O arcaísmo é mais visível no Leste, que tem muitas vezes o aspecto de um conservatório das formas de expressão, de relação e de comunicação do século passado. Mas, no Oeste, é também grande, embora às vezes menos embaraçante. Daí a importância dos ataques que atingem as formas de controle da vida privada: a família, a igreja, a escola. Os principais centros de socialização são objeto de ataques dirigidos antes de tudo contra sua perda de sentido.

Eu não penso que a condição das mulheres e as discriminações que elas sofrem possam ser explicados pelas necessidades da dominação de classe em nosso tipo de sociedade, industrial ou pós-industrial. A dependência da mulher vem evidentemente de mais longe, mas qualquer que seja sua origem, sobre a qual S. Moscovici acaba de lançar novas luzes (*La societé contre nature*), a condição feminina aparece hoje sempre como um contrassenso: nossa sociedade é incapaz de explicar a definição que ela dá dos papéis masculino e feminino ou de dizer porque ela resiste ao controle da natalidade, enquanto aceita o controle da doença e, portanto, até um ponto importante, da morte.

O movimento que se forma contra a submissão das mulheres fala justamente de luta pela liberação ou pela igualdade. Não é a definição de uma ação modernizante que permanece indeterminada quanto a seu sentido na sociedade presente? O sucesso de um tal movimento, fazendo entrar novos e vastos domínios na "vida pública", estendendo a área de controle social organizado, pode ser útil à nova classe dirigente, por exemplo abrindo novos mercados ou suscitando uma nova Imoralidade", capaz de lutar eficientemente contra os elementos subversivos introduzidos na luta libertadora, mas também pode ajudar à formação de novos movimentos sociais populares dirigidos contra este avanço nas forças conservadoras modernizadas.

Tais protestos são, sobretudo, importantes no momento em que se introduz um novo tipo de sociedade. A nova classe dirigente está, então, muitas vezes mais ocupada em lutas contra o passado do que contra seu novo adversário. É mais fácil identificar esses movimentos de modernização cultural do que aqueles que fazem alusão à historicidade contra o peso excessivo da institucionalização ou dos problemas organizacionais.

Frequentemente eles necessitam aludir a um passado mais ou menos mítico para protestar contra a redução da sociedade ao seu funcionamento. Nova direita, nova esquerda: estas expressões dizem respeito menos a uma modernização socialmente indeterminada, do que a um "fundamentalismo" cuja ambiguidade é tão grande que pode conduzir, às vezes, os seus mais ardorosos representantes a alianças com aqueles que parecem estar o mais distante deles. Como é possível esquecer-se, na França, do papel de um catolicismo não liberal, como o de Bernanos ou de Mauriac, e que se engajou na luta contra o fascismo espanhol?

A constante fraqueza e a frequente grandeza desses movimentos provêm de serem eles bastante indeterminados socialmente. Também aqueles que só querem ver nos movimentos sociais uma disputa de interesse ou, mesmo, uma luta pela direção do aparelho de Estado, são os primeiros a denunciar seu "infantilismo" e confusão. Mas eles têm também uma repercussão excepcional, pois, se não são movimentos sociais que animam um conflito, sensibilizam ao menos aqueles que rejeitam o transmitido e querem dar sentido ao que perderam ou que ainda não tiveram.

B. Natureza dos movimentos sociais

a) *Identidade, oposição* e *totalidade*

A primeira tentação é de dizer que um movimento social se distingue de outros tipos de condutas coletivas, porque é orientado para valores, para uma concepção da sociedade e do homem. Não é verdade que, seja de conteúdo religioso, político ou econômico, ele se vale de princípios: a igualdade, a justiça, a liberdade, a felicidade?

A análise de Smelser permite afastar este erro de julgamento. Recorrer a valores corresponde a uma crise do sistema de valores da organização social e não obriga absolutamente a introduzir o conceito de movimento social, tal qual utilizo-o aqui. Ao contrário, o característico de um movimento social é de não ser orientado na direção de valores conscientemente expressos. Dado que ele se situa no nível do sistema da ação histórica, ele se define pelo confronto de interesses opostos para controlar forças de desenvolvimento e do campo de experiência histórica de uma sociedade. Um movimento social não é a expressão de uma intenção ou de uma concepção do mundo. Não é possível falar de um movimento social se não se pode, ao mesmo tempo, definir o contramovimento ao qual ele se opõe. O movimento operário só é um movimento social se, além das reivindicações contra as crises da organização social e das pressões para a negociação, ele coloca em causa a dominação da classe dirigente.

Pouco importa que esse questionamento seja reformista ou revolucionário, que seja ou não acompanhado de uma confiança na capacidade do sistema institucional em tratar o conflito. O importante é que o ator não se define mais em relação a normas de funcionamento ou a procedimentos de discussão e de decisão, mas em relação a um conflito social geral. Este conflito não opõe diretamente grupos sociais concretos; ele questiona o controle do desenvolvimento social, tal qual ele é definido por um modelo cultural e pelos outros elementos do sistema de ação histórica.

O conflito tem um jogo e se coloca em um campo. *Os adversários falam sempre a mesma linguagem*, sem o que não poderiam debater-se nem se combater.

Em uma sociedade definida pelo papel da inovação científica e tecnológica, por organizações que dirigem a mudança, por uma hierarquia social fundada sobre o conhecimento e pela procura da privatização na ordem do consumo, não pode existir movimento social orientado para um outro tipo de historicidade. Da mesma forma, no século XIX o movimento liberal, orientado pelos capitalistas, e o movimento operário não opõem de maneira alguma dois tipos de sociedade inteiramente diferentes, mas *duas versões conflituosas, opostas,* do progresso. Fala-se, frequentemente hoje em dia, da hostilidade da juventude e do movimento estudantil em particular para com a sociedade de consumo. Nada é mais falso do que isto. O conflito é entre o mundo dos objetos e o mundo do prazer, da expressão e da imaginação, duas versões opostas do consumo. Tecnocratas e contestatários falam igualmente da criatividade, da mudança, do papel central do conhecimento, mas cada um considera que o adversário se apropria das orientações fundamentais do sistema de ação histórica e as destrói.

Eis porque defino um movimento social como a combinação de um princípio de identidade, de um princípio de oposição e de um princípio de totalidade e, considerado mais amplamente, como um ator de um campo de ação histórica.

1. *O princípio de identidade* é a definição do ator por ele mesmo. Um movimento social só pode se organizar se esta definição é consciente; mas a formação do movimento precede amplamente esta consciência. É o *conflito que constitui e organiza o ator*. É normal que o ator se defina, inicialmente, em termos organizacionais ou institucionais. Fala-se mais facilmente dos pobres, isto é, de um *status* socioeconômico, ou dos dependentes, isto é, dos que não têm acesso ao sistema institucional e político, e que não são representados, do que da classe operária.

É a prática das relações sociais que situa e define o ator histórico, o movimento social, da mesma forma que é o campo de decisão que define o ator político. Portanto, o ator do movimento social nunca é dado pela observação imediata. A classe operária não é o conjunto dos operários. Mas não é, tampouco, o conjunto dos operários enquanto submetidos ao domínio dos capitalistas, pois esta definição pode também convir à identificação de um ator político ou organizacional. A classe operária é o ator de um movimento social somente porque ela visa, em conflito com a classe capitalista, ao controle do sistema de ação histórica industrial. A consciência de identidade faz parte da definição de uma classe ou de uma força social de classe, pois as classes só podem ser definidas em termos de relações sociais, portanto das orientações de cada um dos adversários sociais.

Na prática das relações sociais, o princípio de identidade se apresenta como uma superação do grupo ou da categoria que é o portador deste princípio. Os operários de uma usina, de uma oficina ou de uma cidade se consideram, em certas circunstâncias, como engajados em uma luta que ultrapassa o quadro no qual ela aparece, que mobiliza reivindicações que não podem ser inteiramente satisfeitas em um quadro organizacional ou político. Eles têm consciência de serem mais do que eles próprios, ao mesmo tempo porque se chocam com um adversário que se apoia em forças superiores e porque têm objetivos que não lhes são próprios. Os observadores das greves distinguem, frequentemente, as greves instrumentais, definidas por seus objetivos precisos, e as greves expressivas, através das quais o grupo afirma ou constrói sua solidariedade. É esta expressão de si que faz aparecer o princípio de identidade. Se emprego esta expressão, não é, portanto, para fazer crer que um movimento social parte da consciência dele mesmo, de seus interesses e de seus objetivos, antes de entrar em luta com o adversário em um campo de batalha determinado pelas circunstâncias. A identidade do ator não pode ser definida independentemente do conflito real com o adversário e do reconhecimento do objetivo da luta.

2. Da mesma forma, deve-se definir o princípio *de oposição*. Um movimento só se organiza se ele pode identificar seu adversário, mas sua ação não pressupõe esta identificação. O *conflito faz surgir o adversário*, forma a consciência dos atores presentes.

Mesmo se o conflito é limitado por seu objetivo imediato e pelas forças que mobiliza, só se pode falar de princípio de oposição se o ator se sente confrontado com uma força social geral em um combate que coloca em causa *orientações gerais da vida social*.

A dimensão do conflito é fundamental em todo movimento social. Este conflito pode ser parcialmente tratado no nível institucional, nunca completamente. Pode-se recorrer a um árbitro, a um mediador ou a tribunais. Mas trata-se de uma tática, justificada pela vontade de utilizar os meios legais tanto quanto a força para se defender contra o adversário ou o atacar, e não da convicção de que uma mudança na distribuição da influência pode fazer desaparecer a causa do conflito. Eis porque este conflito, qualquer que seja o lugar particular no qual ele apareça, é sempre vivido pelo movimento social como um conflito de classes. Afirmação que não pode ser reduzida à ideia de que todo movimento social luta por interesses econômicos.

Se é verdade que sempre existem tais interesses em jogo, um movimento social só existe quando o conflito se coloca no nível do *modelo cultural*, que é central na sociedade considerada.

Em um tipo de sociedade — agrária, mercantil, industrial ou pós-industrial — existe somente um par de movimentos sociais, o que opõe as classes sociais em presença.

Mas os movimentos sociais concretos não são sempre "totais", sobretudo nos períodos de formação ou de declínio de um tipo societal.

O agente do movimento social pode, assim, não ser definível diretamente em termos de classes. Os movimentos estudantis revelam, estou convencido disto, os conflitos sociais de uma sociedade pós-industrial, mas ninguém defende a ideia de que os estudantes são uma classe social. Um movimento de cidadãos, de consumidores, um movimento regional ou cultural podem ser manifestações de um movimento social. Mas seus agentes não são atores de classe, na medida em que o movimento social está misturado com reivindicações organizacionais, com pressões políticas ou com um protesto modernizador.

3. Enfim, não existe movimento social que se defina unicamente pelo conflito. Todos possuem o que denomino um *princípio de totalidade*. O movimento operário só existiu porque ele não considerou a industrialização somente como um instrumento do lucro capitalista, mas quis construir uma sociedade industrial não capitalista, anticapitalista, livre da apropriação privada dos meios de produção e capaz de um desenvolvimento superior.

O princípio de totalidade nada mais é que o *sistema de ação histórica* cujos adversários, situados na dupla dialética das classes sociais, disputam entre si a dominação.

O movimento social, portanto, não é necessariamente global. O conflito pode se engajar a propósito de um só dos elementos do sistema de ação histórica. Ele tem caracteres diferentes na medida em que seu local é a ordem ou o movimento, as orientações ou os recursos, o social ou o cultural. Mas, mesmo se é localizado, o movimento social não deixa de recorrer a um princípio de totalidade. O que se expressa por um esforço de controlar e orientar os agentes sociais cuja função é assegurar a existência de um dos elementos do sistema de ação histórica.

Os movimentos sociais mais importantes são, entretanto, também os mais globais e é difícil pensar que um movimento possa permanecer, de maneira durável, circunscrito a um dos elementos da historicidade, pois neste caso ele corre o risco de se confundir com condutas coletivas analisáveis no nível institucional ou no nível organizacional. Os movimentos sociais importantes questionam a orientação geral do sistema de ação histórica, isto é, a ação de conjunto de seu adversário.

Acontece frequentemente que alguns "ultras" negam todo princípio de totalidade. Este comportamento corresponde à fase de *ruptura*, quando um movimento social nascente se choca, não com um adversário, mas com a identificação do adversário com o desenvolvimento social.

Neste momento o operário quebra as máquinas, sabota a produção, o estudante rejeita o ensino. Se se isolam estes comportamentos, eles podem ser explicados sem se recorrer ao conceito de movimento social. A crise universitária ou industrial pode chegar ao contrassenso. O operário ou o estudante reduzidos ao desemprego real ou virtual podem rejeitar a "sociedade". Mas eles pertencem a movimentos sociais na medida em que são apenas expressões extremas destes, em situações bastante particulares. Os movimentos sociais lutam contra tendências que os destroem, reduzindo-os à expressão de uma crise da organização social. Destruir a indústria ou a universidade é destruir também o movimento social que aí se forma. A sabotagem ou os atentados são formas indiferenciadas de condutas de oposição; eles podem, portanto, ser analisados no nível mais elementar: o da crise da organização social.

Um movimento social não pode ser analisado fora do campo de historicidade no qual ele se forma. Pode-se dizer, em geral, que ele opõe classes ou forças sociais que são, em última análise, forças de classe para o controle de um sistema de ação histórica. Mas é o conhecimento deste que permite definir a natureza do ator de classe, o campo do conflito e seu objetivo. Daí o perigo do anacronismo: procurando no passado pré-industrial o equivalente do movimento operário, corre-se o risco de não reconhecer os movimentos sociais característicos das sociedades pré-industriais, dos quais nem os atores, nem os objetivos, nem as formas de ação são iguais aos do movimento operário. Da mesma maneira a referência ao movimento operário pode impedir a compreensão dos movimentos sociais que se formam nas sociedades pós-industriais e que colocam em causa a sociedade de consumo em nome das mais diversas formas de autogestão cultural. Não se trata novamente de utopias ou de resistências à mudança? Certamente não, pois o novo sistema de ação histórica impõe uma nova definição do princípio de totalidade dos movimentos sociais.

O próprio movimento operário não pode ser reduzido a um conflito de interesses econômicos ou a uma reação contra a proletarização. Ele é animado por uma imagem da "civilização" industrial, pela ideia de um progresso das forças de produção utilizado para o bem de todos, o que é bem diferente da utopia igualitarista simples, pouco preocupada com as condições do crescimento.

Deve-se concluir que um movimento social propõe necessariamente um "contraplano", um modelo alternativo de sociedade? Absolutamente. Esta afirmação confunde, com efeito, dois níveis da análise, pois um plano ou um modelo de decisão só pode ser definido no nível do sistema institucional ou mesmo da organização social. Só se fala de contraplano se se tem em vista uma negociação ou uma pressão política, se se crê possível modificar a gestão da sociedade abrindo uma discussão política, institucionalizando o debate societal. Isto corresponde à situação de certos movimentos sociais, mas não de todos. Um movimento social pode ser reformista, reformista-revolucionário ou revolucionário. Isto depende das relações que se estabelecem entre os problemas da organização social, do sistema institucional e das relações de classes. Mas estas diferenças não podem intervir na definição do que é um movimento social.

O essencial é reconhecer que um movimento social não é *a expressão de uma contradição; ele faz explodir um conflito*. É uma conduta coletiva orientada, não no sentido dos valores da organização social ou no sentido da participação em um sistema de decisão, mas no sentido do que está em jogo nos conflitos de classes, isto é, do sistema de ação histórica.

Para reconhecer um movimento social não basta colocar ao ator três questões: para quem você age? Contra quem você age? Com que objetivo você age? Qualquer ator, em qualquer situação, pode responder a estas questões. Só existe movimento social se o sistema de ação histórica e, portanto, cada um de seus elementos, é objeto de *visões opostas de atores de classes antagônicas*. A relação da classe popular com a T (totalidade) passa pela contestação da dominação exercida pela classe superior. I (identidade), O (oposição) e T não podem ser dadas como componentes que poderiam ser isolados pelo próprio ator: o princípio de identidade é o instrumento de separação de O e de T, que se apresentam ligadas em razão da influência da classe superior sobre a historicidade. O só pode ser compreendida como mediadora da ligação entre I e T, o princípio de totalidade, o jogo, só aparece como tal pelo desconhecimento do conflito entre o ator e seu adversário, sem o que só seria um objetivo, isto é, seja a projeção de I, seja, ao contrário, um campo de encontro tão neutro quanto um campo de esporte.

A característica de um movimento social é que cada um de seus elementos remete às relações entre os dois outros. Da mesma forma, nunca está em um estado de neutralidade afetiva ou de simples análise de sua situação. Nunca está em repouso; é enviado sem cessar de um de seus componentes ao outro, de uma de suas vertentes à outra. Sua consciência não pode ter outro conteúdo senão o deste movimento sem fim, desta inquietude e desta paixão que o opõe mais completamente ao ator de uma organização, a qual se define por sua situação em um conjunto e recebe do sistema social sua identidade.

Os atores de um movimento social não formam um meio social que possa ser definido por opções comuns, uma identidade social, pessoal e coletiva. Um movimento social está, ao contrário, constantemente ocupado em questionar de novo a definição social dos papéis, o funcionamento do jogo político, a ordem social. A sua unidade não pode nunca ser a de uma organização, pois ela é o que une a *esperança* e a *recusa*, a negação e a afirmação. É no nível do sistema de ação histórica que se situa o movimento social.

É falso opor o movimento social, protesto elementar, limitado, prisioneiro dos quadros da sociedade, a uma ação política que lhe daria um alcance mais vasto e lhe permitiria questionar a dominação de classe e o Estado. O movimento social não pode ser reduzido ao economismo e às reivindicações. A situação de trabalho dos operários lhes dá uma consciência de classe que pode ser desarticulada, encoberta, diluída, mas que não é nunca redutível às reivindicações imediatas ou à insatisfação. Veremos mais adiante as insuficiências de uma representação espontaneísta; é muito mais importante rejeitar a ideia segundo a qual a consciência de classe só pode ser trazida do exterior. Não confundamos a consciência e a ação, a sociedade e o Estado.

Tais confusões conduzem a identificar um movimento social com a sua organização ou com seus dirigentes. Este perigo, o mais grave que ameaça a prática dos movimentos sociais, deve ser combatido também ao nível da análise. A origem do stalinismo está na hostilidade sem nuanças, oposta aos proudhonianos e aos populistas e na confiança concedida ao Partido portador da verdade científica. É assim que o movimento operário encontrou o seu contrário, um Estado totalitário. O movimento operário se define primeiramente pela *consciência operária*, isto é, pela consciência do conflito dos capitalistas e dos assalariados pela orientação da sociedade industrial.

Consciência, é exatamente o que digo. Se é necessário não reduzi-la à opinião, é mais importante ainda não dissociar ação e consciência. Se o soldado de Waterloo pode não perceber o jogo da batalha, é porque se trata de um acontecimento e de uma luta mais intersocial do que social. Mas o colonizado que se revolta, ou o militante operário, mesmo se se mobilizam pedindo somente pão ou porque se irritam perante o insulto, têm uma representação do conflito no qual estão envolvidos e têm um projeto de sociedade. Estes atores históricos, combatentes dos movimentos sociais, têm uma dupla vontade de *criação* e de *controle* ou, o que dá no mesmo, uma utopia e uma ideologia. Eles querem dirigir a sua sociedade e combater o adversário que os impedem de fazê-lo. Se se coloca do ponto de vista da ordem estabelecida, pode-se estudar as condutas sociais "de fora" como respostas a uma crise da organização, sem se interrogar sobre a consciência dos atores. Se, ao contrário, se encontra, além daquilo que se dá pela ordem, ao mesmo tempo as orientações de um sistema de ação histórica e os conflitos de classe, se se faz aparecer além dos papéis e dos estatutos das relações sociais, é impossível não reencontrar as orientações sociais e culturais nos atores do campo de historicidade. Mas, essa consciência não é o discurso do ator; ela é inseparável da ação desenvolvida nas relações sociais por um jogo que é histórico. É por isto que transcende as opiniões individuais e se manifesta através de uma consciência coletiva, que se atribui expressões ideológicas e utópicas, das quais se reconhece a existência por sua força mobilizadora por um certo tipo de ação coletiva.

Não se trata aqui de dizer que o homem quer, por natureza, criar e controlar o produto de sua criação, pois tal afirmação é tão vazia de conteúdo quanto todas aquelas que procuram definir uma natureza humana, mas de afirmar que as condutas ligadas às relações de classes e à participação no sistema de ação histórica só podem ser compreendidas como sendo orientadas, tendo um sentido para o próprio ator, enquanto ele age neste nível da realidade social. O ator não é trabalhado por uma estrutura social e esta também não é o resultado das intenções do ator. Estrutura e ação não podem ser dissociadas, pois é em termos de relações sociais que devem ser expressas.

Esta ideia geral convém à análise do movimento social em si mesmo: relações de classes e movimentos sociais não são separáveis. Mas não a apliquemos muito grosseiramente ao estudo das condutas reais. Um movimento social nunca é "puro". De um lado, porque ele se mistura às condutas organizacionais e institucionais; de outro lado, porque é também uma organização e às vezes quase um Estado dentro do Estado. A vinculação a um movimento de classe não é inteiramente descrita pela consciência de classe. Quando se considera um movimento de protesto ao mesmo tempo complexo e organizado, transparece um desnível entre a *consciência* e a *ação*; frequentemente o observador encontra, de um lado, os dirigentes que geram a organização do movimento, definem sua estratégia e sua tática ao mesmo tempo em que participam em suas orientações; do outro lado, uma "base", muito mais diretamente submetida às exigências organizacionais, que quer obter vantagens limitadas, como um aumento de salário, fornecimento de víveres ou a anulação de uma sanção, que procura também aumentar sua influência, discutir com os representantes da autoridade, que é finalmente assaltada pelos problemas que nascem da sua própria heterogeneidade e que criam tensões ou conflitos no grupo.

É grande a tentação de renunciar a uma análise, em termos de movimento social, que parece "idealista", de analisar a política dos dirigentes e o descontentamento da base. Não basta resistir a ela. É necessário mostrar que a hipótese do movimento social é indispensável para compreender *a ligação destas duas faces do protesto*. E, primeiramente, ouvir esta base, que não pode nunca ser reduzida aos seus objetivos pragmáticos imediatos, que possui a consciência do conflito social e de seu jogo, mas cuja consciência está envolvida com atitudes que evocam outros aspectos da situação social de cada um. É a ação dos dirigentes que isola esta consciência dos sedimentos em que ela se refugia e é constantemente abatida no meio de outros elementos. Mas é ela que permite separar na ação dos dirigentes o que é movimento social do que é estratégia. Isto define também a importância dos *militantes*. Não porque sejam a expressão pura do movimento social, libertos ao mesmo tempo da confusão das "massas inorgânicas" e dos objetivos excessivamente estratégicos dos dirigentes, mas porque são *mediadores entre a consciência e a ação*, às vezes mais próximos da base, às vezes já dirigentes, mas quase sempre submetidos a vivas tensões e através delas levados a uma análise sociológica dos problemas do movimento social.

b) O *campo de ação histórica*

Um movimento social não pode constituir uma unidade autônoma de análise. Um partido, um sindicato, uma associação voluntária de qualquer tipo nunca podem ser identificados com um movimento social, pois podem manifestar as reações a uma crise organizacional ou as tensões do sistema institucional.

O movimento social só é identificável com o elemento de um *campo de ação histórica,* isto é, das interações entre o ator coletivo considerado, seu adversário e as expressões relativamente autônomas do sistema de ação histórica e, em particular, do modelo cultural.

O movimento operário não é somente definição dele próprio, do patronato e do jogo das relações de classes; é também uma resposta à ação patronal, ao movimento social patronal, cujo fim não corresponde necessariamente termo a termo ao do movimento operário.

A relação entre os dois movimentos sociais pode tomar as mais diversas formas; mas estas sempre se ligam mais ou menos diretamente a um dos três casos seguintes:

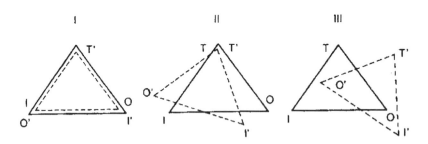

No primeiro caso, os dois movimentos sociais se correspondem termo a termo. O capitalista e o proletário se definem e definem seu adversário da mesma maneira, ao mesmo tempo que colocam seu conflito no mesmo campo.

No segundo caso, a definição do campo permanece comum, por exemplo o "progresso" ligado à industrialização, mas os adversários não estão mais em reciprocidade de perspectiva. O tema da *dupla dialética das classes* aplica-se facilmente aqui. O operário se define como produtor e ataca a classe dominante; o capitalista se define como empresário e percebe o operário como o defensor de interesses adquiridos, de uma profissão, de um emprego, de um grupo profissional e social.

No último caso, enfim, os dois adversários não se referem mais à mesma definição do campo. Neste caso, pode-se duvidar então que se formem verdadeiros movimentos sociais. Não se trata muito mais de um conflito simples entre dois atores que se opõem globalmente como duas sociedades procurando se separar uma da outra? Mais precisamente um dos atores se coloca em ruptura com a ordem social dominante, o que não permite mais falar da relação entre dois movimentos sociais. Quando os Black Muslims ou, mais geralmente, os movimentos nacionalistas negros nos Estados Unidos, manifestam sua vontade de ruptura com a América branca, não se pode mais falar da relação entre um movimento negro e um movimento branco, mas somente de uma cisão. Ao contrário, o integrismo branco e o radicalismo dos Black Panthers se opõem ao menos em parte dentro do mesmo campo, o que ilustra o tipo II.

Quanto mais se aproxima do tipo I, mais a *institucionalização* do conflito aparece como provável; ao contrário, quanto mais se aproxima do tipo III, mais o conflito é *violento,* isto é, faz explodir os mecanismos institucionais.

É provável, também, que quanto mais os movimentos sociais são "puros", isto é, quanto mais eles são independentes das reações às crises organizacionais ou institucionais, mais se aproximam facilmente do tipo I, e portanto, são mais facilmente institucionalizáveis.

Certamente, um movimento social só pode existir se aparece uma certa integração dos elementos *I, O* e *T* e também uma certa integração do campo de ação histórica, mas só pode se manter como força conflituosa, como agente de transformação social, se esta integração é limitada. Se um movimento é perfeitamente consciente e organizado e se encontra um adversário igualmente consciente e organizado, a negociação e a transação se introduzem mais facilmente do que quando não existe completa reciprocidade de perspectiva entre os atores. O vigor de um movimento depende da não correspondência entre suas ações e reações, entre seu fim e o de seu adversário, ausência de correspondência que enfraquece sua "consciência" e sua organização, mas reforça seu dinamismo e permite aos conflitos corresponderem mais diretamente à dupla dialética das classes sociais.

O conjunto deste capítulo se refere constantemente a movimentos sociais populares. É possível, para definir um campo de ação histórica, colocar frente a frente *movimentos sociais de classe popular e movimentos sociais de classe superior*, ou este paralelismo é artificial?

De certa maneira sim, pois a classe superior administra muito diretamente a sociedade para que suas orientações se manifestem através das *categorias da prática social*, da organização social e cultural como decisões políticas e jurídicas. Esta classe se retrai voluntariamente atrás da ordem estabelecida, de modo a rejeitar os ataques dirigidos contra ela e a se indignar com os provocadores de desordem que atacam a produção, as leis e os costumes.

Mas isto supõe uma dominação completa, caso limite ao qual não se reduzem manifestamente todas as situações observáveis.

A classe superior tanto mais produz um movimento social quanto menos ela estiver unificada e quanto mais uma classe dirigente ascendente se oponha à dominação das antigas classes superiores. Este movimento se apresenta sobretudo como *doutrinal*. A elite dirigente se opõe ao que freia sua ação: classe popular, antiga classe dominante, sistema político, tradições culturais, organização do Estado. Ela dissocia constantemente seu modernismo das relações de classes que domina. Tanto é inexaurível quando se trata de criticar o arcaísmo, quanto é muda sobre seu próprio poder. Mas este silêncio não é indiferença; a classe superior age com muita constância e clareza para defender seu controle da acumulação e para substituir o sistema de ação histórica pelo conjunto dos contraelementos que correspondem a seus interesses de classe. A dificuldade que se encontra para definir tal movimento é a inversa daquela que se opõe ao conhecimento dos movimentos populares. Estes aparecem sobretudo "práticos" e a tentação é de apenas aí ver uma defesa econômica, esquecendo as orientações da consciência popular. Os movimentos da classe superior se apresentam como modernizadores e parecem ser mais ideologias e utopias do que uma prática de relações sociais. Mas nos dois casos é indispensável unir prática e ideologia e reconhecer que as classes em presença, ao menos na medida em que o sistema político possui uma certa autonomia, formam movimentos sociais antagônicos, cada um possuindo um princípio de identidade, um princípio de oposição e um princípio de totalidade.

O campo de ação histórica não é somente definido pelos adversários. A *totalidade*, isto é, o sistema de ação histórica, possui uma autonomia mais ou menos grande.

No tipo de sociedade, em que a *ciência* define o modelo cultural, ela se encontra sempre colocada entre uma situação em que aparece como um ator, autônomo, e uma situação oposta em que a orientação do conhecimento aparece determinada pelo estado das relações de classes.

Se nos limitássemos a uma ou outra das duas posições extremas, desapareceria a própria noção de campo de ação histórica e, portanto, de movimento social. No primeiro caso, os atores de classes nada mais seriam do que grupos de interesses situados no interior de uma organização social definida pela nacionalidade científica; no segundo, só existiriam duas sociedades frente a frente e a existência da ciência desapareceria como na época do jdanovismo. Existe sempre uma certa autonomia dos atores que representam os elementos do sistema de ação histórica. Em nossa sociedade, os sábios, os organizadores, os professores, na medida em que fazem funcionar o modo meritocrático de hierarquização, os publicitários que manifestam e manipulam as "necessidades", não são absolutamente independentes da classe dominante; nem por isto deixam de ter uma certa autonomia de ação, ao mesmo tempo que relações entre eles, as quais traduzem as relações entre os elementos do sistema de ação histórica.

Eles intervém no campo de ação histórica, não se identificando com nenhum dos dois movimentos sociais. De forma que a representação completa deste campo deve ser a seguinte:

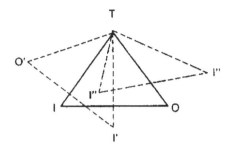

Chamou-se de I" os movimentos sociais tais como aparecem aos agentes do sistema de ação histórica, os quais mantêm uma certa autonomia deste diante das pressões exercidas pelos movimentos sociais. Esses tendem simultaneamente a recusar a autonomia destes agentes, considerando-os como dependentes de seus adversários e a apoiar-se neles para limitar a pressão do adversário. O tecnocrata se queixa do cientista que se comporta como trabalhador e não se submete às exigências das grandes organizações, ao mesmo tempo em que recorre à ciência e às suas necessidades de investimento contra as reivindicações dos trabalhadores. Estes, por seu lado, recorrem também à ciência contra os interesses e as pressões dos tecnocratas que limitam o desenvolvimento da ciência, mas desconfiam dela, considerando-a como um instrumento a serviço dos poderosos. Só pode existir campo de ação histórica se o conflito dos atores não mutila inteiramente o sistema de ação histórica; ao mesmo tempo, este não pode se identificar diretamente com um conjunto institucional e organizacional, o que eliminaria o papel central dos conflitos de classes.

Em conclusão, *o objeto da análise sociológica nunca pode ser o próprio movimento social; deve ser o campo de ação histórica, do qual o movimento social é um dos amores*. O movimento operário nunca pode ser isolado da dominação capitalista e da industrialização. É necessário ir ainda mais longe. A análise dos movimentos sociais supõe o encontro entre duas ordens separadas de observações. De um lado, as que tratam das *condutas sociais*, portanto das orientações dos atores, suas ações e suas reivindicações; de outro lado, as que tratam do *sistema das relações sociais e econômicas*, da natureza da acumulação e da dominação econômica. Não se pode estabelecer a existência de um sistema de ação histórica e das relações de classes unicamente a partir das condutas sociais e dos movimentos sociais; não se pode também conceber que um tipo de historicidade e de relações de classes não se traduza por uma certa consciência de classe, portanto por movimentos sociais.

O essencial é que os dois procedimentos estejam claramente e constantemente separados, de maneira a que um legitime o outro. É o reconhecimento dos movimentos sociais novos, cujos atores, lugares e temas são novos, que torna válida a análise da sociedade pós-industrial como um sistema de ação histórica diferente do que foi denominado sociedade industrial, e que correspondeu à primeira fase do grande movimento de transformação econômica e social do mundo moderno.

Mas nada pode dispensar o estudo da nova natureza dos fatores do crescimento, o papel das grandes organizações, da meritocracia, das novas orientações do consumo, dos novos centros de dominação social, das novas barreiras e fontes de desigualdade. A Sociologia se chocará com contradições e incoerências internas, enquanto as duas ordens de análise não forem renovadas de forma paralela. E lhe será difícil conseguir um sucesso total enquanto os próprios movimentos sociais não estiverem fortemente constituídos.

A interdependência destes dois procedimentos, a análise interna de um tipo de condutas coletivas e a análise sócio-histórica de relações de produção e de dominação, deve conduzir ao encontro da unidade da explicação sociológica. Pois é impossível considerar como distintas duas ordens de fatos sociais que seriam, uns objetivos, outros subjetivos, os economistas estudando os primeiros, enquanto a tarefa específica da Sociologia seria descrever as opiniões, as atitudes, as ideologias.

Foi mencionado anteriormente que as relações de classes são sempre, ao mesmo tempo, relações *econômicas* e uma posição social cujo conteúdo é inseparável do conteúdo do *sistema de ação histórica*, pois este não pode mais ser definido sem se recorrer diretamente a um tipo de acumulação, de trabalho sobre o trabalho e sem referência ao modelo cultural.

A natureza dos atores, o que está em jogo, e as formas de seus conflitos, as ideologias e as utopias dos movimentos não podem ser expressas nem em termos puramente econômicos, nem em termos de sistemas de valores. Um conflito de interesses econômicos tem mais condições de ser, inicialmente, a expressão de uma crise organizacional e não é necessariamente o sinal da presença de um movimento social. Os movimentos sociais questionam a historicidade de uma sociedade que é separável de um tipo de ação econômica, mas que não se reduz a uma forma de organização econômica. Os interesses defendidos pelos movimentos sociais são os de uma classe envolvida na luta pela dominação de uma historicidade, portanto de um modelo cultural, de uma forma de mobilização, de um tipo de hierarquização, de uma forma de necessidades. A luta se estende não ao conjunto do funcionamento de um sistema econômico, mas ao conjunto do sistema de ação da sociedade sobre ela própria.

A confusão pode aparecer em um tipo particular de sociedade, a sociedade industrial, cujo modelo cultural, cujo responsável meta-social, é econômico e parece, portanto, coincidir com o campo das relações econômicas. O movimento operário é o movimento popular por excelência deste sistema de ação histórica. Mas, mesmo neste caso, a luta não é puramente econômica e questiona o conjunto das orientações da sociedade. Se se considera os sistemas de ações históricas anteriores, a definição dos atores é dada pelos próprios elementos destes sistemas: assim, um movimento social pode ser conduzido por comunidades mais do que por categorias econômicas e atribuir-se orientações morais ou religiosas ou, ao contrário, situar-se diretamente em um plano político. Inversamente, na sociedade pós-industrial, é do lado do que se denomina consumo, é em nome da identidade pessoal ou coletiva ao mesmo tempo que no centro dos grandes aparelhos de produção e de direção, e não em relação ao sistema de propriedade, que se formam os movimentos sociais. A diversidade dos conteúdos históricos não deve ser ultrapassada pela pesquisa de um conteúdo geral, propriamente econômico, mas pela análise dos mecanismos sociais gerais que se encontra em todos os sistemas de ação histórica e em todas as relações de classes. Longe de dever separar fundamentos objetivos e ideologia dos movimentos, deve-se concebê-los como formas de ação social, nas quais práticas e orientações nunca são separáveis.

Os movimentos sociais podem ser tanto menos reduzidos a um conflito de interesses como as relações entre os adversários não podem ser inteiramente definidas no presente. O campo de ação histórica é bem definido por uma análise sincrônica, mas ele é vivido por atores que se inclinam; *pelo próprio fato da dupla dialética das classes sociais, ao mesmo tempo na direção do passado e na direção do futuro*.

Uma classe popular assume uma posição defensiva. Ela se apoia sobre o que resiste à dominação da classe superior, sobre suas tradições, seus conhecimentos adquiridos; o colonizado resiste através de sua língua, sua organização familiar, seus costumes. O operário é protegido por uma "cultura popular". A contestação, ao contrário, é uma luta contra a apropriação da historicidade por uma classe dominante carregada também de herança e, sobretudo, associada a antigas classes dominantes, luta conduzido na direção de um futuro que deve permitir a plena realização do sistema de ação histórica mutilado e paralisado pela classe superior. Não existe movimento social que não una estes dois movimentos aparentemente opostos. Enquanto a classe dirigente convida a classe popular a se "modernizar", a se adaptar ao presente, a abandonar todas suas formas de resistência à mudança, pelo movimento social esta *se apoia sobre o passado para se lançar na direção de um futuro que deve abolir a dependência presente*.

A classe dirigente não age diferentemente. Ela também quer construir um futuro em nome do passado do qual ela retira sua posição eminente e do qual ela quer assegurar a sucessão. A cada instante esta oscilação do passado ao futuro pode se interromper. A classe popular pode tornar-se somente defensiva, ou somente contestatária, e a classe superior somente dominante ou somente dirigente. Mas, neste momento, os movimentos sociais desaparecem e a análise dos atores pode e deve ser conduzida em termos tais que não intervenham nem o sistema de ação histórica, nem as relações de classes.

Reconhece-se um movimento social porque *ele fala ao mesmo tempo em nome do passado e em nome do futuro*, e nunca somente no interior das categorias da organização social presente. Eis porque cada um faz renascer os sistemas de ação histórica e as classes sociais passadas, ao mesmo tempo que anuncia os do futuro. O desaparecimento dos responsáveis meta-sociais religiosos ou estatistas da ordem social não impede que temas religiosos e políticos alimentem a ação dos movimentos sociais nas sociedades industriais ou pós-industriais. Não se pode ver aí a manutenção de elementos arcaicos em comportamentos modernos e, ainda menos, o sinal de uma permanência das orientações das condutas humanas, mas um aspecto essencial da própria natureza das relações de classe e de sua dupla dialética.

Pressionado entre o conflito e um projeto de sociedade, entre as duas orientações da classe da qual é o agente, desmembrado pela alienação, dissolvido no envolvimento com reivindicações e pressões, o movimento social não domina a vaga dos acontecimentos de seus princípios, de sua organização e de seu discurso. Mas seu papel é central na história e seu estudo se situa no coração da sociologia da ação.

Ele está bem afastado da obra dos que R. Barthes chamou os logotetas, os inventores de línguas (*Sade, Fourier, Loyola*, Paris, Ed. du Seuil, 1971). Estes separam, ordenam, combinam em um espaço fechado onde eles próprios se fecharam. Um movimento social, ao contrário, fala aos quatro ventos. Polemiza com ele próprio e com seus adversários, relembra o passado e profetiza o futuro. Mesmo quando ele é o mais utópico, está imerso na durabilidade. Quanto mais é considerado, tanto menos o funcionamento de uma sociedade aparece dominado por princípios ou códigos. A sociedade está engajada na sua historicidade, na produção de si e esta obra nunca é realizada por um centro de decisão, mesmo se o Estado parece todo-poderoso ou a classe dominante hegemônica. O sentido da ação histórica só se percebe através do barulho e do furor, através dos conflitos de classe, eles próprios abafados pela repressão, pela propaganda e pela boa consciência da classe dirigente.

O que se chama movimento social, nada mais é do que o aparecimento, no reino dos acontecimentos, das forças sociais, umas submersas nas categorias da prática social e as outras frequentemente presas no silêncio e no proibido. Não é fácil para a História e para o sociólogo restituir a palavra dos que nunca a tiveram, dos que não gravaram inscrições, lembranças e manuscritos, daqueles cujos arautos foram enforcados, crucificados ou consumidos por privações sem que nenhum memorialista o relate. Daí o interesse dos mergulhos, hoje possíveis, na história dos colonizados, de suas recusas, de suas revoltas, de seus sonhos.

A sociedade só aparece como uma maquinária dirigida e controlada por um piloto para aqueles que só a veem através do posto do piloto e que aceitam *a priori* a definição que este dá da situação. Eu a vejo, ao contrário, como ao mesmo tempo unificada pelas *orientações da historicidade* — que não são nunca identificáveis com um poder — e *dilacerada pelos conflitos e as contradições*; suas mudanças e seus acontecimentos não podem ser separados da imensa zona de *sombra* na qual se passa a vida da maioria e da qual só saem para lançar, como personagens de Goya, gritos de terror, de cólera ou de esperança.

c) A *alienação*

A imagem que foi dada do campo de ação histórica não está ainda completa. Os movimentos sociais abordados, o da classe superior e o da classe popular, ou de alguns de seus elementos, não estão em pé de igualdade, não estão na situação de dois cavaleiros defrontando-se em um torneio. A situação de conflito é também, e primeiramente, uma relação de *dominação*. A relação dos atores é assimétrica. Daí resulta que a classe popular, submetida ao domínio da classe superior, é alienada, isto é, submetida a *uma participação dependente*. Os seus membros são levados a agir de acordo com os interesses e a lógica da ação da classe superior.

Em consequência, um movimento popular não pode se apresentar nunca diretamente sob a forma:

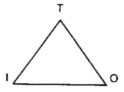

Ele é sempre marcado pela *tensão entre a consciência alienada que reproduz o objetivo da classe superior a uma vontade de ruptura,* que identifica os interesses populares com o sistema de ação histórica, rejeitando o adversário cuja ligação com o sistema de ação histórica é recusada.

A alienação é o desabrochar da consciência individual ou coletiva, submetida à atração contraditória da participação dependente e da consciência de classe. A primeira impede considerar a sociedade como um conjunto de relações sociais e impõe a imagem de uma ordem moral, à qual se deve adaptar para não se tornar culpado. A segunda impede esta adaptação e produz a recusa na falta de conflito. Isto envolve a consciência alienada em um isolamento que só pode ser destruído pela agressão contra a ordem estabelecida.

A consciência popular pode ser dominada pela alienação; é o que acontece quando não se forma um movimento social. Este não deve lutar somente contra o seu adversário, mas antes de tudo contra a apatia ou, ao contrário, a excitação dos seus membros. Mas a existência do movimento social é tão "normal" quanto a da alienação e nada é mais perigoso do que supor uma classe popular incapaz de agir por ela mesma, senão de maneira alienada.

Se se admite que a classe popular é inteiramente alienada e que a sua ação só pode ser orientada de fora, e se se acrescenta que tal ação repousa sobre a não correspondência da classe superior com o sistema de ação histórica e, portanto, mais simplesmente com as forças de produção, tudo se passa de fato como se a *intelligentzia,* que dá de fora o seu sentido à revolta das "massas", não seria nada mais do que uma nova classe dirigente, procurando deslocar a antiga e se identificando ela própria, como toda classe dirigente, com a historicidade. A existência dos movimentos sociais é negada e praticamente combatida. Os que falam em nome dos interesses do povo estabelecem o seu poder sobre os escombros do poder da antiga classe dominante. Assim, a burguesia substituindo a aristocracia; assim, a tecnocracia, no Leste como no Oeste, substituindo-se à burguesia capitalista, às vezes em nome dos interesses do povo. Daí resulta a oposição de movimentos "esquerdistas", isto é, a reação do movimento social confiscado pelos novos agentes de dominação social e econômica.

A análise em que repousa a ação destes novos dominadores não é aceitável, pois ela passa, sem razão do fato incontestável da alienação à afirmação infundada de que a consciência popular se reduz à alienação.

Poder-se-ia primeiramente observar que a alienação não tem mais possibilidade de atingir a "massa" do que a *intelligentzia.* Os que sofrem mais diretamente a alienação não se incorporam mais facilmente do que os intelectuais ao objetivo do adversário, pois a formação destes e as formas de sua conduta social estão frequentemente mais próximas daquelas da classe superior.

Mas, sobretudo, identificar a consciência popular com a alienação corresponde a esquecer que o *trabalhador não se define inteiramente pela sua posição nas relações sociais de dominação, mas participa também diretamente nas forças de produção e em todos os elementos do sistema de ação histórica,* o que lhe permite combater a apropriação do sistema de ação histórica pela classe dominante.

A consciência de classe e o movimento social nunca são inteiramente induzidos nas classes populares. É possível que o estado das instituições e do controle social impeça a organização do movimento social e a expressão do conflito. Nunca é verdade que esta fraqueza abranja a renúncia e a integrarão completa no projeto da classe dirigente. Tal integração só pode aparecer no caso de trabalhadores que não constituem mais — ou ainda — a classe dominada correspondente à classe superior efetivamente no poder. É, com efeito, ilusório procurar localizar um movimento social em uma categoria profissional que correspondeu a uma classe em um outro tipo de sociedade. Os operários são a classe operária na sociedade de industrialização; eles não são o centro da classe popular em qualquer tipo de sociedade e, em particular, em uma sociedade pós-industrial. Mas, no próprio momento em que se enfraquece um certo tipo de movimento social e de conflito, outros se formam, de maneira que o tema "o fim das ideologias" e, consequentemente, o do desaparecimento dos movimentos sociais nunca é aceitável.

Inversamente, as teses espontaneístas não correspondem melhor à realidade. Um movimento social não se identifica com uma experiência vivida. É, simultaneamente, luta contra a alienação e superação das reações à crise organizacional ou ao bloqueio institucional. Este duplo esforço supõe um esforço de abstração, de análise e de organização, portanto de descompasso entre o movimento social e a experiência.

Se o peso da dependência e da alienação, da dispersão ou da ignorância não impede um movimento de nascer, ao menos pode desmembrá-lo. Este desmembramento lembra primeiro que um movimento não é um pensamento e uma consciência, pois é preciso reconstruí-lo a partir de personagens e de grupos isolados ou opostos. Um movimento camponês levanta a classe dos camponeses sem terra contra os oligarcas ou os donos da terra, mas há frequentemente uma imagem vaga da unidade nacional ou do progresso econômico em direção dos quais se orienta. São as outras categorias, a *intelligentzia*, os funcionários, o *petit peuple* urbano que completam este movimento truncado, que são mais sensíveis ao tema nacional como à luta contra os oligarcas, mas lhes falta, frequentemente, a potência de defesa de classe dos camponeses explorados. Às vezes estas categorias são unicamente uma vanguarda que transforma a sua ação política em uma revolução agrária, como no caso cubano; às vezes, ao contrário, elas se inclinam mais para uma nova burguesia; às vezes ainda, uma aliança populista se forma entre os dois movimentos particulares; pode acontecer que a onda revolucionária se divida mais brutalmente, como no caso mexicano, e que a nova elite dirigente, nascida da revolução, se instale no poder depois de se desfazer dos dirigentes revolucionários camponeses.

A unidade da análise não é, portanto, em geral uma organização ou a ação conduzida por um homem ou por um grupo. O movimento é mais frequentemente um espelho quebrado do que uma vontade consciente e organizada. Mas as contradições e as lutas internas só podem ser compreendidas referindo-se ao próprio movimento, definido mais abstratamente, não como uma subjetividade coletiva ou pessoal, mas como um ator do drama histórico, ator definido ao mesmo tempo por uma força social, pela luta contra um adversário e pelo esforço para controlar o desenvolvimento social.

Isto conduz mais uma vez à dupla dialética das classes sociais. A classe superior é dirigente e dominante ao mesmo tempo, ela gere o modelo cultural e a organização da sociedade; ela submete também toda a sociedade aos seus interesses particulares. A classe popular é simultaneamente defensiva, porque participa de modo dependente da atividade econômica e progressista porque contesta a identificação do sistema de ação histórica com os interesses e a ideologia da classe dominante. Sem este progressismo não pode haver movimento social. Mas este só se desenvolve triunfando sobre a alienação da dependência interiorizada. Em um país colonizado ou dominado por uma economia estrangeira, exerce-se um forte "efeito de demonstração", fonte de alienação, mas esta é combatida pela vontade de desenvolvimento e de independência nacional, que é o próprio princípio dos movimentos sociais nacionalistas. Paralelamente, tal movimento pode ver na classe ou na nação dominante apenas um explorador. Se esta visão do adversário é exclusiva, o movimento periclita, fecha-se sobre o apelo mais ou menos artificial a uma autenticidade nacional e se torna regressivo. O movimento se forma apenas no caso de escapar à oposição do tradicional autêntico e do moderno destruidor, se visa a uma *reapropriação nacional das forças do desenvolvimento*, e, em particular, dos instrumentos de produção e de transformação social e cultural introduzidas pelo dominador. A oposição dos eslavófilos e dos ocidentais é um debate de intelectuais. Enquanto não for superada não se forma um movimento social; foi assim desde o movimento populista e mais ainda com o movimento socialista.

d) *As formas de decomposição dos movimentos sociais*

Um movimento social pode se transformar seja em *transmissor de valores*, seja em *transmissor de contradição*.

Se preponderar o par I-O sobre T, não se pode mais falar de movimento social. Os atores em oposição podem ser definidos de várias maneiras, seja pela sua posição relativa no sistema social (os ricos contra os pobres), seja pela sua influência no sistema de decisão (os dirigentes contra os dirigidos). Se se quer ir além destes níveis de análise organizacional ou institucional, o conflito deve ser definido não como oposição de dois grupos, portanto de duas orientações de ação, mas como a contradição presente no sistema social, e mais concretamente no modo de produção.

Com efeito, só é possível analisar as orientações da ação referindo-se a um sistema com conteúdo. Se se quiser escapar do sentido do sistema organizacional e do sistema institucional e não se quiser introduzir o sentido do que chamo sistema da ação histórica, o conflito só pode ser definido fora de toda referência aos atores, em termos de estrutura de produção.

A noção de movimento social torna-se então inútil e perigosa. Modo de análise que convém ao estudo da explosão de um sistema de contradição mas que não me permite perceber como pode introduzir a noção de consciência de classe.

Só pode conduzir a uma transformação das relações sociais em relações militares e da análise sociológica em arte política.

Inversamente, se T prepondera sobre a oposição I-O, a ação se refere a um sistema de normas e de valores ou, ao menos, a um campo de decisão, e define o ator e o seu adversário pelas suas posições relativas no interior deste sistema ou deste campo, como, por exemplo, é o caso da maior parte dos imigrantes nos Estados Unidos, na medida em que procuram se integrar no sistema social, chocando-se com a resistência dos estratos étnicos superiores, mas não reconhecendo a existência de um conflito central.

É preciso, portanto, distinguir entre um movimento social e as condutas coletivas, aliás próximas dele, pelo simples fato de que elas não podem ser reduzidas a reações, a uma crise organizacional ou a pressões institucionais.

1) De um lado, um movimento social é muitas vezes associado a condutas de *inovação* social e cultural.

Este tema não pertence propriamente a um movimento social. Não somente pode traduzir apenas uma crise organizacional, mas pode, sobretudo, no nível mesmo do campo da historicidade, ser dissociado de um conflito social. O cientificismo e o positivismo acompanharam os movimentos sociais do século XIX sem se confundir com eles. Tais orientações sociais e culturais não constituem a ideologia de um movimento social particular. Elas indicam, talvez, um novo modo de organização, de construção do campo cultural e social.

Este último não está ligado a uma classe; define o campo em que as classes combatem. As inovações sociais e culturais que expressam a constituição deste campo podem provir de todos os atores "modernos", seja qual for o seu campo.

A inovação desempenha um papel tanto mais importante em um movimento social quanto mais este estiver privado de ação conflituosa prática. Ele se torna, portanto, reflexivo, desenvolve-se no imaginário mais do que na política e então une intimamente a inovação e a ideologia. Participa na construção de um campo social e cultural novo. É assim que nos países anglo-saxões, muito mais do que na França ou no Japão, o movimento estudantil, politicamente fraco, é mais inventivo, mais inovador culturalmente.

Esta inovação cultural só está ligada a um movimento social se é polêmica, quando se choca com mecanismos de reprodução cultural alimentados pela classe dominante. Desafia então a família, a escola, as leis. Faz *escândalo*. O seu papel é ainda mais central se provocar uma crise do sistema de ação histórica, atrás da qual aparece mais ou menos diretamente um conflito de classes. Na sociedade pós-industrial o apelo ao prazer entra em oposição com a orientação no sentido da ciência, e como esta é controlada pela classe dirigente, o primeiro está mais próximo de um movimento popular. Mas tal ligação é sempre parcial e frágil. A classe popular fica na defensiva e quanto mais as condutas podem se exprimir em termos de modernização, tanto menos ela é sua portadora, pois participa menos diretamente da escolha de uma mudança social.

A inovação protestatória é assim conduzida a substituir um apoio social cujo apelo lhe falta por princípios de grande força de crítica social, mas ao mesmo tempo socialmente indeterminados. O apelo ao espontaneísmo, ao desejo, à expressão, às necessidades fundamentais não constitui o campo de um conflito; procura antes atacar de fora a ordem estabelecida, em nome de um ator social que não pode ser nomeado. Conduta utópica pura, da qual são portadores *agentes cuja posição* de classe é ambígua ou indefinida e que corresponde simultaneamente a uma crise cultural e à articulação de um novo sistema de ação histórica, estes dois níveis da análise se reencontram diretamente por cima da ausência de referência às relações de classe e às relações políticas.

É comum esta inovação crítica se desenvolver em uma situação pré-revolucionária ou de crise social e cultural, mas se chocar contra um movimento social e popular e, mais ainda, contra a ação dos partidos que a este transformam em ação no nível do Estado. Isolada, ocupa portanto uma posição duplamente marginal. De um lado, é "recuperada" pela classe dirigente que articula a mudança; de outro lado, só reaparece no "esquerdismo", nas tendências do movimento social opostas à sua institucionalização ou à sua confusão com o Estado.

Essas ligações e essa separação, sobretudo cultural, do movimento social e da inovação se traduzem frequentemente pela *situação ambígua dos intelectuais* e, na França em particular, dos que são chamados de intelectuais de esquerda, dispondo de importantes meios de expressão. Situação ambígua porque está ligada ao mesmo tempo às tendências modernizadoras da classe dirigente e à reivindicação cultural de movimentos de oposição. Basta a eclosão de uma crise social para que esta categoria corra o sério risco de ser dilacerada e de explodir, pois quando se julga politicamente militante, situa-se mais no nível da inovação do que no nível do conflito.

Como o sociólogo não seria hoje sensível a esta ambiguidade, que comanda sua situação profissional? Ele é a todo instante atacado pelos movimentos sociais, pelos tecnocratas de um lado, pelos grupos revolucionários de outro. E, no entanto, uns e outros se referem cada vez mais às suas análises e ele próprio sabe que seu papel principal é o de permitir o aparecimento dos conflitos sociais, definindo-lhes o campo e revelando o que está escondido pelas utopias e as ideologias da classe dominante.

2) Passemos agora à fronteira oposta dos movimentos sociais, em que prevalece o *conflito* sobre a referência ao campo do conflito. O enfraquecimento do princípio da totalidade provoca a fragmentação dos conflitos. Não são mais as classes que se chocam em um conflito societal, mas *categorias sociais particulares* que desenvolvem um combate, cheio de significação de classe, mas também de reação à crise e de pressão institucional.

A análise dos movimentos sociais seria demasiadamente restrita se não considerasse estes movimentos particulares, limitados, confusos, mas no entanto importantes.

Nos Estados Unidos de hoje não existe nenhum movimento social comparável ao movimento operário do início do século XX. No entanto, o movimento negro, o dos estudantes, o dos mexicanos-americanos ou dos indígenas, o das mulheres não são reações nem a uma crise, nem a grupos de pressão (como foi por exemplo a N.A.A.C.P., que clamava pelos princípios da constituição para obter a igualdade de direitos para os Colored People).

Talvez estes movimentos particulares venham a se unir em um movimento geral, questionando diretamente a classe dirigente e os seus instrumentos de dominação e não mais somente o papel dos brancos, dos homens, dos "novos mandarins" etc.

Mas desde agora se trata de movimentos sociais, limitados somente pela ausência de reconhecimento do objetivo geral do conflito em que se envolvem. A afirmação de si e a oposição à ordem estabelecida dão paradoxalmente a estes movimentos uma "consciência" mais viva deles próprios do que a consciência alcançada pelos movimentos sociais gerais mais diretamente envolvidos na dialética das classes sociais.

Enquanto as tendências inovadoras não são socialmente conscientes, os movimentos sociais particulares se organizam em torno da afirmação de uma identidade coletiva, de uma vontade e de uma organização.

Mas esta visibilidade esconde frequentemente a decomposição do movimento social. Reduzido à sua dimensão conflitual, transforma-se em pressão institucional ou em manifestação de uma crise do sistema de ação histórica.

A força de uma ação protestatória é muitas vezes apenas um meio de pressão para obter mais influência e a modificação de decisões políticas. Inversamente, um questionamento global da sociedade pode indicar uma reação de defesa à incoerência do sistema de ação histórica. O afrontamento direto nos dois casos pode levar a crer na presença de um movimento social muito profundo; de fato, só abrange condutas coletivas de um tipo bem diferente, o que não deixa de ser provado pelo desabamento ou pela transformação brusca do movimento de protesto.

Tais são as duas vertentes opostas dos movimentos sociais, mas convém menos opô-las do que ligá-las, pois não há movimento social que não seja ao mesmo tempo consciência de si e instrumento da "natureza das coisas".

Antes de ir mais além na análise dos movimentos sociais, convém salientar uma vez mais tudo *que separa um movimento social das condutas de crise*. Existem movimentos políticos importantes, alguns se apoderando do poder político, e que parecem mais próximos dos movimentos sociais, tais como os descrevemos, do que das condutas de crise evocadas no início deste capítulo.

Os movimentos fascistas não falam em nome do povo, não se opõem à oligarquia ou à plutocracia, não visam a um desenvolvimento nacional, não contêm afinal, como todo movimento social, os elementos *I, O* e *T*?

Formalmente sim, mas a analogia desaparece se se lembra a definição dada a esses elementos e às suas relações.

O princípio da totalidade foi definido como a referência ao sistema de ação histórica, portanto ao campo da historicidade, às pressões "naturais" de uma sociedade. Ora, um movimento fascista tem como princípio de *totalidade* o inverso, ou seja, os direitos e os valores de uma coletividade nacional ou étnica. Exalta o Volk, a integração, a ascrição (cf. J.P. Faye, *Langages totalitaires*, Paris, Hermann, 1972). Em consequência, não se define como o termo de um conflito, mas como a expressão dos "in" e a força que deve expulsar ou suprimir os "out". Isto implica definir a *identidade* do ator não como uma força social particular mas com uma totalidade.

Parte, portanto, da consciência de uma crise que atinge a organização social, denuncia responsáveis que não define pela análise do seu papel econômico ou social mas pela sua perniciosidade natural e seu caráter estrangeiro, a fim de restaurar a pureza e a unidade do corpo social. Um movimento fascista não é um movimento social de direita, oposto aos movimentos de esquerda. Trata-se, ao contrário, da absorção da contestação social e da pressão institucional pelas condutas de crise. Pode-se facilmente extrair os temas "populares" dos movimentos fascistas, seja do nacional-socialismo, seja de movimentos menos importantes como o falangismo ou o poujadismo. Uma crise provoca reações de defesa, sobretudo nos estratos médios nos quais a situação de classe é a mais confusa, que tomam a forma de rejeição das minorias, privilegiadas ou não, mas que são apenas de fato denunciadas pelos mecanismos irracionais dos preconceitos, da procura do bode expiatório, da procura de integração de uma unidade que, não tendo nenhum conteúdo real, é levada necessariamente a se reduzir à adesão ao próprio movimento e ao seu líder.

Não se trata aqui de subestimar a importância de tais *movimentos de crise*, que marcaram tão dramaticamente a Europa contemporânea, mas de afastá-los do campo da nossa análise. Não constituem uma espécie particular de movimentos sociais; são de uma outra natureza, e os instrumentos de análise propostos para o estudo dos movimentos sociais não se aplicam a eles. É preciso resistir à tentação de considerá-los essencialmente como o instrumento da classe dirigente. Que eles se desenvolvam em uma sociedade de classes e que as classes dirigentes possam apoiá-los contra a ameaça dos movimentos populares é um fato da experiência, mas que não justifica de nenhum modo que se esqueça do essencial, ou seja, de que se trata de uma convulsão da sociedade em crise e não a expressão de um conflito para o controle do desenvolvimento social.

e) *Nascimento de uma sociologia dos movimentos sociais*

O conceito de movimento social não é separável dos de sistemas de ação histórica e de classes sociais e, portanto, também da situação histórica que permite a formação de uma análise propriamente sociológica. Essa supõe que as condutas sociais são explicadas por elas próprias e não pelo recurso a uma outra ordem de fatos. Tal é a novidade — que se aceita ou rejeita — do conceito de movimento social.

Muito além da nossa análise se encontra aquela que vê nos movimentos a expressão das paixões humanas, das virtudes e dos vícios, encarnados em um herói ou em um demônio. Tal explicação está de acordo com um sistema de ação histórica, mas o sujeito da história é definido além de uma prática social, de maneira antropomórfica. As condutas sociais são então captadas apenas como condutas morais.

Depois vem uma análise propriamente política. Os movimentos são definidos em relação às instituições que atacam ou que defendem. Lutam por uma legitimidade; visam ao poder, reduzindo-o ao Estado.

O que aproxima estes dois modos de análise é que eles definem o movimento social pela referência a uma ordem e não pela referência a relações sociais.

A perspectiva muda quando se penetra nas sociedades industriais, porque o modelo cultural toma a forma de um instrumento de transformação da prática social. Que se chame progresso ou desenvolvimento, não está mais separado da ação *econômica*. Em consequência, as relações de classe não são mais a oposição do trabalho é do não trabalho, mas a oposição de atores econômicos.

O conceito de movimento social, entretanto, não nasce com a industrialização. Só pode aparecer mais tarde. A sociedade de industrialização capitalista reconhece ainda fiadores meta-sociais da ordem social. Esses fiadores são econômicos — o mercado — e não mais religiosos ou políticos: mas opõem-se a que a realidade social seja diretamente analisada como o produto das relações sociais. Os ideólogos da classe dirigente falam somente da liberdade de empresa regulada e sancionada unicamente pelas leis do mercado, devendo triunfar contra a rotina dos interesses adquiridos ou contra as "superstições". Os ideólogos da classe popular invertem esta perspectiva e descobrem a razão de ser das leis econômicas e da organização social na lei do lucro, definido como a expressão das relações sociais, mas reduzido a um mecanismo econômico.

No momento em que o crescimento econômico é essencialmente determinado pela acumulação do capital e pela quantidade de trabalho colocada à disposição do mercado capitalista, surge o tema de uma *lógica própria do sistema econômico*, que pode ser analisada tanto sincronicamente quanto diacronicamente. O que são, portanto, os movimentos sociais populares, senão a expressão das contradições e das crises do sistema econômico, ao mesmo tempo que o apelo tanto a uma gestão racional da produção como a uma satisfação das necessidades humanas? Estes apelos remetem sempre a algo além do regime social, realidade que pode tanto atingir a ciência como o reconhecimento do desejo e das necessidades dos indivíduos ou dos grupos. Isto corresponde, na prática da maior parte dos marxistas, a explicar a forma e o conteúdo de um movimento social pelo estado do sistema de dominação econômica que enfrenta. É o imperialismo, é a crise geral do capitalismo que situam e definem os movimentos sociais. E o sentido destes só pode aparecer para quem possui os instrumentos de uma análise científica do capitalismo. Consequentemente, o sentido verdadeiro de um movimento social só pode provir da sua transformação em uma força propriamente política. Um movimento social é o parteiro de uma nova sociedade liberada das contradições da sociedade anterior.

Estes dois elementos de análise estão ligados: a explicação é dada pela análise do sistema econômico e não do próprio movimento social, sendo que este é um instrumento de criação da sociedade futura, de superação da sociedade em que se forma, definida pelo seu modo de dominação econômica. Daí a alternância e a combinação de um voluntarismo orientado para uma sociedade sem classes, ao mesmo tempo humana e racional, e de um determinismo que conduz a analisar os movimentos sociais como expressões das contradições do sistema econômico.

A concepção dos movimentos sociais que apresentei é muito diferente. Ela não se *expressa em termos de contradições, mas de conflitos*. Não opõe a sociedade do futuro à do presente. Não isola as relações de classe da historicidade de uma sociedade. As classes em presença estão em luta pelo controle de um sistema de ação histórica. Um movimento popular não é mais analisado como o agente de uma sociedade futura, mas como o campeão de um *contramodelo de sociedade colocado no mesmo campo de historicidade do modelo dominante*.

Todo movimento social, seja de uma classe dirigente ou de uma classe dominada, contém em si *a utopia* da sociedade, transparente e racional, *sociedade sem classes*, certamente marcada por tensões e oposições, que permanecem sempre interiores a um modelo racional e humano de organização social. A análise não deve considerar por sua conta estas representações. Pode-se imaginar uma sociedade sem classes; é uma sociedade sem acumulação concentrada, uma sociedade cuja transformação e cujo funcionamento se confundem. Sociedade fundada sobre a procura dos equilíbrios, não do desenvolvimento. Mas uma tal concepção, por mais importante que seja, não pode seguramente servir para a análise dos movimentos sociais formados nas sociedades industriais ou pós-industriais atuais que são, entre todas as sociedades conhecidas, as que retiram a maior parte do seu produto do consumo para consagrá-la ao investimento, o que supõe um poder econômico e social concentrado, planificador, organizado nos aparelhos que controla e manipulam domínios cada vez mais amplos da vida social.

Se os movimentos sociais se definem no interior de um tipo de sociedade, a dissociação entre o estado de dominação e os objetivos de liberação desaparece; a sociedade não é mais representada como sendo movida exclusivamente pela lógica de um modo de dominação. Isto é salientado pelo conceito central da dupla dialética das classes sociais.

Na sociedade industrial o operário é ao mesmo tempo *proletário e produtor*. Ele participa na historicidade, mesmo que a classe dominante imponha sua marca sobre a sociedade. Isto leva a dizer que os movimentos sociais, tal como foram definidos, só podem existir *na medida em que as instituições políticas possuem uma certa autonomia*, não são reduzidas a correias de transmissão de uma dominação social, e se no nível da organização social a marca dos valores e da ideologia da classe dominante é limitada pela resistência e *autonomia* da atividade técnica e pela oposição dos próprios trabalhadores.

Não podem existir movimentos sociais numa sociedade totalitária; suas transformações só podem provir de suas contradições internas ou de seu conflito com outras sociedades. Mas aí se trata de uma situação extrema, embora real, mas que não é definível unicamente no nível da dominação social e das relações de classes, se bem que seja possível e necessário estudar os movimentos sociais nas sociedades de classes, como são todas as sociedades industriais e pós-industriais conhecidas, mas onde existe uma certa autonomia do sistema político e dos sistemas organizacionais. Mais uma vez, este tipo de análise não quer dizer que o conflito das classes é limitado e que existe um domínio comum de interesses ao mesmo tempo que campos de conflitos. Afirma-se, o que é muito diferente, que não *há conflito sem comunidade do que se opõe* e sem a participação de todos nos elementos do sistema de ação histórica. Esta participação pode ser inteiramente conflitual, isto é, as classes presentes se opõem defendendo formas sociais opostas de cada um dos elementos do sistema de ação histórica.

É somente nesta perspectiva que a *análise dos movimentos sociais não tem de procurar explicações em um outro plano — seja moral, político ou econômico; cada um destes recursos tradicionais, fazendo apenas transcrever a natureza do modelo cultural, a existência de fiadores meta-sociais da estrutura social nas sociedades, onde a capacidade de uma sociedade se transformar pelo investimento é muito limitada para que a criatividade possa ser apreendida* como o jogo direto das relações de classes.

A presença constante dos movimentos sociais populares conduz à recusa da ideia de que seu sentido histórico só lhes pode ser dado de fora. É sem dúvida impossível defender uma tese espontaneísta que esqueceria o caráter dominante da classe superior e o fato da alienação; mas é também impossível afirmar que só um instrumento político, apoiado em uma teoria científica da história, é capaz de conduzir o movimento social além da reivindicação reformista e do esforço por uma melhor integração social.

Mais além das discussões utópicas e ideológicas sobre o espontaneísmo e o papel dirigente do partido, aparece nitidamente a dupla situação de todo movimento popular, *tanto submetido a uma dominação, quanto elemento essencial de um conflito aberto para o controle da historicidade.*

Pré-impressão, impressão e acabamento

grafica@editorasantuario.com.br
www.editorasantuario.com.br
Aparecida-SP